CB050192

**Psicanálise na Ditadura
(1964-1985)**

Coleção Estudos
Dirigida por J. Guinsburg
(*in memoriam*)

Coordenação de texto Luiz Henrique Soares e Elen Durando
Preparação Margarida Goldsztajn
Revisão Simone Zac
Capa Sergio Kon
Produção Ricardo W. Neves e Sergio Kon.

Rafael Alves Lima

PSICANÁLISE NA DITADURA (1964-1985)
HISTÓRIA, CLÍNICA E POLÍTICA

CIP-Brasil. Catalogação-na-Fonte
Sindicato Nacional dos Editores de Livros, RJ

L71p
    Lima, Rafael Alves
        Psicanálise na ditadura (1964-1985) : história, clínica e política / Rafael Alves Lima ; [prefácio Christian Dunker]. - 1. ed. - São Paulo : Perspectiva, 2024.
        448 p. ; 23 cm. (Estudos ; 387)

    Inclui bibliografia
    ISBN 978-65-5505-207-7

        1. Psicanálise e história. 2. Brasil - História - 1964-1985. I. Dunker, Christian. II. Título. III. Série.

24-94465   CDD: 150.195
                  CDU: 159.964.2:94(81).088

Gabriela Faray Ferreira Lopes - Bibliotecária - CRB-7/6643
21/09/2024   26/09/2024

1ª edição
Direitos reservados em língua portuguesa à
EDITORA PERSPECTIVA LTDA.

Praça Dom José Garpar, 134, cj. 111
01047-912 São Paulo SP Brasil
Tel.: (11) 3885-8388
www.editoraperspectiva.com.br
2024

Sumário

Siglas XI

Prefácio – *Christian Dunker* XVII

Introdução:
A Pesquisa em História da Psicanálise na Ditadura Brasileira.... XXV

De Nossos Antecedentes, Desejos (e das Castrações Que Lhes São Correlatas) [XXVII]; De Nossas Posições [XXIX]; Da História Propriamente Dita [XXX]

1. Parâmetros Para uma História da Psicanálise no Brasil 1

    Rotas Filiatórias [2]; Rotas Migratórias [6]; Para uma Definição Operacional de Movimento Psicanalítico [8]; Apropriações de Bourdieu [10]; Nas Trilhas de uma Análise das Elites [16]

2. Políticas do Segredo e Arquivos na História da Psicanálise . 19

    Políticas do Segredo [20]; Segredo e Arquivo: Consequências Historiográficas Para a História da Psicanálise [24]; Arquivos [27];

3. A Psicanálise em 31 de Março de 1964.................. 31

    Aliança de Ocasião, Autoritarismo de Crise: Disjunções Entre o Movimento Psicanalítico e a Saúde Pública [34]; *Masoquismo e Comunismo*: Uma Arqueologia Psicanalítica da Esquerdopatia [40]

4. O Mito Nacional do Pedigree: Um Capital Simbólico Para a Psicanálise no Brasil.................................. 46

Os Xiboletes do Didatismo e Suas Vicissitudes: Um Expediente Internacional de Despolitização Adequado às Condições Nacionais [47]; Tabulação de Quadros Institucionais [57]

5. Uma Revista, Brasileira, de Psicanálise: Por uma Estabilização dos Conceitos e das Práticas Psicanalíticas............... 74

A Criação da *Revista Brasileira de Psicanálise* [75]; "E o Teu Futuro Espelha Essa Grandeza": Uma Historiografia Quatrocentona Para a Psicanálise [78]; Ciência ou Ideologia: A Solução da "Faculdade de Psicanálise" [90]

6. 1968, o Ano Terminável e Interminável.................. 96

Psicanalista, Militante de Esquerda e "Mineiro Apostólico Romano": Um Retrato do Engajamento Político e Intelectual de Hélio Pellegrino [98]; Mulher, Negra, Socióloga, Psicanalista e... Conservadora? Paradoxos de Virgínia Bicudo [103]

7. A Oficina de Perigos..................................... 117

Uma "Sorbonne" Civil-Militar: A Escola Superior de Guerra (ESG) [120]; Uma Oficina de Perigos: O Serviço Nacional de Informações (SNI) [125]; Arquivos Turvos [128]

8. O *Boom* da Psicanálise................................. 131

...E das Psicoterapias [139]

9. Impactos Intelectuais do Freudo-Marxismo: Uma Alternativa à Ética da Maturidade 148

Reverberações Mineiras: A Revista *Estudos de Psicanálise* [152]; Prolongamentos da "Guerra Psicológica" [158]

10. As Novas Verificações da Autenticidade: A Legitimidade dos Exilados, a Bastardia dos Levianos e os Ventos Argentinos do Combate ao Autoritarismo 166

Uma Pedra no Sapato: A Escola Superior de Psicanálise [172]; A Dissidência Argentina [180];

11. As Novas Formas da Vigilância: O Recrudescimento da "Guerra Psicológica" e as Ligações Orgânicas Com os Militares no Conselho Nacional de Psicologia 186

A *Psicopolítica* Como Fantasma: Os Idiotas Úteis (Segundo um Manual Clandestino de Lavagem Cerebral Soviética) [188]; Um Conselho Nacional Para a Psicologia e Suas Relações Orgânicas Com os Militares: Uma Análise do "Caso" Virgínia Bicudo [198]

12. O Desgaste dos Tecidos Intergeracionais 208

    O Horizonte Normativo e Moral da Maturidade [210]; Marxistas no Divã: Recortes de Casos Clínicos [218]; O Outro Lado da Moeda da Neutralidade: O "Caso" Laertes Ferrão [227]

13. Confluências Psis no Elo Civil-Militar. 232

    Prestações de Serviços Psis [236]; Uma Psicanalista na Escola Superior de Guerra: O "Caso" Noemy Rudolfer [241]

14. O Milagre da Multiplicação Legítima 250

    Dissidências Incontroláveis: O Horizonte de um Para Além dos Muros Institucionais [251]; O Lacanismo à Brasileira [256]; O Exílio dos Psicanalistas Argentinos no Brasil [269]; Outras Histórias a Serem Escritas e Algumas Reações das Sociedades Oficiais [274]

15. A Última Catástrofe: O "Caso" Amílcar Lobo. 282

    Primeiro Tempo do Caso Amílcar Lobo [288]; Segundo Tempo do Caso Amílcar Lobo [299]

16. A Constituição de uma Biblioteca Crítica Psicanalítica: Da Reorganização das Resistências dos Psicanalistas ao Regime Militar a um Passado a Ser Tirado a Limpo 318

    A Torrente Franco-Brasileira: O Pós-Maio de 1968 Apropriado às Condições da Abertura Política Brasileira [321]; Antropologia e Ciências Sociais: O *Boom* da Psicanálise Como Objeto de Estudo [326]; Outros Encontros Entre Freud e Marx [328]; Uma Filosofia da Psicanálise no Brasil [336]; No Convívio das Agendas Políticas da Abertura: A Reforma Psiquiátrica e a Luta Antirracista [339]; A Neutralidade Inexpugnável [343]

Reflexões Finais 353

Notas 359
Referências 389
Seleção de Arquivos e Documentos Mencionados 407

Siglas

ABIN	Agência Brasileira de Inteligência
ADESG	Associação dos Diplomados da Escola Superior de Guerra
ALAR	Associação Latino-Americana de Rorschach
AMAN	Academia Militar das Agulhas Negras
AMP	Associação Mundial de Psicanálise
AMRIGS	Associação Médica do Rio Grande do Sul
APA	Asociación Psicoanalítica Argentina
APA	Associação Americana de Psicologia
APESP	Arquivo Público do Estado de São Paulo
APF	Association Psychanalytique de France
APM	Associação Paulista de Medicina
APPIA	Associação de Psiquiatria e Psicologia da Infância e da Adolescência
APU	Asociación Psicoanalítica del Uruguay
ARENA	Aliança Renovadora Nacional
ASAPPIA	Asociación Argentina de Psiquiatría y Psicología de la Infancia y la Adolescencia
ASI	Assessorias de Segurança e Informações
ASP/SNI	Agência de São Paulo do Serviço Nacional de Informações
CADEP	Centro Acadêmico de Debates e Estudos de Psicanálise
CADEP/ESP	Centro Acadêmico de Debates e Estudos de Psicanálise /Escola Superior de Psicanálise
CAEPE	Curso de Altos Estudos de Política e Estratégia
CBPP	Círculo Brasileiro de Psicologia Profunda
CCFD	Comitê Católico contra a Fome e pelo Desenvolvimento
CEBES	Centro Brasileiro de Estudos da Saúde
CEF	Centro de Estudos Freudianos
CEMCFA	Curso de Estado-Maior e Comando das Forças Armadas

CEMK	Centro de Estudos Melanie Klein
CENIMAR	Centro de Informações da Marinha
CEPIS	Centro de Educação Popular e Política
CEPPES	Centro de Estudos e Pesquisas Psicanalíticas do Espírito Santo
CESAC	Centro de Estudos de Antropologia Clínica
CEUB	Centro Universitário de Brasília
CGI	Comissão Geral de Investigações
CI	Curso de Informações
CIE	Centro de Informações do Exército
CIEX	Centro de Informações do Exterior do Ministério das Relações Exteriores
CISA	Centro de Informações da Aeronáutica
CISA	Centro de Informações de Segurança da Aeronáutica
CLAPP	Clínica de Atendimento Psicoterápico e Psicopedagógico
CLE	Centro de Lógica e Epistemologia
CLEF	Clínica de Estudos Freudo-Lacaniana
CMN	Curso de Mobilização Nacional
CNP	Conselho Nacional de Psicologia
CODI	Centro de Operações de Defesa Interna
COPAL	Conselho Coordenador das Organizações Psicanalíticas da América Latina
CFP	Conselho Federal de Psicologia
CSG	Curso Superior de Guerra
CSN	Conselho de Segurança Nacional
DEOPS-SP	Departamento Estadual de Ordem Política e Social de São Paulo
DOI-CODI	Destacamento de Operações de Informações – Centro de Operações de Defesa Interna
DOPS	Delegacias de Ordem Política e Social
DPG	*Deutsche Psychoanalytische Gesellschaft* (Sociedade Alemã de Psicanálise)
DSI	Divisões de Segurança e Informações
ECEMAR	Escola de Comando e Estado-Maior da Aeronáutica
ECF	Escola da Causa Freudiana
EFP	École Freudienne de Paris (Escola Freudiana de Paris)
EFSP	Escola Freudiana de São Paulo
ELSP-SP	Escola Livre de Sociologia e Política de São Paulo
EMFA	Estado-Maior das Forças Armadas
ESG	Escola Superior de Guerra
ESP	Escola Superior de Psicanálise
FAP	Federação Argentina de Psiquiatras
FEPAL	Federação Psicanalítica da América Latina
FINEP	Financiadora de Estudos e Projetos
IBAD	Instituto Brasileiro de Ação Democrática
IBRAPSI	Instituto Brasileiro de Psicanálise, Grupos e Instituições
IFICH	Instituto de Filosofia e Letras Humanas (Unicamp)
IFP	Instituto Freudiano de Psicanálise
IFPS	International Federation of Psychoanalytic Societies
IMP	Instituto de Medicina Psicológica
INEP	Instituto Nacional de Estudos Pedagógicos
IOP	Instituto de Orientação Psicológica
IPA	International Psychoanalytical Association (Associação Psicanalítica Internacional)

IPES	Instituto de Pesquisas e Estudos Sociais
ISOP	Instituto de Seleção e Orientação Profissional
LATESFIP-USP	Laboratório de Teoria Social, Filosofia e Psicanálise-USP
LIUS	Laboratório Individual de uma Única Sessão
MDB	Movimento Democrático Brasileiro
MNU	Movimento Negro Unificado
NEFF	Núcleo de Estudos e Formação Freudiana
NEP	Núcleo de Estudos Psicanalíticos
NEP*	Núcleo de Estudos em Psicoterapia
NEPP	Núcleo de Estudos de Psicologia e Psiquiatria
OBAN	Operação Bandeirantes
PCB	Partido Comunista Brasileiro
PDT	Partido Democrático Trabalhista
PSDB	Partido da Social Democracia Brasileira
PUC-Camp	Pontifícia Universidade Católica de Campinas
SBPdePA	Sociedade Brasileira de Psicanálise de Porto Alegre
SBPRJ	Sociedade Brasileira de Psicanálise do Rio de Janeiro
SBPSP	Sociedade Brasileira de Psicanálise de São Paulo
CSAKK	Clínica Social de Psicanálise Anna Kattrin Kemper
SEC	Serviço de Extensão Cultural
SEP	Sociedade de Estudos Políticos
SEPLA	Sociedade de Estudos Psicanalíticos Latino-Americanos
SFICI	Serviço Federal de Informações e Contrainformação
SFP	Société Française de Psychanalyse
SEIDE	Serviço Estadual de Informações para o Desenvolvimento
SIM	Serviço de Informações da Marinha
SISNI	Sistema Nacional de Informações e Contrainformação
SNDM	Serviço Nacional de Doenças Mentais
SNI	Serviço Nacional de Informações
SNNRS	Sociedade de Neurologia e Neurocirurgia do Rio Grande do Sul
SPAG-RJ	Sociedade de Psicoterapia Analítica de Grupo do Rio de Janeiro
SPBSB	Sociedade Psicanalítica de Brasília
SPC	Sociedade de Psicologia Clínica
SPCRJ	Sociedade de Psicanálise da Cidade do Rio de Janeiro
SPFOR	Sociedade Psicanalítica de Fortaleza
SPID	Sociedade Psicanalítica Iracy Doyle
SPMAC	*Sociedad Psicoanalitica Mexicana A.C.* (Sociedade Psicanalítica Mexicana
SPMS	Sociedade Psicanalítica do Mato Grosso do Sul
SPP	Société Psychanalytique de Paris
SPPA	Sociedade Psicanalítica de Porto Alegre
SPR	Sociedade Psicanalítica do Recife
SPRJ	Sociedade Psicanalítica do Rio de Janeiro
SPPA	Sociedade Psicanalítica de Porto Alegre
SUS	Sistema Único de Saúde
TFP	Sociedade Brasileira de Defesa da Tradição, Família e Propriedade
UCPel	Universidade Católica de Pelotas
UEL	Universidade Estadual de Londrina
UFAL	Universidade Federal de Alagoas
UFBA	Universidade Federal da Bahia

UFC	Universidade Federal do Ceará
UFES	Universidade Federal do Espírito Santo
UFMS	Universidade Federal de Mato Grosso do Sul
UFPA	Universidade Federal do Pará
UFPE	Universidade Federal de Pernambuco
UFPR	Universidade Federal do Paraná
UFRGS	Universidade Federal do Rio Grande do Sul
UFRJ	Universidade Federal do Rio de Janeiro
UFRN	Universidade Federal do Rio Grande do Norte
UNICAP	Universidade Católica de Pernambuco
UNIFESP	Escola Paulista de Medicina, atualmente Universidade Federal de São Paulo
UNIFOR	Universidade de Fortaleza
VPR	Vanguarda Popular Revolucionária
WAWI	William Alanson White Institute
WAWPS	William Alanson White Psychoanalytic Society

A Laís, por ser razão de lutar.

Prefácio

O trabalho que o leitor tem em mãos neste momento é uma verdadeira obra de história e psicanálise. Seu objeto não é apenas o que se passou na psicanálise durante os anos da ditadura militar brasileira, mas também como a expansão da psicanálise nesse período fala de um sintoma brasileiro, ou seja, de uma maneira própria de criar novos objetos a partir de contradições. Entre 1963 e 1984, a psicanálise terminou seu processo de institucionalização e reconhecimento internacional. Ela passou por uma intensa disseminação cultural nos anos 1970, impulsionada pelo desejo de progresso e modernização. Aproximando-se cada vez mais das classes médias emergentes e do entranhamento no debate cultural, as ideias de Freud tornaram-se uma das peças decisivas tanto da modernidade quanto da modernização e do modernismo das famílias brasileiras. Passar por uma psicanálise, não apenas por uma psicoterapia, tornava-se assim signo de *status* e de progresso na direção da formação de um novo tipo de personalidade sensível, demandada pelas novas formas de autoridade, poder e dominação. Tornar-se psicanalista, no contexto da autonomização da profissão, e psicólogo herdava a condição de prestígio dos antigos intelectuais cuja formação elementar ia da medicina ao direito e à diplomacia. A psicanálise tinha tanto que ajustar contas com seu passado conservador, entranhado nas elites psiquiátricas e nos dispositivos de adequação e conformismo, como acolher sua ligação com as vanguardas históricas de crítica e renovação das formas estéticas.

O período militar torna-se assim um campo de provas estratégico para observar a valência política do discurso psicanalítico, não somente pelo recuo necessário para recriar as condições de engajamento e compromisso, lidas "a frio", como pela diluição do peso proporcional dos grandes mestres e suas biografias heroicas. Em seu mestrado, Rafael Alves Lima começou estudando as questões internas ao exercício do poder dentro da situação de tratamento psicanalítico. Neste livro, inspirado em seu doutorado, ele investiga a articulação entre a forma clínica de circulação do poder, com a sua forma institucional e sua forma social. A partir disso, ele propõe uma nova maneira de olhar para essa relação entre a psicanálise, sua história e – por que não? – a história do próprio Brasil. Não se trata aqui apenas de uma novidade metodológica, mas de enfrentar a realidade sistemática e repetitiva, de apagamentos e silenciamentos, que perpassa os capítulos traumáticos de nossa constituição. Último país do Cone Sul a mobilizar uma Comissão da Verdade para examinar os crimes ocorridos e as respectivas responsabilidades durante as ditaduras dos anos 1970, seus resultados foram silenciados, em 2016, por uma reação encobridora. O que resta da ditadura permanece e retorna, de modo deformado, em novas irrupções de violência e corrupção. Em vez de monumentos e de reprimendas históricas aos torturadores e colaboracionistas, silêncio e repetição. Em vez de elaborações institucionais, revisões e atos de demarcação, apagamentos. Em vez de assimilação aos currículos escolares e investimentos redobrados na ciência da história, como parte de uma narrativa conflitiva de nosso processo civilizatório, adiamento do arquivo, processos em segredo de justiça e louvores a torturadores contumazes. A verdade histórica tem um pé na sua estrutura de ficção e o outro no Real suprimido da simbolização e repetido no imaginário da alienação.

    O problema psicanalítico aqui não é que a história não possa ser feita sem ficção, como poderia ter especulado o próprio Freud, mas que a ficção apague suas pegadas, negue suas condições de individualização e reduza sua polifonia de vozes a perspectivas prevalentes e uniformes. Ademais, uma das formas de definir a neurose e a psicose historicamente, para além da perda comum da realidade, é a tendência a individualizar desprevenidamente a ficção, acreditar demais em seus recursos criativos e ignorar-se enquanto tal. É assim que as histórias funcionam quer a favor dos vencedores, quer no silenciamento dos vencidos.

    Rafael sentiu na pele as inusitadas dificuldades em tratar do assunto. Sessenta anos após o Golpe de 1964, seu engajamento no Margens Clínicas – mais especificamente no projeto Clínicas do Testemunho, patrocinado pela Comissão da Anistia do Ministério da Justiça, que escutou relatos e testemunhos de vítimas de violência de Estado, em colaboração com diversas instituições, de vários estados do Brasil, com apoio universitário nacional e internacional – terminou em um inacreditável episódio de censura material: ameaças nominais de que certos termos como "golpe" deveriam ser evitados, caso se pretendesse a plena publicação do material, obtido em um contexto no qual a lembrança causa sofrimento agudo nas testemunhas. Sim, em 2016, voltaram a pairar ameaças e censura direta à publicação de material sobre a ditadura. Rafael é, sem dúvida, pioneiro e fruto de uma época em que se viu florescer na psicanálise brasileira um novo espírito crítico, expresso nas clínicas públicas, nas intervenções a céu aberto e uma infinidade de outras propostas de abertura e democratização da psicanálise. Iniciativas que tornam a psicanálise brasileira, hoje, um experimento para o qual se voltam os olhos das comunidades psicanalíticas mundo afora.

O autor também sentiu na pele o preconceito quando começou a se perceber como negro em uma comunidade tradicionalmente marcada pela brancura. Não foram poucas as vezes em que suas credenciais foram postas sob suspeita. Acompanhando a trajetória de Rafael há mais de vinte anos, testemunhei inúmeras encruzilhadas econômicas, raciais, familiares e epistêmicas. Tornar-se um historiador crítico e erudito, ainda mais não tendo vindo das classes mais favorecidas, é um desafio. Mas, no caso de nosso autor, as provas e credenciais sempre demandaram algo mais. Autodeclarado negro, assim reconhecido por sua comunidade, assim referido na sua história, não foram poucas as vezes que foi tratado, tanto entre psicanalistas quanto entre universitários, como um "erro de categoria".

Todo historiador é filho de sua própria época. Rafael pertence à primeira geração de pesquisadores do Laboratório de Teoria Social, Filosofia e Psicanálise da USP, onde sempre teve liderança indiscutível. Sobretudo após seus estudos na Inglaterra, passou a exercer um papel decisivo na organização dos historiadores brasileiros da psicanálise. Ele se formou numa época conhecida como "fim da era das escolas". Isso não significa que as teorias, linhagens e filiações psicanalíticas tenham se resolvido ao modo de uma grande síntese, mas que as formações passaram a ocorrer de modo cada vez mais transversal. Os líderes e chefes de escolas, com seus herdeiros, serviçais e tiranetes, foram gradualmente sendo substituídos por grupos de trabalho organizados por afinidades eletivas, mas também por aventureiros digitais formados-às-pressas. Com isso, a psicanálise aumentou sua presença pública e sua acessibilidade social, passando a ter cada vez mais interveniência e visibilidade na realidade pública e social do país. Quando as neurociências e a revolução farmacológica em psiquiatria começaram a entregar resultados cada vez mais modestos, ainda que cada vez mais realísticos, a psicanálise foi se aproximando da saúde mental como alternativa crítica. À medida que as faculdades de psicologia se expandiam como negócio de massa, crescia a demanda por qualidade clínica e excelência formativa. Era também o período no qual o neoliberalismo à brasileira, entre soluços e engasgos, implantava sua racionalidade baseada em aumento de sofrimento como forma de impulsionar a produtividade, enquanto a atenção social aos sintomas tornava-se cada vez mais forte. Após 2008, com a crise imobiliária interna ao neoliberalismo, como sua correlata expansão das graduações e cursos de qualidade duvidosa, cada vez mais à distância, a sociedade brasileira se digitalizou, enquanto a turbulência política regressiva prosperou. Cresceu o interesse pela psicanálise, assim como aumentou a percepção social de sofrimento e inefetividade das respostas morais e dos truques baseados no coquetel, às vezes quimicamente temperado, de felicidade e desempenho. Essa confluência de crises tornou cada vez mais sensível e visível nossos sintomas sociais: racismo, desigualdade social, iniquidade de gênero, fobias identitárias e orientações sexuais.

Todos esses indicadores podem ser comparados com a época que Rafael toma por base, conhecida como período do "boom da psicanálise no Brasil". Analogias discursivas entre psicanálise e expansão da ditadura surgiram espontaneamente, assim como com seu declínio lento, gradual e irrestrito, conhecido como "abertura" e o impulso de redemocratização do país. No entanto, faltava o material factual, a pesquisa de arquivo, o agrupamento das evidências não examinadas, recolhidas junto às revistas e testemunhos de época, mas também junto ao portal Memórias Reveladas, ao Arquivo Público do Estado de São Paulo e ao portal Hemeroteca. É isso que encontraremos aqui, resultando na confirmação de que a recorrência pode nos ajudar a entender algo sobre as adversidades sociais brasileiras de hoje.

Na sua famosa conferência em Viena, em 1955, Lacan começa com uma prosopopeia: "Eu, a verdade, falo." A prosopopeia é uma figura de linguagem pela qual o orador ou escritor empresta sentimentos humanos e palavras a seres inanimados, a animais, a mortos ou a ausentes. Personificação, ou metagoge, é um procedimento poético, mas também é típico do animismo. Nesse contexto, o trabalho de Rafael escapa ao recurso fácil e cada vez mais popular, tanto à esquerda como à direita, que consiste em denunciar mitos de fundação da psicanálise. "Eu, a verdade, falo" é uma recomendação metodológica que consiste em lembrar que o Eu sempre mente. Mesmo assim, a verdade insiste em ser dita. Atacar biografias, denunciar instituições e tecer imprecações pirotécnicas contra a psicanálise beneficia-se do efeito imaginário de que o denunciante, ao acusar a mentira, ganha alguns gramas de verdade, ainda que seja a verdade narcísica. Ainda assim, todas as denúncias estão presentes; os casos, as circunstâncias, as covardias e coragens emergem do paciente trabalho de arqueólogo, mas também do humilde trabalho de analista que deixa o julgamento para o leitor.

A perspectiva prosopográfica corresponde, em metodologia da história, a tratar como personagens movimentos grupais, coletivos de interesses, instituições e projetos. Isso permite representar a sua diversidade de vozes e conflitos, reduzindo o poder proporcional dos indivíduos e suas biografias, notáveis ou execráveis. Combinam-se assim as *rotas filiatórias*, baseadas na transmissão vertical, local e continuidade, e as *rotas migratórias*, baseadas na mudança de grupo de referência, nomadismo e descontinuidade. Dessa maneira, é possível sistematizar iniciativas pontuais de adesão ou resistência a ideologias e práticas de opressão. Isso concorda com a gradativa generalização da própria psicanálise, que começou com uma pessoa, Freud, depois avançou em uma espécie de família, os discípulos mais próximos, para em seguida se expandir em comunidades nacionais, como o grupo suíço, o grupo alemão, o grupo inglês. Depois disso, tivemos a fase das controvérsias entre grupos dentro da Associação Psicanalítica Internacional, culminando na formação de linhagens institucionais que cruzavam afinidades pessoais, teóricas e culturais com projetos políticos. Finalmente, chegamos ao momento de caracterização da psicanálise como um movimento social, comportando coletivos anônimos e digitais, que ultrapassam suas arqueológicas formas familiares, comunitárias e institucionais, adquirindo a dimensão de verdadeiros discursos, ideologias ou movimentos sociais. Dessa maneira, o antes chamado campo psicanalítico, com seus atores e suas gramáticas de reconhecimento entre pares, diluiu-se em um problema de massa, com fronteiras porosas e crises de crescimento, comportando agora várias psicanálises, ou movimentos psicanalíticos, suas aspirações coletivas e a autonomia relativa, de ação e reação, de impulso e de expressão. Isso demanda um novo patamar de compreensão de sua transmissão na cultura, de modelos de formação de novos analistas e da expectativa que advém de pacientes e interessados. Alguns dirão que a psicanálise se organiza como um império invisível, com seus soldados e generais que desdenham a ordem moral e epistêmica do mundo "lá fora do campo". No entanto, o estudo de Rafael mostra que essa homogeneidade, convergente e uniforme, é um mito de quem olha as coisas a uma distância média, percebendo rituais e costumes típicos de seitas e confrarias.

Como uma espécie análoga do romance familiar do neurótico, descrito por Freud, Rafael examina o mito do *pedigree* psicanalítico, expressando a força genealógica do divã e a persistência da gramática do familiarismo à brasileira. Também se pondera sobre o milagre da multiplicação legítima dos processos instituintes dos movimentos psicanalíticos e os principais elementos que concorreram para a quebra da hegemonia ipeísta no Brasil dos anos 1970.

Colaborações e resistências acabam sendo determinadas menos por convicções políticas e princípios genéricos e mais pela injunção estratégica dos pequenos interesses de fidelidades e antagonismos imaginários. O compromisso irrestrito da psicanálise com o horizonte político da democracia é constantemente atravessado pelas agendas clínicas e intelectuais, universitárias e institucionais. Entender as respostas institucionais e pessoais à "ameaça comunista" depende da reconstrução das flutuações significantes que faziam parte do léxico da ditadura, o que ajuda a entender as "razões" pelas quais alguns acontecimentos e alguma pessoas foram alvo de perseguição, bem como a força e intensidade dessa repressão. Isso passa, por exemplo, pelo entendimento conceitual e semântico, mas também discursivo e pragmático, do que se deve entender por significantes como *política, democracia, liberdade* ou *ética*. Sem o que não se compreenderá atitudes apáticas ou lenientes, nem envolvimentos conspiratórios diretos e nem o capital moral, político ou financeiro necessário para tomar qualquer posição de risco quando isso se faz necessário. Nesse caso, a pirâmide se inverte e voltamos regressivamente à lógica dos indivíduos, suas alianças genealógicas e suas alianças comunitárias.

Ainda que existisse uma afinidade genérica com a atitude desenvolvimentista e privatista, propugnada pelo regime militar, a atitude de não envolvimento e periculosidade que cerca as tensões e aproximações entre psicanálise e política foram sempre atravessadas pela ideia de que a adesão muito pronunciada nessa matéria a uma ideologia desabona o clínico, uma vez que nele se infiltra o desejo subterrâneo do influenciador e não do cirurgião científico, servidor fiel do método. Chega-se assim, lá e cá, à ideia de que existiriam psicanalistas sem ideologia e outros ainda não inteiramente curados de suas doenças ideológicas. Aqui o marxismo cai como uma luva para designar não aqueles que adotam uma perspectiva crítica, mas o que se indispõe com a ordem, a lei e com o estado não ideológico do mundo tal como ele é. Portanto, basta problematizar a linha divisória entre o político e o não político para localizar "indivíduos perigosos". Contudo, isso serviria também para detectar os indivíduos infames dentro das associações psicanalíticas e, ainda, dentro dos tratamentos analíticos. Regimes de exceção exploram as práticas de opressão, já em curso no funcionamento normal, para tornar ainda mais visível e exemplar seus rituais de poder.

No final de 1968, com a crise interna do regime militar, que redundou no AI-5 – "aos amigos, tudo; aos inimigos, a lei" –, foram muito raros os psicanalistas convocados a colaborar diretamente com o regime, e dentre eles houve os que aceitaram e os que declinaram o convite. É certo que, antes mesmo do período militar, o capital simbólico estava mal distribuído entre os psicanalistas "oficiais" e "paralelos". Foi necessário construir um instrumental discursivo para simetrizar essas duas condições com a lógica conspiratória do mítico manual de *Psicopolítica* e sua hipótese paranoica sobre espionagem, controle e lavagem cerebral.

[A]cima de todas as fronteiras das práticas e seus praticantes, havia o império ideológico da "guerra psicológica". A artilharia era grosseira, mas tinha repertório vasto e variado, desde manuais clandestinos de lavagem cerebral soviéticos escritos por cientologistas até relatórios de trotes universitários escritos por professores universitários renomados. O discurso estadunidense da Guerra Fria se infiltrava por todos os cantos subjetivos na ditadura, e a capacidade de responder autonomamente à altura da enxurrada de medo e censura imposta nos fins dos anos 1960 e inícios dos anos 1970 estava severamente prejudicada. (Ver infra, p. 355.)

Havia opções, mas ainda assim vale reiterar que nenhuma corrente teórica em psicanálise é espontaneamente despolitizante. Abordagens teóricas adquirem compleições políticas muito diferentes quando se instalam em culturas específicas. Dela emergirá o "esquerdista imaturo", o "adolescente rebelde", o "anarquista inconsequente", o "idiota útil" ou o "irracional" de alguém. Mas se até as ditaduras evoluem, não se pode mais dizer que, quando não há "erros de categoria", as quebras de hegemonia não arruínam credibilidades.

De certa forma isso ocorre quando alguém deixa de ser considerado psicanalista, não porque suas teses ou sua prática sejam questionadas, mas porque ele se torna uma personagem pública, um militante ou um ser político. As disputas por hegemonia aconteciam "dentro das quatro linhas" nas comunidades psicanalíticas. Elas foram duplicadas, instrumentalizadas ou parasitadas pela ditadura militar.

O conceito de hegemonia, trabalhado ao longo do texto, desde sua inflexão em Bourdieu, prevê que em "condições normais" as disputas pelo capital simbólico ocorrem dentro de grupos, ofícios, estamentos. Em "condições normais", soldados não degolam cientistas, como teria ocorrido quando os centuriões romanos mataram Arquimedes na batalha de Cartago, ainda que o imperador tenha ordenado expressamente que sua vida fosse poupada. A regra antropológica do "quem come quem" presume que cientistas "degolam" cientistas ou cientistas "incensam" outros cientistas.

Entretanto, as novas versões da ditadura e do conservadorismo parecem se apoiar justamente no método da perversão calculada de categorias e na livre interpelação categorial ao outro. Na segunda volta do parafuso antidemocrático brasileiro, é exatamente isso que está em causa. Não é mais quem tem o direito ou a prerrogativa de sancionar o uso legítimo do termo "psicanalista", mas a tentativa de mostrar que a própria existência da categoria de "psicanalistas" é um erro dentro das ciências, dentro da saúde, dentro da universidade. Mas existe, sim, uma comunidade invisível de pacientes, estudiosos e analistas que se caracteriza tanto pelo dissenso como pela obediência, tanto pelo engajamento intelectual quanto pela luta de classes dentro da psicanálise, tanto como elite predatória quanto como elite socialmente implicada. Tudo depende, mais uma vez, da estrutura de ficção, capaz de se murmurar um fragmento de verdade ou se impor como perspectiva verdadeira.

Como diz o livro, "há soldados romanos onde não se os espera".

Christian Dunker
Psicanalista, professor titular em Psicanálise
e Psicopatologia do Instituto de Psicologia da USP.

Introdução:
A Pesquisa em História da Psicanálise na Ditadura Brasileira

> *Mesmo se você não está doente, quem poderá dizer tudo o que está agitando sua mente, coisas que você não sabe ou das quais tem falsas informações? Você se comporta como um governante absoluto, que se contenta com as informações fornecidas pelos seus altos funcionários e jamais se mistura com o povo para ouvir a sua voz. Volte seus olhos para dentro, contemple suas próprias profundezas, aprenda primeiro a conhecer-se! Então, compreenderá que está destinado a ficar doente e, talvez, evite adoecer no futuro.*
>
> SIGMUND FREUD, *Uma Dificuldade no Caminho da Psicanálise.*

Em um estudo que a essa altura já é considerado um clássico, Élisabeth Roudinesco postula duas condições fundamentais para que a psicanálise se implante em determinada região geográfica e nela sobreviva: a laicização da psiquiatria e o Estado de Direito. Como quase toda tese muito consagrada acaba se vulnerabilizando ou se prestando a mal-entendidos ao longo de seu processo de difusão, vale recuperar o argumento original de Roudinesco tal como ele aparece no livro:

> Ao procurar compreender por que a psicanálise tinha se implantado em certos países e não em outros, constatei que as duas primeiras causas de aceitação ou de rejeição nunca decorriam de um obstáculo mental ou cultural, mas de um contexto histórico, por um lado, e de uma situação política, por outro.
>
> Por toda parte, e sempre, havia duas condições invariantes necessárias à implantação geográfica das ideias freudianas e de um movimento psicanalítico: de um lado, a constituição de um saber psiquiátrico – isto é, um olhar sobre a loucura capaz de conceituar a noção de doença mental em detrimento de toda ideia de possessão de origem divina; de outro lado, a existência de um Estado de Direito, capaz de garantir o livre exercício de um ensino freudiano.
>
> Um Estado de Direito caracteriza-se pelos limites que dá ao seu poder sobre a sociedade e os cidadãos e pela consciência que tem desses limites. Sem ele, é impossível exercer livremente a psicanálise, transmiti-la pela clínica, ou ensiná-la em instituições específicas. Em outras palavras, toda implantação geográfica da psicanálise passa pelo reconhecimento consciente da existência do inconsciente, da mesma maneira que a associação livre, como técnica de tratamento, passa pelo princípio político da liberdade de associação.

É, portanto, a ausência de um desses elementos – saber psiquiátrico e Estado de Direito –, ou dos dois ao mesmo tempo, que explica a não implantação ou o desaparecimento do freudismo nos países nos quais reina uma ditadura totalitária (nazismo, comunismo), assim como nas regiões do mundo marcadas pelo Islã ou por uma organização comunitária ainda tribal.[1]

Surpreende-nos o estilo resoluto das afirmações da autora – "por toda parte, e sempre", "condições invariantes", "sem ele [Estado de Direito], é impossível exercer livremente a psicanálise". Além disso, saltavam aos olhos categorias discutíveis do ponto de vista historiográfico, como "ditadura totalitária (nazismo, comunismo)", bem como nos surpreendemos com duas ausências maiores. A primeira, ao fim do último parágrafo citado, é não haver qualquer menção às ditaduras latino-americanas da segunda metade do século XX; afinal, onde estávamos nesse mapa? A segunda é a ausência de um significante mediador que nos parecia fundamental: por que "Estado de Direito" e não "Estado democrático de Direito"? Mais além de um mero detalhe formal, deveria o leitor de Roudinesco supor a interposição da democracia na ideia de um Estado de Direito ciente dos seus próprios limites de força?

Em setembro de 2016, tivemos a oportunidade de realizar uma entrevista pessoal com a autora em parceria com Eduardo Socha, publicada apenas parcialmente no site da *Revista Cult* em 24 de janeiro de 2017, sob o título "Lacan Deu uma Dimensão de Intelectualidade à Obra de Freud". Reproduzo aqui um trecho que acabou sendo cortado na edição final pela revista, mas que consta em nossa versão integral:

CULT: Você afirmou que a psicanálise não pode se desenvolver em regimes totalitários. Como você entende certa expansão da psicanálise no Brasil durante os anos da ditadura militar?

ER: As ditaduras latino-americanas não foram totalitárias como a Alemanha nazista, na qual foi proibida enquanto ciência judia, ou o stalinismo, enquanto ciência burguesa. Na América Latina, as ditaduras deixavam espaço para a liberdade de associação, não proibiram a psicanálise. Os psicanalistas tinham a escolha entre a "neutralidade política", o recuo para a clínica, a colaboração, o engajamento ou o exílio. Havia opções.

Tomados pela surpresa e um tanto encabulados em debater sobre um tema que àquela altura já nos parecia um problema digno de uma pesquisa, na hora não nos ocorreu nenhuma réplica – nenhuma forma de devolver à entrevistada uma nova problematização que nos viesse à mente. Após algum silêncio e o agradecimento final, encerramos eu e meu colega logo na sequência a entrevista, e só nos restava levar aquela resposta para casa. Apesar de ter entendido o argumento, naquele momento as minhas próprias hipóteses de pesquisa estavam amadurecendo ainda. Já tinha algumas dúvidas[2] a respeito da formulação de um conceito tal como "totalitarismo" dentro do espectro estadunidense da Guerra Fria, mas a verdade é que eu não dispunha de uma réplica porque me sentia dividido. Lembrava a ideia de "ditadura totalitária (nazismo, comunismo)", cuja aplicação à ditadura militar brasileira já parecia uma manobra excessivamente sinuosa. Entretanto, eu sequer sabia se concordava comigo mesmo, pois a expressão "regimes totalitários" foi deliberadamente contida na própria pergunta. De toda forma, da resposta decorreu um desfecho: "havia opções". Olhando para trás, penso que fiz bem em levar a resposta de Roudinesco para casa: ela não resolvia o "meu" problema, ela apenas me relançava a ele.

DE NOSSOS ANTECEDENTES, DESEJOS (E DAS CASTRAÇÕES QUE LHES SÃO CORRELATAS)

Arriscando um pouco o vocabulário psicanalítico, poder-se-ia dizer que um trabalho sobre a história da psicanálise no Brasil é limitado pelo princípio da realidade, uma convocação para o impossível, um desejo que já se sabe desde sempre castrado e que só existe enquanto tal porque sobre ele recai a injunção das limitações. Uma dessas limitações é a questão regional, já que ainda é comum que a grande maioria dos trabalhos em história da psicanálise no Brasil se concentre no eixo Sul-Sudeste. Essa concentração faz sentido quando se pensa nas primeiras décadas de implantação do freudismo, pois de fato até pelo menos o fim dos anos 1950 os três Estados brasileiros que "capitanearam" a difusão do movimento psicanalítico Brasil afora e adentro foram Rio de Janeiro, São Paulo e Rio Grande do Sul. Ademais, para tomar esses dois últimos como exemplo, é razoável supor que as primeiras pesquisas que realizaram a sistematização da história da psicanálise em São Paulo e em Porto Alegre[3] tiveram que se aplicar a um estudo mais focado, dada a fragilidade do campo de estudos em história da psicanálise no Brasil na época em que essas produções se deram. É fato que hoje temos algum privilégio no sentido da expansão de recursos, com mais condições objetivas de contemplar o país inteiro. Portanto, como os nossos antecedentes já prepararam o terreno, nós agora poderíamos nos valer do que já foi produzido para arriscar itinerários mais distantes do nosso lugar de partida, que é São Paulo. Como o nosso recorte histórico é a ditadura militar, não houve como não (ousar desejar) contemplar a situação da psicanálise nas regiões Centro-Oeste, Norte e Nordeste do país, uma vez que nesse período já detectávamos movimentos psicanalíticos nascentes ou mesmo consolidados em alguns desses lugares. Salvo raras exceções, é bem verdade que seguem sendo poucas as análises sistemáticas disponíveis (no sentido de análises de fôlego, extensas, para além de artigos ou capítulos de livros pontuais), assim como também não são facilmente encontradas fartas documentações sobre a situação da psicanálise fora do eixo Sul-Sudeste, mesmo dentro do nosso recorte cronológico. Todo material encontrado, lido e utilizado está devidamente qualificado ao longo do texto. Não obstante, buscamos apoio na bibliografia sobre história da psiquiatria, da psicologia ou das psicoterapias e, por meio dela, pudemos encontrar informações satisfatórias a partir das quais compusemos referências importantes como nomes, integrantes, grupos, instituições etc. Temos absoluta consciência de que nossa audácia foi desencantada pela realidade: foi possível delinear alguns esclarecimentos sobre a situação da psicanálise em alguns estados do Nordeste, mas nossas façanhas foram significativamente menos expressivas na maior parte do Centro-Oeste – e, decididamente, seria justo denominar nossa incursão na direção da Região Norte de fracasso retumbante. Talvez incida aqui a diferença (neurótica) entre desejo e teimosia: nem mesmo as insistências mais obstinadas podem superar os obstáculos mais materiais. Porém, como todo obstáculo deixa lições, foi possível a partir delas estabelecer dois princípios gerais de análise que dão boas razões para a existência desses obstáculos, um metodológico e outro historiográfico: o primeiro diz respeito à diferença entre "iniciativas pontuais de psicanalistas" e "movimentos psicanalíticos", e o segundo corresponde ao que chamamos de "rotas migratórias" e "rotas filiatórias", ambos trabalhados em nosso capítulo subsequente. Por meio desses princípios espera-se que o presente trabalho possa inspirar outros do mesmo gênero em história da psicanálise no Brasil, com incursões devidamente aprofundadas em regiões menos exploradas por esse campo de investigação (no qual pesquisadoras e pesquisadores dessas mesmas regiões encontrarão condições objetivas melhores em termos de fontes primárias do que as que foram aqui encontradas). Dizendo de maneira clara: não podemos afirmar com plena segurança que não havia movimento psicanalítico nas regiões em que nosso acesso a fontes primárias foi insuficiente, mas, depois de ter feito o máximo que estava ao nosso alcance, devemos afirmar com plena segurança que não podemos afirmá-lo.

Um segundo desejo que realizamos foi o de um trabalho direto com arquivos. O obstáculo em que rotineiramente os historiadores da psicanálise no Brasil esbarram é o dos arquivos institucionais. Uma certa ingenuidade estratégica marcou o nosso percurso inicial de busca por arquivos: novamente, apresentou-se para nós mais um obstáculo produtivo, que nos levou a documentos depositados em lugares que dificilmente o psicanalista e o pesquisador em psicanálise "não historiador" vislumbram em um primeiro aporte. Fui bater na porta de alguns arquivos insólitos porque, é preciso dizer, os contatos com os arquivos de instituições psicanalíticas se mostraram infrutíferos desde as primeiras tentativas de aproximação. No baile arquivístico da tergiversação, sempre se estava "de férias", os funcionários estavam sempre "de licença", as pastas com os documentos sempre "bagunçadas". Por isso, foi necessário criar rotas alternativas. Entre o desejo e a teimosia, começaram a aparecer alguns acertos em meio às errâncias. Achamos o prumo da viagem com uma primeira visita ao Arquivo Público do Estado de São Paulo, que nos introduziu no mundo das máscaras e das luvas de borracha para o manuseio dos arquivos, que eram tantos que nos exigiram voltar lá inúmeras vezes até que pudéssemos aprender os mecanismos de busca nos acervos digitalizados, que nos conduziriam a outros portais com outros acervos digitalizados cuja aferição poderia ser feita remotamente, possibilidade fundamental nos últimos anos sob isolamento social em função da pandemia... e bem, sem mais delongas, nossos acertos estão inventariados no terceiro capítulo, na seção relativa aos arquivos e materiais consultados.

DE NOSSAS POSIÇÕES

É preciso fazer um breve apelo à primeira pessoa aqui. Afinal, escrever sobre história da psicanálise sendo eu mesmo psicanalista merece alguns esclarecimentos prévios.

O primeiro é o de que não me relacionei com o tema a partir de uma experiência pessoal. Nascido em 1984 em uma família interracial da classe trabalhadora de Santos, não tive na história familiar alguém que tenha passado por alguma situação de violência direta durante a ditadura, tampouco tive, e sigo não tendo, parentes militares. Consequentemente, não vivi na pele essas mesmas mazelas ou violências. Ao mesmo tempo, não tive e sigo não tendo até o momento parentes psicanalistas: por ora, permaneço sendo o único do "clã familiar" a fazer o que faço[4]. Minha aproximação com o tema e minha sensibilidade para com ele inicialmente se deu por vias intelectuais, notadamente na graduação, em grande parte ligadas à minha entrada no Laboratório de Teoria Social, Filosofia e Psicanálise (LATESFIP-USP) a partir de 2006. As leituras que orbitaram a minha pesquisa de mestrado se desdobraram na minha coparticipação nos primeiros momentos da fundação do coletivo Margens Clínicas em 2012, o que por sua vez me ligou diretamente, na qualidade de clínico e de pesquisador, ao projeto Clínicas do Testemunho, do qual fiz parte de 2015 até o seu encerramento. Enfim, minha aproximação com o tema passou primeiro por interesses intelectuais e depois por interesses clínicos e políticos, não por razões biográficas de qualquer espécie.

Um segundo esclarecimento que fazemos questão de sublinhar é que a presente obra não está animada por nenhuma espécie de humor anti-institucionalista. O tom crítico aqui assumido em determinadas partes é inteiramente reflexo dos próprios arquivos pesquisados, naquilo que eles comportam de intencionalidades tácitas e recortes propositados. Ora, todo historiador que se dedica a um determinado escopo arquivístico está ciente das seduções do arquivo, como adverte Arlette Farge em

Lugares Para a História, e é essa sabedoria que minora os seus efeitos tanto quanto possível. Advertido dessas seduções, e sendo psicanalista, recorro ao conhecimento da teoria psicanalítica para interpretar ou elucidar conteúdos dos documentos e, naturalmente, ajuízo a respeito deles a partir desse lugar. Como toda interpretação é passível de crítica, esta obra se apresenta prontamente aberta ao debate.

Todavia, dado o alto grau de melindre que grassa por sobre grande parte dos movimentos psicanalíticos nacionais, é preciso dizer que todo e qualquer potencial convite a "enquadrar" esta obra como anti-institucionalista está desde já declinado. Costumo dizer que minha familiaridade com instituições psicanalíticas "oficiais e não oficiais" é análoga ao argumento de Freud em *O Mal-Estar na Civilização*. Frente à exigência inexequível de amar o outro como a si mesmo independente de quem o seja, Freud interpela: como é possível amar alguém com quem eu sequer tenho uma relação? Aqui incide a diferença que não raro se extravia em melindres entre, de um lado, conhecer pessoas ou zelar por relações afetivas com elas e, de outro, zelar por relações afetivas com instituições psicanalíticas, com seus compromissos, pautas e agendas específicas. Reafirma-se aqui o gosto pelas margens, pelos litorais por meio dos quais não se está nem no fora absoluto (posto que estar no jogo é condição inescapável) e nem no dentro estratificado. O fato de não ser filiado a nenhuma instituição psicanalítica e de não ser financiado econômica ou subjetivamente para realizar pesquisas encomendadas por nenhuma delas não me impede de respeitar e reconhecer a função de estabilização do campo que elas cumprem, mas me assegura a facilidade[5] que pude encontrar para tomar instituições, discursos e seus agentes históricos como *objeto* de estudo, mesmo sendo psicanalista. Igualmente, não há aqui nenhuma espécie de "obsessão pela simetria" que nivelaria instituições, seus agentes e suas produções intelectuais em uma falsa equivalência, independente dos impactos ou efeitos por eles gerados. A liberdade interpretativa que enseja este trabalho é simplesmente fruto da escolha pelo não desempenho do papel de "agente duplo", que seria algo como atuar dentro da universidade (que é uma instituição, por certo, de ensino superior, na qual não estou nem fora e nem na margem, porém dentro dela) com o propósito de reproduzir uma agenda externa à finalidade acadêmica. Não me cabe o papel de juiz de quem o faz, mas me cabe o dever ético-intelectual de afirmar que não o faço.

DA HISTÓRIA PROPRIAMENTE DITA

Ao longo dos anos de pesquisa e redação desta obra, os capítulos foram sendo escritos de forma quase independente, embora sua estrutura seja fundada em respeito à série cronológica do período estudado. Isso faz com que muitas das referências bibliográficas que dão suporte às interpretações (e a crueza do material arquivístico bruto exigiu a construção de um expediente bastante vasto de referências) apareçam para finalidades específicas e não se repitam na qualidade de comentários exaustivos. Houve o esforço de constituir uma unidade a partir de elos de ligação da própria linha sucessória de acontecimentos no fio da história.

Um último tópico importante a respeito da bibliografia. Há referências que são cruciais para a construção dos argumentos e há referências pontuais que constam apenas como menções em termos de datas de publicações e editoras responsáveis pelas traduções e divulgações de livros no Brasil. Ou seja, pelo expediente da história intelectual, a própria bibliografia é um objeto de estudo, não se sobrepondo à construção dos argumentos da obra. Acreditamos que a leitura do próprio livro se encarregará de tornar nítido o que é referência central para construir argumentos e o que é "curadoria da bibliografia", mas em todo caso sugere-se que a vasta lista de referências encontrada ao fim do texto não seja tomada em separado e não "afugente" a leitura.

Os capítulos 2 e 3 referem-se prioritariamente a condições metodológicas e historiográficas para a construção do argumento geral, partindo das bases vistas até aqui. A partir capítulo 4, foi-se construindo uma disposição dos conteúdos encontrados em correspondência com a periodização do regime militar. Tal encadeamento não se deu por um arranjo cronologista previamente definido: foram os arquivos e materiais descobertos que preconizaram não apenas a extensão de cada seção do livro, mas também o ritmo e a cadência da disposição dos conteúdos. A surpreendente concomitância tácita, em que acontecimentos diacrônicos se revelam ainda mais significativos quando examinados à luz das circunstâncias políticas, em sincronia com a época em que se deram, sugeriu uma periodização focalizada na história da psicanálise no Brasil durante o regime militar, cuja matriz seria a própria periodização da história do regime militar.

Adriano Nervo Codato resume assim a periodização do regime militar:

1. a *constituição* do regime nos governos Castello Branco e Costa e Silva (1964-1968);
2. a *consolidação*, no governo Médici (1969-1974);
3. a *transformação*, no governo Geisel (1974-1979);
4. a *desagregação*, no governo Figueiredo (1979-1985);
5. a *transição* para um regime liberal-democrático no governo Sarney (1985-1989)[6].

Desse modo, os capítulos 4, 5 e 6 se concentram no período de constituição do regime militar, em um intervalo que discute a posição dos psicanalistas ante o golpe militar de 1964 até a criação da *Revista Brasileira de*

Psicanálise com suas respectivas agendas intelectuais (culturais e políticas) internas, se encerrando com o decreto do AI-5 em dezembro de 1968. Não obstante, não parece apropriado afirmar que o movimento psicanalítico brasileiro se "consolida" junto com os primeiros quatro anos de regime militar, posto que ao menos nos três primeiros Estados "capitães" (São Paulo, Rio de Janeiro e Rio Grande do Sul) já havia instituições oficiais e algumas não oficiais significativamente bem consolidadas no momento do golpe. Porém, é possível falar em *reconstituição* dos compromissos e das missões dos movimentos psicanalíticos brasileiros à luz dos acontecimentos políticos de 1964, com agendas programáticas restabelecidas ou recompostas de acordo com as circunstâncias políticas nacionais. Nesse momento, são reivindicados com grande pujança os antigos capitais simbólicos (especialmente aqueles relativos à filiação) angariados em décadas anteriores do movimento psicanalítico, com o objetivo de reafirmar o caráter discricionário das instâncias que legitimam o que seria uma "verdadeira psicanálise" e elidem as suas versões ditas "ilegítimas".

Nervo Codato em outro artigo afirma que "o ano de 1964 só se consuma politicamente em 1968"[7]. O AI-5 é o marco histórico que abre a seção relativa ao período da consolidação do regime militar, concentrada nos capítulos 7, 8, 9 e 10. Uma nota importante: é a partir do sétimo capítulo que os arquivos inéditos que encontramos serão mais fartamente analisados. Nesse intervalo, verifica-se uma *consolidação ortodoxa* dos movimentos psicanalíticos nacionais estabelecidos em instituições oficiais, cuja demonstração pública de repúdio (e uma consequente perseguição política) a iniciativas heterodoxas encontra-se em pleno paroxismo no ano de 1972. Trata-se do período da ditadura militar caracterizado imediatamente pela adesão explícita às práticas sistemáticas de prisão, perseguição, tortura e desaparecimento de corpos por parte do governo e de seus aparatos legais e paralegais. Enquanto isso, é possível verificar como desde 1969 a psicanálise se torna assunto exponencialmente ostentado nas grandes mídias impressas ou televisivas, ao mesmo tempo que assimetricamente as portas de acesso à oferta de tratamento e de formação de psicanalistas (bem como as regras que a definem e a legitimam) vão se tornando cada vez mais obstruídas. É ainda nesse período que, em meio às manifestações que eclodem de 1968 em diante em diversos países (maio de 1968 na França, a contracultura estadunidense etc.), a efervescência intelectual do freudo-marxismo se dissemina e contagia a resistência política e cultural contra a repressão militar – o que também não deixará de ter consequências para o movimento psicanalítico brasileiro.

Como um rescaldo dos complexos acontecimentos desse intervalo histórico anterior, o argumento psicanalítico do "conflito de gerações" irrompe como ponto de reorientação em 1973. Nos capítulos 11, 12, 13 e 14, é possível acompanhar como se deu *a transformação das agendas psicanalíticas* como reação à inflexão "psicologizante" do regime militar entre 1974 e 1979. O plano de distensão da ditadura prometido pelo governo Geisel repactua antecedentes das premissas anticomunistas da defesa nacional com um certo discurso psicológico, pautado pelo policiamento da dita "lavagem cerebral soviética" então configurada sob a alcunha de "guerra psicológica". Os movimentos psicanalíticos brasileiros por sua vez entram em uma espécie de convulsão, despertada principalmente pelo arroubo de profissionais formados nas fileiras da psicologia que pressionavam as portas cerradas do acesso à formação psicanalítica. Enquanto o expediente do discurso da ortodoxia passa a dar sinais evidentes de esfacelamento, novas rotas filiatórias e migratórias dão origem a novas institucionalidades (com o movimento lacaniano ou a chamada "chegada dos argentinos", para dar dois exemplos), bem como se abrem com elas outras condições para uma crescente diversidade de influências intelectuais na psicanálise no Brasil. É ainda no fim dos anos 1970 que dois processos que vinham em uma crescente ao longo dessa década se tornam verdadeiramente visíveis. Primeiro, o da expansão territorial do movimento psicanalítico nacional para regiões do país que até então tinham iniciativas um tanto incipientes e que ganham força tanto com esses novos itinerários de migrações internas e externas de psicanalistas, quanto com a pluralidade filiatória determinada pelas circunstâncias históricas. O segundo processo, correlato ao primeiro, é a escalada irrefreável do freudismo e do pós-freudismo no solo fértil da cultura brasileira (como cultura intelectual e como "cultura terapêutica"), que consagra o epíteto que já se mostrava previsível desde o fim dos anos 1960: o *boom* da psicanálise.

Com o *boom*, adentra-se no período de desagregação do regime militar, que abarca os capítulos 15, 16 e 17. É nesse período que se confirma a quebra da hegemonia das sociedades oficiais de psicanálise ligadas à IPA no que se refere ao monopólio da legitimidade da formação psicanalítica, processo ao qual chamamos de "o milagre da multiplicação legítima". Será também na virada da década de 1980 que se conhecerá publicamente o que denominamos de "última catástrofe" da história da psicanálise no Brasil: o caso Amílcar Lobo. O escândalo macabro de ter um candidato à formação psicanalítica que concomitantemente atuava em núcleos militares de tortura e também nas fileiras de uma das sociedades oficiais cariocas abalaria de forma contundente a reputação pela qual as IPAS brasileiras tanto zelavam. No entanto, essa "catástrofe" seria localizada, institucional e geograficamente, sem que "pusesse tudo a perder" em termos de tradição institucional ou credibilidade de seus analistas (pelo menos não daqueles que jamais se ligaram ao caso ou que fariam dele uma plataforma política para reorganizar a resistência psicanalítica à ditadura militar). Por "desagregação" também se pode entender a *desagregação do movimento psicanalítico brasileiro em relação à razão de Estado militar e suas respectivas instituições*. A garantia de uma transição lenta, gradual e segura "negociada" pelos militares com a sociedade civil por meio da Lei de Anistia de 1979 ditou o ritmo da chamada abertura política, ao passo que, na micropolítica psicanalítica, foram sendo "liberadas" paulatinamente tanto agendas intelectuais (sobretudo na filosofia e na antropologia) quanto agendas clínicas, constituindo o que chamamos de "biblioteca crítica psicanalítica".

Esquematizando uma periodização espelhada nas categorias de Nervo Codato, temos:

1. 1964-1968: *reconstituição* dos compromissos e das missões dos movimentos psicanalíticos brasileiros à luz dos acontecimentos políticos de 1964;
2. 1969-1974: *consolidação* ortodoxa dos movimentos psicanalíticos nacionais estabelecidos em instituições oficiais;
3. 1974-1979: *transformação* das agendas psicanalíticas como reação à inflexão "psicologizante" do regime militar;
4. 1979-1985: *desagregação* do movimento psicanalítico brasileiro em relação à razão de Estado militar e suas respectivas instituições.

O livro não adentra no último período da transição, mas um dos objetivos de trabalhar tanto quanto possível até o ano de 1985 foi o de apontar desdobramentos possíveis nos anos seguintes, especialmente na chave da "autonomia relativa" bourdieusiana. O ocaso do regime militar parece ser um momento representativo capaz de designar as condições conquistadas (ou não) pelo movimento psicanalítico brasileiro no sentido de gerar e gerir a agenda intelectual de seus próprios debates e critérios de funcionamento. Ao longo da exposição dos argumentos, cumprindo um dos nossos objetivos centrais – a saber, apresentar como o movimento psicanalítico brasileiro se comportou acompanhando os ciclos de manutenção do regime militar até o momento da dissolução negociada a que se chamou de transição democrática –, encontrou-se um modo de tomar a responsabilidade por esse terceiro significante fundamental, ao lado de "psicanálise" e "ditadura", que é, evidentemente, Brasil.

1.
Parâmetros Para uma História da Psicanálise no Brasil

> A história está inscrita nas coisas, isto é, nas instituições (as máquinas, os instrumentos, o direito, as teorias científicas etc.) e também nos corpos. Todo meu esforço tende a descobrir a história lá onde ela se esconde melhor, nos cérebros e nas dobras do corpo. O inconsciente é história.
>
> Pierre Bourdieu, *Questões de Sociologia*.

Para iniciar nossa declaração de intenções de método, convém convocar a exposição mais convencional e sucinta acerca dos atributos da psicanálise formulada por Freud em 1923 para ser um verbete enciclopédico:

Psicanálise é o nome: (1) de um procedimento para a investigação de processos psíquicos que de outro modo são dificilmente acessíveis; (2) de um método de tratamento de distúrbios neuróticos, baseado nessa investigação; (3) de uma série de conhecimentos psicológicos adquiridos dessa forma, que gradualmente passam a constituir uma nova disciplina científica.[1]

Essa exposição sumária não deixa dúvidas para o leitor a respeito dos dois primeiros pontos: a psicanálise é uma investigação procedimental dos processos psíquicos, com suas formas específicas de aproximação do inconsciente e, também, um método clínico de tratamento. O terceiro ponto, no entanto, é o que nos interpela: os conhecimentos adquiridos se acumulam entre a investigação e a experiência clínica, a ponto de "ir constituindo" essa "nova disciplina científica" denominada psicanálise. Ou seja, se é verdade que a psicanálise para Freud é uma investigação do inconsciente e um método de tratamento (e não há motivos para os psicanalistas não lhe darem razão aqui), por conseguinte será igualmente verdade que a própria psicanálise é reiteradamente definida por sua historicidade.

Não há dúvidas de que a psicanálise é um objeto multifacetado que já se prestou e segue se prestando a diversas modalidades de historicização.

Haveria assim um mosaico de ângulos distintos por meio dos quais se pode historicizar a psicanálise: uma história da técnica psicanalítica; uma história da metapsicologia e dos conceitos psicanalíticos (uma história, portanto, da epistemologia da psicanálise, ou da filosofia da psicanálise); uma história dos psicanalistas (em biografias individuais ou coletivas); uma história das instituições psicanalíticas e outros. A esses ângulos se avizinham as histórias das dissidências e das controvérsias, dos discursos psicanalíticos, dos deslocamentos dos psicanalistas em determinados territórios, da presença da psicanálise na cultura e dos atravessamentos sociais e políticos no movimento psicanalítico. Para seguir na companhia de Freud, nota-se que as modalidades de historicização das disposições indispensáveis para a aquisição gradual de "conhecimentos psicológicos" – disposições essas que por sua vez retroagem sobre a metapsicologia e a clínica – tendem a uma heterogeneidade intransigente. É certo que essas modalidades podem se intercruzar em diferentes níveis, ou mesmo ser combinadas transversalmente. Ainda assim, parece ser uma característica da própria multiplicidade fenomênica dos determinantes dessas disposições essa espécie de antagonismo preliminar a toda e qualquer sistematização austera que se ambicione como *um* método relativo a *uma* predisposição historiográfica. Anunciando da maneira mais clara possível: as mais diversas histórias da psicanálise no mundo não convergem em uma mesma premissa do que se entende por história – ou seja, por como se faz, se escreve ou se pensa a história, no caso, da psicanálise.

Porém, nem por isso se deve renunciar ao esforço – aliás, pelo contrário, é do esforço que se alcança o método. Diante desse panorama que exige preliminarmente alguma versatilidade nas condutas procedimentais, a estratégia aqui adotada é a de apresentar com prontidão os princípios nucleares de método que norteiam o nosso trabalho, conjugando-os às premissas historiográficas que os amparam. Esses princípios centrais foram esquematicamente divididos em dois grupos: primeiro, o das *rotas filiatórias*, e segundo o das *rotas migratórias*. Ao longo da exposição será possível validar a condição de *dependência mútua* entre eles para uma compreensão histórica dos processos de *implantação* e de *difusão* da psicanálise.

ROTAS FILIATÓRIAS

O prisma da filiação é provavelmente a idiossincrasia historiográfica mais incontrastável da história da psicanálise. Essa discussão remete aos anos 1910, quando Sigmund Freud e Sándor Ferenczi escreveram cada qual textos distintos que receberiam um mesmo título: "A História do Movimento Psicanalítico". Resumidamente, a versão freudiana[2] é uma resposta nada hesitante à conjuntura das dissidências de alguns de seus discípulos (notadamente Carl Gustav Jung e Alfred Adler). Posicionando-se como o fundador da disciplina que de fato foi, Freud se coloca em "isolamento esplêndido" e arbitra a respeito dos parâmetros teóricos e clínicos que permitem decidir o que é psicanálise e o que não é. As estratégias postas em curso no sentido de *estabilizar* a referência à psicanálise serão:

1. a criação de uma Associação Psicanalítica Internacional, com sede em Londres, cuja direção direta Freud sabiamente recusa em assumir, para ser uma espécie de comandante tácito do movimento psicanalítico;
2. a criação de um conjunto de revistas com finalidades distintas – clínica, teoria, psicanálise aplicada a objetos da cultura[3] –, mas todas devidamente sancionadas por Freud e seu círculo de discípulos de então;
3. a criação de um conjunto substancial de conceitos ao qual todo psicanalista está necessariamente referenciado (inconsciente, sexualidade, transferência, resistência etc.), cujos desenvolvimentos são permitidos desde que respeitados certos limites – que não têm demarcações tão claras nesse texto, mas que em todo caso estabelecem no conjunto da obra de Freud sua diretriz fulcral.

Escrito na vizinhança de *Totem e Tabu*, *Introdução ao Narcisimo*[4] e dos artigos sobre técnica[5], "A História do Movimento Psicanalítico" é a plataforma decisiva para Freud assegurar um controle austero dos destinos da psicanálise. O caráter arbitrário do texto que valora moralmente as deserções gera o que Michel Plon denominou de "fantasma de Jung"[6], que não por acaso assombra as relações pessoais de toda espécie com Freud e com aqueles que lhe deverão fidelidade e lealdade caso queiram ser reconhecidos como psicanalistas. Aqui reside um dos motivos pelos quais atas de reuniões e correspondências pessoais viriam a constituir fontes primárias privilegiadas para a compreensão dos modos de sociabilidade da comunidade psicanalítica, uma vez que por meio delas se revelam os termos em que as lealdades são negociadas e testadas. Como não se pode esperar por esse tipo de transparência em obras escritas visando ao público geral – a não ser que se assuma o tom "sem rodeios" de Freud (até porque talvez só ele pudesse efetivamente fazê-lo) –, "A História…" é o típico texto freudiano cuja potência se enfraquece quando apartado do contexto de sua produção. Sem alguma disposição crítica e sem o devido apuro do cenário que o circunda, corre-se o risco de tomá-lo ingenuamente como uma "versão definitiva dos fatos" simplesmente por ter sido escrito por Freud. É assim que a história da psicanálise se tornará capaz de não se abreviar à história de suas dissidências ou às biografias dos membros que a acirram[7].

Para filtrar os "nervos à flor da pele" da versão freudiana é indicado cotejá-la com a versão ferencziana da "história do movimento psicanalítico"[8]. Apresentada quatro anos antes, no II Congresso de Nurembergue, em março de 1910, quando seria criada a IPA – logo, igualmente refletindo o "calor do momento" –, a perspectiva do psicanalista húngaro é significativamente menos comprometida com a agenda fiscalizatória centrada nos arbítrios de Freud. Sendo, portanto, mais autocrítico, porém sem abrir mão da admiração pela digna trajetória de Freud, Ferenczi compara positivamente o funcionamento das associações ao funcionamento familiar, encontrando assim a coesão necessária entre os membros da Associação em estado nascente por meio da fórmula de uma "vigilância mútua", contra a emergência dos "afetos egoístas" que motivam as dissidências. A vantagem de se ler Ferenczi *com* Freud (ainda que o primeiro tenha proposto sua versão antes) é que assim fica clara a importância da estratégia de descentralização do poder de Freud em favor de um processo instituinte mais horizontal e autorregulatório, no qual o reconhecimento mútuo compõe a coesão grupal, indispensável para os passos vindouros do movimento psicanalítico. É bem verdade que Ferenczi imprime em seu texto um discurso ainda mais recheado de metáforas beligerantes, sendo "guerra de guerrilha" e "organização da luta" algumas de suas expressões. Todavia, postulado na qualidade de luta horizontal, Ferenczi dedica sua autocrítica aos padrões inexoráveis de toda e qualquer experiência institucional-científica, o que inclui os três tópicos da plataforma freudiana (institucionalização, publicações oficiais específicas e conjunto de conceitos): congressos cuja exposição objetiva de resultados cede a uma espetacularização das vaidades, disposições a "polêmicas inúteis", proliferações de "tendências individuais" que se erguem contra um propósito comum. Desse modo, Ferenczi confere contornos menos idiossincráticos ao movimento psicanalítico, fazendo valer sobre ele as mesmas "patologias das associações" verificáveis em tantos outros processos instituintes.

Sem mais alongar esse profícuo contraste entre as duas versões, pareadas aqui quase como figura-fundo, ainda resta situar o ponto de cruzamento perpendicular que interliga a verticalidade do arbítrio poderoso de Freud e a horizontalidade da luta autorregulatória dos freudianos. Nesse ponto de cruzamento reside o mais puro substrato da história do movimento psicanalítico, que também deve a Ferenczi a postulação em termos de "segunda regra fundamental"[9], a saber: todo analista deve fazer sua própria análise. A princípio, a segunda regra fundamental visa ao preceito clínico elementar de que é preciso que o analista "descomprometa" a escuta que ele oferta aos pacientes de suas próprias neuroses individuais e, para tornar isso exequível, nada mais razoável do que esse analista se submeter a uma análise com outrem.

Os intensos anos 1910 e a proposição ferencziana da segunda regra fundamental precisariam aguardar mais de meio século até que se pudesse destacar a propensão devidamente historiográfica do fenômeno aqui descrito. Com a publicação em 1975 da obra *Filiations* do psicanalista Wladimir Granoff – até hoje inexplicavelmente sem tradução para o português –, esse tópico espinhoso do movimento psicanalítico foi evidenciado: se é verdade que não se pode determinar quem são os bons analistas e quem são os ruins, seria ao menos possível inventariar historicamente quem são os freudianos e aqueles que não são. Ou seja, seria possível perscrutar na árvore genealógica da psicanálise "quem fez análise com quem?", que teria idealmente em Freud o germe originário a partir do qual se irradiam os galhos e as ramificações subsequentes. É preciso dizer "idealmente", primeiro porque Freud seria uma espécie de exceção que funda a regra – sendo o único naturalmente dispensado da segunda regra fundamental por ser ele próprio o criador da psicanálise, não haveria quem o antecedesse para poder analisá-lo "em tese"[10]. E segundo, tal qual toda árvore genealógica fundada em um mito de origem, porque a árvore genealógica da psicanálise não é perfeita. Inspirado principalmente em Freud e em Ferenczi (talvez um tanto mais no segundo do que no primeiro), Granoff desvenda o prisma da filiação por meio dos modelos teóricos do mito da horda primeva de *Totem e Tabu* e do complexo de Édipo. Logo, seja no respeito à teoria freudiana seja na retomada do modelo familiar de Ferenczi para a análise histórica do movimento psicanalítico, *Filiations* parece ser o primeiro encaminhamento historiográfico em que a própria reflexão psicanalítica se volta sobre sua história – e, de quebra, torna ainda mais claro por que designações de Freud como "o pai da psicanálise" seguem sendo reproduzidas sem maiores perturbações. Após Granoff, autores de maior importância como John Forrester[11], Élisabeth Roudinesco (*Genealogias*) e, mais recentemente, Ernst Falzeder (*Psychoanalytic Filiations*) irão elevar o prisma da filiação à condição de parâmetro historiográfico imprescindível para a história da psicanálise.

É na companhia dessas e outras obras que se reivindica aqui a filiação como princípio de método. Para os nossos fins, foi particularmente relevante tentar levantar tanto quanto possível com quem os analistas brasileiros fizeram suas respectivas análises – e quem foram os analistas dos analistas dos analistas, e assim por diante. Na seção dedicada à construção de um *mito nacional do pedigree*, será possível verificar como a filiação se tornaria um capital simbólico diferencial durante o regime militar na disputa simbólica de uma psicanálise autodeclarada "legítima" contra as formas ditas "ilegítimas". Vale ainda dizer que nos pareceu oportuna a opção pela denominação "rotas filiatórias" (em lugar de "filiação" pura e simplesmente) como forma de aproximação a um segundo princípio metodológico aqui assumido, que se pauta pela questão da migração de psicanalistas.

ROTAS MIGRATÓRIAS

Vimos que os intensos anos 1910, observados sob o ângulo das preocupações de Freud e de Ferenczi acerca da história do movimento psicanalítico, engendraram a constituição de uma Associação Psicanalítica Internacional. Por um ato de nomeação, sua fundação torna manifesto um propósito até então apenas latente: a estabilização e a organização institucional do desenvolvimento do movimento psicanalítico são correlatas ao projeto de internacionalização controlada do movimento psicanalítico em territórios mais além dos que lhe deram origem. Mesmo Freud, em sua "História...", narra algumas iniciativas consideradas bem-sucedidas à época de introdução da psicanálise em certos países, como nos EUA (cuja entrada é particularmente universitária por meio das famosas conferências de Freud na Universidade Clark em 1909) ou na Suíça (pelo círculo de Eugen Bleuler e seu então aluno Jung). Também comparecem como empreitadas anunciadas a próspera, porém complicada Alemanha, a desacompanhada Hungria (no sentido de que àquela altura Ferenczi parecia atuar sozinho em Budapeste, ainda que ele "valesse por um país inteiro") e outras entradas ainda mais tímidas na Holanda e na Suécia. Tampouco passa despercebido o tom de frustração de Freud em relação às investidas na Itália e na França. Esta última ainda contava com a presença de um antagonista de envergadura (Pierre Janet), o que tornava a empreitada ainda mais difícil. Ora, se é verdade que Freud não deixa dúvidas de seu desejo pela internacionalização do movimento psicanalítico, simbolizado pela constituição da IPA, também é notável que o mapa da "História..." dos anos 1910 está inteiramente restrito ao hemisfério norte. Logo, é plenamente possível inferir que a América Latina não comparecia naquele momento histórico como um destino para o movimento psicanalítico almejado por Freud e seus primeiros discípulos. Mesmo a estima significativamente negativa que Freud revela em relação aos EUA já indica que ao menos o país estava em seu cobiçado radar expansionista; o Brasil, por sua vez, nessas primeiríssimas décadas do século XX, só lhe parecia (a palavra é dele) "distante"[12].

Eram já conhecidos desde os anos 1910 os contratempos para migrações voluntárias de psicanalistas. Talvez isso se dê em função de uma característica da própria regularidade exigida pelo cotidiano clínico (manutenção do *setting*, duração do tratamento, domínio da língua etc.), a que se poderia denominar "enraizante". De todo modo, é fato que o movimento psicanalítico é menos susceptível a itinerâncias espontâneas do que ofícios diplomáticos, filantrópicos ou partidários, apenas para dar alguns exemplos aleatórios. Como regra geral, os grandes fluxos migratórios da história da psicanálise que tenderam ao enraizamento nos pontos de chegada se deram em contextos de catástrofe social. Até aí, nada rigorosamente diferente da natureza dispersiva da mobilidade humana de grandes grupos em contextos como guerras, epidemias, perseguição política ou religiosa, discriminação etc. Entretanto, na história da psicanálise, o ponto de inflexão mais visível é a Segunda Guerra Mundial, que obrigou nos anos 1930 e 1940 muitos psicanalistas do primeiro círculo de discípulos (em sua maioria judeus) de Freud a saírem dos berços iniciais da psicanálise em busca do exílio. Autores como Elizabeth Ann Danto (*As Clínicas Públicas de Freud: Psicanálise e Justiça Social*), Geoffrey Cocks (*La Psychothérapie sous le IIIe Reich*), Russell Jacoby (*The Repression of Psychoanalysis*) e Riccardo Steiner (*"It's a New Kind of Diaspora"*) atentaram à dimensão da migração forçada dos psicanalistas a partir dos estudos sobre o período de nazificação da psicanálise no universo germânico, que conduziria não somente Freud e sua família para Londres, mas também um grande contingente de psicanalistas para os EUA e, em menor número, para a América Latina – notadamente, Argentina e Brasil[13].

No entanto, nem todos os fluxos migratórios se dão por situações forçadas, traumáticas ou catastróficas, o que não significa que a migração fora dessas situações seja naturalmente serena e inabalável. Partindo da paradigmática proposição de Jacques Derrida da chamada *geopsicanálise*[14], foi Julia Borossa quem primeiro nos chamou a atenção para essa premissa por meio de seus estudos sobre a trajetória de Masud Khan: mesmo migrações não forçadas são marcadas por conflitos de ordem cultural, linguística, econômica, racial, educacional, política, climática etc., com seus respectivos refluxos de costumes e de códigos sócio-simbólicos[15]. Mais uma perspectiva que se soma aqui é a de Dany Nobus e o que ele denomina de "situação geopolítica multiforme da psicanálise": "É somente quando os psicanalistas ocidentais contemporâneos se disponibilizam a suspender suas crenças na qualidade universal de seus próprios (manufaturados localmente) produtos de exportação que a psicanálise vem a ter a chance de florescer transnacionalmente."[16] Uma última perspectiva que vale mencionar é a de Douglas Kirsner, provavelmente a mais radical entre todas elas: "toda psicanálise é local"[17].

Os critérios de escolhas da disposição voluntária a migrar são múltiplos e costumam ser igualmente marcados pelo exame de afinidades eletivas, o conforto na língua de chegada, a receptividade da cultura local a estrangeiros ou a experiência de segurança. Um bom exemplo será a região dos pampas no cenário psicanalítico rio-platense, em que as fronteiras do Estado-nação parecem constituir um critério menos decisivo para a compreensão dos fluxos migratórios dos psicanalistas do que um certo conjunto de afinidades eletivas. Mais do que uma questão redutível à mera proximidade geográfica física, o fato de possivelmente haver mais nexos culturais e climáticos entre o Rio Grande do Sul, a Argentina e o Uruguai explicaria melhor por que intercâmbios psicanalíticos entre gaúchos e argentinos foram mais decisivos para a história do movimento psicanalítico no Rio Grande do Sul do que, por exemplo, os intercâmbios entre psicanalistas gaúchos e pernambucanos. Nessa linha de raciocínio, para finalizar o exemplo por ora, a cultura e o tradicionalismo[18] em torno do Rio da Prata tende a ser um parâmetro geopsicanalítico de análise ainda mais contundente do que o limite meramente físico que ele impõe. Averiguar com a devida exatidão quais critérios foram realmente decisivos em cada fluxo migratório é uma tarefa inglória, contudo, o nosso esforço consistiu em pelo menos constatar e descrever quais fluxos foram mais recorrentes (ou para quais deles os apelos foram mais intensos nas situações de cerceamento político) em contraste com outros destinos possíveis.

Do ponto de vista histórico, é certo que as rotas migratórias estabelecidas nas décadas anteriores ao golpe de 1964 se revelaram particularmente importantes também como vias facilitadas ou como verdadeiras rotas de fuga ao longo do período ditatorial. Também durante a ditadura foi possível constatar outras novas rotas migratórias sendo inauguradas, sejam migrações internas ou para fora do Brasil. Daí a importância da interdependência entre rotas filiatórias e rotas migratórias. Há deslocamentos de psicanalistas de um Estado ao outro graças a convites para analisar grupos de interessados na formação psicanalítica. Há situações de exílio que durariam poucos anos, outras que durariam até a anistia, bem como há expatriações e refúgios definitivos. Para tomar outro bom exemplo que é a chegada dos psicanalistas argentinos no Brasil a partir de 1976, algo que iremos examinar nos últimos capítulos do livro, há migrações intensas de pessoas que, por um lado, não necessariamente pertenciam a uma mesma comunidade psicanalítica quando foram forçadas a emigrar (ou seja, o fato de serem argentinos não significa que eram todos de uma mesma corrente psicanalítica) e, por outro, não necessariamente se fixaram e se enraizaram em uma só região do Brasil. Dessa miríade de contingências foi possível extrair as rotas migratórias como um segundo princípio de método, contíguo às rotas filiatórias, para a descrição e análise das formas de implantação e difusão do movimento psicanalítico brasileiro na extensão territorial que pudemos cobrir. Dito isso, restará estabelecer uma diferença particularmente significativa, a saber, entre "iniciativas pontuais de psicanalistas" e "movimentos psicanalíticos" propriamente ditos, para então propor uma definição operacional de movimento psicanalítico que atenda aos critérios objetivos de análise por meio dos quais foram selecionados os objetos do trabalho.

PARA UMA DEFINIÇÃO OPERACIONAL DE MOVIMENTO PSICANALÍTICO

Vimos ainda que desde Freud e Ferenczi os processos instituintes têm por objetivo estabelecer uma fiscalização controlada vertical e horizontalmente dos movimentos psicanalíticos em expansão, agrupar e constituir agendas comuns entre membros, estabilizar as rotas filiatórias e migratórias que as compõem. Ao longo das nossas investigações, verificamos que tais estabilizações não foram compulsoriamente atreladas a instituições psicanalíticas. Em certos casos ocorreu o oposto, como nas estabilizações que se deram "contra" outros movimentos ou instituições. Houve também casos de movimentos psicanalíticos que se estabilizaram por meio de serviços hospitalares (ambulatórios, enfermarias psiquiátricas etc.), residências e estágios psicoterápicos ou agrupamentos espontâneos estabelecidos em função de afinidades eletivas. Será observada ainda a incidência das circunstâncias externas que se revelaram decisivas em determinados períodos, como o papel exercido pela expansão das universidades ou os determinantes econômicos que facilitaram a criação de revistas especializadas ou promoveram aberturas no mundo editorial. Em todo caso, é preciso desde já desigualar *movimento psicanalítico de instituição psicanalítica em sentido estrito*. A instituição opera metodologicamente como ponto de referência de formas de reunir psicanalistas em torno de objetivos coletivos, mas não como um critério compulsório de detecção ou reconhecimento da existência de um movimento psicanalítico em curso.

Propõe-se para a nossa análise histórica uma definição operacional de movimento psicanalítico, estruturada sob as seguintes precondições e perseguindo os seguintes termos:

1. a organização de *grupos clínicos ou grupos de estudo* capazes de estabelecer convergências de interesses e estabilizar fluxos migratórios de psicanalistas, de modo a garantir a eles algum enraizamento (constância no tempo e no espaço) para o exercício da clínica;

2. a invenção de signos de *descendências filiatórias minimamente comuns* entre psicanalistas, códigos propícios para compor a gramática de reconhecimento que confere coesão grupal às comunidades em construção;

3. a oferta de modalidades de *formação de novas gerações de psicanalistas* dentro de determinada gramática de reconhecimento de filiações comuns (modalidades institucionais ou não institucionais, mas que correspondam às expectativas do que em psicanálise se chama de *transmissão*);

4. a presença do freudismo e do pós-freudismo no interior de uma *cultura intelectual*, dependente tanto de um certo grau de urbanização quanto dos pré-requisitos da circulação de ideias e práticas psicanalíticas, mas que seja capaz de mobilizar os movimentos psicanalíticos ou inflecti-los por novos caminhos;

5. a propagação das ideias psicanalíticas no interior de uma *cena editorial*, não obrigatoriamente local, porém capaz de absorver produções

textuais nacionais e circulá-las sob a forma de publicações, estabilizando acordos quanto a conceitos comuns.

Ainda que se pretenda a interconexão e a interdependência dessas cinco condições, elas terão pesos diferentes entre si nos movimentos psicanalíticos – por exemplo, alguns grupos clínicos que se aventuraram mais discretamente na cena editorial formavam por sua vez muitos analistas, enquanto outros criariam códigos de reconhecimento de filiações comuns, rígidas e consistentes, mas cuja produção textual pouco ecoava na cultura intelectual. De todo modo, a presença de uma condição conduziu à verificação de outra, até que as cinco pudessem ser minimamente contempladas. Quando por qualquer razão alguma dessas cinco precondições não se tornou minimamente visível nos arquivos consultados, atribuiu-se o critério de exclusão por meio da categoria aqui denominada como "iniciativas pontuais de psicanalistas".

APROPRIAÇÕES DE BOURDIEU

Até aqui, foi possível estabelecer um caminho que justifica a assunção dos três primeiros tópicos de nossa definição operacional de movimento psicanalítico. Porém, os dois últimos padecem de uma justificativa mais orgânica. Para que fiquem claras, é necessário partir de um acúmulo de leituras realizadas da obra de Pierre Bourdieu, em especial as que terão como prisma de análise o conceito de *campo*:

> A noção de campo é, em certo sentido, uma estenografia conceitual de um modo de construção do objeto que vai comandar – ou orientar – todas as opções práticas da pesquisa. Ela funciona como um sinal que lembra o que há que fazer, a saber, verificar que o objeto em questão não está isolado de um conjunto de relações de que retira o essencial das suas propriedades. Por meio dela, torna-se presente o primeiro preceito do método, que impõe que se lute por todos os meios contra a inclinação primária para pensar o mundo social de maneira realista ou, para dizer como Cassirer, *substancialista*: é preciso pensar *relacionalmente*.[19]

A exigência de se pensar relacionalmente é evidente nos princípios da filiação e da migração. A herança legítima do legado freudiano não é uma substância que se possui ou tampouco uma realidade *a priori*, mas sim um objeto cuja construção está em constante disputa pelos agentes do campo. Logo, o conceito de campo parte de uma premissa da sociologia geral, na qual relações sociais têm precedência heurística sobre propriedades individuais.

Na companhia do registro propriamente heurístico do campo enquanto "estenografia conceitual" que comanda "todas as opções práticas de pesquisa", há o registro histórico. Um determinado campo se disponibiliza à historicização à medida que se torna possível examinar os processos de construção de códigos de reconhecimento específicos, por meio dos quais os agentes do campo se identificam enquanto pares ou rivalizam no interior de um mesmo espaço social. Tal qual uma estratégia de objetivação progressiva, é possível inferir a lógica própria de espaços sociais circunscritos, com suas respectivas disputas por legitimidade, linguagens cifradas e dinâmicas de sociabilidade específicas:

Compreender a gênese social de um campo, e apreender aquilo que faz a necessidade específica da crença que o sustenta, do jogo de linguagem que nele se joga, das coisas materiais e simbólicas em jogo que nele se geram, é explicar, *tornar necessário*, subtrair ao absurdo do arbitrário e do não motivado os atos dos produtores e as obras por eles produzidas e não, como geralmente se julga, reduzir ou destruir.[20]

Para compreender com mais precisão a historicidade de um campo, Bourdieu formula uma condição a que ele denomina *autonomia*:

É na história que reside o princípio da liberdade em relação à história, e a história social do processo de autonomização [...] pode dar conta da liberdade em relação ao "contexto social" que a postulação da sua relação direta com as condições sociais do momento anula, no próprio movimento para explicá-la.[21]

A história de um processo de autonomização é, portanto, sempre uma "história social", mas de natureza específica, uma vez que a consideração das condições sociais em que se analisa historicamente o grau de autonomia de determinado campo não deve anular os índices de liberdade à disposição desse campo e que são capazes de elucidar o conjunto de relações que o forma. Novamente, trata-se de recusar exageros "sobredeterministas" para fazer incidir o caráter radicalmente relacional do campo. É certo que a capacidade de não ceder completamente às pressões externas é um índice que caracteriza a autonomia de um determinado campo. Ainda assim, as resistências historicamente constituídas de um campo para se "libertar" de pressões externas não tornam esse campo indiferente a elas. O campo só adquire existência e realidade empírica por se afirmar enquanto tal em relação a algo, àquilo que o circunda. Negar a existência das pressões externas na chave de uma "autonomia absoluta", ou de uma "liberdade plena", seria como atribuir ao campo propriedades intrínsecas extramundanas, ou seja, fora das relações sociais de poder. Por isso, é fundamental

saber qual é a natureza das pressões externas, a forma sob a qual elas se exercem, créditos, ordens, instruções, contratos, e sob quais formas se manifestam as resistências que caracterizam a autonomia, isto é, quais são os mecanismos que o microcosmo aciona para se libertar dessas imposições externas e ter condições de reconhecer apenas suas próprias determinações internas[22].

Logo, o grau de autonomia de um campo se mede pela capacidade que ele dispõe em dado momento para decidir suas próprias normas, seus próprios objetos, sua própria dinâmica e sua própria agenda de interesses. Bourdieu investe em uma metáfora óptica deveras útil para descrever os índices de autonomia, a qual ele denomina de *refração*: "Uma das manifestações mais visíveis da autonomia do campo é sua capacidade de refratar, retraduzindo sob uma forma específica as pressões ou as demandas externas."[23] Seguindo a metáfora óptica, pode-se entender que o contrário de refratar seria refletir: por contraste, um campo heterônomo é aquele que reflete pressões externas, absorvendo-as sem "retraduzi-las", ou seja, sem submetê-las aos crivos que o caracterizariam enquanto gramática específica. Tal como um espelho plano que reproduz fielmente a imagem que se apresenta à sua frente, a heteronomia de um campo se faz visível por meio da incorporação acrítica de pautas que lhe seriam estrangeiras.

Entretanto, não basta falar em autonomia pura e simplesmente. Uma vez que aquilo que caracteriza o campo enquanto "estenografia conceitual" é justamente a radicalidade do "pensar relacionalmente", não há, portanto, um estágio último do processo histórico em que um campo alcança algo como uma autonomia absoluta ou derradeira. Por isso, mais rigoroso do que falar em autonomia, é preciso falar em *autonomia relativa*:

> [As] relações sociais têm mais realidade do que os sujeitos que a praticam. A autonomia que torna possível a instauração das relações simbólicas, ao mesmo tempo sistemáticas e necessárias, *é apenas relativa*: as relações de sentido que se estabelecem no interior da margem restrita de variação deixada pelas condições de existência apenas exprimem as relações de força, sujeitando-as a uma *transformação sistemática*.[24]

A essa altura já parece oportuno começar a submeter o entendimento a respeito do que é "movimento psicanalítico" às premissas bourdieusianas elencadas até agora. Vale recuperar não apenas as instâncias de consagração do movimento psicanalítico postas por Freud (institucionalizar, criar revistas e conceituar), mas também a "organização da luta" por Ferenczi. O caráter móvel do movimento psicanalítico consistiria assim na reformulação constante dos objetos em concorrência. Isso vale para as cumplicidades tácitas que definem pactos de trégua, bem como para os desacordos exprimidos em relações de antagonismo entre psicanalistas em busca de características únicas que os diferenciem dos demais. Isso vale igualmente para o entendimento dos conflitos gerados pelo expansionismo, bem como para a validação das novidades aos olhos dos precedentes capazes de legitimá-las segundo seus critérios tradicionais. À diferença da imobilidade das iniciativas pontuais, em suma, o movimento se dá na direção de algo e, por isso, é também em relação a algo. As sucessivas "transformações sistemáticas" pelas quais o movimento passa justificam a exigência de pensá-lo relacionalmente, em observância estrita aos índices de autonomia que também só se tornam pensáveis relacionalmente.

Portanto, vê-se que a realidade de um campo não é previamente dada, mas é o sistema de relações sociais que adquire realidade na história ao configurar os espaços sociais. Os códigos que circulam em determinado campo, por meio dos quais os agentes que o compõem se reconhecem e pelos quais se travam as disputas, vão processualmente constituindo o que Bourdieu chama de *capital simbólico*. A ideia de capital simbólico consiste em compreender de que modo códigos ou símbolos se transformam em capital como efeitos do choque nas relações sociais – logo, é a gramática de reconhecimento mesma que é posta constantemente em jogo:

> A estrutura do campo é um *estado* da relação de poder entre os agentes ou as instituições engajadas na luta ou, se se preferir, na distribuição do capital específico que, acumulado no decurso das lutas anteriores, orienta as estratégias ulteriores. Essa estrutura, que está no início das estratégias destinadas a transformá-la, está ela mesma sempre em jogo: o que está em jogo nas lutas, cujo lugar é o campo, é o monopólio da violência legítima (autoridade específica) que é característico do campo considerado, isto é, em última instância, a conservação ou a subversão da estrutura da distribuição do capital específico.[25]

O atributo simbólico do capital é o que permite a Bourdieu falar em *economia das trocas simbólicas*, bem como em *economia das trocas linguísticas*, títulos de duas obras suas. Para ele, há uma razão concreta e proporcional que torna homeomorfos lucro simbólico e lucro material, de tal modo que, em uma fórmula simples, "o capital leve ao capital"[26]. De forma análoga ao capital financeiro, o capital simbólico também é acumulável, transferível e distribuído de forma desigual[27]. Os processos de acúmulo são inerentemente historicizáveis; neles, tradições têm peso de créditos, servindo de lastro para negociações em disputa. Um exemplo é quando um movimento psicanalítico reivindica para si uma tradição de pensamento ou uma árvore genealógica filiatória como forma de forjar e fazer valer seu capital simbólico, desnivelando a concorrência em relação a outro movimento mais "jovem". As transferências de capital simbólico são igualmente decisivas, pois capitais simbólicos acumulados em outros campos são conversíveis em capitais simbólicos específicos. Uma trajetória consistente na psiquiatria, uma carreira acadêmica destacada, uma presença relevante na cultura intelectual ou na cena editorial são exemplos de capitais simbólicos mais valiosos quando transferidos ou convertidos para o usufruto no movimento psicanalítico do que, por exemplo, capitais simbólicos acumulados em trajetórias profissionais muito distantes das valoradas pela psicanálise. A distribuição desigual de capital simbólico, que torna assimétricas as relações de poder e de influência na constituição de determinado campo, é resultado dos desníveis de capitais acumulados alhures, cujas potencialidades de transferência nos lugares de chegada determinam a hierarquia de poder do campo em construção.

O peso das tradições se faz notar pela confecção dos postos de comando nos moldes daqueles que as inauguraram. Para arriscar uma analogia, tal como um estofado velho que se torna refém de sua história de uso, assim são emoldurados os postos de poder em disputa em um campo:

A história faz-se [...] neste combate obscuro em que os postos moldam de modo mais ou menos completo os seus ocupantes que se esforçam por se apropriar deles; em que os agentes modificam de maneira mais ou menos completa os postos, talhando-os à sua medida. Ela faz-se em todas as situações em que a relação entre os agentes e o seu posto assenta num mal-entendido.²⁸

É a procura pela superação do mal-entendido que renova a busca por *distinção* a cada ciclo geracional do campo. Mesmo as tradições filiatórias com os fluxos migratórios que as engendram passam por processos reiterados de ressignificação simbólica. Afinal, em sendo relacional, o campo responde às injunções das pressões externas de acordo com a gramática que lhe é então exigida enquanto padrão decodificável de resposta a cada etapa histórica. Entre donos ancestrais, cadeiras obsoletas e novos pleiteantes intrépidos, os códigos por meio dos quais certas identidades são mantidas ou abandonadas, criadas ou reinventadas, são refeitos de acordo com o mercado dos bens simbólicos em dado momento histórico.

As lutas, cujo pretexto consiste em tudo o que, no mundo social, se refere à crença, ao crédito e ao descrédito, à percepção e à apreciação, ao conhecimento e ao reconhecimento – nome, reputação, prestígio, honra, glória e autoridade –, em tudo o que torna o poder simbólico em poder reconhecido, dizem respeito forçosamente aos detentores "distintos" e aos pretendentes "pretensiosos". Reconhecimento da distinção que se afirma no esforço para se apropriar dela, nem que fosse sob a aparência ilusória do blefe ou do símile, e para se distanciar em relação aos que estão desprovidos dela, a pretensão inspira a aquisição, por si banalizante, das propriedades até então mais distintivas, além de contribuir, por conseguinte, para apoiar continuamente a tensão do mercado dos bens simbólicos, obrigando os detentores das propriedades distintivas, ameaçadas de divulgação e vulgarização, a procurar indefinidamente a afirmação de sua raridade nas novas propriedades.²⁹

É visando à capilarização da força dos capitais simbólicos no nível do comportamento dos agentes que Bourdieu propõe o conceito de *habitus*, entendido como o resultado da "história em seu estado incorporado"³⁰. Para reaproveitar a analogia da cadeira na chave desse conceito, pode-se dizer que ele consiste nas disposições corporais disponíveis aos emolduramentos impingidos pelo campo. Bourdieu afirma que a história se faz na luta "entre a história objetivada e a história incorporada, entre *habitus* feitos para outros postos e postos feitos para outros *habitus*", cujas inadequações são constatáveis "muito especialmente nas zonas de incerteza da estrutura social"³¹. Para deixar mais claro, vejamos uma passagem em que Bourdieu define *habitus*:

Por que procurar essa velha palavra? Porque essa noção de *habitus* permite enunciar algo que é semelhante ao que a noção de hábito evoca, enquanto se distingue em um ponto essencial. O *habitus*, como a palavra o diz, é o que se adquiriu, mas que se encarnou de forma duradoura no corpo sob a forma de disposições permanentes. A noção lembra, portanto, de forma constante, que ela se refere a algo histórico, que está ligada à história individual, e que se inscreve em um modo de pensamento genético, em oposição a modos de pensamento essencialistas [...]. Por outro lado, a escolástica também denominava *habitus* como uma propriedade, um *capital*. E, de fato, o *habitus* é um capital, mas que, sendo incorporado, apresenta-se exteriormente como inatismo. [...] O *habitus* é, indo depressa, um produto dos condicionamentos que tende a reproduzir a lógica objetiva dos condicionamentos, mas fazendo-lhes sofrer uma transformação; é uma espécie de máquina transformadora que faz com que nós "reproduzamos" as condições sociais de nossa própria produção, mas de uma forma relativamente imprevisível, de uma forma tal que não podemos simplesmente e mecanicamente passar do conhecimento das condições de produção ao conhecimento dos produtos.[32]

Se por um lado o conceito de campo é uma objetivação progressiva que visa superar a dicotomia inflexível entre internalismo e externalismo na análise das disciplinas científicas[33], por outro o conceito de *habitus* – que se torna um operador chave e codependente dos outros conceitos no sistema bourdieusiano – formulado na chave de uma teoria da prática visa a uma superação da dicotomia entre subjetivismo e objetivismo. Por meio dele fala-se por exemplo em um *habitus de classe*. Logo, é partindo da observação dos comportamentos similares de agentes de uma mesma classe que a luta por distinção também se trava pelo fortalecimento da coesão entre os agentes no nível de suas disposições corporais, de seus modos de ser e estar no mundo social[34].

Não raro, tais modos de ser são performados em modos de escrever, nos quais atributos da linguagem escrita em artigos e livros se entremeiam a referências culturais empregadas como signos de distinção. Dito isso, vale recuperar os dois últimos pontos de nossa definição operacional de movimento psicanalítico, relativos à cultura intelectual e à cena editorial. Vimos que a criação de revistas especializadas de psicanálise foi uma estratégia central para o movimento psicanalítico desde os anos 1910. Vimos também que as afinidades eletivas entre culturas intelectuais muitas vezes prescindem do crivo das fronteiras nacionais. A cena editorial revela níveis de autonomia relativa na medida em que as agremiações de deferências recíprocas passam a se comportar ao sabor de suas próprias regras, de sua *sócio-lógica* particular. A análise desse expediente permite relacionar os movimentos psicanalíticos com os movimentos do universo editorial na psicanálise, bem como as agendas de interesses que ele faz veicular. Incluir o crítico e a crítica na análise é uma forma de estabelecer uma *objetivação progressiva*, ou seja, é uma forma de entender que a obra não se esgota no momento de sua publicação. O crítico afinal fixa os marcos de inteligibilidade da obra e passa a ser, de certo modo, um dos criadores dela. As obras chegam até nós no presente por intermédio das sucessivas camadas históricas do campo, e vale notar como a etiquetagem editorial também influencia a recepção e a propagação da obra, com os seus respectivos paratextos (orelha, prefácio, quarta-capa, resenha, ou mesmo notícias prestigiosas de jornal integradas ou somadas à obra). Tudo isso para tornar, também com Bourdieu, a relação entre produção e audiência mais complexa do que a equação simplista criação-recepção.

Como estratégia de método, consideramos a atividade editorial da psicanálise durante o período ditatorial sob diversos ângulos:

1. quais revistas especializadas foram criadas, quando e com quais objetivos (estabilização de conceitos para fins comuns, circunscrição de autores legitimados);

2. quem eram os responsáveis por tais revistas (editor, diretor-chefe) e que credibilidade esses postos lhes conferiam;

3. por quais editoras as publicações eram lançadas, o escopo de suas divulgações e distribuições e as redes de sociabilidade que as facilitavam;

4. no caso dos livros, quem escrevia os paratextos (prefácios, orelhas e quartas-capas) e quais capitais simbólicos se buscavam transferir por meio do jogo de prestígio que isso veicula[35];

5. na cultura intelectual local, quem eram os comentadores e críticos, tomados enquanto objetivadores da obra, fora da intenção subjetiva do criador (que, a depender da posição ocupada, são os profissionais intelectuais que fazem a obra existir para o campo);

6. os desdobramentos na mídia, como a recorrente aparição de resenhas críticas de jornais e revistas da época.

NAS TRILHAS DE UMA ANÁLISE DAS ELITES

A essa altura esperamos que já seja suficientemente claro que a insistência no sintagma *autonomia relativa* não se dá por mero capricho, uma vez que, ao ser relativa, ela se torna pensável relacionalmente. Porém, o problema do horizonte possível de se atribuir estados de autonomia ou heteronomia aos movimentos psicanalíticos nacionais se tornaria ainda mais grave em função do nosso recorte histórico. Ao tratarmos da ditadura militar brasileira entre 1964 e 1985, mais até do que os contrastes pelos quais a psicanálise se define *em relação* a outros "campos" vizinhos (psiquiatria, psicologia, psicoterapias alternativas, medicina, ciências da saúde etc.), o eixo paradigmático nesta obra é averiguar de preferência os crivos pelos quais é cabível ou não falar de índices de autonomia possível *em relação ao Estado ditatorial*. Ou seja, trata-se de tensionar de forma constante os movimentos psicanalíticos no Brasil não somente entre eles próprios, mas sobretudo em relação à razão de Estado, aos aparatos institucionais da sociedade civil usurpados por esse Estado e às injunções ideológicas que ele impõe ao registro geral das mentalidades nacionais.

A provocação causada pela resposta de Roudinesco de que "havia opções" para os psicanalistas brasileiros durante o regime militar impulsionou o levantamento de argumentos metodológicos e historiográficos em diversos níveis. Seria imperioso precisar: havia opções para quem? Para quais segmentos sociais as opções em absoluto não estiveram disponíveis? Que relações objetivas entre os movimentos psicanalíticos brasileiros e o Estado ditatorial estavam em jogo para que tais "opções" estivessem acessíveis a uns e não a outros? Que papéis (sociais, institucionais, políticos) seus agentes cumpriram para que tais opções compusessem o universo dos possíveis?

A todo momento o marco imaginário que se disseminou sobre a psicanálise no Brasil durante o regime militar patrulhava as nossas reflexões: o famigerado elitismo. Afinal, o que uma afirmação peremptória como "a psicanálise se comportou durante a ditadura como uma elite" pode querer dizer? Trata-se de um decalque da ordem da memória sobre o comportamento dos psicanalistas ao longo do regime militar que se disseminou como um código generalizante? O elitismo seria uma constatação relativa ao mercado de bens financeiros e econômicos da classe de psicanalistas ou seria também uma referência a um *habitus* de classe comum a esses agentes?

Para uma análise das rotas de tráfego entre agentes da elite do poder, pesquisadores dentro e fora do Brasil têm investido na composição de biografias coletivas a partir do espectro metodológico denominado *prosopografia*:

Trata-se de conhecer as propriedades sociais mais requisitadas em cada grupo, sua valorização ou desvalorização através do tempo; conhecer a composição dos capitais ou atributos cultural, econômico ou social, e sua inscrição nas trajetórias dos indivíduos; enfim, conhecer os modelos e/ou estratégias empregados pelos diferentes membros de uma elite para alicerçar uma carreira exitosa e socialmente ascendente ou, em outros casos, evitar – mediante mecanismos de reconversão social – um declínio ou uma reclassificação social muito abrupta. Com as biografias coletivas, os historiadores fazem sociologia no passado.[36]

É mais justo afirmar, em função dos arquivos que encontramos, que certos conteúdos foram analisados a partir de uma inspiração prosopográfica – e não de uma prosopografia propriamente dita. A intenção não é a de estabelecer uma análise descritiva de relações familiares ou intragrupais, nem tampouco escrever biografias individuais dos agentes ou álbuns genealógicos inúteis. Nunca é demais dizer que não se atribuiu absolutamente nenhuma importância aos tipos de vínculos afetivos entre os agentes, como se eles se amaram ou não, com qual frequência se visitavam ou não, investigar "reais motivos" pelos quais brigavam ou se reconciliavam e afins. Assumindo algum risco de parecer dramático na filtragem de exageros, ainda assim talvez seja necessário anunciar de forma direta: que não se espere "confirmar fofocas" ou "psicologizar" agentes por essa estratégia de método. Trata-se sobretudo de tomar os elos de ligação (familiares ou institucionais) para mapear rotas de tráfego entre agentes da elite do poder. Por vezes, foi forçoso apelar para álbuns genealógicos na qualidade de fontes primárias para compreender por que por exemplo "o peso dos sobrenomes" valia como operador de transferências de capitais simbólicos nos movimentos psicanalíticos. Por extensão, foi possível compreender como certas famílias tradicionais brasileiras que compunham o segmento das elites econômicas do país tinham trânsito livre nas instituições do Estado militar. Em certas situações, o elo de ligação foi familiar – do tipo um primo militar ou um sobrinho no serviço de inteligência –, em outras o elo foi do tipo "duplo pertencimento institucional" – fazer parte de dois conselhos profissionais distintos. Eis alguns exemplos por ora aleatórios que tornaram pertinente uma atenção cuidadosa à dimensão prosopográfica do método aqui adotado.

A análise de algumas trajetórias individuais que a pesquisa mesma se encaminhou de selecionar foi deveras construtiva para o entendimento de circulações sociais a partir de capitais simbólicos de origem, que conduziram facilitações em ascensões em postos de liderança de movimentos psicanalíticos e sua respectiva formação de castas dirigentes. Tais aprofundamentos de linha sincrônica, que não teriam sido possíveis sem alguma imersão de tonalidade biográfica, foram constantemente submetidos à perspectiva diacrônica da sucessão dos fatos históricos. O objetivo foi examinar os agentes como pontos gravitacionais, como bancos de crédito dos movimentos psicanalíticos, tal como no raciocínio ao qual se recorreu pelas rotas filiatórias: a questão "quem fez análise com quem?" fez recrudescer em tais rotas um verdadeiro mercado de bens simbólicos, formado em torno da credibilidade de conjuntos inteiros de filiação. A inspiração prosopográfica configurou um instrumental deveras útil ao qual se recorreu quando necessário, ou seja, quando esse expediente foi exigido pela qualidade do documento ou do fenômeno encontrado.

Por fim, vale afirmar que as ditas rotas de tráfego de pessoal que ligam civis e militares na ditadura não são óbvias e muito menos evidentes. Como uma espécie de "anexo historiográfico" fomos levados à categoria de *segredo*. Por meio do que chamaremos de "políticas do segredo em história da psicanálise" será possível apresentar os arquivos pesquisados e justificar as razões pelas quais eles foram encontrados e escolhidos.

2.
Políticas do Segredo e Arquivos na História da Psicanálise

> *Cada um guarda mais o seu segredo*
> *A sua mão fechada, a sua boca aberta*
> *O seu peito deserto, a sua mão parada*
> *Lacrada e selada*
> *E molhada de medo*
>
> BELCHIOR, *Na Hora do Almoço*.

Retomando o argumento de Élisabeth Roudinesco de que uma das condições para a instalação e a sobrevivência da psicanálise em um Estado de Direito consiste no "princípio político da liberdade de associação", deduz-se que é a própria regra fundamental da psicanálise que está sob ameaça quando o direito à palavra e à liberdade de expressão está suprimido. Nesta seção[1], serão problematizados alguns ângulos dessa premissa. O propósito maior aqui é destacar a categoria de segredo no interior de uma política de arquivos, seja quando se fala em arquivos secretos do Estado, seja quando se impinge um caráter secreto a arquivos institucionais da psicanálise. Porém, pode-se partir dos fundamentos da clínica psicanalítica para alcançar esse objetivo.

Eis um bom exemplo oferecido por Freud para ilustrar a verticalidade da regra fundamental da psicanálise:

Em certa ocasião, tratei um alto funcionário[2] que por juramento era impedido de comunicar certas coisas, como segredos de Estado, e fracassei com ele devido a essa restrição. O tratamento psicanalítico deve sobrepor-se a todas as considerações, porque a neurose e suas resistências não têm consideração.[3]

A associação livre elevada à condição de regra fundamental representaria, de certo modo, um certo ritual de conversão do poder, próximo à cena de internação do rei Jorge III descrita por Michel Foucault em *O Poder Psiquiátrico*: quando internado em um hospício, o rei será despojado de seus poderes monárquicos para se tornar um paciente como todos os outros[4]. Guardadas as devidas proporções nessa comparação (pois o sujeito em análise sempre terá preservada a liberdade de escolher pela interrupção do processo, ou pela troca de analista, para dar exemplos cotidianos da clínica), o fato é que a regra fundamental na clínica psicanalítica almeja ser incontornável. É interessante observar por meio da nota de rodapé de *O Início do Tratamento* que Freud está ciente de que certos segredos inconfessáveis não são obrigatoriamente de ordem sexual. Mesmo quando "imposta desde fora", a restrição à associação livre inevitavelmente atravancará o desenlace de uma análise: se se quer experienciar uma análise a contento, nem mesmo segredos de Estado deverão ser exceções aceitáveis à regra fundamental da psicanálise.

Nesse sentido, Freud corrobora o argumento global de Roudinesco. Com efeito, a supressão do direito à liberdade de "falar o que vier à mente" é cabalmente corrosiva para as condições elementares de uma escuta psicanalítica, a ponto de torná-la inviável. Todavia, nem mesmo os regimes democráticos garantem inexoravelmente o direito igualitário de liberdade de fala a todos os cidadãos. Ainda que não se saiba a quem exatamente servia o "funcionário" ou "oficial" ilustrado por Freud como um paciente que poderia ter sido, mas não foi, fato é que mesmo sob um Estado (democrático?) de Direito há cidadãos privados da condição de falar o que lhes vier à cabeça. Em suma, assim como nem todas as situações políticas de supressão do direito à palavra são equivalentes, nem todo cidadão goza dos mesmos privilégios que condicionam o livre associar.

O caráter normativo do "globalismo" da hipótese de Roudinesco acaba por revelar fissuras quando submetido a um exame geopsicanalítico pormenorizado. Não seria um exagero afirmar que as ditaduras latino-americanas constituem uma espécie de paradigma. Uma vez que a regra fundamental depende de garantias políticas, quais são as consequências para a liberdade associativa quando as fronteiras entre democracia e autoritarismo perdem nitidez de contraste? Que constrangimentos se impõem à autonomia relativa dos movimentos psicanalíticos quando instituições se vulnerabilizam em função de um golpe de Estado? O que se esvai quando o tecido social da confiança baseada no direito ao sigilo se esgarça entre seus próprios cidadãos? Como se comportariam os psicanalistas em seus respectivos mercados de bens simbólicos em disputa sob uma circunstância política assombrada pelo medo? Seguindo as pistas deixadas por Freud na nota de rodapé acima referida, fomos levados à categoria de segredo, que será analisada a seguir e aos arquivos consultados, entre os quais os famigerados arquivos secretos do regime militar brasileiro.

POLÍTICAS DO SEGREDO

Em *A Sociologia do Segredo e das Sociedades Secretas*, escrito em 1905, Georg Simmel disserta sobre a "ocultação recíproca" subentendida em todo laço social. Tal dimensão se complexifica em organizações que se sustentam em determinado propósito comum, sendo o segredo um elemento-chave para a coesão grupal. Por meio da reciprocidade direta entre os membros organizados, a mentira é lida como uma resposta diante da urgência da manutenção do segredo:

Cada mentira, qualquer que seja o seu conteúdo, é essencialmente uma promoção do erro no que diz respeito ao mentiroso: pois a mentira consiste no fato de que o mentiroso oculta da pessoa a quem é passada a ideia, a verdade que detém. A natureza específica da mentira não se exaure no fato de que a pessoa a quem é dita a mentira tenha uma concepção falsa do fato malversado. Este é um detalhe em comum com o simples erro. Some-se a isso o fato de que a pessoa enganada fica com uma concepção errada sobre a verdadeira intenção do mentiroso. A veracidade e a mendacidade são da maior relevância para as relações das pessoas umas com as outras.[5]

Segredo para Simmel é segredo em relação a um outro. Quando há uma atitude do outro de respeito àquilo que está sendo ocultado – ou seja, uma atitude que inclui e acata o segredo –, tem-se o que Simmel denomina "discrição". Mas quando o estranho "chega perto demais" a ponto de perturbar o valor pessoal do outro, constitui-se uma infração da honra desse outro. O invasivo é entendido como um "violador da personalidade", cujo desrespeito motivado pela curiosidade ultrapassa o limite da discrição ao levantar suspeita sobre as qualidades e os predicados do outro. Ou seja, aqui se confirma a dimensão em que o segredo exige uma negociação entre as partes envolvidas. O problema é quando a intenção de ocultar encontra no outro a intenção da descoberta; portanto, a *intenção* passa assim a ser um elemento central no processo de negociação. Simmel recorre a uma analogia quase psicanalítica para descrever esse processo: é como quando uma criança por exemplo descobre que ela pode dizer ao outro "eu sei de algo que você não sabe", independente de isso ser verdade ou não – pois assim que descobre ela repete a fórmula à exaustão com todos ao seu redor –, ela rapidamente descobre o efeito disso, que é gerar uma inferiorização e uma humilhação do outro[6]. Essa seria, segundo o sociólogo, a matriz explicativa para a sensação comum de que tudo aquilo que comporta segredo "deva ser também profundo e importante", sensação que se expande para os laços sociais como um todo e suas respectivas relações de poder. Ou seja, ainda de acordo com Simmel, uma vez que é impossível verificar todos os resultados obtidos por outros, organiza-se um sistema que "depende da fé na honra dos outros", em uma *economia de crédito*[7]: "a vida repousa sobre mil pressuposições cujas origens o indivíduo nunca consegue regredir e que não conseguiria verificar, mas que deve aceitar por fé e crença"[8]. É por isso, justamente, que se pode falar em uma sociologia do segredo, uma vez que é possível descrever e analisar a construção de comunidades de confiabilidade simples ou complexas sobre ele. Para o autor, "o segredo é uma forma sociológica geral que se mantém neutra e acima do valor de seus conteúdos"[9]. Sendo o segredo um articulador da sociabilidade cotidiana[10], cuja relação com o conteúdo que se mantém secreto é de independência relativa, "o uso do segredo como uma técnica sociológica"[11] é o que nos permite alçá-lo à condição de articulador de relações de poder. A mentira exprime uma relação de poder, na medida em que "os enganados – ou seja, os que ficam em desvantagem por causa de uma mentira – serão sempre maioria se comparados com o mentiroso que tira vantagem da situação. Consequentemente, a postura que objetiva a eliminação do elemento de engano da vida sócia é sempre democrática no seu caráter"[12].

Norberto Bobbio vai mais além nesse raciocínio do *uso do segredo*, ao compreendê-lo na qualidade do que ele chama de "poder invisível"[13]. Em um conjunto de livros e ensaios publicados entre os anos 1970 e 1980 (*Democracia e Segredo*; *Democrazia/dittatura*; *O Futuro da Democracia*) o autor explora um tema absolutamente significativo, mas pouco aproveitado pela literatura vigente em história da psicanálise, o da continuidade entre regimes não democráticos e regimes democráticos modernos que é mantida por meio dos serviços secretos de Estado. Ou seja: tanto em democracias quanto em regimes de exceção, o Estado depende de uma política institucional de geração e de gestão de informações secretas. Por conta da opacidade que o caracteriza, este "poder invisível" que atua como fundo falso da democracia inclui a negação de um princípio democrático por excelência: o da "transparência".

Direta ou indiretamente, todo cidadão está em tese sob a salvaguarda da confiança na relação com os mistérios do Estado. Ainda que os cidadãos reconheçam o fundo opaco que as democracias comportam em seus respectivos serviços secretos de inteligência, e ainda que desconheçam os conteúdos produzidos, a coesão do tecido social depende da credibilidade e da legitimidade confiada ao Estado por esses mesmos cidadãos, de que o poder invisível atua em favor da manutenção da segurança pública, da proteção da população, da defesa das fronteiras nacionais etc. Do mesmo modo que a confiança reivindica que os serviços de inteligência não extrapolem suas prerrogativas constitucionais, exige-se como contrapartida o sigilo austero e incorruptível de seus agentes profissionais. Ao se defrontar com obstruções em suas liberdades associativas, uma vez que não há negociação possível com um outro civil quando se trata de segredos de Estado, um choque de poder incomplacente se deflagra. Nem o psicanalista pode obrigá-lo a falar sobre aquilo que lhe é constitucionalmente impedido, nem o paciente pode obrigar o analista a aceitar associações pela metade: sob tal rigidez, não há psicanálise possível.

Não obstante, Bobbio insiste que é uma característica recorrente das democracias modernas "imperfeitas" que os departamentos constitucionais de inteligência façam alianças com setores da sociedade civil. Aproximamo-nos aqui, enfim, da fronteira tênue que simultaneamente une e separa ditaduras e democracias, por meio da fachada do segredo de Estado, "que no Estado constitucional moderno é permitido apenas como um remédio excepcional"[14]. Essas alianças são responsáveis pela formação de um verdadeiro governo subterrâneo, tipificando o que Bobbio denomina "criptogoverno", definido como "a totalidade das ações realizadas pelas forças políticas paramilitares que atuam nos bastidores em colaboração com os serviços secretos, ou com setores deles, ou pelo menos com sua conivência"[15]. Portanto, estamos diante de uma contradição em que o Estado coexiste com o seu avesso, uma negação volúvel da máxima weberiana que define o Estado como o monopólio legítimo da violência, do uso da força ou da coerção (*Gewalt*)[16]. Colocando a legitimidade do poder em constante perigo, os serviços secretos de Estado configuram assim uma espécie de "anomalia democrática moderna" ao recorrer ao apoio e à colaboração da sociedade civil, configurando o atravessamento da linha hesitante entre democracia e ditadura em que frequentemente "o princípio dos segredos oficiais foi usado para proteger os segredos do 'anti-Estado'"[17].

A postulação de um "criptogoverno" nos parece conferir uma inteligibilidade ímpar à conjuntura das ditaduras latino-americanas. Ao menos no caso específico da ditadura militar brasileira que se deu entre 1964 e 1985, o anti-Estado se sobrepujou ao Estado na exortação desmedida do aparato de inteligência a tal ponto que seu principal inventor, general Golbery do Couto e Silva, lamentou posteriormente ter – palavras dele – criado um "monstro"[18]. É preciso lembrar que nessa espécie de documentação secreta produzida pelo criptogoverno da ditadura, há sobretudo *produção de suspeita*, e não propriamente de *prova*. A lógica desses documentos é paradoxal: "é no mínimo um paradoxo que documentos que nasceram sob o signo do segredo e do ocultamento, e que muitas vezes foram 'montados' com base na mentira, na delação e na invenção, para delimitar o outro como inimigo, recebam um papel central na busca da verdade"[19].

Segredos jamais decifrados, traumas jamais nomeados ou elaborados, crimes perpetrados pelo Estado jamais julgados ou punidos, desaparecimentos jamais investigados, colaborações com a perseguição política jamais desvendadas, corrosões autoritárias de instituições democráticas jamais restauradas, laços de confiança jamais repactuados, vulnerabilidades a revisionismos e negacionismos jamais superadas: eis uma pequena, porém representativa, coleção de consequências perniciosas da ditadura militar brasileira que nos desafia frontalmente quando estudamos sua história, cujas sequelas estão inegavelmente presentes até hoje. Nas palavras de Paulo Endo, "o dano e a força das ditaduras persistem, então, na preservação da miríade de coisas não esclarecidas, tabus que o Estado não revela em sua eterna transição cínica e inacabada"[20]. Dito isso, dediquemo-nos, por fim, à reflexão historiográfica em que tal desafio nos implica para a história da psicanálise no Brasil.

SEGREDO E ARQUIVO: CONSEQUÊNCIAS HISTORIOGRÁFICAS PARA A HISTÓRIA DA PSICANÁLISE

Invariavelmente, o debate sobre uma política do segredo nos arquivos da psicanálise conduz a questões de ética de pesquisa quanto à revelação de nomes de pacientes, por exemplo[21]. Ao mesmo tempo, a pesquisa em história da psicanálise demanda cada vez mais uma reflexão teórica e metodológica que seja escrita a partir (ou por meio) de casos clínicos[22]. Há uma série de exemplos que se avizinham do campo de problemas que quisemos destacar até aqui, posto que eles inspiram uma análise diagonalmente política: a história que se deve saber e a que não se deve saber, a que será tornada pública e a que deverá permanecer privada, a narrativa que convém e a que não convém, o respeito ao sigilo do que acontece em uma análise e a urgência do esclarecimento de fatos históricos relevantes para o campo.

Ora, ampliando um pouco o argumento, é por isso que não se deve ser ingênuo: *arquivos jamais são neutros*. É certo que a organização e a sistematização de documentos históricos respondem a fundamentos (que compreendem ao mesmo tempo uma técnica e uma ciência) do registro e da catalogação. Na prática, não obstante, uma hipotética neutralidade técnico-científica do arquivamento infalivelmente se curva à *intenção do próprio arquivamento*. A intenção do arquivamento – especificamente do arquivamento de documentos de natureza criptogovernamental – irrompe perante o pesquisador, atravessado pelo impacto ético que caracteriza a oposição de que fala Mariana Joffily *entre direito à informação e direito à intimidade e à vida privada*[23].

No universo psicanalítico, o arquivamento parece estar submetido a um princípio sui generis, no qual segredos institucionais são nivelados a segredos pessoais ou privados. Seja por uma confusão com o ponto sensível do sigilo clínico nos inventários de casos, seja por proteção a revisionismos de vocação heteronômica, tal artifício incide nas teses sobre o que é, afinal, o arquivo para uma historiografia para a psicanálise[24].

Na passagem dos segredos íntimos para a esfera dos segredos de Estado, a história da psicanálise no Brasil durante a ditadura militar é deveras exemplar. Sabe-se, por exemplo, que um relativo descompromisso com a realidade ordinária da vida social fez confundir por tanto tempo no Brasil neutralidade clínica e neutralidade política durante a ditadura militar brasileira[25]. Vale mencionar o caso argentino, como uma base de comparação[26]. Pois bem, seguindo essa esteira, fica uma provocação: em um contexto de exceção política, haveria algo como uma "neutralidade arquivística"? Por conseguinte, não é mera obra do acaso que no acesso aos arquivos encontremos portas fechadas, acessos bloqueados, negociações desleais entre as partes envolvidas. Defendo aqui que tais infortúnios com os quais o pesquisador em história da psicanálise se defronta constituem igualmente um objeto de pesquisa: trata-se de uma verdadeira *política do segredo de arquivo* característica das disputas travadas entre os agentes do campo. Essa disputa se dá em níveis distintos, porém simultâneos. É fartamente sabido que os serviços de inteligência da ditadura brasileira contaram com o apoio de setores da sociedade civil para extrapolarem suas prerrogativas institucionais e abastecerem com informações os setores militares responsáveis pela perseguição política, aprisionamento, tortura, assassinato e desaparecimento dos corpos dos opositores do governo. Nos arquivos do "criptogoverno" ditatorial brasileiro em que coabitavam militares e paramilitares, oficiais e civis, fala-se por exemplo em "gestão da vergonha"[27] na manutenção dos segredos de arquivo do Estado do período ditatorial, um estratagema para manter narrativas falseadas e formar uma certa memória política do país de modo a tentar fazer com que ela pareça quiçá menos hedionda. Quanto à memória, Simmel dá uma pista em chave histórica: ao enganado só restará herdar concepções erradas acerca das verdadeiras intenções do mentiroso. Fomos compelidos a legitimar o autoritarismo, a naturalizar a tecnologia atroz de desaparecimento de corpos, a acreditar que a ditadura foi um "mal necessário" para conter o "avanço do comunismo no Brasil". Sob o proselitismo de quem se alinhou ideologicamente ao hemisfério ocidental capitalista no contexto da Guerra Fria, em suma, fomos doutrinados a conviver com os fantasmas traumáticos de nossa própria história.

Quanto à melindrosa "gestão da vergonha" circunstanciada nos arquivos privados da psicanálise (das seções de documentação das instituições psicanalíticas) no Brasil, diferente do que se pode observar em outros países, ainda são muito raras as pesquisas acadêmicas em psicanálise que se empenham em levantar fartamente documentos históricos para além do expediente dos depoimentos pessoais. No que diz respeito a pesquisas dedicadas a períodos políticos funestos como a ditadura militar, apesar de serem absolutamente fecundas na historiografia brasileira geral, são ainda mais raras as pesquisas acadêmicas desenvolvidas sobre a história dos movimentos psicanalíticos brasileiros a partir de arquivos públicos do Estado. Creditar tal rarefação a um suposto "descrédito ontológico generalizado" do brasileiro para com a sua própria história nos parece um equívoco bastante grave: esse não é senão o discurso da ideologia dominante e, como tal, deve ser combatido. Com efeito, o problema nos parece ser de outra ordem.

Enquanto arquivos das instituições psicanalíticas insistiram ao longo de décadas em manter como regra geral uma política de não transparência na qualidade de "economia de crédito", houve em paralelo nos últimos anos no Brasil uma política de abertura e divulgação ampla dos chamados "arquivos dos serviços secretos do Estado", tanto do Serviço Nacional de Informações (SNI) quanto dos serviços regionais de produção de informações das Forças Armadas e departamentos de documentação diversos do regime militar. Com o processo de transição democrática inaugurada em 1985[28], compreender um passado histórico por meio dos segredos não revelados e das ações repressoras do Estado torna-se uma agenda política urgente para ter a chance de não o repetir no presente e no futuro. Afinal, não deveria ser a diligência contra a repetição (dos erros, dos sofrimentos, das barbáries) aquilo que faz coincidir a ética da condução dos tratamentos psicanalíticos com o ofício da história? Ainda que psicanalistas, movimentos ou instituições psicanalíticas possam potencialmente aparecer em arquivos secretos de Estado, a resposta padrão tácita acompanha o discurso reativo do "quem não deve não teme". Pode até ser que a intenção de tal política do segredo seja a de emular a cadência lenta de abertura dos arquivos de Freud na Biblioteca de Washington ao longo dos anos, abrasileirada sob as molduras temporais da transição democrática. Mas o mais provável mesmo é que ainda não realizamos uma verdadeira *história social dos arquivos* da psicanálise no Brasil, ideia que vem de Miguel Soares Palmeira:

Quero evocar a máxima da profissão de historiador de que é preciso "ir ao arquivo". Talvez seja preciso acrescentar um outro sentido à expressão (*acrescentar* – portanto, sem prejuízo do velho sentido que faz da "ida ao arquivo" um rito de iniciação para o historiador). "Ir ao arquivo" implicaria também fazer uma história social dos arquivos (e não somente a partir dos arquivos); ou seja, implicaria tomar o próprio arquivo e os *experts* que o fazem como objeto, e não somente como meio de conhecimento. E tomar os arquivos e seus profissionais como objeto [...] significa tomá-los como *sujeitos*, isto é, como agentes que ajudam a organizar os enunciados do estudo da história, que prescrevem determinados enquadramentos analíticos e proscrevem outros; que efetivamente fazem a História antes mesmo que ela se dê por feita.[29]

O descompasso rítmico entre a abertura de arquivos da psicanálise e a abertura dos arquivos secretos do Estado brasileiro nos parece uma questão sensível e incontornável à crítica a esta altura da história. A ausência de uma história social dos arquivos da psicanálise no Brasil, aliada ao anacronismo de tal política do segredo, fomenta a desconfiança quanto a alianças com o "criptogoverno", porém tais desconfianças serão um desserviço à pesquisa rigorosa à medida que, sem provas documentais, elas acabarem por desorientar os historiadores da psicanálise sob a névoa do mistério. Pois bem, só é possível crer que tal política do segredo se sustenta em algum "benefício secundário", tal qual o anacronismo de um sintoma: uma vez que tomarmos "os arquivos e seus profissionais" como sujeitos, restará enfim saber que vantagem há de haver em manter suas portas fechadas.

Nicholas Rand e Maria Torok sentenciam: "A história da psicanálise é comparável a uma vasta organização mental que inclui, entre outras características, áreas de silêncio, segredos e criptas."[30] Com efeito, essa sentença é uma síntese bem-acabada do que inferimos preliminarmente, de modo rudimentar, de que o segredo elevado à condição de forma sociológica geral permite uma aproximação: seja quando se entrega a palavra ao outro – na escuta psicanalítica e na sociabilidade ordinária –, seja quando se entrega o arquivo ao historiador, cada qual ao seu modo, está-se sujeito à interpretação e à ressignificação de uma verdade que se pretende íntima ou sob algum controle. Do ponto de vista de uma política de arquivamento, verdades íntimas ou partilhadas entre poucos constituem uma certa "fortaleza narrativa", cujo domínio fica restrito (ou seja, "mais seguro") dentro de certa oficialidade, com seus circuitos internos de eleitos previamente selecionados para a função. Logo, o desafio aos historiadores da psicanálise no Brasil não poderá ser menor do que isto: repactuar as relações de trabalho entre pesquisadores e seções de arquivo no marco de uma relação de confiança, capaz de criar condições objetivas e materiais de análise documental. Se a derrocada da eficácia da gestão da vergonha nos arquivos da ditadura brasileira se constituir de fato como um processo irreversível, a reconciliação entre pesquisas acadêmicas e arquivos institucionais será tão somente uma decorrência inexorável dessa catálise no microcosmo psicanalítico.

ARQUIVOS

Em função das inúmeras desconfianças impostas pela política do segredo que foram descritas aqui, optamos por não realizar entrevistas ao longo do nosso processo de investigação. Ora, se o escopo de nossa pesquisa histórica compreenderia o período ditatorial, sabia-se tanto que portas de arquivos se fechariam quanto que haveria de se quadruplicar a crítica quanto à interpretação de conteúdos oriundos de depoimentos. A tendência à impostura, ao blefe, ao boato ou mesmo à mentira deliberada em jogo na política do segredo parecera desde o início radicalmente desnorteadora – seria preciso escolher ter que se haver com os segredos dos arquivos e com os segredos das pessoas. Não há dúvida de que o expediente das entrevistas é legítimo, e o foi para diversas tantas outras pesquisas absolutamente fundamentais em história da psicanálise no Brasil. Porém, nossa carta de intenções não era exatamente acolhedora para potenciais entrevistados por motivos manifestos: o recorte histórico, as nossas credenciais acadêmicas, a latente sensibilidade traumática da vivência no período, os equívocos pressupostos na transmutação de entrevistas em testemunhos etc. É inquestionável que a credencial menos convidativa tenha sido a do objetivo mesmo da pesquisa: construir uma história da psicanálise no período ditatorial tendo como eixo analítico a relação entre os movimentos psicanalíticos e o regime militar. Entretanto, quando já estávamos decididos a desconsiderar a possibilidade de obtenção de relatos orais, surpreendentemente algumas pouquíssimas pessoas souberam pela misteriosa via psicanalítica do "boca a boca" sobre o trabalho em curso e quiseram espontaneamente contribuir com "aquilo que sabiam". Ou seja, na mais genuína intenção de revelar do que de esconder, fomos mais alcançados por essas pessoas do que as alcançamos. Ainda assim, nenhum desses raros encontros constituiu uma entrevista *stricto sensu*. Primeiro, porque a maior parte se deu quando a pesquisa com arquivos já estava em estágio francamente avançado, o que dava aos encontros um certo caráter de "entrevista ao contrário": as pessoas pareciam mais interessadas no que eu havia encontrado nos arquivos do que em apresentar materiais inéditos. De fato, provavelmente pela inversão automática dos papéis, na grande maioria dos encontros, muito pouco ou quase nada (para ser honesto, às vezes rigorosa e respeitosamente nada) pôde ser aproveitado como fonte *inédita*. As melhores serventias que se puderam subtrair desses encontros, ainda que de forma passiva e acessória, consistem em uma certa confirmação secundária[31] de algumas rotas filiatórias e migratórias, tráfegos na elite do poder, configurações de mercados de bens simbólicos e disputas do campo no período. Até porque as manobras para "desinverter" a relação entre entrevistador e entrevistado exigem técnica e preparo. Ou seja, para um uso cientificamente orientado de tal expediente, seria necessário constituir as bases de obtenção de depoimentos enquanto fontes primárias por meio de outros métodos (oriundos provavelmente da história oral ou da psicologia social). Assim, o sintoma da inversão automática dos papéis confirmou o descarte da perspectiva de realização de entrevistas e, acima de tudo, assegurou ao exame de arquivos a condição empírica de ser o início, o meio e o fim do trabalho.

Salvo um único registro, que nos foi pontualmente enviado por um colaborador, todas as fontes por meio das quais foram testadas ou descartadas hipóteses e construídas as interpretações e teses que seguem são oriundas de material público proveniente de arquivos de Estado e está disponível aberta e gratuitamente. Apesar de terem sido feitas algumas visitas à sede física de um desses arquivos – especificamente, o Arquivo Público do Estado de São Paulo –, recorreu-se primordialmente às suas plataformas digitais.

O principal banco de dados digital consultado foi o do portal *Memórias Reveladas*. Esse portal foi desenvolvido pelo "Centro de Referência das

Lutas Políticas no Brasil (1964-1985)", uma "iniciativa criada pelo governo federal, em 2009, com o objetivo de promover a difusão de informações contidas em conjuntos documentais do período da ditadura"[32]. Ele conta com um acervo colossal[33] abrigado no Arquivo Nacional, cuja página está sob a coordenação do Ministério da Justiça. Nele estão contemplados documentos públicos produzidos e acumulados por vários órgãos e entidades integrantes do Sistema Nacional de Informações e Contrainformação (Sisni), como os acervos do Serviço Nacional de Informações (SNI), do Conselho de Segurança Nacional (CSN) e outros. A busca digital confere a possibilidade da procura por meio de palavras-chave nos documentos da página graças ao recurso tecnológico do "reconhecimento óptico de caracteres". Logo, à exceção de documentos manuscritos, o portal permite a realização de explorações de formidável precisão mesmo em arquivos visivelmente avariados pela ação do tempo. Eventualmente, outros fundos do próprio *Memórias Reveladas* foram igualmente consultados, incluindo os da Comissão Nacional da Verdade, o de Assessorias de Segurança e Informações de algumas universidades públicas e, em menor grau, o da Divisão de Censura de Divisões Públicas.

A segunda plataforma central para a pesquisa foi a do Repositório Digital do Arquivo Público do Estado de São Paulo. O Arquivo Público do Estado de São Paulo (APESP) tem sua sede física no bairro do Tietê, na cidade de São Paulo. Para se ter uma ideia da imensidão desse arquivo, ele conta com cerca de 25 milhões de documentos textuais e 2,7 milhões de documentos iconográficos e cartográficos, provenientes de diversas secretarias de Estado. Por meio dele foram cotejadas informações do acervo digitalizado do Departamento Estadual de Ordem Política e Social de São Paulo (DEOPS-SP). De acordo com as informações da página no site da instituição,

O acervo do DEOPS-SP possui aproximadamente 3,5 milhões de documentos, que ainda não estão classificados e descritos arquivisticamente. O conteúdo destes documentos é consultado através das fichas remissivas dos 36 fichários das delegacias especializadas do DEOPS-SP. O arquivo do DEOPS-SP, vale lembrar, é constituído por três arquivos: o chamado Arquivo Geral, o arquivo da Delegacia de Ordem Social e o arquivo da Delegacia de Ordem Política. O primeiro abriga 5.207 "dossiês" produzidos por diversas delegacias do órgão, seguindo ordens expressas do Diretor do DEOPS-SP, contendo ainda 149 livros de registro, 149.800 prontuários e 1.502.000 fichas de pessoas, partidos políticos, organizações, empresas, movimentos sociais e assuntos de interesse dos órgãos de repressão. O segundo abriga 2.353 "dossiês" e 91.260 fichas; e o terceiro, 1.614 "dossiês" e 86.734 fichas.

As pastas consultadas da seção "Escritos" do Repositório Digital foram: Boletins Informativos do DEOPS, Boletins SNI, DEOPS – Fichas, DEOPS – Documentos e, sobretudo, a compilação dos Sumários do Comunismo Internacional entre 1970 e 1973. Ainda do portal do Arquivo Público do

Estado de São Paulo, foram particularmente relevantes as consultas no acervo digitalizado do jornal *Última Hora*.

Por fim, o portal *Hemeroteca Digital*, sediado na página da Biblioteca Nacional Digital, que por sua vez é parte da Fundação Biblioteca Nacional. Segundo informação da página, estão disponíveis para consulta no acervo digital um total de mais de dois milhões de documentos de livre acesso. Nele consta um "acervo de periódicos – jornais, revistas, anuários, boletins etc. – e de publicações seriadas" que compreende o enorme período entre 1740 e 2019. O portal facilita a pesquisa por formas oportunas de divisão de buscas pelo acervo (por "título, período, edição, local de publicação e palavra[s]"). A *Hemeroteca Digital*[34] é chancelada pelo Ministério da Cultura do Governo Federal, reconhecida pelo Ministério da Ciência e Tecnologia e tem o apoio financeiro da Financiadora de Estudos e Projetos (FINEP).

Os capítulos foram estruturados mantendo uma lealdade com a linha do tempo e, dependendo do destaque conferido aos acontecimentos, elementos analíticos serão intercalados com apresentações mais sistemáticas dos eventos e situações.

3.
A Psicanálise em 31 de Março de 1964

Acabou o nosso carnaval
Ninguém ouve cantar canções
Ninguém passa mais brincando feliz
E nos corações
Saudades e cinzas foi o que restou
CARLOS LYRA E VINÍCIUS DE MORAES,
Quarta-Feira de Cinzas, 1963.

Onde era Id, será Ego
Onde era sertão, será Brasília
DURVAL MARCONDES

Não são poucas as interpretações a respeito do que motivou o golpe de 1964. Um esforço genealógico de sistematização das matrizes explicativas remete às reflexões que se iniciaram ainda sob o regime militar. Adota-se aqui a metodização proposta por Marcos Napolitano[1], com acréscimos retirados de Carlos Fico[2] e de Mariana Joffily[3].

Uma primeira corrente explicativa que vale mencionar é a do *colapso do populismo* no sistema político nacional. O sociólogo Octavio Ianni, em obra publicada em 1968, afirma que em termos de política econômica, ao substituir uma ideologia do desenvolvimento (característica por exemplo dos anos JK) por uma ideologia da modernização[4], instala-se a chamada doutrina da interdependência formulada pelo "guru" Roberto Campos. A interdependência inclui a chamada "reversão de expectativas" em relação à construção de parques industriais nacionais capazes de superar a dependência e o subdesenvolvimento econômico em esfera nacional. O colapso visa explicar o golpe pela via da fragilidade das instituições do Estado que, assim lidas, não deram conta dos conflitos distributivos do reformismo da agenda trabalhista de João Goulart. Para essa corrente, o golpe é uma decorrência presumível da estratégia populista esfarelada desde o fim dos anos JK, em que os eventos acirram uma crise que já estava dada estruturalmente. Ou seja, com a ruína do modelo populista de governo, o resultado autoritário era estruturalmente inevitável. Sem uma liderança populista minimamente conciliatória entre os diversos agentes da elite do poder em disputa, o impasse de manejo dos atores sociais e dos fatores socioeconômicos se tornou inevitável quando observado desde o ângulo dos processos intrínsecos ao próprio processo de modernização capitalista no Brasil. É certo que se trata de um eixo explicativo crítico ao golpe porque é crítico da modernização: ele não busca justificar o golpe ou ser simpático a ele, mas trata-se justamente de elucidar suas razões.

A segunda corrente explicativa do golpe de 1964 foi a da *conspiração*, disparada pela obra do jornalista Edmar Morel, originalmente publicada em 1965, *O Golpe Começou em Washington*, e desenvolvida de forma contundente nas obras *O Governo João Goulart: As Lutas Sociais no Brasil, 1961-1964*, de Luiz Alberto Moniz Bandeira, original de 1977, e *1964: A Conquista do Estado*, de René Armand Dreifuss, original de 1981. Por conspiração entende-se basicamente o expediente da não aceitação: trata-se da recusa de um projeto socioeconômico por parte do empresariado de situação (nacional e internacional, ambos ligados ao capital estrangeiro) que solapa o plano econômico e político de João Goulart. Ainda que com acentos diferentes sobre ações conspiratórias internas e externas ao país, esses dois últimos livros formam a nosso ver um par combinado, inclusive do ponto de vista do uso de fontes primárias – Moniz Bandeira destaca entrevistas e depoimentos, enquanto Dreifuss se concentra em minutas e documentos institucionais inéditos na época. O conchavo entre organizações empresariais e núcleos de inteligência militar[5] consolidou um conjunto de relações orgânicas entre agentes conspiratórios que buscariam isolar o Estado das reivindicações populares. Ou seja, o trânsito entre o governo e os movimentos populares outorgado pela agenda reformista de Jango – sensivelmente, a reforma agrária, em pauta pelo menos desde os anos JK – não era "bom para os negócios" da elite financeira nacional. À diferença da matriz explicativa do colapso estrutural, o ardiloso plano de "conquistar o Estado" por parte desses agentes teria sido assim o responsável substancial pela deposição de João Goulart e pelo apoio civil ao golpe. Essa corrente se tornaria bastante proeminente a partir do início dos anos 1980, organizando uma certa identidade política e discursiva da centro-esquerda nacional mais ancorada na perspectiva da luta de classes, além de, por conseguinte, também ser decisiva na organização de uma certa memória do golpe que acompanhou tais discursos.

A terceira corrente explicativa foi a da *crise das instituições*. Essa corrente visa estabelecer a prioridade explicativa da análise das instituições na leitura do golpe de 1964. A compreensão de que as instituições existem para equilibrar forças e demandas, de que são espaços de construção racional de proposições de resoluções de conflitos, é uma espécie de premissa especulativa de partida. Três trabalhos são centrais nessa corrente explicativa: *Os Militares na Política*, de Alfred Stepan, original de 1971, *O Cálculo do Conflito*, de Wanderley Guilherme dos Santos, e *Democracia ou Reformas? Alternativas Democráticas à Crise Política (1961-1964)*, de Argelina Maria

Figueiredo Cheibub[6]. Há aqui provavelmente mais divergências entre os três livros do que entre Moniz Bandeira e Dreifuss na corrente anterior. Stepan insiste que o governo Jango se enfraqueceu na capacidade de atenuar os extremos em colisão, abrindo o precedente para que os militares se sentissem aptos a exercer um pretenso "poder moderador". Wanderley Guilherme dos Santos, por sua vez, confere dignidade à ideia de "paralisia decisória" da máquina política, em que "o golpe militar resultou mais da imobilidade do governo Goulart do que de qualquer política coerente por este patrocinada e executada"[7]. Já para Argelina Figueiredo, a conclusão geral é que "no princípio dos anos 60, no Brasil, democracia e reformas eram percebidas como objetivos políticos conflitantes"[8]; desse modo o conflito teria gerado coalizões pró ou antirreformas com propósitos distintos entre si, cuja possibilidade de reconciliação foi se tornando progressivamente impossível não por alguma inabilidade pessoal de Jango, mas sobretudo em função do esvaziamento da figura institucional da Presidência da República. Cada qual a seu modo converge nesse sentido explicativo: o golpe no limite teria sido um processo de radicalização dos atores. O juízo a respeito do enfraquecimento do poder constitucional e do Congresso era pautado na crítica ao reformismo. Nessa perspectiva, a crise política, lida enquanto crise institucional, abre espaço para um reequilíbrio de forças via poder moderador, que se tornará na história vindoura uma solução autoritária.

Essa brevíssima exposição das obras decisivas que compõem as matrizes explicativas do golpe de 1964 oferecem um enquadramento da situação do golpe, capaz de ir tornando visível uma aproximação com o nosso objeto: será que os psicanalistas brasileiros participaram disso de alguma maneira? Com a publicação do livro *Ditadura Militar, Esquerdas e Sociedade*, do historiador Daniel Aarão Reis Filho, o debate historiográfico é revigorado em torno da proposição de que não bastaria falar em ditadura militar, mas seria necessário falar em "ditadura civil-militar". O acento conferido à inclusão do "civil" nesse sintagma geraria polêmica entre os historiadores. Renato Lemos enfatiza o papel da elite tecnocrática e tecnoempresarial no golpe[9] na esteira de Dreifuss, de onde decorre a expressão "ditadura empresarial-militar", enquanto Marcos Napolitano preferirá "regime militar"[10]. Como forma de não desequilibrar a balança em favor da descentralização indevida do peso maior que os militares de fato tiveram ao longo dos 21 anos do regime, subdivisões foram sendo criadas. O golpe teria sido "essencialmente militar"[11], ou, em uma derivação ainda mais perfeccionista, a preparação do golpe pode até ser considerada civil-militar desde que não se perca de vista o protagonismo dos militares, pois o regime implantado foi militar, e a ditadura, por conseguinte, certamente também foi militar[12]. Há ainda categorias como "estado burocrático-autoritário" de Guillermo O'Donnell[13], ou como "aspecto híbrido" do "modelo político brasileiro" de Fernando Henrique Cardoso[14], que, concordando aqui com João Roberto Martins Filho, claramente esvaziam o caráter militar do regime[15]. Para não perdermos o foco nessa controvérsia labiríntica, é preciso dizer o mínimo: exceção feita às perspectivas que retiram o protagonismo dos militares no golpe de 1964 e no regime ditatorial a que ele deu curso, há boas justificativas para cada uma das opções. Entende-se que a própria nomeação "ditadura" ou "regime" é subsidiária à ideia geral de que, desde que se explique como ele opera e funciona em cada recorte histórico, a questão central é o "militar". O comando militar sobre os ministérios, órgãos oficiais e instâncias decisórias (Comunicação Interior, Energia, Educação etc.) é o que justifica o uso adequado do adjetivo "militar" – ou seja, o fato de o exército ser a palavra final é o que justifica tal denominação. O regime era militar enquanto regime autoritário, altamente burocratizado: o tripé de poder (a alta oficialidade, os juristas e a tecnocracia) estava posto como um regime autoritário. Em todo caso, ao menos para os nossos fins, é preciso observar que a inclusão da participação dos civis no sintagma "civil-militar" convém à perspectiva aberta por Wright Mills a respeito do tráfego entre elites econômicas, políticas e militares na composição de uma elite do poder[16]. Não se ignora o caráter problemático da conjugação "civil-militar" uma vez que, por mais que os civis tenham sido inequivocamente beneficiados pelo regime militar, a relação entre sociedade civil (mesmo a ala beneficiada dela, se pensarmos no empresariado) e os militares foi de maneira geral copiosamente tensa. Ainda assim, por visarmos matizar momentos de tensão e de aproximação entre os movimentos psicanalíticos brasileiros e os militares, por meio da denominação mais ampla "civil-militar" nos pareceu ser mais possível reencontrar os ecos do que vínhamos perseguindo desde nossas premissas de análise. Sem pretender com isso reivindicar algo como uma designação ostensiva, e sem descreditar os mais diferentes acentos que essa importante controvérsia historiográfica gerou nos últimos anos[17], optou-se pela conveniência de "ditadura civil-militar" em nosso título mais por lealdade a princípios de método[18] do que por lealdade à perspectiva de um ou outro historiador nas encruzilhadas dessa controvérsia.

ALIANÇA DE OCASIÃO, AUTORITARISMO DE CRISE:
DISJUNÇÕES ENTRE O MOVIMENTO PSICANALÍTICO
E A SAÚDE PÚBLICA

Dado esse quadro geral, vale dedicar a atenção para o que se pode chamar de *aliança de ocasião*, que se pauta no conceito de *autoritarismo de crise*. Este conceito, desenvolvido por Décio Azevedo Marques de Saes[19], busca compreender como se dão – e se transformam – as diferentes posições em relação ao regime militar. A premissa geral é de que "o conjunto da classe dominante foi tomado, em 1964, por um 'autoritarismo de crise': a interrupção do processo de ascensão política das classes populares não se completaria senão através da militarização transitória do aparelho do Estado"[20]. A ideia de que "os liberais são liberais só até o momento da crise" é interessante na medida em que dá conta de entender o raciocínio da aposta liberal na queda de João Goulart: o exército enquanto "poder moderador" dizia não ter interesse político, veiculando a ideia de ser um agente externo que atuaria em caráter provisório – apenas até as eleições de 1965. Ou seja, antes de tomar o golpe de 1964 como um movimento organizado e arquitetado em direção à manutenção do exército no poder, cabe nuançar o golpe no que ele teve de puramente *reativo*: "anticomunista", "antipopulista", "anticorrupção", sem um programa de governo previamente estabelecido e definido. De um lado, o apoio liberal ao exército[21] foi animado por esses elementos reativos – o que não garantiu a esses mesmos liberais uma inclusão verdadeiramente categórica no centro dos processos decisórios da política nacional após o golpe. É preciso lembrar ainda que, do outro lado, a posição dos militares também acenava aos liberais na ocasião do golpe. O discurso do exército era o de combate ao comunismo, contra o populismo irresponsável. Ou seja, o discurso oficial do exército é o discurso da moralização da política, da tecnocracia das políticas públicas (uma vez que a tecnocracia esvazia demanda e evita conflito no aplainamento destensionado do voto), da despolitização do sistema decisório. É nesse sentido que se pode ler o seguinte trecho do primeiro Ato Institucional, o AI-1:

> Os processos constitucionais não funcionaram para destituir o governo, que deliberadamente se dispunha a *bolchevizar* o País. Destituído pela revolução, só a esta cabe ditar as normas e os processos de constituição do novo governo e atribuir-lhe os poderes ou os instrumentos jurídicos que lhe assegurem o exercício do Poder no exclusivo interesse do País. Para demonstrar que *não pretendemos radicalizar o processo revolucionário*, decidimos manter a Constituição de 1946, limitando-nos a modificá-la, apenas, na parte relativa aos poderes do Presidente da República, a fim de que este possa cumprir a missão de restaurar no Brasil a ordem econômica e financeira e tomar as *urgentes medidas destinadas a drenar o bolsão comunista, cuja purulência já se havia infiltrado não só na cúpula do governo como nas suas dependências administrativas*.[22]

Nesse sentido, o rearranjo que visou "drenar o bolsão comunista" também implicou a cassação interna dos próprios militares. Uma parte deles se alinharia à esquerda e se engajaria na luta armada, em especial aqueles que aderiram ao brizolismo[23]. Em que pese o fato de o desconhecimento da narrativa dos militares ser um veto das próprias Forças Armadas, vale apontar que nesse contexto estima-se que aproximadamente três mil militares de baixa patente teriam sido cassados. Logo, sob a anuência das classes dominantes que sancionam o golpe, já em 1964 os militares exercem e demonstram a força com a qual viriam a ocupar o poder nas duas décadas seguintes. Sanções, cassações, prisões e mesmo episódios de tortura pública[24] em certas regiões do país aparecem no imediatamente pós-golpe. A essa altura da história seria impreciso falar em "terrorismo sistemático de Estado", posto o caráter reativo do golpe, mas não há dúvidas de que os militares fizeram questão de anunciar a que vieram.

No interior desse escopo, estava um evidente desconforto com as propostas de Jango no campo da saúde, um dos principais nascedouros da psicanálise no Brasil desde as primeiras décadas do século XX. É bem verdade que tal desconforto seria um acúmulo de anos anteriores, que remetem à criação em 1953 de um Ministério da Saúde no segundo governo Vargas (1951-1954), separado da pasta de Educação. Uma das características centrais da pasta da Saúde era a instabilidade:

> Desde a sua criação, até março de 1964, o Ministério da Saúde caracterizou-se pela transitoriedade de seus titulares, evidenciando ser objeto de intensa e frequente barganha política. Nos seus primeiros dez anos de funcionamento, teve 14 ministros. A grande maioria permaneceu na pasta por poucos meses, sendo de um ano a gestão mais duradoura.[25]

Para se ter uma ideia, foram seis ministros da Saúde diferentes somente no governo Jango. As propostas de municipalização (descentralização da administração da Saúde pelo governo federal) e os embates na esfera da indústria farmacêutica (controle e proteção da indústria farmacêutica nacional *versus* pressão da ingerência estrangeira pela abertura para o mercado exterior) geraram uma grande indisposição do campo da saúde para com o governo Jango. Na segunda parte de *As Instituições Médicas no Brasil*, Madel Therezinha Luz demonstra que a experiência dos profissionais da saúde era a de não poder contar com um planejamento ordenado, em que as políticas de saúde eram reativas, no sentido de que atendiam a reivindicações dependendo das pressões feitas sobre elas. Tais pressões tinham como pauta a resolução dos graves problemas sanitários pelos quais passava o Brasil no período – mortalidade infantil, desnutrição, baixa expectativa de vida, combate às grandes endemias etc. Nesse cenário, não é difícil supor que o campo da saúde mental fosse "o mais preterido entre os preteridos" da atenção pública à saúde. Com isso, no governo Jango já está configurado o horizonte de crescente privatização na saúde mental previsto desde os anos 1940. "Em 1961 o Brasil já possuía 135 hospitais psiquiátricos, sendo 54 públicos (40%) e 81 privados (60%). Notava-se, no entanto, um crescimento de 24,9% dos leitos psiquiátricos privados e uma diminuição de 75,1% dos leitos públicos [quando comparado a 1941]."[26]

Para dar um exemplo da situação de divergências entre interesses públicos e privados no campo da saúde mental dentro do cenário paulista, vale lembrar o chamado "Inferno de Juqueri", que ganharia grande destaque na mídia paulista entre fevereiro e abril 1963[27]. Após uma denúncia pública das condições brutalmente desumanas pelas quais os pacientes passavam no Hospital Psiquiátrico do Juqueri por excesso de lotação e falta de verba, aumentou-se a pressão sobre o então governador Adhemar de Barros para a resolução da situação. Apesar das denúncias, a Secretaria da Fazenda do Governo Federal não reconhece o estado de calamidade do hospital e se nega ao repasse de verbas para a resolução da situação[28], "rebatendo" a responsabilidade para o governo do Estado de São Paulo. Assim, o secretário estadual de Saúde de São Paulo, Zeferino Vaz – personagem importante sobre quem falaremos adiante – viabiliza uma verba bilionária destinada ao Juqueri. Enquanto isso, quase simultaneamente, uma rápida atenção dada aos *Arquivos da Coordenadoria de Saúde Mental de SP* parece suficiente para notar como o desconforto em relação ao repasse de verbas do governo para o Juqueri tinha razões mais "profundas" do que o bem-estar dos pacientes.

Desde 1962, o psiquiatra Paulo Fraletti, então diretor-geral do Complexo Hospitalar do Juqueri, sugeria internamente que as assinaturas de diversas revistas canceladas após a renúncia Jânio Quadros poderiam ser renovadas com verbas de fundações privadas. Entre 1962 e 1963, Fraletti insistiria diversas vezes que a precariedade institucional e financeira pela qual passava o Juqueri não era culpa dos médicos, mas sim do Governo. Com as trocas de diretoria do Juqueri, eram renovados os encorajamentos a buscar subsídio fora do Estado – alguns nomes de financiadores encontrados nas atas: Fundação Rockfeller, Fundação Kelog, Fundação Ford, Johnson & Johnson, Joquey Clube, Warner International Corporation. Ou seja, a verba repassada pelo governo do Estado (uma vez que o governo federal aparentemente "deu de ombros") ao Juqueri poderia ser até bilionária, porém os interesses privatistas da cúpula de dirigentes exprimiam uma preocupação maior com a manutenção de assinaturas de revistas científicas do que com eventuais respostas às pressões externas pela oferta de um tratamento digno aos pacientes.

No que tange ao governo Jango, nem mesmo o "último lance" do Plano Trienal de Desenvolvimento Econômico e Social foi capaz de dobrar a discórdia entre a classe psiquiátrica hegemônica e as políticas do governo para a saúde. Como bem resume Argelina Maria Cheibub Figueiredo: "O Plano Trienal poderia produzir benefícios a longo prazo para todas as frações e classes, ainda que implicasse sacrifícios imediatos. O sucesso de sua implementação requeria um consenso em relação aos sacrifícios a serem arcados por cada grupo."[29] Mas as ânsias privatistas já não se dispunham mais a "sacrifícios imediatos". Por exemplo, a 3ª Conferência Nacional de Saúde de 1963[30], que se dedicaria a estudar os efeitos do Plano Trienal no campo da saúde, ao que consta, não promoveu nenhuma proposta específica para a saúde mental[31]. Enquanto isso, a esfera privada acenava do outro lado. Basta lembrar que, do ponto de vista empresarial, a montagem de uma clínica psiquiátrica privada demandava investimentos baixos em comparação à de hospitais de grande abrangência, sem exigir grandes investimentos em tecnologia e em aparelhagem, ou mesmo em profissionais com a devida qualificação para o trabalho[32] – portanto, um atrativo para os setores privados.

Dito tudo isso, é possível enfim começar a situar o contexto dos movimentos psicanalíticos brasileiros em 1964 a partir de alguns ângulos. É deveras sabido que na primeira metade dos anos 1960 a ampla maioria dos psicanalistas vinha de uma formação médica e psiquiátrica. Mesmo com a promulgação da regularização durante o governo Jango da formação profissional do psicólogo em 1962, levaria alguns anos até que se tornasse visível e realmente relevante a reivindicação de um lugar para psicólogos e psicólogas na disputa por credibilidade na herança legítima de Freud. Aqui, não se pode dizer nem mesmo que essa luta já estava travada: no golpe de 1964, a hegemonia dos processos decisórios dos destinos do movimento psicanalítico nacional (ainda) era dos psiquiatras.

A essa altura da história, os movimentos psicanalíticos nacionais já tinham um grau de consolidação razoavelmente bem estabelecido e significativamente desassociado da interdependência financeira do capital estrangeiro. Eles estavam também distantes de sentir na pele as mazelas das obstruções financeiras no campo da saúde pública nos primeiros anos da década de 1960. Na interface com a psiquiatria, cujo trânsito lhes seria outorgado pela formação médica, tampouco os psicanalistas ocuparam postos realmente decisórios de direção de hospitais psiquiátricos públicos, o que lhes permitiria travar negociações com o governo – e por conseguinte nos permitiria visualizar de que forma eles se posicionaram frontalmente na luta por melhorias de serviços. No Rio de Janeiro, o trânsito entre psicanalistas e psiquiatras atuando na rede pública se manteve mesmo após os anos 1950, quando se iniciam os processos de institucionalização[33]; todavia, a partir daí esse trânsito passaria por vias diversificadas, nas quais variáveis como as cátedras de psiquiatria nas universidades públicas cariocas passam a ocupar posições de prestígio mais significativas de algum compromisso com a *res publica* do que a assunção de postos de alta direção em hospitais psiquiátricos públicos. Mesmo no Rio Grande do Sul, em que as relações entre psiquiatria e psicanálise eram intensamente estreitas e orgânicas, herdadas de uma longa tradição iniciada na segunda metade do século XIX[34], verifica-se um mesmo estado de bifurcação entre o público e o privado nos interesses do movimento psicanalítico da região[35]. Em São Paulo, os importantes anos de participação dos psicanalistas nos serviços do Estado de higiene mental (notadamente de higiene mental infantil) dos anos 1920 e de 1930[36] já pareciam um legado muito distante para "recompromissá-los" com a causa pública. Em tantas outras regiões do país, ou mesmo nas regiões interioranas desses Estados, como já dito, as reivindicações das classes médicas tinham pautas mais sanitárias à frente de suas urgências locais – o que de todo modo, afinal, parecia justo. Em 1964, acima das agendas particulares de cada região, a agenda geral já parecia ser outra: do ponto de vista do exercício da clínica, já era visível que uma parte substancial dos psicanalistas de formação psiquiátrica tendia a encaminhar os movimentos psicanalíticos a soluções privatistas. É certo que havia circulações *intelectuais* e *profissionais* entre psicanalistas e psiquiatras na saúde mental pública, mas o ponto que queremos sublinhar é a ausência nas *articulações políticas*. Nos próprios Arquivos da Coordenação de Saúde Mental de SP é possível ver como os psicanalistas médicos e até não médicos eram convidados a dar palestras e conferências nas sedes desses hospitais, a se reunirem com as altas cúpulas da direção hospitalar para discutir ideias em meio a tantos outros convidados como antropólogos e filósofos. Ainda assim, por mais ativa que fosse a vida intelectual que regulava esse trânsito, nada parecia poder reverter a tendência privatizante que estava em jogo naquele momento.

Portanto, não surpreende que nada tenha sido encontrado na documentação pesquisada no sentido de movimentos psicanalíticos "levantarem bandeira" contra ou a favor do governo João Goulart em praça pública na ocasião do golpe. Nenhuma participação relevante, por exemplo, na 3ª Conferência Nacional de Saúde de 1963. Tampouco tomariam partido diretamente na conspiração do empresariado de ocasião do IBAD e do IPES. Ao que tudo indica pela documentação pesquisada, os movimentos psicanalíticos ou não se interessariam pelo colapso político que os circundava em 1964, ou não tinham expressividade para se colocar de forma relevante a respeito dele a ponto de ter qualquer influência sobre o rumo dos acontecimentos. Assim, a única hipótese que se pode formular a essa altura é um tanto ainda imprecisa e tateante, mas que já vale anunciar: é a hipótese de que *provavelmente os movimentos psicanalíticos nacionais em 1964 aderiram "silenciosamente" e "involuntariamente" (entre infinitas aspas) à grande massa das classes dirigentes que embarcou no aceno liberal do golpe militar, sustentando-o por meio de uma aliança de ocasião pautada no autoritarismo de crise.* Como ocorreu a tantas outras classes de profissionais liberais[37] que não se incomodaram ou não foram incomodadas pelo golpe (incluindo as do campo da saúde), isso não significa nesse momento da história que os movimentos psicanalíticos eram "portanto" a favor da censura, da tortura, do desaparecimento de corpos, dos assassinatos ou algo do tipo – vale lembrar, nós ainda estamos apenas em 1964, período em que não se pode falar verdadeiramente em um "terrorismo sistemático de Estado", por mais que os militares tenham dado pistas nítidas de que o caminho a ser trilhado seria exatamente esse. Enfim, antes de decidir se o que está em jogo no autoritarismo de crise é medo, conveniência ou simpatia, é preciso um pouco de calma aqui. Restará saber, ao longo da obra, se essa hipótese há de se confirmar ou não por meio dos índices que de fato só passarão a aparecer depois de 1964.

MASOQUISMO E COMUNISMO: UMA ARQUEOLOGIA PSICANALÍTICA DA ESQUERDOPATIA

No ano fatídico de 1964, vem à luz uma obra deveras singular na história do movimento psicanalítico brasileiro. Trata-se de *Masoquismo e Comunismo: Contribuições Para a Patologia do Pensamento Político*, da autoria de Karl Weissmann (1910-1990). Austríaco de nascimento, Weissmann chega ao Brasil ainda criança, no início dos anos 1920. Muitas vezes seu nome é associado ao de seu irmão, o famoso escultor Franz Weissmann. Karl, por sua vez, faria carreira como hipnólogo e psicanalista autodidata. Apresentado à psicanálise freudiana por Gastão Pereira da Silva[38], um dos principais nomes da divulgação da psicanálise desde os anos 1930, Weissmann escreve *O Dinheiro na Vida Erótica* (1937). O envio de um exemplar desse livro a Freud lhe renderia uma carta de resposta escrita de próprio punho[39]. Colunista do jornal *O Cruzeiro*, foi um dos responsáveis pela vulgarização da psicometria na cultura popular brasileira. Exerceu a psicanálise na Penitenciária Agrícola de Neves, em Minas Gerais. Além de *O Dinheiro na Vida Erótica*, antes do regime militar Weissmann publica *O Hipnotismo: Psicologia, Técnica e Aplicação* (1958) e *A Conquista da Maturidade* (1961) – e, depois, a coletânea *Psicanálise: Ensaios e Experiências* (1967).

As pesquisas de Rodrigo Afonso Nogueira Santos[40] são a principal referência nacional quando o assunto é a trajetória de Weissmann. Do ponto de vista do acúmulo de prestígio, os espetáculos teatrais de hipnotismo em massa realizados por Weissmann em grandes capitais brasileiras e suas aparições na televisão defendendo o uso da hipnose para extrações indolores de dentes e outros ao longo dos anos 1950 garantiriam a ele uma popularidade singular. Publicado pela editora Martins, *Masoquismo e Comunismo* gera repercussão em jornais e revistas populares e é saudado nas mídias da época[41]. Escrito em 1963 e publicado em 1964, *Masoquismo e Comunismo* configura uma espécie de plataforma de agendas ideológicas que repercutirão nos anos vindouros da ditadura e, por isso, merece uma análise um pouco mais detida.

Após uma "Nota Prévia" em que o autor se desculpa para com os seus amigos comunistas pelo conteúdo que virá, um "Preâmbulo" se encarrega de resumir as teses centrais do livro em 26 pontos. Como esses se repetem demasiadamente, pode-se resumir o argumento geral em oito tópicos (p. 11-14): 1. o comunismo é um masoquismo estatal e institucionalizado, logo o comunista é um masoquista social, ideológico, intelectual, idealista e de imaginação fértil, cujas aspirações estão voltadas para um futuro irreal; 2. o comunista celebra a derrota e o sofrimento, partilhados pelos pares comunistas igualmente masoquistas; 3. o amor do comunista pela sua família é subjetivamente precário, uma vez que ela nunca está em primeiro plano nas suas prioridades de vida; 4. o comunista é como um religioso, só que malsucedido; 5. o comunista rico é um masoquista social cujo complexo de Édipo mal resolvido o leva a se voltar contra a propriedade privada como um sucedâneo do ódio ao pai; 6. a supressão da propriedade privada e o projeto de uma sociedade sem classes sociais é expressão da pulsão de morte e do desejo ao retorno a uma vida intrauterina e sem conflitos; 7. o comunismo se sustenta em um suspense monótono, que se estrutura tal como um teatro hipnótico; 8. a psicanálise é a maior inimiga do comunismo, sendo que para lutar contra o comunismo não é preciso ser anticomunista, mas sim um "antimasoquista militante".

Sem perder tempo, já nos primeiros capítulos do livro o autor critica as empreitadas teóricas que procuraram relacionar Freud e Marx. Por meio de uma escolha de citações de caráter discutível, mas nem por isso imprecisa quanto às fontes usadas[42], Weissmann constrói um Freud cuja vida e obra é de "natureza antimasoquista [sic], logo, anticomunista"[43].

Com uma escrita de estilo peremptório, diversas frases se intercalam com exposições de argumento ao longo do livro operando como paragens de leitura, tais como "jamais o comunismo poderá aceitar a psicanálise"[44]; "o comunismo é uma doença da imaginação"[45]; "o comunismo é inconcebível sem teatro"[46]; e "o comunista não dispensa plateias"[47]. Ao longo do argumento, dois expedientes de atribuição de credibilidade são utilizados: o psicopatológico e o clínico. No plano psicopatológico, Weissmann apresenta um manejo artificioso dos fundamentos da metapsicologia freudiana. Não parece que Weissmann seja um "aventureiro" se desvairando pelas trilhas da teoria psicanalítica de forma integralmente desinformada. A questão é o uso e o destino que ele faz do sistema teórico de Freud, fazendo crer que concepções como pulsão de morte ou masoquismo moral encontrem na subjetividade dos comunistas suas formas representativas mais bem esculpidas, quando o próprio Freud nunca teria desenvolvido aproximações desse tipo. Para dar um exemplo, digamos que a tendência ao retorno inorgânico suposta no conceito de pulsão de morte é quase um clichê do conceito, mas nem por isso ele deixa de ser aceitável; o ponto de descomedimento é relacionar a abolição da propriedade privada a uma prevalência da ação da pulsão de morte orientada pela condição masoquista. Em suma, pode-se dizer que Weissmann é um ideólogo, mas cuja convicção é de tipo diligente; não se trata de lealdade aos conceitos, mas sobretudo de ser leal às aplicações desses conceitos em encadeamento de pretextos que lhes são extrínsecos. Seria evasivo afirmar que Weissmann não tem alguma competência sobre os conceitos: o ponto problemático é recorrer a eles para construir uma tipologia psicopatológica voltada para fins externos a seus propósitos originais.

A clínica também é convocada como forma de agenciar credibilidades ao argumento. No livro há apenas uma vinheta clínica de um caso atendido por ele, mas é como se só uma bastasse para compreender que programa clínico subjaz em tais ideias:

Um comunista por mim analisado, revelara a sua vocação ideológica desde a infância: choramingando, o revolucionário potencial dirigia-se à mãe literalmente com essas palavras: *'Mamãe, eu quero o que não tem'*. Garantira-se destarte, de antemão, a gratificação emocional masoquista, o que não impedia que ele se queixasse da crueldade materna ao conceder-lhe justamente o que lhe pedira: *a recusa*. Vida a fora [sic] essa pessoa vivia pedindo o que não tinha. Não é de estranhar que ele encontrasse no regímen [sic] da supressão da propriedade privada, isto é, no comunismo, o seu clima ideológico ideal. Afeito a protestos sociais sistemáticos e ao vício de colecionar injustiças, ele vivia, como todo revolucionário vocacionado a pedir o que não tinha e entregue ao seu mecanismo irracional de defesa própria. Escusado será acrescentar que alguns meses de análise bastaram para reduzir-lhe sensivelmente o seu ardor ideológico.[48]

Há um programa de cura da doença comunista pela psicanálise claro em Weissmann, ainda que o livro não seja especificamente clínico. Não obstante, em outros dois momentos, ele reivindica o lugar de autoridade a partir da inusitada posição de "psicanalista de penitenciária". Na primeira ocorrência, para comparar o comunismo a uma "crimonose" [sic] observável na personalidade de seus pacientes presidiários; a diferença é que neles o sentimento de culpa está delimitado a um eu individual, enquanto o comunista "distribui, de certo modo, sobre o eu coletivo de um partido"[49]. Na segunda, para repisar que tanto os seus pacientes presidiários quanto os comunistas encontram a satisfação de caráter masoquista quando se orgulham de suas penitências a um outro[50]. Nas duas ocasiões, nada muito diferente do argumento geral do livro, exceto pela reivindicação de um lugar de clínico: poder dizer desde uma experiência de escuta como expediente de validação de premissas.

É bem verdade que Weissmann se entrega a passagens bastante, digamos, imaginativas, como em um capítulo inteiramente dedicado a construir uma fábula em que o político soviético Nikita Khrushchov se confessaria a Freud. Quase como quem busca se prevenir da acusação de doutrinador americanizado, Weissmann distribui algumas poucas críticas ao consumismo estadunidense na chave do que ele chama "neurose monetária", mas todas muito tímidas quando comparadas ao argumento geral. Assim, como saldo geral, *Masoquismo e Comunismo* pratica uma reflexão ímpar de inspiração psicanalítica destinada à patologização do comunismo e dos comunistas, cuja escrita iniciada no "Preâmbulo" responde à circunstância histórica que o autor faz questão de não esconder: *"em fins de 1963, quando os comunistas orientavam e controlavam o governo"*[51].

Há pelo menos três motivos pelos quais *Masoquismo e Comunismo* é importante para os nossos fins. Poder-se-ia sustentar contra tal importância que se trata de um autor irrelevante, não representativo do movimento psicanalítico nacional, um psicanalista insignificante na história da psicanálise no Brasil e afins. O ponto que nos interessa na verdade não é propriamente fabricar uma objeção a essas objeções, mas sim resguardar uma forma de usufruir o que elas revelam de mais essencial: Weissmann é valoroso na sua qualidade do que se poderia chamar de *autoria imperfeita*. As obras marginalizadas dos "autores malditos" são excelentes indexadores do grau de autonomia ou de heteronomia de um determinado campo. Bourdieu afirma:

> Dizemos que quanto mais autônomo for um campo, maior será o seu poder de refração e mais as imposições externas serão transfiguradas, a ponto, frequentemente, de se tornarem perfeitamente irreconhecíveis. O grau de autonomia de um campo tem por indicador principal seu poder de refração, de retradução. Inversamente, a heteronomia de um campo manifesta-se, essencialmente, pelo fato de que os problemas exteriores, em especial os problemas políticos, aí se exprimem diretamente. Isso significa que a "politização" de uma disciplina não é indício de uma grande autonomia, e uma das maiores dificuldades encontradas pelas ciências sociais para chegarem à autonomia é o fato de que pessoas pouco competentes, do ponto de vista de normas específicas, possam sempre intervir em nome de princípios heterônomos sem serem imediatamente desqualificadas.[52]

Weissmann, assim, é um autor que explicitamente incorpora imposições externas sem refratá-las. Os conceitos mobilizados a serviço de propriedades que lhes são destituídos e as "politizações" da psicopatologia sob o imediatismo das circunstâncias do golpe são provas disso. O fato de ser apenas possível encontrar esse tipo de empreitada intelectual nas margens do campo não é um mero acaso. A desqualificação da qual Weissmann foi "vítima" não deve ser encarada sob a óptica da história da psicanálise como uma simples arbitrariedade de uns contra outros, mas sim como o resultado mesmo do que seria qualificado como um excesso inconveniente para os agentes que buscavam legitimidade via construção de normas específicas do campo. Ou seja, para esses agentes, *Masoquismo e Comunismo* configuraria a típica obra que não era "boa para os negócios", seja por expor juízos políticos que deveriam ser mantidos em segredo, seja por comprometer os conceitos com um certo estado heterônomo deslocado dos objetivos gerais da autonomização. Só os anos vindouros serão capazes de desvelar se se tratava de um ou de outro.

Em um segundo aspecto, também em 1964 desembocariam décadas de um antipopulismo pacientemente construído que poderia ser caracterizado como um *repúdio às massas* parcialmente orientado por ideias psicanalíticas. Não é possível desenvolver esse aspecto com a atenção que ele merece, contudo, é preciso ao menos apontar que desde os anos 1920 e

1930 a questão do comportamento das massas foi disputada por diversas instâncias intelectuais, desde o nefasto integralismo de Plínio Salgado[53] até a chamada "criminologia das multidões"[54]. O interesse do fascismo brasileiro e da criminologia pelo estudo do comportamento das massas é oriundo da multiplicação de perspectivas teóricas características da passagem do século XIX para o século XX dedicadas à compreensão dos chamados "aspectos regressivos do comportamento de massa" – cujo capítulo maior na história da psicanálise é, evidentemente, a obra *Psicologia das Massas e Análise do Eu* de Sigmund Freud. A ideia geral de que as massas são manipuláveis, regredidas, acríticas, autocontagiantes ou vulneráveis a lideranças carismáticas operou ao longo da primeira metade do século XX como expediente de "psicologismo despolitizante" das mobilizações populares. Ou elas seriam perigosas porque incontroláveis, ou seriam alienadas porque antiliberais e anticonservadoras – portanto, na visão liberal, irracionais e caóticas. Ou seja, *o colapso do populismo tem uma versão também psicológica*, cujo esvaziamento do caráter crítico da teoria freudiana das massas na recepção brasileira se curva às influências conservadoras ou reacionárias de Gustave Le Bon, Gabriel Tarde e tantos outros[55]. Logo, em 1964 a transição dos programas desenvolvimentistas para as promessas de modernização por meio de uma agenda tipicamente individualista carrega uma resultante liberal de forças: todo populismo sob desconfiança pode conviver com alguma teoria psicanalítica desde que realizadas algumas distorções insolentes para tal. É o que Weissmann tenta demonstrar quando associa "comunismo" e "masoquismo estatal" ou "institucionalizado", ou entre comunistas identificados entre si pelo sofrimento sob uma vida liderada pelo partido. No fundo, os subsídios do programa clínico de *Masoquismo e Comunismo* no qual "o comunismo é a doença e a psicanálise é a cura" são corroborações do horizonte individualista da ideologia em voga no período, configurando a adesão heterônoma às alegações liberais que deram sustento ao golpe de 1964.

Em um terceiro aspecto, *Masoquismo e Comunismo* não é um instrumento aleatório para compreender quais interesses estavam em jogo no recurso à psicanálise para o juízo psicopatológico das esquerdas brasileiras. Vale lembrar que Karl Weissmann, que se dizia hipnólogo, psicanalista, psicoterapeuta e psicólogo, seria marginalizado não apenas pelo juízo político leviano, mas igualmente por representar o perigo do hibridismo, do ecletismo e do charlatanismo. Os predicados acumulados em outras esferas profissionais na década de 1960 já não representariam um acúmulo de capital simbólico tão significativo a ponto de Weissmann ser inquestionavelmente reconhecido como psicanalista. Arriscamos até aqui para nos referirmos a ele e a Gastão Pereira da Silva na categoria provisória de "psicanalista autodidata", que inclusive pode dar a entender que ambos não eram psicanalistas. É preciso dizer que não é disso que se trata – afinal, quem é o historiador da psicanálise que irá decidir quem é ou quem não é psicanalista? Trata-se sobretudo de compreender que em meados dos anos 1960 o mercado de bens simbólicos já estava em um grau diferente que nem mesmo ter trocado cartas com Freud poderia garantir que eles seriam reconhecidos como psicanalistas, por mais que a autodeclaração deva ser validada. Tampouco a inusitada autodeclaração "psicanalista de penitenciária" seria suficiente. O processo de marginalização de determinados autores e obras face à consagração de outros nada mais é do que o resultado dessas disputas no mercado de bens simbólicos pela herança legítima do legado freudiano. Resta compreender em que estado estava tal mercado, e é sobre isso que nos dedicaremos no próximo capítulo.

4.
O Mito Nacional do Pedigree

Um Capital Simbólico
Para a Psicanálise no Brasil

> *Filiação por disparidade*[1]: *esse poderia ser o nosso estatuto secreto*
> WLADIMIR GRANOFF, *Filiations*.

Com o processo de institucionalização da psicanálise nos anos 1960 no Brasil – cujo primeiro ciclo se completaria em 1969[2] – torna-se necessário compreender como o elemento da filiação comparece como estratégia de validação da herança legítima do legado freudiano. Anunciamos que a filiação esculpe uma característica intrínseca da historiografia propriamente psicanalítica (e estranha a todas as outras), configurando o mercado de bens simbólicos e seus respectivos capitais simbólicos acumulados ao longo de décadas. Esse mercado se encontra em um estágio avançado de sedimentação nos primeiros anos do regime militar, graças à clareza das normas instituídas que definem a formação do psicanalista. Tais normas se organizam segundo o que se convencionou em psicanálise chamar de "tripé": estudo teórico, análise do analista e supervisão. A análise do analista na qualidade de segunda regra fundamental não estava no centro das celeumas do movimento psicanalítico dos anos 1910. Sua incorporação na qualidade de alicerce que se sustenta com as outras duas do tripé se daria definitivamente nas décadas de 1920 e de 1930. Credita-se comumente à experiência da Policlínica de Berlim não apenas a prática efetiva da análise de analistas na formação psicanalítica, mas também a "invenção" do dispositivo da supervisão, dispositivo em que o psicanalista em formação discute casos que está atendendo com um psicanalista mais experiente. Porém, para ser historicamente mais preciso, a análise do analista foi objeto de uma intensa negociação por uma Comissão Internacional de Formação entre 1925 e 1932, até ser finalmente assimilada pela IPA dentro dos critérios de formação analítica[3]. É então que a análise do analista recebe o batismo ipeísta pelo qual ela seria historicamente consagrada: a análise didática. Tomada quase como um sinônimo automático de análise do analista, desde então a análise didática é alvo de uma série de críticas, tanto dentro quanto fora da IPA. A designação "análise didática" se presta a diversos mal-entendidos, tornando-se equivalente de "burocratização" da formação psicanalítica, concentração de poder na mão dos poucos selecionados para a função e afins. A fim de evitar essa sinonímia, será preciso discorrer sobre ela na qualidade de *selo de garantia filiatória* por meio de uma analogia que chamaremos de "xibolete". Após isso, iremos apresentar seis quadros institucionais do movimento psicanalítico brasileiro.

OS XIBOLETES DO DIDATISMO E SUAS VICISSITUDES:
UM EXPEDIENTE INTERNACIONAL DE DESPOLITIZAÇÃO
ADEQUADO ÀS CONDIÇÕES NACIONAIS

Ainda que haja certo desnível de forças no tipo de argumento de autoridade proporcional à filiação, é plenamente possível inferir um padrão que ela impõe em um país colonizado como o Brasil. Nem mesmo o prestígio da profissão médica no Brasil, que foi determinante para a recusa de se submeter à análise didática por parte de alguns "psicanalistas autodidatas" que iniciaram suas trajetórias nos anos 1930, por exemplo, pôde resistir à chegada desse capital simbólico exclusivo da psicanálise nos anos 1960. Tidos como "errantes", "autoanalisados", marginalizados pela historiografia oficial ainda que vivos e atuantes nos anos da ditadura, personagens como Karl Weissmann ou Gastão Pereira da Silva são hoje resgatadas pelos historiadores da psicanálise em sua importância e na contribuição que deram ao movimento psicanalítico brasileiro. É certo que já nos primeiros anos do regime militar havia vida psicanalítica fora da IPA, como de algum modo sempre houve desde a implantação do freudismo no Brasil. O prestígio das profissões médicas, o trabalho em hospitais públicos, as relações com as elites culturais e artísticas, a presença nas grandes mídias e as carreiras universitárias asseguraram até os anos 1960 a credibilidade para os "autodidatas" introduzirem o freudismo no Brasil. No entanto, com o passar das décadas, a propagação da doutrina freudiana e os ensaios clínicos foram perdendo o caráter contingencial ou incidental, conformando as intenções iniciais às exigências próprias da constituição de um movimento psicanalítico organizado. Assim, desconsiderar a chancela institucional passava a custar cada vez mais caro: chegar aos anos 1960 recusando-se a se analisar era colocar-se sob o juízo desconfiado de ser um "analista não analisado", expondo a própria reputação profissional aos estigmas do charlatanismo, da petulância ou da selvageria.

Não obstante, do ponto de vista clínico, conforme já afirmado, não há quem hoje questione a segunda regra fundamental da análise do analista. A questão é que, do ponto de vista historiográfico, nota-se que ela subscreve as formas de pertencimento institucional dos analistas e as posições de poder e prestígio que eles ocuparão internamente e, por conseguinte, também externamente.

Digamos que o ponto fulcral do argumento para a desautorização dos "psicanalistas autodidatas" que se coloca na questão da filiação é que se pressupõe a possibilidade de percorrer toda a árvore genealógica de experiências pessoais de análise até que, em algum grau, chegue-se a Freud: como na quadrilha de Carlos Drummond de Andrade, "fulano" fez análise com "sicrano" que fez análise com "beltrano" que fez análise... com Freud. Além do fato de que esse capital simbólico será implacável para com aqueles que estavam fora da árvore genealógica (pelo simples fato de não terem se submetido a uma análise pessoal com alguém de dentro dessa árvore), é preciso reforçar que *camadas e camadas geracionais de psicanalistas formados se sobrepõem segundo essa lógica na qualidade de fenômeno mundial*. No entanto, é certo também que essa árvore genealógica não é desprovida de acidentes. Um dos melhores livros publicados sobre o assunto é o já mencionado *Psychoanalytic Filiations*, de Ernst Falzeder, que nos mostra que parte dos primeiros discípulos de Freud do Círculo Secreto nunca chegou a fazer um dia sequer de análise pessoal – notadamente, Karl Abraham e Hanns Sachs –, enquanto outros – Otto Rank por exemplo – mal puderam dar início a uma análise, uma vez que Freud julgara que não conviria analisá-los dada a proximidade da relação entre eles[4]. No entanto, com o avanço da regularização das normas para a formação institucionalizada de psicanalistas – que por sua vez organizam a institucionalização da psicanálise e dão às próprias instituições uma razão de existir – as experiências iniciais tendem a se tornar miragens um tanto difusas de um passado distante, em que prevalece mais o prestígio conquistado por um certo nome que passa a operar de maneira independente no imaginário dos psicanalistas. Por exemplo, imaginemos, em determinado momento da história, uma linha genealógica hipotética de um "fulano" que se analisou com "sicrano" que por sua vez... se analisou com Abraham... que não se analisou com ninguém. Ora, provavelmente o fato de Abraham não ter feito uma análise pessoal se torna secundário pela sobreposição das camadas geracionais, um dado desconhecido para a maioria dos psicanalistas das gerações subsequentes, porque afinal Abraham foi Abraham – ou seja, o prestígio e o reconhecimento designados pelo nome Karl Abraham na história da psicanálise seriam mais significativos do que a análise que ele não fez.

Por isso, é necessário distinguir "análise do analista" de "análise didática". Por análise do analista, entende-se fundamentalmente a consequência lógica da segunda regra fundamental – todo analista deve passar por uma análise –, enquadrada em uma rota filiatória clara, por meio da qual é possível ir subindo degraus nas camadas geracionais até chegar aos nomes fundadores, idealmente ao nome de Freud. Por análise didática entende-se a submissão da segunda regra fundamental a um processo de institucionalização da formação de psicanalistas segundo as regras da IPA. Por um lado, com a institucionalização, as normas adquiririam uma rigidez burocrática no expansionismo internacionalista. Logo, a burocracia era a salvação institucional para o controle e a vigilância do próprio processo expansionista, cuja matriz seria a sede da IPA em Londres, investida em suas ramificações em qualquer instituição a ela vinculada. Por outro, como uma consequência burocrática, a análise didática simboliza a submissão das outras duas pernas do "tripé" (a supervisão e o estudo teórico) a crivos específicos de avaliação. Não apenas a quantidade mínima de horas dedicada a cada uma delas seria aquilatada, mas também a "análise do analista" não se daria com qualquer analista, senão com um "analista didata" devidamente credenciado pela instituição. Ao transformar a segunda regra fundamental da psicanálise em uma limitação de possibilidades de escolha de realização de uma análise pessoal a uma "lista de credenciados", a figura institucional da análise didática se caracteriza como um paradoxo: o ônus é a própria limitação da lista, mas o bônus é o próprio selo de garantia filiatória.

Bem, tais elementos são fundamentais não para assumirmos o papel de "juiz das análises alheias", como já nos alertou Granoff, mas sim para destacar o problema historiográfico da migração no expansionismo da psicanálise. Em um país como o Brasil, que não participou direta e objetivamente das primeiríssimas gerações de psicanalistas formadas no divã de Freud (ou dos primeiríssimos discípulos em torno dele) nos anos 1910, só poderia haver duas soluções elementares para formar psicanalistas segundo a ordem institucional imperante: ou importa-se um analista de analistas para formar psicanalistas brasileiros no divã, ou psicanalistas brasileiros saem do Brasil em busca de análise pessoal e se tornam analistas de analistas ao retornar ao país. São essas duas soluções elementares que de saída se acumularão em torno de um capital simbólico específico para a psicanálise no Brasil, configurando o que chamaremos de *o mito nacional do pedigree*.

O ponto do mito nacional do pedigree é que nos anos 1960 as negociações para que analistas de analistas se deslocassem geograficamente já estarão em um grau tal de cálculo de capital simbólico que o cálculo ele mesmo se sobreporá à necessária experiência do divã propriamente dita. Portanto, haveria ao menos duas grandes etapas na implantação da psicanálise para fora de seu circuito germânico inicial. Em um primeiro momento: ou analistas de analistas estrangeiros chegam ao país para analisar um primeiro grupo de brasileiros interessados até que estes se tornem também analistas (e depois igualmente analistas de analistas atuando localmente), ou analistas brasileiros migram para fora do país em busca de uma análise pessoal e retornam como analistas de analistas brasileiros, fomentando um movimento psicanalítico local. Em um segundo momento: um grupo de analistas brasileiros já atuando como analistas de analistas brasileiros se responsabiliza por analisar novas camadas geracionais de analistas, portanto, já sem mais depender de importação ou exportação de analistas de analistas de outros países, mas ainda assim dependendo de uma migração dentro do país para além dos primeiros locais em que se implantou um determinado movimento psicanalítico. A confluência importante a destacar é que, em 1964, a psicanálise no Brasil já estava nessa segunda etapa, mas carregava o acúmulo de capital simbólico e sua lógica interna de transferências da primeira.

Todavia, esse cenário não se restringiria às migrações externas. É claro que, em relação a esse último ponto, estamos em um recorte de classe bastante específico, uma vez que a migração para um outro país visando a um aprimoramento profissional (portanto, fora da migração forçada por catástrofes ou pela guerra) é um recurso de uma camada privilegiada da sociedade brasileira. Elementos como a insensibilidade a variações de câmbio ou à inflação, a progressão de carreira por escolaridade, o domínio da língua estrangeira e o acesso aos centros de formação em grandes capitais do hemisfério norte já seriam um afunilamento prévio, que tem como pré--requisito uma certa posição de classe nas camadas médio-superiores. De todo modo, vê-se que os mesmos determinantes materiais na configuração da economia desses bens simbólicos da filiação envolveram uma série de consequências geográficas e econômicas nas migrações internas, resultando na concentração de movimentos psicanalíticos em regiões do Sul-Sudeste. Esquematicamente, do ponto de vista da migração interna, pode-se dizer o seguinte: 1. ou os psicanalistas brasileiros que saíram de suas cidades natais em busca de formação em capitais sul-sudestinas não retornavam a elas depois de se estabelecerem; 2. ou aqueles que retornavam às cidades natais não deram início a um movimento psicanalítico local com a formação de novos quadros locais de psicanalistas, seja porque não eram credenciados ("ainda") como didatas – e, portanto, não estariam institucionalmente autorizados a fazê-lo –, seja porque escolheram deliberadamente não o fazer por motivos pessoais quaisquer, reduzindo suas atuações a iniciativas pontuais; 3. ou as condições sociais, materiais e econômicas de regiões que tinham urgências sanitárias como prioritárias quando comparadas a políticas de saúde mental impediam objetivamente a constituição de fluxos migratórios de candidatos em busca da formação analítica.

O tipo de intenção historiográfica que a filiação coloca em destaque não suspende a necessária perspectiva da história das ideias, afinal, as ideias migram com menos precondições do que os psicanalistas. Dizendo de maneira simples, a ênfase nas rotas filiatórias é uma forma de colocar este trabalho ao lado do de Falzeder (que por sua vez se inscreve no legado de Granoff), quando este afirma que mesmo a história das ideias não deve estar desacompanhada da história das pessoas que as formularam. Falzeder destaca três pontos em que se pode perceber a significância desse tipo de abordagem:

1. Na literatura, esse tipo de informação é quase sempre dado de passagem, como se acrescentasse apenas um pouco de fofoca ou algumas informações básicas para o *Insider*. É (novamente, quase sempre) não tratado como um material essencial para a compreensão da história da psicanálise. Mas, em cartas pessoais ou em conversas particulares, muito pelo contrário, esse aspecto é visto como de suma importância.

2. À medida que a árvore genealógica crescia, erraticamente, por assim dizer, aglomerados e padrões se tornavam visíveis, centros de influência e conexões inesperadas. Nós, encruzilhadas, pontes se materializaram nesta "junção de espaguete"[5].

3. Tornou-se cada vez mais claro que essa rede permeava todos os aspectos da vida das pessoas envolvidas, profissionais ou privadas.[6]

Vejamos. O primeiro ponto destacado por Falzeder merece uma discussão mais cerrada. Como a revelação de "quem fez análise com quem" no Brasil era estratégia de legitimação, signo de prestígio e demonstração de pertencimento de classe, as informações não eram apresentadas de passagem. Pelo contrário: não ficariam restritas a cartas pessoais ou conversas particulares, mas estariam em agradecimentos, cerimoniais institucionais ou textuais, notas de rodapé ou mesmo destacadas no corpo de artigos e livros publicados. Fazia-se questão de tornar transparentes os "centros de influência e conexões inesperadas"; os "aglomerados e padrões" e o universo de laços de sociabilidade, todos exibidos e vangloriados como um verdadeiro pedigree e incorporados e elevados à condição de historiografia. Em nossa pesquisa, o difícil foi organizar tais informações, mas não as encontrar: os psicanalistas que fizeram análise com analistas prestigiados faziam questão de declarar não apenas quem eram, mas onde fizeram a análise (no Brasil ou fora) e, às vezes, até mesmo por quanto tempo.

No caso do Brasil, sugere-se desde já que o problema central não seja o da análise didática *em si*[7] (ou seja, no que ela comporta da segunda regra fundamental), mas sim o funil burocrático que ela impõe e o capital simbólico que a ela se soma e que por meio dela se veicula. É fundamentalmente a redução da legitimação à burocracia institucional que estará em disputa nos anos da ditadura, e não propriamente a segunda regra fundamental. Em um país colonizado como o Brasil, a análise didática é apenas a face aparente de uma questão social historicamente muito mais profunda, e por isso admite tantas variáveis advindas de uma mesma lógica filiatória de funcionamento para além da própria IPA. É preciso levar em conta o caráter colonizatório que o "analista de analistas" encarna na qualidade de um *habitus* ao ter sido ele próprio analisado por um analista europeu, ou por um dos fundadores de determinada escola, o receptor imediato do bastão em um segundo movimento geracional. Ou seja, deve-se considerar que o modelo ipeísta da análise didática tende a se replicar no sentido filiatório no Brasil, mesmo onde a análise didática não exista enquanto figura institucional oficial. É sob o mito nacional do pedigree que instituições não ipeístas também reproduzirão à sua maneira, no período final da ditadura, uma casta de autoridades carismáticas sucedânea às da IPA, ao recepcionarem aqueles que realizaram análises pessoais e formações psicanalíticas na Europa durante o exílio. Nesse cenário, nunca é demais lembrar, por mais óbvio que seja, que via de regra seguem excluídas as classes trabalhadoras, inábeis pelas condições sociais de exprimir uma certa senha codificada de forma adequada para adentrarem no campo de modo a se tornarem psicanalistas. Novamente, reitera-se o caráter sutil de segregações e distinções que caracterizaria o campo psicanalítico como "elitista", mais além de qualquer questão relativa a preços praticados em sessões (que de todo modo são objetivamente, na prática, insondáveis) ou de muros efetivamente construídos separando dentro e fora das instituições.

Dito isso, pode-se prosseguir acompanhando o argumento de John Forrester:

> A análise didática é intimamente ligada a uma característica mais específica dos escritos psicanalíticos de Freud: seu caráter autobiográfico. Por este tom pessoal, o fato de que todo leitor, certamente todo seguidor prematuro, seja obrigado a estabelecer uma relação pessoal com a teoria significa que a história da psicanálise frequentemente lida como se eles tivessem em conta a autobiografia de Freud – como se eles fossem biógrafos de Freud e de sua família estendida. E consequentemente a história da psicanálise para o período que se segue após a morte de Freud parece perder o fio condutor ou sua razão de ser: a história da psicanálise é a história da autobiografia de Freud. Ou, por extensão, a história da psicanálise é uma saga familiar, a história da família que ele criou. As pesquisas genealógicas – aquele modo de conhecimento histórico caro para os aristocratas e para aqueles em busca de suas "raízes" pessoais, não obstante, um modo que é anátema para historiadores profissionais – uma contabilidade de dívidas e heranças – mais usualmente o domínio dos historiadores da realeza e dos impérios industriais – pode se tornar a estrutura para a história da disseminação da psicanálise: a fofoca informal sobre a filiação analítica – quem frequentou qual divã, quem é a mãe ou o pai analítico de quem; a fofoca informal sobre quem é o verdadeiro legatário do legado simbólico da teoria e do verdadeiro método da psicanálise.[8]

Iremos nos deter neste parágrafo de Forrester para levantar um ponto que nos parece fundamental. Se é verdade que o tom autobiográfico determina uma certa forma de pensar a história da psicanálise em uma perspectiva genealógica de filiações, por outro, a ideia de que essa modalidade historiográfica é "anátema para historiadores profissionais" merece um questionamento. Dentro de um raciocínio inglês, relegar essa modalidade ao estudo das dinastias europeias ou das formações dos grandes blocos industriais é uma forma de fazer prevalecer um juízo que separa modalidades historiográficas dignas das indignas. No entanto, antes mesmo de "importar" esse juízo, é preciso considerar que as formas locais de implantação da psicanálise podem *exigir* que os historiadores da psicanálise apelem para esse expediente historiográfico. Pensamos que esse é o nosso caso no Brasil. Mais do que uma atenção a essa dimensão, é preciso considerar que ela toca em raízes profundas de modalidades e exercícios de poder no Brasil.

Em nossa pesquisa encontramos uma figura capaz de operar como uma analogia para o problema e que o ilustra muito bem. O historiador australiano da psicanálise Douglas Kirsner sugere que a análise didática é o xibolete da educação psicanalítica[9]. Baseado na concepção de Freud de que os sonhos seriam o xibolete da psicanálise[10], o autor compreende que, com o curso do movimento psicanalítico, o xibolete em questão teria passado a ser não a segunda regra fundamental, mas sobretudo a versão institucional e burocrática da análise didática. Como bem observa Fulgêncio[11], a transferência e a resistência são conceitos que operam também como xiboletes, ainda que não sejam nomeados enquanto tal por Freud. Há uma passagem em "História do Movimento Psicanalítico" de Freud que autoriza essa injunção:

> Toda corrente de investigação que reconheça esses dois fatos [a transferência e a resistência] e os veja como ponto de partida de seu trabalho pode se denominar psicanálise, mesmo quando chegue a resultados diferentes dos meus. Mas quem abordar outros lados do problema não considerando esses dois pressupostos dificilmente escapará ao reproche de usurpação através do mimetismo, se insistir em denominar-se psicanalista.[12]

Com efeito, o argumento da nomeação "psicanálise" que se confunde com "denominar-se psicanalista" articula, desde o princípio, *lealdade ao conceito e lealdade a Freud*. Disso decorre que o uso e o atributo da nomeação "psicanalista" irão depender de uma certa performance enunciativa, um certo "sotaque", se quisermos, que o torna reconhecível aos olhos dos pares: uma forma específica de falar da transferência e seus conceitos correlatos com bagagem experiencial, que indique uma propriedade conquistada no divã sobre eles. É precisamente nisso que incide a ideia de xibolete.

Mas afinal o que é o xibolete? O autor que explora toda a riqueza filológica e linguística do xibolete é Jacques Derrida. Examinando a poesia de Paul Celan, Derrida define xibolete da seguinte maneira:

> *Xibolete*, esta palavra que eu chamo de hebraica, [...] é atravessada por uma multiplicidade de sentidos: rio, riacho, espiga de trigo, ramo de oliveira. Mas para além desses sentidos, ela adquiriu o valor de uma senha. Ela era utilizada durante ou após a guerra, na passagem de uma fronteira sob vigilância. O sentido da palavra era menos

importante do que a maneira pela qual ela era pronunciada. A relação com o sentido ou a coisa encontrava-se suspensa, neutralizada, colocada entre parêntese: o oposto, poder-se-ia dizer, de uma *epoché* fenomenológica, que preserva, acima de tudo, o sentido. Os efraimitas tinham sido vencidos pelo exército de Jeftá; para impedir que os soldados fugissem passando pelo rio (*xibolete* significa também rio, certamente, mas essa não é necessariamente a razão pela qual ela é escolhida), pedia-se para que cada pessoa dissesse *xibolete*. Então, os efraimitas eram conhecidos por sua incapacidade de pronunciar corretamente o *xi* de *xibolete*, que se tornava para eles, consequentemente, uma *palavra impronunciável*. Eles diziam *sibolete* e, nessa fronteira invisível entre *si* e *xi*, eles se denunciavam à sentinela sob o risco da própria vida. Eles denunciavam sua diferença ao se mostrarem indiferentes à diferença diacrítica entre *xi* e *si*; eles se marcavam como inábeis por não de-marcarem uma marca assim codificada.[13]

Mais adiante, Derrida continua:

Um *xibolete*, a palavra *xibolete*, se ele for uma, nomeia, na extensão mais ampla de sua generalidade ou de seu uso, toda marca arbitrária e insignificante, por exemplo, a diferença fonêmica entre *xi* e *si* quando essa diferença se torna discriminatória, decisiva e divisória. A diferença não tem sentido em si e para si mesma, mas se torna aquilo que se deve saber como reconhecer e, sobretudo, para marcar se se deve dar o passo, atravessar a fronteira de um lugar ou o limiar de um poema, para ver se lhe foi concedido o direito de asilo ou a habitação legítima de uma linguagem. Portanto, para não estar mais fora da lei. E para habitar uma linguagem, é preciso já ter um *xibolete* à sua disposição: não apenas entender o significado da palavra, não apenas conhecer esse significado ou saber como uma palavra deve ser pronunciada (a diferença de h, ou sh [x], entre shi [xi] e si: isso os efraimitas sabiam), mas ser capaz de dizê-lo como se deve, como se deve ser capaz de dizê-lo. Não basta conhecer a diferença; é preciso ser capaz disso, ser capaz de fazê-lo ou saber como fazê-lo – e aqui fazer significa marcar. Essa marca diferencial que não basta saber como um teorema – esse é o segredo. Um segredo sem segredo. O direito à aliança não envolve segredo oculto, nem sentido oculto em uma cripta.

Na palavra, a diferença entre *xi* e *si* não tem significado. Mas é a marca cifrada que o sujeito deve ser capaz de compartilhar com o outro, e essa capacidade diferencial deve ser inscrita em si mesmo, isto é, no próprio corpo tanto quanto no corpo de sua própria linguagem, em si na mesma extensão que para o outro. Essa inscrição da diferença no corpo (por exemplo, a aptidão fonatória para pronunciar isso ou aquilo) é, não obstante, não natural; não é de modo algum uma faculdade orgânica inata. Sua própria origem pressupõe o pertencimento a uma comunidade cultural e linguística, a um meio de aprendizado – em suma, a uma aliança.[14]

E, por fim, um terceiro trecho:

Desse *ponto de vista*, que pode se tornar uma torre de vigilância, a vigilância de uma sentinela, vê-se bem: o valor do *xibolete* pode sempre, e tragicamente, ser invertido. Tragicamente, porque a inversão às vezes ultrapassa a iniciativa dos sujeitos, a boa vontade dos homens, seu domínio da linguagem e da política. Palavra de ordem ou senha em uma luta contra a opressão, exclusão, fascismo e racismo, ela pode também corromper seu valor diferencial, que é a condição da aliança e do poema, tornando-se um limite discriminatório, a grade do policiamento, da normalização, e de subjugação metódica.[15]

Bem, estas três passagens mais longas de Derrida se mostram importantes porque de algum modo definem a estratégia freudiana – inclusive, é digno de nota o fato de Freud recorrer a um termo de origem hebraica[16] para designar os conceitos que julgava incontornáveis na psicanálise. Para Kirsner, é "a casta de analistas didatas [que] se tornou o suporte da ciência"[17]. Podemos ler em uma passagem de outra obra sua:

A unção e a genealogia preenchem um vácuo criado pela incerteza no campo. Em vez de desenvolver um acúmulo de evidências, presume-se que o conhecimento psicanalítico se desenvolva por meio de uma tubulação para certas pessoas com suposto conhecimento. Aqueles que supostamente têm a verdade passam adiante a tocha para selecionar membros da próxima geração. Para que uma qualificação seja conferida, é assumido um nível de habilidade e conhecimento, uma assunção que não é realmente justificada. Portanto, a lacuna entre o conhecimento real e o conhecimento presumido ou "simulado" é preenchida por pessoas particularmente "ungidas".[18]

Pois bem. Algo que se pode esperar de um movimento psicanalítico em curso ao longo de décadas em determinado país é que os regimes discursivos de separação entre o dentro e o fora, entre os legítimos e os ilegítimos, os qualificados e os desqualificados, enfim, que esses regimes se tornem cada vez mais sofisticados e complexos, cada vez mais legíveis segundo uma língua interna, um modo de falar e se portar, uma performance de comportamento e de linguagem. Aqui, reencontramos os conceitos bourdieusianos de capital simbólico, distinção e *habitus*, bem como os parâmetros analíticos de autonomia e heteronomia. A exploração mais longa que fizemos até aqui sobre a questão da filiação e a passagem sobre o xibolete cumpre uma função bastante precisa: procurar por meio delas como se construíram plataformas discursivas e linguísticas, as gramáticas enfim para a reivindicação de atributos intrínsecos que operacionalizam os signos objetivos de distinção. É por meio deles que os grupos eleitos se reconhecem enquanto psicanalíticos em detrimento de outros grupos "paralelos e deslegitimados". A caricatura do "elitismo" tomada como bloco indivisível, sem uma análise minuciosa das vicissitudes de seus xiboletes, é incapaz de revelar o que de fato esteve objetivamente em jogo nas estratégias sectárias de silenciamento e exclusão; não basta assumir a crítica do "elitismo psicanalítico nacional" de forma difusa sem considerar a gramática e as percepções em jogo pelas quais essa crítica se torna pensável e nomeável. Nesse sentido, para além da averiguação das origens filiatórias e migratórias, expediente decisivo, porém nem sempre imediatamente verificável, haveria um critério ainda mais sofisticado, instantâneo, palpável: o teste de fronteira, de "sotaque" no cruzamento dos rios, o teste dos modos certos e adequados de se falar e de se posicionar em relação à psicanálise. Pudemos observar pelo exemplo da autoria marginal de Karl Weissmann em nosso capítulo anterior que não basta ter propriedade do conceito, é preciso saber usá-lo, respeitar suas finalidades originais, não submeter o conceito às conjunturas políticas momentâneas e não macular a psicopatologia com interveniências que lhe são externas. Porém, se não é possível controlar o destino das ideias, deve haver uma forma de ser possível controlar as "tentativas de cópia fraudulenta" daqueles que ousarem "nomear-se psicanalistas", para usar as expressões de Freud. Para sintetizar, arriscando uma analogia, a eliminação das cópias fraudulentas na qualidade de "impurezas genéticas" nada mais é do que a convergência de uma estratégia dupla: se o uso indevido do conceito denuncia a existência do monstro, o mito nacional do pedigree é o tiro da bala de prata.

Seguindo o raciocínio das rotas filiatórias e migratórias que formaram o mito nacional do pedigree, vale explorar as razões em jogo na definição do uso correto ou incorreto do conceito. Para tal, é preciso retornar ao primeiro congresso internacional de psicanálise realizado após a guerra em Zurique no ano de 1949, quando Ernest Jones, o então presidente da IPA e uma das figuras mais poderosas de toda a história da psicanálise após a morte de Freud, baixa uma diretriz que seria decisiva nos rumos da internacionalização da psicanálise no mundo. Essa diretriz era muito clara e respondia a processos muito distintos – e veremos que ela será absolutamente crucial para nosso trabalho. Dada a complexidade de efeitos em jogo e a importância dessa diretriz em um momento tão crucial da política mundial, vale apelar para duas citações da historiadora Dagmar Herzog, simplesmente porque não seria possível realizar uma síntese melhor do que a dela:

Em 1949, o primeiro encontro da Associação Psicanalítica Internacional após a Segunda Guerra Mundial foi realizado em Zurique. Os eventos mundiais suspenderam os encontros da IPA por mais de uma década. Em Zurique, o neurologista e psicanalista Ernest Jones – galês de nascimento, radicado em Londres, um dos mais respeitados expoentes da psicanálise na Inglaterra, editor de longa data do *International Journal of Psychoanalysis* e prestes a ser o biógrafo oficial de Freud – se dirige à plateia com um pedido para que fiquem distantes não apenas de tudo o que pudesse ser interpretado como politicamente subversivo. Com efeito, ele suplicou para que eles se distanciassem de discussões de fatores extrapsíquicos de todo tipo.[19]

Pois bem, esse primeiro trecho evidencia o tamanho do poder de Ernest Jones, a quantidade de prestígio e de capitais simbólicos acumulados por esse agente na direção da IPA durante e após a Segunda Guerra Mundial. Não é difícil imaginar o impacto que uma fala como essa, proferida por alguém como ele, poderia gerar. Dagmar Herzog continua:

Ou talvez tenha sido mais uma ordem do que um pedido. Jones direcionou seus ouvintes a focar estritamente nas "forças primitivas da mente" e a ficar longe da "influência de fatores sociológicos". Na visão de Jones, a lição a ser elaborada do passado recente – particularmente em vista da conquista do Nacional Socialismo por sobre grande parte do continente europeu junto com a consequente aceleração da diáspora psicanalítica, assim como o fato de que, naquele momento, em países do outro lado da Cortina de Ferro, associações psicanalíticas que foram fechadas durante a guerra não tinham permissão para se reconstruírem – era a de que qualquer espécie de política era melhor quando mantida à distância. A justificativa oficial para o apoliticismo de Jones, resumidamente, consiste em eventos políticos. [...] Ou, assim como ele estruturou em seu argumento: "Nós temos que resistir à tentação de sermos arrebatados, de adotarmos atalhos emocionais em nosso pensamento, de seguirmos o caminho dos políticos que, afinal, notadamente não foram bem-sucedidos em promover a felicidade no mundo". Mas a diretiva dele era multifuncional. Ao evitar a discussão sobre política e sobre dinâmicas extrapsíquicas, havia o benefício adicional de fazer desaparecer o próprio conluio com Freud e Anna Freud, durante a guerra, para excluir o psicanalista marxista Wilhelm Reich das operações de resgate estendidas a muitos outros psicanalistas refugiados (devido à toxidez política perceptível de Reich). Além disso, havia outra vantagem, a de promover um repúdio formal às tendências "neo-freudianas" sociologicamente orientadas que teriam proeminência especialmente nos EUA nos anos da guerra (e que Jones estava entendendo como desviadas). Jones estava intransigente. Ao mesmo tempo que "é compreensivelmente nobre a tentação de adicionar fatores sócio-políticos às nossas preocupações características, e para reler nossas descobertas em termos da sociologia", ele advertia – em uma descrição que na verdade era uma prescrição – que isso era "uma tentação a que se tem, como se pode observar orgulhosamente, salvo raríssimas exceções, fortemente resistido". Muitos psicanalistas – nos EUA, na Europa Central e Ocidental e na América Latina – viriam a acautelar-se com o conselho de Jones, seja por predileção pessoal ou pressões institucionais, seja por uma combinação dos dois.[20]

Estamos de acordo com o entendimento de Herzog a respeito do impacto que a prescrição de Jones teria em diversos países, incluindo os da América Latina. No caso específico das IPAs brasileiras, é preciso considerar que o reconhecimento definitivo de todas as quatro instituições oficiais brasileiras foi consolidado após a diretriz de 1949, algumas muito pouco tempo após, enquanto outras já mais tarde, na entrada do regime militar. Além dessas quatro instituições oficiais, destacaremos outras duas que não estiveram vinculadas à IPA. Elas nos permitirão não constranger a análise dos movimentos psicanalíticos brasileiros à institucionalidade ipeísta, evitando, sobretudo, a equivalência entre processos de autonomização e processos de institucionalização.

TABULAÇÃO DE QUADROS INSTITUCIONAIS

Em meados dos anos 1960, pelo menos *seis* processos de institucionalização psicanalítica – quatro ligados à IPA e dois não – se encontram na dianteira dos movimentos psicanalíticos no Brasil. Amparados principalmente pelas pesquisas acadêmicas de Valladares de Oliveira[21], Christian Dunker[22], Cristiana Facchinetti[23], Rafael Dias de Castro[24], Eliana Araujo Nogueira do Vale[25], Elisabete Mokrejs[26], Ana Maria Gageiro[27], Jane Russo[28] e Nádia Maria Ferreira Sério[29], dispõem-se esquematicamente e muito resumidamente seis processos de institucionalização nos tópicos a seguir. As informações foram igualmente cotejadas em textos de coletâneas de inclinação historiográfica oficial, como aqueles organizados por Leopold Nosek[30], Marialzira Perestrello[31], Paulo Marchon[32], bem como a obra *Dicionário de Psicanálise* de Elisabeth Roudinesco e Michel Plon, com descrições filiatórias à luz do já mencionado *Psychoanalytic Filiations* de Ernst Falzeder. Sem desrespeitar a cronologia dos fatos, serão particularmente privilegiados aspectos importantes segundo os nossos princípios metodológicos. Referências complementares estão adicionadas ao longo do texto.

A Sociedade Brasileira de Psicanálise de São Paulo (SBPSP)

A primeira experiência de institucionalização da psicanálise remete a São Paulo nos anos 1920. O então jovem psiquiatra Durval Marcondes convoca para compor em 1927 a Sociedade Brasileira de Psicanálise, com o objetivo ainda não de formar psicanalistas, mas de divulgar a doutrina freudiana. Entre os signatários da fundação da Sociedade, diversos médicos – Franco da Rocha, eminente psiquiatra e professor responsável por apresentar a teoria freudiana a Marcondes; Osório César, um dos pioneiros no uso da arte nos tratamentos psiquiátricos do Juqueri; Wladimir Kehl, um dos principais líderes intelectuais da corrente eugenista da Liga Brasileira de Higiene Mental; Flamínio Fávero, catedrático de Medicina Legal da USP; e Raul Briquet, que apesar da formação médica teria carreira destacada na educação e na psicologia social[33]. Além dos médicos, vale mencionar também Lourenço Filho, bacharel em Direito, com carreira destacada na área da educação; Cândido Motta Filho, jurista e escritor, que nos primeiros anos da ditadura chegaria ao posto de ministro do Supremo Tribunal Federal; Samuel Ribeiro, mecenas, diretor do Museu de Arte de São Paulo e irmão do prefeito de São Paulo Abrahão Ribeiro nos anos 1940; Antonio de Sampaio Doria, político influente na elite cultural paulista; Menotti del Picchia, poeta e romancista do grupo da Semana de Arte Moderna de 1922 e do grupo nacionalista Anta do final dos anos 1930. Assim como este último, Durval Marcondes também frequentara o círculo da Semana de 22, tendo inclusive um poema publicado na famosa revista *Klaxon*. Pouquíssimos desses nomes estavam ainda vivos no período ditatorial e, de todo modo, nenhum deles, além de Durval Marcondes, teria relevância maior para o movimento psicanalítico paulista no nosso recorte histórico – até porque alguns se alinhariam à Sociedade como "curiosos", e não para se tornarem de fato psicanalistas um dia. Destacamos os nomes aqui mais para ilustrar o "ecossistema" da elite cultural e financeira paulistana que caracterizaria o movimento psicanalítico paulista por décadas até o regime militar.

Em 1928, Durval Marcondes publica o primeiro e único volume da *Revista Brasileira de Psicanálise*, que teria sido descontinuada após enigmáticos atritos com grupos cariocas de interessados em Freud. Apesar de um precoce reconhecimento provisório da IPA em 1929[34], as atividades da Sociedade esmorecem entre 1930 e 1932. Após ter entrado em contato com um relatório do Instituto de Psicanálise em Berlim, publicado por Max Eitingon em 1930, Durval Marcondes "descobre" o tripé da formação psicanalítica e inicia a jornada para trazer uma analista de analistas para o Brasil. É com a chegada da psicanalista alemã Adelheid Koch[35] em São Paulo em dezembro de 1936 que as atividades da Sociedade renascem. A essa altura, Durval Marcondes já lecionava psicanálise na Escola Livre de Sociologia e Política de São Paulo (ELSP-SP) e atuava no Serviço de Higiene Mental Escolar junto ao Governo do Estado de SP[36]. É por meio dessas atuações que Durval Marcondes entrará em contato com Lygia Alcântara do Amaral, educadora sanitária (à época também chamada de "visitadora psiquiátrica") que viria a trabalhar com ele na Clínica de Orientação Infantil, criada no fim de 1938, e Virgínia Leone Bicudo, que além de atuar no mesmo serviço foi também sua aluna na ELSP-SP.

A partir daqui, começam a aparecer os nomes importantes que ingressam no nosso recorte histórico, vivos e atuantes no período ditatorial. Virgínia Bicudo "inaugura" o divã de Adelheid Koch, pelo qual passarão quase imediatamente também Durval Marcondes, Flávio Dias e Darcy de Mendonça Uchôa. Mesmo não se tornando propriamente analista, é preciso mencionar o nome de um paciente de Koch dessa primeira leva, pois ele reaparecerá mais adiante nesta obra: José Nabantino Ramos, um dos donos do grupo Folha (responsável pelo jornal *Folha de S.Paulo* e pela *Rádio Excelsior*), grande entusiasta da psicanálise e o principal divulgador do freudismo nas mídias paulistas. Logo na sequência, um primeiríssimo time de analistas de analistas se forma desde o divã de Koch: Lygia Alcântara do Amaral, Henrique Schlomann[37], Henrique Mendes, Mario Yahn e Isaías Melsohn, bem como outros analistas estrangeiros, como o inglês Frank Phillips e a estadunidense Margareth Gill nos anos 1940.

Até 1950, Adelheid Koch tinha uma grande concentração de candidatos a analistas em seu divã. Para somar forças na tarefa de analisar analistas, chega a São Paulo em 1950 o psicanalista turco formado em Viena Theon Spanudis[38]; em uma nova camada geracional, irão se formar: Judith Andreucci, Bernardo Blay Neto, Eduardo Etzel, David Ramos e Gecel Szterling. Ainda nos anos 1950, dois centros se tornariam importantes recrutadores de futuros analistas, um público e outro privado: o já mencionado Hospital do Juqueri, de onde serão arregimentados Laertes

Ferrão e Luiz de Almeida Prado Galvão; e o Instituto Aché, clínica privada dirigida por Mario Yahn, de onde virão Elza Barra e Lothar Solinger. Após anos de trocas de correspondências e negociações, em 1951, com um grupo pequeno, mas já significativo de analistas formados em SP, Adelheid Koch e Lygia Alcântara do Amaral vão ao Congresso Internacional de Psicanálise que aconteceria em Amsterdã e obtêm o reconhecimento formal da IPA para o grupo paulista[39]. Dois anos depois do fatídico pronunciamento de Ernest Jones no Congresso de Zurique, estava enfim formalizada a Sociedade Brasileira de Psicanálise de São Paulo, a SBPSP. Ao longo dos anos 1950, já com um corpo próprio de analistas de analistas, intensifica-se a procura pela formação psicanalítica. Em 1956, Spanudis abandona o posto de analista de analistas para se tornar colecionador e crítico de arte. A despeito de prováveis sensações de abandono que isso possa ter gerado em seus pacientes, a essa altura da história da SBPSP isso não teria o impacto de uma hecatombe institucional, pois era possível encontrar "soluções caseiras". Durval Marcondes, que havia amargado uma derrota em um famoso concurso contra o psiquiatra Antonio Carlos Pacheco e Silva[40] nos anos 1930, encontra enfim um lugar na Universidade de São Paulo por meio da criação de um curso de Psicologia Clínica, abrigado no Instituto de Psicologia da USP – no qual irão lecionar diversos dos seus colegas da SBPSP nos anos 1960. Na virada da década, tanto os primeiros "persistentes" que acompanharam Durval Marcondes desde 1930 quanto os que foram se somando ao grupo seriam alçados ao posto institucional de analistas didatas. À exceção de Durval Marcondes, que julgara que sua análise pessoal com Koch teria sido prejudicada pela proximidade, a ponto de não se sentir à vontade para pleitear o título de didata, todos seriam progressivamente integrados à função e institucionalmente credenciados eles próprios a formar psicanalistas. É certo que outros analistas estrangeiros virão, como o já mencionado Frank Phillips (que retornaria após uma temporada de reanálises e renovações de capitais simbólicos em Londres com a nata da psicanálise inglesa) e o italiano Armando Ferrari, mas a chegada aos anos 1960 é para a SBPSP uma chegada triunfante. Não obstante, à diferença de outros processos de institucionalização que veremos a seguir, o grupo da SBPSP tinha uma característica paradoxal que seria, por um lado, uma relativa diversidade de origens profissionais e universitárias em seus quadros, mas, por outro, uma vulnerabilidade nas disputas interinstitucionais negativa: era a sociedade ligada à IPA que tinha desde seus primórdios mais não médicos como didatas. Essa marca não deixará de ter consequências para as disputas entre psicanalistas médicos e os chamados "leigos" nos anos 1950, assim como também terá efeitos ao longo de toda a ditadura militar.

Às vésperas do regime militar, os tempos em que "importar" analistas de analistas demandava um esforço de negociação hercúleo[41] já era passado. Em 1964, a SBPSP era entre as instituições oficiais de psicanálise ligadas à IPA uma das mais dotadas de competência para a autogestão de seus expedientes simbólicos, consolidando-se como a principal detentora do monopólio legítimo da herança freudiana na época em São Paulo. A atmosfera aristocrática que se mitificaria no passado estético da Semana de 22, na circulação com a alta política e a alta cultura da oligarquia cafeeira paulista e no esforço incansável de Durval Marcondes pela consolidação de um movimento psicanalítico em São Paulo seria decisiva para a sensação partilhada de uma psicanálise "acima de qualquer suspeita" no golpe de 1964. Sem depender do Estado, os novos candidatos eram recrutados dos serviços psiquiátricos públicos e privados, mas ao entrar na vida institucional da SBPSP as atividades internas da "causa psicanalítica" poderiam ser tão intensas que apenas uma minoria se manteria organicamente ligada a tais serviços. Leal às prescrições de Ernest Jones de 1949 e tendo como "matriarca" uma analista didata judia formada em Berlim e exilada pela guerra, esse pequeno mas virtuoso grupo de psicanalistas alinha a palavra de ordem da solução privatista ao silêncio geral dos liberais ante o golpe, o que não tardará muito para que se compreenda o que fundamentava tal silêncio. Será a muito custo que esse cenário começa a mudar na segunda metade dos anos 1970, mas chegaremos lá no momento oportuno.

A Sociedade Brasileira de Psicanálise do Rio de Janeiro (SBPRJ)

Diferentemente de São Paulo, o Rio de Janeiro contava com uma rede mais complexa de influências freudianas desde o início do século XX. Tendo sido capital do país até os anos JK, o então chamado Estado da Guanabara tinha universidades públicas mais tradicionais e hospitais psiquiátricos públicos mais antigos que remetem ao início do século XIX, cuja intersecção se consolidava por meio de cátedras universitárias e do ensino geral da psiquiatria. Não por acaso, nomes cariocas se misturam com nomes baianos, uma vez que a Faculdade de Medicina da Bahia era praticamente contemporânea da Faculdade de Medicina do Rio de Janeiro[42], ambas se firmando como os dois grandes polos formadores de médicos no país até o início do século XX. Nomes importantes do primeiro ciclo de recepção do freudismo entre os cariocas são: Juliano Moreira, catedrático da Faculdade de Medicina da Bahia, considerado o pai da moderna psiquiatria brasileira e o primeiro a falar de Freud no país[43]; Henrique de Belford Roxo, catedrático de psiquiatria da Faculdade de Medicina da Universidade do Brasil, hoje Universidade Federal do Rio de Janeiro[44]; Afrânio Peixoto, psiquiatra do Hospital Nacional dos Alienados do Rio de Janeiro e catedrático de Criminologia na Faculdade de Direito da Universidade do Estado do Rio de Janeiro[45]; Arthur Ramos, catedrático de Psicologia Social da Universidade do Distrito Federal e nome fundamental na história da antropologia e da psicologia social no país[46]; Antonio Austregésilo, catedrático de Neurologia da Faculdade de Medicina do Rio de Janeiro[47]; Julio Porto-Carrero, catedrático de Medicina Legal da Universidade do Rio de Janeiro e único entre os nomes cariocas a fazer verdadeira questão de se intitular psicanalista[48]. Além desse último, mas em paralelo à universidade e aos hospitais psiquiátricos, também reivindicou o lugar de psicanalista o já mencionado Gastão Pereira da Silva; ele se encarregava de divulgar o pensamento freudiano na grande mídia e em dezenas de livros, praticando a psicanálise pelo menos desde os anos 1920 – tempos em que, nas palavras dele, "para atender a 'chamados', eu vencia as léguas das estradas sem fim, montado no lombo do burro"[49].

Nessa rede complexa, também havia outras agremiações de consagração profissional, às quais muitos desses pertenciam, como a Academia Brasileira de Medicina, ou agremiações em que se formavam os compromissos da psiquiatria brasileira com a agenda política nacional, como a Liga Brasileira de Higiene Mental. É digna de nota também a presença das ideias psicanalíticas na notável Academia Brasileira de Letras; além de Afrânio Peixoto, que integraria o time de "imortais" em 1911, destaca-se o nome do jornalista e escritor Medeiros e Albuquerque, cujo irmão mais novo, Maurício de Medeiros, será uma personagem central, mesmo sem ser psicanalista, no movimento psicanalítico carioca dos anos 1950. Por ora, de toda forma, para estabelecer um contraste que virá a ser útil, pode-se dizer que as primeiras décadas da recepção do freudismo em solo carioca tinham um perfil talvez mais técnico, mais organicamente ligado às agendas da prática psiquiátrica e do ensino da psiquiatria (via neurologia, criminologia, medicina legal ou mesmo psicologia social) na universidade, e menos aristocrático e diletante do que o primeiro ciclo paulista de entusiastas do freudismo. Além disso, as faculdades de medicina e os hospitais psiquiátricos cariocas eram polos de convergência de recepção de médicos recém-formados em outros Estados do país (como Pernambuco, Rio Grande do Sul e, em menor número, a própria Bahia) que chegavam em busca de especialização em psiquiatria; ou seja, até os anos 1950, pela própria tradição de suas instituições universitárias e hospitalares, o Rio de Janeiro era uma confluência de migrações internas para especializações mais óbvia do que São Paulo, por exemplo.

De pronto, um grupo significativo de jovens psiquiatras no Rio de Janeiro e alunos desses primeiros grandes nomes viria a se interessar verticalmente pela psicanálise e pela formação psicanalítica. No entanto, em contraposição a São Paulo, no fim dos anos 1930 o Rio de Janeiro não contava com a presença de um analista de analistas importado. Assim, esse grupo se dividiria em duas rotas filiatórias e migratórias distintas.

Um primeiro grupo seria formado pelos psicanalistas que iriam até a Argentina em busca da formação psicanalítica na Associação Psicanalítica Argentina (APA), entidade que contava com o reconhecimento da IPA desde 1942. É preciso abrir um parêntese nesse momento oportuno para detalhar as rotas filiatórias do grupo argentino, pois ele será decisivo não apenas para a história da SBPRJ, mas, como veremos ao longo de toda a obra (especialmente nos anos 1970), para a história da psicanálise no Brasil como um todo. Diferentemente do que ocorrera por exemplo na história da SBPSP, Buenos Aires contou com quatro analistas de analistas vindos da Europa entre 1932 e 1941 em função da ascensão do nazismo. Apresentando-os de forma muito esquemática, são eles: 1. Ángel Garma, formado em Berlim, que fez nos anos 1930 análise com Theodor Reik, que por sua vez fez análise com Freud; 2. Celes Cárcamo, analisado pelo vienense Paul Schiff (sobre quem não foi possível obter informações filiatórias precisas), à época na IPA francesa – Garma e Cárcamo fariam amizade em Paris e planejariam migrar para a Argentina; 3. Marie Langer, polonesa de nascimento, realiza sua formação no famoso Ambulatório de Viena dos anos 1920 pelo divã de Richard Sterba (analisado por Eduard Hitschmann, por sua vez analisado por Freud) – Langer fugiria do nazismo para a Espanha, onde passa pouco tempo em função da Guerra Civil Espanhola, que a obriga a migrar novamente, primeiro para o Uruguai e depois para a Argentina, onde encontra Garma e Cárcamo; 4. Heinrich Hacker, analisado em 1936 pela holandesa Jeanne Lampl-de Groot (que por sua vez foi analisada por Freud), chega à Argentina em 1939 fugindo do nazismo – e ali completaria sua formação com reanálises com Garma e Langer. Com quatro analistas de analistas, um grupo rapidamente se forma em uma nova camada geracional na Argentina. Nomes cruciais para a história da psicanálise dessa segunda camada serão: Enrique Pichon-Riviére, Arnaldo Rascovsky, Luis Rascovsky, Leon Grinberg e Emilio Rodrigué. Em função dessas rotas filiatórias, a negociação para o reconhecimento oficial definitivo da APA como instituição ligada à IPA foi significativamente mais célere do que das instituições brasileiras, bem como também foi célere o aumento do número de didatas, membros e candidatos. Logo, pode-se precisar duas constatações históricas aqui: a primeira diz respeito à busca de brasileiros pela formação psicanalítica na Argentina, busca essa tão decisiva desde o início dos anos 1940; e a segunda se refere às origens dos fluxos e refluxos migratórios entre psicanalistas brasileiros e argentinos ao longo dos anos da ditadura nesses dois países.

Uma vez isso posto, no primeiro grupo de psicanalistas que irão do Rio de Janeiro a Buenos Aires nos anos 1940 em busca de formação psicanalítica estarão quatro dos fundadores do que viria a ser a SBPRJ: Alcyon Baer Bahia (analisado primeiro por Ángel Garma e depois por Celes Cárcamo); Danilo Perestrello (analisado por Celes Cárcamo); Marialzira Perestrello (analisada por Enrique Pichon-Riviére); e Walderedo Ismael de Oliveira (analisado por Marie Langer). Assim, esse pequeno grupo contava com a valiosa chancela de membros filiados à APA argentina, o que aceleraria o processo de reconhecimento oficial da IPA ao grupo carioca.

Já o segundo grupo teria de aguardar até fevereiro de 1948, quando chega ao Rio de Janeiro o psicanalista polonês formado na Inglaterra Mark Burke[50]. São nomes desse terceiro grupo: Domício de Arruda Câmara; Edgard Guimarães de Almeida; Manoel Thomaz Moreira Lyra; Luiz de Lacerda Werneck; Pedro Figueiredo Ferreira; João Côrtes de Barros; Mario Pacheco de Almeida Prado; e José Mariz de Moraes[51]. Porém, sentindo-se exaurido pelo excesso de demandas por análises de analistas, Mark Burke retorna à Inglaterra em fins de 1953, o que inviabilizaria o prosseguimento da análise de seus analisandos. Assim, parte do grupo de analisados por Burke irá para a Inglaterra visando completar a sua formação. Farão parte desse "subgrupo" do segundo grupo de Burke: Domício de Arruda Câmara (que fez uma primeira análise nos EUA com Gregory Zilboorg e depois se reanalisaria com Wilfred Bion[52]); Edgard de Almeida (analisado por Michael Balint[53]) e Manoel Thomaz Moreira Lyra (analisado por Paula Heimann[54]). A eles se somarão o gaúcho Décio Soares de Souza[55] e o paulista Henrique Mendes, previamente analisado por Koch na SBPSP, que irá se reanalisar em Londres com Eva Rosenfeld; ambos se encontram com os cariocas na Inglaterra e integram no retorno ao Brasil o grupo ampliado dos "ingleses" da SBPRJ.

A confluência desses dois grupos de rotas migratórias e filiatórias muito distintas se dá no grupo que fundará a SBPRJ. Do ponto de vista institucional, Domício de Arruda Câmara lidera o processo de fundação do então chamado Instituto Brasileiro de Psicanálise, instituído em dezembro de 1947 para abrigar a chegada de Mark Burke no ano seguinte. Mas a SBPRJ só passará a existir enquanto tal mais de dez anos depois, quando finalmente o "grupo dos argentinos" e o "grupo de Burke" formalizam o reconhecimento oficial da IPA em 1959. Um contraste fundamental com o grupo da SBPSP parece oportuno aqui: todos os nomes arrolados nesses dois grupos que formariam a SBPRJ eram médicos de formação. Porém, para explicar o que houve nesses turbulentos anos entre o fim dos anos 1940 e o fim dos anos 1950 no movimento psicanalítico carioca sob os auspícios institucionais do Instituto Brasileiro de Psicanálise, é preciso passar à terceira rota filiatória e migratória desse período histórico no Rio de Janeiro. Em franca rota de colisão com esses dois grupos que fundariam a SBPRJ, passemos à história da Sociedade Psicanalítica do Rio de Janeiro (SPRJ).

A Sociedade Psicanalítica do Rio de Janeiro (SPRJ)

Em meio ao retorno dos psicanalistas cariocas formados na APA argentina e às negociações que trariam Burke ao Brasil em 1948, o Instituto

Brasileiro de Psicanálise viabiliza a vinda de mais um analista de analistas importado. Dessa vez, não seria um, mas dois: os psicanalistas alemães Werner Kemper[56] e Anna Kattrin Kemper[57]. Ambos desembarcaram no RJ também em 1948, mas, a despeito de serem um casal, traziam na bagagem trajetórias psicanalíticas e credibilidades filiatórias muito distintas – e, não por acaso, formarão analistas de perfis muito distintos não apenas do ponto de vista clínico, mas também político.

Werner Kemper havia realizado a sua formação no Instituto de Psicanálise de Berlim entre o final dos anos 1920 e início dos anos 1930, pouco antes da Segunda Guerra Mundial. Ele chegaria ao posto de analista didata em 1936, ano em que a ascensão do nazismo atropela o Instituto berlinense, forçando a imensa maioria dos psicanalistas judeus ao exílio (enquanto alguns seriam presos e mortos em campos de concentração)[58]. Nessa conjuntura, o Instituto é rebatizado com o nome "Instituto Alemão de Pesquisa Psicológica e Psicoterapia", mas o codinome que o consagraria na história é "Instituto Göring". A permanência do psicanalista no Instituto Göring até a sua vinda para o Rio de Janeiro em 1948 já foi e segue sendo motivo de muitas polêmicas entre os historiadores da psicanálise[59] que se debruçaram sobre o movimento carioca. De todo modo, reencontraremos inevitavelmente todas essas polêmicas em função das consequências filiatórias em camadas sucessivas geracionais que elas terão ao longo da ditadura. Vale apontar que Kemper se distancia definitivamente do Brasil quando retorna à Alemanha em 1967, onde viria a falecer em 1976.

Já a trajetória de Anna Kattrin Kemper pode ser entendida como uma evidência dos próprios sintomas de burocratização imposta pela institucionalização da formação psicanalítica segundo as regras da IPA. Ao fim dos anos 1940, essas regras iriam se intensificar fortemente no mundo todo. Não bastaria ter feito análise com uma analista credenciada pela instituição, era preciso atestar quantas horas no total foram feitas de análise pessoal; não bastaria estudar Freud e os pós-freudianos, era preciso passar por avaliações escritas e orais para comprovar o conhecimento adquirido; não bastaria ser supervisionado, era preciso dar provas de com quem, quantos pacientes foram atendidos e por quanto tempo. Ao contrário de seu então esposo, ela não chega ao Brasil como analista didata reconhecida pelo instituto alemão, mas como alguém que em tese não havia cumprido todos os pré-requisitos institucionais e, portanto, como uma analista ainda em formação[60]. Não obstante, graças a uma sinuosa negociação entre Werner Kemper e o instituto alemão, ao mesmo tempo que havia uma briga intensa com Burke, com o grupo da SBPRJ e até mesmo com alguns de seus ex-pacientes, Kattrin Kemper é alçada ao posto de analista didata em 1957.

Para se impor em um meio que já contava com psicanalistas formados na Argentina e com um grupo forte se formando em torno de Burke,

Werner Kemper operou pela via da centralização dos poderes. Entre 1951 e 1957, só ele era analista didata; não por acaso, a cadência lenta em que analistas formados por ele seriam integrados ao corpo de didatas foi uma marca institucional ao longo dos anos vindouros. Por conseguinte, Kemper esteve no centro da mira de seus opositores. Para se ter uma ideia de até que ponto chegaria essa contenda, ele passaria algumas horas na cadeia em 1954 acusado de "exercício ilegal da medicina" – acusação essa legalmente improcedente, uma vez que Werner Kemper era médico de formação[61]. Por meio da centralização de poderes de Werner Kemper, centralizou-se também a formação psicanalítica de um terceiro grupo de membros do Instituto Brasileiro de Psicanálise no Rio de Janeiro. Nomes importantes que serão formados no divã de Kemper: Luiz Guimarães Dahlheim; Fábio Leite Lobo; Maria Manhães; João Marafelli Filho; Antonio Dutra Jr.; e Gerson Borsoi. Igualmente, as filiações também fizeram convergir migrações; estabelecer-se-iam no Rio de Janeiro para análises com Kemper outros nomes importantes como a pernambucana Inaura Carneiro Leão, o mineiro Leão Cabernite; a paulista Noemy da Silveira Rudolfer; e os gaúchos Zenaira Aranha, Inês Besouchet, Celestino Prunes e Ernesto La Porta (esse último se estabelece no Rio de Janeiro já um tanto mais tarde, depois de uma primeira análise no Rio Grande do Sul). Assim, o racha institucional que já estava previsto seria inevitável: o Instituto Brasileiro de Psicanálise do Rio de Janeiro será gradualmente dissolvido ao longo dos anos 1950; de um lado, o "grupo de Kemper" fundaria a Sociedade Psicanalítica do Rio de Janeiro – a SPRJ – em 1955, enquanto o "grupo de Burke" e o "grupo dos argentinos" fundariam a SBPRJ em 1959. Como um efeito do racha, ao longo dos anos 1960 foi impedida a "dupla filiação" – ou seja, um mesmo analista não poderia pertencer à SBPRJ e à SPRJ simultaneamente. Com isso, intensificam-se os trâmites de "refiliações" no círculo carioca: enquanto a grande maioria da SPRJ se manteria fiel e leal à agenda concentracionária de Kemper (Leão Cabernite; Luiz Dahlheim; Noemy Rudolfer; Inaura Carneiro Leão; Maria Manhães; Ernesto La Porta; João Marafelli Filho; Antonio Dutra Jr.), outros se desligariam da SPRJ para pedir uma filiação provisória à SBPSP, como Zenaira Aranha, até que enfim pudessem se filiar definitivamente à SBPRJ; Fábio Leite Lobo tentaria liderar uma espécie de "oposição interna" a Kemper ainda que formado pelo divã dele, mas acabaria praticamente isolado.

Em meio a tudo isso, Kattrin Kemper, por sua vez, se consagraria como analista de analistas por outros meios. Carinhosamente apelidada de "dona Catarina" no Brasil, porém muito questionada dentro de sua própria casa institucional, ela será responsável por formar poucos analistas dentro da SPRJ, mas muitos fora dela. Passarão por exemplo pelo seu divã nomes importantes como Hélio Pellegrino, Eduardo Mascarenhas e Chaim Katz. Contudo, em contraposição a Werner Kemper, "dona

Catarina" não dedicaria sua carreira de analista a formar exclusivamente novos analistas – um número pequeno de analistas formados em seu divã faria carreira institucional na SPRJ, e mesmo os que o fizeram não chegariam ao posto de didata. Ao contrário, a abertura para fora das estreitezas institucionais lhe valeria uma imagem contraditória: a de uma analista de métodos pouco ortodoxos e a de (talvez por isso mesmo) "analista de grandes celebridades" no campo da cultura, como a escritora Clarice Lispector e o compositor Tom Jobim – uma consagração de tipo especial que contaria com a arregimentação de capitais simbólicos externos à psicanálise que só os anos do *boom* poderão explicar. São esses capitais simbólicos e o retorno de Werner Kemper à Alemanha em 1967 que permitiriam a Kattrin Kemper enfim romper definitivamente com a SPRJ em 1970, depois de anos sob a desconfiança hostil da instituição de cuja fundação participou, capitaneando a abertura de uma seção do CBPP no Rio de Janeiro, sobre o qual falaremos em breve. Kattrin Kemper viria a falecer em 1978.

Veremos adiante que o legado bífido do casal Kemper nas rotas filiatórias será decisivo na configuração das posições desses agentes em relação à ditadura militar em torno do caso Amílcar Lobo. Antes, vale apresentar a constituição da IPA gaúcha e de duas instituições não ipeístas em processo de fortalecimento às vésperas do golpe de 1964.

A Sociedade Psicanalítica de Porto Alegre (SPPA)

Assim como em São Paulo e no Rio de Janeiro, o Rio Grande do Sul contou com uma importante presença do pensamento freudiano desde os anos 1920 e 1930. Freud era ensinado nas universidades nas cátedras de psiquiatria, processo que seria também acompanhado da influência das ideias freudianas na cena literária gaúcha do período. Nomes importantes dessa época: Martim Gomes, médico e romancista; Dyonélio Machado, psiquiatra e escritor; Luis Guedes, psiquiatra e catedrático de Psiquiatria da Faculdade de Medicina em Porto Alegre; Celestino Prunes, professor de Criminologia, Psiquiatria Forense e Medicina Legal da Universidade Federal do Rio Grande do Sul (URGS, hoje UFRGS), que faria formação psicanalítica na SPRJ junto a Werner Kemper; e, um pouco depois, Décio Soares de Souza, catedrático de Psiquiatria da URGS, que faria formação psicanalítica na Inglaterra e se reuniria ao grupo da SBPRJ.

Graças a essa dupla entrada pela universidade e pela literatura, quatro jovens psiquiatras se interessarão pela formação psicanalítica em Porto Alegre. São eles: o casal Mario Martins e Zaira Martins, José Lemmertz e Cyro Martins. Pela proximidade geográfica com a Argentina, os pioneiros do movimento psicanalítico oficial gaúcho procurarão a APA argentina para realizar suas análises pessoais, em uma rota filiatória e migratória muito similar à dos "cariocas-argentinos" da SBPRJ. Mario Martins se analisaria entre 1944 e 1947 com Ángel Garma, enquanto Zaira Martins se analisaria com Celes Cárcamo. Em 1945 é a vez de José Lemmertz ir à APA argentina, formando-se no divã de Luis Rascovsky. Cyro Martins inicia uma análise também com Luis Rascovsky em 1946, mas em função de uma série de problemas pessoais – relacionados à saúde mental de sua primeira esposa –, Cyro só retornaria à análise pessoal em 1951, dessa vez com Arnaldo Rascovsky, irmão de Luis Rascovsky. Aqui, capitais simbólicos distintos configuraram a formação do primeiro grupo gaúcho. Enquanto Mario Martins se firmaria como uma importante liderança da condução dos debates teóricos, das análises didáticas e dos processos institucionais, Zaira Martins (talvez por não ser médica de formação, talvez por ser uma mulher em um meio majoritariamente masculino, talvez os dois) teria um realce institucional mais discreto, apesar de ter sido uma das pioneiras da psicanálise de crianças no Brasil[62]. José Lemmertz seria um articulador importante nas negociações entre instituições psicanalíticas argentinas e brasileiras para o reconhecimento oficial do grupo gaúcho[63]. Já Cyro Martins, por sua vez, seria uma personagem deveras singular; escritor consagrado desde os anos 1930 com a sua trilogia de romances do "gaúcho a pé", próximo da seção gaúcha do Partido Comunista Brasileiro até sua ida para a formação psicanalítica na Argentina nos anos 1950, Cyro Martins faria valer seu capital simbólico acumulado como o grande escritor que foi para desfrutar de uma relativa independência intelectual e clínica em relação ao grupo que formou e viria a formar.

Tal como o grupo dos "cariocas-argentinos" da SBPRJ, os gaúchos buscarão o reconhecimento oficial junto à IPA nos anos 1950, mas esbarrarão na "autossuficiência" da SBPSP (que em certa medida se tornaria "antipática" à APA argentina, por ter se formado por outras rotas filiatórias e migratórias) e, sobretudo, no "concentracionismo" de Werner Kemper no Rio de Janeiro[64]. Assim, eles também pleitearão a filiação à APA como membros e iniciarão a formação de uma nova camada geracional de psicanalistas na segunda metade dos anos 1950. Nomes importantes que se formarão no então chamado Centro de Estudos Psicanalíticos de Porto Alegre serão: David Zimmermann; Paulo Guedes; Gunther Würth; Sérgio Paulo Annes; José Maria Santiago Wagner; Roberto Pinto Ribeiro; Luiz Carlos Meneghini; e Luis Carlos Osorio. Em 1963, o Centro de Porto Alegre terá o reconhecimento definitivo da IPA, sendo rebatizado de Sociedade Psicanalítica de Porto Alegre (SPPA).

Uma característica importante dessa instituição: à diferença principalmente de São Paulo, mas em parte também dos dois grupos do Rio de Janeiro, a SPPA foi majoritariamente estruturada por médicos de formação. As relações estreitas com a psiquiatria universitária (em especial na URGS) e com uma série de hospitais psiquiátricos gaúchos públicos e privados fizeram com que a SPPA fosse uma das últimas IPAS do mundo a aceitar não médicos para a formação psicanalítica. Com isso, o movimento psicanalítico gaúcho tardaria mais a se diversificar para além da SPPA do que em outras regiões, mesmo contando com um Círculo Brasileiro de Psicologia Profunda – primeiro na cidade de Pelotas (RS) em 1956, e depois na capital Porto Alegre em 1960. Será somente a partir da segunda metade dos anos 1970, mais visivelmente a partir do início dos anos 1980, que outras rotas filiatórias e migratórias distintas das vias "ipeístas" chegarão ao Rio Grande do Sul. Entretanto, mesmo sendo outras rotas, não por acaso a geografia se demonstrará fundamental: novamente, o movimento psicanalítico gaúcho se reconfigurará via fluxos e refluxos migratórios com psicanalistas majoritariamente argentinos. Assim, em um processo um tanto mais lento quando comparado a outros movimentos nacionais, a SPPA paulatinamente deixará o posto de principal detentora do monopólio legítimo da herança freudiana, abrindo os movimentos psicanalíticos gaúchos para outras influências clínicas e intelectuais ao fim do período ditatorial.

O Instituto de Medicina Psicológica (IMP)

Não há como contar a história do Instituto de Medicina Psicológica (IMP) do Rio de Janeiro sem falar imediatamente da trajetória de Iracy Doyle. Tendo começado a carreira como professora municipal no Rio de Janeiro e se formado médica em 1935 pela Universidade do Brasil (hoje UFRJ), Iracy Doyle é convidada pela Universidade Johns Hopkins em 1940 para realizar um aprimoramento em psiquiatria. Aqui, abre-se uma rota filiatória e migratória no Brasil significativamente distinta das descritas antes: os EUA, em que Doyle fará seu primeiro ciclo de estágios e aperfeiçoamentos em psiquiatria infantil. Entre 1943 e 1946 ela volta ao Rio de Janeiro para fundar a Clínica de Repouso da Tijuca para então, após esses três anos, retornar aos EUA e realizar sua formação psicanalítica no William Alanson White Institute of Psychiatry, Psychoanalysis & Psychology[65] – no qual fará sua análise pessoal com Meyer Maskin[66]. Depois de ter sido aluna de psicanalistas importantes como Erich Fromm e Harry Stack Sullivan, Iracy Doyle volta ao Brasil em 1949 com um prestígio raro, dando início ao processo de fundação do IMP – que se conclui em dezembro de 1952. O grupo de fundadores a princípio era bastante pequeno[67]; estarão ao lado dela seu irmão Américo Doyle Ferreira, Henrique de Novaes Filho e Margarida Reno. Porém, graças ao prestígio de Iracy Doyle[68], figuras importantes serão professores no IMP, como o médico e escritor Pedro Nava, o psicólogo Emilio Mira y Lopez e o diretor à época do Serviço Nacional de

Doenças Mentais, Jurandyr Manfredini, além de Meyer Maskin e Erich Fromm como professores convidados internacionais.

Porém, devido ao falecimento precoce de Iracy Doyle em 1956 (com apenas 45 anos de idade[69]) –, o IMP se mantém vivo no Rio de Janeiro graças a três ex-analisandos (Jaime Monteiro Pereira, Urano Alves e Magdalena Pimentel), se bem que em baixa intensidade de atividades. Logo após a morte de Doyle, outro de seus ex-analisandos, Horus Vital Brazil, decide ir ao mesmo William Alanson White Institute (WAWI) no qual se formara sua antiga analista, a fim de completar uma formação seguindo a mesma trajetória filiatória e migratória. Após uma análise com Clara Thompson[70], que havia sido supervisora de Iracy Doyle, Horus Vital Brazil retorna ao Rio de Janeiro em 1960. Assim, o IMP é revitalizado, reiniciando a formação de psicanalistas em 1962.

Do ponto de vista institucional, o IMP se filiará a outra instância internacional de legitimação, a International Federation of Psychoanalytic Societies (IFPS). Para explicar a diferença do IFPS em relação à IPA, é preciso recuar um pouco para os tempos do fim da Segunda Guerra Mundial. Vimos com Dagmar Herzog[71] que a diretriz baixada por Ernest Jones em 1949 seria decisiva para as sociedades filiadas à IPA ao redor do mundo. Os EUA foram o país que mais receberia psicanalistas judeus exilados pela Segunda Guerra Mundial, mas não não se tratava apenas disso.. Nos EUA estariam também os principais desafetos intelectuais e políticos de Jones, os mais importantes pensadores da corrente que ficou conhecida como freudo-marxismo. Ainda no final dos anos 1940 e início de 1950, cria-se uma "oposição à esquerda" à IPA inglesa, capitaneada por Otto Fenichel[72]. Wilhelm Reich acabaria sendo isolado desse grupo, classificado como "radical", trabalhando e vivendo em um sítio em Maine – ao norte de Nova York –, mas seus livros e ideias continuariam a circular como uma grande referência (dentre as primeiras, provavelmente a mais decisiva) do freudo-marxismo. Enquanto pensadores da Escola de Frankfurt que tinham se exilado nos EUA na Segunda Guerra como Max Horkheimer e Theodor Adorno retornam à Europa logo após o fim da guerra, por outro lado Herbert Marcuse permanece nos EUA, enquanto Erich Fromm se estabelece entre os EUA e o México[73]. Karen Horney, que havia se formado em Viena, viria a falecer em 1952, mas deixa uma marca indelével no pós-freudismo estadunidense pela corrente denominada "culturalista" ou "neofreudiana". Fromm, Horney, Harry Stack Sullivan e outros intelectuais foram presenças fundamentais na construção de uma ambiência psicanalítica nova-iorquina que atravessa a constituição do WAWI, no qual Iracy Doyle faria sua formação psicanalítica. Esse legado não deixaria de estar intelectualmente presente no Brasil, mesmo após sua morte. É graças ao prestígio de Doyle que, por exemplo, contatos com o mundo editorial carioca viabilizaram desde muito cedo traduções no Brasil da obra de Fromm e, um pouco depois, também de Marcuse. Veremos, especialmente por meio desse último, que o impacto das ideias freudo-marxistas na segunda metade dos anos 1960 no Brasil será decisivo para o rumo dos acontecimentos.

É nesse contexto de oposição à IPA que é criada a IFPS em 1962. Segundo Gojman de Millán[74], a IFPS congregou inicialmente três entidades:

1. a Sociedade Alemã de Psicanálise – *Deutsche Psychoanalytische Gesellschaft* (DPG), representada por Werner Schwidder e Franz Heigl;
2. a Sociedade Psicanalítica Mexicana – *Sociedad Psicoanalítica Mexicana A.C.* (SPMAC), representada por Erich Fromm e Jorge Silva; e
3. o Círculo Vienense de Psicologia Profunda – *Wiener Arbeitskreis für Tiefenpsychologie*, representada por Igor Caruso e Raoul Schindler.

Como Erich Fromm havia sido também do grupo fundador do William Alanson White Institute, foi fácil convocar esse quarto grupo, denominado William Alanson White Psychoanalytic Society (WAWPS), para se juntar aos três primeiros. A intenção declarada da IFPS era a de reabrir a discussão sobre teoria e clínica na psicanálise, que julgava excessivamente burocratizada pelas regras da IPA – mas pode-se acrescentar que a intenção não declarada era a de não se curvar à despolitização imposta por Jones em 1949. A proposta da IFPS de respeitar as idiossincrasias dos processos de formação de cada um dos grupos que a ela se filiarão, preservando suas identidades institucionais e suas tradições particulares, será decisiva para que a filiação das instituições pudesse acontecer segundo regras menos paralisantes, abrindo portanto condições para que o ritmo histórico de sua multiplicação e de seu expansionismo em território brasileiro fosse significativamente mais célere do que o das filiadas à IPA ao longo do regime militar brasileiro.

Por conta da rota filiatória e migratória que acabamos de descrever, o IMP carioca, identificado com uma linhagem específica da psicanálise estadunidense, tardará a se livrar da pecha de "neo-freudiano" ou de "culturalista". Diferente de outras instituições, o IMP não se engajou em um projeto expansionista. Talvez por ter sido nos anos 1960 um instituto que optou por atuar somente no Rio de Janeiro, com um número pequeno de membros afiliados e sob a forte liderança intelectual de Horus Vital Brazil, o IMP teve um desempenho local importante no movimento psicanalítico carioca nos anos da ditadura, mas cuja reverberação não teria ido muito além da capital carioca. Pesa ainda o fato de que ainda está para ser escrita uma história oficial da instituição, por meio da qual se poderia dispor de nomes, textos e obras de seus membros. De todo modo, para além do destaque intelectual de Horus Vital Brazil no cenário carioca, o IMP é uma peça-chave aqui para taticamente sublinhar que *nem todos os movimentos psicanalíticos brasileiros estavam sob a hegemonia ipeísta*, mesmo antes do golpe de 1964.

O Círculo Brasileiro de Psicologia Profunda (CBPP)

Já o CBPP foi capitaneado no Brasil pelo padre Malomar Lund Edelweiss[75]. Nascido em 1917, Edelweiss ainda na infância ingressa no sacerdotismo, e na juventude gradua-se em Direito pela Universidade do Rio Grande do Sul. Em 1948, depois de mais de vinte anos de vida dedicada ao sacerdócio, Edelweiss recebe uma bolsa para estudar Direito Canônico[76] em Roma, o que torna viável a aproximação com outro campo de seus interesses, a psicanálise. Malomar Edelweiss realiza sua análise pessoal em Viena com Igor Caruso[77], que havia recém-fundado o Círculo Vienense de Psicologia Profunda (estabelecido em 1947). De volta ao Brasil, em 1953 Edelweiss se torna diretor da então Faculdade Católica de Filosofia de Pelotas (hoje Universidade Católica de Pelotas – UCPel), na qual posteriormente também criará um Instituto de Psicologia. Em 1956, Igor Caruso vem a Pelotas, momento em que é inaugurado o Círculo Brasileiro de Psicologia Profunda, com Malomar Edelweiss à frente, junto aos colaboradores Francisco Vidal, Gerda Kronenfeld e Siegfried Kronenfeld. Em 1960, quando Malomar Edelweiss é eleito primeiro reitor da universidade, o CBPP abre uma seção em Porto Alegre. Em 1963, Malomar Edelweiss é chamado por um grupo de interessados na formação psicanalítica para residir e analisar analistas em Belo Horizonte, criando uma seção mineira do CBPP.

Pode-se dizer que o Círculo mineiro capitaneado por Edelweiss é o principal responsável pela entrada de Minas Gerais no mapa nacional da história dos movimentos psicanalíticos organizados. Assim como o IMP, o CBPP de Minas Gerais se filiará ao IFPS, uma vez que a instituição vienense de Igor Caruso foi justamente uma das proponentes do próprio IFPS em 1962. Mas, à diferença do IMP, o CBPP tinha um projeto declaradamente expansionista. As duas seções do Círculo gaúcho se manterão vivas ao longo da ditadura mesmo após a ida de Edelweiss a Belo Horizonte, mas em baixa atividade. Já o Círculo mineiro será uma potência local de expressão bastante substantiva, irradiando filiais em diversos lugares ao longo da ditadura e fazendo vir analistas de analistas em lugares nos quais a IPA tardaria a chegar, principalmente no Nordeste. É digno de nota que em 1970 o CBPP será rebatizado com o nome Círculo Psicanalítico de Minas Gerais. É um dos raros movimentos psicanalíticos organizados que desafiou o monopólio ipeísta por meio de uma nomeação institucional que incluía a palavra "psicanálise". Provavelmente o fato de não haver nenhuma instituição ligada à IPA em Minas Gerais durante a ditadura pouparia atritos diretos, além de permitir liberdades de designação que a proximidade geográfica e a disputa regional talvez dificultassem. Ou seja, além de Edelweiss ter se mudado para Minas Gerais, o fato de o CBPP do Rio Grande do Sul ter se mantido em baixa atividade não deixa de ser um reflexo do monopólio da SPPA sobre a herança legítima do legado freudiano na região. Outro elemento igualmente digno de nota é a fundação da revista do CBPP, denominada *Estudos de Psicanálise* em 1969, que também pode ser entendida como um desafio à época. É por meio da *Estudos* que se pode inventariar nomes de agentes importantes da CBPP-MG: além de Edelweiss e do próprio Caruso, que viria a Belo Horizonte com alguma frequência e teve diversos títulos traduzidos e publicados em português, terão destaque Jarbas Moacir Portela, Djalma Oliveira e Célio Garcia. Kattrin Kemper se tornaria uma colaboradora importante da revista já em 1969, o que já sinalizava o seu rompimento com a SPRJ para a criação do Círculo carioca em 1970.

Havia duas desconfianças principais por parte das sociedades ipeístas em relação aos Círculos, que operavam como uma vigilância remota de suas atividades. A primeira era a ligação do movimento carusiano com a doutrina (religiosa e moral) dos jesuítas. Essa aproximação faria com que uma certa pecha de "exclusão da sexualidade" se formasse em torno de Edelweiss, que afinal era padre de formação, e por conseguinte do CBPP[78]. Uma segunda, mas já mais tardia, é uma reaproximação de Edelweiss com o hipnotismo. Porém, isso se dá de maneira mais evidente na década de 1980, quando o movimento psicanalítico mineiro e as outras CBPPs espalhadas no país estão em um estágio já avançado de expansão.

De maneira geral, a relação entre as quatro IPAs brasileiras, o IMP e o Círculo foi não apenas de uma discordância respeitosa, mas sobretudo de uma relação diplomática razoável até o final dos anos 1970. Salvo raríssimas exceções, até meados da década de 1960, membros do grupo ipeísta de modo geral não se referiam textualmente a membros do IPM ou do Círculo, e vice-versa. Não obstante, do mesmo modo não haveria situações de constrangimento direto ou intimação do ponto de vista político entre as partes. É ao fim dos anos 1970 que algumas parcerias intelectuais foram possíveis entre membros das IPAs, membros do IMP e do CBPP – o que seria radicalmente diferente da postura assumida pela IPA diante de outros "cursos paralelos", como eram chamados à época.

5.
Uma Revista, Brasileira, de Psicanálise

Por uma Estabilização dos Conceitos e das Práticas Psicanalíticas

> A mania das grandezas tinha exemplares notáveis. O mais notável era um pobre diabo, filho de um algibebe, que narrava às paredes (porque não olhava nunca para nenhuma pessoa) toda a sua genealogia, que era esta:
> – Deus engendrou um ovo, o ovo engendrou a espada, a espada engendrou Davi, Davi engendrou a púrpura, a púrpura engendrou o duque, o duque engendrou o marquês, o marquês engendrou o conde, que sou eu.
> Dava uma pancada na testa, um estalo com os dedos, e repetia cinco, seis vezes seguidas:
> – Deus engendrou um ovo, o ovo etc.
>
> MACHADO DE ASSIS, *O Alienista*.

Até aqui, foi possível constatar algumas condições predeterminadas para a entrada dos movimentos psicanalíticos no regime militar. A existência de instituições psicanalíticas já consolidadas permitiu aos movimentos psicanalíticos regionais manter os seus processos de expansão sob certo controle, estabilizando rotas filiatórias e migratórias e transformando-as em um capital simbólico característico para a psicanálise.

Não obstante, vimos que desde Freud e Ferenczi isso não seria suficiente para conferir estabilidade aos movimentos psicanalíticos. A "História do Movimento Psicanalítico de Freud" é a que torna mais evidente que a estabilização dos conceitos e das práticas é acompanhada de uma incursão no universo editorial, com a criação de revistas especializadas oficialmente ratificadas. Vimos com Bourdieu que é nelas que se decidem os termos do debate e as agendas intelectuais, que se expõem os ritos de consagração que autenticam um lugar na cadeia das heranças legítimas, que se determinam os desacordos acerca de ideias na superfície dos acordos profundos entre os agentes do campo.

É preciso lembrar que a psicanálise não dependeu da criação de uma revista oficial para que publicações psicanalíticas fossem viabilizadas. A partir de 1905, com a criação dos *Archivos Brasileiros de Psychiatria, Neurologia e Sciencias Afins*[1], seriam criados diversos periódicos que fomentam a divulgação de resultados de pesquisas e reflexões que acolherão os autores psicanalistas. Entre os anos 1920 e 1960 havia uma gama considerável de importantes revistas científicas ligadas à psiquiatria no Brasil. Em lugar de destaque, estarão as *Memórias do Hospital de Juquery*[2], dirigida pelo psiquiatra Antonio Carlos Pacheco e Silva; os *Arquivos de Neuropsiquiatria*[3] e a revista recifense *Neurobiologia*, fundada em 1938 por Ulysses Pernambucano[4]. Nesse ínterim, nos anos 1940 e 1950, o psiquiatra amazonense Cláudio de Araujo Lima encampa um conjunto de publicações como a *Psyke – Revista Didática e Científica de Psicologia, Psiquiatria e Psicanálise* (entre 1947 e 1948) ou a *Revista Latino-Americana de Psiquiatria* (entre 1951 e 1954), que acolhem diversos autores da psicanálise, como Mario Yahn, Virginia Bicudo e Iracy Doyle[5]. Não é nosso objetivo aqui mapear exaustivamente tal produção[6], mas é importante sublinhar que a produção escrita da psicanálise sob a forma de artigos antes da fundação da *Revista Brasileira de Psicanálise* exigiria uma busca por termos correlatos (psiquiatria psicodinâmica, por exemplo) em revistas não exclusivas à psicanálise.

Não obstante, após o golpe de 1964, a necessidade já sentida de décadas anteriores de se ter uma revista *oficial* se torna imperiosa. Era preciso de alguma maneira firmar o legitimismo, repertoriando o capital simbólico de diversas formas, na linguagem, na identidade visual e na afirmação de um veículo que não se confundisse com os seus correlatos. Um periódico que, enfim, fosse gerido, fomentado e organizado pelos órgãos oficiais ligados à IPA, que estabilizasse conceitos e práticas e fizesse circular as ideias de seus membros. O que a *Revista Brasileira de Psicanálise* inaugura é uma exclusividade temática, uma forma de falar sobre assuntos da psicanálise, um veículo de autorreconhecimento mútuo dos agentes do campo por meio de uma língua cifrada em códigos e xiboletes.

A CRIAÇÃO DA *REVISTA BRASILEIRA DE PSICANÁLISE*

Fundar uma revista oficial de psicanálise não era algo que dependia apenas do esforço e da boa vontade dos psicanalistas. O próprio volume único da *Revista Brasileira de Psicanálise* de 1928 seria uma prova disso. Após um longo inverno de quase quatro décadas, a revista é revivida em 1967, dando a conhecer o que pensavam e planejavam os psicanalistas das sociedades oficiais, quebrando o mutismo no terceiro ano do regime militar.

O primeiro volume publicado diz a que veio desde a capa: uma famosa carta que Freud envia a Durval Marcondes em 1928 quando da publicação desse primeiro e único volume da *Revista Brasileira de Psicanálise*. A respeito dessa lacuna temporal, na apresentação do volume de 1967 pode-se ler: "Seu espírito ressurge agora, quando a Psicanálise atinge, entre nós, a plenitude de sua maturidade e está a exigir um órgão de expressão que venha canalizar a volumosa corrente de sua produção científica."[7] Apesar da convocação para "congregar os psicanalistas de todo o país" e esperar "contar com o apoio e a simpatia do meio cultural brasileiro"[8], o primeiro número conta, com exceção de um artigo da psicanalista argentina Arminda Aberastury, só com autores da SBPSP. O mesmo se dá no segundo número, com apenas uma contribuição de Décio Soares de Souza (SBPRJ)[9]. No terceiro, exceto uma tímida contribuição de Walderedo Ismael de Oliveira (SBPRJ)[10], e no quarto, apenas um comentário escrito por Dirceu Quintanilha (SBPRJ) acerca de um prefácio escrito por Freud para um livro de Charcot[11]. Mais do que analisar os conteúdos e os temas, interessa-nos observar que a *Revista Brasileira de Psicanálise* é fundada como uma revista nacional, mas cuja hegemonia inicial é notadamente paulista.

As capas da revista são um capítulo por si só. Ainda em 1967, na devida ordem: uma foto de Sigmund Freud (já que a capa anterior havia sido a foto da carta) e, nos volumes subsequentes, Karl Abraham e Sándor Ferenczi. Em 1968, seguindo também a ordem dos números, fotos de Ernest Jones, Melanie Klein, Franz Alexander e A.A. Brill estampam não apenas as capas, mas também são incluídas nos volumes fac-símiles das cartas trocadas entre esses psicanalistas e Durval Marcondes[12], acompanhadas cada qual de tradução. O mesmo em 1969, com Max Eitingon e Hanns Sachs. A princípio esse dado relativo a cartas e fotos de capa pode parecer algo banal, mas se insiste aqui que ele já é marca evidente de um mito nacional do pedigree em franca edificação. A partir de 1970, o padrão de capas se altera, passando a ilustrar o índice do volume, com os respectivos autores e títulos, padrão que se manterá até pelo menos os anos 1980.

Talvez a alteração do padrão de capas tenha se dado em função da observância da ditadura, cujo mapeamento de conteúdos ditos subversivos ficou ainda mais severo após 1969. Imprimir na capa títulos de artigos de conotação majoritariamente técnica (com expressões técnicas da psicopatologia ou da metapsicologia) não deixava de ser uma forma de demonstração de "idoneidade ideológica" aos olhos do regime. Almeida Prado Galvão (SBPSP), em um artigo um pouco mais tardio de 1976[13] sobre a história da *Revista Brasileira de Psicanálise*, diz que foi um desejo expresso de Durval Marcondes que a revista não se tornasse (palavras dele) uma "publicação clandestina"[14] – com todo o peso que essa expressão tinha naquele momento histórico. De todo modo, não foi encontrado nenhum sinal nos arquivos pesquisados de que a *Revista Brasileira de Psicanálise* tivesse sofrido algum ataque do tipo censura ou impedimento de veiculação durante a ditadura militar.

O artifício das capas e das cartas adotado nos três primeiros anos da revista revela por si só a astúcia da iniciativa editorial. São todas cartas antigas, anteriores à década de 1960, da época em que se negociavam importações de um analista didata para o Brasil ou o reconhecimento dos grupos brasileiros por parte da IPA. Elas não apenas servem como prova material do esforço de Durval Marcondes na constituição do grupo paulista, como também indicam a intenção de construção de um mito de que esse grupo esteve organicamente ligado a essas grandes figuras da psicanálise europeia e estadunidense. Logo, a intenção de forçar uma transferência de capital simbólico por meio do prestígio dos psicanalistas estampados na capa dos três primeiros anos da *Revista Brasileira de Psicanálise* com a prova das cartas era clara. No momento em que as cartas acabam, mudam-se as capas. Outro elemento se soma a esse mesmo artifício. No terceiro número de 1967, Durval Marcondes assina uma nota denominada "Esclarecimento ao Público". Nela, são repisadas as exigências da formação psicanalítica segundo os moldes e os critérios da IPA, tomadas como forma de advertência a eventuais desavisados: "não é lícito nem honesto intitular-se psicanalista quem não tiver preenchido essa obrigação fundamental. Obrigação desse tipo é válida, aliás, para as diferentes especialidades nas profissões de nível universitário"[15]. A *Revista Brasileira de Psicanálise*, por meio da figura de seu fundador, mostra os dentes, ratificando que sua posição de superintendente da cena editorial psicanalítica não seria exclusivamente científica – logo, qualquer semelhança com a modulação da "História do Movimento Psicanalítico" de Freud não é mera coincidência. O tom áspero que beira a ameaça não deixa dúvidas:

Essas considerações vêm a propósito da grande quantidade de pessoas que, intitulando-se psicanalistas, tem abusado ultimamente da informação incompleta da nossa população a este respeito. Torna-se, pois, necessário que, ao procurar um psicanalista, se indague preliminarmente se é formado num instituto de psicanálise idôneo, isto é, num instituto reconhecido pela Associação Psicanalítica Internacional. O diploma de curso superior não é, por si só, suficiente, pois não proporciona o indispensável preparo especializado.[16]

A nota finaliza com a seguinte afirmação:

Até presentemente, a Sociedade Brasileira de Psicanálise tem mantido silêncio sobre esses fatos, aos quais permaneceu alheia consagrando-se antes de tudo a suas ocupações científicas e didáticas. Procurou sempre fugir a uma publicidade que julgava supérflua e que poderia mesmo ser mal interpretada. *Mas a utilização indevida e indiscriminada das palavras "psicanálise" e "psicanalista", como tem sido feita ultimamente, a obriga a vir a público, para que não seja acusada de omissão.* Ficam, assim, os interessados devidamente alertados para que não se tornem vítimas de abusos e explorações. Quaisquer outros esclarecimentos podem ser obtidos na sede da Sociedade Brasileira de Psicanálise, à Rua Itacolomi, 601, 8º andar.[17]

Um ano antes da *Revista Brasileira de Psicanálise*, havia sido criado o *Jornal de Psicanálise*, por iniciativa de Virgínia Bicudo (SBPSP). Esse boletim interno era voltado aos candidatos em formação do Instituto de Psicanálise da SBPSP. Logo, desde 1966, antes mesmo de se ter uma revista destinada ao grande público, um boletim interno tratava de cuidar das agendas da formação psicanalítica e estabilizar suas normas. É interessante notar que a *Revista Brasileira de Psicanálise* republicaria boa parte dos artigos mais significativos do *Jornal de Psicanálise*, o que faz crer que certos recados internos valeriam igualmente como recados externos. Mas antes de passar a eles, dediquemo-nos a um artigo que parece chave em diversos aspectos: historiográfico, narrativo e, por que não dizer, político.

"E O TEU FUTURO ESPELHA ESSA GRANDEZA": UMA HISTORIOGRAFIA QUATROCENTONA PARA A PSICANÁLISE

No caso do Brasil, não seriam os presidentes das instituições os responsáveis pela escrita da história da psicanálise no país no período ditatorial. Porém, por critérios típicos que buscaremos analisar aqui, haveria uma seleção interna para que os que ocupassem esse papel pudessem desempenhá-lo segundo uma agenda significativamente reveladora. Além da estabilização dos conceitos e das práticas, havia uma necessidade de estabilizar os *habitus*, uma vez que as instituições contavam com membros de diferentes extratos de classe. Com a transformação dos modos de acumulação do capital dos anos 1950 que desembocam no golpe militar, certas elites (principalmente a aristocracia tradicional e as famílias latifundiárias) na década de 1960 vivenciariam uma relativa decadência financeira. Não obstante, para que a decadência econômica não se tornasse também uma decadência moral, o elogio mítico a uma história familiar profunda de participação na "construção do Brasil" comparece como mecanismo compensatório da experiência degradante do ocaso do prestígio social.

Expliquemos um pouco melhor. A socióloga e psicanalista Maria Helena Bueno Trigo explora as disposições subjetivas e comportamentais – em chave bourdieusiana, o *habitus*, a "história em seu estado incorporado" – de um setor das classes dominantes específico: as oligarquias cafeeiras paulistas e seus herdeiros diretos. São os autodenominados quatrocentões. Identificados com a cultura do bandeirantismo paulista, os membros desses grupos inventam para si códigos estritos de reconhecimento mútuo por meio dos quais se veiculam valores morais e culturais segundo um patrimônio imaterial e abstrato: o gosto refinado.

Afirmações como: "[...] acostumei-me desde pequena a viver entre objetos de arte, quadros e mobílias que pertenceram à casa de meus pais e avós [...]" parecem conter uma *apologia do aprendizado precoce*. A família aparece como o lugar privilegiado para a formação de atitudes e interiorização desse patrimônio que é o gosto. No entender dos entrevistados, parecia que só os que desde cedo estiveram em contato com os valores estéticos e culturais tiveram oportunidade de interiorizar um gosto legítimo.[18]

Em favor da manutenção de um *status* que teria sido exclusivo dos seletos da história do país e que se encontrou supostamente ameaçado em função da transformação dos modos de acumulação do capital durante a ditadura brasileira (o "milagre", segundo o discurso oficial), os critérios autodefinidos do gosto legítimo são reivindicados para operar como mecanismo imaterial de distinção. Ou seja, para além das regras do jogo em transformação do capital financeiro, estaria suposto um capital simbólico e cultural permanentemente inacessível às pessoas mais recém-chegadas à elite, um patrimônio moral "que o dinheiro não compra". Essa fortaleza comportamental e discursiva tem uma natureza reativa: "Quando o amanhã deixou de ser igual ao ontem e ao hoje, uma série de mecanismos objetivos e subjetivos foi posta em prática para que as aparências pudessem ser resguardadas."[19] Não há como não supor esse gesto de demonstração como uma reação aos primeiros anos após o golpe militar. O tradicionalismo expressa o que a autora denomina de *fantasia de imutabilidade*, como se as circunstâncias sociais em transformação não abalassem o lugar social ocupado por esses sujeitos – e, portanto, como se o destino que lhes seria reservado pela história, o de permanecerem eternamente como elite dirigente, estivesse garantido para todo o sempre. Incorporado como uma espécie de atributo "natural", os quatrocentões representam, em uma fórmula bourdieusiana sintética, a dominação daqueles que "apenas têm que ser o que são para serem o que devem ser"[20]. Mais adiante, a autora afirma:

Havia uma coincidência entre o que eram os indivíduos do grupo e aquilo que consideravam e pregavam como modelo. Assim, os agentes do grupo dominante precisavam apenas existir, ter nascido, *ser* para justificar seus privilégios; nada precisavam *fazer* para merecê-los. Isso os levava a uma percepção de si mesmos como seres necessários, como o "fim da história" que estava na base de suas práticas e representações. Viviam uma completa ausência de dúvidas, estavam certos de si, de suas escolhas, de seus discursos, de suas ações. Sentiam-se absolutamente legítimos no seu estilo de vida, em sua visão de mundo. Os "outros" apenas tentavam imitá-los, conseguindo fazê-lo de forma pálida e imperfeita. É dessa forma que se afirmavam em relação aos grupos ascendentes.[21]

Por meio do estabelecimento de "aglomerados e padrões" de relações, é como se fosse possível inventar um mundo fora do mundo, apesar de dentro dele. Esse mundo se aureolava em primeiro lugar via arranjos familiares, graças aos casamentos combinados e quase sempre restritos a famílias quatrocentonas entre elas mesmas, e em segundo lugar, como que por extensão, estabelecendo aglomerados e padrões de relações institucionais e políticas nos tráfegos da elite do poder. A sedimentação de um imperativo moral e de um *savoir-vivre* acompanha os quatrocentões mesmo quando eles saem de seus latifúndios originais em direção à vida cosmopolita para fins de estudo na construção de uma carreira liberal – no caso e na época que nos interessam, a Medicina e consequentemente a psicanálise. Nesse tipo de migração interna das classes dominantes do campo para a cidade, os quatrocentões saem da fazenda para o casarão da família na capital, mas o *habitus* e a inculcação do gosto tido como sofisticado e autêntico e dos valores morais da família tradicional brasileira não saem deles. Os casamentos endogâmicos ("inter" ou "intra-quatrocentões") se replicam dentro das mesmas lógicas combinatórias nas famílias das grandes capitais. A universidade pública, criada por eles e para eles, seria um destino natural, de preferência em carreiras tradicionais como o Direito ou a Medicina. Os postos de direção institucional estavam naturalmente apenas aguardando sua chegada, cuja recepção seria saudada em retratos nas colunas sociais da grande imprensa. A influência na esfera política se mantém como se o Estado afinal não ousasse abalá-los – aqui, trata-se de uma diagonal que cruza a diferença entre ditadura e democracia. Entre o público e o privado não há impedimentos de circulação[22] desde que os comportamentos estejam de acordo com o código geral da "ostentação da discrição"[23], de modo que os espaços privilegiados de sociabilidade nos quais se tomam as decisões importantes de cunho político sejam casarões, clubes de lazer, salões de festa aristocráticos, condomínios de campo e de praia para os fins de semana, em que todos quando não se conhecem ao menos se reconhecem como membros de uma mesma elite dirigente. Um mundo, enfim, fora do mundo, apesar de dentro dele: uma diagonal do comportamento da elite do poder brasileira que atravessa e ultrapassa em larga medida a diferença entre ditadura e democracia na história do país.

Vale reter a partir do trecho citado e do comentário acima que visamos delinear um tipo bastante especial de *apoliticismo*, que julgamos que será decisivo para a posição influente dos psicanalistas ligados a instituições oficiais durante a ditadura. Retomando Bueno Trigo: "viver uma ausência completa de dúvidas", "estar certo de si", "sentir-se absolutamente legítimo em seu estilo de vida e em sua visão de mundo", eis um pequeno conjunto de representações que ilustram o que chamaremos de *a neutralidade enquanto projeto*. Dizendo de outro modo: a vida institucional psicanalítica nas grandes capitais do país, de tão exigente em burocracia e absorta em seus jogos internos de poder, com suas seleções rígidas, congressos fechados e publicações voltadas para leitores íntimos, parece se apresentar como um ambiente propício e acolhedor para o *habitus* quatrocentão. Em uma "imprescindível sintonia com o continente europeu"[24], o "condomínio" institucional psicanalítico passa a ser assim uma versão da fazenda da família, em que se produz tudo o que se consome e na qual "a vida lá fora" parece "barulhenta demais".

Toda essa incursão nos serve aqui para examinarmos de que modo essa ambiência de superioridade moral se converteria ainda em um discurso igualmente dominante sobre a própria história da psicanálise, ou mais precisamente, como um certo discurso historiográfico que visa legitimar a posição dominante ocupada por seus agentes nas disputas do campo.

De tal modo, nos critérios supostos de seleção entre esses agentes, os quatrocentões seriam enfim os mais inclinados a reconstruir a história do movimento psicanalítico no Brasil, por uma "aptidão" que descrevemos até aqui: a destreza em orquestrar códigos culturais e xiboletes para seus pares e para candidatos a pares. Dediquemo-nos neste momento ao artigo seminal de Luiz de Almeida Prado Galvão, publicado em 1967. O tipo de plataforma historiográfica em construção é transparente:

Creio que na história do movimento psicanalítico de cada país repetiu-se para seus pioneiros a mesma estrada áspera que Freud teve de palmilhar. Sofreram os pioneiros a mesma hostilidade e incompreensão que o próprio Freud teve que viver em Viena [...]. Repudiado, caluniado, injuriado, Freud, qual um gigante, a tudo suportou e foi levando avante suas pesquisas, sistematizando-as, estabelecendo princípios, leis gerais a respeito da vida mental, com espírito aberto, sem dogmatismos, corrigia-se, reformulava, redefinia, tendo a constante preocupação de investigar para esclarecer, investigar para modificar, investigar para construir.[25]

E mais adiante:

Mas o Freud crucificado, que pagou o tributo por ter dado este passo decisivo, teve a felicidade de viver o suficiente para ver *um regimento de homens*, que captaram sua mensagem, *tomar sua bandeira e levar a seus países*, em seus próprios idiomas, aquilo que o mestre imortal começava a explicar à humanidade.
    Pouco a pouco foi se formando este *batalhão internacional*, este *batalhão de pioneiros* que tomaram a si próprios a tarefa de difundir a nova ciência que se gerou no espírito fecundo de seu criador. E este batalhão de pioneiros assumiu resolutamente o compromisso de *lutar pelas novas ideias*, revivendo quiçá o próprio calvário que Freud palmilhou; tinham estes pioneiros o mesmo *compromisso com a verdade e as qualidades pessoais* daqueles que podem sintonizar-se rapidamente e antes do que todos com o que se constitui numa inovação, cujas dimensões e alcance puderam detectar com prioridade. Foram *homens de características especiais*, certamente; *inteligência aberta às novas conquistas, espírito progressista* e inconformismo diante dos dogmas, segurança suficiente para admitir suas próprias insuficiências inerentes à condição humana e determinação de ajudar o homem no seu sofrimento e dor. Além dessas características, enumeradas ao correr da pena, lembraria outra, muito importante: foi de que não transacionaram com o sucesso fácil; não se traíram, não se venderam; tiveram por si mesmos o mais profundo respeito. *Renunciaram conscientemente às glórias efêmeras e desta forma conquistaram o lugar de honra que lhes cabe por direito de se perpetuarem na História.*[26]

É notável como as expressões escolhidas ecoam o vocabulário militarizado do bandeirantismo paulista ("regimento de homens", "tomar sua bandeira e levar a seus países", "batalhão internacional" etc.), reforçando o mito da linhagem sucessória direta entre o pioneirismo de Freud e os reivindicadores regionais de seu legado. O apelo a um discurso mítico de origem que opera como o simulacro do "isolamento esplêndido" do próprio Freud se confunde com um *discurso quixotesco de sotaque paulista* na qualidade de intenção historiográfica. Para Bourdieu, esse "efeito dom Quixote" é definido pela noção de *histerese* do *habitus*: "o *habitus* é um princípio de invenção que, produzido pela história, é relativamente arrancado da história: as disposições são *duráveis*, o que provoca toda sorte de efeitos de histerese (de atraso, de defasagem, dos quais o exemplo por excelência é dom Quixote)"[27]. A imagem de Bourdieu para clarificar a histerese do *habitus* não poderia ser mais adequada: Almeida Prado Galvão imprime em seu discurso uma "imprescindível sintonia com o continente europeu", como se os psicanalistas paulistas precisassem estar de prontidão como um "regimento de homens" para uma guerra contra as mesmas calúnias e injúrias de que sofrera Freud em Viena.

Mas, diferente de dom Quixote, não havia em 1967 qualquer interpelação da realidade que abalasse a fantasia do romance de cavalaria psicanalítica em que Almeida Prado Galvão acreditava estar o movimento psicanalítico paulista. Pelo contrário, a fantasia parecia bastante adequada para aquela finalidade: materializar um artigo sobre a história da psicanálise em São Paulo no primeiro volume da *Revista Brasileira de Psicanálise* lançado após um hiato de quase quarenta anos. O quatrocentismo vertido em empreendimento historiográfico para a psicanálise oficial resolve, de uma só vez e em tom grandiloquente, um conjunto heterogêneo de problemas: reafirma-se a marginalização das autorias imperfeitas na narrativa de institucionalização para, sobretudo, eleger os desbravadores dignos de homenagem, no caso da SBPSP, Durval Marcondes e Adelheid Koch. Neste processo de museificação extravagante, para que tenham, a partir de então, seus retratos pendurados na parede estática de homenageados, louva-se o pioneiro vivo para torná-lo apático à geração presente (do próprio Almeida Prado Galvão) e para promovê-lo a inspirador às gerações futuras (que seriam formadas pela geração presente).

Sendo um movimento institucional quase "natural" e de acontecimento esperado, não surpreende que ele tenha se dado na época e na forma nas quais se deu. É certo que cada um dos pioneiros vivos irá reagir a isso a seu modo. O cenário paulista, nesse sentido, segue sendo exemplar. Durval Marcondes resiste a ser museificado, queixando-se de não ter sido devidamente reconhecido por sua dedicação à causa psicanalítica, como quem de dedo em riste lembra que ainda está vivo e produzindo, reivindicando que não é ele quem deve prestar contas aos mais jovens, mas sim os mais jovens que ainda não prestaram contas suficientemente a ele. Lygia Alcântara do Amaral, ao que tudo indica, parece ter aceitado o seu lugar na parede de retratos de homenageados sem maiores contrariedades. Virgínia Bicudo, por sua vez, não apenas resiste ao processo de museificação como faz questão de atuar nos anos de chumbo de forma absolutamente contrária a ele: decididamente ativa entre os anos 1960 até o fim do período ditatorial, ela assume uma posição de liderança, participando da vida institucional e conduzindo o destino dela de modo vertical, ultrapassando barreiras e diferenças geracionais.

Os parágrafos acima citados sintetizam a plataforma historiográfica do quatrocentismo aplicado ao movimento psicanalítico brasileiro, para os quais propomos uma leitura orientada por uma noção de Bourdieu: a *alodoxia*. Congênere à ideia de histerese do *habitus*, a *alodoxia* (o prefixo "alo" significa "outro", "diverso", e "doxo" é "crença", "opinião", "doutrina") é uma figura conceitual que responde igualmente a um problema histórico. Trata-se do ato em que o agente se deixa "dominar, no próprio ato de apropriação, por uma história estrangeira"[28]. Ainda com Bourdieu:

> A história reificada aproveita-se da falsa cumplicidade que a une à história incorporada para se apropriar do portador dessa história. [...] Essas astúcias da razão histórica têm como princípio o efeito de *alodoxia* o qual resulta do *encontro fortuito e ignorado de séries históricas independentes*. A história é também, como se vê, uma ciência do inconsciente.[29]

Daí a ideia de *alodoxia*: a estrangeiridade de uma história que "parece ser também" a história do agente tem finalidades muito claras, que vão desde o fazer caber o agente em determinada posição no campo (e angariar os capitais simbólicos que dela provêm), até organizar um discurso histórico *reificado* que sirva para conferir legitimidade ao campo. Para que não se entenda que a construção dessa plataforma seja um ato isolado nas *Notas* de Luiz de Almeida Prado Galvão, vale recortar um trecho de outro artigo do mesmo autor, publicado inicialmente no *Jornal de Psicanálise* (portanto voltado aos candidatos em formação) e republicado no terceiro número da *Revista Brasileira de Psicanálise*, também de 1967. Nele Almeida Prado Galvão afirma: "Em outro trabalho[30], disse que a história da psicanálise em cada país repete a própria história do movimento psicanalítico inicial, que teve como cérebro e coração o gênio de Freud. Poder-se-ia dizer, talvez, que o movimento psicanalítico geral é a soma dos movimentos psicanalíticos regionais."[31]

Ora, o que é a plataforma historiográfica de Almeida Prado Galvão em que o "movimento psicanalítico geral é a soma dos movimentos psicanalíticos regionais" senão uma declaração alodóxica? O que não é a ideia de que um movimento psicanalítico regional repete a história freudiana do movimento psicanalítico senão a tentativa de construir um mito alodóxico a que chamamos anteriormente de mito nacional do pedigree? Retomemos o argumento da filiação: pelo pedigree do divã, índice inequívoco da não estrangeiridade (logo, da *familiaridade*) segundo o padrão de camadas transferenciais sucessivas de geração para geração, cria-se uma versão reificada da história da psicanálise que "faz parecer" que as condições locais de recepção e difusão são secundárias ou fortuitas, que as circunstâncias políticas são meramente acidentais, uma vez que o verdadeiro valor de credibilidade está em uma rota filiatória cuja descrição é igualmente filiatória, inabalável em meio aos efeitos sazonais e às forças da história. É neste sentido que a exposição acima do conceito bourdieusiano de *alodoxia* visa compor o argumento da historicidade do campo e "cai como uma luva" para alguém como Almeida Prado Galvão. Nas zonas de incerteza dos estágios em processo de profissionalização de determinado campo, postos como os de fundador, primeiro presidente e pioneiro geram um efeito confuso de ipseidade, algo como uma qualidade intrínseca do indivíduo que ocupa a posição. É o desencontro entre o estofado da cadeira que adquiriu o formato de seu antigo dono e o próximo que irá usá-la. Pois se os atributos necessários para a função forem demasiadamente pessoais, os cargos tendem ao intransferível e ao insubstituível; por isso, o jogo das cadeiras em favor da saúde institucional exige um respeito à presença desses mesmos atributos nos pares imediatos, candidatos à cadeira que possuam predicados e *habitus* minimamente parecidos e que sejam capazes (candidatos e qualidades se misturam aqui) de manter a ordem das coisas tal como elas estiveram hipoteticamente desde o princípio. Por isso, "transferir o bastão" dos postos de direção institucional será, para o movimento psicanalítico, uma avaliação minuciosa que passará, como não poderia deixar de ser, pela análise do aspirante ao posto. Ou seja, estamos novamente no argumento das rotas filiatórias.

Contudo, como isso se articula com uma política do segredo? Cabe considerar de que modo o estilo exibicionista do discurso quatrocentão (especialmente do homem quatrocentão, encarnado por Almeida Prado Galvão) visa bloquear suspeitas: para quem tem um passado glorioso e honrado, sempre "do lado certo da história", não há o que omitir. Suspende-se o benefício da dúvida e blinda-se de qualquer desconfiança, pelo próprio exagero do autoengrandecimento "acima de qualquer suspeita", como quem não tem nada a esconder.

> Um fato que não se pode deixar de assinalar é que as reuniões do novel grupo psicanalítico de São Paulo realizaram-se, por muitos anos, na própria casa de Durval Marcondes, *em torno da mesa de sua sala de jantar*. Seria grave lacuna, nestas notas, não se mencionar a senhora Durval Marcondes: d. Herminda Marcondes, a dedicada companheira que esteve junto de seu marido em todos os momentos de sua dinâmica e atribulada vida, para a concretização do movimento psicanalítico entre nós. Pessoa de extrema sensibilidade e fidalguia, soube receber como ninguém aqueles que para sua casa se dirigiam, a fim de terem um local para as discussões científicas. Até hoje, *quando sua casa deixou de ser a sede da Sociedade,* para lá convergem os jovens analistas de São Paulo, que encontram o sorriso acolhedor de d. Herminda e *aquela mesma sala, cujos móveis, ornamentos e ambiente conservam a graça e a espiritualidade* que um dia os alunos ingleses encontraram em casa de Mr. Chipps...[32]

É por meio de afirmações de tom terno e inocente que se delineia o quatrocentismo – a mesa de jantar, os móveis, os adereços, a ambiência familiar, a instituição como extensão de um lar. O fato de Luiz de Almeida Prado Galvão encarnar a fusão de pelo menos três funções – analista (didata), quatrocentão e "historiador" – já no volume inaugural da *Revista Brasileira de Psicanálise* em 1967 representa a necessidade da renovação de argumentos historiográficos para reforçar o legitimismo ipeísta por meio da jactância de uma posição de classe que só poderia fazer sentido em um contexto nacional.

Ainda resta demonstrar a pertinência das raízes quatrocentonas do autor. Pelas pistas que o próprio autor ostenta, procuramos levantar também o histórico da sua família. Nesse caso, encontramos um cenário de laços familiares complexos que, de modo estendido, liga o psicanalista a uma elite do poder na ditadura. Era recorrente em seus artigos no final dos anos 1960 e ao longo dos anos 1970 fazer exaltações por meio de agradecimentos, com referências e reverências a familiares:

> Meus agradecimentos às professoras Lygia Amaral e Nina Guimarães Horta; ao professor Antônio de Ulhôa Cintra; à minha mulher Lelia de Ulhôa Galvão e à sra. Regina Ulhôa a Escobar [sic] pelo auxílio que me deram, cada qual a seu modo; a todos os que indiretamente colaboraram para a execução deste trabalho. Homenagem póstuma ao dr. Alcyon Baer Bahia [SBPRJ, falecido em x], meu amigo.[33]

O sogro de Almeida Prado Galvão era o dr. Antônio Barros Ulhôa Cintra, médico professor da Faculdade de Medicina da USP e, até as vésperas do golpe militar, ex-reitor da USP entre 1960 e 1963[34]. Ulhôa Cintra foi presidente da Fapesp entre 1962 e 1973, além de ter assumido o importante cargo político de secretário de Educação e Cultura do governo "biônico" de Abreu Sodré entre 1967 e 1973.

Em outros momentos, a referência familiar foi usada como apelo a serviço da fabricação de "mitos de origem". Em uma nota de rodapé no já referido artigo "Reflexos da Análise Didática na Vida Científica de Sociedades de Psicanálise" de 1967, uma nota significativamente fora de contexto e deslocada do argumento geral do texto – e que chama a atenção justamente por isso –, pode-se ler: "O prof. Pinheiro Cintra, já falecido, professor da Faculdade de Medicina da Universidade de São Paulo, submeteu-se, movido pela sua curiosidade científica, a este tipo de análise, em Viena, com [Wilhelm] Steckel [sic] (Informação prestada pelo prof. Ulhôa Cintra)."[35] O professor em questão é Delfino Pinheiro de Ulhôa Cintra, titular de Clínica Pediátrica da Faculdade de Medicina da USP. Ulhôa Cintra é, no caso, o já citado Antônio Barros de Ulhôa Cintra – que, por sua vez, era sobrinho de Delfino Pinheiro de Ulhôa Cintra.

Ora, o que esse tipo de informação está fazendo ali em um texto (que deveria ser) sobre análise didática nas sociedades psicanalíticas? Por isso insistimos que tais vanglórias não são meros acidentes de discurso, mas sim que estão expostas propositalmente. Para além das vaidades frívolas, elas têm destinatários dentro e fora do campo. Almeida Prado Galvão é alçado ao posto de "historiador oficial" do movimento psicanalítico paulista em pleno 1967 porque é o mais apto do grupo para organizar o capital simbólico e cultural valorado pelos agentes de então. Independentemente de, por exemplo, Delfino Pinheiro Cintra ter de fato ou não feito análise com Stekel em Viena (cujas condições de comprovação objetiva ficam bastante prejudicadas, afinal), de todo modo o efeito "mítico" que elas geram é de uma certa ligação suprageracional entre a família do autor e as origens vienenses da psicanálise. Trata-se de uma espécie de chancela de valor inestimável no campo psicanalítico, que cumpre uma função análoga às cartas que Durval Marcondes trocara com Freud, Abraham, Jones, Fenichel e outros estampados nos primeiros volumes da *Revista Brasileira de Psicanálise* que Almeida Prado Galvão ajuda a fundar – ou seja, fecha-se um ciclo de enredamentos de relações. A revista é uma articulação chave neste movimento, em que se pode constatar a intencionalidade em se fazer infiltrar a história pessoal e familiar de Almeida Prado Galvão na própria história do movimento psicanalítico paulistano.

Almeida Prado Galvão retrata a sua versão que relaciona a fundação da revista com a compra de um imóvel para a sede própria da SBPSP:

> Tivemos que abandonar temporariamente a ideia da revista frente à necessidade mais premente de termos uma sede própria. Nossas reuniões efetuavam-se então numa das salas do Serviço de Higiene Mental Escolar, cedida ao doutor Durval Marcondes para aquele fim. Foi quando, *por acaso*, surgiu a ideia de termos sede própria no prédio da rua Itacolomi, construído para abrigar consultórios médicos, sendo meu sogro, o professor Ulhôa Cintra, o incorporador. Sondado sobre a possibilidade de compra de um conjunto para ser a sede da nossa Sociedade, ele prontamente anuiu à ideia, consultando os primeiros condôminos, que também concordaram com a nossa pretensão, vendo na psicanálise uma atividade séria e, em nosso grupo, idoneidade para desenvolvê-la. [...] Conto tudo isso porque penso que ainda não foi contado e *possivelmente interesse aos mais novos conhecer aquelas priscas eras mais pormenorizadamente*. Vários colegas nossos se interessavam também em adquirir consultórios próprios no prédio da rua Itacolomi, como eu mesmo, o professor [Henrique] Schlomann, meu analista de então [Schlomann faleceu em 1965], a doutora [Adelheid] Koch, Virgínia Bicudo, Lygia Amaral, Judith Andreucci, minha colega de formação, Breno [Iulo] Ribeiro, entre outros.

Formou-se uma comissão de sede, composta por Eduardo Etzel, [José] Nabantino Ramos e por mim. O negócio era bom, o preço fixo, com financiamento da Caixa Econômica Federal, e foi levado a termo. Para as instalações internas da sede, tivemos a assistência do arquiteto Rino Levi, sogro do [psicanalista da SBPSP Armando] Ferrari, que, aliás, apoiou entusiasticamente todo o empreendimento, como quase todos nós, a bem da verdade, que *aves agourentas existem sempre e dentro da psicanálise não há exceção*.

> A sede foi inaugurada sob a presidência do professor Schlomann, em duas sessões solenes. [...] Conseguida a sede, chegou a vez da revista. Novamente fazíamos planos, David Ramos e eu. Sentimos então a viabilidade de termos a revista como *a próxima etapa do movimento psicanalítico*.[36]

Esse longo trecho, que mapeia não apenas os agentes em jogo, mas também o atributo conferido às relações entre eles, revela o empreendimento historiográfico que queremos ressaltar. Reaparece o sogro Ulhôa Cintra, agora na qualidade de incorporador imobiliário, com a correlata facilitação de crédito bancário para o empreendimento, pareado com outro sogro – desta vez o de Armando Ferrari, no caso, Rino Levi, um dos mais importantes arquitetos e urbanistas da escola paulista de arquitetura moderna. A localização da sede no paulistaníssimo bairro nobre de Higienópolis[37] e a mudança dos consultórios particulares por parte de quase todos os didatas das primeiras gerações para esse mesmo prédio também são particularmente simbólicos, propagando a imagem da família expandida reunida em um mesmo e novo lar. Almeida Prado Galvão inscreve David Ramos e a proposta da revista no mesmo gesto precursor da geração que os precedeu, colocando a revista como "a próxima etapa do movimento psicanalítico". O próximo passo natural de uma empreitada que conecta gerações passadas e presentes na direção de um futuro comum envolve uma separação entre "aves agourentas" e herdeiros legítimos. Dessa maneira, tomando Bourdieu como intérprete, pode-se dizer que Almeida Prado Galvão *converte capitais simbólicos e políticos externos ao movimento psicanalítico* (valorizados por redes familiares estendidas de influência) *em um potente capital simbólico interno institucional*.

O argumento no artigo segue na mesma linha:

> Foi em meados de 1966, se não me engano, que a professora Virgínia Bicudo ofereceu um jantar em seu apartamento na rua Visconde de Ouro Preto. Chegamos cedo, eu e minha mulher, antes dos demais convidados. Conversa vai, conversa vem [...]. Virgínia Bicudo, com seu espírito combativo, sempre pronto a acolher ideias novas, respondeu que nós podíamos [criar a *Revista Brasileira de Psicanálise*], e, como diretora do Instituto, iniciou o *Jornal de Psicanálise* [em 1966], [...] contando com a participação de candidatos. *As Cassandras de novo se fizeram ouvir*, mas felizmente Virgínia não se deixou convencer pelo ceticismo e transformou o *Jornal* em uma realidade. Foi o primeiro passo para a formação da revista. Consultado a respeito, José Nabantino Ramos, homem de empresa, entusiasta da psicanálise, ligado à imprensa de São Paulo, forneceu as primeiras informações para dar estrutura à revista. *Sem dar ouvidos, mais uma vez, à voz dos pessimistas*, o grupo inicial – Virgínia Bicudo, Lygia Amaral, David Ramos e eu – prosseguiu. [...] Nabantino Ramos entregou-se ao novo empreendimento com o maior empenho, orientando-nos quanto à divulgação, apresentação, capas etc.[38]

Elementos como "jantar" em "apartamento" com rua e bairro também não são sem consequência no que tange à expressão simbólica de modalidades de negociação: ideias e projetos gestados em ambiências caseiras, informais e íntimas. José Nabantino Ramos é um caso particular neste cenário. "Advogado e representante dos interesses agrários", "filho de um pregador evangélico" com "rígida formação protestante"[39], Nabantino Ramos adentra no universo profissional do jornalismo em março de 1945, último ano do chamado Estado Novo, ao assumir o comando dos principais jornais do Grupo Folha, posto que manterá até 1962. A posição da linha editorial antipopulista de oposição a Vargas marcaria em seu comandante uma posição política de centro-direita liberal, ligeiramente mais reformista do que conservadora, porém tendencialmente conciliatória no que tange ao respeito jornalístico por uma razoável diversidade no espectro ideológico expressa em seus veículos – ainda que tal diversidade se mostrasse mais ou menos bem-sucedida quando sujeita às determinações políticas maiores. Neste ínterim, sua trajetória pessoal se cruza com a psicanálise, época em que realiza sua primeira análise com Adelheid Koch e, depois, segue para uma segunda análise com Frank Phillips, em São Paulo e em Londres. Amigo pessoal de Durval Marcondes, Nabantino Ramos também se tornará amigo próximo de Virgínia Bicudo. É ele quem a acolhe em suas empresas para uma das mais significativas missões paulistas de divulgação da psicanálise para o público amplo nos anos 1950: o programa "Nosso Mundo Mental" na Rádio Excelsior, que também se tornaria uma coluna assinada por Virgínia Bicudo na *Folha da Manhã* e publicada em forma de livro em 1955 pela editora Ibrasa[40]. O profundo conhecimento de Nabantino Ramos dos "caminhos das pedras" (financiamentos do Estado e redes de relações) da vida editorial no Brasil, alinhado a um interesse pessoal pela psicanálise, propiciou a ele a colocação de setores de seu conglomerado empresarial a serviço da divulgação da psicanálise. Sem se declarar "aos quatro ventos" como um psicanalista de ofício apesar de ter atendido pacientes em sua própria casa, Nabantino Ramos é condecorado com o título de "membro honorário" na SBPSP em 1967, quando oferece um apoio fundamental à logística de sustentação da *Revista Brasileira de Psicanálise*, como Almeida Prado Galvão faz questão de sublinhar.

É preciso lembrar ainda que em 1967 o governo militar suspendeu todos os impostos[41] relativos ao processo de produção e venda de livros no Brasil. A institucionalização dos grupos editoriais da indústria do livro, o incentivo à produção nacional de papel e celulose e a facilitação do processo de importação de máquinas gráficas fizeram do período entre 1964 e 1973 um dos momentos de maior expansão dos parques gráficos da indústria editorial brasileira. Será somente com as crises do petróleo de 1973 e 1979 que o campo editorial brasileiro sofrerá maiores abalos devido à mudança de valores de matérias-primas, mas em todo caso e não obstante essas crises, a maioria das editoras de médio e grande porte conseguiu sobreviver e prosperar expressivamente durante o regime militar. Portanto, faz-se necessário sublinhar que as razões que viabilizam o relançamento da principal revista oficial de psicanálise no Brasil, quase quarenta anos depois da publicação do primeiro e único volume de 1928, indicam uma oportunidade ocasionada por determinantes externos provavelmente mais decisivos do que os internos da pressão do movimento psicanalítico nessa direção.

Logo, a proximidade de longa data de Nabantino Ramos com a primeira geração do movimento psicanalítico paulista passa por um novo processo de ressignificação de capital simbólico no início do período ditatorial. Almeida Prado Galvão, por sua vez, assume a direção do Instituto de Psicanálise da SBPSP entre 1975 e 1976, sucedendo Virgínia Bicudo (após doze anos como diretora), exatamente na época em que escreve o artigo: "Como diretor do Instituto atualmente, revivi o velho *Jornal de Psicanálise*, para dar aos alunos do nosso veículo de expressão. Para isto, convoquei meu velho companheiro de sonho, de trem, David Ramos, que aceitou a incumbência, voltando-nos ambos ao início do ciclo."[42]

A partir de pistas como essas, pode-se delinear um aspecto específico do *habitus* incorporado por Almeida Prado Galvão:

O discurso de Galvão, pela linguagem utilizada, aproxima o movimento analítico de uma missão religiosa, como as que chegaram ao Brasil durante o período de colonização. Freud aparece na figura de Jesus Cristo. Tomando o cristianismo como metáfora, Freud, crucificado, morreu por nós: pela nossa incapacidade de aceitar as revelações divinas, pela resistência à psicanálise. Um grupo especial de homens sensíveis captou sua mensagem e foi encarregado da missão de levar a palavra sagrada, difundindo o "evangelho". Na expansão da psicanálise, a referência às bandeiras nos remete às missões de bandeirantes responsáveis pela expansão do território brasileiro: levar a bandeira da coroa portuguesa para o interior do Brasil, catequisar os nativos, expandindo o território de domínio português e a fé cristã.[43]

Em que pese o fato de a comparação proposta por Silveira entre Freud e Jesus Cristo incorrer em um certo exagero reducionista, parece que foi detectado um elemento central: a aliança entre "missão" e "bandeirantismo". No já mencionado livro *Os Paulistas de Quatrocentos Anos: Ser e Parecer*, Bueno Trigo faz uma análise contundente dessas disposições, compreendendo, por exemplo, como a glorificação do bandeirantismo paulista se alinha a uma representação legítima de origens familiares nobres. A inspiração para essa leitura da autora em chave bourdieusiana[44] se assenta na compreensão já presente na literatura desde *Bandeirantes e Pioneiros*, de autoria de Vianna Moog, e acompanha a construção do Brasil República antimonarquista sob profunda influência da estética estadunidense de exaltação da expansão territorial nacional – que, consequentemente, constrói uma narrativa memorial sobre a escravidão. O bandeirante é retratado como um conquistador de terras inexploradas, um desbravador altivo que foi capaz de submeter as populações indígenas locais à condição de escravos (quando não as assassinava impiedosamente) e conferir o que se tornaria uma espécie de orgulho nacional: dar ao Brasil a condição de país de "dimensões continentais", geograficamente ainda maior do que os Estados Unidos. Essa narrativa, não por acaso, esteve presente em uma parte substancial dos autores do modernismo paulista, de quem Durval Marcondes retiraria seu mítico estímulo para a consumação do movimento psicanalítico paulista[45]. As facilidades econômicas e financeiras ratificam a histerese do *habitus* imitado à maneira europeia, cujos comportamentos (vestimentas, apresentações corporais, maneiras de sentar-se à mesa, polidez, valores morais) mutuamente reconhecidos serviriam como índice efetivo de chancela de nobreza. Há um horizonte de dever ser, um *savoir-vivre* tácito e padronizado, despojado das obrigações e compromissos com a manutenção material da vida, um usufruto privilegiado do "tempo livre", uma regularidade nas formas do cultivo de si que tais facilidades econômicas permitem. Ao mesmo tempo, exige-se que cada novo candidato ingresso no campo conheça e se reconheça nos xiboletes e nos *habitus*, que são os códigos de reconhecimento mútuo e de afinidades eletivas sob a autodesignação da "verdadeira tradição brasileira". Em suma, dada a extração social desse grupo, dificilmente algum outro discurso conservador poderia ser mais conveniente para a percepção que o movimento paulista tinha de si mesmo e de suas origens "autênticas" do que esse.

CIÊNCIA OU IDEOLOGIA: A SOLUÇÃO DA "FACULDADE DE PSICANÁLISE"

Além da plataforma historiográfica, a *Revista Brasileira de Psicanálise* também se dispôs a ser a plataforma científica de estabilização de conceitos e práticas psicanalíticas. Anunciamos em nossa apresentação resumida da história da SBPSP que ela aporta no regime militar triunfantemente, com condições de gerir seus capitais simbólicos acumulados e se firmar como a detentora do monopólio legítimo da herança freudiana em meados dos anos 1960. É nesse contexto que está também no primeiro volume da *Revista Brasileira de Psicanálise* de 1967 um artigo de David Ramos, o "companheiro de sonho, de trem" de Almeida Prado Galvão. Trata-se de um artigo inicialmente publicado no *Jornal de Psicanálise* (portanto, originalmente voltado para os candidatos) e republicado na *Revista Brasileira de Psicanálise*[46].

David Ramos não seria uma personagem tão expressiva na história da SBPSP quanto foram Durval Marcondes, Virgínia Bicudo ou o próprio Luiz de Almeida Prado Galvão. Segundo um relato do médico José Fernandes Pontes presente no livro de Marilucia Melo Meireles e Marco Aurélio Fernandez Velloso, *Seguir a Aventura com Enrique José Pichon-Rivière: Uma Biografia*, por volta de 1960 um grupo de analisandos de Margareth Gill (SBPSP), incomodados com o hermetismo e com os poucos analistas didatas na instituição à época, entram em contato com Leon Grinberg (da APA argentina e então secretário-geral da IPA) visando construir um grupo de estudos avulso à SBPSP. Grinberg a princípio achou o argumento aceitável, mas entra em contato com a cúpula diretora da SBPSP avisando da visita do colega brasileiro. Assim, Durval Marcondes, Judith Andreucci, Lygia Amaral e Virgínia Bicudo entram em contato com Pontes "intimando-o a uma arguição"[47], em uma reunião com "traços de severidade e reprimenda, como se fosse réu de delação e traição, por ter-se encontrado com Grinberg"[48]. Assim evitou-se uma cisão na SBPSP, e a instituição ampliaria seu quadro de didatas, aceitando para ocupar o posto Margareth Gill, David Ramos, Gecel Sterling, Isaias Melsohn, Laertes Ferrão, Luiz de Almeida Prado Galvão, Milton Zaidan e Yutaka Kubo. A esse grupo também se juntaria Frank Phillips, de volta ao Brasil.

De todos estes nomes, David Ramos é um dos menos lembrados quando se fala da história da SBPSP. Não obstante, seu artigo é um dos que melhor expressa as pretensões do Instituto de Psicanálise da SBPSP no período. A intenção é se defender de duas críticas à psicanálise, uma enquanto profissão e outra enquanto ciência. Na primeira, Ramos problematiza a questão da análise leiga, uma questão sensível para a SBPSP que contava com mais didatas não médicos do que as demais IPAS, mas ele simplesmente apresenta a questão e não a desenvolve diretamente. Quanto à cientificidade da psicanálise, Ramos investe em uma proposta um tanto quanto superficial, a que chama "princípio da unidade do ser"[49], uma suposta síntese de falsas dicotomias entre ciências da matéria e ciências do espírito, ou entre psique e soma. Como se soubesse da fragilidade de sua proposta de "unidade do ser", Ramos faz um rápido giro argumentativo na direção de um encaminhamento objetivo: criar uma "Faculdade de Psicanálise". O autor retira a proposta de um trecho de um texto de Freud de 1926, *A Questão da Análise Leiga*, traduzido para o português a partir da tradução espanhola. Segundo Ramos,

A resposta parece-nos estar no pensamento de Freud: "Se tivesse que ser fundada uma Faculdade de Psicanálise – ideia que ainda sonha a fantasia – haveria de estudar-se nela muito do que se ensina na Faculdade de Medicina. Além da Psicologia do Inconsciente, que sempre constituiria a disciplina principal, uma introdução à Biologia, o mais amplo estudo possível da ciência da vida sexual e um conhecimento dos quadros patológicos da Psiquiatria. Por outro lado, o ensino psicanalítico compreenderia também matérias estranhas ao médico, nas quais pode tropeçar em sua atividade profissional: História da Civilização, Mitologia, Psicologia das Religiões e Literatura."[50]

A título de comparação, vejamos como o trecho aparece na tradução de Paulo César de Souza:

Se fôssemos criar – o que hoje ainda pode parecer fantástico – uma faculdade de psicanálise, nela se haveria de ensinar muita coisa que é ensinada também na escola de medicina: ao lado da psicologia profunda, que sempre seria a matéria principal, uma introdução à biologia, o estudo mais amplo possível da vida sexual, uma familiaridade com os quadros clínicos da psiquiatria. Por outro lado, a instrução analítica também abrangeria matérias distantes da medicina, com as quais o médico não tem contato em sua atividade: história da civilização, mitologia, psicologia da religião e literatura.[51]

A ênfase de Ramos é notável quando comparado ao tom "de passagem" que o parágrafo tem no texto original. Pela substituição de "psicologia profunda" por "Psicologia do Inconsciente" e outras maiúsculas, Ramos eleva a "instrução analítica" à condição de "matérias" e fixa uma missão, quase em tom de manifesto: "Realizar a aspiração de Freud é o dever dos psicanalistas de hoje, no mundo inteiro."[52] E prossegue: "Realizá-la, com a necessária humildade científica. O que significa também: organizar um *currículo de matérias sem qualquer eiva ideológica*, isto é, *colocando os ideais científicos acima de qualquer querela de grupo, de classe, ou de concepção privatista do mundo.*"[53] O plano é claro, como indica o título do artigo: fazer da psicanálise uma "ciência específica" e do psicanalista um "profissional especializado", na qual o "progresso" depende do diálogo com outros campos do saber, mas dentro de um escopo "sem qualquer eiva ideológica". Outra passagem curiosa é a defesa da análise didática como garantidora da ampliação das disposições do pensar:

Quanto melhor a análise chamada didática, do psicanalista, sua maior capacidade para o ato de pensar possibilitar-lhe-á captar com maior sensibilidade as potencialidades resultantes dos diálogos. Resultará inevitavelmente melhor instrumental técnico e maiores possibilidades de definir, conceituar, entender enfim. Compreenderá então, de dentro para fora, mais que demonstrativamente, que a psicanálise é, sem dúvida, a grande contribuição para a "teoria do conhecimento", uma ciência específica, uma verdadeira síntese, porque seu objeto é o pensamento, seu método "pensar o pensamento", sua finalidade "entender" o homem.[54]

Assim, o argumento se completa: a análise didática garante o avanço da psicanálise enquanto ciência específica, especializa seus profissionais e potencializa o progresso do conhecimento pelo aumento das sensibilidades dos candidatos e pacientes. Enfim, ela deverá ser o elo de ligação da solução da "Faculdade de Psicanálise" via ensino superior. Com isso o autor conclui que são "atos historicamente necessários: a. regulamentar uma profissão que tem sua posição, seu papel, mas não tem 'status', isto é, a profissão de *psicanalista*; b. lançar bases iniciais para a criação de uma futura FACULDADE DE PSICANÁLISE"[55]. E mais adiante: "será imprescindível e necessário que se crie uma FACULDADE DE PSICANÁLISE, dadas as características peculiares para a formação de um psicanalista, profissão e ciência, a nosso ver, equidistantes da *Medicina e da Psicologia*"[56]. Por fim, um último trecho a citar, com o qual Ramos conclui seu artigo:

Não é problema novo. Ao contrário, tem a idade da própria Psicanálise. Mas, é uma irrecusável exigência da Psicanálise atual. O embrião da ideia, que é de todos porque de Freud, aí está. E as Sociedades de Psicanálise, filiadas ao Organismo Internacional que as rege, através de seus órgãos de ensino, tem condições morais e científicas para pleitear tais reivindicações."[57]

Um argumento muito parecido com o de David Ramos pode ser encontrado no artigo do "companheiro de trem" supracitado Luiz de Almeida Prado Galvão, igualmente uma republicação do *Jornal de Psicanálise* na *Revista Brasileira de Psicanálise*. O tom quatrocentão para retratar um Freud que "transcendeu as fronteiras geográficas de seu local de origem"[58] segue presente na abertura do artigo, mas de forma mais moderada do que no anterior. Aqui, um complemento parece mais importante: "Hoje a psicanálise é aceita em todo o mundo civilizado, *onde quer que haja liberdade*. Ela, que torna o homem intrinsecamente livre, foi *banida apenas das sociedades em que o Estado é o dono da liberdade individual e coletiva.*"[59] Um conjunto de alinhamentos se concentra aqui em uma frase aparentemente inofensiva. A política jonesiana, a razão liberal, a crítica velada ao banimento da psicanálise nos países soviéticos, o elogio à liberdade em oposição à ingerência do Estado e a diferença entre civilização e barbárie são expressos em uma afirmação indireta, como que de passagem, mas que nem por isso deixa de ser afirmada.

De fato, ela chama a atenção, mas não é esse o centro do argumento. Almeida Prado Galvão nesse artigo busca defender o exercício da psicanálise por não médicos, ressaltando a importância que eles tiveram e seguiriam tendo para o "progresso" da psicanálise. Negar a importância dos precedentes que os iniciaram no movimento psicanalítico é de algum modo se colocar em posição de risco como pleiteante das cadeiras da geração anterior no interior do jogo institucional. No entanto, o argumento se utiliza de expedientes curiosos. Almeida Prado Galvão expõe pela negativa algo como uma ideia corrente à época, subentendida na política institucional, porém não declarada: a de que o aumento da procura por candidatos médicos à formação psicanalítica se encarregaria por si só de "aposentar" os antigos não médicos, ainda que para se opor a isso. Pode-se ler: "O que se tem feito e preconizado sob este aspecto é manter os psicanalistas não médicos no exercício de suas funções, *até que morram*, como tolerância ao passado e, para o futuro, haver tão somente a preparação de médicos."[60] O autor sai em defesa de seus mestres por meio da mesma solução de compromisso de David Ramos: a "Faculdade de Psicanálise". Cita o mesmo trecho de *A Questão da Análise Leiga* de Freud, dá a ela o mesmo acento, julga ultrapassada e impertinente a diferença entre analistas médicos e não médicos e exalta a psicanálise como uma "nova profissão". No entanto, sob a alcunha de "sugestão", dá um passo além de David Ramos:

a. A Faculdade de Psicanálise receberia estudantes após o término do curso colegial: estudantes com a idade mínima de 18 anos e máxima de 35 anos (o estudante submeter-se-á à análise didática e não é aconselhável que tenha idade superior por motivos que no momento não cabe discutir). Os pretendentes passariam por uma prova de seleção, que incluísse uma avaliação dos conhecimentos adquiridos nos cursos intermediários, e por testes psicológicos e entrevistas com pessoal habilitado (psicanalistas e psicólogos devidamente credenciados).

b. O curso teria a duração de cinco anos, para que o estudante pudesse apreender, em extensão e em certa profundidade, as matérias a seguir especificadas: 1º. Filosofia; 2º. Psicologia; 3º. Antropologia; 4º. Sociologia; 5º. História Universal; 6º. Literatura Universal; 7º. Artes; 8º. História das Religiões e Mitologia; 9º. Política; 10º. História da Psicanálise; 11º. Biologia; 12º. Noções da Anatomia Humana; 13º. Fisiologia e Fisiopatologia; 14º. História da Psiquiatria; 15º. Psiquiatria Contemporânea.

c. A análise didática seria iniciada ao término do 3º ano, isso é, quando os alunos começassem o 4º ano, prolongando-se por quanto tempo fosse necessário; em outras palavras, o estudante terminaria os cinco anos do curso da faculdade, mas somente receberia seu título de psicanalista ao término da preparação psicanalítica propriamente dita, obedecendo às normas estabelecidas pelos Institutos de Psicanálise, como vêm funcionando até hoje; evidentemente, não mais fará os cursos teóricos em vigor nos Institutos de Psicanálise, pois que estes já foram desenvolvidos no curso regular dos cinco anos que aqui foram previstos. No mais, manter-se-á dentro das normas previstas pelos Institutos.[61]

À primeira vista, a manobra da "Faculdade de Psicanálise" pode parecer apenas uma excentricidade, um plano mirabolante ou espalhafatoso de uma elite vaidosa. Porém, diante de um verdadeiro plano de ensino como esse, é mister lembrar-se das "carteiradas" de nota de rodapé – o sogro, o sobrenome, o fomento e, por que não dizer, o próprio Estado:

A solução que impõem os fatos é, não a de se acomodar a uma legislação que não previu essa profissão, mas sim a de se lutar para que haja leis que regulamentem um fato social novo. Só assim estaremos adotando uma medida concorde com a realidade, progressista, ética e que abre novos horizontes ao estudo do homem, com a utilização de todos os talentos e verdadeiras vocações, em benefício do próprio ser humano.[62]

Ou seja, se havia alguém que tinha "a rede de contatos" para efetivar o plano, esse alguém era Almeida Prado Galvão, como ele mesmo fazia questão de afirmar e nomear em seus próprios textos. Para aqueles que se habituaram a tratar o Estado e a *res publica* como uma extensão de sua própria casa ou fazenda, transformar as leis para que se adequem a um "fato social novo" que é a "nova profissão" de psicanalista não poderia parecer afinal uma manobra tão ousada assim. Em nenhum momento, aliás, os dois textos parecem hesitar nesse sentido – seria mais uma questão de aprimorar as decisões de grade curricular do que cogitar por exemplo que o Estado poderia simplesmente não ter interesse em mudar suas leis ou suas diretrizes universitárias para albergar tal "nova profissão". Com isso, completa-se uma solução de compromisso reafirmada ao longo de todo o texto: "somente o profissional treinado nos Institutos de Psicanálise está credenciado ao exercício da psicanálise", um "ponto pacífico, pelo menos entre psicanalistas"[63]; logo, até a criação da "Faculdade de Psicanálise", "que se respeite a formação de psicanalistas pelos Institutos de Psicanálise"[64].

Vale lembrar que a presença da psicanálise no circuito universitário paulista, que havia sido impedida pela derrota de Durval Marcondes para Antônio Carlos Pacheco e Silva na Psiquiatria da USP, já não estava mais tão impedida assim. É bem verdade que Pacheco e Silva nunca hesitou em manifestar sua repulsa pelo freudismo[65], e sua figura extremamente poderosa, organicamente ligada à alta cúpula dos militares, amedrontava os inadvertidos. Porém, nada disso impediu que os psicanalistas paulistas encontrassem formas de criar pontes com a universidade. Além das faculdades que acolheram a psicanálise ainda nos anos 1930 como a Escola de Sociologia e Política de São Paulo, Durval Marcondes e boa parte da cúpula da SBPSP lecionariam na Psicologia Clínica da USP nos anos 1950. Darcy Uchôa assume em 1964 a cátedra de Psiquiatria da Escola Paulista de Medicina (hoje Unifesp), e mesmo Virgínia Bicudo, que não era médica de formação, assume um posto de professora da Faculdade de Ciências Médicas da Santa Casa. Logo, independente da amargura reiteradamente expressa por Durval Marcondes pela tal derrota dos anos 1930, tanto ele quanto outros psicanalistas paulistas encontraram soluções consistentes que contornavam a intolerância de Pacheco e Silva para com a psicanálise. No entanto, a gramática de reconhecimento que conferiu prestígio à psicanálise nas universidades ao longo de décadas, em paralelo ao organicismo psiquiátrico dominante, estava prestes a passar por uma grande transformação.

De todo modo, o projeto de uma "Faculdade de Psicanálise" que hoje pode parecer absolutamente despropositado – não houve e muito provavelmente não deve haver até hoje algo como uma "Faculdade de Psicanálise" em nenhum lugar do mundo[66] – à época, pelas circunstâncias e pelas "redes de sociabilidade", não parecia tão absurdo. O projeto nunca sairia do papel, mas não se pode negar que talvez ele tivesse se viabilizado, não fosse o ano de 1967 a véspera do recrudescimento do golpe.

Uma das grandes máximas freudianas é que "o sonho é a realização de um desejo". Não se pode perder a chance de dizer que em 1967 o Instituto de Psicanálise da SBPSP ousou sonhar alto. Mas não tão alto como um voo de Ícaro; não haveria despenho, nem tampouco asas queimadas pela proximidade do Sol. Mas é fato que um calor se fazia sentir, o calor do fogo que emanava das universidades.

6.
1968, o Ano Terminável e Interminável

> E você que me prossegue
> E vai ver feliz a terra
> Lembre bem do nosso tempo
> Desse tempo que é de guerra
> É um tempo de guerra
> É um tempo sem sol
>
> EDU LOBO E GIANFRANCESCO GUARNIERI, *Tempo de Guerra*, 1965.

> A guerra é um massacre entre pessoas que não se conhecem para proveito de pessoas que se conhecem, mas não se massacram.
>
> PAUL VALÉRY

Pode-se dizer que é um consenso entre os historiadores da ditadura militar brasileira que o golpe de 1964 só se perfaz definitivamente enquanto regime ditatorial em 1968. As eleições presidenciais diretas no final de 1965 não aconteceriam, mas as eleições para governador apontavam duas derrotas para os militares, no Rio de Janeiro e em Minas Gerais[1]. Com o AI-2 e o AI-3, em 1966, ampliam-se as cassações de mandatos, aumenta-se o cerco político ao Supremo Tribunal Federal, extingue-se o pluripartidarismo para a consumação do bipartidarismo com a Aliança Renovadora Nacional (ARENA) e o Movimento Democrático Brasileiro (MDB) e vigoram as eleições indiretas para governos e prefeituras. Com isso, o Poder Executivo amplifica seus poderes de veto pelo constrangimento a quaisquer atores políticos ligados ao populismo ou à esquerda, enquanto no Legislativo aumentaria a autoridade do partido de situação ARENA por sobre a oposição arrochada no MDB. Assim, a despeito de qualquer participação popular pelo voto destituído de qualquer poder de transformação, mantido pelo que se chama tradicionalmente de *verniz democrático*, Castelo Branco se firma na Presidência da República até 1967, quando foi sucedido pelo seu ministro da Guerra, Costa e Silva.

Segundo Adriano Nervo Codato, nesse intervalo entre 1964 e 1968 os militares alternaram "ciclos de repressão" com "ciclos de liberalização"[2]. Enquanto se consumaria o expurgo político da oposição ao regime após o AI-2 e o AI-3, Costa e Silva procuraria construir uma "política de alívio" por meio de negociações com essa oposição, mas que na verdade era uma tentativa de "constitucionalizar" o regime militar pelo AI-4. Ou seja, não houve uma decisão estanque em 1964, posto o caráter reativo do golpe, mas sim uma "dinâmica (processual) e sua natureza (contínua)"³ de construção do regime que se confirmaria em 1968. Dois processos fundamentais viabilizam a sedimentação do regime militar: a militarização do sistema político e a militarização do sistema estatal. No primeiro, a imposição de vetos e cassações de mandatos esteriliza a classe política de civis, eliminando os resistentes à agenda militar e os descomprometidos para com ela. No segundo, o Estado militarizado se faz valer em um processo de capilarização "de cima para baixo", no qual se coordenariam organicamente, desde a Presidência da República, praticamente todos os postos decisórios das instituições públicas, desde os "escalões médios da burocracia" até as instâncias privadas de maior relevância social. A combinação dos dois processos macula o tecido social de maneira irreversível, de modo que gradativamente tanto instituições de Estado quanto setores da vida privada perdem nitidez quanto às suas diretrizes políticas, obscurecidas pela penumbra de um regime autoritário que se instala por todos os lugares nas microgeografias do poder sem que se saiba claramente onde de fato ele está. Daí talvez a imagem que tenha ficado para certos setores da sociedade dos primeiros anos da ditadura como uma conduta "branda", quando na verdade ela estava muito longe de ser caracterizada como tal. Pelo contrário, qualificá-la como "branda" é um enorme despautério, pois ela era inclemente e ostensiva. O ponto é que ela buscava ser bastante seletiva quanto às suas condutas de perseguição, controle e exercício direto da violência. Pela seletividade, a ditadura conquistava sistematicidade a cada passo que o regime dava após o golpe, porém sem se apresentar como um regime político explicitamente autoritário generalizado ao corpo social como um todo; zelando pelo verniz democrático no campo da opinião pública, até 1968 ela se fazia presente sobretudo sub-repticiamente e de forma dissimulada.

Nessa toada, um dos pontos da vida social que usufruiu da pouca liberdade que restava para se afirmar como produção da resistência foi a cultura. Provavelmente o universo simbólico mais conhecido da expressão da resistência ao regime militar nos anos 1960 seja justamente composto pela literatura, pelo teatro, pela música, pelo cinema e pelas artes plásticas. Segundo o historiador Marcos Napolitano, "a ordem autoritária dos primeiros anos do regime militar brasileiro estava mais interessada na blindagem do Estado diante das pressões da sociedade civil e na despolitização dos setores populares (operários e camponeses) do que em impedir completamente a manifestação da opinião pública ou silenciar as manifestações culturais da esquerda"⁴. A derrota na política das esquerdas imposta pelo golpe se transformaria em uma "vitória de Pirro" no campo da cultura até 1968. O mesmo valeria para o campo intelectual. A inspiração francesa, provavelmente sartreana, do papel do intelectual engajado[5], cujas tomadas públicas de posição visavam organizar e orientar o debate crítico no país, faria com que "ser intelectual" no Brasil nesse período rimasse com "ser de esquerda". A essa altura da história, não faltariam exposições de arte, circuitos de teatro de arena, festivais musicais, debates e revistas do campo intelectual para fomentar tal produção da resistência. Reconstruir esse universo em detalhes nessa obra nos custaria muitos capítulos. O que procuraremos fazer é tentar entender de que forma os psicanalistas se relacionavam com esse universo, quando se relacionavam, ou como reagiam a ele. Interessa-nos sobretudo compreender de que forma reagiriam os movimentos psicanalíticos após quatro atos institucionais, com a concentração de poderes na Presidência da República, ao mesmo tempo que ela flagelava os convênios com os setores liberais que apoiaram o golpe de 1964.

É preciso dizer que em nenhum lugar do país a essa altura da história os movimentos psicanalíticos tinham uma expressão contundente na cultura de resistência ao regime militar. No entanto, dentro dos movimentos psicanalíticos havia psicanalistas que, como que por conta própria àquela altura, se encarregariam de subscrever as raríssimas exceções de manifestação pública contra o regime militar. Aqui, um cotejo parece inevitável, irresistível de tão didático: enquanto um psicanalista seria preso no Rio de Janeiro assim que o AI-5 é decretado em função de suas opiniões públicas na grande mídia impressa carioca, uma psicanalista em São Paulo procuraria "desarmar" as produções culturais da resistência ao regime militar por meio de uma visada psicanalítica deveras inusitada no mesmo fatídico ano de 1968. Estamos falando de Hélio Pellegrino (SPRJ) e Virgínia Bicudo (SBPSP).

PSICANALISTA, MILITANTE DE ESQUERDA E "MINEIRO APOSTÓLICO ROMANO": UM RETRATO DO ENGAJAMENTO POLÍTICO E INTELECTUAL DE HÉLIO PELLEGRINO

Quando se fixou na capital carioca no início dos anos 1950, Hélio Pellegrino já veio com um capital simbólico acumulado de muito antes. Nascido em 1924 em Belo Horizonte, Pellegrino se inclinava à filosofia, mas como não havia ainda curso de filosofia na capital mineira, ele se formaria em Medicina enquanto ao mesmo tempo se firmava como poeta e escritor. Conhecido por sua amizade com os escritores Fernando Sabino, Otto Lara Resende e Paulo Mendes Campos, que formaram o grupo conhecido como "os quatro mineiros", Hélio trocava correspondência com grandes nomes da literatura nacional como Mario de Andrade e Carlos Drummond de Andrade. Seu interesse por psicanálise e sua inclinação não ortodoxa o direcionaram a procurar Iracy Doyle para uma análise pessoal, por meio de quem faria amizades decisivas no IMP, como com Horus Vital Brazil, Ivan Ribeiro e Helio Tolipan (Pellegrino dividiria com esses dois últimos seu consultório particular por mais de vinte anos). Com a morte precoce de Doyle, Pellegrino procura Werner Kemper para dar continuidade à sua análise pessoal, e é encaminhado para Anna Kattrin Kemper, realizando sua análise pessoal ao mesmo tempo que trabalhava como redator no jornal *O Globo*. Por meio de suas colunas, Pellegrino seria rapidamente reconhecido como um articulista de destaque nos jornais cariocas, o que lhe valeria uma amizade ácida e cheia de contradições com o escritor conservador Nelson Rodrigues, bem como um papel ímpar na liderança de protestos na capital carioca depois do golpe de 1964[6]. Além dos artigos de crítica ao regime militar que circulavam na imprensa escrita, Pellegrino se destacaria como um grande orador nos atos contra o regime militar e assumiu diversas vezes o posto de representante dos intelectuais junto às lideranças dos movimentos estudantis em 1968. Em um episódio que ficaria conhecido como "Sexta-Feira Sangrenta", em 21 junho de 1968, aproximadamente 1.600 estudantes da UFRJ fazem um protesto com invasão de prédios, incluindo o da reitoria, que foi duramente reprimido pela polícia. Não se tem um número certo, mas se estima que 28 estudantes foram mortos e mais de mil prisões executadas. Danilo Perestrello (SBPRJ), que era professor na Psiquiatria da UFRJ, mantinha-se em geral em uma postura de resistência ao regime, se bem que de cunho mais discreto, afastado de qualquer confronto político com os militares. No entanto, os protestos estudantis exigiriam uma tomada de posição declarada. Perestrello não hesitou em tomar partido ao lado dos estudantes[7]. Pode-se ler em uma reportagem denominada "Assembleia Legislativa Condena os Agitadores" no jornal *O Globo*:

Cerca das 15 horas registrou-se uma altercação entre o professor Danilo Perestrello e o inspetor Mario Borges quando o primeiro, irritado por não obter êxito em seu empenho no sentido de que o policiamento fosse afastado do local para permitir a saída dos que desejassem fazê-lo, responsabilizou a polícia pelo que pudesse ocorrer.
A uma observação do policial, de que os estudantes se achavam armados de pedras e paus, responde o professor:
– Pois então os senhores não estão armados de bombas e revólveres?[8]

Pellegrino por sua vez iria além. Tomou para si a responsabilidade de pressionar o governador do Rio de Janeiro Negrão de Lima, desafeto dos militares desde a eleição de 1965, a quem Pellegrino cobraria uma postura mais firme para barrar a violência militar contra os estudantes. Na reportagem "Estudantes Ocupam o Congresso", pode-se ler o seguinte trecho da fala de Pellegrino ao governador do Rio de Janeiro contra a repressão aos protestos estudantis:

Estamos aqui para interpelá-lo, com respeito, mas com austeridade, e exigir do senhor uma definição quanto às violências registradas pela Polícia Militar nessa cidade. [...] Os estudantes não são baderneiros. São a vanguarda mais limpa e corajosa do País contra a opressão militar que a todos nós atinge. A política estudantil universitária é justa. [...] Eles representam um fenômeno universal de renovação do mundo, e atirar contra estudantes, governador, é assassinar as esperanças do mundo.[9]

Cinco dias depois, Pellegrino estará ao lado do líder estudantil Vladimir Palmeira na famosa "Passeata dos Cem Mil". Em 1968, Pellegrino atuava como articulista no jornal *Correio da Manhã*. Em continuidade com textos anteriores, a partir de julho sua coluna sobe o tom para disparar uma sequência de artigos com críticas mordazes à ditadura em pleno processo de escalada autoritária. Pellegrino assina o texto "Balanço e Perspectivas", em que critica o reformismo para afirmar: "O povo brasileiro começa a preparar-se para a *sua* revolução – nunca a 'revolução' dos militares."[10] Implacável, Pellegrino escreveria na sequência: Os Efeitos da Ditadura e a Ditadura dos Fatos[11]; A Crise Brasileira e a Farmacologia Militar[12]; O Começo do Fim da Burocracia Soviética[13]; O Centro Urbano e a Direita Suburbana[14]; e A Razão Contra o Terror[15].

Porém, a escalada autoritária se perfaz em 13 de dezembro de 1968 com o decreto do funesto Ato Institucional n. 5. É o ápice das censuras, cassações, perseguições e prisões do regime militar – para retomar a periodização de Codato[16], o AI-5 é o marco categórico da passagem da constituição do regime para a consolidação da ditadura. Nesse contexto, Hélio Pellegrino é imediatamente afastado de suas funções no Serviço Social do Ministério da Educação e Cultura, em que atuava como médico. Já não havia dúvidas de que ele estava na mira dos ditadores, mas após o AI-5 a perseguição se intensificaria impetuosamente. Os militares mandam prendê-lo um dia depois do decreto, o que o obrigaria a passar semanas escondido. Os serviços de informações levantariam absolutamente todas as atividades políticas de Hélio Pellegrino desde os anos 1940, quando ainda era estudante de medicina em Minas Gerais. Esse arquivo tem mais de oitenta páginas com informações levantadas pela Secretaria Geral do Conselho de Segurança Nacional enviadas para o gabinete do presidente da República – ou seja, um conjunto de informações colhidas pela espionagem que chegaria ao mais alto posto de poder do país[17]. Entre recortes de jornal, investigações de atividades de militância, manifestos políticos assinados pelo psicanalista e outros documentos da pasta, encontra-se uma carta de Pellegrino à sua esposa, Maria Urbana Pentagna Guimarães[18], com quem teve sete filhos, datada de 22 de janeiro de 1969, onde se pode ler:

Maria Urbana,
    Estou muito bem. Fique tranquila. Tranquilize os meninos, os amigos, meus pais. Se você quiser, pode, com plena confiança, voltar para casa e chamar de volta os

filhos nossos. O coronel Fiuza lhe dará as garantias e a proteção que, porventura, se fizer necessária. Creio que não haverá precisão dela.
Te beijo, com carinho,
Helio
Tel. do Cel. Fiuza: 43-7240 ≠ [e] 43-8380 =
Tel. Maria Urbana: 37-1115 ≠ [e] 37-2861 ≠ [e] 26-9781 – casa[19]

Da carta, chamam a atenção primeiro os grifos do original "com plena confiança" e "coronel Fiuza", com Pellegrino querendo dar alguma garantia de segurança à esposa mesmo sabendo da iminência da prisão. Não está claro a quem o "coronel Fiuza" se refere, mas havia no Rio de Janeiro a família Fiuza de Castro, que teve dois militares de grande importância: Alvaro Fiuza de Castro, o pai, que em 1969 já estava na reserva, e Adir Fiuza de Castro, o filho, que estava à frente das divisões de informações mais sinistras do regime militar. Não obstante, a nota abreviada "coronel Fiuza" não permite chegar a nenhuma conclusão. Ou seja, talvez o sobrenome não se refira a nenhum dos dois militares citados. Trata-se aqui de uma mera especulação, mas que talvez seja importante incluir aqui para alguma pesquisa futura. Quanto às notas com números de telefones, em uma linguagem inteiramente codificada, talvez se possa encontrar alguma pista por registros de listas de telefone, por exemplo, mas como seria um tipo de arquivo com o qual não chegamos a trabalhar, não foi possível confirmar nada a respeito. De toda forma, fica aqui o registro. A carta provavelmente foi escrita às vésperas da prisão até Pellegrino se apresentar aos militares, em fevereiro de 1969. Ele ficaria preso por dois meses.

O processo jurídico de mais de oitenta páginas que chegaria ao Gabinete da Presidência da República se desenrolaria após a soltura de Pellegrino. Em 5 de julho de 1969, o psicanalista responde judicialmente à acusação de "assinar artigos considerados subversivos" no *Correio da Manhã*, enquadrado na Lei de Segurança Nacional. Em 26 de fevereiro de 1970, Hélio Pellegrino é julgado por atividade subversiva; como testemunhas de defesa estarão Nelson Rodrigues e o médico Fernando Negre Veloso, da Associação Médica Brasileira, conforme pode ser visto na nota da Justiça Militar publicada no *Correio da Manhã* nesta mesma data[20].

Não foi possível averiguar como o processo se encerra, mas fato é que após o episódio da prisão Hélio Pellegrino passará um tempo longe dos holofotes mais diretos. Suas participações na grande mídia nos primeiríssimos anos da década de 1970 continuaram ocasionalmente, mas ele deixou de assinar a coluna regular que mantivera até então no *Correio da Manhã*. Ao que pudemos pesquisar, em nenhum momento entre 1968 e 1969 a SPRJ, instituição a que Hélio Pellegrino pertencia como membro, se envolveu diretamente seja para prender seja para livrar Pellegrino da cadeia. A essa altura da história, na política institucional da SPRJ, Hélio Pellegrino estava à margem. Como vinha de uma análise pessoal com a contestada Anna Kattrin

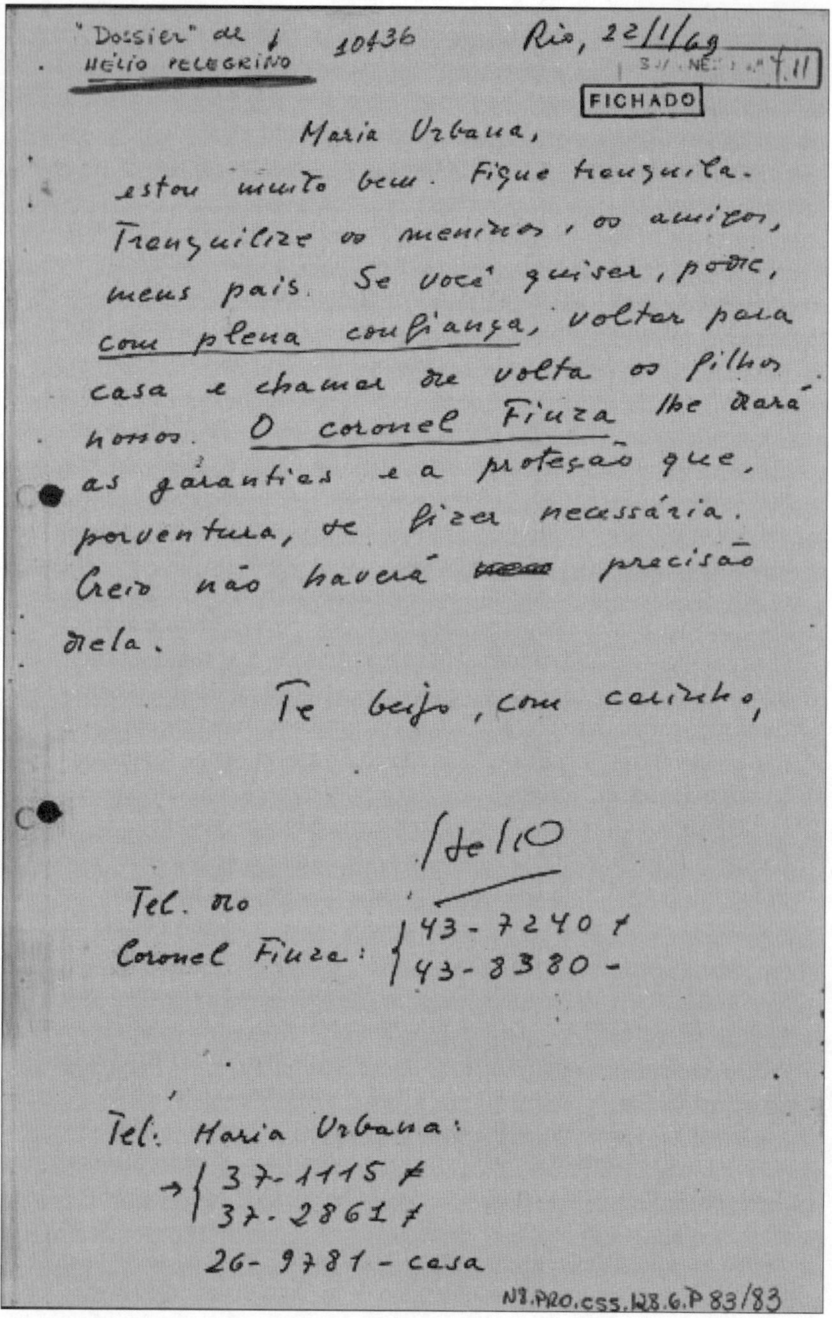

FIG. 1: *Carta de Hélio Pellegrino a Maria Urbana Pentagna Guimarães*

Kemper, o psicanalista não chegaria ao posto de didata (na verdade, nunca o desejara), mas gozava do capital simbólico acumulado como intelectual no campo da cultura. Convocado a dar interpretações psicanalíticas na grande mídia sobre os mais diversos assuntos, Hélio Pellegrino desempenhava a função de figura pública do movimento psicanalítico carioca sem precisar prestar contas a seus "superiores" da SPRJ. Pellegrino era um intelectual independente, assinando sempre que convinha como psicanalista, mas muito raramente como psicanalista da SPRJ. Ele tampouco reduziria suas colunas no *Correio da Manhã* a temas psicanalíticos: dados os acontecimentos àquela altura, seus textos seriam naturalmente muito mais políticos do que qualquer discussão propriamente psicanalítica[21].

É importante notar que apesar de Pellegrino não ter contado com o apoio da SPRJ, quem se mobilizou para o livrar da prisão foi o Círculo Brasileiro de Psicologia Profunda de Minas Gerais. Encontramos em uma ficha do SNI uma nota marginal ao conteúdo principal, em que consta:

> Malomar Lund Edelweis – Presidente do Círculo Brasileiro de Psicologia Profunda. Telegrafou ao Presidente da República, solicitando intercessão, para liberação [de] Hélio Pellegrino, que segundo telegrama, achava-se detido.[22]

Aqui, sinalizam-se ao menos três possibilidades de interpretação. Primeiro, a aproximação de Anna Kattrin Kemper com o Círculo mineiro, que viria a originar o Círculo carioca em 1970. Segundo, um certo efeito da conexão de Pellegrino com a esquerda católica mineira, de cuja influência Edelweiss, padre de formação, não estaria isento. E terceiro, para colocar de um jeito óbvio, que nem todas as instituições psicanalíticas reagiriam da mesma forma aos arbítrios da ditadura militar, encolerizada após o AI-5. Teremos condições de analisar as ligações entre os Círculos e suas respectivas posições políticas adiante. Por ora, analisemos, a título de comparação, os efeitos na SBPSP por meio da figura de Virgínia Bicudo.

MULHER, NEGRA, SOCIÓLOGA, PSICANALISTA E... CONSERVADORA? PARADOXOS DE VIRGÍNIA BICUDO

Nos últimos anos, não foram poucas as pesquisas e artigos publicados sobre a trajetória de Virgínia Leone Bicudo. Teses de doutorado[23], artigos[24] e mesmo uma biografia de pendor oficialista[25] são alguns exemplos de trabalhos que têm procurado resgatar a justa importância do legado desta que pertenceu a um dos quadros mais proeminentes da história da SBPSP. Mulher, negra, de origem humilde, socióloga de formação, educadora sanitária, essa personagem tem sido saudada com toda lisura pela sua trajetória como psicanalista, pelas imensuráveis dificuldades que enfrentou até conseguir se firmar como um nome forte no movimento psicanalítico não apenas paulista, mas sobretudo brasileiro. A trajetória atípica de Virgínia Bicudo em meio à ambiência majoritariamente médica, masculina, branca e rica (digamos, quatrocentona) do movimento paulista lhe conferiria uma posição singular na história da psicanálise no Brasil.

Não obstante, salvo algumas exceções[26], chama a atenção o fato de que a grande maioria das pesquisas não busca se aprofundar no estudo da produção intelectual da psicanalista nos anos do regime militar. Tendo aportado no período ditatorial com um vasto capital simbólico acumulado ao longo das décadas anteriores, Virgínia Bicudo se tornaria uma das figuras mais poderosas da vida institucional não apenas da SBPSP, mas sobretudo uma hábil articuladora dos movimentos psicanalíticos nacionais de todas as instituições ligadas à IPA. Com uma produção intelectual bastante significativa após 1964, a psicanalista assinaria muitos artigos na *Revista Brasileira de Psicanálise*, sendo uma presença constante em praticamente todos os números da revista até meados dos anos 1970. Caberá nesta seção da obra estabelecer um recorte dessa produção nesse período.

Virgínia Bicudo nasceu em São Paulo, em 1910. Seu pai, Theofilo Julio Bicudo, era filho de um coronel (chamado Bento Bicudo) com uma das escravas de sua fazenda; a mãe de Virgínia se chamava Joana Leone Bicudo e era italiana de nascimento[27]. Depois de se formar como educadora sanitária pelo Instituto de Higiene de São Paulo, Virgínia Bicudo ingressa na Escola de Sociologia e Política de São Paulo em 1936 para cursar Ciências Sociais, uma escolha que não se deu sem um certo "termômetro de *habitus*", como ela conta em entrevista a Marcos Chor Maio publicada em 2010:

Marcos: Por que a senhora não foi fazer o curso na Faculdade de Filosofia, Ciências e Letras da USP?
Virgínia: Ah, porque lá eram os grã-finos e eu não era grã-fina. Pensa que eu era boba? [risos] Eu sabia escolher. Eu vi lá, tudo era filho de papai, Almeida Prado e eu não. A Escola de Sociologia é gente operária, é lá que eu vou. É isso. Sabe, a gente tinha esse *feeling*.
Marcos: Quer dizer que na Escola de Sociologia e Política havia uma diferença...
Virgínia: Mais operários, operariado da ciência. Na Filosofia... como é que era o nome?
Marcos: Faculdade de Filosofia, Ciências e Letras?
Virgínia: Eu disse: "Lá não era o meu lugar".
Marcos: Quando a senhora diz: "Operário da ciência" é no sentido de origem social, de serem pessoas de camadas mais humildes?
Virgínia: Gente mais trabalhadora que coincidia de ser humilde também. Porque quanto menos humilde mais "papai faz".[28]

Virgínia Bicudo tinha plena consciência de sua condição de classe. A percepção de que o estudo permitiria algum processo de ascensão social foi provavelmente herdada de seu pai, algo que ela fez valer a vida inteira.

Enquanto cursava Sociologia, Virgínia Bicudo inicia sua análise pessoal com Adelheid Koch assim que esta chega ao Brasil. O impacto que Koch teria sobre Bicudo é descrito em outro depoimento: "Eu olhei para ela [Adelheid Koch], e a impressão que eu tive era de uma jovem, linda mulher! Ela estava com um chapéu preto, de abas largas, muito bonita, sabe? E quando eu olhei, eu tive a impressão de uma jovem mulher, dos salões das valsas vienenses!"[29]

Em 1945, Virgínia Bicudo defende o seu mestrado, denominado *Estudo de Atitudes Raciais de Pretos e Mulatos em São Paulo*, sob orientação do sociólogo estadunidense Donald Pierson[30]. Pouco depois, ingressa como professora assistente na Escola Livre de Sociologia e Política de São Paulo (ELSP-SP). Em 1948, escreve uma precoce Contribuição Para a História do Desenvolvimento da Psicanálise em São Paulo[31]. Em 1951, inicia uma série de artigos no jornal *Folha da Manhã* de seu amigo e entusiasta da psicanálise José Nabantino Ramos (SBPSP), em uma coluna denominada "O Nosso Mundo Mental".

Com o reconhecimento definitivo da SBPSP na primeira metade dos anos 1950, Virgínia Bicudo realizava com sucesso todas as atividades que empreendia. Contra todas as adversidades que caracterizam a trajetória das mulheres negras e pobres no Brasil, Virgínia construíra uma reputação ímpar, sendo amparada mesmo nas sociabilidades que lhe eram estrangeiras no que tange às origens sociais. Mas em 1954 um "acontecimento", para usar a feliz expressão de inspiração foucaultiana de Carmen Lucia Montechi Valladares de Oliveira[32], parece marcar um giro na ascendente intrépida da psicanalista. Trata-se do I Congresso Latino-Americano de Saúde Mental, ocorrido em São Paulo, do qual participariam todos os profissionais "psis" para debater os rumos da saúde mental no Brasil. Nesse amontoado de formações profissionais distintas, reuniram-se convidados internacionais (principalmente argentinos), psiquiatras simpáticos e antipáticos à psicanálise, psicanalistas médicos e não médicos e candidatos em formação. O público era majoritariamente paulista, porém alguns psicanalistas cariocas que estavam formando a SPRJ e a SBPRJ marcariam presença. Entre as diversas atrocidades ditas pela comunidade médica a respeito da prática da psicanálise por não médicos, não por acaso um alvo parece ter sido o mais suscetível. Virgínia Bicudo é humilhada pelos psicanalistas médicos e pelos psiquiatras não psicanalistas, acusada de charlatanismo e de exercício ilegal da medicina. Ao lado dela, sob as mesmas acusações, estavam Lygia Alcântara do Amaral e Judith Andreucci, ambas da SBPSP. Vejamos o que dizem Teperman e Knopf sobre o ocorrido:

É *sintomática* a diferença de relatos das duas sobre a mesma experiência, em episódio ocorrido no Congresso de Saúde Mental de 1954. Agredidas verbalmente por um grupo de psiquiatras opositores da psicanálise, e acusadas de exercício ilegal da medicina e charlatanismo, chegam a ser ameaçadas de prisão. Cada uma reage a seu modo. Para

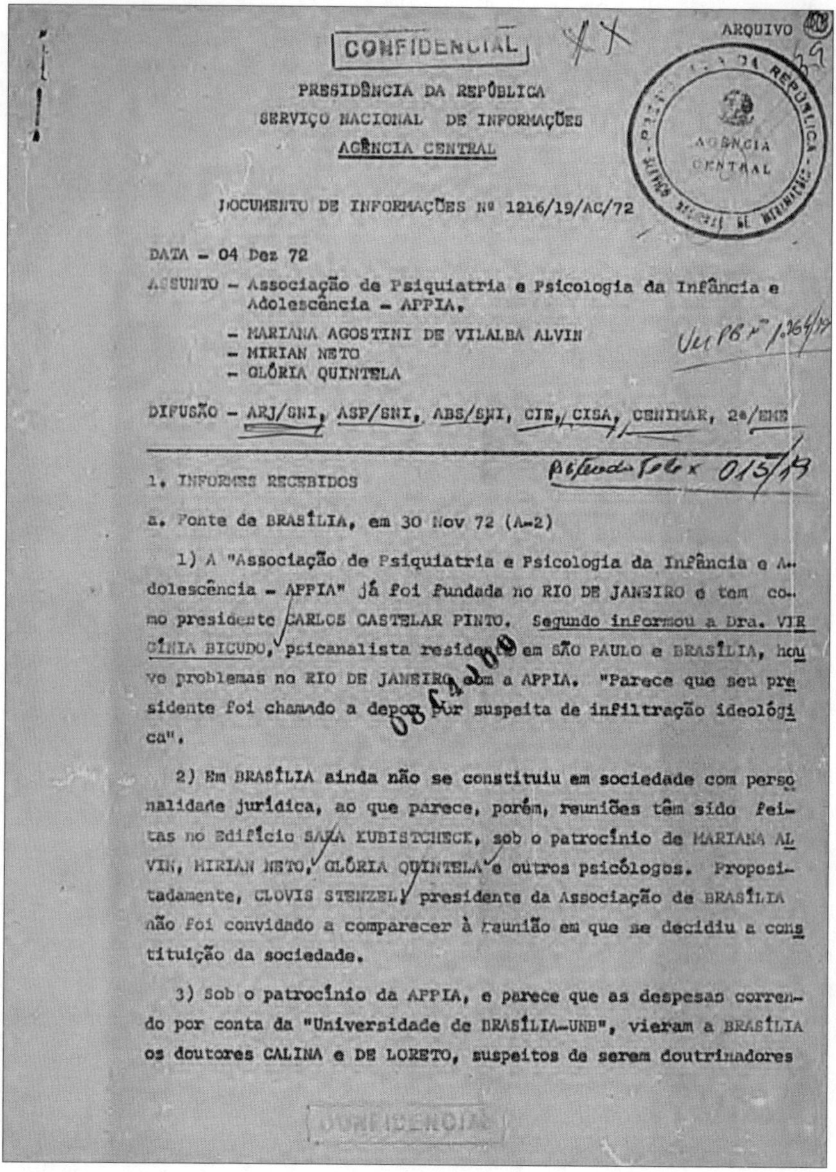

> CONFIDENCIAL
>
> PRESIDÊNCIA DA REPÚBLICA
> SERVIÇO NACIONAL DE INFORMAÇÕES
> AGÊNCIA CENTRAL
>
> DOCUMENTO DE INFORMAÇÕES Nº 1216/19/AC/72

DATA — 04 Dez 72

ASSUNTO — Associação de Psiquiatria e Psicologia da Infância e
Adolescência — APPIA.
- MARIANA AGOSTINI DE VILALBA ALVIM
- MIRIAN NETO
- GLÓRIA QUINTELA

DIFUSÃO — ARJ/SNI, ASP/SNI, ABS/SNI, CIE, CISA, CENIMAR, 2ª/EME

1. INFORMES RECEBIDOS

a. Fonte de BRASÍLIA, em 30 Nov 72 (A-2)

1) A "Associação de Psiquiatria e Psicologia da Infância e Adolescência — APPIA" já foi fundada no RIO DE JANEIRO e tem como presidente CARLOS CASTELAR PINTO. Segundo informou a Dra. VIRGÍNIA BICUDO, psicanalista residente em SÃO PAULO e BRASÍLIA, houve problemas no RIO DE JANEIRO com a APPIA. "Parece que seu presidente foi chamado a depor por suspeita de infiltração ideológica".

2) Em BRASÍLIA ainda não se constituiu em sociedade com personalidade jurídica, ao que parece, porém, reuniões têm sido feitas no Edifício SAXA KUBISTCHEK, sob o patrocínio de MARIANA ALVIM, MIRIAN NETO, GLÓRIA QUINTELA e outros psicólogos. Propositadamente, CLOVIS STENZEL, presidente da Associação de BRASÍLIA não foi convidado a comparecer à reunião em que se decidiu a constituição da sociedade.

3) Sob o patrocínio da APPIA, e parece que as despesas correndo por conta da "Universidade de BRASÍLIA-UNB", vieram a BRASÍLIA os doutores CALINA e DE LORETO, suspeitos de serem doutrinadores

FIGS. 2 E 3: *SNI – Documento de Informações sobre Virgínia Bicudo, 4 dez. 1972.*

CONFIDENCIAL

(CONTINUAÇÃO DO DOCUMENTO DE INFORMAÇÕES Nº 1216/19/AC/72-Fls..2)

comunistas. Esses argentinos parecem ser conhecidos da ARJ/SNI, pois já estiveram no RIO DE JANEIRO por várias vezes. O psicólogo CLOVIS STENZEL ouviu a conferência de CALINA em BRASÍLIA, numa das salas da UNB, e constatou a intenção política da palestra, do sentido "marcusiano". Estavam presente à conferência em tela: MARIANA ALVIM, Dr HUMBERTO DE MELO - psiquiatra do SENADO - e sua esposa YANCEY.

4) CALINA hospedou-se, em BRASÍLIA, na casa de HUMBERTO DE MELO e YANCEY.

b. Fonte da GUANABARA, em 28 NOV 72 (A-2)

1) Perto de Humaitá/GB, na rua VISCONDE SILVA, há um centro de estudo internacional, onde se realizam muitos encontros de gente de esquerda. A sigla parece que é IPAN (?).

2) O presidente é um tal de LORDELO (?), irmão da mulher de CARLOS CASTELO BRANCO. Viaja sempre para a EUROPA e encontra-se com o pessoal da esquerda da SORBONNE (?).

3) Um PAIVA LEITE tem ligação com o referido Centro.

2. DADOS CONHECIDOS

MARIANA ALVIM é chefe do Serviço de Psicologia do Governo do DISTRITO FEDERAL e possui antecedentes ideológicos que revelam um forte comprometimento com o movimento comunista. (INFORMAÇÃO)

3. PROVIDÊNCIAS SOLICITADAS

a. A todos os destinatários:

Remeter o que possuir sobre a APPIA e sobre os elementos a ela ligados.

b. Às ARJ/SNI e ABS/SNI

Realizarem o processamento possível em suas áreas, inclusive obtendo o nome completo do Dr CALINA e do Dr DE LORETO, argentinos, para buscas no país de origem, dos mesmos.

CONFIDENCIAL

Virgínia, o fato foi de uma violência inominável: "...foi horrível...eu quis morrer...". Para Lygia, aquele episódio desagradável não chegou a causar problemas: "...quando cheguei em casa, meu marido quis saber como havia sido o Congresso e eu lhe respondi que tinha ficado sabendo que eu era uma charlatã![33]

Ora, a diferença na reação não tem absolutamente nada de sintomática, não pelo menos no sentido psicanalítico do termo – uma reagir como quem cogita o suicídio e outra como se fosse uma anedota é uma diferença radical (e racial). Um parágrafo antes pode-se ler:

> São duas mulheres de personalidades e origens muito diversas, que se colocam no mundo de maneira diferente: enquanto para Virgínia a vida é uma batalha e ela sente a necessidade de se impor e se fazer respeitar, Lygia parece ver o mundo e as pessoas de maneira mais plácida, menos aguerrida, provavelmente por ter mais autoconfiança.[34]

O contraste nunca as impediu de trabalharem juntas na fundação da SBPSP, mas certas distinções de *habitus* e condições precisam ser ditas com todas as letras: Virgínia Bicudo era uma mulher negra de origem humilde, Lygia Amaral era uma mulher branca quatrocentona. "Se impor e se fazer respeitar" para alguém como Virgínia Bicudo em um ambiente branco e rico está para além de uma "necessidade" individual: trata-se de uma exigência cotidiana, dura e dolorosa. Assim como "ter autoconfiança", no caso de Lygia, não é uma característica intrínseca da personalidade de alguém, mas algo sustentado em um *habitus* incorporado pelos privilégios das condições sociais e econômicas.

Os efeitos dessa acusação foram assoladores para o prestígio acumulado por Virgínia Bicudo até então. Vislumbrando a necessidade de reinventar seus capitais simbólicos, ela se muda para Londres em 1955 com o objetivo de se aprimorar – não que ela não tivesse experiência naquele momento, pelo contrário: parece ter sido necessário retornar com o "selo de garantia" da IPA britânica para se blindar de uma vez por todas das selvagerias que se impuseram sobre ela.

Nos quase cinco anos em que Virgínia Bicudo esteve em Londres, as duas IPAs do Rio de Janeiro se fortalecem em seus processos institucionais. Virgínia Bicudo encontra uma "solução estadual" para viabilizar sua estada na Inglaterra por meio dos vencimentos de seu trabalho como educadora sanitária, cuja autorização na qualidade de licença remunerada, anualmente renovada, foi concedida diretamente pelo então governador do Estado, Jânio Quadros[35].

Ao retornar ao Brasil na virada da década, os movimentos psicanalíticos de outros Estados já estavam em uma situação mais avançada de institucionalização do que quando ela havia partido. Os grandes beneficiários foram os movimentos psicanalíticos cariocas, que contaram com o amplo apoio político e financeiro do Ministério da Saúde no governo

Juscelino Kubitschek, especialmente nos anos em que a pasta esteve sob a gestão de Maurício de Medeiros (entre agosto de 1955 e julho de 1958). O Serviço Nacional de Doenças Mentais (SNDM), que já vinha subsidiando a formação psicanalítica com verba do Estado desde a segunda metade dos anos 1940, avolumou os investimentos que se voltavam quase exclusivamente para os que tinham formação médica[36]. Logo, boa parte dos que tinham desacreditado do exercício da psicanálise por não médicos em 1954 – ou seja, aqueles que tinham escolhido Virgínia Bicudo como o alvo mais exposto para proferir seus vilipêndios – chegam a 1960 com amplo poder.

Como uma espécie de forma de evitar a repetição do trauma, no intervalo entre o retorno ao Brasil e o golpe de 1964, Virgínia Bicudo cuidou de ocupar um lugar central de poder nas instâncias decisórias da SBPSP. Ela já havia sido tesoureira da SBPSP até 1954, e sai dos quadros de comando da instituição entre 1955 e 1956; mesmo à distância, assume o cargo de diretora do Instituto entre 1957 e 1958. Enfim de volta ao Brasil, em 1963, Virgínia Bicudo atua como diretora do Instituto de ensino por nada menos que seis gestões seguidas, até 1974[37].

Assumir a diretoria do Instituto de Psicanálise às vésperas do golpe de 1964 e se manter no cargo por longos anos era oportuno. A essa altura, Virgínia Bicudo não era a única não médica das IPAs brasileiras, mas era a única que assumiria a responsabilidade pelo ensino da psicanálise aos candidatos. Para mencionar alguns nomes de não médicos: Armando Ferrari (SBPSP), por exemplo, era ceramista; Nabantino Ramos (SBPSP), advogado e jornalista; Frank Phillips (SBPSP), "engenheiro"[38]. Entre as mulheres, houve muitas não médicas além da socióloga e educadora sanitária Virgínia Bicudo: Noemy Rudolfer (SPRJ), pedagoga e professora; Lygia Amaral (SBPSP), Judith Andreucci (SBPSP) e Inês Besouchet (SPRJ/SBPRJ), psicólogas; Anna Kattrin Kemper (SPRJ), grafologista; Zaira Martins (SPPA), professora primária; Elza Barra (SBPSP), farmacêutica; e Zenaira Aranha (SBPRJ), sobre quem não foi possível obter informações mais precisas além do fato de não ser médica. A diferença que passa a se acentuar entre São Paulo e Rio de Janeiro é que os quadros não médicos de didatas no Rio de Janeiro nunca chegariam aos postos de direção institucional como chegaram em São Paulo. Noemy Rudolfer seria uma didata de carreira psicanalítica discreta, uma figura acadêmica muito mais proeminente no campo da educação do que no da psicanálise. Inês Besouchet, Lygia Amaral e Judith Andreucci seriam psicanalistas bastante respeitadas no circuito institucional e reconhecidas como excelentes clínicas, porém de produção textual e proeminência em postos de poder interno também discretas. Faz-se notar também aqui uma diagonal de gênero na incorporação do *habitus*: às mulheres, a discrição, e aos homens, a direção institucional e a exuberância exibicionista. É certo que havia mulheres psicanalistas médicas de formação com grande destaque e prestígio no movimento psicanalítico, dentro e fora da IPA – Adelheid Koch (SBPSP); Margareth Gill (SBPSP); Marialzira Perestrello (SBPRJ); Maria Manhães (SPRJ); Iracy Doyle (IMP); Inaura Carneiro Leão (SPRJ) – mas não deixa de chamar a atenção que a maioria de não médicos era de mulheres. Não temos aqui condições de analisar em profundidade a diagonal de gênero na formação de quadros das sociedades oficiais (pois isso nos exigiria uma ampliação de repertório conceitual no campo da teoria de gênero), mas bem, temos condições de ao menos apontá-la para uma eventual pesquisa futura, posto que os dados objetivos levantados nos permitem isso. Mais sensível ainda é a diagonal racial; além de Virgínia Bicudo, a única mulher negra que fez parte dos quadros prestigiados das IPAs no Brasil é Maria Manhães (SPRJ), médica de formação e que foi poupada ao menos dessa humilhação específica da acusação de charlatanismo[39]. Durante a ditadura, o círculo de adesão dos não médicos se fecha de forma diferente nos dois Estados: no Rio de Janeiro, se um possível candidato olhasse para o topo da cadeia hierárquica do poder institucional, veria só médicos de formação, enquanto em São Paulo, veria a socióloga Virgínia Bicudo na direção do departamento de ensino da SBPSP e o "engenheiro" Frank Phillips como o didata mais disputado (e caro) do mercado. É desse modo que a imagem geral de que em São Paulo a abertura a candidatos não médicos para a formação psicanalítica institucional seria maior do que no Rio de Janeiro – e significativamente maior ainda do que em Porto Alegre, a mais fechada a candidatos não médicos de todas elas – se consolida, ainda que os jogos de poder que determinavam os movimentos de sístole e diástole institucionais fossem muito mais complexos do que esta aparência imediata.

Dito isso, é possível entender como Virgínia Bicudo, ao longo dos anos 1960, invoca os argumentos da formação psicanalítica segundo as regras da IPA. Para além dos diversos artigos de cunho mais técnico que ela publicaria em quase todos os números da *Revista Brasileira de Psicanálise*, sozinha ou em coautoria com colegas ou supervisionandos, Virgínia Bicudo também escreve e publica relatórios de congressos, noticiários curtos e comunicados institucionais. Na própria SBPSP ou fora dela, a psicanalista se firma na segunda metade da década de 1960 como uma hábil articuladora entre os institutos e a burocracia estatal e uma figura muito poderosa aos olhos das outras diretorias de institutos ligados à IPA. Em suma, Virgínia Bicudo, no final dos anos 1960, era uma *civil insuspeita* aos olhos dos militares, muito diferente de Hélio Pellegrino no Rio de Janeiro. Responsável por estabelecer aproximações estratégicas com ministros do Estado para viabilizar eventos e resolver problemas institucionais[40], ela fazia valer o capital simbólico adquirido em Londres. Com a direção na rédea curta do Instituto de Psicanálise da SBPSP, aos poucos, mas não sem deixar sequelas, ela deixava os tempos de acusação de charlatanismo cada vez mais no passado: mesmo os antigos detratores teriam que se curvar à competência burocrática e intelectual de Virgínia Bicudo. Em um curto artigo, publicado originalmente em 1966 no *Jornal de Psicanálise* e republicado em 1967 na *Revista Brasileira de Psicanálise*, a psicanalista se utiliza de um expediente psicanalítico para discorrer sobre os motivos pelos quais a psicanálise é rejeitada:

> Envolvidos nas próprias angústias e protegendo-se pelo recurso à defesa maníaca, pessoas inteligentes e cultas comportam-se comumente como se tivessem conhecimento científico para combater e negar os conhecimentos obtidos pela técnica psicanalítica. Outros, ainda se valendo da defesa maníaca, se apresentam como adeptos "entusiastas" da psicanálise, promovendo-se a psicanalistas. Tanto aqueles que expressam sua angústia através da hostilidade aberta contra o conhecimento do inconsciente, quanto aqueles que o fazem por meio de uma adesão falsa causam danos e prejuízos a indivíduos inadequadamente assistidos e à sociedade então mal-informada pela desmoralização da psicanálise. Enquanto a hostilidade aberta é mobilizada pelo medo de tomar conhecimento da própria realidade psíquica, a adesão falsa é mobilizada por uma defesa do mesmo medo, sufocado pela fantasia onipotente de "curar" a humanidade. Acreditando-se capacitados, dispensam-se da formação necessária para a ação como psicanalista e hipomaniacamente se lançam em uma tarefa tão inatingível, quanto catastrófica.[41]

O discurso de Virgínia Bicudo se assemelha aos de Durval Marcondes, Luiz de Almeida Prado Galvão e de David Ramos que vimos em capítulo precedente. A instituição que ela ajudara a formar nos anos 1940 se torna não apenas a sede do prestígio e do reconhecimento, como também da segurança profissional, daí a defesa com unhas e dentes da formação psicanalítica segundo as regras da IPA alinhada a seus pares institucionais.

Não obstante, é em um artigo denominado "A Mensagem de 'Roda-Viva'", publicado em 1968, que Virgínia Bicudo demonstra a estratégia de refração das pressões externas[42]. Escrita pelo cantor e compositor Chico Buarque e dirigida por José Celso Martinez Corrêa – que por sua vez já havia encenado a icônica peça *O Rei da Vela*, de Oswald de Andrade, no Teatro Oficina –, *Roda-Viva* se tornaria um marco na história do teatro de resistência à ditadura militar. O grupo paramilitar Comando de Caça aos Comunistas (CCC) invadiria o Teatro Galpão em São Paulo no dia 18 de julho, espancando os atores e destruindo os cenários; o mesmo aconteceria quando a peça foi encenada pouco depois em Porto Alegre – ao fim, a peça acabou sendo censurada[43].

Em "A Mensagem de 'Roda-Viva'", Virgínia Bicudo se encarrega de não dar espaço para a bestialidade a que foi subordinada a peça em 1968. Sua análise é estritamente "técnica" e "psicanalítica", reduzindo os complexos conflitos expressos pelo enredo a um conflito geracional lido sob o "mito edipiano":

Os jovens têm mais possibilidades de perceber o anacronismo das leis sociais, quando confrontadas com a tendência das gerações mais velhas empenhadas na defesa e na luta tenaz e emocional pela preservação da tradição, do costume e da lei. É, pois, compreensível que, quanto maior for o hiato entre as gerações, tanto mais violento será o conflito entre elas. Como, porém, *violência gera violência*, e violência é fruto de paixão e de ausência de pensamento objetivo para orientar a ação, *a possibilidade de quebrar o círculo vicioso*, formado pela violência para a obtenção de mudanças sociais e culturais, *fica no recurso ao pensamento científico, baseado no princípio da realidade atual*. Nem todos os jovens podem desfazer-se destrutivamente de toda a herança social que receberam, como também não podem os mais velhos impunemente rejeitar toda a contribuição dos mais jovens e dos artistas.

A intensidade do conflito entre as gerações dá indicação sobre a extensão em que as diferentes gerações mantêm conflitos mentais e socioculturais não solucionados, como aqueles referentes ao *mito edipiano*. A *rivalidade e a competição agudas entre pais e filhos* são deflagradas pela excessiva autoridade dos primeiros, que temem ser ultrapassados, e pela exagerada reação dos segundos, por causa do temor de serem mantidos submissos e castrados.[44]

Eis a chave em que "Roda-Viva" será lida ao longo de todo o texto. A violência contínua que se expressa na ideia do senso comum de que "violência gera violência" tem no "pensamento científico" o recurso para estancar o desencadeamento. A autora não perde a oportunidade de estender a temática para além da peça, aludindo indiretamente aos movimentos estudantis e protestos no Brasil e em outros lugares do mundo no ano de 1968:

Os fatos que ocorrem hodiernamente são comprovantes clamorosos de que a civilização ocidental está longe de ter alcançado condições socioculturais satisfatórias para o desenvolvimento da natureza humana em sua plenitude. [...] Sob o engano frequente de estar agindo para os fins da vida, regride para a "defusão" dos instintos [de vida e de morte] e retorna à *busca pura e simples do prazer incondicional e irresponsável*, seja no viver, seja no matar.[45]

Chama a atenção aqui que não se trata de recusar a busca do prazer, mas sim de como fazê-lo. É preciso ser "responsável", não se entregar à ideia de uma busca desenfreada pelo prazer fora das condições de sua obtenção dentro do "princípio da realidade atual". Submeter a ideia freudiana de princípio da realidade à atualidade das situações políticas não deixa de ser uma forma curiosa de afirmar uma convicção conservadora sob a aparência da "responsabilidade". E mais adiante, uma nova indireta sobre os eventos de 1968 no mundo:

A civilização atual apresenta traços inegáveis de estar alicerçada sobre pilares inconscientes e míticos do absolutismo, na crença, na indústria bélica, no poder econômico e no político – que se *sobrepõem ao pensamento científico* na educação informal ou sistematizada. A prova dessa asserção está nos conflitos entre as gerações, eclodidos em todo o mundo.[46]

Sobre a peça em si, Virgínia Bicudo sugere que o tema central é "um povo que sofre fome e falta de liberdade para expressar seu voto (isto é, seus desejos e pensamentos) e tenta minorar seu sentimento de frustração pela fabricação de um ídolo"[47]. Segue a interpretação: "A sociedade de *Roda-Viva* está, portanto, organizada para desenvolver o culto ao triunfo da personalidade megalomaníaca."[48] E enfim: "Em síntese, *Roda-Viva* é uma crítica à organização social vigente, advertindo a todos sobre o perigo do falso prestígio por meio do triunfo, promovido pelo valor enganoso da potência do ouro, do prazer hipomaníaco constituinte da personalidade do ídolo, do herói, do mártir e do pária."[49] Nenhuma palavra direta sobre os acontecimentos da época, nenhuma análise sobre o contexto político que fez da peça um grande acontecimento nacional. *Roda-Viva* é para Virgínia Bicudo um grande drama maturacional do desenvolvimentismo psíquico aplicado ao social, e neutralizado no próprio ato da aplicação:

> Se o conteúdo da peça *Roda-Viva* focalizou a atenção sobre a personalidade do adulto fixada em traços infantis, que impedem o crescimento mental e social, a encenação pôs ênfase nesses aspectos e, dessa forma, exacerbou em muitos o medo de uma regressão social aos níveis infantis pré-genitais, quando o palavrão e o sujo são os meios de expressão de agressividade sádica mais combatidos pela educação. Os gestos e palavrões da peça podem excitar os núcleos recalcados e levar os indivíduos mentalmente à busca de tais prazeres, como parece ter ocorrido, em certa extensão, com a agressão perversa de que foram vítimas os artistas.[50]

E, por fim, uma última citação para que não reste nenhuma dúvida aqui, o parágrafo derradeiro:

> A encenação, dando mais ênfase ao palavrão e aos gestos do que a encontrada no *script*, estaria chamando a atenção para os aspectos de prazeres regressivos que, oculta ou secretamente, os indivíduos se permitem. Como o desmascaramento da hipocrisia só pode resultar em consequências benéficas, a reação contrária é fundamentada no medo de que o retorno do que esteve recalcado no inconsciente produza malefícios e não progresso. Tão forte reação de censura dirigida contra o palavrão, que não passa de uma forma de agressão verbalizada, não ocorre quando a agressão se exprime contra a honestidade, a moralidade ou o "não matarás", como forma de indicar falhas de organização social e econômica. Tudo parece indicar que o adulto ainda se sente às voltas com prazeres recalcados de natureza oral, lembrando o escolar que, na classe, apela para a professora e acusa um colega: "Professora, ele xingou a mãe!"[51]

Não há como negar a sagacidade do agenciamento intelectual de Virgínia Bicudo. Ao mesmo tempo que a autora parece querer se blindar da acusação de "alienação aos fatos sociais" ao escrever um artigo sobre a peça de teatro mais questionadora daquele momento histórico, ela faz valer seu capital simbólico de socióloga, para reafirmar que a contribuição interpretativa verdadeiramente psicanalítica de seu conteúdo, para além de qualquer celeuma política, residiria na questão edípica. A princípio pode parecer uma interpretação na contramão da política despolitizante de Jones de 1949, mas é exatamente um alinhamento deveras astuto a ela: subordinar uma produção cultural de forte reverberação política a uma interpretação puramente psicanalítica, reduzida a um conflito edípico, é uma forma ainda mais sofisticada de estabelecer as bases de uma política despolitizante para a psicanálise do que simplesmente recusar o político, como por exemplo David Ramos recusara a "eiva ideológica" na "Faculdade de Psicanálise". Em uma corrente radicalmente oposta da assunção pública e "não técnica" no sentido psicanalítico das colunas políticas de Hélio Pellegrino no Rio de Janeiro ao longo do segundo semestre de 1968, Virgínia Bicudo apresenta em "A Mensagem de 'Roda-Viva'" um verdadeiro programa político conservador. Nele, as "condições socioculturais satisfatórias para o desenvolvimento da natureza humana em sua plenitude" irão se dar quando o científico dominar o mítico, o genital sobrepujar o pré-genital, o "crescimento mental e social" prevalecer ante a presença dos "traços infantis" e o progresso da educação vencer o caráter regressivo do xingamento e da agressividade primitiva.

A prudência conciliatória não por acaso tem raízes em uma concepção de clínica então vigente, que se assenta em um certo kleinismo datado – e no caso de São Paulo, sob forte influência do pensamento de Wilfred Bion. Teremos oportunidade de explicar isso um pouco mais adiante, mas por ora vale apontar que é isso que autoriza a intromissão de certos parágrafos imprevistos de interpretação do social em textos presumivelmente clínicos, assim como notas de rodapé da família quatrocentona de Almeida Prado Galvão se intrometiam em artigos de história da psicanálise. Para continuar com exemplos de artigos de Virgínia Bicudo, pode-se ler no último parágrafo do texto publicado em 1969:

Assim como o fracasso da função do mito individual, sempre revestido de qualidades onipotentes e por isso mantido como verdade intocável, pode levar à desintegração do ego ou à sua reorganização, também o fracasso dos mitos universais de um grupo pode ter resultados diferentes, na violência e desintegração do grupo ou na desvalorização do mito e reorganização social com base no progresso do pensamento científico. Tal progresso se acompanha do surgimento de novos mitos, uma vez que institucionalizados passarão a fazer parte da personalidade e da estrutura social. A intensidade e a extensão dos conflitos entre gerações, abrangendo a civilização atual, dão uma medida da dinâmica de operante mudança sociocultural, consequente à desvalorização de certos mitos das gerações mais velhas, pela maior consciência das gerações mais novas. Enquanto as gerações mais velhas desenvolveram suas capacidades para produzir material bélico, que ameaça a humanidade inteira sob o mito da hegemonia de poderes maníacos e narcísicos, as gerações mais jovens proclamam que desejam segurança para viver. Como, porém, as gerações mais novas também estão sujeitas à atividade do instinto de morte, atividade mascarada sob os fins da vida, um certo grau de violência com fins destrutivos se alia à resistência da geração mais velha para efetuar progresso. Em razão dessa aliança inconsciente, o movimento de renovação sociocultural se torna mais vagaroso e doloroso para todos, dando lugar à reciprocidade de violências que expressam regressão e *acting-out* sem nenhuma finalidade senão a de extravasar o instinto de morte.⁵²

É notável como o argumento é cíclico, monótono e repetitivo. Não obstante, chama a atenção que ele se faz presente em artigos que se pretendem clínicos e metapsicológicos, como se fosse possível dispensar a mediação entre o argumento metapsicológico e a incursão na leitura social daquele momento histórico. Dispensar a mediação e tomar a continuidade entre as duas esferas como óbvia não deixa de ser uma expressão bastante peculiar do que Bourdieu denominou de "interesse na heteronomia". Para que fique mais claro, analisemos por fim alguns trechos de um último artigo de Virgínia Bicudo, publicado inicialmente no *Jornal de Psicanálise* em 1969 e republicado em 1970. Para a autora, "o psicanalista deve estar adequadamente habilitado e preencher duas ordens de requisitos: 1. estar dotado de certas condições de ajustamento e qualidades da própria personalidade; 2. possuir conhecimentos sobre a dinâmica do inconsciente e experiência da técnica psicanalítica"⁵³. Se o segundo "requisito" é técnico, justificado teoricamente, o primeiro é espantosamente subjetivo. Mais adiante, pode-se ler:

> O instrumento de trabalho do psicanalista é constituído por sua própria personalidade e será tão mais eficiente quanto maior sua capacidade de "insight". Considerando-se que paciente e psicanalista são da mesma natureza, e, portanto, que ambos estão sujeitos a determinantes do inconsciente, *é inconcebível* que pessoas sem a formação adequadamente estabelecida em Institutos especializados e ligados às Sociedades de Psicanálise *se confiram direitos* de ministrar cursos de psicanálise, pressupondo-se aptas para entrar em contato com o inconsciente e habilitadas para o manejo da técnica psicanalítica. Vítimas do próprio inconsciente, tais pessoas *não possuem preparo adequado para o ensino e exercício da psicanálise*, tarefas das quais se investem pela ignorância de que o simples conhecimento teórico está em parte limitado e transformado pelas vicissitudes da falta de "insight" e, portanto, com pontos cegos, fatos que somente podem ser reduzidos através da submissão à análise terapêutica.⁵⁴

Bem, com este último parágrafo é possível reencontrar o que vínhamos perseguindo desde o início desta seção dedicada à trajetória de Virgínia Bicudo. É notável como uma série de capitais simbólicos de origens distintas puderam se acumular até aqui. O percurso acadêmico na sociologia, o pioneirismo no divã da dra. Koch, a fundação da SBPSP, a humilhação traumática no congresso de 1954, os anos em Londres, a direção do Instituto de Psicanálise da SBPSP, a concentração dos poderes sobre a formação psicanalítica dos candidatos: eis um conjunto paradoxal que permitiria a Virgínia Bicudo "subir o tom" em 1970 na afirmação de que é "inconcebível" que pessoas "sem formação adequada" (isto é, fora das regras da IPA) "se confiram direitos" de ensinar e exercer a psicanálise. Os tempos de acusação direta de charlatanismo e de exercício ilegal da medicina ficaram definitivamente para trás, mas provavelmente eles jamais tenham deixado de assombrar a psicanalista que, mesmo com todo o poder institucional que passa a ter a partir dos anos 1960, foi por toda a sua existência uma mulher negra de raízes familiares humildes, suscetível a qualquer conspiração que eventuais detratores pudessem armar contra ela novamente. Veremos adiante que um novo impulso à consolidação dessa posição de poder de Virgínia Bicudo se dá com a ida da psicanalista a Brasília para encabeçar um movimento psicanalítico na capital do país. Antes, ainda resta estabelecer uma compreensão panorâmica, porém mais detida sobre as transformações institucionais pelas quais passou o Estado brasileiro sob a ditadura, explicando alguns centros com os quais os psicanalistas estiveram de alguma maneira em contato e determinações ideológicas então em curso.

7.
A Oficina de Perigos

> *Ah, sorte*
> *Eu não queria a juventude assim perdida*
> *Eu não queria andar morrendo pela vida*
> *Eu não queria amar assim*
> *Como eu te amei*
> TAIGUARA, *Hoje*, 1969.

Nesta seção, observaremos como o regime militar procurou utilizar os aparatos institucionais já disponíveis no momento do golpe de 1964 para moldá-los ou transfigurá-los de acordo com o regime em implantação. É preciso atentar para o fato de que certas instituições com as quais alguns psicanalistas estiveram em contato não foram "inventadas" na ditadura, mas, ao contrário, logradas no interior de um processo de capilarização de um regime autoritário que se pretendeu onipotente, onipresente e onisciente. Sabe-se que o escalonamento progressivo da radicalidade anticomunista no Brasil remete aos primeiros anos do impacto da Revolução Russa no Brasil. Como demonstra o historiador Rodrigo Patto Sá Motta no luminoso livro *Em Guarda Contra o "Perigo Vermelho"*, o anticomunismo foi uma peça-chave na passagem da Primeira República até o início da Era Vargas tanto no campo das ações políticas quanto no universo das mentalidades nacionais. Se até os anos 1920 a experiência soviética convocou o interesse de alguns poucos grupos políticos nacionais, os anos Vargas conjugariam linhagens políticas dentro da ideia do "anticomunismo", um grupo deveras eclético e heterogêneo de orientações conservadoras, que pouco tinham em comum a não ser a recusa veemente ao comunismo. Segundo Motta, o catolicismo, o nacionalismo e o liberalismo são as três matrizes das representações anticomunistas brasileiras que se solidificam a partir dos anos 1930. O primeiro se encarregaria de representar o anticomunismo na chave da "luta do bem contra o mal", em que o "perigo vermelho" seria a encarnação política de ações demoníacas. O segundo pregava a preservação da ordem, a conservação das tradições nacionais em detrimento da influência "exótica" russa e, sobretudo, a centralização da ideia de uma nação forte que une o Estado e seus cidadãos. O terceiro, por sua vez, zelava pela defesa das liberdades individuais e pelo direito à propriedade, em oposição à interposição do Estado por sobre a vida dos cidadãos. Segundo o autor, há dois grandes picos do anticomunismo elevados à condição de decisão dos rumos da política nacional. O primeiro é a irrupção do Estado Novo em 1937, que levaria ao paroxismo o "ardil totalitário"[1] do período. O segundo, obviamente, é o golpe militar de 1964.

Não há condições de recompor esse arco histórico aqui, mas ele é útil para ao menos demonstrar que muitas das posições políticas dos chamados pioneiros do movimento psicanalítico nos primeiros anos da ditadura militar pós-1964 remontam a esse tempo. Vale lembrar que uma parte dos analistas didatas que assumiria os postos de direção nas IPAs na década de 1960 tiveram suas juventudes nos anos 1920 e 1930, e não deixariam de herdar os impactos do anticomunismo das décadas anteriores à ditadura por todos os lados do espectro político. Para se ter uma vaga ideia, cabe dar alguns exemplos.

Sabe-se que Walderedo Ismael de Oliveira (SBPRJ) foi preso em 15 de março de 1938 "acusado de exercer atividades extremistas", e foram apreendidos em sua casa "livros de propaganda comunista". Paraibano de nascimento e filho do prefeito de sua cidade natal[2], na época o então jovem estudante de Medicina fazia sua formação em Recife em uma das primeiras turmas de discípulos de Ulysses Pernambucano. Considerado o pai da psiquiatria social no Brasil, Ulysses Pernambucano ele próprio já havia sido detido por sessenta dias em 1935 sendo acusado de "comunista" pela polícia política de Vargas[3]. Não por acaso, após 1937, a perseguição se intensificaria em extensão aos seus estudantes, o que atingiria Walderedo Ismael de Oliveira. É verdade que entre o ocorrido e o AI-5 há trinta anos de diferença; nesse meio tempo ele se mudará para o Rio de Janeiro no início dos anos 1940 e buscará pela formação psicanalítica na APA argentina, com a respectiva aliança com outros pares da ala "carioca-argentina" que formaria a SBPRJ. Em suma, a trajetória de Walderedo Ismael de Oliveira era a de alguém que sabia pela própria experiência de juventude até que ponto o anticomunismo poderia chegar na ditadura pós-1964.

Já Inês Besouchet (SPRJ) teria uma trajetória ainda mais complexa. Gaúcha, cujo nome de solteira era Inês Itkis, foi criada em uma família de imigrantes russos judeus em que muitos eram filiados ou simpatizantes do Partido Comunista Brasileiro (PCB). Em 1932 ela conheceria Marino Bomílcar Besouchet, um importante membro do PCB à época, com quem se casaria. Com a expulsão de Marino e de seu irmão Augusto Besouchet[4] do PCB em dezembro de 1935 por terem aderido ao trotskismo, e com a crescente política anticomunista de Vargas, Inês e seu marido ficam politicamente desabrigados e fogem para La Paz na Bolívia em 1938. Devido a problemas de saúde (principalmente respiratórios), em dezembro de 1939, Inês Besouchet vai para Buenos Aires, e Marino a seguirá pouco tempo depois; o casal retornaria ao Rio de Janeiro entre maio e junho de 1940. Inês Besouchet era psicóloga de formação e trabalhava em serviços de seleção e treinamento; foi técnica do Instituto Nacional de Estudos Pedagógicos (INEP), sob a direção de Lourenço Filho, e também desenvolveu trabalhos próximos ao Instituto de Seleção e Orientação Profissional (ISOP) com Emilio Mira y López e sua futura colega de SPRJ, Noemy Rudolfer. Analisada por Werner Kemper e depois reanalisada em Paris por Sacha Nacht, Inês Besouchet foi uma das psicanalistas não médicas que fez parte do núcleo fundador da SPRJ. Após a morte de Marino Besouchet em 1965 e o retorno de Werner Kemper à Alemanha em 1967, Inês Besouchet se tornaria uma psicanalista consagrada no círculo carioca, não por ter se tornado uma figura pública do debate político de oposição à ditadura como o era Hélio Pellegrino, mas porque jamais deixaria de tomar em análise candidatos ou pacientes de esquerda em geral, bem como de construir iniciativas no estilo grupo de estudos que relacionavam a reflexão psicanalítica com questões sociais. Teremos oportunidade de analisar isso mais adiante, mas de todo modo a trajetória de Inês Besouchet, assim como a de Walderedo Ismael de Oliveira, são exemplos de como a vida política anterior a 1964 não deixa de ter efeitos na posição assumida durante os anos de chumbo.

E para dar um exemplo à direita, pode-se lembrar de Durval Marcondes (SBPSP), que no início dos anos 1930 fez parte da Sociedade de Estudos Políticos (SEP). Esta organização, fundada em 24 de fevereiro de 1932, reuniu um conjunto de jovens intelectuais paulistas, como Cândido Motta Filho (já mencionado, um dos assinantes da fundação da primeira SBPSP), Plinio Correia de Oliveira (fundador anos mais tarde da Sociedade Brasileira de Defesa da Tradição, Família e Propriedade (TFP) e o escritor Cassiano Ricardo (dos grupos Verde-Amarelo e Anta). Durval Marcondes era um dos responsáveis pela seção de Higiene e Medicina Social da SEP[5]. Em 7 de outubro de 1932, viria a público um manifesto escrito pela SEP, o Manifesto Integralista, originando a Ação Integralista Brasileira, sob o comando de Plínio Salgado. Não se sabe se Durval Marcondes de fato integrou o projeto integralista depois disso, mas sabe-se que nas décadas vindouras ele se autorretrataria como um "bandeirante"[6], um bordão típico da aristocracia da qual se gabava a "excepcionalidade paulista", bem como anos mais tarde há depoimentos que dizem ter sido ele um apoiador convicto de Jânio Quadros nos anos 1950 e 1960[7].

É possível começar a entender assim por que em 1968 se tornaria um tanto quanto indispensável buscar ter notícias sobre a posição política de "com quem fazer análise". Nota-se que não se trata de uma orientação exclusivamente na chave do mito nacional do pedigree; com o AI-5, para além da questão da filiação, surge uma importância complementar, a da *indicação*. Ou seja, se a pessoa estava em busca de uma análise para se analisar, e especialmente se havia o objetivo de se formar analista, não bastava escolher aleatoriamente na lista de psicanalistas credenciados oficialmente; era preciso ter um mínimo de notícias acerca de quais eram as inclinações políticas do analista em questão. É preciso aqui lançar mão da hipótese da *rede de indicações como rede de proteção*. Especialmente com o endurecimento do regime militar no ano de 1968, critérios ainda que difusos e imprecisos quanto ao alinhamento político do psicanalista entravam na conta das escolhas para que se garantisse alguma liberdade associativa sem maiores riscos à própria integridade física. Não por acaso, esse ponto-chave da história é o mais turvo, o mais difícil de acompanhar pelos documentos pesquisados. O critério de segurança, portanto, se adiciona a uma questão de prestígio no campo. Para uma compreensão mínima desse cenário, será preciso entender como as redes de informações e de sociabilidade se compunham, por amizades, laços familiares ou circulações institucionais.

UMA "SORBONNE" CIVIL-MILITAR: A ESCOLA SUPERIOR DE GUERRA (ESG)

É de conhecimento vulgar que a Guerra Fria, iniciada após o fim da Segunda Guerra Mundial, marcaria indelevelmente o que Eric Hobsbawm denominou brilhantemente de *Era dos Extremos*. Com a Doutrina Truman de 1947, buscou-se frear o avanço da influência soviética no bloco ocidental que se alinharia à política estadunidense. O discurso de Ernest Jones em 1949 não deixa de ser, a seu modo, uma consequência desse alinhamento. É nesse mesmo ano que no Brasil é fundada a Escola Superior de Guerra (ESG), seguindo o modelo do National War College estadunidense. É uma espécie do que hoje se poderia chamar de *think tank*, uma unidade de ensino ligada aos departamentos de defesa nacional e ao Estado-Maior das Forças Armadas, em que se formularia e se impulsionaria a Doutrina de Segurança Nacional. Na ESG serão formuladas as estratégias geopolíticas, com seus respectivos princípios gerais, planejamentos e técnicas militares para a chamada segurança nacional. Com a Guerra da Coreia em 1950, a influência geopolítica estadunidense nos países da América Latina fortalece ainda mais a formatação de uma Doutrina de Segurança Nacional vastamente anticomunista – ou seja, a defesa nacional passava pelo bloqueio da influência comunista no Brasil. A estratégia dos EUA nunca teve a América Latina como propriamente uma grande prioridade de suas ações ideológicas no início da década de 1950, mas com o impacto da Revolução Cubana em 1959, que aumentaria significativamente o ânimo das esquerdas nacionais, a sanha anticomunista encontra na Doutrina da ESG a antessala da intelectualidade conservadora e reacionária cujas ideias desembocam no golpe de 1964. Dentre os diversos cursos da ESG, estavam o Curso de Altos Estudos de Política e Estratégia (CAEPE); o Curso Superior de Guerra (CSG); o Curso de Estado-Maior e Comando das Forças Armadas (CEMCFA); o Curso de Mobilização Nacional (CMN); e o Curso de Informações (CI). Não por acaso, é responsabilidade da Doutrina de Segurança Nacional a invenção do "inimigo interno", ou seja, a ideia de que uma verdadeira defesa nacional não se sustenta apenas no bloqueio das influências comunistas "de fora para dentro", mas sim de que "o perigo mora ao lado", exigindo um combate no nível do que seria chamado de "guerra total".

Não obstante, a ESG nunca foi e segue não sendo um aparelho policial. Para tomar uma definição sucinta, de inspiração althusseriana: "A ESG é um aparelho ideológico que funciona no interior de um aparelho repressivo".[8] Portanto, a questão é que, por meio de sua Doutrina, ela fomentou ideias que permitiriam ao regime militar aproveitar o aparato institucional já construído e submetê-lo a uma grande restruturação após o golpe militar de 1964. Uma das grandes engenhosidades da ESG para espalhar a invenção do "inimigo interno" foi fazer de seus cursos uma ambiência de encontro entre civis e militares. Ou seja, um verdadeiro ponto de encontro da elite do poder:

A ESG impulsionou e difundiu um sistema fechado de ideias baseado na aceitação de premissas sociais, econômicas e políticas que raramente se faziam explícitas além da visão estática de uma sociedade eternamente dividida entre elite e massas. Esse sistema de ideias, que se reproduziu no interior de uma formação socioeconômica específica, encontrava a sua "razão de ser" em relações supostamente permanentes e mesmo naturais de posse e apropriação privadas. Essa linha de pensamento excluía teoricamente e evitava praticamente qualquer transformação estrutural, permitindo, no entanto, uma modernização conservadora. Tal abordagem excluía também a presença de representantes das classes trabalhadoras, ou mesmo das camadas intermediárias, no quadro de professores regulares ou convidados da ESG. O argumento em prol do desenvolvimento era apresentado na ESG somente por empresários, tecnoempresários e, em menor escala, por políticos, assim como por convidados estrangeiros, tanto civis quanto militares.[9]

Logo, a amálgama entre civis e militares da ESG passava pelo corpo docente e pelo corpo discente. Empresários, industriais, professores universitários, intelectuais, servidores públicos e militares das mais diversas patentes se reuniriam nesses espaços de ensino com o objetivo de construir uma elite dirigente para o país que fosse afinada ideologicamente. A estrutura da Doutrina da ESG é fundamentada em quatro campos maiores de preocupações com a defesa nacional: os campos psicossocial, político, econômico e militar. O campo político se dedicava à compreensão das diretrizes para suprimir os antagonismos ideológicos pela eliminação do inimigo interno. O campo econômico era responsável pela logística e planejamento do desenvolvimento econômico nacional, pela atuação conjunta entre as empresas públicas e privadas[10]. O campo militar era naturalmente ligado à gestão das Forças Armadas. O campo psicossocial, por sua vez, como não é difícil de supor, era o setor mais investido das percepções oriundas da chamada "ação psicológica" e, portanto, o que mais nos interessará acompanhar aqui. Pode-se ler em um manual de "estratégia no campo psicossocial" da ESG de 1964:

> As ações psicossociais desta Escola relativas à política de desenvolvimento, mas que por seus objetivos interessam à segurança nacional, têm instrumentos definidos e já usuais, concernentes à educação das elites. A educação das elites para resistir às pressões de natureza política, especialmente no que se refere à neutralização da penetração ideológica e propaganda adversária. Sabemos que uma das armas mais eficazes contra o poder de uma nação é o amolecimento moral do povo e da elite, através da exploração das fraquezas humanas, da corrupção, da semeadura de dúvidas, na desmoralização dos valores culturais, na implantação da cizânia e do ressentimento, da intolerância e da discórdia entre as classes, no descrédito das instituições e do governo, no desrespeito da autoridade. Para abolir, ou pelo menos, atenuar essa sequência de investidas sorrateiras e muitas vezes implacáveis, é necessário que se reanime a consciência política das elites.[11]

A investida no campo psicossocial da ESG já estava prevista pela obra do maior ideólogo da geopolítica militar, Golbery do Couto e Silva, que seria popularmente apelidado de "feiticeiro"[12]. Em uma de suas obras pode-se ler:

> No campo psicossocial, a despeito dos enormes tropeços e de muitos erros de orientação, a educação ganha novos impulsos, difundindo-se em âmbito cada vez mais amplo e desviando-se de um academicismo de ostentação para formas mais técnicas e bem mais produtivas, em geral; e, se as crises intermináveis, econômicas e políticas, ameaçam agudizar o problema social, pela cristalização de classes bem diferenciadas e cada vez mais conscientes de sua existência como grupos em oposição ou ferrenha concorrência, por outro lado, o sentimento profundo da unidade nacional, o orgulho pela terra e pela gente, um espírito nacionalista sem dúvida muito à flor da pele e o seu tanto primário, sujeito por isso mesmo a distorções bem ou mal inspiradas, são fatores, entretanto, de um enriquecimento benéfico da estrutura psicossocial da Nação.[13]

Fica evidente que a estratégia psicossocial da ESG segundo a instrução de Golbery se fundava na promoção do nacionalismo como abolição ou atenuamento dos efeitos psicológicos da luta de classes; uma elite consciente de sua função e de seu poder deverá reverberar um conhecimento técnico (ou seja, despido do "academicismo de ostentação") contra o "amolecimento moral" do brasileiro. Não se pode aqui perder a oportunidade de mencionar uma passagem em que Golbery faz menção à psicanálise como um conhecimento que pode ser utilizado como "ciência da propaganda" para a promoção de "falsos nacionalismos":

> Nesta época singular de técnicas aperfeiçoadíssimas no manejo sutil das massas, sobretudo as desarraigadas e quase sempre disponíveis e inconstantes massas citadinas – meios de comunicações ultrapotentes, envolventes, insidiosos, de amplitude e de alcance nunca vistos, uma verdadeira ciência da propaganda fundada nos mais recente postulados do "behaviorismo", da *psicanálise*, da cibernética e da semântica, a estimular, a fixar, a explorar o mecanismo estereotipado dos reflexos condicionados – a grande, a maior, a mais rendosa tática é sempre a da mistificação do povo, apresentando-se-lhe interesses secundários e mesquinhos de minorias insaciáveis e corruptoras sob a roupagem vistosa ou inocente de supostos interesses nacionais, como tais impostergáveis. Daí todos esses nacionalismos falsos, esses pseudonacionalismos criminosos e espúrios que corrompem e vilipendiam e mistificam tanto mais quanto mais se agitam na blasonaria e na jactância.[14]

Logo, o campo psicossocial se concentrava na criação de uma doutrina de propriedade psicológica visando deter o avanço do que se chamou de "propaganda adversa", formas sutis por meio das quais os "pseudonacionalismos criminosos" se espalhavam pelos corações e mentes dos brasileiros desprovidos da altivez da elite de alta consciência das classes dirigentes do país. É desse modo que a Doutrina da ESG deveria passar a circular de forma cada vez mais ampla no território nacional, integrando as elites em um projeto ideológico nacionalista com uma mesma proveniência.

Como a sede da ESG era no Rio de Janeiro e a capacidade de absorção de interessados na frequentação dessa ambiência era reduzida, em 1951 criou-se um braço da instituição denominado Associação dos Diplomados da Escola Superior de Guerra (ADESG). Para se ter uma ideia da extensão da divulgação da Doutrina da ESG por meio das ADESGs descentralizadas e espalhadas nos grandes centros urbanos do país, ainda segundo Dreifuss:

> Examinando a composição da turma de 1965 da ESG, podemos observar a extensão em que essa escola conseguia socializar os mais diferentes atores políticos dentro da "sociedade civil e da sociedade política" brasileira. Os formandos *Honoris Causa* do Curso Superior de Guerra – CSG – foram, significativamente, [o economista e ministro do Planejamento do Governo Castello Branco] Roberto Campos e o [ministro do Exército do Governo Médici e irmão mais velho do futuro presidente Ernesto Geisel] General Orlando Geisel, ao passo que os *Honoris Causa* do Curso de Informação foram o General Golbery do Couto e Silva, o General Lindolpho Ferraz Filho, o Coronel Newton Faria Ferreira e o Coronel João Baptista Figueiredo, filho do General Euclides de Figueiredo. A turma de 1965 contava 130 alunos. Trinta deles – todos militares – participaram do Curso de Comando e Estado-Maior das Forças Armadas. Oitenta e sete alunos participaram do CSG e 13 do Curso de Informação – CI. Cerca de 62% dos participantes eram militares. [...] Até 1975, a ESG havia instruído 1.294 civis e 1.621 militares, ao passo que a ADESG, a associação de ex-alunos da ESG, difundira sua doutrina entre mais de 25.000 civis e militares.[15]

Vale lembrar que tanto os cursos da ESG e da ADESG não eram procurados pelas classes trabalhadoras – retificando que a exigência de diploma de ensino superior já seria um critério eliminatório. Nesses berços de encontros civis e militares da elite do poder, enquanto alguns poderiam se colocar com discrição e reserva nesses espaços de sociabilidade, outros aproveitariam a "oportunidade" a fim de criar laços pessoais e ideológicos com aqueles que estavam então em posições de poder. Voltados à ampla divulgação, os cursos da ADESG eram "recomendados" a funcionários públicos e civis de entidades relevantes por superiores. Como lembra Nilson Borges Filho, "para a ocupação de cargos, tanto na esfera federal quanto na estadual, 'O Certificado' da ESG ou ADESG tinha peso fundamental"[16].

Isso não escapa aos profissionais do campo psi, como indica o depoimento da psicóloga Ana Perwin Fraiman:

Duas pessoas da minha família também fizeram a Escola Superior de Guerra (ESG) e a Associação dos Diplomados da ESG, a ADESG, até porque o governo exigia isso para essa pessoa obter uma promoção, no serviço público ou em uma empresa privada, multinacional. Esse meu [...] concunhado [...] foi muito pressionado a cursar a ESG para poder se manter enquanto diretor administrativo da Secretaria de Obras. E era uma pessoa boníssima! Ele aprendeu técnicas de interrogatório, mas ele não aplicava. Então, eu sei de gente que se obrigou a fazer determinados cursos como a ESG, a ADESG e tudo mais, por uma estratégia de sobrevivência na carreira, mas que soube preservar a sua experiência pessoal e profissional, de modo a não a contaminar com a violência. Quando falo sobre isso, fico trêmula. Não imaginava que ficaria tão emocionada. Este é um assunto que me perturba profundamente até hoje.[17]

O trecho desse depoimento é interessante por alguns motivos. Primeiro, porque demonstra que não se fazia segredo quanto a cursar a ESG ou a ADESG; pelo contrário, a capilarização do regime nas autarquias públicas e nas esferas privadas fez com que muitos tivessem que fazer cursos para manter seus empregos. Segundo, que a infiltração do pertencimento às escolas militares adentrava nas dinâmicas familiares, fazendo com que membros das classes dirigentes não envolvidos diretamente com o regime tivessem que conviver com "o perigo morando ao lado", gerando um clima de medo na vida privada que deixaria marcas profundas (como a própria entrevistada demonstra ao se emocionar, mesmo que ela própria não tenha feito cursos nas instituições). Terceiro, que ser diplomado pela ESG ou pela ADESG também não é sinal inequívoco de adesão à ditadura militar, de concordância com as técnicas da tortura, do desaparecimento etc. Um exemplo emblemático de distanciamento crítico do regime é o do embaixador José Jobim, diplomado pela ESG durante o governo Jango[18] que foi morto pela ditadura em 1979, uma semana após ter comentado com o então presidente Figueiredo que denunciaria esquemas de corrupção na construção da usina de Itaipu. Ou seja, a pressuposição de colaboração com o regime militar pelo simples fato de ser diplomado pela ESG ou pela ADESG não pode ser verificada sem as devidas mediações. De todo modo, fato é que a elaboração da Doutrina de Segurança Nacional teve a ESG como incubadora medular.

UMA OFICINA DE PERIGOS: O SERVIÇO NACIONAL DE INFORMAÇÕES (SNI)

Na restruturação institucional pela qual passou o regime militar, foi fundamental reorganizar a política do segredo em plano nacional por meio do reaparelhamento dos serviços secretos de Estado. O Serviço Federal de Informações e Contrainformação (Sfici) existia desde 1956, mas estava submetido à mediação exercida pelo Conselho de Segurança Nacional entre o serviço e a Presidência da República. Com o golpe militar, o Sfici é substituído em junho de 1964 pelo Serviço Nacional de Informações (SNI), que abasteceria diretamente a Presidência da República, sem nenhuma instância de mediação. O livro *Ministério do Silêncio* de Lucas Figueiredo é um excelente roteiro sobre a história dos serviços secretos de Estado, desde seus primórdios (Sfici) até sua versão atual, a Agência Brasileira de Inteligência (ABIN)[19]. Assim como a ESG, o SNI não era o órgão responsável pela execução direta da repressão, uma vez que esse papel caberia à polícia política. Se a ESG conduzia ideologicamente os rumos do regime militar por meio do fortalecimento da Doutrina de Segurança Nacional, caberia ao SNI organizar o abastecimento e a divulgação das informações secretas levantadas para os órgãos locais competentes. Dentre eles, três se afirmariam como absolutamente centrais, um em cada uma das Forças Armadas. O mais antigo era o Centro de Informações da Marinha (CENIMAR), que na verdade existia desde 1955 como Serviço de Informações da Marinha (SIM) e seria rebatizado como CENIMAR em 1957; pouco conhecido fora dos círculos militares, o CENIMAR já estava pronto para produzir espionagem desde o golpe de 1964. Em maio de 1967 o então presidente Costa e Silva funda o Centro de Informações do Exército (CIE). O último a ser criado foi o Centro de Informações de Segurança da Aeronáutica (CISA), em maio de 1970, já no governo Médici. Lucas Figueiredo também apresenta de que forma o serviço secreto ampliou suas atividades. Os militares se aproveitam de uma brecha constitucional dos tempos de Vargas que previa a criação de Divisões de Segurança e Informações (DSI) nos ministérios civis. Rapidamente, em 1967, treze ministérios tiveram DSIs internas[20]. Também foram criadas as chamadas Assessorias de Segurança e Informações (ASI) nos grandes órgãos públicos e autarquias federais, menores do que as DSIs, mas ainda assim muito expressivas no que tange à capilaridade do sistema[21]. Ou seja, um movimento mais ou menos similar à capilarização da Doutrina da ESG, espalhada para dentro dos lares, o SNI se infiltrava por todos os cantos das repartições públicas, desde as universidades até as grandes indústrias nacionais. Cada terminação da base do SNI se dirigia de volta ao topo em um esquema hierárquico quase piramidal. Cada informação reportada para os degraus superiores era novamente submetida a averiguações, de modo a chegar à Presidência da República e à cúpula dos serviços secretos das Forças Armadas com o máximo de fidedignidade possível.

A capilaridade da produção de informações se fazia valer de uma verdadeira *comunidade de informações*; ou seja, ela contava com o apoio de civis que reportavam dados às instâncias e aos agentes do serviço secreto, cabendo a eles verificarem e classificarem a informação. Trata-se de uma divisão interna da *qualidade* e da *fidedignidade* da informação repassada aos centros militares de espionagem. Havia uma escala, de A a F, que corresponderia a uma segunda escala, de 1 a 6. Vejamos pelo depoimento dado pelo militar Adyr Fiúza de Castro, um dos criadores do Centro de Informação do Exército (CIE) no final dos anos 1960 e chefe do Centro de Operações de Defesa Interna (CODI) nos anos 1972 e 1973:

> Há seis níveis de fontes e seis graus de veracidade do informe: A, B, C, D, E, F e 1, 2, 3, 4, 5, 6. Um informe A-1 é um informe de uma fonte sempre idônea e com grande probabilidade de ser verdade. Então, guarda-se e classifica-se: A-1. Se o informe é F-6, significa que não se pode saber a idoneidade da fonte, pode ser um maluco qualquer, e a probabilidade de ser verídico é muito reduzida. Mas tem-se que arquivá-lo. Se formos fuçar os arquivos dos órgãos de informações, vamos encontrar informações extremamente falsas, mas que foram arquivadas porque não podiam ser jogadas fora. Não se pode. Quem tem autoridade? A cada dez anos é nomeada uma comissão que determina quais documentos devem ser incinerados, e é feita uma ata.[22]

Ou seja, é esperado que uma informação fidedigna fosse direcionada aos mais altos escalões dos serviços militares de inteligência e passasse por uma ampla difusão interna, de preferência pelos centros de espionagem das Forças Armadas. Caso contrário – se fosse uma informação D, E ou F, por exemplo –, o documento dificilmente teria "sobrevivido" e chegado até nós pela pesquisa, sendo provavelmente invalidado no meio do caminho ou incinerado em alguma das mudanças de gestão seguintes. A possibilidade de permanência de um determinado documento também está ligada à sua difusão: quanto mais ele se espalha por entre os diferentes centros de informação (SNI, CIE, CISA, CENIMAR), maior a chance de ele estar disponível. Portanto, os critérios de qualidade, fidedignidade, idoneidade e veridicção da informação passada são o reflexo imediato da *qualidade do próprio informante aos olhos dos serviços militares de inteligência*. Mais adiante, o militar afirma:

O grosso caía em C. Quer dizer, é uma fonte razoavelmente idônea, e o informe tem boas probabilidades de ser verídico. O trabalho do analista de informações é juntar tudo numa pasta ou, agora, num computador, e quando lhe pedem informações a respeito de um fato ou de uma pessoa, ele faz *uma análise de tudo aquilo que tem e elabora a sua informação*. Para aquele escalão, é uma informação. O que dá ao chefe daquele escalão é o máximo que pode alcançar de precisão.[23]

Isso explica também que, para além da qualidade da informação e, por conseguinte também do próprio informante, era necessário juntar o máximo de dados possíveis para que o arquivo fosse "subindo" na hierarquia militar do serviço de informações. Para isso, a articulação civil-militar entre a ESG (e das filiais ADESGS) e o SNI era fundamental. É preciso repisar que o SNI foi reconfigurado enquanto dispositivo a serviço da segurança nacional pela Doutrina de Segurança Nacional preparada na ESG – ou seja, eles têm uma origem comungada. A invenção do SNI é atribuída igualmente a Golbery do Couto e Silva.

A rigor, o conteúdo gerado pelo SNI seria, em tese, cabalmente sigiloso. Porém, como já foi possível adiantar pela percepção de Bobbio sobre o "poder oculto" que opera enquanto anomalia governamental, havia uma partilha orgânica entre o SNI e a ESG de tais conteúdos: o que era produzido no serviço secreto podia ser consultado em núcleos restritos da "Sorbonne" dos militares. Segundo Figueiredo,

Quase tudo relacionado ao *Serviço* [SNI] era considerado sigiloso. Apenas algumas poucas informações eram tornadas públicas, e mesmo assim muitas vezes não diziam a verdade. Enquanto a sociedade era impedida de conhecer os reais objetivos e a amplitude do SNI, os estagiários da Escola Superior de Guerra tinham acesso a essas informações em conferências reservadas.[24]

É nesse sentido que reencontramos as hipóteses de Bourdieu e de Wright Mills sobre o "tráfego de pessoas" na elite do poder envolvendo civis e militares. Para o grosso da população que não acessaria os produtos de espionagem, SNI, ESG ou mesmo ADESG eram sinônimos de instâncias secretas sinistras, o criptogoverno no qual se decidia sobre a vida ou a morte dos cidadãos. Porém, é preciso observar que cada uma dessas instâncias tinha um propósito definido, sendo que a imensa maioria dos que circulavam por elas não sujariam diretamente a mão de sangue em torturas, assassinatos ou desaparecimentos. Em suma, na divisão entre a execução do crime e a inteligência que o justificara no álibi da "segurança nacional", reproduzia-se uma separação entre as classes dirigentes civis-militares da elite do poder e uma população aterrorizada que se "autotutelava" pelos índices difusos da espionagem que se lhe avizinhava por todos os cantos.

O clima de terror se tornaria definitivo quando a Doutrina de Segurança Nacional se materializa sob a forma de lei por meio das reformulações do Código Penal. Entre a Carta Constitucional de 1967 que reformularia a Lei de Segurança Nacional, o decreto do AI-5 e a Emenda de 1969, consolida-se o que o historiador Renato Lemos denomina "fastígio do regime militar":

Uma segunda subfase pode ser apontada no período 1968-1974. Poderíamos chamá-la de fastígio do regime, que se consolidou no plano político com a edição do Ato Institucional n. 5, em 13 de dezembro de 1968, e o aperfeiçoamento do aparato repressivo. Foi especialmente importante a criação, no ano seguinte, da Operação Bandeirantes (OBAN) e do Destacamento de Operações de Informações – Centro de Operações de Defesa Interna (DOI-CODI), órgão de inteligência e tortura subordinado, em cada estado, a um coronel do Exército. O ano de 1969, aliás, condensou as medidas de afirmação do regime. Por meio dos atos institucionais n. 13 e n. 14, foram estabelecidas as penas de banimento, perpétua e de morte. No plano jurídico, as inovações mais expressivas foram a nova Lei de Segurança Nacional, que substituiu a decretada dois anos antes, a Emenda Constitucional n. 1, que modificou amplamente a Carta de 1967, e os decretos-leis n. 1001, n. 1002 e 1003, que implantaram os novos Código Penal Militar e Código do Processo Penal Militar e a nova Organização Judiciária Militar. Devidamente aparelhado, o Estado conseguiu, beneficiando-se das limitações políticas e militares dos adversários, derrotar as "oposições extrassistêmicas" ao regime, com o que se alcançava a meta política mais importante da fase de contrarrevolução terrorista.[25]

Logo, é neste momento que se pode falar mais adequadamente em "Terror de Estado"[26]. Para se ter uma ideia do que representaria conhecer as entranhas do serviço secreto e as táticas de espionagem como credencial decisiva para a escalonagem de postos de poder, vale lembrar que dois generais-presidentes na história do regime militar chegaram ao mais alto posto da República depois de terem sido chefes do SNI: Emílio Garrastazu Médici (presidente entre 1969 e 1974) e João Figueiredo (entre 1979 e 1985). Seria justamente sob o governo Médici que o SNI se capilarizaria mais fortemente nas DSIS dos ministérios civis e nas ASIS dos serviços públicos. A chegada de Médici à Presidência da República representa politicamente a insubordinação do SNI à própria presidência, extrapolando-a em tamanho e em reputação[27].

Enfim, resumindo e retomando, especialmente com Médici, a reestruturação do serviço secreto sob a forma do SNI dá materialidade à Doutrina de Segurança Nacional gestada na Escola Superior de Guerra[28]. Suas consequências imediatas após o AI-5 se dão no enquadramento de toda e qualquer oposição ao regime como crime oficial contra o Estado por meio da Lei de Segurança Nacional. É nesse escopo que os arquivos que veremos a seguir são produzidos, um SNI exaltado, um presidente sanguinário, um discurso anticomunista sincrético e uma população perturbada.

ARQUIVOS TURVOS

Até 1968, algumas pistas foram encontradas a respeito do que era ou poderia ser considerado então subversivo. Em uma informação de 1970 sem classificação cujo assunto é "Elementos Comunistas Atuando na Classe Médica", estão fichados o casal Manoel Antônio Albuquerque, então presidente da Associação Médica do Rio Grande do Sul (AMRIGS), e sua esposa Iracema Campos de Albuquerque, ambos taxados de "comunistas". Na última página da ficha, um documento sem classificação, de 9 de dezembro de 1970, cujo assunto é "Dr. José Pleger" (sic) traz a seguinte nota:

Deverá chegar a PORTO ALEGRE, procedente de BUENOS AIRES, no dia 11 Dez o Dr. JOSÉ PLEGER, psicanalista argentino, para realizar conferências a estudantes. Este cidadão é reconhecido elemento comunista, linha trotzkista [sic], tendo realizado, há tempos atrás, palestras no Hotel Samuara. Foi convidado pelos Drs. MÁRIO BERTONI, Dir[etor] do Manicômio Judiciário do Estado e MANOEL ALBUQUERQUE, Dir[etor] Presidente da Associação Médica do Rio Grande do Sul. Tentaram obter o patrocínio da Sociedade Neurológica e de Psiquiatria [sic], bem como da Sociedade de Análise, cujos dirigentes negaram-se taxativamente a encampar o intento que, finalmente, será realizado pela Associação Médica, que cedeu, por seu presidente, suas instalações para a conferência.[29]

Não há dúvidas de que o José Pleger no documento é na verdade o psicanalista argentino José Bleger[30]. Manoel Antonio Albuquerque fez parte do primeiro núcleo da SPPA, tendo feito inclusive análise didática com Mário Martins, mas se desligou do grupo no momento em que ele se associaria à IPA. Teve uma carreira destacada como psiquiatra e uma atuação política local importante, ajudando os médicos que se tornariam presos políticos a partir de 1965. Ele assumiria a direção da AMRIGS nos anos difíceis entre 1969 e 1971 e participaria de eventos e congressos de psicanálise, porém sem voltar à SPPA. A Sociedade de Neurologia, Psiquiatria e Neurocirurgia do Rio Grande do Sul seria desmembrada, dando origem em 1973 à Sociedade de Neurologia e Neurocirurgia do Rio Grande do Sul (SNNRS), que existe até hoje. Mario Bertoni também chegou a iniciar uma formação psicanalítica com o grupo da SPPA, mas interrompeu logo no começo para se dedicar à psiquiatria forense[31]. Logo, os dados presentes no documento são verossímeis, apesar de o documento não estar classificado e dos erros de escrita. O mais notável é "Sociedade de Análise", em referência à SPPA. O fato de que a SPPA não apoiaria a vinda do eminente José Bleger para Porto Alegre indica também que, mesmo com a rota filiatória e migratória ligando a história do grupo ipeísta gaúcho à APA argentina, certos filtros políticos não deixariam de entrar em ação nos momentos críticos após 1968, em que alguns colegas insuspeitos teriam circulação livre, enquanto outros seriam indesejados. Com efeito, a partir de 1969, a APA argentina começava a sofrer um abalo institucional enorme, como veremos adiante. A SPPA, ao que tudo indica, escolheu não se envolver nisso. De todo modo, em se tratando de um documento mais tardio, é um exemplo de que os nomes dos informantes foram rareando quando a técnica da inteligência militar dos serviços secretos foi se aprimorando. Ou seja, um exemplo de que quanto mais confiável era uma informação, mais ela dispensava quem a assinou – o que para nós, como pesquisadores, acaba turvando ainda mais as confirmações dos fatos.

Nos arquivos turvos, há ainda os documentos que na verdade são diversos recortes avulsos de jornal e notícias divulgadas na mídia impressa, cuja espionagem provavelmente não teve prosseguimento. Por exemplo, está arquivada uma notícia bastante curta publicada no jornal *Correio da Manhã* no dia 30 de julho de 1968, referente à vinda de Igor Caruso a Minas Gerais. A chamada da notícia é "Mestre Russo Quer o Jovem na Liderança". Junto com a notícia, o jornal publicou uma foto de Igor Caruso fumando um cigarro e caminhando na praia com Malomar Edelweiss, que também foi arquivada[32]. A imagem no caso é da própria reportagem original – ou seja, não foi tirada por nenhum perito policial ou espião, mas sim pelo fotógrafo do jornal. Nenhuma observação adicional consta no documento. Ou seja, a reportagem provavelmente foi arquivada mais pela chamada – "mestres russos" no Brasil querendo "jovem na liderança" é de tirar qualquer militar do sério – do que pelo seu conteúdo propriamente dito. Não obstante, são notícias e recortes de jornais como esse que compõem boa parte das incidências de nomes de psicanalistas nos arquivos consultados, às vezes de forma isolada, impedindo a possibilidade de dar consequência a eles de forma aprofundada.

Com efeito, as consequências da repressão violenta imposta pelo AI-5 sobre os movimentos psicanalíticos não puderam ser propriamente captadas em uma série de arquivos que foram consultados na pesquisa, ainda que possam oferecer pistas eventualmente. A criminalização da oposição à ditadura militar a partir de 1968 alcançará uma intensidade tal que aqueles que ainda não haviam entendido se tratar de uma escalada autoritária do poder militar já não podiam mais negá-lo. Pode-se dizer que em 1968, 1969 e 1970 os movimentos psicanalíticos não estiveram propriamente entre os alvos prioritários da perseguição política implacável dos ditadores ou da espionagem do SNI; no entanto, ao mesmo tempo os psicanalistas tampouco compuseram o corpo civil decisivo de suas principais colaborações na comunidade de informações. Não obstante, a perseguição militar que desgraçaria os movimentos estudantis, a classe operária e a intelectualidade de esquerda do país ocasionaria como uma espécie de efeito colateral da repressão o engendramento de novas rotas filiatórias e migratórias para a história da psicanálise no Brasil pela figura política do exílio.

8.
O Boom da Psicanálise

Eu quis cantar minha canção iluminada de sol
Soltei os panos sobre os mastros no ar
Soltei os tigres e os leões nos quintais
Mas as pessoas na sala de jantar
São ocupadas em nascer e morrer

OS MUTANTES, *Panis et Circenses*, 1968.

Convencionou-se denominar o período do *boom* da psicanálise como o momento de grande expansão da psicanálise no Brasil durante a ditadura militar. Costuma-se falar em *boom* da psicanálise como um fenômeno "dos anos 1970"[1]. Sérvulo Figueira em um texto de 1981 chega a falar em "pós-*boom*", como se na virada da década o *boom* já estivesse em outra etapa[2]. É óbvio que a atribuição não é errônea, mas "os anos 1970" parece uma designação que padece de maior precisão histórica, uma vez que se iniciam com um período de violência vertiginosa no governo Médici e terminam com a Lei de Anistia e o horizonte da abertura política no governo Figueiredo. A indefinição que a colocação do *boom* da psicanálise no Brasil nos "anos 1970" pode dar a entender que ele acompanhou o processo histórico da abertura política, localizado mais ao fim da década do que ao começo, o que não é propriamente verdadeiro. É verdade que a expressão "*boom* da psicanálise" se populariza efetivamente com um artigo publicado pelo psicanalista carioca Eduardo Mascarenhas em 1978 no *Jornal do Brasil*[3]. Não obstante, em nossa pesquisa, foi possível obter índices mais precisos que nos permitiriam configurar o início do *boom* da psicanálise já no final da década de 1960 – ou seja, o que interessa pontuar é que *não se trata de um fenômeno que acompanha a abertura, mas que se inicia sobretudo sob os anos mais duros da ditadura*. Mais do que uma tentativa de selar uma "origem" de um fenômeno impalpável, o que se pretende aqui é tomar o *boom* no interior de uma análise que tensiona a autonomia relativa dos movimentos psicanalíticos, compreendendo como a pertinência da psicanálise no campo da cultura constrangeu ou não o regime militar, e de que forma. Nossa hipótese é de que o *boom* configura uma contradição entre destinações clínicas e teóricas da psicanálise no Brasil. Por um lado, é sob o Terror de Estado que se intensifica a procura pelo tratamento psicanalítico como uma modalidade de psicoterapia, provavelmente a mais consagrada na época. Por outro, nota-se um caminho paralelo, uma ruptura no campo das ideias, em que o pensamento freudiano passa a ser incorporado na luta social contra a ditadura militar nos círculos universitários, intelectuais e estudantis graças à influência do freudo-marxismo, principal responsável pelo desmantelamento gradual da desconfiança geral das resistências à ditadura de que a teoria freudiana era conservadora ou de vocação "antirrevolucionária".

Aqui, o meio jornalístico é o termômetro por excelência para se avaliar o *boom*. É por meio dele que se pode antecipar o fenômeno para o fim dos anos 1960. Longe de qualificá-lo como algo com "começo, meio e fim", deve-se dizer que não há dados estatísticos e quantitativos de qualquer ordem que demonstrem o aumento da procura pelo tratamento psicanalítico no Brasil durante a ditadura, simplesmente porque nenhuma pesquisa desse cunho foi realizada sobre o período – e menos ainda durante ele. Não obstante, é a presença da psicanálise na cultura que nos auxilia a mapear o fenômeno. Se fosse necessário atribuir um marco histórico ao "*boom* da psicanálise" (um tanto arbitrariamente, é certo, mas que esperamos se justificará adiante quando retornarmos a ele), a escolha seria pela reportagem *Psicanálise: Remédio ou Vício?* do jornalista Luís Edgar de Andrade[4]. Tendo realizado uma série de reportagens importantes como correspondente de guerra (ele cobriria por exemplo a Guerra do Vietnã em 1968), o jornalista é convidado pelo fundador do jornal *Última Hora*, Samuel Wainer, que aparentemente não cultivava grande simpatia pelos psicanalistas cariocas, para realizar uma reportagem-denúncia criticando a psicanálise. Luís Edgar de Andrade afirma que não poderia fazê-lo sem conhecer o que afinal era a tal psicanálise; assim, ele convence Wainer a lhe pagar três meses de tratamento psicanalítico, de modo a realizar entrevistas com psicanalistas e psicoterapeutas de diferentes extrações teóricas, bem como de pacientes que já estavam em algum tipo de tratamento. Um pouco a contragosto de Wainer, Luís Edgar de Andrade realiza uma espécie de imersão etnográfica na cena analítica, algo um tanto inédito à época, em que só conhecia esse universo quem de fato se aventurasse em uma análise.

A série de reportagens que seria publicada ao longo de dez números[5] do *Última Hora* é interessante por vários motivos. Resumidamente, ela mostra o percurso do jornalista à procura de analistas para a reportagem; as negociações de permissão para gravação das sessões e entrevistas de análise; a descoberta por parte de um "leigo" das diferenças de linhagens teóricas das psicanálises e das psicoterapias; uma descrição das principais instituições cariocas; e, ao fim, a própria entrada do jornalista em análise. Ao longo dos textos, experiências distintas são expressas sob diversos ângulos; comparecem também juízos de padres católicos, reflexologistas, sociólogos e artistas populares, bem como considerações sobre preços de sessões ou sobre a diferença entre psicanálise individual e grupal. Tendo realizado mais de cinquenta entrevistas com pacientes (alguns dos quais celebridades à época) e com alguns psicanalistas e psicoterapeutas cariocas, Luís Edgar de Andrade se tornaria ele mesmo um analisante ao longo do percurso. Vale citar um trecho de seu depoimento décadas depois, no ano 2000, sobre a experiência:

> Eu imaginava, até aí, que estava brincando de análise. Mas, de repente, na décima sessão, depois de rir um pouco, diante da cara impassível da analista, me engasguei sem mais nem menos, as palavras me fugiram e se deu o nó na garganta. Senti-me em plena engrenagem. Tinha caído na armadilha de Freud. Em três meses o trabalho ficou pronto. Não foi a reportagem de denúncia que Samuel esperava. Muito ao contrário. Ele, porém, não mudou uma vírgula. A análise é que não me largou mais. Foi a reportagem mais perigosa que já fiz em toda a vida, apesar das guerras e revoluções que eu cobri.[6]

Para o público não especializado a que se dirigiu a reportagem, o itinerário etnográfico do jornalista por um lado desconstrói um certo mito de "mistério" em torno da prática clínica psicanalítica ao torná-lo minimamente visível e inteligível, mas por outro reforça uma dobra desse mesmo mito, onde se é fisgado inexoravelmente pela aventura psicanalítica quando se está nela. Como poderia afinal um jornalista experiente que esteve na resistência ao golpe militar de 1964 como Luís Edgar de Andrade, que trazia na bagagem a cobertura jornalística de guerras e revoluções importantes de outros países, que foi convocado inicialmente pelo diretor do jornal para criticar a psicanálise, acabar "cedendo" à experiência? Onde foi que a psicanálise, que estava no imaginário geral como uma prática elitista e "quatrocentona", fisgou alguém tão preparado criticamente? São esses alguns dos paradoxos importantes que a série de reportagem retrata, de modo a servir como localização das contradições de um *boom* da psicanálise em pleno ápice do autoritarismo militar. Não por acaso, como em todo jornal popular, em meio às reportagens apareciam propagandas comerciais que faziam piada com a psicanálise, como por exemplo a do carro Opala, que jocosamente anunciava: "Psicoterapia de grupo: Cr$ 363,00 por mês", acompanhada de um pequeno texto: "Tire o Opala do seu subconsciente. Ponha-o na garagem. É só entrar para o nosso grupo. [...] E fica livre de muitas frustrações. [...] O seu superego vai agradecer. Palavra de Freud."[7] Eis mais um exemplo do paradoxo do *boom*: a popularidade da figura de Freud no imaginário brasileiro, acompanhada pelo bordão "Freud explica!"[8], trouxe ao *boom* um tom humorístico que propagaria ainda mais a curiosidade já presente na cultura sobre a psicanálise.

Psicanálise: Remédio ou Vício? rendeu a Luís Edgar de Andrade o mais importante prêmio de jornalismo da época, o Prêmio Esso de Jornalismo de 1969. Vale lembrar que, exatos doze dias após o início das publicações no *Última Hora*, foi baixado um decreto governamental que exacerbaria ainda mais a censura a jornais do país. Trata-se do Decreto-Lei n. 898, de 29 de setembro de 1969 (Crimes Contra a Segurança Nacional), em seu artigo 45, Item I:

Art. 45. Fazer propaganda subversiva:
I – Utilizando-se de quaisquer meios de comunicação social, tais como: jornais, revistas, periódicos, livros, boletins, panfletos, rádio, televisão, cinema, teatro e congêneres, como veículo de propaganda de guerra psicológica adversa ou de guerra revolucionária ou subversiva

Com efeito, o jornalismo esteve entre as classes profissionais mais atacadas e perseguidas durante os anos de chumbo. É de se supor que a vigilância do SNI tomasse conhecimento da reportagem, o que de fato aconteceu. Porém, o que perturbou os militares não foi o conteúdo em si, mas sim a carta lida por Luís Edgar de Andrade na cerimônia de recebimento do Prêmio Esso. Vale reproduzi-la na íntegra:

Meus amigos,
Pode parecer um pouco estranho que, neste ano de 1969, em que aconteceram alguns fatos importantes para a vida brasileira, o Prêmio Esso Nacional de Jornalismo seja dado a uma reportagem sobre o problema da Psicanálise.
Mas, como costumam dizer os personagens de minha história, Freud explica. Afinal de contas, o que é a Psicanálise? Eu respondo; citando a definição do Psicanalista Hélio Pellegrino: Psicanálise é a ciência da liberdade humana. Quer dizer, a psicanálise é um processo de libertação do homem.
Venho aqui com humildade profissional, receber o prêmio Esso mas, se me permitirem uma confidência, eu digo a vocês francamente: o prêmio a que poderia aspirar um repórter brasileiro neste ano de 1969 seria algo mais elementar. Seria a liberdade de imprensa.
Ao dizer liberdade de imprensa, não tenho a veleidade de estar reivindicando o direito de publicar minhas opiniões. Essa é outra História.
Quando me iniciei nessa profissão de repórter, considerada um tanto ou quanto hoje suspeita, ensinaram-me que repórter não opina: repórter informa e olhe lá!
Depois disso, a experiência profissional dentro e fora do Brasil me ensinou que, na imprensa, o direito de opinar não pertence aos jornalistas. Pertence ao Estado nos países totalitários. Pertence aos donos de jornais nos países democráticos.
Pois bem, como eu não sou dono de jornal, mas repórter, a liberdade de imprensa a que aspiro é o direito de relatar o que acontece toda vez que um jornal brasileiro me manda fazer uma cobertura.
Pois bem, como eu não sou o Estado, mas um cidadão, a liberdade de imprensa a que aspiro é o direito de ser informado sobre o que acontece, toda vez que compro nas bancas um jornal brasileiro.
Vivi seis anos de minha vida fora do Brasil como correspondente. Durante este tempo, é óbvio, eu me informava sobre os acontecimentos brasileiros através de jornais

franceses e americanos. Nunca poderia passar pela minha cabeça que um dia, morando no Brasil, precisasse assinar – eu disse assinar – o *Le Monde*, *L'Express* de Paris, o *The New York Times*, o *Times Magazine* e o *Newsweek* para saber alguns fatos que ocorrem neste país, em que nasci, no qual trabalho e para cujo Tesouro pago impostos.

Dois anos atrás, neste mesmo almoço, meu colega Zuenir Ventura dizia: "O melhor jornal brasileiro, hoje, seria feito não com o que se publica, mas com o que se deixa de publicar." E acrescento agora: de todas as matérias que escrevi, no ano desse prêmio, a mais importante não pode ser publicada.

Certa noite de fevereiro do ano passado, eu estava em Da Nang, no Vietnam do Sul. Ia partir na manhã seguinte para a base de Khe Sanh, cercada naquela ocasião pelas forças vietcongs. Um velho correspondente de guerra americano me disse: "Meu chapa, ainda que viva cem anos, você não esquecerá o inferno de Khe Sanh." Pois hoje eu digo a vocês: eu esqueci Khe Sanh. No entanto, ainda que viva cem anos, jamais esquecerei os gritos que eu ouvi na noite de 14 para 15 de agosto na cela de uma prisão brasileira.

É muito significativo que, entre os dez premiados desta festa, dois tenham passado em 1969 pela experiência do cárcere onde saíram com atestados de inocência.

Meus amigos, eu dedico este prêmio a todos os jornalistas que estiveram encarcerados inocentemente neste ano de "apagada e vil tristeza". São Mateus Evangelista, um dos melhores repórteres que eu conheço, já dizia: "Bem-aventurados são aqueles que sofrem perseguição por amor da justiça."[9]

Bem, o discurso absolutamente corajoso de Luís Edgar de Andrade não passaria despercebido pelos militares. Foi possível encontrar um relatório produzido pelo CIE no início de 1970 em que consta uma nota sobre o dia da premiação. Como nem tudo nos interessa na nota, recorta-se aqui alguns trechos dela:

Realizou-se no dia 11 Dez 69, no Hotel GLÓRIA, na GB [Guanabara], a cerimônia de entrega do prêmio vencedor do concurso PRÊMIO ESSO DE JORNALISMO. Coube o laurel ao jornalista LUÍS EDGAR DE ANDRADE, que trabalha para o jornal ÚLTIMA HORA, em SÃO PAULO. [...]
    LUÍS EDGARD DE ANDRADE, o vencedor do ano de 1969, foi premiado pela elaboração de uma série de reportagens sobre o tema PSICANÁLISE – REMÉDIO OU VÍCIO? Essas reportagens, inteiramente dentro da norma jornalística, nada têm de realce que justifique a inclusão desse tópico no presente Relatório. Entretanto, por ocasião da solenidade aludida, o jornalista faz um discurso de agradecimento que fugiu inteiramente ao espírito da festa, com comentários e críticas sobre a censura de imprensa e a prática de torturas nos cárceres brasileiros.[10]

O parágrafo "Essas reportagens, inteiramente dentro da norma jornalística, nada têm de realce que justifique a inclusão desse tópico no presente Relatório" parece confirmar o que havíamos dito no final do capítulo anterior. O exercício da clínica psicanalítica não esteve no centro das preocupações do SNI e congêneres, nem tampouco da censura. Pelo contrário, a nota comprova que as reportagens foram lidas, e a conclusão é clara: "nada têm de realce". Por "inteiramente dentro da norma jornalística" deve-se entender também que se trata do jornalismo possível dadas as restrições da censura e da perseguição política – como Luís Edgar de Andrade fez questão de frisar em seu discurso. Mas o fato de a premiação ter se voltado a reportagens sobre "o problema da psicanálise", como afirma o autor delas, faz incluir igualmente, ao lado do *possível*, um *desejável*: a repercussão das reportagens já indica o interesse do grande público sobre o tema, voltado à apresentação de um universo restrito – a experiência clínica, o *setting* do analista etc. – a um público não especialista. Em contraste com os artigos da *Revista Brasileira de Psicanálise*, das revistas especializadas e dos livros técnicos, *Psicanálise: Remédio ou Vício?* concentra uma série de qualidades que nos permitem compreender que as condições culturais para um *boom* da psicanálise no Brasil em plena ditadura militar já estavam dadas desde o final dos anos 1960.

Além disso, essa série de reportagens não seria a única. Outro exemplo está na revista *Realidade*, uma publicação da Editora Abril de São Paulo que circulou de 1966 a 1976. Entre 1966 e 1969, dois autores principais se revezavam nas colunas de comportamento da revista: Roberto Freire, que vinha de um percurso de formação psicanalítica na SBPSP que depois abandona para criar sua própria modalidade psicoterápica (chamada Somaterapia), e José Ângelo Gaiarsa, um dos pioneiros do movimento reichiano paulista. O primeiro escreveria uma pequena série de textos sobre o tratamento psicanalítico a partir de um caso clínico, cognominado "Sandra"[11]. Já Gaiarsa, em 1968, discorre sobre o conceito de complexo[12]. A linguagem acessível, a identidade visual inovadora e o próprio nome da revista – há de se convir que *Realidade* não é um nome qualquer – potencializam a transposição da psicanálise para o centro de debates sobre temas como suicídio, homossexualidade, depressão e drogas. É um ótimo termômetro de temas que afligiam as classes médias na ditadura, descrevendo e acompanhando a gramática do sofrimento psíquico da época. É preciso pontuar "classes médias" porque de fato era a massa do público leitor da *Realidade* – o que é atestado pela seção "Como É Mesmo?" da revista, uma espécie de "pílulas de conhecimento" que se tornaria muito popular entre as classes ascendentes, com breves citações eruditas, nomes e obras de grandes pensadores transformadas em frases de efeito para usos emergenciais[13]. Aqui, reencontramos o conceito bourdieusiano de *habitus*[14]. Vale pensar em uma situação hipotética em que alguém erra uma frase ou um nome de um filósofo grego em uma conversa corriqueira; isso não apenas demonstraria que o tal filósofo não foi lido, mas também revelaria a origem social que se pretendia esconder e as insuficiências escolares e culturais que lhe seriam correlatas. A utilidade dessas pequenas "pílulas de conhecimento" na sociabilidade ordinária de seu público leitor se dirigia a um público cujo *habitus* se transfigurava, um público que alcançava novos degraus sociais, mas sem dispor da "sólida cultura de berço" de que se vangloriam as classes altas tradicionais – lembrando que a *Realidade* era uma revista paulista das mais consumidas pelas classes médias em ascensão. De certo modo, estamos acompanhados do entendimento de Cecília Coimbra: é o chamado "discurso psicologizante", no qual "a dimensão privada mais intimista é incorporada ao cotidiano"[15]. A *Realidade* que se apresentava era a de um mundo em transformação para as camadas médias no dito "milagre": reportagens longas de costumes modernos e temas da vida emocional e subjetiva se misturam a páginas e páginas de propagandas e comerciais de eletrodomésticos e utensílios de casa – não se pode negar um certo apelo ao "público feminino" nisso, com toda carga misógina que a expressão comportou no período. Os universos da arte e da cultura outrora desconhecidos para uma camada desejosa de emergência da população urbana brasileira passa a ocupar um lugar de destaque no campo do jornalismo de divulgação. Nesta verdadeira "fábrica de interiores", para lembrar da feliz expressão de Luis Antonio dos Santos Baptista[16], o recurso ao "discurso psicologizante" se faz presente nesse espectro de interesses não por acaso: ele entra como um produto dentre outros nas páginas comerciais, como algo rentável, permitido pela ditadura militar, porque moderniza as formas de sofrimento ao oferecer a ele uma nova gramática de reconhecimento – ou seja, não apenas *possível*, mas também *desejável*.

Entre 1968 e 1970, a revista investe mais fortemente na seção de comportamentos. Para dar uma brevíssima amostra, em 1968, Roberto Freire publica o artigo "O Homem Está Angustiado". Em 1969, um conjunto ainda mais expressivo se apresenta nas páginas da *Realidade*: Gaiarsa fala sobre inibição em "O Medo de Amar"; a eminente jornalista e psicóloga Carmen da Silva escreve sobre psicoterapia de grupo em "Todos Procuram a Verdade de Cada Um; Paulo Francis, um dos mais conhecidos críticos do jornalismo da época, escreve sobre o triunfo do corpo e do sexo em "É a Revolta Contra a Alma"; a reportagem "Você Seria Capaz de Matar?" compila entrevistas com juristas, atrizes, militares, escritores, repórteres, policiais para, ao fim, entender pela psicanálise as motivações do homicídio, com depoimentos de Hélio Pellegrino (SPRJ), Antonio Carlos Pacheco e Silva Filho (SBPSP, filho do psiquiatra Pacheco e Silva já citado) e a essa altura já "ex-psicanalista", segundo a expressão na própria reportagem de Roberto Freire; o mesmo Luís Edgar de Andrade publica "A Escalada Sexual", sobre o apelo sexual em propagandas, no teatro e outras manifestações culturais, concluindo que a revolução sexual ainda está restrita às grandes cidades e que o processo de despornografização da nudez ainda está em curso. Já em 1970, o jornalista Jorge Andrade dedica uma reportagem ao psicodrama em "Eles Procuram a Paz", enquanto na sequência o jornalista Luiz Weis publicaria "Freud Explica?", em que o autor chama a atenção criticamente para a "psicologização" e para o "mito da psicanálise" gerado pela presença do discurso freudiano na mídia. É certo que outros artigos da *Realidade* também são expressivos da presença da psicanálise nas seções de comportamento da grande mídia impressa, o que se estende até a extinção da revista em 1976, mas pode-se dizer que essa última reportagem é o resultado mais expressivo do fenômeno do *boom* por meio dessa revista no período.

Para dar um último exemplo ainda mais breve, mas apenas para demonstrar que o mesmo fenômeno também ocorre em revistas mais tradicionalmente classificadas como de oposição à ditadura militar, chama a atenção como a partir de 1969 se torna absolutamente frequente que a pergunta "você faz análise?" seja dirigida a entrevistados no famoso *O Pasquim*. Para dar alguns exemplos de 1969 (a lista seria ainda maior se se seguisse até 1985, na verdade), responderam afirmativamente à pergunta do semanário o escritor e ensaísta da contracultura Luiz Carlos Maciel, o compositor e diplomata Vinícius de Moraes e a atriz Leila Diniz. A cantora Elis Regina, por sua vez, disse não ter feito análise, mas sim reflexologia. Em 1970, o cantor e compositor Carlos Lyra disse ter feito análise no México; nesse mesmo ano, o *Pasquim* publica "Cultura de Verão", de Luiz Carlos Maciel, enquanto Paulo Francis por sua vez comenta a biografia de Freud escrita por Ernest Jones. No humor característico do semanário, não faltaria uma reportagem com um personagem fictício chamado de "Dr. Straightlove" e o memorável ratinho "SIG", acrônimo de Sigmund Freud[17]. Em 1971, a escritora Rose Marie Murano, a cantora Nara Leão e o artista plástico Luiz Jasmin respondem afirmativamente que fizeram análise; a cantora Wanderleia responde negativamente, enquanto a atriz Fernanda Montenegro, por sua vez, diz que o teatro é a psicanálise dela. Em 1971, o *Pasquim* publica a reportagem "Quem Desencuca", assinada pelo jornalista Alfredo Grieco. Para não estender mais, esses são alguns exemplos de que o assunto não era exclusividade de uma mídia impressa em detrimento de outras, mas sim que o assunto "você faz análise?" envolvendo celebridades midiáticas e personalidades do campo da cultura se torna quase obrigatório e verdadeiramente popular já desde a virada dos anos 1960 para os 1970.

A partir desse período, o jornalismo foi requisitando cada vez mais opiniões de especialistas para as suas reportagens; dentre eles, estavam os psicanalistas, que opinavam sobre praticamente tudo que dizia respeito a costumes e comportamentos. Não por acaso, os psicanalistas se misturam e se confundem com outros "profissionais psis"; quanto ao público leitor leigo médio, a distinção entre psiquiatria, psicologia e psicanálise era muito pouco clara, e provavelmente menos importante do que as dicas, as "pílulas de conhecimento" e a organização de uma gramática do sofrimento em construção naquele momento histórico. Ainda que não fosse um único psicanalista a ocupar essa presença midiática e a opinar sozinho sobre tudo, a soma de diferentes (e na soma tendendo ao infinito) especialistas "psis", subdivididos em subespecialidades psi, tinha como resultante certa imagem de um profissional que sabe tudo o que de fato importaria para aquele mundo em transformação: no campo das intimidades, o "Freud explica!" se propaga na cultura brasileira de modo que se poderia chamar de irreversível.

...E DAS PSICOTERAPIAS

Não seria justo qualificar o *boom* da psicanálise sem levar em consideração um fenômeno universitário brasileiro que se intensifica a partir de 1968: o aumento vertiginoso do seu cenário no país. É preciso aqui recuar um pouco para compreender como as especialidades e subespecialidades "psis" se organizaram no campo universitário, tendo a relação entre a psicanálise e a universidade como parâmetro central de análise. Vale lembrar que a aproximação entre a psicanálise e o modelo universitário preparado após a Segunda Guerra Mundial remonta a décadas anteriores à ditadura militar brasileira. Com a Guerra Fria, as universidades estadunidenses se prontificaram a expandir seus departamentos de psicologia clínica, um modelo que seria exportado para vários pontos do mundo, dentre eles a América Latina. Se antes da Segunda Guerra Mundial a psicologia clínica era voltada à atuação em consultorias de empresas, aconselhamentos em igrejas, auxílios pedagógicos em escolas ou hospitais, já em meados da década de 1940 ela se volta a uma atividade propriamente clínica e psicoterapêutica, mais alinhada ao modelo médico. Logo, funde-se na esfera universitária estadunidense a psicoterapia de inspiração psicanalítica com a psicologia clínica, reconfigurando o campo prático e acadêmico psi como um todo[18].

É preciso lembrar ainda que os anos 1950 nos EUA foram marcados pelo macarthismo, sedimentando a perseguição anticomunista e elevando-a aos níveis paranoicos mais altos. Desse modo, as universidades estadunidenses se viram diante de uma questão que no Brasil teria um impacto infinitamente menor: durante a Segunda Guerra, inúmeros psicanalistas europeus se refugiam nos EUA e, entre eles, muitos alinhados ao marxismo, em sua grande maioria judeus – como Otto Fenichel, Ernst Simmel, Wilhelm Reich, Erich Fromm, apenas para citar alguns. Coube ao FBI desde a década de 1940 bloquear tanto quanto possível a influência que esses psicanalistas poderiam ter nos círculos psicoterapêuticos e acadêmicos estadunidenses. O caso mais notório é o da perseguição e prisão de Wilhelm Reich em 1957, onde viria a morrer seis meses depois. Desde os anos 1940 o FBI construiu impressionantes 789 páginas de documentos sobre Reich[19], tornando sua perseguição, prisão e morte no cárcere uma das histórias mais deploráveis da história da psicanálise.

De acordo com Nicaretta, "O mercado das psicoterapias foi, em grande parte, uma consequência de um projeto de Estado que visava corrigir certas condições sociais, deflagradas pela guerra. [...] A doença mental no adulto se tornou uma prioridade de ação. Milhões de americanos retornaram da guerra com necessidades de ajustamento, por problemas psiquiátricos, ou com outras necessidades clínicas."[20] Ainda segundo o autor, houve uma migração maciça de psicólogos de outras áreas para a psicologia aplicada e, notadamente, para a psicologia clínica; até o início dos anos 1960, 60% das verbas governamentais estadunidenses para o campo da saúde mental eram destinadas à psicologia – entre 1948 e 1960, mais de vinte mil psicólogos clínicos foram formados graças aos subsídios do Estado destinados a essa área. Não obstante, apesar desse forte investimento, os quadros acadêmicos da psicologia clínica recorriam à psicanálise como forma de suprir as exigências da psicologia científica. Apesar da grande influência exercida por Carl Rogers na presidência da Associação Americana de Psicologia (APA) e da proposta da "Terapia Centrada no Cliente" de 1951 (traduzida no mesmo ano no Brasil como "Terapia Centrada no Paciente"), bem como do polêmico artigo de Hans Eysenck de 1952, "Os Efeitos da Psicoterapia", a psicanálise nos anos 1950 continuou sendo o padrão-ouro da cientificidade da psicologia clínica estadunidense. Ou seja, do fim da década de 1940 até meados dos anos 1960, Freud será aquele com quem ou contra quem a psicologia clínica e as psicoterapias alternativas se posicionarão no cenário estadunidense. Tal quadro só irá mudar no final dos anos 1960, em que os investimentos maciços do governo se dirigirão à psiquiatria farmacológica, substituindo a conceitografia psicanalítica precedente nos manuais DSM por uma psicopatologia dita a-teórica[21].

Entre 1930 e 1950, no Brasil, vimos que diversas negociações para trazer "analistas de analistas" para cá não foram bem-sucedidas. Ao mesmo tempo, jamais houve aqui algo como um "exílio em bloco" como ocorreu nos EUA – no caso da América Latina, o país que de fato recebeu mais analistas de analistas emigrados em função da Segunda Guerra Mundial foi a Argentina. A chegada de Adelheid Koch a São Paulo, a de Mark Burke e do casal Kemper ao Rio de Janeiro e o fluxo entre analistas de Porto Alegre (e parte de analistas do Rio de Janeiro) e a formação analítica em Buenos Aires representa uma heterogeneidade significativa de tradições, de filiações distintas e "educações psicanalíticas" muito diferentes entre os próprios migrantes, ainda que esses grupos viessem a construir instituições ligadas à IPA. De todo modo, é necessário pontuar que, por mais que a ideologia anticomunista no Brasil estivesse estabelecida desde a Era Vargas, o serviço de inteligência não faria da psicanálise (nem em seus segmentos mais críticos) uma "inimiga soviética em potencial" como fez o macarthismo estadunidense nos anos 1950. Não obstante a presença desigual da psicanálise entre as regiões nos departamentos universitários públicos de psiquiatria no período – bastante expressiva em Porto Alegre na URGS, expressiva também, porém mais dispersa, no Rio de Janeiro na UFRJ, porém muito lateral em São Paulo na USP –, o marco dessas entradas não teria sido o discurso anticomunista, mas sim orientado pelas disputas locais em que certas tradições psiquiátricas universitárias se conformaram de modo mais ou menos receptivo às ideias e práticas psicanalíticas. Em paralelo, fortalece-se o campo da psicologia universitária no Brasil. Seus primórdios remontam ao ano de 1946, tempo em que a psicologia ainda era uma especialização dos cursos de Filosofia. Havia o ensino de algumas matérias de psicologia nos cursos de Medicina, Filosofia, Pedagogia, Economia ou Jornalismo. A tradição nesse período ainda é a que teve a Primeira Guerra Mundial como plataforma, com uma tradição muito forte da psicometria, mas que foi fundamental para imprimir um grau de profissionalização e cientificização da psicologia que estaria por vir. A partir da Segunda Guerra Mundial, em 1947 é criado o Instituto de Seleção e Orientação Profissional (ISOP) no Rio de Janeiro, sob a tutela de Mira y Lopez, que abrigará boa parte dos psicometristas e "psicologistas" antes mesmo da regulamentação da profissão em 1962. Nomes como Inês Besouchet[22] no Rio de Janeiro ou Noemy Rudolfer em São Paulo vinham dessa tradição. Mira y Lopez, Antonio Gomes Penna e a própria Noemy Rudolfer são alguns dos psicometristas e "psicologistas" ligados ao ISOP que sedimentaram uma duradoura parceria de trabalho com o exército brasileiro já antes dos anos 1960, por meio da aplicação de testes psicométricos ou confecção de manuais de seleção de pessoal. Em teoria, essa aproximação de trabalho não teria um caráter propriamente político, mas sim, e sobretudo, um caráter "técnico". O adjetivo "técnico", todavia, não deixa de ser problemático, uma vez que ele é a expressão clara de um desejo de cientificidade, de pretensa isenção e objetividade[23]. Sob a égide do adaptacionismo, a psicometria aplicada às finalidades da defesa nacional do exército na primeira metade do século XX organizou políticas antimigratórias, embasando o racismo científico em fundamentos do behaviorismo watsoniano no contexto estadunidense[24], bem como o eugenismo e o antissemitismo no contexto alemão[25]. Com a ampliação das universidades estadunidenses e consequentemente com a profissionalização da psicologia para uma formação profissional-técnica, marcava-se a invenção da psicologia moderna estadunidense[26] – *grosso modo*, em contraposição ao introspeccionismo de Wundt, mas em associação à psicometria francesa de Binet, para dar apenas um exemplo de contraste mais evidente. Para não fugir do nosso escopo, apontamos que essa lista muito abreviada de inclinações políticas da psicometria serve para indicar que, até meados dos anos 1950, a psicanálise era para esse campo de pesquisa e atuação no máximo uma espécie de conhecimento complementar da psicologia técnica. Eventualmente, havia alguma abertura para o estudo das ideias psicanalíticas ainda que em chave crítica graças a iniciativas autorais mais pontuais, no entanto, como regra geral, a aplicação prática da psicometria e da "psicologia técnica" era muito distante de qualquer inspiração clínica da psicanálise.

As duas primeiras graduações "diretas" de Psicologia (portanto, não como subespecializarão) são a da PUC-RJ e na sequência da PUC-RS, ambas de 1953. Pouco tempo depois, a USP reúne esforços para criar o seu curso de Psicologia, processo que se completa em 1957. O caso da Psicologia da USP é um bom exemplo para acompanharmos aqui. No currículo aprovado pelo Governo do Estado, estão previstas diversas disciplinas ao longo dos três anos de graduação (Psicologia Experimental, Psicologia do Desenvolvimento, Psicologia Social, Antropologia, Filosofia etc.), mas não Psicologia Clínica, prevista para um quarto ano de faculdade no projeto inicial escrito em 1953 por Anita de Castilho e Marcondes Cabral[27]. Em 1958, encaminha-se um projeto de lei ao Congresso Nacional para o bacharelado em Psicologia[28]. De acordo com o decreto de 1959 denominado "A Formação de Psicologistas no Brasil", não era permitido ao psicólogo clínico organizar ou dirigir serviços de psicologia clínica, devendo ele atuar como assistente sob a tutela de um médico diretor. Ou seja, de fato a Psicologia Clínica parece o ponto sensível aqui. A certa altura o decreto determina que cabe às Faculdades de Medicina[29] determinar "as bases de estudo necessários, disciplinando a especialidade". O documento acrescenta: "Não se trata, no caso, de formar eruditos, mas pessoas capacitadas a bem aplicar conhecimentos e técnicas."[30] Aprovado pela Comissão de Educação e Cultura[31] em 1959, o decreto se firma até que finalmente em 1962, durante o governo Jango, a regulamentação da psicologia como ciência e profissão se completa em âmbito nacional.

Retomando: em 1954, a Psicologia Clínica já existia na USP, sob a direção de Durval Marcondes, como um curso de especialização. Após a amargura sustentada por anos pela derrota no concurso da psiquiatria para Pacheco e Silva, Durval Marcondes finalmente encontra na Psicologia Clínica da USP um "feudo" no qual atuariam como professores convidados diversos colegas da SBPSP[32]. Até 1962, esse curso funcionou de maneira um tanto precária, mas com a regulamentação da profissão ele encontra uma razão mais sustentável de existir, com estágios de psicoterapia para adultos e crianças. Não obstante, se o golpe de 1964 aparentemente não abalou os ânimos dessa empreitada que afinal seguia de vento em popa (vale lembrar da ousada "Faculdade de Psicanálise" de David Ramos, Luiz de Almeida Prado Galvão e Virgínia Bicudo em 1967), o ano de 1968 seria implacável.

O mesmo movimento pode ser acompanhado em outros Estados do país. No fatídico 1968, em meio a diversos protestos estudantis eclodindo nos grandes centros urbanos, já se acumulavam psicólogos e psicólogas formados nas fileiras universitárias desde os tempos em que psicologia era uma especialização. O regime militar, por sua vez, em um movimento aparentemente contraditório (mas só aparentemente), investe com força na expansão das universidades brasileiras. O acordo entre o Ministério da Educação do Brasil e a Agência dos Estados Unidos para o Desenvolvimento Internacional (MEC/USAID), firmado nesse ano, foi decisivo na reconfiguração do cenário universitário nacional. Vale lembrar que o período militar se caracterizou também pela grande expansão dos programas universitários de pesquisa em nível de pós-graduação em universidades públicas e privadas. Para se ter uma ideia, às vésperas do golpe de 1964 havia menos de 40 cursos de pós-graduação; em 1985, havia nada mais, nada menos que 1.116 programas de pós-graduação no Brasil. Estudos importantes como o de José Willington Germano[33] e de Rodrigo Patto Sá Motta[34] demonstram que o paradoxo entre repressão e expansão sustentou um crescimento anormal da vida universitária nacional.

Não por acaso, os cursos de psicologia estiveram entre os mais "simples e fáceis" de se abrir nas novas faculdades que se multiplicavam país afora. Isso se justifica por alguns motivos: 1. o tecnicismo negociado e assumido desde os anos 1950; 2. a vocação profissionalizante e "não erudita" (para recordar a expressão do decreto de 1959), voltada em tese para o mercado; 3. a transformação da gramática do sofrimento no período de tendência individualizante, reafirmada pelo interesse da grande mídia nos assuntos "psicológicos"; 4. e, por fim, mas não menos importante, um baixo investimento inicial para gestores e reitores, sem exigências de aparatos tecnológicos caros para montar laboratórios, centros de pesquisa, salas de exame e atendimento clínico etc. Em suma, aos olhos do regime militar, seria um curso possível, desejável, razoavelmente barato de estruturar e tendencialmente "fora de perigo" – talvez até mesmo contrário ao "perigo", sobressaindo a imagem de uma graduação adequada para a formação de quadros técnicos como desejou o governo no período.

Porém, o tiro saiu pela culatra. Enquanto a psicologia clínica foi em certos lugares dominada por psicanalistas (como o grupo de Durval Marcondes na USP até 1968), em outros a procura pelo ofício clínico de graduandos e graduados reivindicava uma pluralização de frentes cada vez maior. Enquanto a psiquiatria universitária assumia a guinada farmacologizante e biologicista e os movimentos psicanalíticos institucionalizados sob a égide da IPA insistiam em sustentar uma aparência geral conservadora – que a essa altura era imediatamente traduzida como elitista –, as psicoterapias encontravam soluções ditas "alternativas" nas mais diversas correntes que se popularizavam principalmente nos EUA, mas também em alguns países da Europa e da América Latina. A Gestalt-Terapia de Kurt Lewin; o psicodrama de Jacob Levi Moreno; a psicologia analítica de C.G.

Jung; a bioenergética e as terapias corporais de Wilhelm Reich; a terapia centrada no cliente de Carl Rogers; além da reflexologia e das terapias de inspiração comportamental compunham a paisagem de escolhas possíveis no universo das psicoterapias não psicanalíticas. Além dessas, muitos igualmente se interessariam pela análise institucional de extração francesa que, mesmo sem ser uma prática propriamente psicoterápica, fortificava-se desde os anos 1950 com as experiências de François Tosquelles e Jean Oury em Saint-Albain e em La Borde, com a proposta de desburocratização e desierarquização radical dos tratamentos psiquiátricos; sob a inspiração de René Lourau, Georges Lapassade e Michel Lobrot, a análise institucional seria decisiva tanto no Brasil quanto na Argentina, entusiasmando em especial a luta antimanicomial no fim da ditadura militar brasileira. Como se pode ver, uma boa parte dessas inspirações tinha uma gênese contestatória e crítica, encontrando solo fértil na contracultura, nos movimentos estudantis e na derivação utópica de fazer desabrochar um novo mundo por meio das revoluções subjetivas. É certo que muitas dessas vertentes se consolidaram em oposição à psicanálise, e muitos de seus praticantes se manteriam fiéis e leais às perspectivas assumidas. Não obstante, seria equivocado supor que as fronteiras entre as psicoterapias e a psicanálise do ponto de vista dos interesses de seus praticantes e das ideias gerais fossem inflexíveis. Dentro dos próprios grupos que se formavam, havia aqueles que nutriam um interesse genuíno pela teoria freudiana, porém tinham verdadeira aversão pelo conservadorismo expresso por boa parte dos movimentos psicanalíticos nacionais (sobretudo os oficiais) e, antes mesmo de ir em busca das "exceções" ou das saídas não oficiais, alinhavam-se a Reich ou ao psicodrama mais por vocação política do que por uma inclinação estritamente epistemológica. Igualmente, eventos eram frequentados por jovens candidatos em formação psicanalítica nas sociedades ligadas à IPA, como no caso exemplar do Congresso de Psicodrama do MASP de 1970[35]; aqueles candidatos julgavam os encontros de psicanálise enfadonhos ou assépticos demais e se aproximavam dos congressos das psicoterapias alternativas porque, afinal, tratava-se de um *happening* com pessoas mais livres e de "cabeça mais arejada". Ou seja, antes de julgar essa circulação flexível como um paganismo meio cigano, meio eclético, em oposição aos dogmatismos no campo da teoria, as condições elementares dos deslocamentos passavam por uma questão de sociabilidade, de laços de amizade, de afinidades políticas, corporais e afetivas, quando não – e por que não dizer? – sexuais e lisérgicas. Eis alguns recortes que nos parecem representativos, extraídos da autobiografia de Anna Veronica Mautner, que trabalhou por anos como terapeuta reichiana e viria depois a se tornar psicanalista na SBPSP:

Os nomes de nossos patronos não tinham a seriedade de suas bibliografias: Marx e Freud eram depositários de nossas ideias. Vocês pensam que digo isso por engano, que não sei que essa relação está malformulada [sic]? Sei que foram eles que disseram, e que foram suas palavras que fluíram dentro de nós, mas não era assim que percebíamos. Eu tinha a sensação de ser um depositário da verdade que os outros escreviam ou tinham escrito. Isso ocorre quando uma ideia se populariza, vira patrimônio público. O leigo se sente autor – ou quem sabe coautor? O pensamento de Marx e Freud se confundia com a gente mesmo.[36]

E mais adiante:

Não fui só eu que procurei refúgio no universo idealizado de Reich e de seus seguidores. [...] Admirávamos – e mantínhamos relações de boa vizinhança com – o psicodrama, a Gestalt-terapia, Carl Rogers e a cada verão saíamos pela Europa e pelos Estados Unidos à procura de alimento na forma de técnicas e estratégias que essas figuras exemplares detinham. A teoria era pouca e fraca naquele momento. O misticismo – secundado pelo mecanicismo – sempre foi o perigo maior. Nem mesmo nossos mentores conseguiam se livrar desses perigos. Eu diria que nem mesmo Reich.[37]

Um dos efeitos do *boom* que Mautner expressa aqui é essa experiência de "coautoria", de que os autores são mais "depositários" das ideias de quem os lê do que mensageiros de teorias e práticas bem consolidadas. O combate maior era contra o "misticismo", que se associava ao charlatanismo e ao "pré-científico", e o "mecanicismo", em que se localizavam as terapias comportamentais e a reflexologia. Era isso sobretudo que retroalimentava a "boa vizinhança" entre as psicoterapias ditas alternativas, cuja oposição ao freudismo esteve mais assentada na recusa ao *habitus* encampado pelas instituições psicanalíticas do que em algo da ordem do rigor epistemológico. Nesse sentido, não seria equivocado comparar a composição desse cenário à miríade estadunidense do vasto mercado das psicoterapias. Como afirma Eli Zaretsky:

Frase frequente na década de 50, "o alcance cada vez mais amplo da psicanálise" referia-se à ampliação de sua influência. Porém, chegada a década de 60, a mesma frase passou a indicar o desaparecimento da análise em meio à psicoterapia eclética. Verificou-se até mesmo um declínio no uso da palavra "psicanálise", que foi suplantada por eufemismos como "psicologia dinâmica", "psiquiatria dinâmica" e "terapia psicodinâmica".[38]

Enquanto as portas das sociedades oficiais ligadas à IPA permaneciam via de regra fechadas para psicólogos (salvo raras exceções) e instituições psicanalíticas não oficiais ainda não tinham encontrado o melhor fôlego de seus processos de expansão (como o CBPP), ou sequer se interessavam por isso (como o IMP), começavam a aparecer já na virada da década algumas iniciativas de formação psicanalítica em paralelo à IPA nos centros urbanos que tiveram seus polos universitários expandidos depois de 1968. Ou seja, insiste-se aqui que a expansão das universidades públicas e privadas no país durante a ditadura militar cumpriu um importante papel de abrigar ou de abrir portas para tais iniciativas, por mais "não universitárias" (no sentido de antiburocráticas) que fossem. Vale lembrar que embora a repressão militar fosse absolutamente impiedosa nos meios universitários especialmente de 1968 em diante, a credibilidade e a legitimidade oferecidas pelo selo acadêmico para tais práticas seriam fundamentais para o alinhamento com o que se considerou "técnico e científico" na psicologia universitária, que por sua vez protegia institucionalmente os agentes contra a suspeita do "militante" aos olhos do SNI.

Teremos a oportunidade de nos dedicarmos a isso nos próximos capítulos, mas vale desde já adiantar que muitas dessas iniciativas não eram batizadas com o nome de "psicanálise", mas sim com os eufemismos de que dizia Zaretsky, o que costuma dificultar gravemente o mapeamento do que era ou não era "psicanálise de verdade". De fato, é justamente esse juízo que todo e qualquer trabalho acadêmico sobre história da psicanálise na ditadura militar brasileira deveria se preocupar em suspender: a retroalimentação do *boom* da psicanálise pelo *boom* das psicoterapias é uma das principais chaves para o entendimento das aventuras bem-sucedidas que fizeram do tratamento psicanalítico uma coqueluche das camadas médias urbanas em plena ditadura.

Assim, a formação clínica propiciada pelos cursos de psicologia não consagrou uma unidade teórica. Pelo contrário, ela potencializou a multiplicação de possibilidades de atuação clínica de psicoterapeutas menos definidos pelos aspectos conceituais de suas teorias de origem e mais pela reinvenção de processos instituintes. Sem a austeridade da segunda regra fundamental, sem a rigidez orientada por um mito de pedigrees, sem burocracias e hierarquias (ou melhor, de preferência contra elas), migrações e filiações nas psicoterapias alternativas se davam ao sabor da espontaneidade, da qualidade dos encontros e das admirações mútuas. Assim, foi mais razoável e mais adequado ao espírito do tempo angariar a simpatia dos psicoterapeutas egressos das fileiras universitárias da psicologia clínica, que de todo modo seriam antipaticamente pré-recusados pelas instituições oficiais de formação psicanalítica, organizadas dentro de um *modus operandi* muito particular(ista).

Além das forças do *boom* como fenômeno específico, é preciso ampliar o espectro para contemplar a potência trazida pela corrente que ficaria conhecida como freudo-marxismo, como dito no início deste capítulo. Para tal, será necessário expor com mais calma alguns tensionamentos que implicaram um reposicionamento das esquerdas nacionais com o AI-5, que forçariam o exílio de diversos jovens universitários da psicologia, da psiquiatria e de outras áreas. A partir principalmente de 1968, com o endurecimento explícito da ditadura, abriram-se novas rotas migratórias e filiatórias por meio dos exílios, cujo impacto para os movimentos psicanalíticos nacionais a partir dos anos 1970 se torna visível pelo retorno paulatino dos exilados pelo AI-5 ao Brasil. Antes de perscrutar a situação dos exílios forçados, vale examinar como a corrente intelectual freudo--marxista reconfigura o espectro de sensibilidades da esquerda nacional nos anos mais duros do regime militar, cujos impactos se tornarão visíveis a olho nu quando contrastados às intenções conservadoras do que se pode chamar de "ética da maturidade".

9.
Impactos Intelectuais do Freudo-Marxismo

Uma Alternativa à Ética da Maturidade

> *É na práxis que o ser humano tem de comprovar a verdade, isto é, a realidade e o poder, o caráter terreno do seu pensamento. A disputa sobre a realidade ou não realidade de um pensamento que se isola da práxis é uma questão puramente escolástica.*
>
> KARL MARX, *Teses Sobre Feuerbach.*

Talvez não seja possível iniciar um capítulo sobre os impactos do freudo-marxismo no Brasil sem anunciar diretamente o nome e o sobrenome daquele que seria quase o sinônimo de intelectual da "nova esquerda" nos idos de 1968: Herbert Marcuse. É certo e bastante óbvio que ele não foi o único, mas não se deve negar que Marcuse é um autor do tipo "divisor de águas" por vários motivos. Talvez uma síntese desses motivos se revele em uma expressão de Martin Jay para caracterizar a experiência política e intelectual nada despretensiosa desse autor: "uma reafirmação da dimensão utópica do radicalismo"[1]. Se isso parece distante da psicanálise pelo que foi visto até aqui, será então preciso dar-lhe algum espaço nesta obra.

Eros e Civilização é seu livro mais aclamado, publicado originalmente em 1955. Para um leitor inadvertido que olha para o título ou mesmo para o sumário repleto de conceitos da metapsicologia freudiana, à primeira vista nada indicaria um conteúdo aproximável de um manifesto "subversivo". Porém, já na última frase do "Prefácio Político" escrito em 1966, Marcuse sublinha: "Hoje, a luta pela vida, a luta por Eros, é a luta *política*."[2] Um pouco antes, ele afirmava:

> a revolta nos países atrasados encontrou uma resposta nos países adiantados, onde a juventude está protestando contra a repressão na afluência e a guerra no estrangeiro.
>
> É revolta contra os falsos pais, falsos professores e falsos heróis, solidariedade com todos os infelizes da Terra: existirá alguma ligação orgânica entre as duas facetas do protesto? Parece tratar-se de uma solidariedade quase instintiva. A revolta interna contra a própria pátria parece sobretudo impulsiva, suas metas difíceis de definir:

náusea causada pelo sistema de vida, revolta como uma questão de higiene física e mental. O corpo contra a máquina não contra o mecanismo construído para tornar a vida mais segura e benigna, para atenuar a crueldade da natureza, mas contra a máquina que sobrepujou o mecanismo: a máquina política, a máquina dos grandes negócios, a máquina cultural e educacional que fundiu benesses e maldições num todo racional. O todo agigantou-se demais, sua coesão tornou-se forte demais, seu funcionamento eficiente demais – o poder do negativo concentrar-se-á nas forças ainda em parte por conquistar, primitivas e elementares? O homem contra a máquina: homens, mulheres e crianças lutando, com os mais primitivos instrumentos, contra a máquina mais brutal e destruidora de todos os tempos e mantendo-a em xeque a guerra de guerrilhas definirá a revolução do nosso tempo?[3]

Não cabe aqui entrar nos meandros da discussão sobre a denominação "freudo-marxismo", por mais interessante que ela seja – que espécie de relação teórica e epistemológica é essa de um Freud *com* Marx, se é uma relação dialética, de subjugação de um pelo outro e afins. Bastaria para os nossos fins seguir o próprio Marcuse: trata-se de "desenvolver a substância política e sociológica das noções psicológicas"[4]. Para o autor, a obsolescência das instituições exige desatrelar a junção compulsória entre civilização e repressão pressuposta em Freud. Assim, Marcuse ousa conceber uma civilização não repressiva, contra o represamento do sentimento de culpa pelo Eu, contra a sua gerência administrativa em favor da potência pulsional, contra a neutralização do papel revolucionário das artes para uma reconstrução de uma linguagem dos prazeres, contra os princípios do consumo, do rendimento e da produtividade e em favor de formas sublimatórias não repressivas. Marcuse entende a teoria freudiana como uma teoria sociológica, inclusive no que ela tem de mais biológica, o que o leva a finalizar *Eros e Civilização* com uma crítica feroz ao neofreudismo revisionista e culturalizado de Karen Horney, Harry Stack Sullivan e Erich Fromm. Ele não entende sua obra como uma obra "técnica", voltada para o exercício da clínica, mas com uma contribuição à filosofia da psicanálise – o que de fato o é. Para uma "reafirmação da dimensão utópica do radicalismo" dessa grandeza, Marcuse coloca à disposição toda sua erudição. Além de clássicos como Otto Rank, Ferenczi e Géza Roheim, bem como na filosofia de Scheler, Kant, Hegel, Schopenhauer e Nietzsche, seus interlocutores principais no livro são em maior parte os exilados pela Segunda Guerra Mundial nos EUA: Otto Fenichel, Franz Alexander, Heinz Hartmann e os neofreudianos (notadamente, Karen Horney). Por meio desse grande conhecimento convertido em estilo ensaístico, *Eros e Civilização* se tornaria uma das obras de maior impacto intelectual do início da segunda metade do século XX no mundo todo. No que diz respeito à psicanálise, Marcuse tem ainda o mérito de dar visibilidade a autores que seriam ignorados pelo "Jones-centrismo" na Guerra Fria, mesmo que seja para criticá-los. Com efeito, a crítica à dinâmica do trabalho como a corrupção do prazer é a chave para o compromisso entre Freud e Marx: "O trabalho básico, na civilização, é não libidinal, é labuta e esforço; a labuta é 'desagradável' e por isso tem de ser imposta."[5] Marcuse forja conceitos como "mais-repressão", entendido como "aquela parcela que constitui o resultado de condições sociais específicas, mantida no interesse específico da dominação. A amplitude dessa mais-repressão fornece o padrão de mediação: quanto menor for, tanto menor repressivo é o estágio da civilização"[6]. Com isso, recupera-se a dimensão estética da existência humana, que adquire a forma da esteticização de si como um ato de resistência política. A regressão aos estágios pré-civilizados da libido tinha no horizonte a libertação contra as forças opressoras dos regimes capitalistas de trabalho, como uma forma de reinvenção da vida centrada na primazia do erótico. Marcuse representava o deslocamento do papel da revolução para a juventude, algo que era visto com bastante desconfiança pelo marxismo mais ortodoxo (que por sua vez entendia que esse deslocamento apaga o papel da classe trabalhadora na revolução); todavia, Marcuse era bem recebido em outros espaços intelectuais, como nos círculos estudantis, acadêmicos e culturais da época.

Provavelmente como um efeito direto da violência militar, o freudo--marxismo no Brasil não ganharia o espaço no campo intelectual que teve originalmente nos EUA. O impacto do freudo-marxismo na intelectualidade estadunidense dos anos 1950 e 1960 foi extraordinário, cujos autores passariam por incontáveis revisões teóricas ao longo dos anos. É preciso pontuar que Freud interessou a intelectuais e escritores estadunidenses de orientações políticas muito distintas, sendo que alguns não tinham qualquer inclinação marxista, como o crítico literário liberal Lionel Trilling[7] ou a escritora Susan Sontag – que, segundo biografia recente de Benjamin Moser[8], foi a responsável pela escrita de *Freud: The Mind of the Moralist* (Freud: A Mente de um Moralista), assinado pelo seu então marido Phillip Rieff. Com efeito, a heterogeneidade de posições políticas do grupo da época se confirmaria com futuras adesões ao neoconservadorismo de direita, como David Horowitz, ou ao "conservadorismo cultural" de Christopher Lasch, o que justificaria as desconfianças do marxismo mais ortodoxo em relação a essas incorporações estadunidenses "aleatórias" de Freud para a reflexão política. De todo modo, para usar a tipologia de Richard King[9], talvez à exceção de Lasch nos anos 1980, os intelectuais do "progressismo moderado" ou da "esquerda liberal" jamais ecoariam tão fortemente no Brasil como os "freudianos radicais", com Marcuse em destaque, mas também tendo relevo a obra *Vida Contra Morte*, de Norman O. Brown[10]. Dorothy Ross[11] divide as recepções de Freud entre os intelectuais em um Freud "apolíneo" de Trilling e Sontag/Rieff e um Freud "dionisíaco" de Marcuse e Norman Brown. Nancy Julia Chodorow[12] propõe que o horizonte de transformação do individualismo radical descarte a recuperação da metapsicologia freudiana e seja substituído por uma perspectiva das relações de objeto, pois assim se conquistaria algo além da desconstrução dos padrões normativos, apontando para uma saída viável em um futuro pós-crítico. Já na avaliação geral do freudo-marxismo, o psicanalista e cientista político Eugene Victor Wolfenstein conclui: "nenhum desses esforços foi completamente bem-sucedido; nenhum deles foi um completo fracasso"[13]. Obviamente não nos cabe avaliar cada caso bem ou mal sucedido do freudo-marxismo aqui, mas pelo menos apontar que ele foi um eixo fundamental para a construção do que se convencionou denominar de *New Left*, ou "Nova Esquerda", um grupo bastante heteróclito de pensadores de esquerda que, *grosso modo*, tinham como talvez o único ponto de união a recusa perplexa aos rumos do stalinismo e direcionavam suas reflexões teóricas a múltiplas formas de renovação da luta por justiça social. Não por acaso, é nesse contexto que Marcuse receberia o apelido controverso por parte da mídia estadunidense nos anos 1960 de "pai da *New Left*".

Em meio a tantas incalculáveis avaliações e revisões, uma em especial parece realmente indispensável para o nosso argumento. Eli Zaretsky pontua que, de acordo com os *New Leftists* dos anos 1960, "uma psicanálise ostensivamente 'neutra' ou apolítica era de fato profundamente política, servindo às elites da Guerra Fria"[14]. De um lado, a *New Left* se apropriava de Freud para propor uma espécie de "marxismo renovado" que convinha à contracultura. Incorporamos aqui a consequência do raciocínio de Zaretsky naquilo que ele chamou de *ética da maturidade* – qual seja, uma matriz de entendimento adaptacionista, cuja caricatura emblemática é a tradição da *ego-psychology* estadunidense, que consiste em vincular estágios supostamente avançados do desenvolvimento psíquico à regulação normativa da vida social[15]. Logo, a ideia de *ética da maturidade* é deveras profícua porque realiza a intersecção entre programas clínicos da psicanálise estadunidense do período e as aspirações de transformação ou conservação das normais sociais em disputa[16]. Assim, aquilo que aproxima Marcuse e Brown é a recusa de um certo modelo de exercício da autoridade que descende de uma teoria psicanalítica que elege a genitalidade como estágio maduro e civilizado do desenvolvimento psicossexual. Ora, a produção dessas duas obras na segunda metade dos anos 1950 denota uma transformação na compreensão do papel da psicanálise com o fim do macarthismo: Freud, até então estigmatizado como um liberal pela imagem que dele fizeram os reivindicadores da herança legítima da psicanálise nos EUA (notadamente *ego-psychologists* e neofreudianos), passa a ser aliado teórico indispensável de um marxismo que exigiu de si mesmo uma revisão de pressupostos na Guerra Fria. Portanto, *antes mesmo* de uma reflexão clínica, foi fundamental ao freudo-marxismo estadunidense (que teve em Marcuse a sua figura intelectual mais destacada) reabilitar a potência da reflexão crítica e social da teoria freudiana.

Algo similar pôde ser visto na tradição freudo-marxista argentina, levada a cabo por autores de grande envergadura. Vale mencionar três em sequência: primeiro, Enrique Pichon-Rivière, com *Teoria do Vínculo* de 1956, que propunha uma aproximação notável com a perspectiva dialética; segundo, José Bleger, com *Psicoanálisis y Dialéctica Materialista* de 1958, publicado no ano em que Bleger é admitido na APA argentina e expulso do Partido Comunista Argentino[17]; e terceiro, mas não menos importante, Léon Rozitchner com *Freud y los Límites del Individualismo Burgués*, publicado originalmente em 1972, provavelmente a obra mais bem acabada de síntese freudo-marxista realizada por meio de leituras profícuas de *O Mal-Estar na Civilização* e *Psicologia das Massas e Análise do Eu*. Teremos oportunidade de analisar o impacto do movimento psicanalítico argentino de inspiração freudo-marxista adiante, uma vez que seus ecos chegarão ao Brasil mais por vias clínicas do que intelectuais, entretanto, por ora vale sublinhar que a cultura à esquerda dentro da APA argentina se harmonizava com as discussões propriamente clínicas, o que geraria uma série de atritos até a ruptura que aconteceria entre 1969 e 1971.

De todo modo, absolutamente nada parecido com isso foi visto nas sociedades ligadas à IPA no Brasil. Na segunda metade dos anos 1960, essas sociedades já tinham feito uma escolha teórica bastante sólida: a psicanálise inglesa, preferencialmente kleiniana e pós-kleiniana. É verdade que a perspectiva kleiniana nesse momento histórico era a mais adequada para seguir a agenda despolitizante de Jones de 1949: a limitação aos expedientes do "intrapsiquismo" em oposição ao "extrapsiquismo" encontrou em Melanie Klein e, em especial, Wilfred Bion, uma justificativa epistemológica e metapsicológica para a confecção de uma prática clínica "ostensivamente neutra e apolítica", nas palavras de Zaretsky. Reitera-se aqui a conclusão a que chegaram outras autoras antes de nós[18]: a neutralidade clínica é o álibi decisivo para a autodemissão da participação política de grande parte dos psicanalistas durante a ditadura militar brasileira. A essa conclusão pretendemos somar o argumento de Zaretsky: o apoliticismo era, na verdade, *profundamente político porque pautado na ética da maturidade*, servindo às elites tanto da Guerra Fria no contexto estadunidense quanto às elites do poder no contexto da ditadura brasileira.

REVERBERAÇÕES MINEIRAS:
A REVISTA *ESTUDOS DE PSICANÁLISE*

Enquanto o freudo-marxismo era solenemente ignorado pelos psicanalistas ligados à IPA no interior das publicações das sociedades oficiais, houve alguma circulação das ideias freudo-marxistas nos movimentos psicanalíticos fora da IPA. Não por acaso, vimos no capítulo 5 que tanto os círculos carusianos quanto a herança intelectual de Iracy Doyle remetiam à filiação ao IFPS, formalizado em 1962, com profunda influência intelectual da psicanálise configurada nos EUA desde o fim dos anos 1940. Na revista fundada pelo CBPP em 1969, denominada *Estudos de Psicanálise*, tanto artigos traduzidos de Igor Caruso quanto de seus discípulos brasileiros apresentavam uma permeabilidade teórica bastante relevante a Fromm ou Marcuse.

Como uma espécie de contraste com a *Revista Brasileira de Psicanálise*, que vimos em capítulo antecedente, vale colocar algumas notas sobre a *Estudos*. À diferença da *Revista Brasileira de Psicanálise*, os números tinham uma edição despretensiosa, sem fotos de cânones da psicanálise ou cartas trocadas, com capas simples que estampavam o sumário da revista. No primeiro número de 1969, já se pode ler títulos de Igor Caruso e de Malomar Lund Edelweiss. Partindo da ideia de que "o crítico participa da miséria criticada"[19], Caruso sustenta que a psicanálise valida o necessário ofício da autocrítica para a "boa" crítica da ideologia. Vale reproduzir uma citação do artigo:

Psicanalistas (nem sempre muito "ortodoxos") e filósofos (de correntes várias, mas abertas à psicanálise como Herbert Marcuse, Norman Brown em certa época de sua evolução, Jean-Paul Sartre, Maurice Merleau-Ponty), no decurso desses últimos vinte anos, submeteram à crítica cerrada tudo quanto ameaçava petrificar-se em dogma psicanalítico. De outra parte, as pesquisas referentes à própria técnica psicanalítica, isto é, a contratransferência (portanto, as defesas do psicanalista) que foi colocada no centro das investigações, – e a certos conceitos que sofrem secretamente de uma ideologia axiológica, como "narcisismo", "pulsões parciais", "perversão", "organização genital madura" – e outras noções epistemológicas – "princípios de realidade", norma, adaptação –, todos estão a caminho de ser reexaminados com acribia e de passarem pela prova da crítica. O psicanalista, individualmente, tem o direito de ser partidário de qualquer doutrina filosófica, política ou religiosa. Pode, também, sentir-se à vontade no dogmatismo psicanalítico: tudo, porque o homem não é sempre consequente consigo mesmo. Com efeito, tudo isso se encontra, muitas vezes, na legião dos bem-pensantes mais ou menos providos da pedanteria. Não obstante, o fundamental permanece válido: a psicanálise, a despeito de sua origem burguesa, em virtude de suas premissas metodológicas, está pronta a deixar-se interrogar não somente sobre o mundo do homem, mas também sobre si mesma, que faz parte deste mundo.[20]

O artigo do fundador do Círculo de Viena é o que abre o primeiro volume da *Estudos*. O tom é perceptivelmente diferente do assumido pelos autores ipeístas nesse momento histórico: o antidogmatismo é posto como um projeto crítico, sob a suspeita da "ideologia axiológica" de que sofreriam alguns conceitos psicanalíticos. Tomar partido do ponto de vista filosófico, político e religioso é posto como um "direito" do psicanalista, o que também indica uma crítica à neutralidade. Ainda que falte a Caruso o espírito indômito de um Marcuse, é inegável que o apreço pela "prova da crítica" está aqui presente. Assim como no texto de Lund Edelweiss, mais ameno do que o título sugere[21], em que a prerrogativa da experiência se sobrepõe à ortodoxia e à rigidez teórica e técnica, sugerindo assim que os maus relacionamentos entre psicanalistas têm origens catárticas e contratransferenciais e que cada ocorrência exige uma análise caso a caso.

O mesmo tom segue nas edições seguintes da *Estudos*. No segundo número, cujos textos estão em espanhol, Caruso afirma: "A psicanálise pode muito bem (longe de se limitar a reduzir o acontecimento histórico a simples analogias com a ontogênese) se converter em uma disciplina auxiliar do pensamento histórico-dialético."[22] E mais adiante: "No lugar de fazer aqui afirmações dogmáticas sobre a oposição entre o pensamento histórico-materialista e o psicanalítico, deveríamos sobretudo buscar justamente nessa superfície de intersecção o parentesco profundo de ambos os sistemas antropológicos"[23]. Ou seja, não faltam provas de que a aproximação entre psicanálise e marxismo é desejada aqui. Nesse mesmo número, um psicanalista de destaque do CBPP, Jarbas Moacir Portela, coloca a questão:

> Em que medida a análise, que se realiza em um contexto histórico, é um instrumento hábil para a desmistificação da ideologia e da "falsa consciência" dominantes, tendo por objetivo diminuir a possibilidade desse tipo de "atuação" por parte do analista? Há quem pensa em um analista como ideologicamente neutro. Nada mais falso: como ser histórico está condenado a ter uma ideologia. Se pensa não tê-la, pior ainda: "atuará" inconscientemente dentro de uma "falsa consciência" que não chega a ser ideologia, portanto, ingênua.[24]

Apenas para dar um último exemplo, no número quatro da *Estudos* é publicado um artigo adicional de Caruso, que bem exemplifica que o estigma da espiritualidade da herança religiosa dos pioneiros do Círculo e recusa da sexualidade da teoria freudiana no que compete aos textos não é exatamente constatável. Nele, pode-se ler:

> A alienação das manifestações sexuais começa, já na mais tenra idade, pela atitude repressiva e hipócrita para com o corpo. Como consequência, ele será percebido como "objeto", como coisa – culpada, embaraçosa, suja – ou, então, como objeto falsificado de certo conformismo mistificador. HERBERT MARCUSE pôde provar que essa forma de repressão e de desvio pervertedor da sexualidade, que fica esmagada pela repressão social, leva ao aumento da agressividade, crescentemente destruidora.[25]

Portanto, havia já uma crítica da neutralidade nos movimentos psicanalíticos durante os anos 1969 e 1970. A questão é que essa crítica não despontaria dentro das sociedades oficiais, o que caracterizaria a *Estudos* do CBPP como uma plataforma editorial para o dissenso no campo. Talvez alguns elementos pesem na pouca repercussão que tais caracterizações teóricas e clínicas tiveram na época. Mais do que uma avaliação estrita sobre a potência ou a debilidade das ideias, deve-se atentar para a modesta estratégia de distribuição da revista, restrita a oito revendedoras e livrarias de apoio (três em Minas Gerais, duas no Rio Grande do Sul, uma no Rio de Janeiro, uma no Espírito Santo e uma na Bahia), bem como a hegemonia ipeísta no Rio de Janeiro, em Porto Alegre e em São Paulo – esta última, aliás, nunca teve uma filial do Círculo. Entre o número cinco de 1971 e o número seis de 1973 da *Estudos*, momento em que o CBPP já passa a se chamar Círculo Brasileiro de Psicanálise, ainda restavam sendo as mesmas oito revendedoras nesses mesmos lugares as responsáveis pela logística da distribuição módica da revista.

Se a *Estudos* serve como um bom exemplo de que houve sim algum impacto do freudo-marxismo no movimento psicanalítico mineiro, ainda que bastante moderado no que tange ao ímpeto revolucionário de suas premissas, é verdade que não se pode dizer o mesmo nos circuitos intelectuais de esquerda dos grandes centros urbanos do país. A partir do final dos anos 1960, revistas que reuniam a nata da intelectualidade de esquerda carioca como a *Opinião* ou a *Tempo Brasileiro* demonstravam um entusiasmo com o freudo-marxismo que as sociedades ligadas à IPA se esforçaram em não corroborar.

Não por acaso, esse conjunto de ideias (mais complexas do que permite a nossa apresentação aqui) animaria as esquerdas nacionais. Não seria exagerado afirmar que Marcuse apresenta a elas um Freud desconhecido e oculto por trás do elitismo da maior parte dos movimentos psicanalíticos daquele tempo. É certo que havia outras autorias disponíveis para tal, como o próprio precursor freudo-marxista Reich ou outros autores da Escola de Frankfurt, mas é *Eros e Civilização* que de fato tem um impacto fulgurante ao cair como uma luva no contexto das resistências à ditadura militar, tornando-se um correlato intelectual direto e imprevisível do *boom*. Em suma, Marcuse revigora o potencial crítico da teoria freudiana que a essa altura já parecia à sombra dos kleinismos e pós-kleinismos dominantes nas instituições oficiais.

Logo, por mais que concordemos com o argumento geral da neutralidade clínica e política que nos antecedeu, nosso intuito é complexificá-lo, sofisticá-lo talvez. Não se deve ignorar que, ao mesmo tempo que o apoliticismo era a palavra de ordem nas sociedades oficiais, não faltaram iniciativas editoriais para que o freudo-marxismo pudesse circular por aqui. Em um raciocínio bourdieusiano, do ponto de vista das disputas do campo intelectual, não se pode menosprezar o fato de que Marcuse foi um dos autores de maior sucesso editorial de vendas no período. Em 1967 a Zahar publica *Ideologia da Sociedade Industrial* – lembrando que o título verdadeiro da obra é *O Homem Unidimensional*, o que sugere que a escolha de transformar o subtítulo em título talvez tenha se dado por alguma tentativa de drible da censura. Em 1968, a Tempo Brasileiro publica *Materialismo Histórico e Existência*, e o número 18 da revista *Civilização*

Brasileira trazia o texto "Liberdade e Agressão na Sociedade Tecnológica"[26], enquanto a Zahar publicaria o fatídico *Eros e Civilização* com uma audaciosa grande bola vermelha estampada na capa[27]. *Razão e Revolução* (1969) e *Marxismo Soviético: Uma Análise Crítica* (1969) saíam pela editora carioca Saga. Ainda nesse ano, a Paz e Terra publica *O Fim da Utopia*, assim como Francisco Antonio Doria se encarrega de publicar um volume pela editora José Alvaro[28], e o intelectual liberal José Guilherme Merquior publica *Arte e Sociedade em Marcuse, Adorno e Benjamin* pela Tempo Brasileiro. Em 1970 sai a obra *As Ideias de Marcuse*, do filósofo britânico Alasdair MacIntyre, pela Cultrix. Nesse ano, começam a aparecer comentários e críticas deveras grotescos. O mais destacado é *A Volta ao Mito: À Margem da Obra de Marcuse*, escrita por um coronel chamado Perboyre Vasconcelos e publicada pela editora da Biblioteca do Exército, que qualifica Marcuse como um "líder improvisado" cujo projeto de fundação de uma sociedade não repressiva era no fundo o de uma "sociedade marxista", projeto que, para o coronel, era um enorme "irrealismo". É digno de nota também o curioso *Contesto Marcuse*, do jornalista Libero Malavoglia, que busca contestar o "heroísmo guerreiro" em favor do "heroísmo moral". Ou seja, em um intervalo de três ou quatro anos, havia para todos os gostos: a maior parte da obra de Marcuse traduzida (não raramente mal traduzida e a toque de caixa[29]) para se ler nas ideias originais e, em meio a isso, críticos, detratores, biógrafos, jornalistas e coronéis escrevendo sobre ele, disputando a narrativa sobre as obras em questão. No que tange à psicanálise, o livro que melhor circulou no Brasil no período foi *A Esquerda Freudiana*, de Paul A. Robinson, que trazia uma corajosa capa com Marx e Freud lado a lado e um generoso comentário dedicado a Wilhelm Reich, Géza Roheim e Herbert Marcuse. Para fechar essa incursão no ano de 1972, *Ideias Sobre uma Teoria Crítica da Sociedade*, de Marcuse, sai pela Zahar, ano em que *Eros e Civilização* já se encontrava em uma espantosa 5ª edição por essa casa editorial. Bem, tudo isso para que se tenha uma ideia da dimensão do fenômeno: Marcuse era mais do que lido, era literalmente devorado pelas esquerdas letradas que a essa altura buscavam alguma reconciliação com a ação política, distanciadas pelo golpe de 1964 da articulação orgânica com as lutas sindicais, das ortodoxias dos partidos em estado de clandestinidade política e mais oxigenada pelos eventos desse tempo histórico.

Mais um elemento que fica evidente quando observamos de perto o fenômeno editorial Marcuse no Brasil. Quem chama a atenção para o tópico da "edição política" é Flamarion Maués:

A *edição política* pode ser definida como aquela que vincula de modo direto engajamento político e ação editorial, o que significa dizer que é a edição feita com intenção política de intervenção social, ou seja, que parte de um projeto editorial e/ou empresarial de fundo político, cujo objetivo é promover a divulgação e o debate de determinadas ideias políticas publicamente na sociedade, posicionando-se em defesa dessas ideias. Assim, a *editora política* caracteriza-se pelo engajamento político, que estrutura o seu catálogo.[30]

Aqui começa a já ficar evidente um conjunto de editoras e catálogos que serão decisivos para os movimentos psicanalíticos ao longo dos anos 1970 e início da década de 1980. Nomes como Zahar, Paz e Terra, Cultrix e Civilização Brasileira que aparecem aqui como "editoras de oposição"[31] ao regime militar não por acaso reaparecerão ao longo dos próximos capítulos e serão algumas das "figurinhas carimbadas" de nossa bibliografia, culminando no que chamaremos de "biblioteca crítica psicanalítica" em nosso último capítulo do livro. Maués também relata que em 1971 foi realizada uma pesquisa pela Fundação Getúlio Vargas chamada "Produção de Livros no Brasil" que, a partir de uma estatística levantada pelas Nações Unidas, conclui que a liderança do mercado editorial na América Latina era, justamente, a do Brasil[32]. Ou seja, a hipótese complementar que vale abrir desde já é que *se abriu um espaço de reflexão crítica na psicanálise no Brasil para além das publicações técnicas ou oficiais por meio da edição política*, que mesmo com toda a censura ferrenha em vigência foi de alguma maneira capaz de prosperar, principalmente a partir de 1974.

Retomando as publicações do freudo-marxismo em circulação no Brasil ainda sob o governo Médici, ao lado do "catálogo Marcuse" a Zahar em 1969 publicava *A Revolução Sexual*, de Wilhelm Reich. No entanto, salvo uma ou outra exceção pontual, esse autor só seria publicado em português mais sistematicamente depois de *O Que É a Consciência de Classe?* em 1976 por outra casa editorial, a Martins Fontes[33]. Mas bem antes de Marcuse, a Zahar já vinha publicando as obras de Erich Fromm no Brasil[34]. Lembrando que o entusiasmo para as publicações de Fromm remontam a Iracy Doyle – que traduziu por exemplo *Psicanálise e Religião* do autor para a editora Livro Ibero-Americano e vinha de uma rota filiatória desde Nova York. A despeito das grandes diferenças entre Fromm e Marcuse[35], é importante pontuar que já havia uma circulação substancial do freudo-marxismo produzido nos EUA aqui, o que potencializou a ampla divulgação de Marcuse nos anos de chumbo. Ou seja, em suma, defende-se aqui que a bibliografia freudo-marxista foi significativa para os movimentos psicanalíticos nacionais não propriamente por ter orientado escolas psicanalíticas ou instituições, mas sobretudo por ter sido *parte importante da formação intelectual de toda uma juventude universitária brasileira especialmente da segunda metade dos anos 1960 em diante*.

De todo modo, já é possível afirmar o seguinte: enquanto a psicanálise e as psicoterapias se encontravam em pleno processo de expansão desde o final da década de 1960 no Brasil, o freudo-marxismo (em especial Marcuse) se tornava um dos alvos centrais da vigilância dos militares no chamado "campo psicossocial", que entendia a perspectiva libertária das ideias decisivas na contracultura estadunidense como uma "infiltração comunista" no espectro da chamada "guerra psicológica". O que se nota pelos arquivos pesquisados é que as ideias freudianas e as práticas clínicas não perturbavam os serviços secretos, *exceto* se viessem acompanhadas por qualquer instigação marxista.

PROLONGAMENTOS DA "GUERRA PSICOLÓGICA"

O tema da "guerra psicológica" está presente desde o início da ditadura militar brasileira. Às vésperas do golpe militar, o psiquiatra paulistano Antônio Carlos Pacheco e Silva já publicava no jornal *O Estado de S. Paulo*, em 12 de janeiro de 1964, uma coluna sobre a chamada "guerra psicológica"[36]. Ciente da diversidade de teorias psicológicas e de suas possibilidades de aplicação, Pacheco e Silva irá se concentrar nos seus desdobramentos na chamada "psicologia militar", voltada às "ações psicológicas na guerra moderna". Dentre as diversas sinonímias elencadas pelo autor ("guerra fria, guerra velada, guerra subversiva, guerra sem lágrimas, guerra dos espíritos, guerra de nervos, guerra marginal, guerra oblíqua, e outras"), as expressões que mais se consagrariam no discurso militar seriam mesmo *guerra psicológica, guerra subversiva adversa* e *guerra de nervos*. Pacheco e Silva retira sua análise do escritor Maurice Megret, que publicara no final dos anos 1950 dois livros importantes, *A Guerra Psicológica* e *A Ação Psicológica*. Segundo o psiquiatra paulista, pode-se definir a guerra psicológica como o "conjunto de ações empreendidas contra o moral adverso", enquanto a ação psicológica seria o "conjunto de atividades tendo por objetivo a manutenção do moral das tropas amigas, da população, dos aliados e ainda no propósito de captar a simpatia e tornar favorável à opinião e à atitude dos neutros". Sendo ambos "atos do Governo" e tendo a ambição de uma "ciência da guerra total" por meio da conquista de mentes e corações, intenciona-se incorporar as distintas disciplinas psi na qualidade de saberes teóricos e práticos em favor da defesa nacional. Ou seja, a guerra psicológica é alçada à dimensão de razão de Estado, pautando políticas diplomáticas e de relações exteriores no contexto da Guerra Fria em favor do combate a eventuais estratégias sutis e indiretas de ameaça à soberania nacional.

É daí, por exemplo, que temos a divisão de escolas e teorias psicológicas em função de seus nascedouros. Pacheco e Silva nivela a divisão entre a "escola psicológica soviética" orientada pela reflexologia de Pavlov e a "escola estadunidense psicodinâmica" orientada pela psicanálise freudiana com a divisão clássica da Guerra Fria entre o ocidente (o "Mundo Livre") e o oriente comunista. É desse modo que no início dos anos 1960 assenta-se e propaga-se no senso comum a ideia de que "a educação, a instrução, o trabalho, a ciência, a tecnologia, os hábitos, a medicina, a propaganda, a preparação militar dos russos, tudo se baseia nos princípios de Pavlov" – logo, uma reflexologia de partida ligada à agenda comunista. Consequentemente, prepara-se o terreno para a recepção positiva no mundo ocidental das chamadas teorias psicodinâmicas de extração estadunidense (vale lembrar que estamos em um período histórico no qual a psicanálise é bastante proeminente no universo estadunidense), a despeito de qualquer diferença interna maior entre elas próprias.

Com o golpe de 1964, a divisão entre Ocidente e Oriente se replica na divisão entre psicodinamismo e reflexologia e, de algum modo, passa a penetrar o vocabulário geral das disciplinas psis. Um dos momentos de recepção crítica desse vocabulário pode ser encontrado na obra escrita em 1974 por madre Cristina Sodré Dória, catedrática de Psicologia da PUC-SP (dentro da então chamada Faculdade de Filosofia, Ciências e Letras Sedes Sapientiae da PUC-SP). Em uma passagem do texto, podemos ler:

A dinâmica da generalização neurótica [...] se lança em conclusões comprometidas só com o medo de suas necessidades censuradas. Generaliza, então, como exigência de universalidade, mas como defesa pessoal: "Quem usa, cuida". Na generalização projetiva, o universo é aferido num quadro informado pelos desejos censurados, e a pessoa – inconsciente disto – só se vê a si própria. É assim que:

o ladrão descrê do homem que não furta...[...]
o desonesto acredita que, no mundo, só existem desleais...
o covarde acha "festividade" qualquer reivindicação...
para o invejoso não existe irmão: só há rival...
o voraz discrimina apenas os parasitas...
o agressivo só percebe guerra psicológica adversa, guerra revolucionária...

Poderíamos continuar ainda, chegando à mesma conclusão: todos marcham a passo errado, menos eu...[37]

Eis um exemplo de reação significativa dentro do discurso psi à chamada guerra psicológica – mesmo madre Cristina, uma das figuras psi que mais diretamente confrontou a ditadura durante todo o regime militar, conhecia o vocabulário por ele veiculado. Passando a não pertencer mais a um círculo militar exclusivo e adentrando o universo cultural popular, era de se esperar que a oposição ao golpe militar viesse a interpelar essa "ciência da guerra total". *Psicologia do Ajustamento Neurótico* não passará despercebido aos olhos dos militares. Na verdade, o regime militar coloca suas suspeitas contra madre Cristina Sodré já desde o início da ditadura, ainda que a perseguição mais incisiva tenha se dado nos anos 1970. Apenas para dar um exemplo, em um documento da Agência de São Paulo do Serviço Nacional de Informações (ASP/SNI) datado de 1974[38], podemos ver que o regime militar acompanha cada passo da psicóloga, registrando suas conferências e palestras em diversas circunstâncias entre a segunda metade dos anos 1960 e início da década de 1970. Em outro documento já mais tardio de 1978, vê-se de que forma os militares leram *Psicologia do Ajustamento Neurótico*: "este livro é, na verdade, menos que um estudo de psicologia e mais uma verdadeira cartilha de incitação revolucionária". Em outra passagem do documento, pode-se ler: "Tendo em vista que o título do livro está relacionado com o ajustamento neurótico, a autora tem o cinismo de considerar que a transformação do mundo Ocidental (dentro dos padrões revolucionários da dialética marxista, conforme está subentendido nos parágrafos abaixo), 'é condição *sine qua non* para a profilaxia neurótica' (página 99)."[39]

Entretanto, antes de saltarmos para o fim dos anos 1970, vale acompanhar o processo de edificação da guerra psicológica, alarmada e fomentada nas grandes mídias. Em 2 de setembro de 1968, portanto pouco antes do AI-5, o *Jornal do Brasil* publica um caderno especial com o nome "A Guerra de Hoje", com uma primeira capa sugestiva dividida entre fotos de protestos e tanques de guerra nas ruas[40]. Em um texto assinado por Octavio Costa, Marcuse e Reich são destrinchados na qualidade de "ideólogos da revolução sexual", que vinha não da França como se poderia supor no pós-maio de 1968, mas sim dos EUA. No subterrâneo dos serviços secretos, em 3 de junho de 1969, divulgavam-se internamente palestras e conferências, como a do general Moacir de Araújo Lopes no Círculo Militar de São Paulo. Em um documento do Ministério da Aeronáutica, o general do Estado-Maior das Forças Armadas "adverte para o 'perigo Marcuse'", qualificado como um "poderoso agente comunista para destruir a moral cristã e ensinar o jovem a ser desleal, caminhando para um torpe materialismo, e destruindo, assim, o maravilhoso entusiasmo de nossos ancestrais"[41].

É preciso lembrar que entre 1968 e 1972 a "guerra psicológica" foi a principal preocupação do "campo psicossocial" fomentado pela ESG e, por tabela, engajado na espionagem do SNI e congêneres. Vimos anteriormente que após o AI-5 de 1968 a guerra psicológica ganhará materialidade efetiva na qualidade da Lei, por meio do Decreto-Lei n. 898, de 29 de setembro de 1969, em que a oposição ao regime de toda ordem é enquadrada como "Crime Contra a Segurança Nacional". A partir de então, conseguimos acompanhar o desenvolvimento do problema da guerra psicológica por meio de uma pesquisa em uma série de arquivos disponíveis nos Relatórios e Sumários do Comunismo Internacional[42]. Trata-se de uma extensa circular interna do SNI que reunia informações sobre o estado geral do comunismo no mundo. Esse material interessante nos permitiu mapear o que de fato aflige a inteligência militar na qualidade de ameaça ao regime, o que, por conseguinte, permite delinear o que era por eles considerado secundário. Notamos como, de maneira geral, as práticas consideradas subversivas aos olhos do regime militar, contidas no relatório em que consta a palavra "psicanálise", eram fundamentalmente duas:

1. aquelas em geral acompanhadas das filosofias de Herbert Marcuse e
2. as do assim chamado "Comunismo Difuso", uma estratégia supostamente usada pela esquerda para seduzir a juventude e convocá-la à "guerra psicológica".

Os sumários são compilações de textos, artigos de jornal, reportagens, súmulas ou textos escritos pelo próprio serviço secreto que informavam e faziam circular o estado geral do comunismo ao redor do mundo. Muitos dos fascículos traziam na capa estampada: "A Revolução de 64 é irreversível e consolidará a democracia no Brasil". Distribuídos em praticamente todos os Estados do país, a autoridades eclesiásticas, às chefias e presidências nos três poderes, aos Ministérios Civis e Militares de todas as instâncias, os Sumários eram de circulação interna, restrita e confidencial. Porém, apesar de a circulação ser restrita, é um documento que chegou a muitos agentes da elite do poder no Brasil, o que provavelmente permitiu sua preservação até o arquivamento na APESP.

Quanto ao conteúdo que nos interessa, já em um dos primeiros Sumários disponíveis no acervo digital da APESP, que data de 8 de setembro de 1970, encontramos na seção "A Filosofia Marcuseana Aplicada à Subversão" um resumo biográfico e temático do autor segundo a óptica do serviço militar de inteligência. Esse resumo é retirado da revista mexicana *Réplica*, criada em 1967 e existente até hoje, uma famosa revista anticomunista. Para além de eventuais diferenças locais da identidade histórica do anticomunismo entre o México e o Brasil, a reprodução desse artigo no contexto do Sumário revela não apenas sua intenção internacionalista, mas também o coloca no largo espectro da Guerra Fria, determinante nas ditaduras militares latino-americanas. Com efeito, os Sumários do Comunismo Internacional estavam fundamentalmente referidos ao cenário da América Latina, mas dentro desse espírito maior do anticomunismo orientado desde os EUA.

Retratado como um "germano-americano" e "membro do partido social-democrata alemão", Marcuse tem sua teoria apresentada em tópicos. Elementos como os tópicos sexuais e revolucionários são entremeados de trechos literalmente sublinhados no texto, com frases como "A religião desvia o curso da história, a aliena", ou "O importante é a oposição da juventude a essa sociedade de abundância." Tais índices poderiam ser apenas o efeito da presença do texto original da revista *Réplica* – que, como é sabido, veiculava o ideário do projeto católico conservador anticomunista –, mas eles se duplicam no Sumário de forma readaptada às necessidades locais dentro da Doutrina de Segurança Nacional de preservação de valores ligados à família tradicional, ao combate às drogas e ao direito de propriedade. Uma vez que o texto original mexicano foi publicado em setembro de 1968, explica-se o tom conclusivo ao final do excerto: "As palavras 'inferno na terra' são insuficientes para alcançarmos a filosofia de Marcuse. Os excessos de depravação dos costumes das jornadas revolucionárias da França de 1968 proporcionaram a evidência de que o pensamento de Marcuse foi um dos mais eficazes impulsionadores que vimos funcionar até hoje."[43]

Com efeito, a figura intelectual e pública de Marcuse entra no radar do mapa do comunismo segundo a óptica dos militares brasileiros. No relatório de novembro de 1971, Marcuse é apresentado como um "filósofo antidemocrata", ao lado do psicólogo e professor de Harvard Timothy Leary (descrito como "profeta dos entorpecentes"), e dos "desesperados trovadores" Janis Joplin e Jimi Hendrix. Ou seja, intencionalmente, Marcuse é posto ao lado dos eventos franceses de maio de 1968 e do movimento hippie estadunidense, nivelando uma experiência intelectual aos movimentos que nela se inspiram ou que dela se servem. É interessante notar que essa seção do Sumário destaca que o movimento francês e o movimento hippie teriam se estabilizado e, no limite, estavam arrefecidos ao fim de 1971. O Sumário destaca uma fala de um estudante universitário estadunidense: "onde os líderes estudantis teriam clamado por uma marcha de paz, agora se fazem palestras e conversações, e onde exigências inegociáveis voavam através das ruas na voz de megafones, hoje os convites para debates entre estudantes e administradores são feitos sob a forma de chamadas telefônicas e cartas". Ou seja, não é propriamente no plano das ideias que a batalha está travada, como no Sumário do ano anterior; independente delas, o Sumário destaca que o mais fundamental era a *retomada do controle das ruas por parte dos militares*. A vida universitária de palestras e conversações estaria, portanto, sob um outro controle – o de tipo institucional – sem o descontrole da tomada das ruas, transformando os movimentos da contracultura em uma revolta aceitável porque domesticada: "em vez de guerrearem, os governos e estudantes parlamentam" e, desta forma, "a luta esmorece, e promete encerrar-se, sem que haja derrotados e ressentidos"[44].

Marcuse passa a configurar nas primeiras páginas dos Sumários na seção de abertura denominada "Conheça o Inimigo – O Que Ele Faz e o Que Ele Diz"[45], na companhia de Karl Marx e Mao Tsé-Tung, para dar alguns exemplos. Nas esquerdas nacionais, falava-se na perseguição aos 3 *Ms*: Marcuse, Marx e Mao. Podemos ver no Sumário de abril de 1972 que já não caberia mais discutir os meandros da filosofia marcuseana: ele já tinha um lugar consagrado entre os grandes inimigos do regime militar brasileiro.

Tanto que, nesse mesmo volume do Sumário, os militares reproduzem uma das poucas notas que fazem referência à psicanálise e às psicoterapias. Trata-se de uma reprodução de uma reportagem de *O Estado de S.*

Paulo de 6 de abril de 1972 sobre a liberação da prática clínica psicanalítica na União Soviética voltada para a diminuição do número de divórcios. A reportagem relata o fim da repulsa à psicoterapia e à psicanálise no mundo soviético – o que, por efeito lógico, retrata ambas, por contraste, alinhadas ao "Mundo Livre", o que nos permite retomar a aquiescência dos militares ante ao *boom*[46]. Afinal, não são aspectos teóricos como a profunda influência da psicanálise no pensamento de Marcuse que estão em jogo no raciocínio do regime militar, mas sim a *derivação marcuseana do freudismo*, atacada para reforçar a polarização entre o comunismo e o "Mundo Livre" própria da Guerra Fria.

Além disso, encontramos também o apelo ao discurso psicológico na compreensão que os militares tinham da "guerrilha urbana" e das práticas de sequestro. A expressão "guerrilha urbana" é oriunda do *Manual do Guerrilheiro Urbano* de Carlos Marighella[47]. Os militares defendem uma vigilância estrita de casas por parte da polícia, bem como do comportamento de militantes e jovens "errantes" potencialmente cooptáveis para a luta armada. Essa "técnica de arregimentação para subversão" se valeria por princípio de uma suposta vulnerabilidade psicológica (mais sensível entre os jovens) e das contradições da mídia liberal (que noticiariam e divulgariam os sequestros realizados pelos ditos subversivos), desligando os cooptados de suas famílias de origem. A solução contra a "arregimentação para subversão" seria alertar as famílias para o risco da "lavagem cerebral" que seus filhos estariam correndo. No Sumário de janeiro de 1971, há uma seção dedicada à "Guerra de Nervos" do *Manual* de Marighella, que buscava, pela apropriação dos meios midiáticos, gerar desconfiança em relação ao governo por meio da desmoralização, do descrédito e da instabilidade política[48]. Já no Sumário de fevereiro de 1972, estão presentes seções dedicadas ao uso de drogas como estratégia "para a subversão dos valores morais do Ocidente, de perversão e desencaminhamento principal de sua juventude, a fim de atingi-lo no mais íntimo do seu campo psicossocial, através do comprometimento do seu próprio futuro, para escravizá-lo ao marxismo"[49].

O raciocínio dos militares é tão claro quanto absurdo em termos de saúde mental: *a toxicomania é uma arma comunista*. Assim lemos também no Sumário de março de 1971, que apresenta uma seção discorrendo sobre as ditas motivações do uso de drogas, e termina afirmando que "a toxicomania não pode deixar de ser encarada, também, como a mais sutil e sinistra arma – do variado arsenal – do Movimento Comunista Internacional, empregada cada vez mais em maior escala, em suas contínuas e, quase sempre clandestinas, atividades em busca do domínio do mundo"[50].

Um último exemplo que vale destacar a este respeito é o do Sumário de abril de 1971, que comenta um artigo de Michel de Certeau publicado na, segundo ali consta, "revista francesa de esquerda *Politique Hebdo*, de

11 [de] mar[ço de] 1971", denominado "A Droga, Espelho de uma Sociedade". Essa é outra das poucas ocorrências da palavra "psicanálise" nos Sumários, quando os militares apresentam Certeau como professor do Departamento de Psicanálise no Centro Experimental Universitário de Vincennes. Pela avaliação do Sumário:

> No artigo de Michel de Certeau, padre jesuíta e professor universitário, ele não condena, propriamente, o uso de tóxicos, como seria lícito esperar-se. Ele vê o tóxico como (segundo suas próprias palavras): "não mais que um sintoma em um país que põe o poder a serviço do conformismo a que chama a isso de ordem". Essas suas palavras, aliadas o que dele se conhece permite que não nos detenhamos em maiores comentários.[51]

Logo, não é a influência da psicanálise no pensamento de Michel de Certeau que o torna "inimigo" do regime militar brasileiro, como se tornou Marcuse; mais ainda, e pelo contrário, o comentário dos militares nesse Sumário dá a entender que seria até aceitável que uma figura intelectual como Certeau fizesse uma análise de conjuntura desse tipo, desde que ele fosse suficientemente discreto, ou seja, aparentemente inofensivo quanto à arregimentação da juventude em massa para subversão. "Até onde se conhece dele", que não por acaso indica certo desdém à sua proeminência e exuberância enquanto intelectual na França, é um índice textual de gradação diferencial entre quais pensadores incomodavam mais o regime e quais não chegaram a incomodar propriamente. A comparação entre os modos de apresentação de Marcuse e de Certeau nos Sumários serve justamente para entendermos que nem Freud e nem Lacan (no caso de Certeau) eram índices diretos de "perigo subversivo" aos olhos dos militares. A psicanálise parece bastante secundária, de fato, ao argumento geral da construção do inimigo interno no escopo da Doutrina de Segurança Nacional.

Porém, a "guerra psicológica" e as estratégias do campo psicossocial da ESG não estavam propriamente na dianteira do uso da força do regime militar com o AI-5. No que tange aos demais campos da Doutrina de Segurança Nacional, em especial o campo militar e o campo político, a prioridade era claramente outra: aniquilar a escalada da luta armada no Brasil. Foi exatamente isso que a ditadura militar se encarregou de fazer ao longo do governo Médici. Com um SNI tirânico, aparelhado com seus braços de polícia política nos DOI-CODIS e nas "comunidades de informações" civis, a perseguição, a tortura, o assassinato e o desaparecimento sistemático foram as tecnologias do terror de Estado empregadas para dizimar as táticas de guerrilha urbana e rural no país. O ciclo quase completo de devastação das esquerdas em 1972 se completaria definitivamente em 1974, com o extermínio na Guerrilha do Araguaia.

Em meio a isso, uma série de eventos ligados às decorrências de 1968 teria um profundo impacto nos movimentos psicanalíticos nacionais. A repressão aos movimentos estudantis, com perseguições e prisões de toda ordem, conduziria um número significativo de jovens estudantes e recém-formados ao exílio. Essas personagens não estariam no Brasil quando o terror de Estado se encontrava no ápice, mas sofriam com as consequências de sua escalada. Fato é que do ponto de vista das rotas filiatórias e migratórias da psicanálise esses agentes, após os anos de exílio impostos em 1968, trariam em suas bagagens no retorno ao Brasil uma série de influências intelectuais e experiências clínicas que não estavam previstas no panorama psicanalítico nacional.

10.
As Novas Verificações da Autenticidade

A Legitimidade dos Exilados, a Bastardia dos Levianos e os Ventos Argentinos do Combate ao Autoritarismo

> *Gosto de ser gente porque a história em que me faço com os outros e de cuja feitura tomo parte é um tempo de possibilidades e não de determinismo.*
>
> PAULO FREIRE, *Pedagogia da Autonomia*.

Nosso quadro não ficará completo se não pudermos abrir espaço para a entrada de um Estado brasileiro que até 1968 tinha ocupado um lugar discreto na história dos movimentos psicanalíticos nacionais, mas que com a configuração dos exílios passaria a ter um lugar proeminente: o Estado de Pernambuco. Vimos anteriormente que em Recife a violência explícita começou logo após o golpe de 1964. De fato, a essa altura, o governador Miguel Arraes era considerado uma das maiores presenças políticas da esquerda no país, sendo preso pelos militares no dia do golpe e encarcerado por quase um ano, até em 1965 se exilar na Argélia. O desmonte na cena universitária pernambucana também foi implacável. Basta lembrar Paulo Freire, o intelectual brasileiro mais citado do mundo, que esteve à frente do Serviço de Extensão Cultural (SEC) na então chamada Universidade do Recife e desenvolvia o vanguardeiro Programa Nacional de Alfabetização durante o governo Jango. Com o golpe militar, Paulo Freire é preso em Recife e depois em Olinda, para na sequência ser obrigado a se exilar no Chile e a passar pelos EUA e pela Suíça.

Para falar da psicanálise em Pernambuco, é preciso recuar um tanto mais na história. Diferente da história carioca, paulista ou gaúcha, a influência da Escola de Psiquiatria do Recife, inaugurada pelo célebre Ulysses Pernambucano[1], para muitos o verdadeiro "pai" da psiquiatria social e comunitária brasileira, é decisiva. Ulysses Pernambucano fundaria em 1938 uma importante revista denominada *Neurobiologia* que, apesar do nome, era bastante receptiva a publicações de cunho psicanalítico desde essa época. Pernambucano entendia que não havia condições materiais para a implantação da psicanálise no Estado, mas não desencorajou a recepção das ideias freudianas. De fato, avizinhada da antropologia de Gilberto Freyre e das pesquisas sobre a "geografia da fome" de Josué de Castro, a psiquiatria pernambucana se forma dentro de um espectro muito largo de campos de interesse, desde a psicometria (em que se destacaria Anita Paes Barros) até antropologia das religiões africanas (com, por exemplo, Albino Gonçalves Fernandes e René Ribeiro). Como bem resume Jacó-Vilela:

Na trajetória de Ulysses Pernambucano, as atividades educacional e psiquiátrica foram facetas de um único e grande interesse: a assistência aos que apresentavam dificuldades mentais. Ulysses atuou em várias frentes voltadas para os serviços públicos de educação e assistência, e sua única atividade privada, o Sanatório Recife, deu-se somente após sua expulsão do funcionalismo pelo governo Vargas.[2]

Com uma tradição pluralista e aberta ao entendimento das condições sociais, políticas e religiosas da prática psiquiátrica clínica, foram poucos os que inicialmente se inclinariam à psicanálise na Escola de Psiquiatria do Recife, como o já citado Walderedo Ismael de Oliveira, que fica no Rio de Janeiro para ser um dos fundadores da SBPRJ, e José Mariz de Moraes, que retorna ao Recife após uma análise com Mark Burke no Rio mas não inicia um movimento psicanalítico local – Mariz de Moraes chefiaria o Serviço de Assistência aos Psicopatas e seria reconhecido como o primeiro psicanalista de Pernambuco[3].

É certo que havia uma presença da psicanálise em Pernambuco até os anos 1960, mas ela acontecia de forma bastante difusa. Em "Percurso do Movimento Psicanalítico de Pernambuco", três psicanalistas – Edilnete Siqueira, Eldione Moraes e Ivan Corrêa – discorrem sobre os nomes e grupos que foram à Europa em busca de formação acadêmica e, como que por tabela, chegaram à formação psicanalítica[4]. Apesar dos diversos livros escritos sobre história da psiquiatria – dentre eles o de Othon Bastos[5] e de Heronides Coelho Filho[6] – e história da psicologia[7], o texto dos três psicanalistas é o melhor roteiro que encontramos para acompanhar essas rotas filiatórias e migratórias na psicanálise em específico desde Recife até a França e, em menor grau, a Bélgica. Porém, ele infelizmente carece de informações sobre as motivações políticas que ensejaram diversas dessas iniciativas, qual seja, a ida para a Europa como um autoexílio para fugir da ditadura militar no país. O solo fértil preparado por Ulysses Pernambucano e diversos discípulos diretos ou indiretos (Zaldo Rocha, Paulo Sette e Galdino Loreto) ao longo das décadas chega nos anos 1960 a uma psiquiatria recifense de tradição intelectual significativamente mais "arejada" do ponto de vista clínico e político do que aquela pensada e praticada no eixo Sul-Sudeste – o que, na sanha anticomunista do período militar, era quase como de imediato traduzida como "potencialmente subversiva". O movimento psicanalítico tomaria uma configuração mais precisa ao longo do período ditatorial, marcando uma geração de jovens psiquiatras ilustres que se formariam psicanalistas no exílio. Eles eram ligados direta ou indiretamente às iniciativas pioneiras de Paulo Freire[8] ou aos movimentos estudantis e aos movimentos locais de esquerda. Em paralelo, em meados dos anos 1960, ao lado dos quadros da medicina e da psiquiatria da Universidade Federal de Pernambuco (UFPE), somavam-se principalmente os quadros da psicologia da Universidade Católica de Pernambuco (UNICAP). A maior parte desse grupo iria se exilar, durante a ditadura militar, na França (e em menor parte na Bélgica), por meio da iniciativa do Comité Catholique Contre la Faim et Pour le Développement (Comitê Católico contra a Fome e pelo Desenvolvimento – CCFD), fundado em 1961 na França e existente até hoje. Não se sabe ao certo como a articulação com esse Comitê se deu, mas sabe-se, de acordo com Othon Bastos, que uma parte substancial dos psiquiatras recifenses era católica e, entre os mais jovens, boa parte ligada ou aos movimentos da juventude católica de esquerda, ou ao PCB (que esteve na condição de ilegalidade) ou a organizações políticas extraparlamentares de esquerda. Como o exílio na França e na Bélgica eram possibilidades para aqueles que ingressavam na vida acadêmica, em parte também pela influência intelectual dos grandes autores francófonos da psicopatologia e das práticas clínicas no cenário pernambucano, é difícil discernir aqueles que foram à Europa em busca puramente de aprimoramento profissional e os que se exilaram por força das circunstâncias políticas. De todo modo, cria-se uma comunidade brasileira no exterior de psicólogos e psiquiatras que realizariam formação psicanalítica nesses lugares graças a uma política de fomento para pós-graduações, tendo como pano de fundo o encontro de uma forma sensata de fugir da ditadura no Brasil por um itinerário universitário.

Um grupo significativo de pernambucanos na França procuraria ali uma mesma analista brasileira para realizar suas análises pessoais. Trata-se de Elza Ribeiro Hawelka, professora da Associação de Cultura Franco-Brasileira no Rio de Janeiro nos anos 1940. Licenciada em filosofia pela USP em 1956, trabalhou no Instituto de Higiene Mental, dirigido na época por Durval Marcondes. Muda-se para Paris com o marido Pierre Hawelka em 1957, onde também se firma como uma prolífica tradutora, tendo realizado traduções de obras de Freud para o francês e colaborado com o *Vocabulário de Psicanálise* de Laplanche e Pontalis, bem como com Aurélio Buarque de Hollanda para a confecção do *Dicionário Aurélio* nos anos 1960. Elsa Ribeiro Hawelka fará formação psicanalítica na Société Française de Psychanalyse (SFP), que já era a esta altura uma dissidência da Société Psychanalytique de Paris (SPP), a primeira instituição psicanalítica da França ligada à IPA, existente até hoje. Esse quadro francês é bastante complexo, mas para os nossos fins nesse momento seria suficiente resumi-lo nos seguintes tópicos. Depois de 1960, sob a direção de Serge Lebovici, a SPP assume feições ipeístas mais claras[9], enquanto a SFP mantém em seu quadro um psicanalista que mudaria o curso da história da psicanálise: Jacques Lacan. Entre 1953 e 1963, o movimento psicanalítico francês se divide entre os apoiadores, discípulos ou analisandos de Lacan que buscam o reconhecimento da SFP pela IPA e a ingerência dela sobre os esquemas de formação psicanalítica no novo agrupamento francês. Enquanto a SPP se mantém inabalável e fiel à ortodoxia oficial, a SFP com Lacan à frente enfrenta dificuldades no processo de reconhecimento em função das práticas insubmissas de seu principal quadro intelectual: sessões sem tempo fixo, análises didáticas fora dos acordos das normas institucionais e formação para diversos candidatos não médicos são as mais lembradas. Uma outra característica importante da SFP era a recepção de candidatos de diversas formações universitárias para a formação psicanalítica que não as tradicionais da medicina e da psicologia – entre eles, muitos filósofos e outros oriundos das fileiras das Ciências Humanas, bem como antigos seminaristas, padres e sacerdotes. Em 1963, sem obter sucesso na negociação com a IPA – e mais, com a retirada do título institucional de analista didata e das funções de ensino de Lacan – a SFP se dissolve. De um lado, Lacan se lança em uma aventura inédita na história da psicanálise ao abandonar a IPA para fundar a sua própria escola, a École Freudienne de Paris (EFP) e, de outro, o grupo remanescente da SFP de antigos analisandos e discípulos de Lacan que rompem com ele fundam a Association Psychanalytique de France (APF), que não tardaria a ser também reconhecida como instituição ligada à IPA. Apesar da dissolução, tanto a APF quanto a EFP continuariam abertas para receber candidatos de formações distintas de origem. Nessa divisão do movimento psicanalítico francês, Elsa Ribeiro Hawelka se mantém próxima de Marianne e Daniel Lagache e segue filiada à APF. Como uma espécie de "herança às avessas" do legado de Lacan, a APF se manteve em uma tradição essencialmente mais freudiana do que a SPP e, claro, se comparada por exemplo às IPAS inglesas ou estadunidenses nesse momento histórico, a APF era na prática e na teoria um "abrigo intelectual" para aqueles que desejavam permanecer freudianos sem aderir ao lacanismo e, principalmente, sem serem monopolizados pela grande onda anglo-saxônica que se propagou nos movimentos psicanalíticos oficiais ao redor do mundo a partir de 1940 e 1950. "Madame Hawelka", como era chamada por seus então analisandos, receberá em seu divã grande parte dos pernambucanos exilados, entre os quais alguns que se inclinariam ao lacanismo em um momento posterior. Ainda está para ser escrita uma história dos movimentos psicanalíticos pernambucanos em maiores detalhes, entretanto, de todo modo, é possível reunir um grupo bastante heterogêneo de nomes que pertenceriam a três filiações distintas na psicanálise no retorno ao Brasil: a ipeísta, a carusiana e a lacaniana. Alguns dos nomes são: Affonso Barros de Almeida; Jurandir Freire Costa; Fernando Coutinho Barros; Romildo do Rego Barros; Ivan Corrêa; e Zeferino Rocha.

Com o perdão da obviedade, aportar em Paris na segunda metade da década de 1960 não era algo sem consequências. Apesar das situações penosas impostas pela condição mesma do exílio, o acontecimento de maio de 1968 abria frentes para entrar em contato com ideias e autores em franca reciclagem, com a militância e as lutas estudantis em plena ebulição e com uma renovação radical dos quadros intelectuais e institucionais nas universidades francesas. Nesse universo heterogêneo, a psicanálise era um aporte teórico irrestrito, cuja magnitude fazia parecer que a circunscrição à formação de analistas era um elemento certamente importante, mas um elemento entre todos os outros. A proeminência intelectual de Lacan era o próprio centro nervoso dos debates e, por meio dele (seja a favor ou contra suas ideias, seja aderindo ou recusando suas premissas clínicas), a psicanálise atravessava os debates acadêmicos não apenas nos departamentos de psicologia ou de psiquiatria, mas também, e talvez sobretudo, na filosofia, na sociologia, na antropologia, na linguística, no marxismo, na história e na crítica literária. Ou seja, um cenário drasticamente diferente do Brasil, em que as disputas pelo monopólio legítimo da herança freudiana se engessavam cada vez mais nos processos de institucionalização dos movimentos psicanalíticos, retidos nas mãos de alguns poucos detentores que, salvo raríssimas exceções, já haviam construído fronteiras impermeáveis aos impactos oferecidos por outras frentes de estudos.

Com efeito, especialmente no que diz respeito às IPAs brasileiras, pouquíssima atenção foi dada ao cenário psicanalítico francês até a segunda metade dos anos 1960. Talvez isso não se explique por razões propriamente teóricas, uma vez que os "freudianos franceses" poderiam supostamente ter até mais afinidade com um certo "freudismo ortodoxo" das primeiras gerações de psicanalistas brasileiros ou mesmo dos posteriores que se manteriam "não anglo-saxônicos". Contudo, não parece arriscado inferir que o aspecto mais preponderante para a desconsideração sistemática do movimento psicanalítico francês por parte dos brasileiros era mesmo o do *habitus*, como demonstra o depoimento de d. Ieda Ramos, esposa de Nabantino Ramos (SBPSP):

Na França, eu fui à casa de um psicanalista. Eu e o José [Nabantino Ramos] fomos convidados para um jantar. Cheguei lá, era uma casa simplérrima. O jantar era trivial. Entre as comidas, tinha uma costeleta que eu acho que era de carneiro desse tamanho, com osso. Eu comecei a comer aquilo e disse ao José: "essa carne está crua". Então, eu disfarcei e não comi a costeleta. De repente, eu vejo o filho da dona da casa comendo a costeleta ali adiante. Você veja como eles não são ricos. Entre as comidas deles, tinha uma galinha que eles compram meio cozida para fazer o resto em casa. Não tem fogão elétrico, não tem não sei o que... eles são pobres.[10]

Talvez não seja possível estender esse exemplo paulista ao que aconteceria em outros Estados. No entanto, nesse exemplo em específico fica claro que a regra geral da "missão francesa", que foi tão decisiva para a formação dos quadros universitários brasileiros (pensando em especial nas Ciências Humanas da USP, mas não necessariamente nos outros Estados), não atravessou a formação intelectual dos movimentos psicanalíticos nacionais. Os caminhos foram verdadeiramente paralelos: enquanto as Ciências Humanas universitárias carregavam as marcas da influência intelectual francesa e faziam dela um signo inequívoco de prestígio (a ponto de se tornar quase um mito de fundação), as instituições psicanalíticas oficiais se alinhavam pelo menos desde os anos 1950 a uma perspectiva essencialmente anglo-saxônica. Nem mesmo no CBPP ou no IMP o freudismo francês ou o lacanismo estiveram verdadeiramente presentes nas rotas filiatórias e migratórias até meados dos anos 1960 por aqui. Por isso, é pelo exílio representado por uma maioria de pernambucanos que se pode entender como se inaugura uma nova rota filiatória e migratória com o universo francês para os movimentos psicanalíticos nacionais. Reiterando, não se trata de uma estratégia de "importação e exportação" de analistas de analistas tal como a que vimos entre o final dos anos 1930 e meados dos anos 1950, mas sim uma rota filiatória e migratória inaugurada sob intensa pressão política como uma espécie de consequência suplementar. Afinal, para grande parte desses agentes o motivo principal da migração não era exatamente uma busca facultativa pela formação psicanalítica, mas se tratava sobretudo da busca pela sobrevivência e por segurança pessoal no exílio durante a ditadura pelas vias universitárias dos estágios e cursos de pós-graduação.

Não obstante, é certo que não foram só os pernambucanos que buscariam o exílio na França. Em menor número, paulistas, cariocas e baianos também perseguidos por atuações nas lutas estudantis e nos movimentos de esquerda buscariam o exílio na França e se formariam psicanalistas por lá e, seguindo um mesmo roteiro, entre eles estavam não médicos e não psicólogos. Uma parte desse grupo heteróclito ficaria na França (Paulo Fernando de Queiroz Siqueira; Luís Eduardo Prado de Oliveira; Marie Christine Lasznik; Heitor O'Dwyer de Macedo; Eliezer de Hollanda Cordeiro), enquanto outros voltariam ao Brasil (Ivan Corrêa; Jurandir Freire Costa; Caterina Koltai; Carlos Augusto Nicéas; Romildo do Rego Barros; Suely Rolnik; Fernando Coutinho Barros; Mario Lyra Romaguera; Uraci Simões Ramos). Houve ainda os que buscariam o exílio em países da América Latina (Luis Claudio Figueiredo) e os que participaram de movimentos políticos de resistência, mas que permaneceram no Brasil (Chaim Katz; Helena Besserman Vianna; Regina Chnaiderman; Hélio Pellegrino). Nosso objetivo aqui, porém, não é fazer uma lista exaustiva. Vale apontar que a maioria desses nomes está em plena atividade hoje, e seria desejável que uma pesquisa futura com outros princípios de método que não os nossos (da história oral e de coleta de testemunhos) possa recolher depoimentos para que essa lista que aqui está apenas esboçada possa conquistar maior precisão e ficar mais completa.

De todo modo, com o progressivo retorno dos exilados ao país ao longo dos anos 1970 e início da década de 1980, os movimentos psicanalíticos brasileiros passariam por uma reconfiguração significativa, que teremos a oportunidade de ver nos próximos capítulos. Diante da abertura a outras influências intelectuais, incluindo as críticas à própria psicanálise, aqueles movimentos que se pretendiam encastelados e alinhados à palavra de ordem do apoliticismo teriam que se haver inevitavelmente com uma pluralidade de debates que se tornariam incontornáveis. No entanto, antes desse retorno – ou mesmo durante –, as sociedades oficiais brasileiras estavam se havendo com um problema local aparentemente mais preocupante: instituições insidiosas que se autodeclaravam psicanalíticas a despeito de qualquer legitimidade no campo.

UMA PEDRA NO SAPATO:
A ESCOLA SUPERIOR DE PSICANÁLISE

Em uma pequena nota chamada "Psicanálise Quer Punir o Ministro Albuquerque Lima", o *Correio da Manhã* de 29 de outubro de 1968 já anunciava o imbróglio que estava por vir nos anos seguintes para os movimentos psicanalíticos nacionais. Trata-se de uma nota de repúdio a declarações do então ministro do Interior do governo Costa e Silva, general Afonso Augusto de Albuquerque Lima, que teria dito em uma palestra em São Paulo que "certos círculos da Igreja desagradam a família brasileira", pois "participam de um plano comunista para acabar com as Forças Armadas, o País e a própria Igreja, aliando-se a todos estes mais um elemento que trama contra o regime: o sexo"[11]. Sem reproduzir o que o general eventualmente teria dito sobre psicanálise, se é que o disse, o curioso é que a crítica à palestra é assinada por uma instituição de nome excêntrico: o Centro Acadêmico de Debates e Estudos de Psicanálise (CADEP). O documento é assinado pelo diretor do CADEP, o jornalista Boaventura Cisotto Neto:

> em nome da propalada dignidade do próprio regime revolucionário e da democracia em que este se baseia, o Centro Acadêmico de Debates e Estudos da Escola Superior de Psicanálise requer uma enérgica providência do excelentíssimo senhor presidente da República, contra a continuidade desses absurdos que se chocam com a esperança que a Nação ainda deposita nos homens públicos que a timoneiam[12].

Exigir "uma enérgica providência" do presidente Costa e Silva a essa altura da história, às vésperas do AI-5 e contra o seu próprio ministro é, no mínimo, de uma extravagância duvidosa, assim como o é a designação de seus assinantes. Criado em 1968 por Boaventura Cisotto Neto e seus discípulos, o CADEP se confunde com a própria origem da Escola Superior de Psicanálise (ESP), fundada no ano seguinte; o primeiro era sediado no tradicional Colégio de São Bento, no centro de São Paulo, e a segunda em um imóvel de Boaventura Cisotto Neto no bairro do Brás[13] Concebido de forma espontânea, sem qualquer rota filiatória ou migratória que lhe conferisse alguma legitimidade e sem fundar uma revista que veiculasse as ideias em circulação na instituição, o CADEP/ESP pleitearia seu lugar no campo absolutamente desprovido de qualquer capital simbólico desde o nascimento. Poder-se-ia objetar inclusive que exatamente por isso nem mesmo neste livro ele mereceria um lugar. Não obstante, não encontramos um exemplo melhor do que o episódio CADEP/ESP para demonstrar como uma história bastarda opera como uma amostra dos efeitos da disputa do campo durante a ditadura, caso instituições destemidas deliberassem "autolegitimações" sem conhecer as regras do jogo, ou se recusando a participar delas.

Fala-se aqui em "instituições destemidas" porque sob o autoritarismo da ditadura o medo é certamente um afeto decisivo. A mesma ousadia e a postura desaforada dos líderes do CADEP/ESP para com os militares no governo se deslocariam nos anos seguintes na direção das instituições oficiais ligadas à IPA, que reagiriam de diversas formas, desde o desprezo até o desassossego. O CADEP/ESP causou certa perplexidade nos movimentos psicanalíticos nacionais por pelo menos dois motivos. Primeiro, porque ele aproveitou uma série de pastiches provenientes da presença da psicanálise na cultura e de seu prestígio em território nacional para desafiar toda espécie de autoridade (institucionais ou de Estado) na grande mídia impressa, especialmente a paulista, em um dos momentos políticos de repressão mais aguda do país. Segundo, e mais grave do que a simples desfaçatez para com os movimentos psicanalíticos e o governo militar, o CADEP/ESP ousou levantar a questão da não regulamentação da profissão de psicanalista por parte do Estado. Ou seja, todos os anos em que se discutiu se psicanalistas não médicos teriam o direito de exercer a psicanálise, se a psicoterapia era ou não prerrogativa dos graduados em psicologia, todas as negociações que pareciam minimamente estáveis, apesar de uma série de sequelas no campo no início dos anos 1970, estariam novamente em xeque – mas dessa vez não pelos próprios agentes do campo e sim por um agente que lhe era absolutamente estrangeiro e, pelas regras próprias de reconhecimento mútuo, inteiramente ilegítimo. Em suma, o CADEP/ESP tinha de tudo para ser facilmente desmantelado pelas próprias consequências das forças em ação no campo em disputa pela herança legítima do legado freudiano; porém, as reprimendas acabariam ganhando o caráter de exemplaridade, o que gerava reações cada vez mais impetuosas.

É nesse período histórico que se inicia uma saga que tem lá os seus efeitos colaterais até hoje no Brasil: a tentativa de obter credibilidade via regulamentação da formação psicanalítica desde o Estado. Ora, assim como não há em nenhum lugar do mundo uma "Faculdade de Psicanálise", também não há uma lei que defina desde o Estado quem pode ou não pode praticar a psicanálise. Elisabeth Roudinesco resume em três modelos adotados pelos Estados democráticos: uma legislação de tipo liberal por credenciamentos, em que as instituições se responsabilizam pela autorregulamentação e autoavaliação de suas práticas de formação (como nos EUA ou no Reino Unido); um modelo mais intervencionista (a autora chama de "controle autoritário") em que as associações ainda muito centradas no poder médico controlam as normas e condutas clínicas, como na Alemanha; e a definição legal da profissionalização da psicoterapia, como na Áustria e na Itália[14]. Sem fazer qualquer juízo sobre qual experiência é melhor ou pior, se isso é possível, o fato é que no Brasil não há nada equivalente a esses três modelos. As regulamentações que existem são para as profissões da saúde como graduação (psicologia, medicina, enfermagem etc.). Entretanto, tendo a psicanálise critérios próprios de autorreconhecimento mútuo pela via das filiações e das migrações, as relações dos movimentos psicanalíticos nacionais com o Estado a partir do final dos anos 1960 passam a adquirir um caráter contraditório: alijado enquanto legislador do exercício clínico da psicanálise enquanto uma profissão, mas aliado para penalizar aqueles que se instalarem enquanto instituição de formação psicanalítica de forma leviana.

A partir do início dos anos 1970, os infortúnios causados pelo CADEP/ESP começam a aparecer mais claramente na mídia impressa. No primeiro semestre de 1972, duas situações simbólicas se dão e se expressam em um palco midiático igualmente simbólico: o jornal Folha de S.Paulo. Vale lembrar, Nabantino Ramos (SBPSP) já havia sido um dos donos do jornal e se firmado como um entusiasta da divulgação da psicanálise em São Paulo; desde os idos de 1950, a Folha acabava sendo um dos lugares editoriais prediletos dos psicanalistas para escrever notas de advertência ao grande público, cujos conteúdos reproduzem os mesmos argumentos da defesa da formação psicanalítica sob a égide da IPA que se viu na Revista Brasileira de Psicanálise – como por exemplo a nota "Formação do Analista"[15]. Em 1972, uma primeira situação simbólica foi a tentativa de inscrever via Ministério do Trabalho uma entidade de classe ligada ao CADEP/ESP denominada "Associação Profissional dos Psicanalistas do Estado de São Paulo", criada em São Paulo em 1971. A inscrição foi negada pelo Conselho Federal de Educação[16] que não reconheceu a idoneidade da instituição, o que leva o CADEP/ESP a soltar uma nota na Folha[17], acompanhada de uma foto com pessoas fantasiadas sobre motos, em uma típica alusão à contracultura, saudando o dramaturgo Plínio Marcos em meio a um bloco de Carnaval:

ESTAMOS DE LUTO
> O Conselho Federal de Educação nos enterrou com seu parecer unilateral. Vai ser difícil sobreviver a esta agonia. A Psicanálise não é, AINDA, reconhecida por lei: por isto, fazemos o possível para mantermos o melhor corpo docente; para popularizar a Ciência de FREUD; para unir os profissionais do ramo numa Entidade Científica Eclética [sic]. Pagamos todos os impostos em dia, ajudando o Governo com nossa modesta colaboração e, mesmo assim nos "picham". Não faz mal, continuaremos na luta, pois acreditamos na Justiça do Ministro Jarbas Passarinho [do MEC]. AMÉM.[18]

Seria difícil escolher o que é mais excêntrico na nota, o apelo visual da foto, a "Entidade Científica Eclética", a súplica ao ministro ou o "amém" no fechamento; mas é fácil detectar o tom de insistência admitido no texto, e ele de fato se confirmaria. Em 16 de abril de 1972, sai uma pequena reportagem na *Folha*[19] sobre o CADEP/ESP, na qual se pode ler trechos como "Adeptos dos movimentos 'underground' e 'free university', nascidos nas manifestações de protesto norte-americanos, os professores consideram-se experimentais e ligados à contracultura e antipsiquiatria." E mais adiante:

> O nu é usado para que os pacientes, preocupados com seus corpos, deixem de resistir ao "tratamento" [...] Fitas de gravador, rotuladas com nomes de doenças mentais – ninfomania, masoquismo etc. – são apresentadas em aulas. Contém a gravação de entrevistas com pacientes; e, muitas vezes, a reprodução de sons obtidos durante a realização de relações sexuais mantidas pelos pacientes, voluntariamente trazidos à Escola. Várias pessoas conhecem as fitas, os casos, e às vezes até os pacientes são rotulados.[20]

Uma segunda situação simbólica ocorreu no III Congresso Brasileiro de Psicanálise, organizado pelas sociedades filiadas à IPA e ocorrido em São Paulo. Nele, foi evidentemente vetada a participação do CADEP/ESP, que por sua vez reagiu distribuindo folhetos do lado de fora do prédio onde acontecia o evento. Na *Folha*[21] foi publicada uma nota com a seguinte inscrição:

III CONGRESSO NACIONAL DE PSICANÁLISE
> Não fomos convidados, nem queriam nossa presença. Mas como CULTURA não é PRIVILÉGIO, PSICANÁLISE não é PANACÉIA e se discutia REGULAMENTAÇÃO DA PROFISSÃO, não podíamos deixar de levar nossa MENSAGEM. Afinal, existimos para isto mesmo: Debater e renovar o acervo científico da Psicanálise. Foi divertido balançar a roseira. Demais, esperamos que TODOS "VIVAM BEM COM O SEU SISTEMA NERVOSO".[22]

Novamente, um apelo visual na foto: dessa vez, um rapaz de boca aberta e, logo embaixo, a inscrição de um bordão "OI, BICHO!!!", gíria que alude novamente à juventude e, por tabela, à contracultura. A agenda do CADEP/ESP se orientava por pautas que, se tivessem uma origem minimamente legítima, talvez teriam encontrado alguma ressonância, como a crítica aos valores exorbitantes para a formação psicanalítica e a inacessibilidade do tratamento psicanalítico para as classes populares. Só que junto a essa agenda tentou-se contornar a celeuma do "quem pode se dizer psicanalista?" por um artifício eufemístico deveras exótico: os membros pelo CADEP/ESP não se diziam propriamente psicanalistas, mas sim "práticos da psicanálise". Ora, tendo em vista tudo isso, não tardaria para que a polícia política passasse a reprimir as atividades do CADEP/ESP. Vale reproduzir um trecho mais longo da entrevista concedida por Boaventura Cisotto Neto para a pesquisa de Nolasco de Carvalho.

Mas mesmo ali [no Colégio de São Bento], que era um...um...um templo oficial, tá certo?, a gente tinha que pra dar aulas de psicanálise, a gente tinha que montar um cordão de segurança. Que era...a revolução redentora! Os caras arregaçavam o que queriam! Não davam explicações! Então nós tínhamos cinturão de segurança que... da portaria, da entrada do Colégio de São Bento até a sala de aula nós tínhamos... comunicação. [...] E na Escola Superior de Psicanálise [...] nós tínhamos também essa coisa. De repente aparecia a guarda civil ou...naquela época era...força pública. [...] Ou uma ou outra invadia nossa escola, entendeu? E detinha todo mundo! E nunca sabíamos daonde vinha a...a denúncia!
    Porque nós estávamos lutando contra forças poderosíssimas... Poderosíssimas! A ponto de ligarem pras delegacias...e mandarem camburão. Então eu tava dando aula [...] e chegava camburão da polícia de tudo quanto é lado, entendeu?, policiais de bicicleta (que a guarda civil...naquela época andava de bicicleta...a polícia militar de de...carrinho volks, né?, aquelas patrulhinhas) e entravam de metralhadora na mão...era um negócio! Aí o que que ocorria? Íamos para o plantão, se elaborava um boletim de ocorrência...e sempre dentro dum mesmo esquema. [...] Professores e alunos. Entrava todo mundo! [...] E era uma coisa muito vexatória!
    Então o que ocorria? Eu tinha duas malas de viagem cheias de documentos. [...] E enquanto eu não exibia – à autoridade competente que presidia o inquérito que eu respondia – até o último documento, eu não sossegava. Então quando chegava alguma coisa contra nós [...] o delegado "Pelo amor de Deus!" (risos). Começaram eles próprios a se autocensurarem! Porque aquelas minhas duas malas...entendeu?, abarrotadas de documentos levavam à conceituação de que a psicanálise não era medicina, tá certo?[23]

O diretor do CADEP/ESP acreditava que a força "poderosíssima" que atuava contra ele e seus discípulos vinha dos Conselhos de Medicina e dos "donos de conglomerados hospitalares". Mas como a "comunidade de informações" na ditadura militar era muito capilarizada, de fato não é possível saber de onde vinham as denúncias. Encontramos um documento de 1974 do setor de informações da Telesp, que envia dois agentes para investigar o CADEP/ESP. No relatório, pode-se ler:

No interior da escola, feita a observação do recinto, foi notada a existência de quadros afixados na parede, a maioria constando de reportagens de jornais sobre a Psicanálise e sobre a Escola Superior de Psicanálise, entremeados de calendários com figuras eróticas e numa estante um livro encadernado, com uma gravura pornográfica na capa. Um "pôster" da formatura de uma turma estampava o retrato do deputado federal do MDB paulista ATHIÊ JORGE CURY, ex-presidente do Santos Futebol Clube, que, conforme o informante, é incentivador da Escola.[24]

O documento ainda relata que foi realizado um "contato informal" entre a Assessoria de Informações da Telesp e a do MEC, ao passo que este teria esclarecido que "pais e cônjuges" teriam levado várias queixas ao Ministério "contra a referida organização, sobre orgias, bacanais etc.", mas "que não é fechada porque não há qualquer impedimento legal proibindo seu funcionamento". Pouco mais adiante, ele completa:

O professor Boaventura Cisotto Neto parece ser "paranoico" e já moveu processos e ações contra várias personalidades, principalmente contra o Delegado Regional do MEC em São Paulo.

Os Órgãos de Informação do Exército, MEC e SNI possuem dossiês completos sobre a Escola e continuam acompanhando o assunto.

Por fim, na Conclusão, o documento afirma:

A Escola Superior de Psicanálise se propõe a contestar a ordem social, adotando atitudes e ações que fogem dos padrões convencionalmente adotados e aceitos pela sociedade brasileira, através de sua estrutura montada no campo psicossocial.

Esta atitude de contestação tende a se proliferar e agrupar um maior número de adeptos, pois é a melhor forma que a juventude atual acha para lutar contra esses padrões convencionais da sociedade, principalmente nos grandes centros urbanos.

Tendo em vista que a contestação obtém grande receptividade no seio da juventude, a conduta adotada pelo professor Cisotto poderia ser também um meio de ganhar dinheiro às custas da boa fé dos seus seguidores.

Como anexos do documento, estão recortes de jornal, como uma nota chamada "O Choque do Futuro", que estampa um desenho (deveras sexista) de uma jovem trajando uma saia curta, debruçada sobre a mesa de um professor enquanto um grupo de rapazes observa por trás suas roupas íntimas à mostra, com uma propaganda da ESP em que se pode ler: "Escola Superior de Psicanálise: Ensino Livre e Arejado". Também consta um documento oficial assinado pela cantora e deputada estadual Dulce Salles Cunha Braga de 10 de setembro de 1973, que à época presidia a Comissão de Educação na Assembleia Legislativa. Nele pode-se ler o apoio oficial oferecido por ela ao CADEP/ESP: "Infelizmente, todo pioneirismo sofre as consequências lógicas das incompreensões e prevenções apressadas que, dada a segurança dos seus princípios, estão sendo desfeitas pelo seu trabalho objetivo e honesto."[25]

Bem, dito isso, pode-se ver que há aqui múltiplas estratégias em curso. Em primeiro lugar, nos atributos contraditórios que apontavam para um público identificado com a contracultura e, ao mesmo tempo, para uma pretensão universitária e acadêmica ("centro acadêmico", "escola superior") encampada como signo do prestígio. Em segundo, um recurso à grande mídia como terreno de combate, com respostas aos acontecimentos e propagandas da ESP. E em terceiro, o que era mais complicado de se desarmar, uma vinculação direta com o Estado como uma rede de sustentação de atividades, seja para tentar passar um projeto de legislação para a profissionalização da psicanálise, seja para ter algum álibi para se preservar das prisões. Ou seja, pelas vias mais tortuosas e impensáveis, o CADEP/ESP tenta impor sua legitimidade no campo não pelas regras do jogo do próprio campo, mas sim pela multiplicação de subterfúgios (ligações com o clero e com políticos) que pareciam tornar qualquer possibilidade de captura um fracasso retumbante. Em suma, o CADEP/ESP comprova o *sintoma da heteronomia dos movimentos psicanalíticos durante a ditadura militar*: ele é tanto um sintoma da ditadura e suas redes autoritárias quanto um sintoma dos processos de institucionalização da psicanálise no Brasil em meio ao *boom*. Um segundo documento de janeiro de 1975 parece a prova cabal desse sintoma. Trata-se de um documento oriundo do DEOPS/SP, classificado como A-2 – portanto, de alta credibilidade – da CISA em que é relatada uma "colação de grau" do CADEP/ESP em um lugar que não poderia ser mais simbólico: o Salão Nobre da Faculdade de Medicina da USP:

> O auditório foi completamente tomado já por volta das 21:00 hs [sic], por quase 230 pessoas. E às 21:10 hs [sic], foi iniciada a Formatura, tendo o coordenador [Boaventura Cisotto Neto], convidado as seguintes pessoas para presidirem a mesa: Sra. DULCE SALLES CUNHA (Deputada) – Paraninfa; Dep. FRANCISCO AMARAL SIQUEIRA; Presidente da Sociedade de Medicina de Grupo do Estado de São Paulo; Presidente da FIESP (ausente) e o orador acadêmico BRUNO CERNOSINO.
> A seguir proferiu a respeito da luta empregada pelo CADEP, em favor da legalização da profissão de Psicanálise, mencionando inúmeros apoios governamentais. Em seguida, o orador citou os ofícios e telegramas parabenizando aquela Turma. Entre os quais, o ofício B 247/74 da Câmara Municipal, Ministro NEY BRAGA, Ministro dos Transportes, Ministro do Interior, Governador do Piauí, Distrito Federal, Santa Catarina, Mato Grosso, Sr. RONDON PACHECO, Sr. MAGALHÃES PINTO e Presidente da Empresa Brasileira de Correios e Telégrafos.
> Logo após, deu início ao ato Cívico, com a apresentação do Hino Nacional, e entrega de Diplomas à 20 formandos [sic].[26]

É certo que a solenidade em si e os ritos de consagração que ela procura engendrar primam pela excentricidade, mas é justamente a própria excentricidade que revela o sintoma. A leitura dos ofícios de agentes do Estado, o manifesto da causa legislante do CADEP/ESP, o Hino Nacional e a entrega de "Diplomas" evidenciam a sedução da autoridade pela aproximação com agentes do Estado na ditadura militar, uma vez que dos movimentos psicanalíticos eles não poderiam obter outra coisa que não a repugnância. Ao mesmo tempo, o pastiche revela que, por mais que haja o conhecimento dos signos do pertencimento à elite do poder que caracterizou as relações entre civis e militares na ditadura, o CADEP/ESP era incapaz de mobilizá-los habilmente, amargando coibições que vinham de todos os lados. Logo, é de um exemplo espúrio que se entende de que forma se deram as lutas da disputa pela herança legítima do legado psicanalítico no Brasil nos anos 1970: os desprovidos de legitimidade poderiam virar alvo da espionagem e da polícia política caso reivindicassem para si o nome da psicanálise. Com efeito, o "recado" que as sociedades oficiais passavam por meio das reprimendas midiáticas ao CADEP/ESP era ambivalente: não se lhes negava a razão quanto à ilegitimidade desse grupo leviano em específico, mas, consequentemente, passava-se uma advertência indireta de constrangimento a "iniciativas paralelas" à oficialidade ipeísta. Logo, defende-se aqui que era esse clima generalizado de intimidação, como o que fez baixar tantas vezes a polícia política e até a espionagem no CADEP/ESP, que fez com que movimentos psicanalíticos dentro dos roteiros considerados legítimos de filiação e não pertencentes às sociedades oficiais pensassem duas vezes antes de difundir suas iniciativas institucionais como psicanalíticas. Isso porque, em tese, do ponto de vista da lei pelo menos, não havia de fato um titular único autenticado juridicamente a deter o monopólio psicanalítico no Brasil. O problema é que, sob um regime de implantação do medo disseminado como foi a ditadura militar brasileira, a lógica do "aos amigos tudo, aos inimigos a lei" se expande e ganha compleições labirínticas. Por um lado, aos que se arriscavam, sem qualquer lastro de legitimidade, a desafiar os poderes difusamente distribuídos e mal localizados a olho nu entre civis e militares, a resposta imediata era a espionagem e a polícia política, cujo ponto de partida era insondável. Por outro, aos que se resguardavam ante a iminência do exercício da violência e do poder do regime autoritário mesmo com o lastro da legitimidade, remanescia um resíduo caótico, um misto de apreensão, de discrição como medida de proteção e de sobriedade quanto ao uso dos signos de reconhecimento. Ou seja, diante do medo da acusação de charlatanismo e da arbitrariedade no auge da ditadura entre o fim dos anos 1960 e início dos anos 1970, desafiar a elite do poder nos conselhos profissionais e nas sociedades oficiais era se vulnerabilizar. A falsa equivalência entre "instituições não oficiais" assombrou indistintamente os movimentos psicanalíticos de tal modo que nem os capitais simbólicos acumulados seriam anteparos úteis caso o imprevisto ditatorial resolvesse entrar sem bater à porta.

A "pedra no sapato" não sairia tão facilmente dos calçados dos movimentos psicanalíticos no Brasil. Laertes Moura Ferrão, então presidente da SBPSP, debocha do CADEP/ESP[27]. Para se ter uma ideia de quanto isso durará, Hélio Pellegrino (SPRJ) enviaria uma carta ao *Jornal do Brasil* em 3 de janeiro de 1977, perdendo a paciência quando sabe que suas colunas de jornal eram utilizadas em cursos e apostilas do CADEP/ESP[28]. Qualificando o episódio como "lastimável e miúdo", eis alguns dos adjetivos utilizados por Pellegrino para se referir ao CADEP/ESP enquanto instituição: "sem qualquer noção de decência" e "idoneidade sem jaça", com um "sólido e fornido compromisso com a mentira". Ou seja, nem mesmo os psicanalistas mais progressistas da época como Pellegrino perdoariam a ausência de lastro de legitimidade da instituição.

Bem, a história veio a provar que Pellegrino tinha razão. A tese de Emilio Nolasco de Carvalho é o mais importante documento sobre a história dos desdobramentos do CADEP/ESP que encontramos. Sem nos estendermos demais, vale apontar que, dissolvido nos anos 1980, o CADEP/ ESP deixa como patrimônio uma barafunda do que hoje há de mais nefasto sendo feito com o proveito do prestígio oferecido pelo adjetivo "psicanálise" no Brasil. Uma pequena lista não exaustiva: associações de "psicanálise clínica"; sociedades de "psicanálise ortodoxa"; ligações com seitas religiosas com predicados como "sociedade psicanalítica cristã" ou "sociedade psicanalítica evangélica"; "associação profissional de psicanalistas"; ou "sindicato de psicanalistas". Cisões, dissidências e roteiros burlescos foram se multiplicando em modalidades escusas de formação, distribuição de anéis e diplomas como atestados de reconhecimento e pertencimento e, sobretudo, uma velha insistência na legislação junto ao Estado. Ao que tudo indica pela estabilidade dos capitais simbólicos do campo, apostamos que esse tipo de proposta nunca vingará no Brasil, mas nem por isso ela deixa de causar aborrecimentos de tempos em tempos aos movimentos psicanalíticos até hoje que, entre tantas discordâncias, têm na vigilância conjunta para barrar tais iniciativas um consenso indiscutível.

A DISSIDÊNCIA ARGENTINA

Um último tópico que vale incluir neste nosso capítulo é referente à cisão que aconteceria em nossa vizinhança. Vimos que enquanto os impactos franceses chegarão paulatinamente ao longo dos anos 1970 e as sociedades oficiais se preocupavam em manter os bastardos fora de qualquer disputa, na APA argentina acontecia uma ruptura institucional sem precedentes na América Latina. Trata-se da formação dos aclamados grupos Plataforma e Documento.

O poder hierárquico e as regras estritas da formação psicanalítica de acordo com as normas ipeístas eram causa e consequência de uma insatisfação que vinha em uma crescente na APA argentina desde pelo menos meados da década de 1960. Em 1969, realiza-se o XXVI Congresso de Psicanálise da IPA em Roma, que ficaria famoso na história da psicanálise. Segundo Bolko e Rothschild[29], trata-se do primeiro congresso oficial sediado na Itália, que a essa altura tinha um movimento psicanalítico muito centrado na IPA e já padecia da falta de "psicanalistas credenciados" (em torno de oitenta no país todo) para dar conta da crescente demanda por tratamentos psicanalíticos – em um cálculo grosseiro, mais de oitenta mil tratamentos psicanalíticos em curso, o que obviamente só era exequível quando contabilizados os "não credenciados".

Na programação do congresso, um título entre as apresentações principais se destaca: "Protesto e Revolução", do psicólogo social Alexander Mitscherlich, que se associaria à Escola de Frankfurt. No entanto, todos os outros trabalhos apresentados eram mais tradicionais, versando sobre técnica psicanalítica, psicopatologia, tratamento de crianças e temáticas metapsicológicas. Ainda segundo Bolko e Rothschild, o que incomodava mais não era propriamente o conservadorismo temático, mas a cerimônia do congresso, que se realizou no luxuoso hotel italiano Hilton com valores exorbitantes de inscrição e que excluiu da programação oficial a apresentação de grupos de psicanalistas mais jovens das próprias IPAs, principalmente da Suíça, da França, da Áustria e da própria Itália. Assim, esses grupos "menores" se insubordinaram e organizaram um *contracongresso* em um restaurante que ficava a aproximadamente quatrocentos metros do referido hotel luxuoso. A mídia italiana, que vinha noticiando o congresso oficial, não teria como ignorar o evento concomitante, cujos cartazes confeccionados para o contracongresso não deixavam dúvidas: a crítica ao congresso oficial era expressa na grafia com cifrões "Congre$$o"[30]. Nos arredores dos eventos, panfletos foram distribuídos com a seguinte inscrição já no cabeçalho em letras maiúsculas:

> A *psicanálise* é saudável!
> Vocês concordam? Sim?
> Então vocês devem se analisar!
> A *sociedade psicanalítica* é saudável!
> Vocês concordam? Sim?
> Então vocês terão que fazer mais uma rodada de análise!
> A *formação* psicanalítica é saudável!
> Vocês concordam? Sim?
> Então vocês realmente devem retornar à análise![31]

A esse grupo majoritariamente jovem do contracongresso deu-se o nome de Plataforma. Mais de duzentos psicanalistas dele participaram, entre eles os argentinos Hernan Kesselman e Armando Bauleo, ambos analisados por Marie Langer. Bauleo se juntaria aos promotores do contracongresso rumo a Londres para convocar nomes da antipsiquiatria inglesa como David Cooper, Aaron Esterson e Morton Schatzman e fundar o Plataforma Internacional em 1970 "como um receptáculo, um sentido de unificação e inspiração organizacional, para a nossa energia psicanalítica-política"[32].

Uma comissão de psicanalistas brasileiros foi enviada para acompanhar o congresso oficial de 1969 na Itália, principalmente das sociedades oficiais paulistas e cariocas[33], mas não se sabe ao certo se algum deles tomou parte no contracongresso. O mais provável é que não; por uma questão de *habitus* é razoável supor que o grupo enviado estava mais aclimatado aos festejos do congresso oficial: "A parte social constou de recepção e jantar no Capidoglio e na Vila Adriana, Tivoli, Ópera ao ar livre nas Termas de Caracalla com apresentação de 'Aida' de Verdi; recepção na Vila Giulia e banquete de encerramento nos jardins do Hotel Hilton."[34] Aqui parece fácil deduzir a semelhança tácita entre a "carne crua" dos psicanalistas franceses pobres e a presença dessa observação aparentemente acessória na seção "Noticiário" da *Revista Brasileira de Psicanálise*, voltada, afinal, para a cobertura de um congresso.

Como um efeito desses acontecimentos de 1969, diversas IPAs do mundo decidem restringir ainda mais a abertura para a formação de novos candidatos. Como se não bastasse o baixíssimo número de analistas didatas na grande maioria das sociedades oficiais, cujos movimentos psicanalíticos se encontravam em expansão nesse momento histórico, a decisão era também um reflexo das insubordinações causadas por analistas principalmente das gerações mais jovens diante dos esquemas hierárquicos engessados. O tema seria discutido em uma sequência de congressos oficiais internacionais que aconteciam bianualmente – em 1971 em Viena, em 1973 em Paris e em 1975 em Londres. Na Argentina, o centralismo conservador em termos institucionais da APA não se traduzia necessariamente em conservadorismo político para uma parte de seus membros.

No convulsionado clima político e social do fim dos anos '60, muitos psicanalistas assumiram um maior compromisso com o papel social da psicanálise. A APA começou a ter uma presença mais ativa no mundo exterior. Nos anos 1969 e 1970, a APA expressava solidariedade com as vítimas da repressão policial através de comunicados de imprensa ao mesmo tempo em que analistas da instituição apoiavam greves convocadas por sindicatos de trabalhadores da saúde. Nessa atmosfera mutável a identidade do psicanalista também mudava. Muitos psicanalistas começaram a verem a si mesmos mais como intelectuais progressistas do que como profissionais, enquanto outros questionavam abertamente o papel social da psicanálise. [...] Ao fim dos anos 60 se esperava dos psicanalistas que fossem não somente profissionais exitosos, possuidores de um conhecimento semimágico, [...] mas também que tivessem interesses políticos, sensibilidade política e uma tendência a trabalhar para transformar as estruturas sociais e econômicas. De todo modo, a maior parte dos psicanalistas da APA permaneceu atada a uma concepção médico-clínica da psicanálise e não se envolveu em debates políticos de nenhuma espécie.[35]

Diferente da Associação Brasileira de Psiquiatria, a Federação Argentina de Psiquiatras (FAP) criada em 1960 tinha uma agenda bastante politizada. Tendo como membros fundadores figuras como Enrique Pichon-Rivière e José Bleger e apesar de ter uma grande maioria de afiliados sem grandes simpatias pela psicanálise, a causa maior da FAP estava acima das diferenças episódicas. Após o golpe de Estado que instala a primeira ditadura militar na Argentina em 1966, muitos psiquiatras seriam perseguidos pelo

Estado, acusados de comunistas. Com isso, a partir de 1967, as pautas da FAP passariam por uma transformação, direcionadas à questão da horizontalização das relações entre profissionais do campo da saúde mental. Sob a alcunha de "trabalhadores da saúde mental", psiquiatras, psicólogos e todos os profissionais da saúde se igualavam nas hierarquias de hospitais e centros de tratamento. Os tratamentos psicanalíticos eram oferecidos em serviços psiquiátricos dentro de hospitais gerais, no interior de um processo de renovação do sistema de saúde mental argentino[36]. Nesse caldeirão de experiências poderosas, o movimento psicanalítico argentino marcava uma forte presença para além da APA em instituições de saúde mental, em universidades, no universo intelectual das esquerdas argentinas (como esboçamos no caso do freudo-marxismo argentino) e em centros autônomos de estudo, como a influente Escola de Psicologia Social de Pichón-Rivière. Por essas razões, a ditadura militar argentina entre 1966 e 1973 via os psicanalistas como inimigos diretos do regime, entretanto, não obstante a repressão política, os movimentos psicanalíticos se ramificavam por meio de outras tantas instâncias[37].

É nesse cenário que se deu a ruptura do Plataforma e do Movimento com a APA em novembro de 1971[38]. O Plataforma tinha um caráter que se poderia chamar de revolucionário e agrupou psicanalistas de diferentes gerações, como a cofundadora Marie Langer, o ex-presidente da APA Emílio Rodrigué e os responsáveis pela articulação com o Plataforma Internacional desde a Itália, Armando Bauleo e Hermán Kesselman, além de didatas como Diego e Gilou García Reinoso. Ou seja, não se podia negar que era um grupo de peso e altamente legítimo que estava rompendo. O Documento, por sua vez, tinha inicialmente um caráter mais reformista, com agendas como direito de voto para decisões institucionais conferidos a todos os membros da APA independentemente da posição hierárquica, e uma outra figura importante à frente de suas iniciativas, Fernando Ulloa. Entretanto, com a ruptura do Plataforma, o Documento rompe logo na sequência com a APA, e os dois grupos reconhecem uma maior afinidade política entre si do que era possível perceber no auge das tensões institucionais. Não por acaso, fala-se nos dois como atos quase simultâneos de insurgência contra a hierarquia ipeísta, cujas agendas políticas confluiriam para um mesmo espectro de preocupações no movimento psicanalítico argentino. Além disso, o Plataforma-Documento teve o mérito de congregar colegas psicanalistas de países vizinhos latino-americanos, notadamente o casal uruguaio Maren e Marcelo Viñar.

Esse riquíssimo momento da psicanálise na Argentina tem muitas facetas, que infelizmente não teremos espaço para esmiuçar aqui. Vale apontar minimamente que o Plataforma funda uma revista, denominada *Cuestinamos*, que teria vida curta, mas grande impacto. Em um artigo apresentado no último contracongresso do Plataforma Internacional que aconteceria simultaneamente a um congresso oficial em 1971 em Viena, Marie Langer recupera a história de uma rota filiatória e migratória antiga, remetendo a seus tempos de juventude na formação psicanalítica em Viena nos anos 1930 para justificar a "complementariedade entre Psicanálise e Marxismo"[39], retomada como uma urgência intelectual no momento referido. Esse freudo-marxismo renovado do grupo presta homenagem a José Bleger (que não adere ao Plataforma-Documento, mas é considerado como um de seus mentores intelectuais) e a Enrique Pichon-Rivière, bem como se aproxima dos filósofos interessados pela psicanálise, como Raul Sciarreta ou o já citado Leon Rozitchner. De modo geral, os outros artigos da *Cuestionamos* acompanham esse projeto, implicando uma série de psicanalistas argentinos muito influentes em uma luta política à altura dos acontecimentos de seu tempo.

Duas observações são importantes aqui. Primeiro, que apesar de a ruptura francesa entre o grupo de Lacan e a IPA parisiense ter se dado definitivamente em 1963, portanto oito anos antes do Plataforma-Documento, as razões eram significativamente distintas. Enquanto na França a ruptura respondia a uma exigência de política institucional – em que Lacan interpreta a retirada de seu título de didata como uma excomunhão – para dar consequência aos efeitos na cultura política geral, na Argentina o caminho foi contrário: reivindicou-se o caráter eminentemente político da situação histórica para justificar o corte na política institucional. Segundo, que a ruptura argentina não tinha exatamente a pretensão da novidade metapsicológica, acompanhada da fundação de uma nova escola ou corrente psicanalítica de pensamento, práticas clínicas ou modelos de formação analítica. Ao contrário, nos artigos do *Cuestionamos* é notável a presença de ideias de extração kleiniana e pós-kleiniana. Um exemplo concreto é a formulação do conceito de "objeto comum"[40], que visava dar conta da irrupção de acontecimentos políticos no *setting* analítico e na relação transferencial dentro de um argumento tipicamente anglo-saxônico, como a divisão clássica entre mundo interno e mundo externo. Outro exemplo concreto é a corajosa "declaração de humildade" dos conflitos vividos por um psicanalista na prática, lidos em chave contratransferencial, ao se relatar um caso clínico. Não era habitual, por exemplo, que um psicanalista à época expusesse publicamente por meio de um artigo uma "vacilação" diante de uma situação clínica, pois a tomada da contratransferência operava como crivo fulcral para uma interpretação clínica peremptória. Mas é exatamente uma situação de insegurança o que Eduardo Pavlovsky chancela quando escreve sobre a sensação de não saber o que fazer quanto uma paciente sua lhe entregava um exame médico[41]. Ou seja, para retomar um argumento já colocado, ainda que as sociedades oficiais brasileiras tenham tornado equivalentes neutralidade clínica e neutralidade política para autojustificar a retirada do campo de batalhas políticas na esfera pública durante o regime militar, não pensamos que é possível creditar a inclinação "apolítica" dessas instituições *inteiramente* à teoria kleineana ou bioniana. Os artigos do *Cuestionamos* são exemplos cabais de que mesmo as teorias psicanalíticas anglo-saxônicas são programas epistemológicos profícuos para uma reflexão política verdadeiramente crítica caso se voltem para tal. Ainda que menos "praticada" para tais fins[42] se comparada ao freudo-marxismo de um autor como Marcuse ou mesmo aos ecos do pensamento lacaniano nas reflexões marxistas do estruturalismo francês (nesse momento histórico, notadamente em Louis Althusser), isso parece depender mais dos agentes que as mobilizam do que de uma suposta "natureza intrínseca" da teoria, com o perdão do absurdo da expressão.

Apesar das aproximações com movimentos psicanalíticos de outros países da América Latina, no momento de nascimento do Plataforma-Documento as relações com alguns psicanalistas brasileiros eram ainda tímidas, indiretas ou pouco nítidas. É com a tradução de um primeiro volume compilado dos artigos da *Cuestionamos* para o português em 1973 pela editora carioca Vozes que as ideias dos dissidentes argentinos ganhariam mais força no Brasil[43]. Com o volume publicado pela editora mineira Interlivros em 1977, completa-se um ciclo da presença textual do Plataforma-Documento no país[44].

Enquanto os exilados na França não retornavam e as repercussões da dissidência na Argentina tardavam a ser experienciadas diretamente por aqui, no início dos anos 1970 de fato o que mais preocupava as sociedades oficiais eram as iniciativas bastardas, levianas ou ilegítimas como o CADEP/ESP. Os episódios paulistas de 1972 – a insistente tentativa de regulamentação da psicanálise via Estado e seus infortúnios midiáticos – traziam de volta um conhecido fantasma: o pretexto do "exercício ilegal da medicina" como medida irrefutável de repressão do charlatanismo. Como já se sabia desde a década de 1950 que tal medida poderia se voltar contra os próprios psicanalistas não médicos das sociedades oficiais, era necessário poder apelar para uma segunda instância capaz de oferecer pretextos legais igualmente potentes de censura a "aventureiros", sem legislar sobre a formação psicanalítica, mas sem também resgatar a sombra cada vez menos ofuscante do poder médico sobre a prática psicanalítica e sobre as psicoterapias em geral. Assim, apresentou-se uma solução intermediária conveniente a esses propósitos: o engajamento na criação do Conselho Federal de Psicologia, cujo berço foi construído graças a uma relação orgânica com os mais altos escalões do poder militar na ditadura brasileira.

11.
As Novas Formas da Vigilância

O Recrudescimento da "Guerra Psicológica" e as Ligações Orgânicas Com os Militares no Conselho Nacional de Psicologia

> *Encosta essa porta*
> *Que a nossa conversa não pode vazar*
> *A vida não era assim*
> *Não era assim*
>
> IVAN LINS, *Abre Alas*.

É entre o decreto do AI-5 e o fim de 1972 que a ditadura militar consolida a barbárie como projeto de governo. Para aludir aos títulos dos livros do jornalista Elio Gaspari que ficariam famosos no início dos anos 2000, talvez a ditadura não fosse tão "envergonhada" quanto parece querer crer o autor nos anos Castello Branco e Costa e Silva, mas não há dúvidas de que ela será "escancarada" sob o governo Médici. Os serviços secretos de informações funcionavam a pleno vapor e, como um "martelo de matar moscas"[1], abasteciam o combate à chamada "luta armada"[2]. O ano de 1972 indica cronologicamente um momento por meio do qual se entende como a luta armada foi ceifada de forma brutal e quase definitiva – a exceção mais evidente após 1972 foi a Guerrilha do Araguaia, que seria exterminada pelos militares entre fins de 1973 e 1974. A eliminação dos ânimos revolucionários das esquerdas nacionais serviu ao longo dos dez primeiros anos do regime militar como sustentáculo de uma incongruente suspensão da democracia "em favor" da democracia a partir do golpe de 1964. A sanha anticomunista convertida em terror de Estado encerrava no início dos anos 1970 um ciclo de infalibilidade. Nas palavras de Napolitano:

> Havia um ponto em que a tortura se mostrou eficaz. A construção do "círculo do medo", que tende a estancar novas adesões, à base de entusiasmo, à causa revolucionária. Ao longo dos anos 1970, isto parece ter acontecido com parcelas importantes da juventude e da sociedade brasileira como um todo. O recado dos torturadores era para quem estava no campo de influência ou sentia alguma simpatia pela guerrilha. Seu destino será o mesmo: prisão, tortura, morte e desaparecimento.[3]

Do ponto de vista da inventividade revolucionária, a primeira metade dos anos 1970 também parecia encerrar um ciclo. Segundo Ridenti:

A derrota do projeto guerrilheiro em suas diversas expressões já era visível no final de 1970, consumando-se em definitivo com a eliminação da Guerrilha do Araguaia no princípio de 1974. Encerrou-se a proximidade imaginativa da revolução, que, para a maioria, já findara com o golpe de 1964; para uma parte da população, com a promulgação do AI-5; e para outros só se efetivou com a extinção definitiva dos grupos de esquerda armada.[4]

Na transição do governo Médici para o governo Geisel preparada na primeira metade dos anos 1970 até a assunção da presidência por este último em março de 1974, o SNI e suas ramificações se tornaram uma aberração metastática, tamanha desmesura de suas táticas de espionagem, enquanto as esquerdas tentavam se recompor do trauma que lhes era imposto pela bestialidade da violência do regime. Não obstante, as instituições militares que se alimentaram de sangue e se agigantaram na barbárie chegam a 1974 com um sentimento paradoxal de triunfo e vacuidade: uma vez abatidas as esquerdas combativas no Brasil, era preciso que o SNI e suas filiais literalmente "arrumassem o que fazer", com tudo o que há de esdrúxulo e bizarro nessa expressão. Mantida ao longo dos primeiros dez anos do regime militar como uma estratégia psicossocial constante, mas secundária quando comparada ao solapamento do "inimigo interno" representado pela "luta armada", a "guerra psicológica" seria enfim revigorada e alçada à condição de justificativa central para a manutenção da ditadura militar no país. Na segunda metade de seu período de vigência, ganha ainda mais força a ideia de que a "ameaça comunista" seguiria assombrando o país caso ela não fosse radicalmente dizimada das mentes e corações dos brasileiros como se dizimou a luta armada no Brasil. Assim, legitimou-se o processo que se denominou "distensão" no Brasil[5]: vagarosa, dilatada e, sobretudo, controlada pelos militares em cada etapa.

No cotidiano universitário e no âmbito da "vanguarda contracultural" e intelectual, em que, nas palavras de Napolitano, "a crítica ao autoritarismo passava pela crítica radical aos valores burgueses, comportamentais e políticos a um só tempo", uma divisão se acentuava: "Para os jovens adeptos da contracultura, os militantes comunistas eram 'caretas'. Para os comunistas e simpatizantes do PCB, os artistas de vanguarda eram 'desbundados'. Os primeiros queriam ampliar o público. Os segundos, reinventá-lo."[6] Especialmente após o acordo MEC/USAID de 1968, a expansão das universidades brasileiras estimulou a abertura de diversos cursos de psicologia em faculdades públicas e privadas[7]. Vimos anteriormente que havia razões econômicas e mercadológicas para isso, que consistem basicamente em um curso técnico e realizável a baixo custo para os gestores universitários, cuja procura por parte dos estudantes não cessava de crescer em meio ao *boom* da psicanálise e das psicoterapias. Desde a regulamentação da psicologia enquanto profissão em 1962, diversos avanços haviam sido feitos no sentido de permitir o exercício da psicoterapia aos formados em psicologia e barrar a interposição dos médicos nesse departamento. Entretanto, ainda faltava criar um Conselho profissional que pudesse supervisionar e direcionar tais avanços, de tal modo que os interesses da classe profissional dos psicólogos pudessem ser atendidos no sentido de espreitar os charlatanismos, defender direitos e amparar os graduados nesse promissor ofício.

Idealmente, nada disso teria a ver com a psicanálise. A rigor, no que tange às formas próprias de reconhecimento mútuo entre pares e de processos instituintes na disputa pelo monopólio legítimo da herança de Freud, a psicanálise se esforçava por se distinguir da psicologia, da medicina e das outras psicoterapias. Mas se as linhas divisórias já não eram assim tão retilíneas nem nos ideais mais abstratos, sob o regime militar elas se tornavam ainda mais tortas na prática. Convocados a responder pelas suas vizinhanças, os movimentos psicanalíticos descobririam formas transitórias nos anos 1970 não de se colocar em oposição a elas, mas de fazer valer suas agendas de eliminação de contrariedades por meio delas. Por isso, os arquivos pesquisados e descobertos nos exigiram um aparente desvio de rota, mas que ao fim deram sentido aos caminhos tortuosos por meio dos quais esses próprios arquivos foram encontrados: por um lado, analisar o espectro da "guerra psicológica" revigorada a partir de 1972 e, por outro, considerar o papel exercido pelo Conselho Nacional de Psicologia, cuja proveniência trazia em seu bojo um conjunto significativo de ligações orgânicas com os altos escalões militares no poder.

Por uma questão puramente estilística, não insistiremos no uso das aspas para as sinonímias da "guerra psicológica" em todas as suas ocorrências, ainda que haja razões para usá-las. Para tornar a leitura mais fluida e direta, admitiremos de antemão que tais sinonímias estão sob a suspeita que as aspas exprimem em todas as circunstâncias, com a esperança de que o conteúdo do texto demonstre o despautério lógico que essas expressões designam.

A *PSICOPOLÍTICA* COMO FANTASMA:
OS IDIOTAS ÚTEIS (SEGUNDO UM MANUAL CLANDESTINO
DE LAVAGEM CEREBRAL SOVIÉTICA)

Entendemos que o período entre 1972 e 1973 representa uma guinada da atenção à dimensão psicológica da dita guerra subversiva. É no início de 1972 que começa a se esboçar um processo de questionamento público geral da vigência do AI-5. O discurso de posse do general João Bina Machado ao assumir o comando da Escola Superior de Guerra ganha espaço na mídia impressa. Na reportagem "Luta Psicológica Preocupa a ESG", pode-se ler na chamada do artigo:

Ao assumir ontem o comando da Escola Superior de Guerra, o general João Bina Machado anunciou que a ESG deverá considerar, "com a devida primazia", o equacionamento do "desenvolvimento do poder de influenciação psicológica em seu planejamento estratégico de segurança nacional". Leva-se em conta – aduziu – que "vivemos aspecto predominante de guerra psicológica, através dos mesmos e conhecidos veículos e técnicas de comunicação social."[8]

A reação da ARENA em defesa da manutenção do AI-5 é imediata no sentido de buscar se alinhar ao discurso da ESG. Um exemplo que nos interessará diretamente é o do deputado federal pela ARENA e vice-líder do governo na Câmara, Clóvis Stenzel. Na notícia "ARENA Incorporará a Doutrina da ESG", publicada em *O Estado de S. Paulo* em 25 de fevereiro de 1972, Stenzel vem a público se colocar contra a extinção do AI-5 por acreditar que ele "frearia o progresso econômico e social do Brasil e atuaria em sentido contrário quanto à ordem e à liberdade. O Brasil se transformaria num carro sem freios, ladeira abaixo, exigindo do motorista destreza e habilidade 'que estão acima de sua capacidade'"[9].

Clóvis Stenzel é uma peça-chave por diversos motivos. Autodeclarado "linha-dura", alinhado à extrema direita civil, ele ingressa na vida política no ano em que se graduou em Direito pela Universidade do Brasil (hoje UFRJ) em 1951. Após uma sequência de mandatos como deputado por diferentes legendas nos anos 1950, retorna ao Rio Grande do Sul durante o governo João Goulart, ao qual se opõe em um programa de TV produzido por ele mesmo entre 1962 e 1964. Em 1965, com a instauração do bipartidarismo, filia-se à ARENA no mesmo ano em que se forma em Psicologia, pela PUC-RS. Em 1966, assume o posto de professor de Psicologia Social da Universidade de Brasília, onde ficará até 1971 – portanto, ao longo dos anos que os militares desmantelaram o projeto de Darcy Ribeiro para a UnB. Em paralelo, também será um dos fundadores do Centro Universitário de Brasília (CEUB) em 1967, onde dará aulas por onze anos. Em maio de 1970, Stenzel é indicado vice-líder da ARENA na Câmara dos Deputados.

Essa ascensão repentina de poder, que acumulava o prestígio de professor universitário e de figura pública da ARENA durante a vigência do AI-5, será fundamental para que ele estivesse entre as lideranças da primeira diretoria que funda o Conselho Nacional de Psicologia (CNP, atual CFP, Conselho Federal de Psicologia) a partir do início dos anos 1970. Sendo um dos principais veiculadores da ideia de guerra psicológica na guinada psicossocial da década de 1970, Stenzel prolongou a agenda da luta psicológica até a sedimentação das condições elementares para a criação do CNP. Talvez até de forma coerente com a cumplicidade militar diante do *boom*, a psicanálise não era o grande alvo da sua fúria anticomunista. Mas para entender o que estava em jogo na reconfiguração do anticomunismo entre 1972 e 1973 no Brasil, é preciso discorrer sobre a aparição de um insólito manual de lavagem cerebral soviético que, de tão grotesco, convenceria o SNI e sua comunidade de informações que sim, "havia muito o que se fazer ainda".

O manual em questão recebeu o nome de *Psicopolítica – A Guerra Psico-Cerebral* e foi publicado de forma absolutamente clandestina, sem qualquer referência à autoria, editora, ano e origem. Do ponto de vista da apresentação, uma capa deveras extravagante e um texto na contracapa no qual se pode ler:

Há quanto tempo a psicopolítica está sendo usada contra o mundo e o Brasil? Este livro denuncia o plano e a atuação nefasta da psicopolítica. Todos os cidadãos civis, militares, parlamentares e governantes *têm o dever de ler este livro*. Não se trata de conhecer mais um livro sobre as táticas guerreiras dos comunistas, trata-se de defender, com urgência, a sanidade psico-cerebral do povo brasileiro, da sua família e a sua própria.[10]

Acompanhando a hipótese de outros pesquisadores[11], inferimos que a circulação do *Psicopolítica* se deu entre 1972 e 1973, o que a documentação levantada por nós de fato confirma. Um primeiro documento que o corrobora é o já mencionado Sumário do Comunismo Internacional de abril de 1972, cujo conteúdo também versava sobre Marcuse. Em outra seção desse mesmo documento aparece o chamado "comunismo difuso", que estaria chegando ao seu auge naquele ano. O adjetivo "difuso" dessa designação consiste em sublinhar o caráter indireto dessa forma obtusa de pregação do comunismo: tratava-se, antes, de subverter os costumes para que ele viesse à tona de forma espontânea. Referenciando um artigo da *Folha de S.Paulo* de 2 de abril 1972, o Sumário elenca precisamente os seguintes objetivos e planos do Comunismo difuso:

1. Degradar todas as formas de expressão artística.
2. Eliminar, dos parques e edifícios, toda boa escultura e substituí-la por configurações informes, sem graça e sem significação.
3. Fazer desaparecer todas as leis que refreiam a obscenidade nos livros, jornais ilustrados, cinema, rádio e TV.
4. Apoiar todo movimento socialista para o estabelecimento de uma autoridade central sobre uma secção qualquer da educação cultural, dos serviços sociais, dos programas de assistência etc.
5. Infiltrar as Igrejas e substituir a Religião revelada por uma Religião social.
6. Tratar todos os problemas de conduta pessoal como desordens psiquiátricas, que ninguém, a não ser o psiquiatra, pode entender e tratar.
7. Desacreditar a família como instituição, favorecendo o amor-livre e o divórcio fácil.[12]

A preocupação com a luta psicológica expressa pelo alto comando da Escola Superior de Guerra que aparecia na grande mídia impressa desde o início de 1972 é diretamente relacionada a uma ação combinada com a propagação do comunismo difuso nos Sumários do Comunismo Internacional.

Para além da tomada direta do poder, essa forma sub-reptícia de expansão do comunismo por meio da guerra psicológica incidiria na corrosão moral dos costumes, no ataque aos cânones ou aos pilares da sociedade brasileira tradicional e na degradação do poder constituído. De acordo com os militares, a ameaça comunista se reproduzia no plano *cultural*. Para dar um outro exemplo, no Sumário de setembro de 1972[13] a *Psicopolítica* já comparece na seção "Conheça o Inimigo" e é retratada como um "ramo especializado da geopolítica [...] desenvolvida de forma notável". Logo, não se deve ignorar a importância que a guerra psicológica tinha no interior da lógica anticomunista militar, por mais que as esquerdas nacionais de toda espécie jamais tenham se reconhecido nela.

É nesse contexto que localizamos as incidências do manual *Psicopolítica* nos arquivos do SNI. Deles, pudemos extrair duas conclusões importantes e complementares. A primeira delas é que *a divulgação do Psicopolítica estava a cargo do próprio* SNI ao menos a partir de 1973. A segunda é que *a guerra psicológica*, fomentada desde o início do regime militar, *será decisiva na composição dos primeiros quadros diretores do Conselho Nacional de Psicologia, que contavam com a participação ativa de pelo menos uma peça-chave da história da psicanálise no Brasil.*

Quanto à primeira conclusão, encontramos uma série de arquivos que provam que o *Psicopolítica* era distribuído a um conjunto heterogêneo de agentes em nível nacional. Bispos, padres e membros do clero, mas também a professores universitários, jornalistas, funcionários públicos e políticos receberiam o referido manual pelo "sistema *delivery*" do SNI. A título de exemplo, muito rapidamente, eis sete casos que representam tal iniciativa[14]:

1. D. Felipe Tiago Broers, bispo da Diocese de Caravelas/BA[15].
2. José Nicomedes Grossi, bispo da Diocese de Bom Jesus da Lapa/BA[16].
3. Francisco Guimarães Rollenberg, médico e deputado federal pela ARENA/SE entre 1971 e 1975[17].
4. Joaquim Alves da Cruz Rios, jornalista[18].
5. Geraldo Luccas, professor da Universidade Federal de Goiás (UFG)[19].
6. Jutahy Borges Magalhães, deputado estadual pela ARENA/BA entre 1971 e 1974[20].
7. Jorge Calmon Muniz Bittencourt, jornalista de Salvador/BA[21].

Distribuído pelo próprio SNI como chamariz para a preocupação com as técnicas insidiosas da guerra psicológica, o referido manual circula secretamente, porém em ampla escala. Quando se fazia crer que o *Psicopolítica* se disseminava de mão em mão pelos círculos de resistência à ditadura militar, tratava-se justamente do contrário: ele era consumido pelos civis apoiadores do regime como a prova viva das táticas subliminares do comunismo para tomar o país de assalto. Indo além, chama a atenção que sejam esses perfis os destinatários preferenciais do *Psicopolítica*. No que diz respeito aos receptores, pode-se inferir que suas atividades rotineiras eram potencialmente sensíveis a causas sociais, como o ataque às populações interioranas locais por parte de grileiros de terra e o combate à fome ou à miséria no caso dos bispos; no caso de professores universitários ou jornalistas, esperava-se uma atuação mais direta na prevenção da expansão da guerra subversiva pela censura e pela contenção dos movimentos estudantis. Em 1973, enviar o *Psicopolítica* a membros da sociedade civil eventualmente expostos às desigualdades sociais – e, talvez por isso, eventualmente propensos à adesão a pautas da esquerda – era uma forma de fazer incutir a ameaça do comunismo difuso por uma diagonal discursiva *moral*. Aqueles que poderiam correr o risco de vacilar na confirmação do apoio ao regime militar estariam assim, com o impacto da leitura do *Psicopolítica*, "vacinados" novamente contra o contágio da esquerdização.

Bem, e para delinear a segunda conclusão, relativa à influência da premissa militar da guerra psicológica na formação do Conselho Nacional de Psicologia, cabe recorrer, afinal, ao conteúdo do próprio livro, perscrutando as referências diretas dele à psicanálise para entender como ele poderia ser uma "vacina anticomunista" realmente eficaz.

Pode-se ler no livro a seguinte definição de psicopolítica: "Em suma: *A psicopolítica é a arte e a ciência de obter e manter um domínio sobre o pensamento e as convicções dos homens, dos funcionários, dos organismos e das massas e de conquistar as nações inimigas por meio do 'tratamento mental'"*[22].

O dito "tratamento mental" se refere a um conjunto radicalmente heterodoxo de práticas, em que são elencados alguns "métodos":

1. o estímulo da prática de eletro-choques e cirurgias cerebrais em hospitais psiquiátricos, devidamente acompanhado de um discurso sobre a doença mental que promovesse a equivalência direta entre "anticomunismo" e "demência"[23];
2. a coação de dirigentes políticos até o suicídio ou o desaparecimento, posto que estes seriam menos custosos em termos de administração psicossocial do que a condenação à morte pelo Estado[24];
3. a imposição da obediência por meio da violência direta e explícita, ou pela via indireta da submissão psicológica do hipnotismo, ambas de acordo com o lema de que "a obediência é o resultado da violência"[25];
4. o incentivo à desonra moral das classes políticas dirigentes, segundo a ideia de que "a degradação e a conquista marcham juntas"[26];
5. a promoção generalizada do ataque sexual e do estupro, aliada à administração de drogas como formas de ataque aos pilares liberais

da sociabilidade tradicional capitalista (família, religião e propriedade privada).

Bem, não é preciso ir mais longe para demonstrar o quão irreal e disparatado é o argumento do livro. É espantoso como pôde esse "manual soviético de lavagem cerebral" ser tão decisivo na estratégia psicossocial de sustentação da ditadura militar, influindo nos civis aderidos ao discurso militar e, ao mesmo tempo, ser tão imune à reflexão crítica de quem o recebia. Isso talvez se explique pelo fato de que o *Psicopolítica* investe em certos índices de erudição ordinária ao arrolar nomes de autores e suas respectivas teorias, de modo a ludibriar o leitor imprudente quanto à autenticidade do texto escrito. Este é o caso das referências à psicanálise, que nos parecem exemplares. Vejamos:

> Desde que se consagrou como capital da Psicanálise, Viena tem sido considerada como a capital da psicopolítica. Ainda que nossas atividades já há muito superaram a dos grupos freudianos, a proximidade de Viena com a Rússia e a necessidade de que os agentes psicopolíticos tenham "estudos mais especializados" no berço da psicanálise, facilitam a transmissão e o contato com o alto comando psicopolítico. Por isso, deve acentuar-se constantemente a Psicanálise e deve-se mantê-la aparecendo como parte fundamental do adestramento psicopolítico.
> A psicanálise tem um vocabulário valioso, mas uma aplicação bastante pobre, sendo ineficaz como antídoto às convicções implantadas pela psicopolítica. As associações de saúde mental podem pô-la em voga e, aprendida sua tecnologia inócua e acreditados alguns de seus fenômenos, os membros dos grupos de saúde mental estarão convencidos de que conhecem muito sobre a questão, visto que põe o acento no sexo, que é um instrumento conveniente à degradação e serve admiravelmente para os fins da desmoralização psicopolítica. De modo que as literaturas recomendadas a tais grupos devem ser de índole psicanalítica.[27]

Para qualquer observador mais atento, as referências à psicanálise no livro são absolutamente excêntricas, para dizer o mínimo. Elas definitivamente não correspondem a um entendimento acurado e sofisticado da teoria freudiana; pelo contrário, se atêm a um argumento geográfico obtuso (proximidade entre a Áustria e a Rússia) e a lugares comuns da vulgarização teórica ("o acento no sexo"). Esse dado elementar serviria para suspeitar, portanto, da autenticidade desse repertório textual sem autoria. Não obstante, tal expediente argumentativo obscuro parece reforçar a divisão das teorias ocidentais e orientais como correlatas da divisão entre capitalismo e comunismo no contexto da Guerra Fria, algo já presente no imaginário psi brasileiro como se pôde demonstrar anteriormente via *Masoquismo e Comunismo* de Karl Weissmann. Subitamente, a "coação psicológica" da propaganda ideológica, o uso de drogas e o "apelo ao sexo" psicanalítico são nivelados em uma retórica profusa e superficial, mas que visa deslocar as atenções do combate ao comunismo para suas supostas entradas morais e culturais.

Assim, o *Psicopolítica* responde aos anseios conservadores dos apoiadores da ditadura militar quanto à *reinvenção das formas de controle e de tutela do comportamento da juventude*. Nesse sentido, há nele um argumento que, não por acaso, reaparece até hoje: o apelo ao recrutamento de *idiotas úteis*, a saber, jovens que serviriam de massa de manobra para a propagação do comunismo difuso. De acordo com a definição proposta, "*o idiota útil é um indivíduo bem adestrado que atua com uma obediência total ao psicopolítico (ainda que sem o saber)*"[28]. E mais adiante:

O recrutamento desses elementos revela-se mais eficaz quando se efetua entre os estudantes dos "tratamentos mentais" que sofram – ainda que em pequeno grau – de alguma depravação ou que tenham sido "tratados" por agentes psicopolíticos.
O recrutamento fica facilitado fazendo-se com que o terreno da saúde mental se torne atrativo, financeira e sexualmente.[29]

A ideia de que a susceptibilidade à "idiotice útil" seria mais acentuada entre os jovens não será sem consequências para a vigilância e a opressão aos movimentos estudantis e universitários durante a ditadura militar. A generalização que norteia o imaginário grosseiro quanto ao antagonismo entre jovens e adultos, à maneira da oposição "razão *versus* paixão" ou "prudência *versus* imprudência", ganha um tom especial de arremedo conservador no âmbito dos costumes e das disposições de *habitus*.

Por mais desrazoado que seja o argumento, é preciso lembrar que ele se alastrou mesmo entre agentes do campo universitário que, suporíamos, teriam condições cognitivas de realizar uma leitura crítica do conteúdo disparatado do *Psicopolítica*. Um exemplo é o antigo reitor da Unicamp, Zeferino Vaz, psiquiatra de formação e um entusiasta da presença do ensino da psicanálise na universidade. Examinemos um relatório escrito por ele em 29 de dezembro de 1970 e enviado à Diretoria da Divisão de Segurança e Informações do MEC, cuja divulgação se dará a partir de 7 de abril de 1972[30]. O argumento geral consiste na recusa a encerrar a explicação do fenômeno do trote universitário pela combinação de elementos de satisfação sádicos (por parte do "veterano") e masoquistas (por parte do "calouro"). Para o autor, esse argumento informava sobre um estágio histórico da prática do trote que já não era mais aceitável "há 15 anos":

Desde quando, a partir de 1955, a esquerda subversiva se convenceu, por múltiplas razões, de que os estudantes universitárias [sic] constituem matéria-prima muito mais receptível que os operários à mensagem revolucionária [sic], passando a dedicar o melhor de seus esforços às Universidades, o processo de trote está sendo, a nosso ver, cientificamente orientado e utilizado com excelentes resultados através das técnicas da reflexologia para condicionar e impor obediência dos estudantes a líderes subversivos.[31]

Uma atenção às datas é importante aqui. Segundo o autor, desde 1955 se tinha conhecimento do constrangimento do trote universitário como tática da guerra psicológica, mas o relatório foi escrito em 1970 – ou seja, ao menos dois anos antes da ampla divulgação do *Psicopolítica* realizada pela SNI, o que parece dar pistas sobre algum tipo de incoerência. Seguindo a leitura, após uma exposição sucinta da reflexologia de Pavlov que demonstra conhecimento de causa – particularmente o de reflexo condicionado e de suas respectivas variantes (simultâneos, retardados, residuais) e propriedades (especialidade, estabilidade, aplicação em seres humanos) –, Zeferino Vaz se posiciona:

> Não há dúvidas de que os reflexos condicionados contribuem para a formação da personalidade. Mas daí a considerá-lo como único mecanismo da formação do psíquico do homem vai uma larga distância. Essa concepção estreita, puramente mecanicista, negativista da existência da alma humana, interessa certamente à dialética marxista e não era aceita por Pavlov. Lamentavelmente, em muitos dos nossos cursos de psicologia, dirigidos alguns por marxistas, somente se ensina a reflexologia como único mecanismo da formação psíquica alicerçados em outras doutrinas e técnicas, como a Psicanálise, Testes de Rorschach e outros.[32]

Zeferino Vaz parece lamentar a ausência de outras doutrinas e técnicas nos cursos de graduação de Psicologia. Com efeito, tal observação é coerente com a sua trajetória. Acompanhando a pesquisa de Gabriela Bazan Pedrão[33], nota-se como a ascensão imperturbável da carreira acadêmica de Vaz foi potencializada pelas relações orgânicas com o regime militar, porém seu entusiasmo pela psicanálise, no caso, é anterior ao golpe de 1964. Para dar alguns exemplos, sabe-se que em 1956, na qualidade de diretor e fundador da Faculdade de Medicina de Ribeirão Preto, Zeferino Vaz convida o psiquiatra e psicanalista chileno Sérgio Rodriguez Gonzales para assumir a coordenação do Departamento de Psicologia Médica. No ano seguinte, Gonzales é substituído por outro psicanalista chileno, Hernan Ramon Davanzo Corte, que permanecerá no posto de coordenador até 1965[34]. Para além de uma questão estritamente intelectual ou acadêmica de simpatia pela psicanálise, Vaz também mantinha relações pessoais estreitas com os psicanalistas, frequentando pelo menos desde o início dos anos 1960 festejos e homenagens nos salões da aristocrática psicanálise paulista[35]. Já depois do golpe, em 1965, após ter participado da intervenção militar na UnB e já assumindo a dianteira da construção da Unicamp, Zeferino Vaz convida o médico e jornalista Roberto Silveira Pinto de Moura, considerado um dos precursores da psicanálise na cidade de Campinas, para ajudar na estruturação do Departamento de Psiquiatria da Unicamp. Mesmo com histórias contadas por este último, como a de um paciente dele que tinha sido encorajado por um padre a descontinuar o tratamento com alguém que seria "comunista, ateu e freudiano", Zeferino Vaz permanecia firme no convite: "Adoro Freud, quero a psicanálise aqui."[36] A estima pela psicanálise e pelos psicanalistas era tanta e acima das diferenças ideológicas que Zeferino Vaz acolhe o psicanalista argentino Mauricio Knobel em 1976 após ele ser demitido por "atividades subversivas" com a eclosão da ditadura na Universidade de Buenos Aires, no mesmo Departamento de Psicologia Médica e Psiquiatria da Faculdade de Ciências Médicas da Unicamp[37]. Ao mesmo tempo, a proximidade pessoal e intelectual com os militares e sua agenda política não impediria Zeferino Vaz de amparar perseguidos políticos ou potenciais docentes subversivos sob a vigilância da ditadura, situações às quais respondeu com uma frase que ficaria famosa: "dos meus comunistas cuido eu!". Não obstante, ainda é misterioso o motivo pelo qual Vaz nunca encorajou a abertura de um curso de graduação ou de pós-graduação em Psicologia na Unicamp em um departamento ou instituto autônomo – mas provavelmente a última frase do trecho citado acima dê alguma pista a este respeito.

Retomando o relatório, vale citar um último trecho:

O processo [do trote] culmina com a passeata dos calouros pela cidade. É uma espécie de desfile da tropa em que se testa a organização de grandes grupos de estudantes e a obediência em massa às ordens dos líderes e de seus auxiliares. *Alguns desses são inocentes úteis.* [...] As autoridades policiais em geral não intervêm, considerando a passeata final do trote como simples "estudantada". A população civil assiste às cenas, por vezes degradantes, com revolta. Temem, porém, os estudantes e este é, também, um dos objetivos da passeata: *incutir na população o temor aos movimentos estudantis.*[38]

A expressão *inocentes úteis*, tal como aparecera no Sumário do Comunismo Internacional em 1972, é equivalente a *idiotas úteis*, sendo aplicada à compreensão da vulnerabilidade do estudante universitário à propaganda e às práticas ditas subversivas. O caso de Zeferino Vaz é de fato representativo, pois prova a força ideológica do argumento da guerra psicológica mesmo entre um destacado especialista da "área psi". Isso não é um mero detalhe, pois se trata de alguém com uma formação sólida em psiquiatria, simpático à psicanálise e aos psicanalistas, com uma carreira acadêmica bem-sucedida, que acolheu perseguidos políticos nos espaços em que foi reitor e expressou solidariedade em relação a eles. Bem, se nem Zeferino Vaz foi capaz de atinar para o profundo contrassenso em que estava mergulhado e para a irracionalidade de seus próprios argumentos contra a guerra psicológica disseminada em trotes universitários, parece que a atividade crítica se curvava definitivamente à adesão ideológica ao anticomunismo. Em outras palavras, simplesmente porque a ironia é irresistível: nesse início dos anos 1970, o anticomunismo respondia a todo estímulo militar como um cão salivando diante de um pedaço de carne – assim, Pavlov comprovava pelo avesso sua teoria "puramente mecanicista" graças à própria estreiteza animalizada da capacidade crítica de seus difamadores.

Antes de passar à próxima seção deste capítulo, é igualmente irresistível fazer menção a duas observações. Primeiramente, apesar das incertezas quanto ao ano da edição do *Psicopolítica* e ao momento histórico exato de sua divulgação furtiva, hoje pode-se afirmar com segurança quem afinal é o autor do livro. Para se ter uma ideia do caráter ardiloso de uma publicação dessa espécie, atribuiu-se a autoria de uma apresentação do livro a Lavrent Beria, o tenebroso homem-forte do stalinismo – é esse o motivo pelo qual ele aparece "assinando" o *Psicopolítica* na seção "Conheça o Inimigo" do Sumário do Comunismo Internacional de 1972. Tal atribuição indicava que o manual teria sido inteiramente escrito por ele também, ou pelo serviço de espionagem comandado por ele, ou talvez até mesmo por Stalin, de quem Beria era amigo próximo. No entanto, uma pesquisa recente do historiador italiano Massimo Introvigne conclui que o *Psicopolítica foi escrito por ninguém mais ninguém menos que Ron Hubbard, o pai da Cientologia estadunidense*, conclusão essa confirmada pelo filho dele, Ron Hubbard Jr.: *"Meu pai escreveu cada palavra dele."*[39] Isso explica uma série de coisas, desde o desencontro das datas do relatório de Zeferino Vaz – isso dá sentido por exemplo ao "a partir de 1955", quando se pensa em um "manual clandestino de lavagem cerebral soviética" como um produto direto do macarthismo estadunidense – até a insensatez da exposição argumentativa geral. De forma análoga ao conhecido embuste de *Os Protocolos dos Sábios de Sião*, a ampla difusão do *Psicopolítica* corrobora o compromisso da agenda psicossocial da ditadura militar brasileira com a agenda anticomunista estadunidense das "Psy Wars" na Guerra Fria, na qual a fraude autoral e a manipulação ideológica eram praxe nas estratégias de *brainwashing*[40].

A segunda observação diria respeito a uma possível objeção de que o retrato da guerra psicológica seria datado, um elemento secundário na estruturação da ditadura militar brasileira ou, mais ainda, algo sem efeitos nos dias de hoje. Contra tal objeção, vale observar uma monografia desenvolvida por uma aluna da Escola Superior de Guerra, defendida em 2015, sobre, justamente, a psicopolítica. A autora, Charmene Ribeiro Rodrigues[41], parte da hipótese de que a guerra psicológica se apresenta hoje em estágio de maior desenvolvimento, aliando-se a autores como Michel Foucault e Antonio Gramsci, configurando uma estratégia indireta de combate contra a soberania nacional, as liberdades individuais e as instituições democráticas no tempo presente. Para refrescar a memória, vale recordar o momento em que a expressão "idiota útil" foi ressuscitada pela boca do ex-presidente da República Jair Bolsonaro, para se referir às reivindicações da classe estudantil brasileira contra o corte de verbas na área da educação em maio de 2019[42]. Ou seja, longe de ser um tópico historicamente distante e superado, ele se faz ainda presente nas lutas políticas de hoje pela permanência material do significante, no discurso dos que exumam os cadáveres da Guerra Fria em favor da reedição aberrante do combate ao "marxismo cultural" por meio de uma agenda política dissimulada em uma "pauta de costumes". Ou seja, para ir direto ao ponto: qualquer semelhança entre a contemporaneidade enigmática do "marxismo cultural" e o "comunismo difuso" e congêneres do início dos anos 1970 definitivamente não é mera coincidência.

UM CONSELHO NACIONAL PARA A PSICOLOGIA E SUAS RELAÇÕES ORGÂNICAS COM OS MILITARES: UMA ANÁLISE DO "CASO" VIRGÍNIA BICUDO

Dito isso, na ambiência da guerra psicológica dos anos 1970, retornemos à figura de Clóvis Stenzel para apresentar um conjunto de documentos encontrados em nossa pesquisa. Será preciso descrevê-los em detalhes aqui para que não se perca de vista como certos acontecimentos alheios aos movimentos psicanalíticos se cruzam com eles por meio de agentes específicos. Um primeiro, datado de 11 de agosto de 1972, e um segundo, de 12 de abril de 1973, ambos enviados por ele ao serviço secreto de informações para relatar duas situações ocorridas em dois congressos distintos: a primeira no II Congresso Latino-americano de Psicodiagnóstico de Rorschach, ocorrido entre 9 e 14 de julho de 1972, e a segunda no XIV Congresso Interamericano de Psicologia, realizado entre 14 e 19 de abril de 1973. Os conteúdos são bastante parecidos, o que sugere que as informações se misturaram no SNI. Quanto à questão do *Psicopolítica*, temos no relatório de 1973[43] um longo argumento desenvolvido sobre a "guerra psicológica no mundo ocidental". Nas palavras dele, "Tem sido observado que as diretivas comunistas, no sentido de influenciar os psicólogos a atuarem como psicopolíticos, têm a tendência de se concretizarem, sendo os congressos relacionados com as atividades psicológicas um campo excepcional de atuação."[44] A seguir, exemplifica com um "caso concreto" explicando a situação que se passou no referido Congresso de Psicologia de 1973. Clóvis Stenzel presidia uma mesa de debates sobre Rorschach. Uma das componentes da mesa era a psicóloga uruguaia Maria Angelica Carbonell de Grampone, responsável pela apresentação de um relatório de aplicação de um teste de Rorschach[45]. Segundo o informante Stenzel, o teste teria sido escolhido pela professora de Psicologia da UnB, Mariana Agostini de Villalba Alvim. Tendo sido aluna de Henri Wallon na França, não tardará para ela ser categorizada de "marxista"; o fato de ela ter sido convidada por Darcy Ribeiro para criar um Serviço de Orientação na UnB em 1962 parece ter fortalecido ainda mais esta marca em sua trajetória[46]. Ainda segundo Stenzel, o teste foi aplicado em um "líder estudantil esquerdista de Brasília", e o relatório lido por Maria Grampone apresentava um conteúdo político, com menções ao Pentágono estadunidense e à Guerra do Vietnã. Segundo o entendimento do presidente da mesa Clóvis Stenzel, tais conteúdos eram considerados "estranhos ao nosso ambiente", e ele então passa a interromper propositalmente a apresentação e o debate que segue. Mariana Alvim em certo momento se dirige a ele e à plateia, dizendo que não concordava com o presidente da mesa e que lhe pareciam absolutamente pertinentes as "referências a problemas sociais, regimes políticos e socioeconômicos". Alvim foi fortemente aplaudida pela plateia, a ponto de não constar no relatório o que ela disse na íntegra, posto que o barulho das palmas dificultou a compreensão da sua fala. Acuado, mas dispondo do poder de presidente da mesa, Stenzel encerra o debate, argumentando ao final: "a mim me parece que a discussão política é incompatível com a ciência"[47].

Exceção feita à digressão de Stenzel sobre a guerra psicológica, um conteúdo similar é verificado na informação do documento de 1972. A diferença maior é que nesse último há uma descrição minuciosa de diversos profissionais que estariam ligados à Associação Latino-Americana de Rorschach (ALAR), cuja eleição para diretoria aconteceria ao fim do II Congresso de Rorschach. Ora, parece pouco provável que a mesma situação tenha se repetido em duas reuniões científicas distintas. Confusões das informações dos arquivos à parte, o que se pode afirmar com segurança é que de fato a psicóloga e professora de psicologia da UnB Mariana Alvim se torna alvo de uma espionagem militar escabrosa devido aos informes de seu colega Clóvis Stenzel.

Como nenhum dos nomes citados nos dois parágrafos acima era psicanalista, nada disso a princípio seria relevante diretamente para os nossos fins. No entanto, o nome de Mariana Alvim foi arrolado em um terceiro documento a que tivemos acesso – agora sim, envolvendo a participação direta de uma psicanalista.

Trata-se de um documento que levantava informações sobre uma instituição que não foi vista até aqui, chamada Associação de Psiquiatria e Psicologia da Infância e da Adolescência (APPIA) e sediada no Rio de Janeiro. Apesar de seu nome de batismo não ter o nome "psicanálise", a APPIA carioca foi fundada em 31 de janeiro de 1972 e inspirada no modelo da instituição argentina ASAPPIA (Asociación Argentina de Psiquiatría y Psicología de la Infancia y la Adolescencia), fundada em 1969 por Mauricio Knobel[48]. A intenção era promover uma cultura de debate e ensino interdisciplinar entre psiquiatria, psicologia e psicanálise, visando à promoção de novos entendimentos clínicos e teóricos sobre a infância e a adolescência. Como bem resume Ana Cristina Figueiredo a respeito da APPIA:

Teve como principais funções: 1. aglutinar os psicólogos clínicos numa instituição que funcionou como sede profissional, uma espécie de sindicato que possibilitou a arregimentação e organização de classe dos psicólogos em torno do novo projeto interdisciplinar de saúde mental; 2. possibilitar uma maior aproximação dos profissionais argentinos sustentando seu projeto de politização dos profissionais "psi" no sentido amplo – "esquerdização" do movimento através da proposta de promoção de saúde mental aliada a mudanças socais – e no sentido estrito – organização e mobilização dos psicólogos em torno da psicanálise com subsídios para a ampliação de sua prática clínica; 3. manter uma convivência democrática entre psicanalistas, psicólogos e psiquiatras sempre em torno da psicanálise. A APPIA chegou a congregar cerca de mil sócios até 1976 e promoveu dois grandiosos congressos (1972 e 1976) que movimentaram cerca de dois mil profissionais e estudantes da área "psi". Deixava, contudo, pendente a questão do atendimento à população – ponto que constava de seu projeto inicial – e, principalmente, a questão da profissionalização.[49]

"Politização" e "esquerdização" não são significantes que aparecem nessa citação por acaso, assim como propor uma aproximação com os argentinos imediatamente após a ruptura do Plataforma-Documento também não seria sem consequências. Porém, pela primeira vez na história das instituições ligadas à IPA no Brasil, a ameaça da "esquerdização" ganhava concretude nos contornos de um processo instituinte que brotava de dentro da própria IPA: o fundador e primeiro presidente da APPIA era um membro da SPRJ, o psicanalista Carlos César Castellar Pinto.

Vale retomar alguns argumentos aqui. À diferença da leviandade dos "práticos da psicanálise" do CADEP/ESP, não se podia negar a legitimidade de alguém que passou por um processo de formação psicanalítica, herdeiro de uma rota filiatória insuspeita e dentro de um abrigo institucional sólido. Por conseguinte, não se podia negar a autenticidade de um processo instituinte germinado por um membro considerado legítimo herdeiro – afinal, foi essa a lógica que autorizou a internacionalização da psicanálise por suas rotas migratórias, quando um membro legítimo se deslocava geograficamente para analisar analistas.

É bem verdade que no Rio de Janeiro a APPIA não foi a primeira a inaugurar um processo instituinte que tinha como ponto de partida a própria legitimidade ipeísta. Em 1970, havia sido fundado o Instituto de Orientação Psicológica (IOP) pelo psicanalista Fábio Leite Lobo (SPRJ); em 1971, foi a vez da Sociedade de Psicologia Clínica (SPC), fundada por um grupo reunido em torno também de Fábio Leite Lobo, mas neste caso junto a Gerson Borsói (também da SPRJ); e em 1972 também seria formalizado o Centro de Estudos de Antropologia Clínica (CESAC), fundado pela psicanalista Inês Besouchet (SPRJ) e pelo psicanalista Wilson deLyra Chebabi (SPRJ). É digno de nota que nenhum deles tinha o nome de "psicanálise", mesmo sendo capitaneados por psicanalistas da IPA[50]. Direta ou indiretamente, esses lugares davam conta de acolher a crescente demanda de graduados em psicologia em busca de formação psicanalítica, oferecendo cursos teóricos, debates, leituras e em alguns casos supervisões clínicas. O ponto que os deixava mais expostos quanto aos regulamentos da formação sob a égide da IPA era o das análises de analistas feitas institucionalmente "às escondidas". Explicando, não se podia denominar de "análise didática" uma análise que não fosse conduzida por um analista didata da IPA *dentro das regras da IPA* – com a respectiva contabilização de número de horas e frequência semanal de sessões, de número de horas de supervisões, dentro do respeito à hierarquia de credenciamentos internos e às avaliações regulares do conhecimento adquirido perante os pares etc. Quanto mais o título de didata se encolhia para fazer caber as análises de analistas em planilhas puramente burocráticas, mais claro ficava que a real diferença entre análises didáticas e não didáticas era também puramente burocrática. Eis o encontro das águas: didatas e não didatas se engajam juntos nesses processos instituintes ditos "paralelos", enquanto os que neles ingressavam justamente o faziam porque estavam mais interessados em psicanálise do que em planilhas. Ainda que o IOP, o SPC e o CESAC tenham sido concebidos nesse sentido, nenhum deles ousou fazer uma ponte direta com a Argentina logo após a ruptura do Plataforma-Documento como fez a APPIA. Esse é um dos motivos pelos quais ela aparece em um documento do SNI, e as outras não – ou melhor, não nos documentos a que pudemos acessar.

O fundador da APPIA, Carlos César Castellar Pinto, chega à psicanálise após um longo histórico de ligação com os movimentos estudantis de esquerda desde o final dos anos 1940, cujos fichamentos no SNI remetem a tempos muito anteriores ao período ditatorial. Por exemplo, acompanhamos na nota seguinte, nesse mesmo documento, em trecho relativo às suas atividades em 1954, em que se pode ler: "Seg[urança de] Inf[ormação] Reserv[ada] da FNM: o marg[inado] é comunista confesso, burgês [sic] de Copacabana, filho de comunistas tradicionais. [...] É noivo de uma comunista."[51]. Especializando-se em pediatria, Castellar Pinto faria uma primeira análise "não didática" com Galina Schneider (SPRJ), mas é obrigado a trocar de analista para ser credenciado como candidato em formação; assim, ele ingressa na SPRJ em 1965 e realiza uma segunda análise, essa enfim didática, com Inês Besouchet (SPRJ) – que por sua vez tinha em sua bagagem experiencial o exílio ante a perseguição anticomunista do varguismo dos anos 1930. Dentro da SPRJ, Castellar Pinto terá uma carreira muito discreta em termos de publicações de textos ou participações em congressos internos.

Não por acaso, sua atuação será certamente mais decisiva fora da SPRJ do que dentro dela. A APPIA organizaria o I Congresso de Psicopatologia Infanto-Juvenil, ocorrido entre 9 e 13 de julho de 1972, que teve como tema central "A Situação da Psicoterapia Infanto-Juvenil no Brasil". Entre os aproximadamente duzentos professores estrangeiros estavam Eduardo Kalina, Arnaldo Rascowsky, Mauricio Knobel, Fernando Ulloa, Santiago Korin, Emmanuel Schwartz e Suzana Pravaz – ou seja, ou psicanalistas da APA argentina ou da dissidência Plataforma-Documento. Ao todo, compareceram ao congresso 2.500 especialistas de diversas áreas "psi"[52]. Além desses, Arminda Aberastury e León Grinberg eram também professores convidados regularmente pela APPIA. Ou seja: a APPIA crescia no Rio de Janeiro em ritmo intenso, com alta credibilidade e sem deixar qualquer dúvida quanto à legitimidade das rotas filiatórias e migratórias que lhe davam ensejo.

Se o SNI tinha uma ficha extensa das atividades políticas de Castellar Pinto desde seus tempos de militância no movimento estudantil secundarista no Rio de Janeiro, que sentido afinal fazia ao SNI investigar a APPIA? Depois de todo esse percurso, parece evidente que o SNI queria saber se havia alguma ligação entre Mariana Alvim e de Castellar Pinto via APPIA.

Analisemos, portanto, com detalhe o seguinte documento, certamente um dos mais importantes encontrados na pesquisa[53]. Originalmente, ele relatava a investigação de potenciais atividades "subversivas" de Mariana Alvim, Miriam Neto e Glória Quintela, todas participantes do II Congresso Latino-Americano de Psicodiagnóstico de Rorschach, em que ocorrera a briga com Stenzel em julho de 1972. O documento é da Agência Central do SNI de 4 de dezembro de 1972, contendo informações que datam de 30 de novembro de 1972. No tópico "Difusão", observamos que ele deveria ser distribuído a algumas agências locais e estaduais (primeiro, a Agência do Rio de Janeiro da SNI, que aparece sublinhada diversas vezes, e em seguida as Agências de São Paulo e de Brasília), bem como ao CIE, ao CISA e ao CENIMAR. Ou seja, era uma informação a ser amplamente divulgada na comunidade de informações do regime militar e nas capilarizações do serviço secreto. Quanto aos "Informes Recebidos", lemos: "Fonte de Brasília, em 30 [de] Nov[embro de 19]72" – ou seja, quatro meses após o Congresso de Rorschach – e, em seguida, entre parênteses, "(A-2)". Já sabemos que a classificação "A-2" corresponde a uma altíssima confiabilidade da informação dentro da escalonagem militar.

Finalmente, aparece o trecho decisivo de onde parte a suspeita do SNI de que Castellar Pinto e Mariana Alvim tinham alguma relação via APPIA:

1. A "Associação de Psiquiatria e Psicologia da Infância e Adolescência – APPIA" já foi fundada no RIO DE JANEIRO e tem como presidente CARLOS CASTELAR PINTO. Segundo informou a Dra. VIRGÍNIA BICUDO, psicanalista residente em SÃO PAULO e BRASÍLIA, houve problemas no RIO DE JANEIRO com a APPIA. "Parece que seu presidente foi chamado a depor por suspeita de infiltração ideológica."[54]

Bem, não restam dúvidas aqui de que se trata de Virgínia Leone Bicudo (SBPSP), uma das pioneiras da psicanálise em São Paulo, sobre quem já falamos no capítulo 7. Seu nome aparece sublinhado no documento original, acompanhado de um sinal de *"check"*. Mais adiante, lemos:

2. Em BRASÍLIA [a APPIA] ainda não se constituiu em sociedade com personalidade jurídica, ao que parece, porém, reuniões têm sido feitas no Edifício SARA KUBITSCHECK, sob o patrocínio de MARIANA ALVIM, MIRIAN NETO, GLÓRIA QUINTELA e outros psicólogos.

Propositadamente, CLÓVIS STENZEL, presidente da Associação de BRASÍLIA não foi convidado a comparecer à reunião em que se decidiu a constituição da sociedade.⁵⁵

Todos os nomes próprios do documento são acompanhados do mesmo sinal de "*check*", menos o de Mariana Alvim e o de Castellar Pinto. O documento em si não demonstra nenhuma ligação entre Virgínia Bicudo e Clóvis Stenzel, ou alguma espécie de ação conjunta para uma perseguição contra os membros da APPIA, seja Mariana Alvim ou Carlos Castellar Pinto. No entanto, as trajetórias de Virgínia Bicudo e de Clóvis Stenzel se cruzam, justamente, na constituição do CNP, que depois seria rebatizado como CFP – doravante, usaremos a sigla conjunta CNP/CFP. Para se ter uma ideia da importância da participação de Virgínia Bicudo na criação do CNP/CFP, lemos um trabalho da psicóloga Elisa Velloso, citado na dissertação de Domenico Hur:

> Era evidente que, para proteger-se, a Psicologia necessitava urgentemente de seu próprio órgão de orientação e fiscalização, já criado em Lei: os Conselhos. Apelamos então para familiares⁵⁶ de colegas ligados ao então Ministério do Trabalho. E foi graças ao Ministro [Julio] Barata⁵⁷, atendendo a esse pedido, que se instalaram o Conselho Federal e Regionais. Não foi fácil a primeira etapa desses Conselhos sem recursos para sede própria ou diárias, o Conselho Federal "hospedou-se", *em fase inicial, graças à generosidade da Conselheira Virgínia Bicudo, que o acolheu em sua própria residência em Brasília*.⁵⁸

Tendo sido a própria casa de Virgínia Bicudo uma espécie de "primeira sede" do CNP/CFP, estaria de algum modo garantida uma presença forte de uma liderança das sociedades psicanalíticas. De acordo com Hur,

> Na discussão das entidades salientaram que a Sociedade de Psicanálise foi uma entidade que não participou da eleição e composição do CFP por negar-se a participar das despesas de viagens às reuniões em Brasília, porém Virgínia Bicudo, membro da Sociedade, fez parte da eleição e tornou-se membro do CFP.⁵⁹

É possível supor que não seria necessário que as instituições de psicanálise participassem "em massa" da criação do CNP/CFP: tendo inclusive residência em Brasília, a presença de Virgínia Bicudo na diretoria já bastava. Ao mesmo tempo que atua na concepção do Conselho, Virgínia Bicudo dirige o Instituto de Psicanálise da SBPSP, cargo que manterá por seis gestões seguidas, entre 1963 e 1974. Justamente, o Instituto de Psicanálise era o setor da SBPSP responsável pelo ensino da psicanálise na instituição, pela organização dos seminários teóricos e pelo acompanhamento do percurso dos candidatos. O acúmulo de cargos de prestígio é um reflexo do anseio pela participação na elite do poder, que se alinha à preocupação em manter uma vigilância estrita do percurso dos candidatos por meio de um forte discurso institucional, assumido por Bicudo em muitos dos seus textos entre 1967 e 1972.

Para os militares, era desejável que todos os cargos de direção institucional estivessem de algum modo salvaguardados – daí termos utilizado a expressão *civil insuspeito* anteriormente –, por mais que as pessoas não estivessem ligadas diretamente ao regime. Não há razões para esperar que isso deveria ser diferente no caso das sociedades de psicanálise. Ofícios burocráticos para algo corriqueiro como pleitear um passaporte para uma viagem de estudos exigia o envio de cartas timbradas, assinadas pelo responsável institucional, incluindo dados como endereço da instituição e referências de postos de comando. Ou seja, uma série de informações passa a estar disponível para o serviço de informações dos militares em um documento ordinário – seria, portanto, mais seguro para o resguardo institucional de intervenções militares caso quem o assinasse estivesse dispensado de quaisquer "suspeitas" de "subversão". Por isso, a manutenção de Virgínia Bicudo na direção do Instituto de Psicanálise estava para além de uma questão meramente intrainstitucional, pautada em envergadura intelectual e afins: sua gestão à frente de seis gestões seguidas nos anos mais duros da ditadura militar, de alguma maneira, seria uma forma de preservar a SBPSP e seus candidatos.

Porém, não é o que observamos no documento em que ela delata possíveis "infiltrações ideológicas" por parte de Carlos Castellar Pinto em nosso penúltimo arquivo. É verdade que Virgínia Bicudo não revela nada que já não fosse conhecido pelo serviço secreto de informações, posto que o histórico do envolvimento de Castellar Pinto com a militância estudantil era vigiado desde o fim dos anos 1940. No entanto, é de se perguntar que *laços de sociabilidade* e que *convicções políticas* a tornaram um agente *disponível para prestar informações* aos militares quando questionada.

É neste sentido que entendemos que a relação dela com o núcleo de psicólogos na criação do CNP/CFP pode ter sido decisiva. Virgínia Bicudo não teria sido somente um "membro" do Conselho recém-criado: ela chegaria ao posto de *vice-presidente do CNP/CFP em 1974*.

A partir de uma série de depoimentos coletados por Domenico Hur em sua dissertação de mestrado sobre a criação do CFP e suas relações com o regime militar, nota-se o esforço dos psicólogos da primeira gestão do Conselho para afastar a influência dos militares, para que não se formasse uma instituição "pelega", aparelhada pelo governo. No entanto, tal esforço jamais eliminaria eficazmente essa influência. Pelo contrário, misturaram-se civis verdadeiramente insuspeitos (como Arrigo Angelini, então professor do Instituto de Psicologia da USP e de alta reputação no campo, eleito primeiro presidente do CFP) com psicólogos sabidamente ligados aos militares, como por exemplo Clóvis Stenzel. Parece-nos pouco plausível, porém, que mesmo os "civis insuspeitos" não tivessem qualquer conhecimento da ligação de seus colegas com o regime militar. O próprio Arrigo Angelini declarou certa vez em uma entrevista: "Entre os conselheiros do primeiro plenário, estava Clóvis Stenzel, que era deputado federal, mas ele nunca se manifestou sobre problemas políticos. Confesso que nunca fiquei sabendo qual era a sua posição em relação ao regime militar. Naquele momento, estávamos mais preocupados em resolver os problemas iniciais de funcionamento dos Conselhos."⁶⁰ Soa pouco verossímil que Angelini desconhecesse a atuação política de Stenzel dada a publicidade de suas posições pró-regime na mídia impressa em defesa do AI-5 desde sua posição de deputado da ARENA e vice-líder na Câmara, bem como de seu comportamento em reuniões científicas, como no exemplo do II Congresso de Rorschach. Ou seja, dizendo francamente, é de se supor que só não via o "peleguismo" funesto de Stenzel quem não o quisesse.

Além de Stenzel, um segundo exemplo de civil organicamente ligado aos militares que podemos destacar é o de Arthur de Mattos Saldanha, professor de Psicologia da UFRGS, diplomado pela ESG e colaborador direto da área de "Estudos de Problemas Brasileiros". Duas fichas de 1980 classificadas como A-1 confirmam, justamente, que Mattos Saldanha era "integrado ao sistema político vigente" e "goza de bom conceito na UFRGS"⁶¹. Aqui, reencontramos os ecos do que analisamos no capítulo 8: a infiltração de diplomados pela ESG ou pela ADESG nos postos de direção das universidades e dos conselhos profissionais era desejada pelo regime militar, como uma forma de salvaguarda de alinhamento ao "sistema político vigente".

Uma das estratégias utilizadas para que o CNP/CFP fosse reconhecido pelo governo era distribuir títulos "honorários" a políticos do regime militar. Com efeito, é conhecido e bastante polêmico o fato de que tanto Médici quanto Geisel receberiam tais honrarias. Segundo uma nota do jornal *Correio Braziliense* de 11 de novembro de 1977, Geisel foi condecorado com o diploma de Membro Honorário do CFP no dia 14 de novembro de 1977; o diploma lhe foi entregue por Arthur de Mattos Saldanha em solenidade realizada no gabinete do então ministro do Trabalho, Arnaldo Prieto.

Essa moeda de troca aparecia comumente como forma de "agradecimento" por eventuais serviços prestados e pela diligência no processo instituinte. De atuação bem mais discreta do que Clóvis Stenzel, Arthur de Mattos Saldanha é um exemplo de ligação orgânica com o regime⁶² dentro do grupo de criação do CFP. Ainda está para ficar clara a posição de Virgínia Bicudo nesse cenário de redes de sociabilidade, pois a passagem de "civil insuspeita" para "informante direta" dos militares não seria óbvia e tampouco compulsória para eventuais participantes de conselhos profissionais, sociedades científicas, sindicatos e associações institucionalizados – como no caso, associações mais ou menos consolidadas de psicanálise em seu processo de institucionalização.

Esse é um dos motivos pelos quais não é possível afirmar com absoluta certeza que a informação "A-2" recolhida em Brasília a respeito de Castellar Pinto e de Mariana Alvim se refere especificamente a Virgínia

Bicudo ou a Clóvis Stenzel, ainda que estejamos inferindo que a inclusão do nome dos dois no documento no mínimo *reforça* a qualidade e a fidedignidade da fonte informante. Sublinhamos esse ponto porque o simples fato de a informação ter chegado ao grau "A-2" dispensaria a necessidade da inclusão de nomes próprios de informantes no documento. Entretanto, a partir dos exemplos de Stenzel e de Mattos Saldanha, podemos afirmar com segurança que o grupo que cria o CNP/CFP tinha algumas pessoas ligadas organicamente ao regime militar misturadas entre alguns "civis insuspeitos". Virgínia Bicudo por sua vez, com a delação, teria assim passado de "civil insuspeita" para "informante direta".

Ora, como compreender este documento *dentro de uma série histórica*? Qual seria afinal o objetivo de delatar alguém de dentro da rede ipeísta, quando as batalhas pelo monopólio legítimo da herança freudiana pareciam voltadas para o mundo externo? Vale recuperar uma série de elementos que se conjugam aqui: 1. o pano de fundo do autoritarismo de crise do apoio liberal ao golpe de 1964, revigorado nos anos 1970 pelo argumento ideológico da guerra psicológica; 2. o renascimento da sombra do exercício ilegal da medicina, da qual Bicudo foi duramente acusada na década de 1950, no interior do combate aos levianos do CADEP/ESP; 3. a ameaça da "esquerdização" pela ponte com argentinos do Plataforma-Documento representada pela APPIA; 4. o bloqueio de iniciativas instituintes e de dissidências internas à credibilidade ipeísta, uma vez que não se poderia lhes negar a legitimidade do pedigree em caso de rompimento, como pareciam anunciar o "acontecimento Lacan" desde a França ou o contracongresso de 1969 desde a Itália; 5. o fato de Bicudo ser uma psicanalista de origens radicalmente distintas de seus pares – mulher, negra, não médica, de origem humilde –, posição social diametralmente oposta tanto de seus colegas "quatrocentões" paulistas que a defendiam quanto dos psicanalistas médicos cariocas e gaúchos que a incriminavam. Esse último tópico é particularmente sensível para compreender a adesão de Bicudo ao núcleo fundador do CNP/CFP, mesmo sem ser psicóloga de formação. Enquanto os movimentos psicanalíticos que se institucionalizam sob a égide da IPA tinham uma maioria de membros oriunda das classes abastadas em pleno *boom*, membros esses poupados ou desmerecidos enquanto ameaça ao regime pelo caráter nada incômodo de suas práticas e ideias apolíticas, Virgínia Bicudo se oferecia como uma exceção vulnerável ao autoritarismo ardiloso da ditadura. Mesmo com todo o capital simbólico acumulado internamente desde o início dos anos 1960 – ou melhor, pensando bourdieusianamente em termos de transferência de capital simbólico, *por causa* da oportunidade de fazer valer todo esse capital nessa nova instância de vigilância das práticas clínicas "psi" que era o CNP/CFP –, a inclinação conservadora de Bicudo e sua disponibilidade para realizar um certo "trabalho sujo" em favor da causa psicanalítica fundamentam a delação. Paradoxalmente, no drama típico de uma trajetória batalhadora que se vê lançada aos deslumbres do pertencimento à elite do poder, assombrada pela sensação perene do perigo do declínio e do retorno às origens sociais, ela acabava ratificando a marginalização da mulher negra pobre e não médica na história da psicanálise no Brasil. Ou seja, em outras palavras, enquanto Bicudo projetava todo o capital simbólico laboriosamente acumulado para jogar o jogo sujo do pacto civil-militar da ditadura no início dos anos 1970, seus pares "quatrocentões" seguiam com mãos limpas e intactas, com seus capitais de berço e de sobrenome, certos como sempre estiveram de estarem eternamente do lado certo da história. Eis um dos aspectos mais sinistros da ditadura militar brasileira do ponto de vista dos que a apoiaram: enquanto os ascendentes se fascinavam com o tráfego pela elite do poder, os eternamente privilegiados o tomavam como uma consequência natural de suas posições de classe, tão natural que sequer era preciso recorrer ao expediente da espionagem como forma de manutenção de posição de classe – e menos ainda de ser alvo da espionagem que, afinal, era "para os outros". Eis igualmente a razão pela qual não se deve ajuizar sobre a postura política de Virgínia Bicudo como uma condição pessoal, na qualidade de uma atitude individual nefasta ou algo do tipo, mas sim como um *sintoma da sócio-lógica dos movimentos psicanalíticos institucionalizados sob a oficialidade ipeísta*: a despeito da surpresa pelo fato de a agente da delação ser uma das mais conceituadas psicanalistas da história da SBPSP, insiste-se aqui que a análise de conjuntura das sociabilidades deve ter precedência explicativa em relação ao caso em particular.

Provavelmente nada aconteceria de fato com Castellar Pinto pois, como vimos, trata-se de um momento histórico em que o crescimento metastático do SNI e a derrota da "luta armada" gerava essa situação bizarra da "falta do que fazer", abrindo precedentes para queixumes de Stenzel sobre atritos em congressos de Rorschach ou para a delação de Bicudo. De toda forma, o apelo à polícia política e à espionagem militar para resolver problemas caseiros é o índice inequívoco da heteronomia do campo representada pelas sociedades psicanalíticas oficiais. Incapazes de resolver as disputas pelo monopólio legítimo da herança freudiana por meio das regras próprias do jogo, o recurso ao autoritarismo militar para conter dissidências internas e para reprimir instabilidades externas prova a participação da guerra psicológica nas entranhas da vida institucional dos movimentos psicanalíticos nacionais durante a ditadura. Esse movimento teria um nome curioso: o "conflito de gerações".

12.
O Desgaste dos Tecidos Intergeracionais

> *Ainda não foi feito, talvez um dia haja um discurso chamado "o mal da juventude".*
>
> JACQUES LACAN
>
> *A morte de uma organização acontece quando os de baixo já não querem e os de cima já não podem.*
>
> VLADIMIR LENIN

Um dos lugares-comuns que vieram a se assentar no imaginário geral acerca das sociedades ipeístas é que não se discutia política em seus veículos editoriais oficiais. Talvez pela força das conclusões apressadas, talvez pela percepção mal aferida de que se trata de um material "datado" e "desinteressante", os artigos e textos dos psicanalistas ligados à IPA durante o período ditatorial acabaram sendo relegados ao esquecimento e ao desprezo inclusive por parte daqueles que poderiam ter interesse institucional em resgatá-los. É provável também que o vulto das ideias desinteressantes tenha sido um efeito da interpretação de que seus conteúdos eram formas dissimuladas de falar o que não poderia ser falado, ou publicar o que não poderia ser publicado. Nesse sentido, o seguinte trecho é exemplar:

Nos artigos que publicou durante vinte anos, a *Revista Brasileira de Psicanálise* teve o cuidado de apresentar sempre a psicanálise como uma ciência pura, sem relação com os campos social e político. Se um autor queria falar de política ou de história, tinha que se contentar em evocar o passado mais longínquo: o exílio de Freud em Londres sim, mas o genocídio ou a política de "salvamento" da psicanálise em Berlim, não. Impossível aludir à atualidade, salvo para travesti-la habilmente. Assim, falava-se de luto, de separação, de castração, de angústia, para significar exílio, afastamento, sofrimento etc. Através dessa censura voluntária, nunca se fazia referência, de perto ou de longe, a um militante preso ou a um psicanalista torturado ou perseguido. Assim, esses fatos só existiam no imaginário dos indivíduos e, se necessário, podia-se invocar o "sigilo profissional". Nesse aspecto, a conceitualidade kleiniana, centrada nos processos de violência intrapsíquicos, foi explorada para apresentar a repressão política como uma história de objeto mau ou de identificação projetiva.[1]

Ora, parece-nos inoportuno seguir sustentando que as publicações oficiais ao longo de duas décadas, com quatro números por ano, possam ser abreviadas tão prontamente como o faz o verbete. É certo que a preocupação com a psicanálise enquanto "ciência pura" é verificável, como pudemos demonstrar anteriormente via David Ramos, Almeida Prado Galvão e o plano excêntrico da "Faculdade de Psicanálise". Mas não necessariamente o mesmo se aplica ao debate político e histórico, inclusive quando convertido em empreendimento historiográfico, como se pôde notar com a variante quatrocentona dos paulistas. Parece-nos também insustentável empreender uma hermenêutica mirabolante de substituição de ocorrências de conceitos psicanalíticos como "luto" por "exílio" ou "identificação projetiva" por "repressão política". Tampouco parece razoável expectar que denúncias de tortura e de perseguição política aparecessem nas páginas da *Revista Brasileira de Psicanálise*, posto que desde o início ela não se propôs a ser uma "publicação clandestina", para lembrar as palavras de Durval Marcondes – e, obviamente, dadas as circunstâncias históricas, quem quisesse fazer uma denúncia desse tipo pensaria em diversos outros canais antes de pensar na revista. Contudo, isso não faz com que seus artigos não expressem na superfície material do escrito os anseios políticos de seus agentes no período histórico em questão.

O objetivo deste capítulo é estabelecer uma nova rodada de debates a esse respeito para apresentar contraprovas e delinear que se discutia sim política na *Revista Brasileira de Psicanálise*, e não era pouco. Sem interpretações arrojadas e sem devanear sobre o que ela deveria ter sido e não foi, é plenamente possível examinar textos na superfície mesma de seus conteúdos manifestos, a despeito de qualquer desconfiança sobre supostos conteúdos latentes. O momento mais evidente e expressivo dessas preocupações políticas se dá em 1973, quando as sociedades oficiais elegem um tema aparentemente apartidário, mas que não escapa às intencionalidades políticas dos que o difundiam: o chamado "conflito de gerações".

Aqui, não se trata propriamente de uma novidade na reflexão psicanalítica nacional. Vale lembrar que o expediente do conflito de gerações esteve disponível desde os anos 1950. O livro icônico que organiza esse tópico para as ambições de interpretação conservadora do Brasil à luz da doutrina freudiana é *O Patriarca e o Bacharel*[2]. Publicado pela editora Martins em 1953, com prefácio de Gilberto Freyre, o ensaio busca entender o conflito de gerações familiares como base de compreensão dos conflitos políticos e sociais desde a fundação da República. O patriarca latifundiário, fazendeiro rural, desejoso de progresso, envia o filho às grandes cidades para que se torne bacharel – logo, republicano, urbanizado, liberal, antipaternalista, livre-pensador e anticlerical. O filho do fazendeiro, figurado no bacharel em Direito, era compreendido por Luís Martins como um opositor ao pai à maneira de Édipo e do mito de *Totem e Tabu*. O autor não deixa dúvidas: "a sociologia política mais não é que uma extensão da sociologia doméstica". Disso se extrai uma "teoria do remorso", ou "complexo de remorso", que consiste em desabonar o patriarcalismo rural na chave do "atraso" por meio de uma paradoxal nostalgia do pai. Essa paradoxal "sociologia edípica dilatada" visa à interpretação conservadora das mazelas ditas brasileiras, o que na verdade corresponde apenas aos desacordos na economia moral de um país muito específico, restrito ao mundo urbano e letrado das classes média e alta.

Após 1968, o tema é retemperado graças a essa antiga conveniência de classe, porém agora servindo a múltiplas finalidades dentro do espectro da "contenção das rebeldias juvenis" nos movimentos psicanalíticos oficiais. Logo, é sob a alcunha do conflito de gerações[3] que se expressam as matrizes do debate político e histórico do período, cujas terminações alcançam os relatos de casos clínicos e as celeumas institucionais internas.

O HORIZONTE NORMATIVO E MORAL DA MATURIDADE

A escritora Barbara Ehrenreich discorre sobre os efeitos do impacto da contracultura estadunidense dos anos 1950 e 1960 em diversos níveis, da sociologia acadêmica ao cinema popular. Segundo a autora, é nesse contexto que surge a figura do delinquente juvenil, intérprete por excelência das inquietudes conservadoras diante da transformação social em curso:

> O delinquente juvenil era, em termos sociológicos, não um possível membro bem-ajustado de uma classe afundada em baixos salários e trabalho subserviente, mas um *desviado*, alguém que não conseguira se ajustar ao esquema mais amplo (da classe média), classificável dentro da mesma categoria que os doentes mentais e os voluntariamente desempregados. [...] Se existissem outras classes, outros modos de vida além dos conhecidos pela classe média branca, eles poderiam ser considerados *desvios* do padrão classe média branca. E, como o delinquente juvenil era, afinal, jovem, a ameaça potencial dessas classes mais baixas assumiu, na perspectiva da classe média, a estatura de uma criança. A noção de que as classes baixas eram infantis comparadas às *melhores* é, certamente, antiga e reconfortante.[4]

No interior desse recorte de classe, a dita delinquência juvenil sintetiza estereótipos de comportamentos dos sujeitos oriundos das classes pobres, subjugados à condição de orientação para o tempo presente e à suposta incapacidade de fazer planos sólidos para o futuro. A dobra moral do nivelamento entre pobreza e infância como questão de caráter visa enobrecer características de um certo *habitus* de classe das camadas superiores, como a prudência financeira, a autodisciplina das condutas e a prontidão no zelo dos valores culturais tradicionais. Com efeito, o conceito bourdieusiano de *habitus* é luminoso aqui, recuperado como "um sistema de disposições duráveis e transponíveis que, integrando todas as experiências passadas, funciona a cada momento como uma *matriz de percepções, de apreciações e de ações*"[5]. Assim, o "medo da queda" é uma versão sofisticada no plano das orientações comportamentais espontâneas do medo conservador das classes médias de retornar às ruínas da imaturidade, da marginalidade e da pobreza. Ainda segundo Ehrenreich, disso decorrem duas versões maiores sobre as origens "psicossociais" da rebeldia, que se aplicaram especialmente aos movimentos estudantis animados pelo espírito da contracultura, "nenhuma delas lisonjeira aos rebeldes":

> A primeira, a teoria do conflito de geração, postulava um impulso inconsciente para derrubar o pai, em sua representação, por exemplo, dos docentes e administradores da universidade. A outra teoria, e a que finalmente venceu, associava a rebelião estudantil ao poder corruptor da abundância, que nesse momento assumia a forma mais personalizada, quase palpável, da permissividade. Segundo essa linha de raciocínio, os estudantes simplesmente se engajavam num tipo de comportamento que deveria ser esperado de crianças em qualquer lugar. As duas teorias continham imagens bastante contrárias dos estudantes radicais: no relato do conflito de geração, eles eram guerreiros iludidos, porém potentes contra o patriarcado, como os membros da primeira horda parricida de Freud. Segundo a teoria da permissividade, eles eram infantes tempestuosos, ineficazes. Mas essa clara discordância não impediu que as duas teorias fossem vistas como complementares da mesma realidade.[6]

É interessante observar como essas duas formas de compreender o juízo moral da rebeldia juvenil confluem no espectro brasileiro do "milagre econômico" da ditadura. Aqui, duas classes procuram partilhar de um mesmo *habitus* mesmo com origens distintas. De um lado, a classe média ascendente aderida ao conservadorismo, ávida pela dignidade econômica recém (e insatisfatoriamente) conquistada, que busca incorporar a autodisciplina como forma de se projetar em um futuro econômico novo no qual o céu era o limite (não se deve ignorar a potência do significante "milagre" aqui). De outro, as classes altas tradicionais, representantes do "Brasil verdadeiro" que "sempre deu certo" e autoeternizadas do lado certo da história, que oferta o protótipo moral na esfera dos costumes e solicita a obediência em contrapartida como princípio de coesão coletiva.

Não por acaso, são fundamentalmente essas duas classes sociais que compõem o jogo da disputa pela herança legítima da psicanálise nos anos 1970. Logo, os argumentos perspicazes recuperados das teorias estadunidenses das rebeliões juvenis e da teoria brasileira do "complexo de remorso" servem aos dois públicos dos movimentos psicanalíticos em questão, às classes médias e às classes altas: a regra geral é não se comportar de forma imatura. Não se rebaixar à rebeldia das circunstâncias políticas "passageiras", não se encurralar na tentação da satisfação imediata (uma vez que a promessa do "milagre" era a de uma satisfação econômica contínua), não querer "derrubar o pai" a qualquer custo e nem agir como uma "criança mimada" apenas porque os privilégios de berço o permitem. Contra todos esses riscos, um corretivo aos ingressantes no jogo se apresenta como o álibi central: a própria análise pessoal.

No plano institucional, não faltarão exemplos do início da década de 1970 na própria *Revista Brasileira de Psicanálise* para demonstrar a preocupação com a questão do conflito de gerações nas sociedades psicanalíticas oficiais. Maria Manhães (SPRJ) e Adolfo Hoirisch (SBPSP?) publicam um artigo em 1970 no qual, após afirmar que Wilhelm Reich, Karen Horney e Erich Fromm teriam enveredado para o marxismo a despeito das críticas de Freud a ele em *O Mal-Estar na Civilização* (a propósito, trata-se de uma interpretação duvidosa do texto), afirmam:

As sociedades psicanalíticas vêm evoluindo desde as características da horda primitiva para as de uma sociedade científica mais e mais amadurecida, à medida que se atenuem no grupo os mecanismos de dissociação, negação, onipotência e idealização. Em suma, isto ocorre quanto mais seus componentes *deixam de ser crianças* e passam a aceitar *livremente e racionalmente – e não por imposição* – as regras que norteiam e alicerçam as instituições culturais.[7]

Vale notar como o argumento é astuto: a verdadeira maturidade se conquista com liberdade por meios racionais, mas não por meio de prescrições. A razão para a falta de equilíbrio e sensatez na vida institucional entendida como um espécime de civilidade é a falta de análise pessoal para os membros que a integram.

Com efeito, os argumentos se espalham por todos os cantos dos textos da *Revista Brasileira de Psicanálise* na primeira metade da década de 1970. "Incidência da Realidade Social no Trabalho Analítico"[8] é provavelmente a peça mais bem acabada de Virgínia Bicudo do período – não seria arriscado dizer que, para além da autoria, por extensão, é uma das peças que melhor sintetiza as aspirações de neutralidade dos psicanalistas desse período – e merece uma atenção mais detida. Tendo sido uma autora onipresente na *Revista Brasileira de Psicanálise* até então, assinando artigos, conferências ou informes institucionais em praticamente todos os números, Virgínia Bicudo é uma das vozes mais ativas e mais respeitadas da psicanálise nesse momento histórico. A assinatura desse artigo de 1972 como diretora do Instituto de Psicanálise da SBPSP, professora contratada da Universidade de Brasília e professora da Escola de Sociologia e Política de São Paulo faz valer uma série de capitais simbólicos acumulados ao longo da carreira. Se partirmos das referências como estratégia de "recados a serem passados", a intenção de se colocar como um "posto de pedágio" é evidente. Ela cita Marx em um período em que isso era pouquíssimo usual ou mesmo temerário, com o objetivo de ratificar a psicanálise como "teoria" em oposição a "ideologia" e "doutrina". Cita Walter Hollitscher, prolífico filósofo vienense marxista interessado na aproximação entre sociologia e psicanálise, mas também o sociólogo húngaro Karl Mannheim. A bagagem acumulada desde os tempos de socióloga[9] se faz presente ainda com antigos mestres como Donald Pierson e Roger Bastide, sustentando uma aproximação entre sociologia e psicanálise sob a forma do estudo científico das causas da ideologia, e não em defesa de uma adesão ideológica de qualquer espécie. Comparece também a boa vontade de discutir com pares latino-americanos, como Marie Langer e Fernando Ulloa do movimento argentino, e Willy Baranger e Hector Garbarino do movimento uruguaio, sugerindo uma discordância respeitosa para com o Plataforma-Documento rompido com a APA argentina no ano anterior. Um certo "aceno de paz" nesses anos alvoroçados para Igor Caruso (e por extensão ao CBPP) e a Chaim Katz (a essa altura já próximo do grupo que formaria a Clínica Social Anna Kattrin Kemper, que veremos adiante) também parecem providenciais, citações essas que aparecem em meio a Bion e Roger Money-Kyrle e a seus colegas de SBPSP Almeida Prado Galvão e David Ramos.

A autora anuncia já no início que irá conceituar o que ela chama de "realidade social" a partir de noções da sociologia estadunidense da "escola de Chicago" (*folkways*, *mores*) – notadamente, de Donald Pierson. Não nos cabe aqui detalhar como Virgínia Bicudo realiza essa apropriação conceitual; partiremos da definição que a própria autora nos oferece, por exemplo, de *mores*: "os '*mores*' são constituídos pelos costumes considerados absolutamente essenciais e invioláveis, de caráter sagrado indiscutível e são mantidos com tenacidade"[10]. São reguladores da vida social, como costumes ou hábitos, que dispensam a reflexão contínua e reiterada na lógica de tomadas de decisões. O texto prossegue com exemplos: "A proibição do incesto, da violentação [sic] sexual de menores são exemplos de '*mores*' vigentes em nossa sociedade. O tabu da virgindade vem gradativamente perdendo o caráter de inviolável; o 'não matarás' é mandamento que também está perdendo força, observando-se, por exemplo, *o terrorismo, a tortura, o esquadrão da morte.*"[11] Com efeito, os anos entre 1968 e 1972 foram o auge da atividade do esquadrão da morte, como conta Hélio Pereira Bicudo em *Meu Depoimento sobre o Esquadrão da Morte*. Porém, não se pode deixar passar a oportunidade de sublinhar o sobressalto ante tais termos à luz do que foi visto no capítulo anterior, pois é também no mesmo ano de 1972 que Virgínia Bicudo delata Castellar Pinto para o SNI. O artigo demonstra que não há como negar que ela tinha conhecimento das possíveis consequências de seu ato, mas que mesmo assim ela o fez.

"Incidência" é uma plataforma exemplar da diplomacia científica, ou, para aludir a uma expressão de Miguel Palmeira, é a "construção social de um artigo perfeito". Não há nada de excepcional nas premissas – na verdade, trata-se de algo bastante previsível: "Como ciência pura, a Psicanálise não comporta os pensamentos ideológicos e os doutrinários, não lhe cabendo, portanto, a denominação de ideologia ou de doutrina."[12] Entretanto, "Incidência" é uma peça que impressiona pela forma com que a autora finca o seu lugar no campo. Além do cálculo de citações, há as correções de colegas da psicanálise, como no exemplo de Garbarino. Esse autor afirma que a "valoração da sexualidade" é um elemento ideológico da psicanálise, ao passo que Virgínia Bicudo corrige dizendo que não se trata de valorar ou desvalorar a sexualidade, mas sim "pôr em evidência os caracteres sexuais e as etapas de desenvolvimento"[13]. A autora compara a teoria psicossexual freudiana à pílula anticoncepcional: inventada sobre bases científicas puras, não compete à ciência farmacêutica que a concebeu saudar ou condenar o uso da pílula, pois isso corresponde a uma consequência fora da ciência, como na assimilação dessa invenção na cultura, na religião e na moral. Enfim, mais um bom exemplo de como o álibi da neutralidade tem como pressuposto a apresentação da psicanálise como ciência pura.

Após todo o argumento cirurgicamente lapidado, Virgínia Bicudo chega à conclusão de que é necessário revisitar a questão da "hibridez" entre a sociedade de psicanálise (enquanto grupo de membros associados nos diferentes níveis hierárquicos) e o instituto de ensino (responsável pela formação de novos analistas, do qual Bicudo é a diretora). Recuperando os artigos já comentados de Almeida Prado Galvão e de David Ramos de 1967, ela volta a insistir que um destino possível para o instituto de ensino e formação de psicanalistas é a criação de uma faculdade de psicanálise, de modo que o instituto atue de maneira independente da sociedade. Com a intenção de se diferenciar das ideologias em relação à psicanálise divididas em "favoráveis" e "desfavoráveis" e recuperando o raciocínio expresso no artigo sobre a "hostilidade declarada", a autora sentencia que urge a necessidade de "profissionalizar" a psicanálise, a despeito da resistência dos psicanalistas quanto a essa iniciativa, defendendo que a desigualdade social chega à psicanálise no debate deformado sobre a aceitação ou não de candidatos não médicos. Ela nota uma "diferença de *status* e de papéis" entre sociedade e instituto de ensino e elogia Durval Marcondes, responsável pela abertura da SBPSP para candidatos não médicos (lembrando que Virgínia Bicudo sentiu na pele os efeitos do preconceito contra analistas não médicos nos anos 1950), mas elogia também a IPA uruguaia do casal Baranger pela mesma qualidade. É tendo esse conjunto de problemas a resolver que Virgínia Bicudo estabelece em 1972 que a legislação da profissão de psicanalista é (o termo é da autora) "inadiável". Enfim, em sendo possível recuperar aqui todas as forças gravitacionais do campo em disputa que pudemos elencar (CADEP/ESP, CNP/

CFP etc.), será possível também interpretar "Incidência" não pelo que ele se autocensurou de dizer, porém pelo que ele disse efetivamente: um mosaico de disputas simultâneas administradas com notável habilidade de escrita, mas cuja compreensão está dificultada para os não versados nas diagonais que o atravessam.

Em 1973, dois artigos sobre o conflito de gerações são publicados em um mesmo volume da *Revista Brasileira de Psicanálise*. Esses artigos são correlatos do IV Congresso de Psicanálise realizado no início do mesmo ano e que fez do assunto um de seus temas oficiais[14]. O primeiro artigo, "O Conflito de Gerações", é assinado por cinco analistas diferentes de uma mesma instituição, a SPRJ – Galina Schneider, Ernesto La Porta, Leão Cabernite, Inês Besouchet e Nylde Macedo Ribeiro. O segundo recebeu o título de "Conflito de Gerações, Emergente de Ideias Novas", assinado pelos psicanalistas César Ottalagano, Gecel Szterling e Fajga Szterling, todos os três da SBPSP[15].

O artigo do grupo da SPRJ tem um argumento central que se expressa nos seguintes termos:

> O conflito de gerações pode ser considerado uma expressão da impotência frente à força do Instituído; é mais uma localização institucional do complexo edípico. [...] Esse sentimento de impotência é enfrentado pelo jovem de hoje com um desafio: ele se declara a favor daquilo que o Instituído não lhe pode oferecer: "paz e amor", "estou na minha".[16]

São vários os exemplos elencados para determinar o caráter supra-histórico desse tipo de conflito, desde a *Bíblia* (a rebelião de Adão e Eva contra Deus) até a Queda da Bastilha e o maio de 1968 francês. Sendo um fenômeno próprio "da natureza do homem", os autores defendem que é preciso analisá-lo tanto interna quanto externamente, ainda que a contribuição direta da psicanálise para o entendimento do tema se dê pelo exame das causas que correspondem ao desenvolvimento infantil e à "explosão" adolescente. Após retomar diversos conceitos e autores da psicanálise inglesa (Klein, Fairbain, Winnicott) junto a discussões das ciências sociais (Margareth Mead, Malinovski), os autores relatam uma sequência de debates que se deu dentro da SPRJ sobre o conflito de gerações, de onde recolhem as queixas dos candidatos e das gerações mais jovens e chegam a lugar próximo do de Virgínia Bicudo: o conflito de gerações é mais expressivo no instituto de ensino do que na sociedade psicanalítica. Sendo o instituto de ensino um "ponto de encontro" entre professores-didatas e candidatos-pacientes, confluem nesse espaço ao menos duas gerações, cada qual com sua manta de projeções e identificações lidas em chave transferencial e familiar: "o paciente, com seus aspectos infantis e adolescentes e, do outro lado, o analista – mãe ou pai, analista objeto interno, representante dos pais separados, divididos, confundidos ou unidos".[17] A mistura problemática de papéis aqui, no entanto, é apresentada como um veículo de solução; como um pai que coloca limites aos filhos sob a advertência complementar de que "é para o seu bem", os autores fazem um balanço: "se por um lado a rigidez do I.P. [Instituto de Psicanálise, responsável pelo ensino] é inconveniente, a sua modificação, entretanto, não poderia ocorrer no sentido de permitir a destruição da Psicanálise e resultar na formação de candidatos que já não se tornariam psicanalistas"[18]. Logo, em nome da missão de fazer a psicanálise sobreviver aos conflitos geracionais, fortalece-se a autoridade do instituto e seus ensinantes. Desse modo, a conclusão repisa os mesmos pontos gerais dos artigos que lhe avizinham:

> O desencanto dos formandos é considerado material a ser analisado ou será atuado; o mal-estar dos formadores, material a ser trabalhado em autoanálise ou em uma "tranche" de análise pessoal; ou acabará por ser atuado em vivências e episódios de perseguição, intra ou inter-societários. [...] O conflito de gerações pode ser considerado como uma das manifestações da luta entre o instinto de vida e o instinto de morte. A capacidade de gerar com amor e de receber amorosamente as culpas dos pais atenua esse conflito, que não falta jamais. E a contribuição da Psicanálise para a busca de soluções desse conflito, além da elucidação de seus aspectos psicodinâmicos, seria a sugestão implícita no seu método de não reprimir nem negar o conflito, e sim vivê-lo, elaborá-lo e *amadurecer dentro dele*: os pais gerando filhos e os filhos gerando pais, entrelaçados no ato criador de perpetuar o ser humano.[19]

O segundo artigo apresenta um contraste interessante com o dos colegas da SPRJ. A preocupação dos autores da SBPSP é com a preservação da possibilidade do surgimento de novas ideias na psicanálise, dado que o conservadorismo da geração mais velha é também expressão do desejo de não transformação, do desejo de não sair da cadeira de "dono da verdade". A questão geracional não se esgota nas diferenças de faixas etárias, uma vez que independentemente delas há aberturas e fechamentos à emergência do novo em todas as camadas da vida institucional: "Há analistas jovens que são velha geração e vice-versa."[20] Mais uma observação: "Nem toda crítica é sinônimo de agressão, rivalidade, conflito edípico ou inveja."[21]
É assim que os autores são levados a defender o óbvio para valorizar a perspectiva da geração questionadora, sem infantilizá-la, insinuando a inconveniência da interpretação psicanalítica súbita. Para os autores, o ponto crítico das causas do conflito geracional reside no "casal psicanalítico", a saber, na relação entre os analistas e suas instituições. Nesse esboço de rara autocrítica, contudo, a tolerância e o diálogo permanente com a diferença e com o desconhecido da novidade darão um destino mais exitoso ao conflito, ainda que tal autocrítica se torne pensável de acordo com a mesma racionalidade dos que desprezam seus jovens opositores:

> Inúmeras variações de conflitos arcaicos de rivalidade vividos com o grupo familiar primitivo são reeditadas em nossas instituições, entravando o surgimento de ideias

novas e o progresso da Psicanálise. Uma das variações desta dinâmica é denunciada nos embates competitivos entre diferentes grupos de estudo ou entre instituições. Trata-se da rivalidade grupal, equivalente da rivalidade fraterna ou paterna. Subentende-se no grupo a exigência de adesão de tipo religioso, interpretando-se o contato com qualquer outro grupo como prova de traição.[22]

Isso parece de fato confirmar a hipótese de uma lógica hegemônica: o tema do conflito geracional é entendido como uma expressão de problemas internos; seja entre didatas e candidato ou entre conceitos dogmatizados e novas ideias, todos são traduzidos sob a óptica do drama edípico entre pais e filhos. Logo, a redução do conflito geracional a um estereótipo edípico expressa a intenção despolitizadora e heterônoma da acomodação dos termos em debate. Dispor do repertório psicanalítico para reduzir causas complexas a um mimetismo familiar parece ser o expediente geral, mesmo entre os mais sensatos.

Outros exemplos menos sofisticados e menos autocríticos também estão à disposição na *Revista Brasileira de Psicanálise*. "Perfil Trágico de Nossos Dias", de Mario Pacheco de Almeida Prado (SBPRJ), é um artigo que mobiliza ideias psicanalíticas para construir argumentos conservadores. O ensaio é dedicado ao "processo regressivo" pelo qual passa "a sociedade em geral", em que os atributos da linguagem se reduzem cada vez mais a um desempenho psicótico, a onipotência das "crenças cegas" se sobrepõe à razão, os impulsos destrutivos respondem a necessidades narcísicas autoeróticas e, sobretudo, as diferentes gerações já não se entendem mais. Para o autor, a "responsabilidade da psicanálise e dos psicanalistas"[23] consiste em resgatar duas diferenças fundamentais: primeiro, a diferença entre liberdade de pensamento e liberdade de conduta e, segundo, entre normalidade e anormalidade. Na primeira, a confusão entre as duas ordens de liberdade conduz à ausência de limites:

> Sobretudo as gerações de jovens que trazem da infância essa ideia de onipotência se rebelam contra tudo e contra todos que, em parte, sendo portadores de juízo de realidade, lhes dizem da necessidade de limitações. Tudo que limita ou tem limites então não é aceito e é visto como "quadrado", como indesejável e somente digno de destruição. Com isso corre-se o risco de destruir valores reais que a humanidade a muito custo ganhou, sem substituí-los por outros melhores. Estão nesse risco, diversos valores de ordem econômica, moral, estética, intelectual e sanitária. Um desses valores, por exemplo, é a linguagem. Outro, a saúde mental.[24]

Na segunda, o autor se volta contra alguns "analistas e dissidentes" (sem nomeá-los) que se engajam no encurtamento dos tratamentos psicanalíticos e no desdém para com a transferência, "atuada" mais do que "entendida". Desse modo, a propagação da anormalidade é responsabilidade dos psicanalistas:

Com o aumento do quadro desses terapeutas e o círculo de influências que deles emanam, formaram-se legiões de pessoas falsas, de relações falsas e perpetuou-se a falsidade e a alucinação – isto é, a crença de que basta pensar, fantasiar, delirar ou alucinar mesmo, para que tudo seja resolvido, ou qualquer dificuldade desfeita e superada.[25]

Com isso, chega-se ao paroxismo da "sociologia edípica dilatada", em que as gerações que à época dirigiam o mundo nos governos e nas famílias eram incapazes de sustentar posições de autoridade. Sem poder exercer a "coerção amorosa [sic] e reforçando [...] a hostilidade natural dos filhos", os "lares mal estruturados" são o próprio "perfil trágico de nossos dias" que dá título ao texto, representando a derrocada da função da família enquanto "união de pessoas que se amavam e procuravam se dar prazeres e favores"[26]. A baixa tolerância à angústia dos prazeres adiados enseja a hostilidade generalizada pela força da pulsão de morte, em que o alcoolismo, a toxicomania, os jogos de azar, os "impulsos primários e pré-genitais" e "um florescimento das atividades homossexuais, em ambos os sexos"[27] destroem inexoravelmente o tecido social.

Dos mais talentosos aos mais catastrofistas, todos de alguma maneira "cortam para dentro": se as análises fossem levadas a contento por psicanalistas realmente bem formados, as instituições e as sociedades psicanalíticas seriam mais coesas, evitariam dissidências internas e querelas desnecessárias. O argumento é propositalmente análogo à compreensão das mazelas sociais brasileiras. Se as autoridades não se omitissem da responsabilidade do exercício de seus papéis, a permissividade seria reduzida, os lares mais bem estruturados, haveria menos delinquentes juvenis e menos hostilidade entre gerações – e por conseguinte a sociedade alcançaria o estágio civilizatório a que ela está verdadeiramente predestinada: a maturidade.

MARXISTAS NO DIVÃ: RECORTES DE CASOS CLÍNICOS

Em um artigo escrito para desconstruir as expectativas idealizadas da procura pelo tratamento psicanalítico (como uma cura mágica e permanente), Luiz de Almeida Prado Galvão (SBPSP) escreve uma frase que parece uma verdadeira síntese do que iremos discorrer aqui: "O impulso para se atingir a maturidade, para crescer mentalmente, existente naqueles que querem ser psicanalisados, pode corresponder a um impulso para o conhecimento e desenvolvimento mental."[28] Aquilo que recuperamos de Zaretsky sob a alcunha de *ética da maturidade*[29] se espalha pelas condutas clínicas e institucionais. Se há conflitos no interior da sociedade psicanalítica, é porque falta análise às "crianças rebeldes". Se o paciente adere a atividades políticas na resistência à ditadura, é porque lhe falta assumir a posição de adulto. Para colocar em uma fórmula simplificada:

se a militância é a patologia, a harmonia familiar é a cura. Recortaremos nessa seção alguns casos clínicos para demonstrar que os psicanalistas das sociedades oficiais não se recusaram a receber em análise militantes e pessoas de esquerda. Não houve entusiasmo nem vetos explícitos, não houve apoio nem repúdio. A estratégia em voga era arguciosa, de modo que servia a uma finalidade dupla: a permissão e a proteção para recebê--los em análise quando fosse o caso.

Retomemos dois argumentos de "Incidência da Realidade Social no Trabalho Analítico" de Virgínia Bicudo. Primeiro argumento: "o analista deve utilizar-se de um '*splitting*', que lhe possibilite separar-se de sua realidade social, da qual compartilha em outros papéis que não o de psicanalista, e que incluem seus preconceitos, suas idiossincrasias e preferências, suas ideologias: religiosas, raciais, políticas e pseudocientíficas"[30]. É curioso, porque o mecanismo do *splitting* é comumente associado a um mecanismo de defesa contra a irrupção da ansiedade; no raciocínio kleiniano, inclusive, é um mecanismo arcaico de decomposição das experiências de satisfação e de desprazer na relação objetal, correspondente à experiência esquizoparanoide. Ainda que a autora não justifique teoricamente o que ela chama de *splitting*, posto que é um conceito nobre na psicanálise e sujeito a diversos desdobramentos, o apelo à utilização do *splitting* por parte do analista para se separar de sua "realidade social" indica uma concepção no mínimo controversa. Segundo argumento:

A orientação técnica, que preconiza ao analista abster-se de incluir na situação analítica sua realidade social ideológica, não implica em alienação social. Esse isolamento analogamente corresponderia à assepsia que o cirurgião deve observar em função de um fato que independe de suas ideologias. Se a abstenção do analista é assepsia prejudicial à ciência analítica que se indiquem, de modo objetivo, os inconvenientes técnicos e se definam as novas premissas. Os argumentos de que a técnica analítica aliena o analista seriam válidos para toda a pesquisa realizada até o presente, posto que o analista sempre se eximiu de incluir na situação analítica sua realidade social referente a pontos de vista pessoais, preconceitos, ideologia religiosa etc.[31]

Seguindo o roteiro das analogias como elementos potentes de interpretação, se a ciência analítica é como a ciência farmacêutica, que inventa a pílula anticoncepcional, mas não se implica nos desdobramentos morais de seu uso no campo da cultura, o analista é como um cirurgião, cuja atividade dispensaria a interveniência de ideologias. É certo que assertivas como essa apontam para o lugar da psicanálise enquanto ciência neutra, desafetada da relação com o objeto. Não obstante, cabe compreender como efetivamente se nivelaram neutralidade clínica, neutralidade científica e neutralidade política.

Alcyon Baer Bahia narra um caso de um paciente que apresenta alguns quadros de fobia (agorafobia, claustrofobia), cuja queixa passa por uma sensação de fracasso profissional e de um bloqueio afetivo para com a mãe. Em meio a isso, ele se posiciona em relação à concordata da firma comercial em que trabalha como "uma concordata pró-forma [...], uma falência mesmo, como todas essas imoralidades do regime capitalista". Bahia interpreta a indiferença de seu paciente para com a falência da empresa: "eis como entram na composição de suas defesas, dois outros mecanismos – o da *racionalização* e o da *idealização* de sua ideologia marxista e de sua militância, quando estudante, no P.C. [Partido Comunista] de sua terra natal. Homem de elevado nível universitário, inteligente, culto e sensível, o paciente é uma personalidade claramente *esquizoide*"[32]. Parece claro que "racionalização" e "idealização" aqui estão sendo usados em sentido patologizante. O paciente marxista e militante seria assim um idealista, desprendido do princípio de realidade, que consegue justificar suas escolhas por um racionalismo sólido, mas assentado em um mecanismo de defesa a ser desarmado em análise. Isso não deixa de ser uma extensão da orientação de Bicudo, que pregoa que "a função da psicanálise não é a de estabelecer a correção de uma racionalização inadequada, mas a de analisar o mecanismo que a fez surgir"[33]. O que não fica claro nesse substrato patologizante das adesões ideológicas é por quais razões objetivas certas racionalizações são mais "inadequadas" do que outras.

É necessário clarificar que as considerações clínicas sobre "pacientes marxistas" se inserem em um raciocínio clínico mais geral. Para ser mais exato, todas as situações do mundo externo são escutadas em análise como projeções do mundo interno do paciente, sedimentando a convenção geral de que as leituras de conjuntura política são no fundo uma deformação fantasiada de materiais inconscientes a serem desvelados. Do ponto de vista da estratégia clínica, a ideia freudiana de manejo da transferência cede ao padrão kleiniano da *interpretação da transferência*. Portanto, não se trataria de conduzir o tratamento pela observação crítica e contínua da posição ocupada pelo analista naquela transferência, cujos deslocamentos de posição são determinantes para se medir a eficácia de uma interpretação pelos seus efeitos, aberta que ela está à multiplicidade de sentidos que ela pode conter. Trata-se, sobretudo, da premissa de que todo assunto que surge em uma sessão analítica diz respeito à relação entre analista e paciente, em que a "faca afiada" da contratransferência conduz a interpretação à luz do que o analista "sente" que está sendo repetidamente projetado sobre ele. Logo, a premissa é menos da ordem da suspeita do que da certeza quanto ao que o analista "sente", pois é a contratransferência apropriada como experiência que opera como crivo da "verdade" e da "avaliação" da interpretação. É claro que se trata de um kleinismo muito datado e pouquíssimo rebuscado, mas não se pode negar que incide aqui um kleinismo igualmente acomodado às circunstâncias locais de sua execução.

Não seria de fato um exagero afirmar que esse programa clínico era hegemônico, mesmo entre os setores em teoria (do ponto de vista das rotas filiatórias e migratórias) mais progressistas. Quatro analistas da "ala argentina" da SBPRJ – Walderedo Ismael de Oliveira, Maria Luiza Pinto, José Cândido Bastos e Roberto Bittencourt Martins – narram uma situação clínica de um paciente cujo sintoma é a ansiedade provocada por impulsos agressivos. Recorta-se aqui uma vinheta que se inicia com a fala do paciente:

"Hoje, lendo os jornais, tomei conhecimento da morte do presidente...; a pessoa chega ao ápice da carreira e, de repente, morre...; assim foi com o outro presidente..."' Depois de breve silêncio, o paciente comentou: "Deve ter sido um alívio para a consciência de muita gente...; falou-se muito, surgiram tantas histórias... até se dizia que a doença encobria uma dificuldade política...; quem vai saber? Havia uma necessidade de apresentar e justificar a doença...; agora ele está aí, morto...". Mostrou-se ao paciente que as notícias acerca da morte do "presidente" haviam mobilizado e atualizado suas próprias fantasias e ansiedades infantis de rivalidade e competição com o pai, assim como os desejos de morte contra ele. Na relação analítica essa constelação estava presente tanto nas queixas contra o analista (pai-presidente), que não o ajudava a resolver sua rivalidade e inveja – como no receio de represálias e castigos (castração) por causa das relações proibidas com Maria [parceira sexual esporádica do paciente].[34]

Pouco mais adiante no texto, em um outro momento da sessão, o paciente expressa um desconforto, que foi seguido de uma interpretação:

"Não sei por que hoje estou assim...; por que vêm sempre esses pensamentos sobre a morte...; a morte vinda de fora?... o 'presidente', a guerra na Ásia, o Oriente Médio...; [...] por que essa necessidade de repetir, voltar a coisas agressivas assim de fora?" Foi assinalado ao paciente que a agressão ou a "morte", colocadas "fora", eram seus próprios impulsos destrutivos – e a necessidade de mantê-los depositados em objetos externos.[35]

São diversos os casos descritos na *Revista Brasileira de Psicanálise* que exemplificam o padrão de trazer todo e qualquer acontecimento, dos mais banais aos mais politicamente relevantes, para uma interpretação no "aqui e agora" da transferência. Sem a pretensão de conduzir os exemplos à exaustão, mais um pode ser lido em um artigo no qual o já citado Mario Pacheco de Almeida Prado (SBPRJ) conta uma vinheta clínica de um paciente que havia adotado um cachorro graças a um pedido da filha, mas que teve que devolver o animal por morar em um apartamento pequeno e acabou se sentindo constrangido e injusto. Almeida Prado não hesita em lhe aplicar uma interpretação torrencial:

Disse-lhe que ele estava constrangido comigo [analista], pois estava me informando, ao se dizer simplesmente injusto e mau, que não estava podendo aceitar ser o dono da casa dele, o animal grande e de voz forte, porque, ao contrário do que ele sempre supôs, descobrira que ser grande importava em até poder negar coisas justas aos filhos e sofrer aquela dor que sentira. Se ele mantivesse dentro dele, da casa dele, essa parte dele que estava crescendo, ele ficava ameaçado de ter que reconhecer que talvez os pais dele tivessem todo esse mesmo sofrimento que experimentara, e talvez não pudesse ter aquela visão que sempre tivera de ser perseguido, ignorado durante a vida toda por todos e de ter sido obrigado a viver escondido, sem voz e infantilizado.[36]

Esse tipo de interpretação analítica em que o psicanalista "atropela" as vivências do paciente, ao se colocar em todas que lhe pareçam contratransferencialmente propícias, chega a ser caricatural quando se pensa a ação clínica com instrumentos do pós-kleinismo sofisticado de hoje em dia, entretanto, é preciso sublinhá-la como o esteio comum do argumento da neutralidade assentado no horizonte normativo da maturidade. Como recomendação geral de acordo com o princípio da neutralidade e abstinência, a "realidade social" do paciente deve ser tratada como qualquer outra questão que ele traga para a análise, em que engajamentos na militância organizada, notícias da guerra e devoluções de animais domésticos se equivalem na mesma régua da orientação técnica.

Não obstante, é preciso lembrar que até que um caso clínico chegue à publicação, em especial quando se trata de uma revista como a *Revista Brasileira de Psicanálise*, ele passará por uma série de filtragens nas camadas do processo editorial. Por isso, é possível supor que a raridade de ocasiões em que relatos de caso exprimem questões dessa ordem seja um efeito colateral dos processos de filtragem editorial. Uma situação emblemática para a compreensão da importância dessas camadas pode ser lida no artigo de Heládio Francisco Capisano e Adelheid Koch, ambos da SBPSP. Após rezar a cartilha do *splitting*, da neutralidade e da abstenção, o texto traz duas vinhetas clínicas curiosas. A primeira é de uma mulher de 38 anos que "trai marido [sic]"[37] e se vê angustiada diante do dilema de decidir se escolhe seguir casada e na companhia dos filhos ou viver com o amante. Eis o fragmento da sessão tal como é relatado na qualidade de uma situação bem-sucedida de *splitting*:

P[aciente] – O senhor fica aí imóvel, plácido e indiferente. Não vê que todo mundo está metido na revolução? A coisa é de vida ou morte. E o senhor nem me avisa para suspender a sessão! Era o seu dever! Todo patriota sai à rua e vai lutar! E o senhor aí parado, medroso, sem fazer nada! Será que o senhor é comunista? Ou do governo? (A paciente deitada, senta-se e, de dedo em riste, faz essa última pergunta).

SILÊNCIO

A[nalista] – Receia revolução que pode precipitar-se dentro de si. Quer ficar plácida, imóvel, indiferente e me convida para eu lutar no seu lugar, enquanto foge de medo, pois não sabe que partido tomar: do marido ou do amante.

P – Creio que sou covarde. Sempre fugi de tudo. É verdade. Não sou capaz de tomar decisões em minha vida.[38]

A segunda vinheta relata um fragmento de sessão de outra paciente, 26 anos, solteira, que vivia então com a irmã. A sessão é atravessada por barulhos de ambulâncias e sirenes de bombeiros e da polícia, o que sugeria que havia um incêndio por perto:

P – O senhor não sabe do incêndio?
SILÊNCIO
P – É homem indiferente a tudo e a todos!!!
SILÊNCIO
P – O fogo parece que começou perto do "Elevado". Tive medo, pois lá trabalha minha irmã. Não posso imaginá-la no meio do fogo. Creio que ela não saberia o que fazer e como dele se defender. Esse medo passou quando ela me telefonou. O incêndio não foi perto da casa em que trabalha. Ainda bem... Foi na Avenida São João.
SILÊNCIO
A – Parece alheia ao fogo que está dentro de si. Deixa-se queimar, não sabendo como lutar contra sua própria destruição. Vem me pedir ajuda.[39]

Os autores acrescentam que teria ficado como um resto contratransferencial nesse episódio uma preocupação com a situação do incêndio. O analista se percebe aflito com questões parecidas das de sua paciente, perguntando a si mesmo se seus próximos estavam igualmente em segurança e afins, indicando um *"splitting"* menos bem-sucedido do que o primeiro. Após essa hesitação sobre a eficácia desse mecanismo, o texto discorre sobre impressões que os autores tiveram sobre o debate acerca da "influência histórico-social da Psicanálise", a partir do qual elencam pontos que seriam considerados controversos e que foram experienciados como invasões emocionais intensas, como a obsolescência da neutralidade, a necessidade de abordar "episódios de comoção social" como "pontos de urgência" e a vulnerabilidade do analista diante do mundo atual. Ao fim do artigo, três parágrafos conclusivos aparecem em sequência sob a forma de "comentários", reproduzidos aqui na íntegra:

Depois de nossas impressões escritas terem sido examinadas pelo *editor da Revista*, para publicação, dele recebemos *convite para um contacto pessoal*. Nessa oportunidade, antes desse encontro, que aliás não se realizou, nos demos conta do que havíamos escrito. A técnica de nossa redação residia numa tomada de posição inteiramente emocional. Reuníramos uma série de ideias contrárias àquelas que ouvíramos no Congresso. Tomaríamos atitude tão facciosa, tão sectária como os demais, embora tais ideias estivesses disfarçadas, distorcidas sob certas afirmações como "o analista não deve tomar posição pessoal face a quaisquer problemas que surgem no ambiente analítico", ou "o analista que sai de sua neutralidade estará, mesmo nos chamados pontos de urgência, sendo faccioso, sectário e doutrinador".

Os nossos escritos revelavam um conteúdo preconceitual. O que ouvíramos no Congresso parecia-nos errado e o que havíamos escrito supúnhamos certo. Não transmitíamos conhecimentos científicos, mas sim pensamento ideológico, incisivamente defendido, que revelava impulsos dominantemente destrutivos. A investigação científica sempre com dúvidas e renovações tem conexão predominante com impulsos de vida e *o pensamento ideológico*, rigidamente defendido, *é aliado dos impulsos de morte*.

As palavras do editor, convidando-nos para uma simples reunião, foram sentidas pelo analista como decorrentes do princípio de atividades comuns, caracterizando uma cooperação espontânea. Tal como catalisador, o responsável pelas publicações na Revista mobilizou os sistemas de controles mútuos. Assim, o analista ao lembrar-se das normas que regem o processo psicanalítico pode manter-se em estabilidade. *Quando um membro de uma sociedade desvia o seu comportamento, como neste episódio, um pequenino sinal de alarma – simples convite – permite funcionar os sistemas de controles mútuos, colocando-o em linha de pensamento científico.*[40]

Esses parágrafos tornam evidente que as instâncias de filtragem editorial operavam como uma domesticação direta e indireta das ideias. Não é difícil supor a autocensura prévia e o estado predominante de medo por parte dos agentes do campo. São em evidências aparentemente triviais como essa que se pode detectar o estado heterônomo da produção psicanalítica oficial nesse momento histórico, em que a lógica do processo editorial cerceia a liberdade da crítica, e a condição autônoma das autorias regride compulsoriamente ao pacto dos "sistemas de controles mútuos". Assim, a intensidade do conflito de gerações na primeira metade da década de 1970 será amplificada internamente a ponto de se configurar como um reflexo heteróclito mediado por pastiches conceituais dos traços autoritários e conservadores do período histórico em questão.

Uma vez destacada a relevância das camadas do processo editorial da *Revista Brasileira de Psicanálise*, vale apresentar um último relato de caso de um psicanalista ipeísta publicado em uma edição independente, como mais uma prova de que o horizonte normativo da maturidade se espalhava para dentro dos tratamentos psicanalíticos e para fora dos veículos editoriais oficiais. Ainda que bastante longo, vale reproduzir na íntegra o relato publicado em 1974 por Luiz Carlos Meneghini (SPPA). Trata-se de um relato bastante completo – digamos, "do diagnóstico à cura" –, representativo do programa clínico em curso no kleinismo e pós-kleinismo dos psicanalistas ipeístas e sua respectiva zeladoria da neutralidade. A impressão que se tem é de que cada palavra-chave escolhida por Meneghini aqui mereceria destaque:

> Um rapaz de dezoito anos, aprovado brilhantemente em concurso vestibular, procurou análise "para se conhecer melhor e se desenvolver mais". Sabia, em forma muito intelectualizada, o que significa "ser adulto", mas, de fato, vivia em choque permanente com os pais e irmãos, com atritos por motivos muito infantis; não tinha qualquer esboço de vida genital, evitando contato físico com as poucas moças de quem havia se aproximado.
> Logo ao início da análise a tomada de consciência desses aspectos e de outras deficiências mobilizou muita angústia, traduzida pela pronta adesão à militância política clandestina, com participação em atividades subversivas no meio estudantil e em seminários de doutrinação marxista, provocando grande inquietação em sua família. Paralelamente, iniciou namoro com uma colega taxicômana [sic] que tentou sem resultado aliciá-lo para o uso de estimulantes, e que provocava chacotas de amigos e parentes por suas características manifestadamente masculinizadas. Tentou salvá-la da homossexualidade e do tóxico conseguindo um dia dar-lhe um tímido beijo quando, perseguidos pela polícia, se refugiaram no interior de uma igreja, enquanto zuniam às suas costas cassetetes da autoridade. Mas, o que mais o apavorou foram os holofotes de um helicóptero que sobrevoava uma manifestação estudantil e que, por sua simples

presença, dissolveu o pretendido comício, numa referência ao pavor que a luz das interpretações lançava sobre seus conflitos. Após um ano de análise, com a interpretação sistemática destas ansiedades, elas se atenuaram, como diminuíram os violentos ataques verbais ao analista, até então encarado como representante da "burguesia", passando a colaborar ativamente nas seções, em forma muito decidida e corajosa.

Aproximou-se de uma outra colega, seu tipo almejado de mulher e, depois de se conhecerem razoavelmente, tiveram relações sexuais. Alugaram, em sociedade, um pequeno apartamento, ninho provisório enquanto amealhavam um pequeno patrimônio, produto do trabalho de ambos, para poderem casar-se sem depender totalmente de presentes dos pais. Casou-se ao fim do terceiro ano de análise, mudando-se então para o lar definitivo. Resolveu analisar-se por mais um ano, para consolidar suas melhoras e impediu a companheira a buscar a análise, para acompanhá-lo em seu progresso, despedindo-se de mim ao fim de quatro anos. Abandonou qualquer ativismo político, embora sem renunciar à sua ideologia, dizendo realizar-se mais na pesquisa, pois é um brilhante profissional, dos mais capazes em sua especialização e dos que mais progresso tem feito, tendo em vista sua pouca idade.

Qualquer analista, dentro da estrita neutralidade que lhe é exigida em face do material trazido pelo paciente e, seja qual for o enfoque teórico em que se coloque, não deixará de viver no presente caso a visão do paciente a uma ideologia política extremista – com a consequente radicalização da conduta – como uma atuação, desencadeada pela ansiedade consequente à entrada na análise. A tomada de consciência de seus problemas e a necessidade que sentia e a si mesmo se impunha de enfrentar mudanças, levaram a uma regressão a níveis arcaicos, com uma conduta tipicamente defensiva.

Dentro do esquema referencial que adoto, diria que a análise mobilizou ansiedades paranoides e depressivas, combatidas inicialmente pela busca de um objeto idealizado (uma ideologia "redentora") que trazia em si as possibilidades de expressar intensa agressividade reprimida e bloqueava sua vida genital. A análise destas ansiedades e das fantasias inconscientes subjacentes, permitiu aos poucos a reparação das figuras internalizadas dos pais e do analista, assumindo ele uma posição cada vez mais próxima de um nível genital e adulto.

Pretendi mostrar, com a evolução deste paciente como, frequentemente, uma ideologia com aparência de reformista e de progressista serve, em realidade, como uma poderosa defesa contra a necessidade de mudança, quando deve o adolescente renunciar à sua identidade de criança e a seus mecanismos psicológicos infantis estribados na onipotência, regredindo a níveis de funcionamento muito primitivos, com a liberação de fantasias e atuações reveladoras da agressividade sempre presente nestas camadas profundas e remotas da personalidade.

A análise aparece, assim, como o fator verdadeiramente revolucionário, propiciador de profundas modificações para enfrentar a realidade do mundo adulto e contra ela se levantam as forças conservadoras da personalidade disfarçadas na capa ilusória de uma reforma externa com o que se dispensaria o adolescente de modificar seus objetos internos, adequando-os às necessidades prementes do desenvolvimento somático e psicológico.[41]

Levando em consideração as abordagens do campo intelectual e científico de Bourdieu, não parece acidental que o caso mais representativo que encontramos acerca do problema abordado tenha aparecido em um livro independente, de edição bastante amadora. Se em uma revista como a *Revista Brasileira de Psicanálise* os escritos passam por diversas mãos até a publicação, como editores e avaliadores que tratarão de enquadrar os artigos dentro da linha editorial e da proposta do periódico (como demonstra o artigo de Capisano e Koch), poder-se-ia esperar que um livro independente pudesse exprimir outros conteúdos, outras compreensões do processo clínico, outras abordagens. Mas não é o caso. Sem um editor lhe telefonando para um "contato pessoal" e hipoteticamente sem cerceamentos diretos à liberdade de pensamento, Meneghini prova por meio desse relato de caso o padrão tácito do horizonte normativo e moral da maturidade, permitindo o reencontro do que havia sido previsto anteriormente: a militância é a patologia, e a harmonia familiar é a cura. Mais eficaz do que simplesmente recusar o divã a eventuais pacientes de esquerda seria justamente "endireitá-los", com todo o peso político que o termo comporta.

Vale lembrar que a *Revista Brasileira de Psicanálise* traduziu e publicou artigos de psicanalistas estrangeiros. Despojados da autocensura, alguns trouxeram reflexões políticas e históricas mais contundentes. Dentre eles, destacamos o artigo de José Remus Araico, didata da IPA mexicana. O texto versa sobre um caso clínico de um jovem estudante que passara por uma situação traumática em um protesto bastante conhecido da história mexicana, o Massacre de Tlatelolco. Sensibilizado pelo atendimento, Araico discorre sobre política em trechos que podem ser lidos:

em nossa América Latina, que pertence social, econômica, cultural e psicologicamente, ao Terceiro Mundo em desenvolvimento, onde os perfis dramáticos nos atingem profundamente, nós, psicanalistas, pertencemos a uma elite de uma profissão liberal e nem sempre estamos no ponto de ebulição dos conflitos sociais[42].

É certo que este não é o único, e valeria mapear os artigos de argentinos, uruguaios e chilenos na *Revista Brasileira de Psicanálise* do período. Porém, nosso objetivo aqui é sublinhar que houve exceções, ainda que tenham sido pontuais, para não incorrer no equívoco de dizer que a Revista abandonou inteiramente toda e qualquer dignidade editorial quando se observa a plataforma do ponto de vista de sua internacionalização, não obstante todos os pesares impostos pelas circunstâncias da ditadura. Ainda assim, não se pode negar que a vigilância intelectual em âmbito nacional nas sociedades oficiais foi intransigente, contou com o juízo autocensurador internalizado de seus agentes e, sobretudo, expressou diretamente (reiterando, sem "hermenêuticas mirabolantes") o projeto profundamente político de seu apoliticismo. Logo, a ressalva maior aqui se dá em relação à ideia de que o caráter apolítico do discurso da neutralidade pode dar a entender que seu engendramento tenha se dado de forma passiva. O que esse breve mosaico de casos que trouxemos aqui pode provar é exatamente o contrário: trata-se de uma *repolitização ativa* que atua desde o caso a caso da transferência até os níveis institucionais (projetos editoriais e hierarquias internas). Eis as principais consequências de se nivelar o conflito geracional a uma trama edípica, a transferência negativa a um problema de introjeção da castração na relação com a autoridade, o impacto das notícias da guerra a uma projeção de impulsos agressivos e a participação na militância dita "subversiva" como uma recusa ao amadurecimento: sem declarar abertamente, as sociedades oficiais se enfileiravam de uma maneira muto própria às demandas da "guerra psicológica" que pautavam a agenda da reconfiguração da ditadura na primeira metade dos anos 1970.

O OUTRO LADO DA MOEDA DA NEUTRALIDADE: O "CASO" LAERTES FERRÃO

Como um contraponto necessário às críticas até aqui elencadas, nem só de consequências nefastas foi feita a neutralidade. Em nossa pesquisa, encontramos um documento que a nosso ver também está entre os mais importantes da obra, datado de 10 de setembro de 1975, obtido da pasta do "Serviço Nacional de Informações" do portal Memórias Reveladas. Apesar de ele ser distribuído a partir da Agência Central do SNI, não há qualquer menção codificada em relação à qualidade e à fidedignidade da informação. Ele se refere apenas a uma segunda data de origem, 4 de setembro de 1975, referente à coleta da informação feita pela Agência de São Paulo do SNI.

Os militares buscavam informações sobre Georges Wilheim (comumente descrito como Jorge Wilheim) – nomeado em 2 de setembro de 1975 secretário de Economia e Planejamento pelo então governador "biônico" do Estado de São Paulo, Paulo Egydio Martins – e sobre sua esposa, Joanna Maria Wilheim. Tratava-se de investigar a criação do Serviço Estadual de Informações para o Desenvolvimento (SIEDE) dentro do governo de São Paulo, cuja supervisão caberia a Georges Wilheim. A investigação a respeito dele se estendeu à esposa, então candidata em formação pela SBPSP. Após uma extensa descrição de atividades políticas de Georges Wilheim, pode-se ler a seguinte descrição a respeito de Joanna Wilheim[43]:

d. Quanto a sua esposa, JOANN[A] MARIA WILHEIM, apurou-se o seguinte:
   1. Nunca pertenceu à ASSOCIAÇÃO BRASILEIRA DE PSIQUIATRIA por não ser formada em Medicina, razão pela qual é destituída de fundamento a alegação de que a mesma fora expulsa da ASSOCIAÇÃO citada. Na realidade, a mesma é Psicóloga formada pela Faculdade de Filosofia, Ciências e Letras "Sedes Sapienti[a]e", da PUC, em 1968.
   2. Em 1970, matriculou-se no INSTITUTO DE PSICANÁLISE que funciona junto à SOCIEDADE BRASILEIRA DE PSICANÁLISE, à Rua Itacolomi, n. 601, 8º andar, a fim de fazer o curso de Pós-Graduação com a duração de três anos. Entretanto, em 1971, a nominada aconselhada pelo seu Professor analista – Dr. LAERTE[S] FERRÃO, médico, interrompeu o referido curso, sendo que em 1973 reiniciou o curso citado, devendo concluir no fim do corrente mês.

3. Presume-se que a interrupção do referido curso teria sido o motivo do informe infundado de sua expulsão da Associação Brasileira de Psiquiatria. Os motivos da interrupção do tal curso jamais poderiam ser conhecidos por estranhos. As razões restringem-se à área do analista e do analisado, portanto, qualquer ilação é imaginação pura. Não é verdade a versão segundo a qual a mesma condiciona seus pacientes aos princípios filosóficos contrários à formação cristã e democrática.

4. Quanto a participação ou comprometimento do epigrafado em relação, a atuação de sua esposa [sic], esta AR julga prejudicado, tendo em vista que apurou-se que o mesmo não praticou citados atos.

Ora, salta aos olhos o texto do item 3. Após terem confirmado que Joanna Wilheim não poderia ter sido expulsa da Associação Brasileira de Psiquiatria, a qual nunca teria pertencido por ser psicóloga de formação, o braço paulista do SNI procura o seu então analista didata, Laertes Ferrão, para saber por que motivos ela interrompera por um período de aproximadamente dois anos sua formação na SBPSP – ou seja, suspeitando de que tal interrupção pudesse ter se dado devido a alguma atividade "subversiva". Porém, os motivos da interrupção "jamais poderiam ser conhecidos por estranhos" por serem restritos "à área do analista e do analisado". Em nossa pesquisa não encontramos nenhum arquivo que usasse uma terminologia tão característica do discurso psicanalítico. Isso nos faz levantar a hipótese de que o serviço de informações procurou Laertes Ferrão para "delatar" sua então paciente, ao passo que ele se recusa a fazê-lo. O que também chama a atenção é que os militares *aceitam* tal justificativa sem maiores questionamentos: "qualquer ilação é imaginação pura". Aquele que foi procurado para dar uma referida informação (que, a julgar pela própria inclusão do nome completo "Laerte[s] Ferrão" e pelo vocabulário absolutamente específico do discurso psicanalítico, provavelmente foi ele próprio) se recusa a oferecê-la, e nem por isso é encaminhado à prisão ou a qualquer forma vil frequentemente utilizada nos esquemas de tortura. Ou seja: esse arquivo nos parece fundamental porque exemplifica que os psicanalistas estariam autorizados a se opor à prestação de informações. É óbvio que se opor a prestar informações aos militares era uma atividade de gravíssimo risco à própria vida e à vida do investigado, daí não ser conveniente qualquer espécie de juízo moral a respeito da colaboração em situações de exceção política que envolveram mortes, desaparecimentos, torturas e tantas outras violências. Não obstante, é surpreendente observar que nem mesmo o regime mais cruel e violento "ousaria" adentrar a "área do analista e do analisado" e *respeitaria* a transferência, sem procurar instrumentalizá-la a serviço da produção de informações. É óbvio também que não é possível exigir que todos os analistas pudessem ter segurança pessoal para se opor à prestação de informações. Laertes Ferrão tornou possível para si mesmo assumir tal posição de blindagem contra a pressão do regime militar[44]; já Virgínia Bicudo não apenas não se blindou, mas parecia enredada em uma sociabilidade tão comprometida com a elite do poder estendida ao regime militar que a colaboração se tornara um expediente inevitável.

Um reparo deve ser feito aqui. Laertes Ferrão foi um importante analista didata da SBPSP, bastante reconhecido pela erudição e pela clareza na exposição de ideias em seminários teóricos e cursos de formação no Instituto de Psicanálise da referida sociedade. No entanto, durante o período em que foi presidente da SBPSP no início dos anos 1970, seu nome ficaria marcado como aquele que assinou uma carta oficial à então presidente da Asociación Psicoanalítica del Uruguay (APU) desejando "saúde" ao psicanalista uruguaio Marcelo Viñar quando este foi preso e torturado.

São Paulo, 10 de julho de 1972
Prezada colega,
A Sociedade Brasileira de Psicanálise de São Paulo, reunida em Assembleia Geral Extraordinária, apreciou o telegrama enviado por sua Sociedade sobre a detenção do colega Marcelo Viñar e violação do segredo profissional, e chegou às seguintes colaborações:
1. apoio irrestrito à inviolabilidade do segredo profissional, base fundamental ética e científica ao exercício da profissão de psicanalista;
2. como Sociedade com fins científicos, estabelecidos pelos Estatutos, resolveu não pronunciar sobre assuntos que podem levar a implicações políticas.
Desejamos outrossim que o colega Dr. Marcelo Viñar esteja gozando de saúde e que o seu caso resolva-se satisfatoriamente o mais urgente possível.
Atenciosamente,
Laertes de Moura Ferrão, presidente.[45]

A confrontação entre essa carta e a posição de Ferrão diante da intimidação do SNI demonstra a necessidade de se trabalhar com arquivos. Não parece justo que tendo assinado a carta na qualidade de presidente da SBPSP se conclua que a pessoa Ferrão é condescendente com a ditadura civil-militar. Quando se desiguala a posição institucional de presidência e a posição política do indivíduo que a ocupa, especialmente quando se trata de 1972, é preciso levar em consideração que quem assina a carta é figura institucional da presidência, mas quem recusa a colaboração é o indivíduo.

Enquanto indivíduo, Ferrão na verdade foi um entusiasta da criação da revista oficial mais "antenada" com o mundo da cultura: a revista *Ide*, editada até hoje[46]. Laertes Moura Ferrão pode ter sido um exemplo de alguém que não foi "atravessado" pelo ideário da "guerra revolucionária" e do combate ao comunismo à maneira do *Psicopolítica* e tinha um apreço pela emergência do novo. Seu texto mais lembrado até hoje é a conferência proferida em Recife e publicada originalmente na *Revista Brasileira de Psicanálise* em 1978, na qual o autor parte de uma fábula de dois meninos observando o céu, em que um deles afirma ter visto um balão e o outro não. Em meio ao debate para ver quem tinha razão, aquele que dizia não ter visto o balão chama um terceiro menino, que igualmente olha para o céu e confirma que não há balão algum, o que o leva a chamar aquele que teria visto o balão de "maluco", com um "parafuso a menos". Aquele que viu o balão reflete:

> Como pude ser invadido pela maneira de agir, a atuação e a linguagem persuasiva e prepotente do meu amigo? Uma verdadeira jamanta que achatou a minha cabeça. *Ainda bem que pude me libertar dessa pressão ditatorial de uma mente sobre outra*. Agora estou em condições de observar e pensar sobre a experiência da qual nós três participamos.[47]

Após essa reflexão, o menino replica:
> Você chamou este terceiro, deu-lhe a função de juiz, que sentenciou: não há balão no céu. Fizeram uma aliança e comemoraram a vitória. Este menino por acaso é Deus ou tem o dom da verdade? Pois você tornou a observação dele como certa e verídica. Sabemos que não é e fui vítima de um engano. Penso que deveríamos chamar mais outros caminhantes e saber o resultado de suas observações e assim chegar a um consenso geral sobre as observações realizadas. Mas, mesmo assim, só a continuidade do processo de indagação nos levaria a escolher uma entre elas, que se aproximaria mais dos dados observáveis e que, portanto, seria a mais operativa para se lidar com o tipo de problema que estamos observando. E a escolhida não necessitaria certamente ser a numericamente mais frequente, mas aquela que melhor ordenou os dados esparsos recolhidos pela observação – foi o que com suas palavras disse ao companheiro.[48]

Essa aparente divagação comporta uma espécie de resposta tardia (1977-1978) às situações experienciadas na vida institucional durante os anos mais duros da ditadura civil-militar. Apesar da discussão que segue no texto sobre filosofia da ciência em Bacon, Descartes e Popper, é possível supor que a consagração desse artigo não se deu por algum critério de erudição. Sobretudo, não parece acidental que Ferrão tenha se referido à reflexão do menino na chave de "se libertar dessa pressão ditatorial de uma mente sobre outra". Ainda que não o cite, fica claro que o autor se alinha a uma perspectiva clínica freudiana de *Construções em Análise*, ao passo que recusa a premissa de que a interpretação do analista seja um jogo de "cara eu ganho, coroa você perde"[49]. Para Ferrão, esse tipo de posição só reforça fatores prejudiciais à análise e à vida institucional: "inveja, afirmação de superioridade, arrogância, violência, ao lado da intolerância ao desconhecido, a conter situação de desvantagem e intolerância à consciência da inveja e da arrogância"[50]. Isso nos faz lembrar um parágrafo de Bourdieu sobre o fato de que certas condições de revelação do oculto só alcançam a luz do dia *a posteriori*:

> O mais oculto é aquilo sobre o que todos estão de acordo, tão de acordo que sequer se fala disso, o que está fora de questão, o que é óbvio. Isso é o que os documentos históricos arriscam ocultar mais completamente, porque ninguém tem a ideia de registrar o que é óbvio; é isso que os informadores não dizem, ou só dizem por omissão, pelos seus silêncios. Interrogar-se sobre essas coisas que ninguém diz é importante quando

se faz história social da ciência social, se não se quer somente se divertir distribuindo culpa e elogio. Trata-se não de constituir-se como juiz, mas de compreender o que torna essas pessoas incapazes de compreender certas coisas, de colocar certos problemas; de determinar quais sejam as condições sociais do erro, que é necessário, uma vez que é produto de condições históricas, de determinações. No "isso é óbvio" de uma época, há o impensável *de jure* (politicamente, p. ex.), o inominável, o tabu – os problemas dos quais não podemos nos ocupar – mas, também o impensável *de facto*, o que a aparelhagem do pensamento não permite pensar.[51]

Por meio de uma fábula singela, Ferrão parece ressignificar *a posteriori* uma experiência a que estiveram sujeitos os atores institucionais do fim dos anos 1960 até meados da década de 1970, já como ex-presidente da SBPSP, respondendo àqueles que desacreditavam dos meninos que viam balões no céu que nenhuma jamanta persuasiva lhe achataria a cabeça novamente. De Laertes Ferrão é dito ainda na "cultura de corredor" institucional que ele era simpatizante do PCB, solidário a causas sociais a que eventualmente se ligavam ele e seus pacientes, bem como também que ele foi analista do governador "biônico" Paulo Egydio Martins – devemos dizer que não encontramos nenhum documento que provasse tais afirmações, porém julgamos importante incluí-las caso seja possível investigá-las no futuro a partir de fontes primárias mais fidedignas do que a "cultura de corredor" e o "boato".

Dito isso, é possível frisar nossa concordância com a literatura vigente, de que a neutralidade é o tópico mais evidente e sensível ofertado à crítica do não posicionamento das sociedades psicanalíticas oficiais ligadas à IPA. No entanto, o exame do documento do SNI na investigação sobre Joanna Wilheim e a atitude de Laertes Moura Ferrão nessa situação (coerente inclusive com posições mais públicas dos anos vindouros) complexifica o cenário ao explicitar o outro lado da moeda da neutralidade, em que ela passa a operar como um álibi de proteção dos pacientes contra a espionagem do serviço secreto militar. Ainda que nem todos tivessem consciência disso, ou que tivessem a tenacidade para se posicionar de tal forma, não se deve ignorar a dupla serventia política do argumento oportuno da neutralidade: não incomodar o regime militar e, simultaneamente, ter alguma salvaguarda em relação aos seus arroubos autoritários.

Uma vez feita essa incursão, somos instados a voltar a insistir na questão da guerra psicológica, a fim de ressaltar a força do ideário anticomunista não apenas nos movimentos psicanalíticos para além das sociedades ipeístas, mas também para compreender como os discursos e as práticas "psis" interessavam aos militares, que não hesitavam em "contratar seus serviços" sempre que lhes parecesse razoável. Tais contratações provinham de um lastro histórico profundo, porém suas terminações só se tornariam mais palpáveis ao fim da primeira metade dos anos 1970.

13.
Confluências Psis no Elo Civil-Militar

> *A guerra, a princípio, é a esperança de que a gente vai se dar bem; em seguida, é a expectativa de que o outro vai se ferrar; depois, a satisfação de ver que o outro não se deu bem; e finalmente, a surpresa de ver que todo mundo se ferrou.*
>
> KARL KRAUS

Neste capítulo, iremos nos dedicar a um tópico de difícil apreensão, mas necessário para os nossos fins. Parafraseando o título do livro de Carlos Fico[1], ainda é bastante enigmático assimilar "como eles pensavam". Nesse sentido, outros documentos que encontramos nos fazem recuperar a discussão sobre a ESG, que vimos no capítulo 8. É necessário precisar melhor que nesses espaços híbridos de frequentação de civis e militares não se tratava de empreender um ensino para o ofício militar. Nem a ESG e nem as suas filiais da Associação dos Diplomas da Escola Superior de Guerra (ADESG) formavam militares – é deveras sabido que esses espaços são outros, localizados nos colégios militares e nos institutos de ensino superior dentro das Forças Armadas. O que se buscava partilhar na ESG e na ADESG é mais próximo do que Celso Castro chamou em seu estudo etnográfico sobre a Academia Militar das Agulhas Negras (AMAN) de *espírito militar*, definido como o "conjunto de características que conformam a personalidade do indivíduo ao meio militar"[2]. Do ponto de vista do *habitus*, houve nesses espaços híbridos da ESG e da ADESG uma espécie de encontro das águas, cujas características comportamentais mais comuns e imediatamente visíveis coincidiam na convivência mútua. No nível comportamental, os militares se diferenciavam dos demais pela firmeza na empostação da voz, pela clareza na entonação; pelo olhar altivo, direcionado para o horizonte, como quem olha sempre por cima do olhar do outro; pela postura ereta, como quem posiciona o corpo em alerta permanente, sem relaxamento; por uma apresentação corporal devidamente asseada, barba feita, cabelos cortados (preferencialmente bastante curtos); e um certa performance de linguagem, um jeito característico de falar vigorosamente. Mais do que um estigma, essa inculcação do espírito militar se expressa não apenas nos valores morais, mas também no corpo e na fala.

Tal inculcação é sucedânea da disciplina militar voltada para elementos ordinários do cotidiano (a barba feita, o uniforme limpo, a cama impecavelmente arrumada etc.), alçada a um valor moral maior que atua como forma de desvirtuar a atenção dos temas grandes. Trata-se de uma compreensão que remete ao primeiro ciclo do getulismo, em que o marechal José Pessoa implementa um novo estado psicológico necessário ao militarismo na Nova República por meio da ideia de que *a política divide*, enquanto *a disciplina une*[3]. São valorizados atributos como "o senso de honestidade e 'retidão' de caráter; a preocupação com causas 'nobres e elevadas' – Pátria, Brasil (no Curso Básico, quando um oficial grita "Brasil!", os cadetes aprendem a contestar em uníssono: "Acima de tudo!"); o 'espírito de renúncia' e o desapego a bens materiais; o respeito à ordem, à disciplina e à hierarquia"[4]. A isso se soma uma perspectiva de vida comunitária no interior de contornos exclusivistas, por meio dos clubes sociais do Círculo Militar, dos condomínios reservados para moradia (as Vilas Militares) e do recurso às cidades do interior que representam no imaginário militar a autenticidade da brasilidade.

Ainda segundo Celso Castro, no fundamento da vida comunitária haveria um "totemismo" militar[5], cuja partilha de símbolos condiciona insígnias de reconhecimento mútuo[6], gerando sensações de pertença a um coletivo e organizando os universos ritualísticos e solenes de culto da autoridade e da vangloriação do mando e da obediência pelo elogio ao sacrifício. Por meio de tais insígnias era possível saber a que setor por exemplo um determinado militar pertencia, pelo uso de emblemas, pela exposição de medalhas meritórias na farda, pelos lemas específicos e assim por diante. Há duas frentes de forças de poder que se dão na sedimentação do espírito militar: uma vertical, exercida pelos hierarquicamente superiores sobre os inferiores, e uma horizontal, entre os aspirantes de mesma camada. A internalização da vigilância do comportamento inculca o sentimento de pertença, realçando os aspectos morais de lealdade, camaradagem e espírito comunitário de grupo. A "traição" a essa comunidade tácita por infidelidade ou indiscrição seria repreendida por ambos os eixos relacionais.

Uma diferença substancial entre o *modus operandi* da instituição militar e o das instituições civis é que a primeira preza por uma "igualdade de condições", ainda que artificialmente engendrada, em que os aspirantes seriam classificados em excelência de desempenho por meio de números (01, 02, 03 e assim por diante)[7]. Atitudes que desrespeitassem a igualdade de condições (como estudar para uma prova escondido ou quando os outros colegas dormem, ou colar nos exames) serão repreendidas vertical e horizontalmente, sob o risco de expulsão da corporação. Nas instituições civis, sobrenomes, linhagem familiar, posições de prestígio no meio profissional, privilégios socioeconômicos e forças de influência na opinião pública desigualariam as condições de partida entre aspirantes em construção de carreira. Sem jamais serem reduzidos a números ou classificados enquanto tal, a ascensão por "méritos individuais" no meio civil se combinava com condições de escolaridade e de aquisição cultural previamente estabelecidas. Nessa complexa combinação que fortalecia o caráter burguês das operações institucionais civis, haveria em tese (mas somente em tese) espaço para todos, desde que dentro de uma concorrência aberta em que prevaleceriam os destaques de talentos individuais em detrimento dos fracassos pessoais.

Esse conjunto de fatores condicionou o desprezo que os militares cultivavam internamente em relação aos civis, chamados pejorativamente de "paisanos"[8]. Tais elementos sublinham não apenas a mera diferença entre civis e militares, mas sobretudo iluminam as razões pelas quais os militares se julgariam mais capazes de conduzir a política nacional ante a "ameaça comunista" do que os civis durante a ditadura. A vaidade, o pedantismo, a frivolidade e a ostentação seriam compreendidos como defeitos morais do universo dito "paisano", tornando-o permanentemente suscetível a influências indevidas quaisquer. É certo que o pacto civil-militar que sustentou a ditadura exigiu o alinhamento em termos ideológicos com o conservadorismo político, porém tais universos se separavam quanto aos atributos necessários para a entrada no universo árido da política – era o chamado "despreparo da sociedade civil" argumentado pelos ditadores ao longo dos 21 anos do regime militar. Por um lado, é essa separação que está no fundamento da ideia de que a participação civil na ditadura não levou aos postos verdadeiramente decisórios da política militar, sendo relegada a uma participação importante, porém quase sempre menor. Por outro lado, era necessário contar com o seu apoio, sobretudo diante do crescente e perceptível ressentimento dos militares quando julgados pelo domínio letrado civil como tacanhos. Essa constante na imprensa alternativa frisava, sempre que tinha oportunidade, a estreiteza intelectual dos militares, alvo principal da zombaria de charges que os caracterizavam como "gorilas", confirmada por exemplo pelos dribles das manifestações da cultura popular (do teatro à música) às divisões de censura[9]. Assim, a ESG e a ADESG congregaram membros da sociedade civil simpáticos ao militarismo e desejosos de pertencer de algum modo à "Sorbonne" como forma de reforçar pactos ideológicos, colocando-os a serviço da manutenção do regime.

Ao lado de *O Espírito Militar* de Celso Castro está *Meia Volta, Volver*, de Piero Leirner. Este autor, que junto a Celso Castro é um dos primeiros responsáveis pela fundação da área de estudos em "antropologia dos militares" no Brasil, apresenta seu percurso de pesquisa que buscou uma observação participante em uma escola do Exército, parecida com a ESG, mas exclusiva a militares. A pesquisa de Leirner chama a atenção para um aspecto relativo à forma de aproximação entre o pesquisador e o grupo estudado: credenciais (de onde vem), objetivos (para que), cerimônias e recepções com lugares definidos que separam civis e militares. Isso o leva a entender como funciona a hierarquia dos militares – tema ao qual ele também dedica um livro mais recente[10]. Nas cerimônias de proximidade, não deve haver contato entre os altos comandos do exército e os chamados "praças" sem a mediação de intermediários. No círculo militar, a proximidade entre membros de diferentes patentes por afinidades pessoais ou carismáticas é chamada de "promiscuidade"[11]. Uma nota etimológica pode ser útil. "Hierarquia" é a junção de duas partículas do grego, *hierus*, a manifestação fenomênica do sagrado, com *arkhé*, que pode ser tanto comandar como começo, princípio. É certo que as hierarquias civis também podem ser altamente e historicamente verticalizadas, no entanto, é pelo abastecimento no cotidiano institucional militar de signos ungidos de reconhecimento mútuo que se evita a "promiscuidade". Ou seja, por mais tentador que possa ser comparar hierarquias civis rígidas às hierarquias militares na ditadura, essa comparação será sempre limitada. Leirner afirma que o modelo piramidal da estrutura hierárquica do exército não é suficiente para entender como ela se estrutura. Ele prefere falar em "círculos hierárquicos" que se organizam em um "sistema de classificação", compreendido no conjunto de condecorações, medalhas e cursos concluídos, assim como punições e repreendas por indisciplina atuam como classificações negativas. O histórico do "tempo de serviço" constitui o crivo central do "mérito", que não é estritamente individual; nele incide o critério da "antiguidade" e da turma em que determinado militar se formou, com sua lógica própria de acumulação de capitais simbólicos ao longo de anos de carreira militar. Outro ponto a se destacar nessa diferença é a questão da doutrina. Por definição, uma doutrina é um texto histórico, sem autor definido, uma carta de princípios que organiza uma visão de mundo. Segundo Leirner, "*ser militar*, aqui, não é 'ser sargento, major ou general'; mas sim é, dentro da lógica disciplinar que confere a seus atributos uma determinação anônima – e por isso transcendente, mesmo que às vezes etérea –, '*servir à pátria*', '*vestir um uniforme*', '*obedecer a uma ordem*' ou mesmo '*a questão amazônica*'"[12]. Assim, inculcar nos civis a Doutrina de Segurança Nacional é prioritariamente imprimir a marcação da invenção do inimigo interno, mas não haveria maiores garantias para além disso. Sempre houve a dúvida quanto à durabilidade dessa marcação, posto que "do ponto de vista militar o inimigo é sempre exterior, exógeno"[13]. Ou seja, tal como um paradoxal "mal necessário", pelas características aqui descritas pode-se dizer que o universo civil nunca foi verdadeiramente confiável e leal aos olhos do espírito militar. Sem nunca ter partilhado dos mesmos signos sagrados de reconhecimento mútuo, sem nunca ter prezado pela coesão comunitária e pela missão genuína da defesa nacional, o universo civil seria eternamente definido pela volubilidade, pela vaidade e pela promiscuidade, estando sob o jugo contínuo da desconfiança por todo o tempo que durou o regime militar. Ainda assim, era preciso que os militares contassem com o trabalho técnico que só os "paisanos" realmente dominavam.

É sob essa óptica que deve ser analisado o hibridismo do pacto civil-militar durante a ditadura nas profissões psis, uma vez que elas estiveram entre as convocadas a cooperar com as atividades da caserna.

PRESTAÇÕES DE SERVIÇOS PSIS

Por mais que ainda sejam significativamente escassos os estudos sobre o papel da psicologia nas Forças Armadas no Brasil[14], é sabido que ao longo das décadas foi muito comum que o ensino militar recorresse aos estudos universitários da psicologia e da educação para formular suas estratégias próprias de seleção de soldados e avaliações internas de saúde mental, inteligência e capacidade física. O serviço militar é constitucionalmente obrigatório no Brasil, e por meio dele convocam-se até hoje profissionais da saúde (médicos, psicólogos, enfermeiros etc.) para o exercício de suas funções em quartéis e hospitais militares. Nem sempre o atendimento dessa demanda se dá por inclinações estritamente ideológicas; uma vez convocados e sem ter a chance de declinar o convite, muitos profissionais se engajam em seus ofícios na caserna como em uma atividade temporária, pautados pelo plano de carreira militar e pela estabilidade salarial, que conferem a possibilidade da ascensão social e certamente algum prestígio. Isso, que se manteve como uma constante na história do Brasil Republicano, no entanto, borrou muitas fronteiras após o golpe de 1964, mas outras nem tanto.

Há ao menos três itinerários tradicionais que conectam a psicologia aplicada às Forças Armadas: a psicometria, a psicologia esportiva e a composição de manuais educativos de princípios gerais da psicologia aplicada. Com efeito, nomes importantes da história da psicologia no Brasil ligados ao ISOP carioca estabeleceram parcerias com essas instâncias. Oficiais do Exército se interessavam pelo diálogo, como Raul Mendes Jorge em *A Psicotécnica e a Marinha*, assim como o eminente Mira y López, que publica *Psicologia Militar* e *Psicologia da Subordinação*. Essa tradição se estende para dentro do regime militar, inclusive a despeito das posições pessoais de seus agentes. Seria equivocado supor que todo psicotécnico inevitavelmente se alinhou ao regime. A pernambucana Anita Paes Barreto, um dos grandes nomes da história da psicometria brasileira que atuou junto ao grupo de Ulysses Pernambucano, foi perseguida e chegou a ser presa logo após o golpe de 1964. Outro bom exemplo é Antonio Gomes Penna, que produziu na segunda metade dos anos 1950 um *Manual de Psicologia Aplicada às Forças Armadas*, adotado no ensino militar até 1970, mesmo se opondo aos militares e sofrendo represálias após o golpe de 1964[15]. No entanto, outros profissionais psis aproveitam a continuidade para estabelecer relações ainda mais orgânicas com os militares. Carlos Sanchez de Queiroz, professor de Psicologia Esportiva da UFF até 1965 e depois professor de Psicologia Social na UFRJ (onde viria a ser diretor do Instituto de Psicologia), foi membro da Junta Consultiva da ESG e colaborou ativamente na confecção do planejamento estratégico do campo psicossocial. Junto ao psiquiatra e professor da Universidade Federal do Rio Grande do Norte (UFRN) Otto Julio Marinho, ao educador José Camarinha Nascimento e ao coronel Ferdinando de Carvalho, Carlos Sanchez de Queiroz participou de uma conferência em 1971 que seria depois publicada como artigo, denominada "O Planejamento Estratégico no Campo Psicossocial"[16]. Após discorrer sobre a necessidade da manutenção dos valores morais, cívicos e espirituais da nacionalidade em favor da "paz social" por meio da erradicação do analfabetismo e do fortalecimento dos laços familiares, os autores definem na última página do artigo quatro linhas de ação estratégica, que consistiria em

"LEVAR O POVO A COLABORAR COM OS ÓRGÃOS DO GOVERNO CONTRA O TERRORISMO", a partir de quatro fundamentos: "1. CAMPANHA DE INFORMAÇÃO PÚBLICA"; "2. MELHORIA DOS ÓRGÃOS DE REPRESSÃO"; "3. CENTROS DE REDEMOCRATIZAÇÃO PARA TERRORISTAS"; "4. RECOMPENSA DE INFORMANTES".[17]

Não é preciso ir mais longe para entender que a estratégia psicossocial da Doutrina de Segurança Nacional após o AI-5 no limite desembocava no terror de Estado. Além da participação na confecção do argumento psicossocial da Doutrina de Segurança Nacional, do ponto de vista prático os profissionais da psicologia aplicada eram requisitados para aplicar testes psicológicos em presos políticos. É o que se vê no documento "Teste Rorschach Aplicado em Terroristas"[18], de 27 de setembro de 1971, feito por encomenda do Primeiro Comando do Exército e difundido no CIE, na SNI, na AMAN e no DOPS carioca:

TRAÇOS DOMINANTES DO GRUPO:
- Os "terroristas", em sua maioria, revelaram como traços dominantes:
- Estabilidade emocional e afetiva precária
- Dificuldades de adaptação e ajustamento;
- Atitude oposicionista, voltando sua agressividade, ora contra o meio, ora contra o próprio Ego;
- Sinais de tramas e conflitos;
- Percepção mais voltada para os aspectos gerais;
- Escasso senso prático;

- Tendência à fantasia;
- Carência de disposição ativa-criadora;
- Controle intelectual construtivo ou escasso;
- Carência de objetividade e senso crítico;
- Acentuado n. de respostas globais (não evidenciando, porém, nível intelectual elevado)

CONTEÚDOS
- O estudo do simbolismo dos conteúdos das percepções, nos levam a crer que os conflitos, os problemas de natureza afetivo-emocionais, as problemáticas na área da sexualidade, as dificuldades de adaptação e ajustamento social, teriam suas origens nas relações parentais que não foram satisfatoriamente resolvidas.

EM SÍNTESE:
- Trata-se de um grupo de reações imaturas, fantasista; antissocial; em conflito consigo mesmo e com o meio social; carecendo de objetividade e senso crítico.

Apesar de o vocabulário utilizado aludir a algumas noções psicanalíticas de maneira parva, o documento não revela quem eram os psicotécnicos aplicadores do teste, nem tampouco se tinham alguma ligação com os movimentos psicanalíticos nacionais ou algo do tipo. Outro documento que também não revela nomes é um relatório confidencial do Serviço de Informações do DOPS-SP[19], cuja seção Psicossocial narra a colaboração de psicólogos, psicanalistas e psicanalistas para promover a "cura" dos subversivos:

Para promover um trabalho de recuperação de elementos presos por subversão, o governo brasileiro recomendou, ao grupo de trabalho do Ministério da Justiça que estudará a reforma do sistema penitenciário, a verificação da viabilidade de ser instituído um tipo de cárcere especial para subversivos. Esse trabalho permitirá que os órgãos de segurança adotem critérios mais objetivos e reais no que se refere à vigilância de pessoas envolvidas nessas atividades criminosas, possibilitando a repressão de abusos cometidos em algumas localidades, onde problemas pessoais estão prejudicando cidadãos que se acham fichados como delinquentes políticos. *Um trabalho elaborado pelo Ministério da Justiça, na gestão passada, com a colaboração de psicólogos, psiquiatras, psicanalistas, revelou a existência de uma fração de subversivos presos em perfeitas condições de recuperação.* Estes seriam, na sua maioria, jovens aliciados sob impacto da emoção, sem consciência real do seu próprio envolvimento em questões políticas. O mesmo trabalho afirma, entretanto, que há subversivos totalmente incapazes de um retorno à vida normal, geralmente os que se envolveram em ato de terrorismo, que o estudo chama de fanatizados, dispostos a qualquer tipo de atitude capaz de subverter a ordem política e social. Uma vez que o maior interesse do governo seria a reitegração [sic] dos elementos recuperáveis na sociedade, onde poderiam contribuir de maneira positiva, a recuperação de elementos presos poderá trazer também um aspecto considerado importante: *cada caso poderia ser situado individualmente e reestudado em todos os seus aspectos. Essa tendência governamental foi explicada como uma abertura para evitar o repúdio a jovens subversivos, que constituiria um foco de polarização negativa, que pode ser eliminado.*

Sabe-se que a teoria psicanalítica inspirou interpretações de testes psicológicos, especialmente os testes projetivos, como Rorschach. Ainda assim, a rigor, as regras do jogo da disputa pela herança legítima da psicanálise passam ao largo do antigo matrimônio da psicotécnica e da psicologia aplicada com as Forças Armadas brasileiras, o que pode não valer para eventuais agentes em exercícios profissionais avulsos. Fica a questão que não pôde ser conferida com exatidão na nossa pesquisa, mas que certamente configuraria uma contribuição muito valiosa para a história da psicologia no Brasil. De todo modo, não será acidental que em sua formação no início dos anos 1970 o CNP fosse composto por civis de diversas extrações[20]. Civis insuspeitos (Arrigo Angelini, Virgínia Bicudo, Geraldo Servo, Halley Alves Bessa), entusiastas da ditadura (Clóvis Stenzel) e esguianos (Arthur de Mattos Saldanha) se misturavam a antigos vigiados como líderes estudantis (Geraldo Magnani). Coube à espionagem do SNI acompanhar rigorosamente cada passo da construção dessa empreitada – cada associação de cada Estado, cada nome indicado pelas entidades filiadas, tudo era muito atentamente vigiado pelos militares, que contavam com informantes internos para que o CNP/CFP não se tornasse um "foco de subversão".

Quando se observa a convocação militar de profissionais médicos, a situação fica ainda mais nebulosa. Como é comum que médicos prestem serviços ao Exército, em nosso trabalho encontramos alguns nomes de psiquiatras que eram ou viriam a ser psicanalistas trabalhando em hospitais militares, quartéis e instâncias do governo.

Um caso emblemático é o do psicanalista Ronaldo Mendes de Oliveira Castro, que viria a ser membro da sociedade ipeísta de Brasília criada por Virgínia Bicudo nos anos 1970, a Sociedade Psicanalítica de Brasília (SPBSB). Ronaldo Castro trabalhou no hospital militar brasiliense. Em duas ocasiões, foi convocado para fazer uma avaliação médica e psiquiátrica de pessoas que haviam passado por torturas. Na primeira, em 1964, ele teria atendido no Batalhão da Guarda Presidencial um preso político com pneumonia, que após a cura da doença e a saída da prisão foge do país. Impactado pela experiência, Ronaldo Castro também sai do país para fazer cursos de especialização na Espanha, na França e na Suíça. De volta ao Brasil em 1965, ele assume o posto de chefe da seção de psiquiatria no Hospital Distrital de Brasília. Lá, ele atende em 1970 mais uma pessoa que havia passado pela tortura, a estudante Maria Regina Peixoto Pereira. Poucos dias após o laudo médico que ele assinaria, Ronaldo Castro é demitido por justa causa do hospital e estranha que seus colegas o ignoram quando ele retorna dois dias depois após ser dispensado para retirar seus pertences.

Passados quinze anos, a história desse segundo atendimento viria à tona com a publicação do laudo médico, datado de 17 de junho de 1970, no livro *Brasil Nunca Mais* em 1985. No texto do laudo, o médico relata entre outras coisas que a estudante viera do DOPS, que havia passado por interrogatórios e por agressões físicas, que apresentava um estado de confusão mental grave, convulsões corporais, ideias suicidas e, como uma última observação, "reações primitivas de regressão e conversão histérica"[21]. Ou seja, o texto evidenciava a tortura física e psicológica pela qual a estudante havia sido submetida no DOPS e, por conseguinte, a presença de tal avaliação no laudo era a verdadeira razão de sua demissão. Ronaldo Castro soube por um amigo que seu nome estava no livro e somente após o fim da ditadura teve a oportunidade de ressignificar os fatos e esclarecer minimamente os ocorridos em entrevistas[22].

Em suma, o caso de Ronaldo Castro demonstra que em situações agudas a análise isolada de documentos tende a ser insuficiente. Cecília Coimbra não hesita em afirmar: "Como não acredito no mito da neutralidade científica e no de qualquer outro tipo de neutralidade, assinale-se que tais profissionais foram cúmplices com o regime de terror ou, no mínimo, coniventes com a máquina mortífera que se abateu sobre o país, sobretudo após 1968."[23] Assim como a autora, também não encampamos qualquer crença no mito da neutralidade científica, porém julgamos importante valorizar testemunhos e depoimentos orais enquanto esclarecedores dos fatos quando os arquivos não o podem fazer. Em suma, não há razões para desacreditar um depoimento que afirma sua não conivência com a tortura – aliás, foi por tê-la incluído no laudo que Ronaldo Castro foi demitido. Ainda assim, como nossa pesquisa partiu de outros princípios de método, é preciso reiterar aqui que, tal como já afirmado sobre os exilados, uma parte desses nomes segue viva e em plena atividade profissional. Fica a sugestão para que se possa recolher mais e mais testemunhos desses agentes vivos e, quando não for o caso, que se encoraje a pesquisa em arquivos pessoais ou institucionais. Sob o domínio do terror de Estado as fronteiras entre atividades profissionais psis junto aos setores militares e a hediondez da "conivência" ficam gravemente borradas, dificultando qualquer conclusão mais assertiva a respeito.

Ainda nesse sentido, parece-nos absolutamente implausível que alguém como por exemplo Carlos Alberto Barreto, que atuou como médico psiquiatra no Ministério do Exército entre 1966 e 1970 e seria um dos principais psicanalistas a tomar partido no chamado "Fórum de Psicanálise" na crise da SRPJ do início dos anos 1980 (veremos essa situação adiante), tenha atuado "coniventemente" quando no exercício de suas funções profissionais junto ao exército. Outro exemplo é Samuel Menezes Faro (IMP), que também assina um laudo como "major-médico da Aeronáutica"[24], mas que seria uma voz importante a se somar na reorganização da resistência dos psicanalistas à ditadura a partir da segunda metade da década de 1970, inclusive por meio de atividades de docência em universidades como a PUC-RJ e a Universidade Santa Úrsula. Mais nebulosos, porém, nos parecem outros casos, como o de Eustachio Portella Nunes Filho (SPRJ), que trabalhou realizando exames psicológicos e psiquiátricos para admissão de alunos do Instituto Rio Branco de diplomatas, mas que por ser de uma família tradicional da política do Piauí e ter dois irmãos da ARENA, Lucidio e Petronio Portella Nunes (esse último chegaria ao posto de ministro da Justiça no governo Figueiredo), teve sobre ele a sombra da desconfiança nunca comprovada de alianças com os militares. Incluímos aqui o que encontramos não para levantar suspeitas levianas, mas porque justamente a documentação a que tivemos acesso não nos deu provas suficientes nem para afirmar a existência de tais alianças, nem para negá-las de fato.

De todo modo, independente de ações individuais que devem ser tomadas sempre que possível caso a caso, segue sendo válida a contundência da crítica geral à redução do aporte psicanalítico em suas diversas possibilidades práticas ou clínicas e por extensão do recurso às teorias que a sustentam, a uma técnica. A tendência inexorável à razão instrumental no terreno das práticas psis inspiradas (ou não) pela psicanálise era mais do que uma congruência tácita com o exercício do poder militar; deve-se manter em vista que a instrumentalização da psicologia aplicada, do exame psiquiátrico, da psicometria e outras técnicas eram as avenidas fundamentais que transportavam profissionais psis para colaborações diretas, mesmo que pontuais, com o regime militar, incluindo suas repartições mais macabras da prisão e da tortura.

Se nesses últimos casos os arquivos e o material encontrados se revelaram insuficientes para afirmar com segurança a natureza do elo civil-militar no caso de determinados agentes, em um caso específico, porém, foi possível levantar um material expressivo que sobrevoou todas as avenidas e estacionou em um universo suspenso, acima das prisões e torturas, das assinaturas de laudos e dos trabalhos psicotécnicos da caserna – na "Sorbonne", de mãos limpas, discutiu-se uma psicanálise de gosto deveras duvidoso mas, ao que tudo indica, largamente horizontalizada ao olhar altivo do espírito militar.

UMA PSICANALISTA NA ESCOLA SUPERIOR DE GUERRA: O "CASO" NOEMY RUDOLFER

Mais lembrada pela sua trajetória universitária na psicologia e na educação do que pelo seu percurso na psicanálise, Noemy Rudolfer (SPRJ) representa o mais antigo elo de ligação direta entre as profissões psis e as raízes ideológicas da Doutrina de Segurança Nacional. Nascida em 1902 em Santa Rosa de Viterbo, interior de São Paulo, um importante polo agrícola-industrial do Estado, Noemy Marques da Silveira (seu nome de batismo) não vinha de um berço quatrocentão. Filha de uma dona de casa e de um farmacêutico e vereador local, devido a desentendimentos dele com fazendeiros e com líderes da comunidade local, a família se vê impelida a mudar para a capital São Paulo nos anos 1910. Incentivada pela família a estudar, aos dezesseis anos ela se forma professora primária – à época chamada de normalista – ainda nos anos 1910, e em 1921 é convocada para integrar o grupo do já eminente Manoel B. Lourenço Filho, educador que se consagraria como um dos pioneiros da chamada Escola Nova no período Vargas. Na década de 1930 ela se casa com um ex-professor, o engenheiro tcheco Bruno Rudolfer, que foi da primeira turma de professores da Escola Livre de Sociologia e Política, onde ela também viria a ser professora – ele na cadeira de Estatística e ela na cadeira de Psicologia Educacional. Nesses mesmos anos, Noemy Rudolfer se consagra ao assumir a cátedra de Psicologia Educacional do antigo Instituto de Educação da Faculdade de Filosofia, Ciências e Letras da USP, instituto esse que acolheu diversas iniciativas pioneiras de pesquisa em psicopedadogia e psicometria da época. Nesse período ela também traduz um clássico de William Heard Kilpatrick – *Educação Para uma Civilização em Mudança* – e marca sua afinidade intelectual com o campo educacional estadunidense. Após o falecimento de Bruno Rudolfer em 1942, Noemy Rudolfer intensifica suas relações acadêmicas com os núcleos de psicologia e de educação estadunidenses, refletidos em âmbito nacional no movimento escolanovista. Aproximou-se da teoria associacionista de Edward L. Gates e Arthur I. Thorndike graças a um período de estudos na celebrada Universidade de Columbia, em Nova York, o que lhe valeria um capital simbólico notável para atuar em missões culturais e de ensino em ministérios de Educação de diversos países da América Latina (Uruguai, Argentina, Chile, Peru, Bolívia e Paraguai). Ainda em 1942, Noemy Rudolfer integrou a Defesa Passiva Antiaérea da Legião Universitária Feminina, uma liga que prestava serviços à comunidade paulista, com o policiamento das casas de diversão, distribuição dos produtos racionados e policiamento em solenidades. Na segunda metade dos anos 1940, Rudolfer se torna professora de psicologia em diversas instâncias de ensino militar: no Curso de Aperfeiçoamento para Oficiais Superiores da Diretoria de Ensino do Estado-Maior do Ministério da Guerra, no Curso de Seleção de Pessoal da Diretoria de Ensino do Estado-Maior do Exército e na Escola de Aperfeiçoamento de Oficiais da Vila Militar do Ministério da Guerra.

É somente no final da década de 1940 que Rudolfer estabelece uma aproximação direta com a psicanálise. Sem nunca ter se entendido direito com o movimento psicanalítico paulista que daria origem à SBPSP, mesmo tendo sido colega de Durval Marcondes no Conselho Estadual de Orientação Educacional nos anos 1950 em São Paulo, Rudolfer passa por uma primeira análise com Margareth Gill (SBPSP), que ainda não era didata. Posteriormente, escolhe enfim iniciar sua análise didática no Rio de Janeiro e em 1949 seria uma das primeiras pacientes de Werner Kemper (SPRJ). Em meados dos anos 1950 ela se aposenta como professora emérita da USP, e suas atividades junto ao Estado se intensificam ainda mais, atuando em missões culturais em diversos países da Europa via Ministérios do Exterior, Educação e de Guerra. A quantidade de informações em seu currículo[25] é vertiginosa, entretanto, detalha como sua trajetória se torna mais consistente e sua figura mais poderosa quanto mais capital simbólico de procedências distintas ela acumula. Fato é que a partir do golpe de 1964, com já quase cinquenta anos de carreira, Noemy Rudolfer é ao mesmo tempo professora emérita aposentada da USP, psicanalista didata da SPRJ, embaixadora cultural e conferencista na ESG – como visto anteriormente, a instância máxima do ensino militar e berço da Doutrina de Segurança Nacional.

Foram três as conferências de Noemy Rudolfer na ESG realizadas entre 1965 e 1974, material ao qual obtivemos acesso na íntegra[26].

Na primeira conferência, realizada em 1965, a primeira parte do texto é dedicada à definição de "patologia social". Por patológico a autora entende as experiências deficitárias de "participação" e "integração social", qual seja, o "campo de interações de agentes biológicos [...], psicológicos e sociológicos"[27]. Portanto, cabe ao "patologista social" [sic] "*esclarecer* o problema de síntese das doenças sociais"[28] – pois se trata de um problema de esclarecimento, de entendimento, e não um problema propriamente clínico. Rudolfer defende três categorias que merecem estudo e atenção por parte do "patologista social". A primeira categoria corresponde a "todos os indivíduos que, por insuficiência, ineficiência ou deficiência, não podem participar do comércio social comum do grupo a que pertençam"[29], em que estão incluídos basicamente os cegos, os delinquentes e os homossexuais. A segunda categoria é "social e psicossocial": a marginalidade, a "vagabundagem", o trabalho infantil, o "preconceito racial e de classe", a habitação coletiva, o "trabalho remunerado da mãe de família" e outros que se nivelam apesar das causas distintas. E a terceira categoria mais antropológica é a doença da própria cultura: quando a cultura ela mesma está doente, fomentando o individualismo e a competição, os padrões culturais enfermos geram a patologia social da falta do senso de coletividade.

A perspectiva interacionista de inspiração declaradamente estadunidense é um investimento "interdisciplinar enquanto virtude", no sentido que Jamie Cohen-Cole trabalha o termo[30]: um programa intelectual estadunidense de orientação política centrista dos anos 1950 forjado no interior da Guerra Fria. Nessa lógica, segundo Rudolfer, haveria uma continuidade entre três instâncias de enfermidades sociais: a insuficiência, marcada pela *inviabilidade* (doença que inviabiliza a participação social total ou parcialmente, como a lepra ou a esquizofrenia); a deficiência, marcada pelo *ressentimento* ("portadores de defeitos de órgão" [sic] como cegos, surdos, aleijados, paralíticos etc., cuja experiência individual de "autoconsciência exagerada" ou "sentimento de inferioridade" conduz a experiências coletivas problemáticas com "desconfianças" ou "reivindicações exageradas", portanto, patológicas); e a ineficiência, marcada pela doença propriamente cultural, da qual decorrem o crime, o vício e todas as formas de delinquência. De repente, sem quaisquer mediações, o criminoso é comparado ao leproso, que é comparado ao vagabundo, e assim por diante. Em meio a ideias que parecem indicar uma preocupação sensata com as mazelas sociais brasileiras (trabalho infantil, pobreza, racismo, desemprego etc.), entulham-se juízos escandalosamente morais, cujo conservadorismo intransigente chega a causar constrangimento no leitor tamanho preconceito religioso e ódio de classe, como por exemplo na declaração de que "a capital da Guanabara é a Meca do vagabundo"[31]. Obviamente, nesse amontoado reacionário, não poderiam deixar de marcar presença as ideias de que o aborto é uma doença cultural, de que o afrouxamento da hierarquia familiar estimula a concorrência patológica entre os cidadãos, de que a desvalorização do casamento e a falta de educação sexual no lar é responsável pela "identificação sexual homolibidinosa [sic]" e outras[32]. Rudolfer fala do problema das "mães excessivamente protetoras" que infantilizam seus filhos: "Aqui, no Brasil, o autoritarismo frequente de que são vítimas os imaturos os faz burladores sistemáticos da autoridade: perante esta passividade enervante de assentimentos irrestritos e de sorrisos humildes. Nas costas, a contravenção, a maledicência... doenças da cultura."[33] Nisso consiste o que Rudolfer denomina "duplo padrão moral": "Salvar as aparências seja talvez por isso a regra moral mais difundida no Brasil."[34] Ao fim, a autora reconhece que as soluções para todos os problemas arrolados já foram tentadas antes: o problema é que elas não foram tentadas de maneira integrada. Um ano após o golpe de 1964, abria-se a oportunidade de pregar dentro da ESG a padronização de uma moral unificada, forte e coesa, capaz de realizar um projeto de Brasil e de "Homem" que sanearia a patologia social do país.

Como uma extensão da aula de 1965, a segunda conferência foi proferida na ESG em 4 de julho de 1970[35]. Noemy Rudolfer inicia sugerindo que um tema como esse valeria um simpósio, com a participação de especialistas da biologia, da psicologia, da psicanálise, da antropologia, da sociologia e da filosofia; afirmando abordá-lo unilateralmente desde a psicologia e a psicanálise, reverencia o público que assiste a ela: "junto aos senhores, que representam a Inteligência do Brasil, secundada pela força integrativa nacional, que são as nossas Classes Armadas"[36]. Após uma breve explanação sobre dois romances brasileiros – *A Moreninha*, de Joaquim Manoel de Macedo, e *Clarissa*, de Érico Veríssimo –, a autora se dedica a demonstrar que a adolescência é uma categoria historicamente recente e que, apesar de ter sido inicialmente uma etapa do desenvolvimento que preparava os "privilegiados" para a vida adulta, ela agora se estendia a "todos". Rudolfer defende que o prolongamento da adolescência na vida adulta é resultado do retardamento em se atingir algum *status* na vida social, por meio do casamento ou da correção profissional. A ampliação do acervo cultural humano e a crescente aceleração das mudanças sociais debilita a eficiência dos "status" que caracterizam a vida adulta, configurando uma "nova eclosão da situação edípica"[37]. A culpa, a autopunição, a proibição de êxito, o suicídio, a instabilidade emocional, a "defesa homossexual [sic]" e o "apoucamento da inteligência perante as exigências do aprender"[38] seriam assim especificidades da puberdade em crise, lida em chave edípica: "Ficam sempre a inveja e os ciúmes do amor entre os pais e não se perdoa, a ambos, o gozo de uma situação de que nunca pôde participar. Muitos psicanalistas veem neste fato o motivo fundamental da rebeldia adolescente e das vivências abissais."[39] Incompreendido, desprestigiado, frustrado, problemático e desamparado, o adolescente caricatural de Rudolfer busca exatamente "a vivência do abismo":

acercar-se da beira dele e buscar não cair aí, seja o abismo o uso de entorpecentes, fumar maconha, guiar em velocidades vertiginosas, praticar a "roleta paulista", cultivar perversões sexuais, desprezar qualquer segurança moral dos pais ou professores e orientadores, hétero e auto-agressividade patológicas com que se busca destruir, ferir, chocar, depreciar – para obter prestígio que, de outra forma, não consegue alcançar. E a sociedade da pressão, em lugar de levá-lo à expansão permitida e saudável, agrava mais o problema, acendendo a luz vermelha repressora de suas proibições – "não pode", "não deve", "não permitimos"[40].

Resta assim ao adolescente "defender-se em uma regressão infantil" que conduz ao "radicalismo total [...], prega[ndo] a destruição da autoridade que impõe as soluções tradicionais ou conservantistas. Negativismo e radicalismo"[41].

Assim, a resolução apontada pela autora para a crise da adolescência moderna é simples: estender o período da obrigatoriedade escolar, de modo a propiciar ao adolescente uma absorção adequada do acervo cultural humano acumulado, mas sem, no entanto, desobrigá-lo do mundo do trabalho. Quanto ao fortalecimento da escola, Rudolfer afirma: "Mais vale fazer tal tarefa profilática, hoje, que emendar o que houver de errado ou de patológico, amanhã."[42] Porém, a terminologia clínica não se encerra aqui:

Oferecer ao adolescente com problemas de ajustamento oportunidade para tratamento psicoterápico, quando necessário, e para orientação vital me parece medida de urgente necessidade. Ainda que a psicoterapia seja bastante inacessível pela escassez de psicoterapeutas, isto não impede que estudemos por que o é e como sanar tais dificuldades. O adolescente pervertido, delinquente, problema numa palavra [sic], precisa de tratamento e de recuperação para evitar males individuais e sociais futuros.[43]

O estilo da conferência de 1970 parece mais sóbrio do que o da realizada em 1965, sem tantos arroubos morais reacionários, porém que vão cedendo ao expediente psicanalítico mais "ameno" do conflito de gerações, em clara convergência com o argumento geral da guerra psicológica. Além disso, Noemy Rudolfer tem a oportunidade de assegurar a importância do tratamento psicoterápico diante da plateia civil-militar da ESG ainda nos primórdios do *boom*, como quem quer garantir o alinhamento dos propósitos da clínica com a razão de Estado em voga.

Coroando essa empreitada, chega-se à terceira conferência de Noemy Rudolfer na ESG, em 17 de setembro de 1974[44]. A primeira parte do texto é uma repetição otimizada dos mesmos argumentos da conferência de 1970, com a mesma convocação do simpósio e a análise dos mesmos romances, cujas pequenas modificações consistem na consideração da "etiologia da delinquência juvenil", qual seja, "a comparação da delinquência dos filhos (adolescentes) e dos pais: a insuficiência somática e mental, as manifestações psiquiátricas, o alcoolismo, a reprodução irresponsável e a delinquência civil encontrados nos filhos se reflete quase da mesma maneira nos pais"[45]. A partir das seções III e IV do texto, Rudolfer insistirá que "razões psicanalíticas [...] justificam a inferência de que não há agência social mais importante que a família na organização da personalidade adolescente"[46]. Um parágrafo resume bem a missão da autora na ESG:

> Buscando um sentido de continuidade e igualdade, que agora inclui a maturidade sexual, alguns adolescentes têm que fazer face a crises dos anos anteriores antes que possam instalar ídolos e ideais de uma identidade final. Eles precisam, sobretudo, de um adiamento para a integração dos elementos de identificação atribuídos anteriormente aos estágios infantis. Só que agora uma unidade maior, vaga em seus contornos e, além disso, imediata em suas exigências, substitui o ambiente da infância – a "sociedade". Uma revisão desses elementos é um problema adolescente.[47]

Diferente do reacionarismo exaltado de 1965, o discurso aqui se faz valer da nata da psicanálise anglo-saxônica, com páginas e páginas dedicadas à compreensão desenvolvimentista da adolescência segundo autores como Anna Freud, Heinz Hartmann, Rudolph Loewenstein, Melanie Klein, Helene Deutsch e Ernest Jones. Após uma longa exposição acurada, nas últimas partes VI e VII, Rudolfer conclui que "*só*" a "terapia psicanaliticamente orientada" pode "corrigir os desvios, compensar as deficiências e concorrer para o equilíbrio presente e futuro"[48]. A autora pontua ainda que a análise de adolescentes exige "cautela", posto que o ego não está devidamente formado, o que acarreta o "problema [...] em discernir se as dificuldades são circunstanciais ou passageiras ou se revelam de fato uma patologia"[49]. Assim, retornado ao argumento anterior no qual "a família é fator de preponderante significação na definição das relações narcísicas", Rudolfer conclui em um parágrafo emblemático:

> Também a terapêutica dos desníveis, desvios e desajustamentos adolescentes se tornou dinâmica, evolutiva e funcional com abordagem, por visão profunda, do aparelho psíquico e, consequentemente, reformulação nos seus aspectos de intravisão e de adaptação. *Nunca, como agora, o ego, o superego e o ego ideal foram tanto o objeto das abordagens e pesquisas analíticas da adolescência.*[50]

Difícil aqui não sentir a falta que faz o bom e velho inconsciente freudiano. Maculada por um adaptacionismo sem precedentes, por um saudosismo que responsabiliza a aceleração de informações pelos desvirtuamentos da adolescência e pela coextensão entre família e Estado, a caricatura de "tratamento psicanalítico" moldada ao sabor da ESG por Noemy Rudolfer é a síntese mais expressiva do ponto de encontro civil-militar entre os movimentos psicanalíticos oficiais e a Doutrina de Segurança Nacional. Por meio dela, matiza-se o compromisso com o ideário da guerra psicológica, cuja progressão temática acompanha o ritmo da reconfiguração da agenda política da ditadura militar do governo Médici para o governo Geisel. Esse é o motivo pelo qual se optou por apresentar as conferências de Noemy Rudolfer neste momento do livro. O reacionarismo da primeira conferência de 1965 espelha um regime militar reativo e "em formação" do ponto de vista doutrinário, disfarçado de reivindicação por justiça social (algo provavelmente aceitável no período imediatamente pós-golpe mesmo no círculo da ESG), mas cedendo espaço para o tema "técnico" da adolescência já em 1970. Nessa segunda conferência, a insistência no conservadorismo moral ante a aceleração do ritmo de informações da cultura, sob a defesa de um retorno idílico a um modelo forte de organização familiar, prepara-se o argumento para a terceira conferência de 1974, a mais declaradamente psicanalítica, em que comparecem as referências mais fundamentais da *ego psychology* estadunidense, do annafreudismo e do kleinismo dos anos 1950. Em suma, a conferência de 1974 é o momento mais bem acabado de exposição do compromisso da agenda psicanalítica com a ética da maturidade. Com sólidos argumentos psicanalíticos sobre a adolescência, Noemy Rudolfer, depois de décadas de trabalhos articulados com as Forças Armadas brasileiras (pela psicotécnica, pela brigada feminina, pelas missões culturais etc.) fala enfim, na "Sorbonne" militar, como psicanalista.

Até sua morte em 1980, Noemy Rudolfer havia conduzido somente uma análise didática[51], e sua produção escrita na psicanálise é muito escassa[52]. Ainda assim, nada disso a impediu de ser uma das líderes institucionais da SPRJ[53]. Não obstante, não lhe faltarão congratulações pelos serviços prestados ao militarismo. Em 1973, Rudolfer é condecorada como Comendador pela Ordem Nacional do Mérito Educativo pelo então presidente Médici. Em 1974, é agraciada com o "Diploma Comemorativo do Jubileu de Prata" da Escola Superior de Guerra. Em suma, ao longo de sua vida, foi condecorada com quatro medalhas do Ministério da Guerra. Não há como não se lembrar de Bourdieu: "O título é em si mesmo uma *instituição* (como a língua) mais duradoura que as características intrínsecas do trabalho."[54] Até onde pudemos pesquisar, Noemy Rudolfer foi a única psicanalista que de fato atuou como docente convidada na ESG. Ademais, deve-se ter em vista que há uma série de dificuldades logísticas que impossibilitam uma pesquisa mais detida sobre tais arquivos. A principal delas reside no fato de que o esforço para a organização desses arquivos ainda é razoavelmente recente. Alinhado a isso, também se sabe que os arquivos da ADESG estavam até pouco tempo abandonados no Palácio do Catete sem qualquer cuidado, o que torna impossível uma pesquisa sistemática.

De qualquer forma, as conferências de Rudolfer são suficientes para demonstrar que a discussão sobre adolescência é bem-vinda às expectativas da ESG naquele momento histórico, cuja preocupação em termos de segurança nacional, como vimos, passa a girar em torno da guerra psicológica. Está subjacente na demanda dos militares por maior conhecimento da psicologia e da psicanálise sobre a adolescência a formação de um pensamento para a Doutrina de Segurança Nacional capaz de renovar as diretrizes do bloqueio da influência comunista no interior da chamada estratégia psicossocial. O conceito de "Homem", essa espécie de "conceito militar de sujeito", exige naquele momento histórico uma revisão, dada a ameaça sub-reptícia de "lavagem cerebral comunista" que assombra o plano de distensão política que começa a ser esboçado por volta desse ano de 1974. O "Homem" é a sede da matriz psicológica da doutrina da ESG, cuja integração e coesão com o tecido social dependem de uma política de valores conservadores articulados à tradição e à família nuclear.

Assim, tem-se aqui uma amostra do que anunciamos anteriormente: a redução instrumentalizada da psicanálise a uma técnica de adaptação dos ditos desajustados e delinquentes às normas sociais. Não obstante, os ventos da distensão política se fizeram sentir nos movimentos psicanalíticos nacionais, dando os contornos da obsolescência e do compromisso tácito do elo civil-militar que tal instrumentalização conferia. Na passagem da primeira para a segunda metade dos anos 1970, várias iniciativas instituintes dentro das rotas legítimas se multiplicam não apenas nas capitais clássicas, mas também em outros Estados e regiões do país, intensificando o *boom* da psicanálise em curso desde o final da década de 1960. Enquanto uma parcela dos agentes das sociedades oficiais insiste em se sustentar na leitura edípica do conflito de gerações e no tecnicismo desenvolvimentista da adaptação dos adolescentes à vida adulta, uma outra parcela que viria a se tornar uma maioria numérica de agentes se recusaria a embarcar nessa plataforma conservadora e estabeleceria laços inéditos que indicaria a "existência de vida legítima" fora das próprias sociedades ipeístas de que faziam parte. Pode-se afirmar que, *grosso modo*, é o momento em que salta aos olhos de todos que se aproximariam da psicanálise algo que na verdade já era evidente internamente para muitos movimentos psicanalíticos nacionais: existe vida legítima na psicanálise fora da IPA. Não será por outro motivo que nesse período a ambição expansionista dos movimentos psicanalíticos no Brasil encontra seu melhor momento.

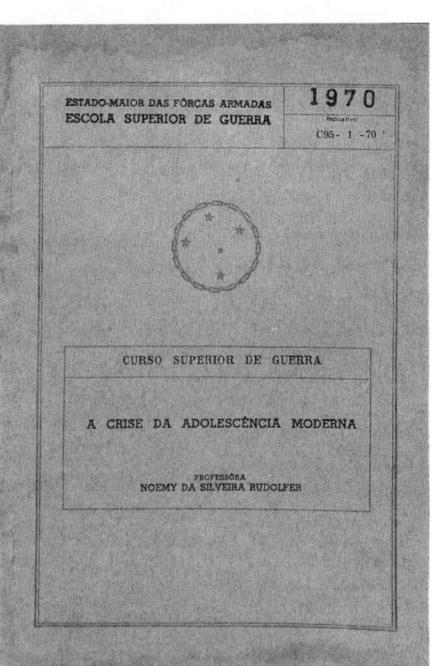

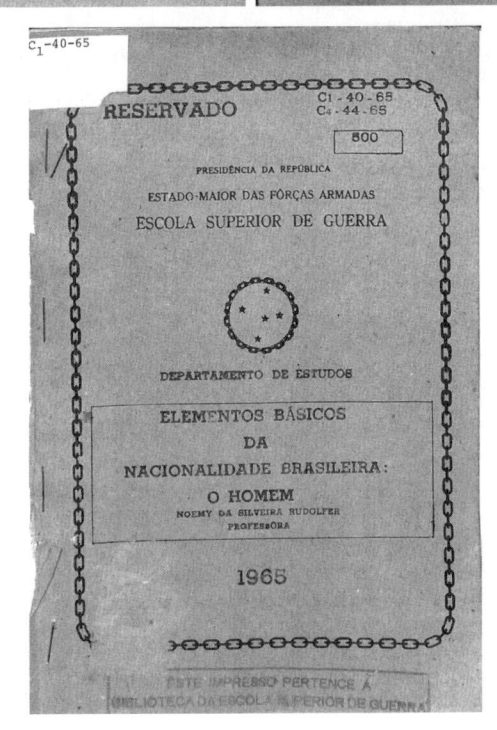

FIGS. 4-6: *Capas das conferências na Escola Superior de Guerra, ministradas por Neomy Rudolfer.*

14.
O Milagre
da Multiplicação Legítima

> *Mensageiro natural de coisas naturais*
> *Quando eu falava dessas cores mórbidas*
> *Quando eu falava desses homens sórdidos*
> *Quando eu falava desse temporal*
> *Você não escutou*
> *Você não quer acreditar*
> *Mas isso é tão normal*
>
> FERNANDO BRANT E LÔ BORGES, *Paisagem na Janela*.

Revigorada a partir de 1973, a guerra psicológica gera múltiplas consequências. Por um lado, leva agentes pontuais a reafirmar laços diretos com a alta cúpula militar dos ideólogos do anticomunismo, mas por outro encoraja diversas iniciativas instituintes que se insurgem contra tal ideário. De meados dos anos 1970 em diante, praticamente acompanhando *pari passu* a chamada distensão do regime militar, ficarão mais aparentes as rachaduras na hegemonia ipeísta, provocadas tanto pelas ameaças de dissidências internas quanto pelas heranças legítimas externas que ou antagonizaram com ela ou lhe eram até indiferentes. Aqui, não estamos falando dos infortúnios do CADEP/ESP, que seguiriam enfadando os movimentos psicanalíticos nacionais. O que passa a acontecer objetivamente é um conjunto nada uniforme de criação de dispositivos de formação psicanalítica, que sem travar uma batalha direta com as sociedades ipeístas ora partiam de dentro dela ora eram consequências de processos migratórios de extrações diversas.

Enquanto gradualmente os exilados retornam ao Brasil, os movimentos psicanalíticos nacionais também sofrem um enorme impacto com a chegada de muitos analistas argentinos fugidos da ditadura que se acirra com a ascensão de Jorge Rafael Videla ao poder em 1976. A intensa politização do movimento psicanalítico argentino desde o início dos anos 1970, representada pelo Plataforma-Documento e pela designação "trabalhadores de saúde mental" que incluiu a psicanálise na saúde pública, foi responsável por uma situação significativamente distinta do que acontecia na ditadura brasileira. Entre 1975 e 1976 a perseguição política de psicanalistas na Argentina era ainda mais franca e direta do que aqui; acumulavam-se casos de prisões e desaparecimentos, dando recados claros de que a saída desses profissionais do país era inevitável. Um contingente bastante expressivo de psicanalistas argentinos chega ao Brasil, facilitado majoritariamente por rotas filiatórias e migratórias já estabelecidas em anos anteriores, porém dada a gravidade da situação outras novas rotas foram geradas por bons encontros fortuitos, propiciando a hospitalidade necessária para a acolhida desses migrantes.

Didatas e não didatas se uniram na compleição dessas rachaduras internas. Enquanto os didatas se sentiram desvalorizados dentro de suas próprias instituições, ao mesmo tempo que os "barrados na porta de entrada" formavam uma enxurrada de interessados na formação psicanalítica e comporiam um mercado fecundo de possibilidades, os não didatas se encorajavam igualmente junto ou não a eles em tais iniciativas. Ainda que fizesse sentido internamente nas hierarquias institucionais, o título de didata aos olhos de quem não pertencia à instituição era dispensável, quando não até mesmo malvisto. Um dos efeitos colaterais do conflito de gerações acabou sendo o desinteresse pelo *script* do plano de carreira ipeísta por parte dos mais jovens, cansados do estigma da "adolescentização" de suas pautas de reforma interna. Neste capítulo, um pouco mais longo do que a média dos demais, tentaremos apresentar um mapa resumido desses efeitos do ponto de vista da multiplicação legítima dos movimentos psicanalíticos e de suas iniciativas instituintes, incluindo referências que contêm maiores detalhes sobre eles que não poderemos cobrir aqui.

DISSIDÊNCIAS INCONTROLÁVEIS:
O HORIZONTE DE UM PARA ALÉM DOS MUROS INSTITUCIONAIS

Uma primeira e impactante dissidência é a do Círculo carioca. Com a saída de Anna Kattrin Kemper da SPRJ, em 1970 é fundada uma filial da CBPP no Rio de Janeiro. A ela se juntarão ex-analisandos, supervisionandos e discípulos como Edson Lannes, João Batista Ferreira e outros. Uma das iniciativas mais importantes para a história da psicanálise no Brasil gerada por esse grupo foi a Clínica Social de Psicanálise Anna Kattrin Kemper (CSAKK), esboçada em 1972 e colocada em franca atividade a partir de 1973. Nesse ano Kattrin Kemper fala da CSAKK para um jornal amazonense:

Desde alguns anos que sou a mais mal falada analista do Rio de Janeiro. [...] Justamente agora que eu planejo a primeira clínica de caráter social no Rio de Janeiro, onde um grupo de analistas está disposto a dar algumas horas semanais de seu trabalho sem exigir qualquer cobrança e ainda arcar com as responsabilidades com o aluguel, móveis, funcionários.[1]

Dividindo opiniões desde os anos 1950 na SPRJ e próxima do Círculo mineiro desde o fim dos anos 1960, a empreitada de sair de uma IPA carioca para fundar uma filial do Círculo no Rio de Janeiro poderia ser uma peripécia desastrada, contudo, ocorreu justamente o contrário. Parte de seus discípulos sai da SPRJ e segue com ela para o Círculo carioca, como Carlos A. Lannes, que disse em entrevista em 1975: "Decidi me filiar ao Círculo porque achei nele uma maior elasticidade de pensamento."[2] Outros seguem na SPRJ, porém atuam na fundação e nas atividades da CSAKK, notadamente Hélio Pellegrino (SPRJ). Trata-se de um verdadeiro marco na história da psicanálise no Brasil, uma vez que era a primeira resposta contundente *e legítima* à questão do elitismo dos movimentos psicanalíticos nacionais. Sem ser exclusiva do Círculo, a CSAKK contou com nomes como Chaim Katz; Jurandir Freire Costa; Joel Birman; João Batista Ferreira[3]; Maria Elisa Byinton; Gracia Saragossy; Giovanni Gangemi; Carlos Alberto Silva; Lurdes Toledo; Silvio Goldfeld; Benjamim Mandelbaum e outros[4]. Seria um marco na proposta de uma clínica pública no Brasil constituída sob a inspiração das clínicas públicas do entreguerras europeu[5], em especial a Policlínica de Berlim, na qual se formara o casal Kemper. Porém, diferentemente destas, a CSAKK não se propunha exatamente a uma democratização da *formação* psicanalítica, sendo mais voltada para a oferta de análise a um público sem condições financeiras de arcar com os altos custos de uma análise tradicional. No entanto, o que se vê por meio dos depoimentos é que houve ali, para seus membros, uma formação psicanalítica a despeito de qualquer formalidade que tal nomeação exigia à época.

À maneira da CSAKK, porém sem necessariamente tomá-la como modelo, outras tantas instituições decidiram sublinhar o caráter democratizante de suas "clínicas sociais". Dentro desses dispositivos, e apenas neles, tanto as sociedades ipeístas quanto os Círculos – em especial o mineiro, sob a liderança de Djalma Oliveira – se apressam em se colocar publicamente em prontidão para acolher as classes populares em seus divãs. Contudo, uma contradição fundamental ainda será insuperável nesse momento histórico. Enquanto o acesso democratizado pelas "clínicas sociais" institucionais seria colocado a serviço da formação psicanalítica dos quadros de candidatos em seus "primeiros atendimentos", os analisados dessas mesmas clínicas sociais, sob uma barreira invisível, jamais chegariam eles próprios a uma formação psicanalítica. Ainda que cada clínica social comporte um tanto do legado das clínicas públicas do entreguerras europeu, tal legado se restringe diante do obstáculo entre pacientes que a procuravam, e o acesso à *formação* se manteria intransponível.

Em paralelo, grupos de psicólogos oriundos das fileiras da militância de esquerda se engajavam na criação de dispositivos clínicos periféricos. Um contraste comumente lembrado no cenário paulista é o trabalho realizado em Osasco (na Grande São Paulo) com populações carcerárias e moradores de rua no início dos anos 1980; capitaneado por um grupo de jovens psicólogos militantes, inspirados tanto na perspectiva reichiana quanto na psicanalítica mas sem filiações institucionais, o trabalho de Osasco se firmaria como um exemplo de que para acessar verdadeiramente os territórios periféricos era preciso ir de fato ao encontro deles, arriscando escutar mais além das portas abertas das "clínicas sociais" em geral fixadas nas regiões mais centrais das grandes cidades[6].

Para além do alcance efetivo da oferta de escuta dessas iniciativas, houve um alcance midiático importante de se sublinhar. No caso do CSAKK, uma notável presença na chamada mídia alternativa, palco da resistência à ditadura na época. Hélio Pellegrino fez valer todo o seu capital simbólico acumulado na promoção da empreitada em jornais fundamentais, em especial no consagrado jornal da imprensa alternativa *Opinião*. A primeira reportagem sobre a CSAKK é uma entrevista com Pellegrino e outros membros do grupo[7]. No primeiro ano de funcionamento, a Clínica Social foi procurada por mais de 650 pacientes, e mais de dez grupos realizando os atendimentos clínicos. No entanto, como o palco do debate era o *Opinião*, não tardariam a aparecer críticas ao elitismo da psicanálise[8]. Com efeito, não se tratava de criticar a CSAKK, mas de problematizar o sintoma dos movimentos psicanalíticos nacionais que ela revelava, sintoma este bem nomeado em uma coluna de 1975 de Chaim Katz, que à época era articulista do *Opinião*[9].

Com efeito, o cenário carioca dos anos 1970 era o mais cristalino ao que se pode denominar "o milagre da multiplicação legítima". Parece oportuno retomar aqui alguns pontos que talvez tenham ficado soltos ou apenas esboçados nos capítulos anteriores, dando mais detalhes de iniciativas instituintes que já anunciamos anteriormente. Acompanhando as pesquisas de Ana Cristina Figueiredo e Cecília Coimbra e retomando algumas iniciativas instituintes já apresentadas para detalhá-las melhor, é possível verificar:

1. Instituto de Orientação Psicológica (IOP), fundado em 1970 por Fábio Leite Lobo (SPRJ), voltado ao ensino da psicanálise para psicólogos não vinculados a sociedades psicanalíticas. Teve como professores psicanalistas argentinos importantes, como Eduardo Kalina, Arminda Aberastury e Mauricio Knobel. Segundo Figueiredo, "era formalmente exigida uma experiência pessoal em análise. Com seminários, supervisões e análise o IOP se aproximava, ainda que de modo assistemático, do modelo tripartite de formação psicanalítica padronizada

pela IPA. Não tinha, contudo, qualquer compromisso em titular seus participantes.[10]

2. Sociedade de Psicologia Clínica (SPC), fundada por Fabio Leite Lobo (SPRJ) e Gerson Borsói (SPRJ) em 1971. Ofertava igualmente seminários e supervisões, ministrados por membros das sociedades oficiais, mas, invertendo a lógica tradicional, a SPC não aceitava médicos. Foi a única iniciativa instituinte a dar seguimento como uma instituição de formação psicanalítica – a partir de 1987, passaria a se chamar Sociedade de Psicanálise da Cidade do Rio de Janeiro (SPCRJ), em atividade até hoje.

3. Centro de Estudos de Antropologia Clínica (CESAC), fundado por Inês Besouchet (SPRJ) e Wilson de Lyra Chebabi (SPRJ). Era um grupo de estudos não apenas de psicanálise, mas de filosofia, sociologia, antropologia, linguística e outros campos das humanidades. Exigia que os membros estivessem em análise pessoal, mas não oferecia formação. Em 1978, ao tentar pautar o assunto formação, gerou uma grande polêmica na SPRJ e amorteceu a iniciativa. Após a morte de Inês Besouchet, o CESAC foi desativado e, nas palavras de Chebabi, retornou "à SPRJ sem dela ter jamais saído"[11].

4. Associação de Psiquiatria e Psicologia da Infância e da Adolescência (APPIA), fundada em 1972 por Carlos César Castellar Pinto (SPRJ). Além do que já anunciamos, vale complementar que tantos outros membros da SPRJ estiveram na fundação, como Fabio Leite Lobo, Fabio Lacombe, Wilson de Lyra Chebabi, Eduardo Mascarenhas, Luiz Antonio de Telles Miranda e tantos outros. Um grupo grande de psicólogos e psicólogas também se junta à APPIA, como Clara Helena Portella Nunes (esposa de Eustachio Portella Nunes, viria a ser didata na SPRJ), Maria Anita Carneiro Ribeiro e outros[12].

5. Sociedade de Psicoterapia Analítica de Grupo do Rio de Janeiro (SPAG-RJ), fundada em 1974. A SPAG na verdade era uma entidade de âmbito nacional e tinha filiais em São Paulo, no Rio de Janeiro e no Rio Grande do Sul. A seção carioca contou com vários membros da SPRJ, como Carlos Castellar Pinto, Ernesto La Porta, Leão Cabernite e Eustachio Portella Nunes. Inicialmente restrita a membros das sociedades oficiais, tinha interlocuções profícuas com ipeístas dos outros Estados, como Bernardo Blay Neto (SBPSP) e David Zimmermann (SPPA). As SPAGs em âmbito nacional têm sido objeto de um estudo vertical mais recentemente[13] e não cabe detalhá-lo aqui. De todo modo, a seção carioca era exclusivamente ipeísta no começo, mas a partir de 1977 passa a receber psicólogos e ganhar ares de democratização do acesso ao tratamento e à formação psicanalítica[14]. Rebatizada posteriormente de Sociedade Psicanalítica Gradiva, manteve a mesma sigla SPAG-RJ e segue em atividade até hoje.

Já na segunda metade dos anos 1970, a multiplicação é ainda maior e, à maneira da APPIA, os processos instituintes ainda mais inconformistas:

1. Núcleo de Estudos e Formação Freudiana (NEFF), fundado em 1977 e primeiro grupo a carregar o significante "formação" no nome. O grupo é desmembrado em duas instituições distintas, o Instituto Brasileiro de Psicanálise, Grupos e Instituições (IBRAPSI) e o Instituto Freudiano de Psicanálise (IFP), e dissolvido de vez em 1979.

2. Instituto Brasileiro de Psicanálise, Grupos e Instituições (IBRAPSI), fundado em 1978 pelo psicanalista argentino Gregório Baremblitt e por Luiz Fernando de Mello Campos (formado na SPRJ e analisado por Inês Besouchet, mas a essa altura um egresso da APPIA). Responsável pela introdução da análise institucional na formação psicanalítica, além de ministrar cursos sobre marxismo, esquizoanálise e Lacan, tornando-se um ponto de referência para os psicanalistas argentinos que chegariam ao Brasil a partir de 1976. Segundo Figueiredo, "Entre 1978 e 1982, seu período mais próspero, congregou certa de 160 alunos e atendeu uma média de 500 pacientes por ano."[15]

3. Instituto Freudiano de Psicanálise (IFP), fundado em 1979 por Isidoro Eduardo Americano do Brasil. Centrou-se no ensino de Lacan e outros psicanalistas franceses, mas adotaria somente depois um modelo de formação psicanalítica mais lacaniano. Foi dissolvido em 1992[16].

4. Sociedade de Estudos Psicanalíticos Latino-Americanos (SEPLA), fundada em 1978 por Luiz Paiva de Castro, formado no IMP[17] e por Lourival Coimbra (ex-SPRJ). Propunha-se "uma formação psicanalítica baseada na articulação das 'humanidades' – antropologia, filosofia, história, mitologia – aliada a uma psicanálise mais eclética que incluía a psicologia junguiana e a Gestalt-terapia"[18]. Foi dissolvida no início dos anos 1990.

5. Terra-Clínica-Escola, fundada em 1981 por um grupo de psicólogos voltados para o trabalho de orientação profissional, pautados pela reflexão do argentino Rodolfo Bohoslavsky. Foi dissolvida em 1985.

Bem, nesse cenário que parece tender ao infinito, já se pode ver que a tarefa de manter o monopólio da legitimidade na IPA se tornara uma tarefa impossível para seus dirigentes. Não se trata aqui de um CADEP/ESP se autodeclarando instituição psicanalítica, mas sim de núcleos de formação psicanalítica que em geral não se declaravam enquanto tal mesmo que o fossem. Apelando para eufemismos como "orientação psicológica", "psicologia clínica", "psicoterapia" e afins, capitaneados por descontentes de dentro da própria instituição oficial que não queriam bancar uma dissidência drástica, mas sim desfrutar do "mercado psi" em plena expansão no *boom*, tais iniciativas se redobravam e se desdobravam dentro da legitimidade que se tornaria incontrolável para as dirigências ipeístas. Na virada para a segunda metade dos anos 1970, os termos "formação" e "psicanálise" começam a aparecer de forma ostensiva no nome de algumas instituições que também não se lhes poderia negar a legitimidade das rotas filiatórias e migratórias que os constituíram. O Rio de Janeiro era o terreno ampliado de combate em que a dispersão era mais evidente, contudo, certamente não era o único. Para acompanhar melhor o que acontecia em outros Estados, é preciso delinear o retorno dos brasileiros exilados nos prolegômenos do lacanismo no país, bem como sublinhar a importância da chegada dos psicanalistas argentinos após o endurecimento da ditadura em 1976.

O LACANISMO À BRASILEIRA

Não há dúvidas de que a recepção do lacanismo no Brasil do ponto de vista das ideias só existirá depois da publicação dos *Escritos* em 1966. O ensino eminentemente oral de Lacan na França e ainda bastante restrito em termos de circulação internacional até 1963 ganha impulso com a retirada do título de didata de Lacan da IPA, com a formação de uma escola própria – a Escola Freudiana de Paris (EFP) e com a recepção dos seminários no círculo universitário francês. Em nossa pesquisa, só começamos a encontrar de fato referências a Lacan no Brasil no final da década de 1960, o que parece coerente com o fato de que antes dos *Escritos* o cenário psicanalítico francês parecia pouco sedutor aos olhos dos movimentos psicanalíticos nacionais.

O primeiro índice de recepção do pensamento lacaniano no Brasil está na importante revista carioca *Tempo Brasileiro*, dirigida por Eduardo Portella[19] e editada por Chaim Katz. Em 1969 é lançada uma edição de dois números (21/22) dedicada inteiramente à psicanálise. Com efeito, o interesse pelo estruturalismo francês na antropologia de Lévi-Strauss, na linguística (de Émile Benveniste a Noam Chomsky), na crítica literária de Barthes e outras vertentes antecedeu e preparou por vias indiretas a recepção de Lacan no Brasil[20]. O heterogêneo grupo da *Tempo Brasileiro* também é reconhecido por recepcionar outros autores da intelectualidade francesa dos anos 1960, como Althusser e Foucault, bem como Heidegger (especialmente pelas colaborações de Emmanuel Carneiro Leão) e dos autores da escola de Frankfurt. No número 21/22 da *Tempo Brasileiro* são publicados autores de diferentes pertencimentos institucionais lado a lado, algo bastante incomum para a época – como Leão Cabernite (SPRJ) e Jarbas Moacir Portela (CBPP) – bem como um artigo sobre Jung escrito por Nise da Silveira e um artigo sobre "Marxismo e Psicanálise" escrito pelo médico recifense Otavio de Freitas Junior[21], artigo este cujo título é excluído do índice da capa por motivos óbvios. Em meio aos artigos, a transcrição de uma palestra no IMP carioca da professora de filosofia Creusa Capalbo – especialista em fenomenologia, notadamente na obra de Merleau-Ponty[22] –, uma primeira exegese sistemática das premissas de Lacan da década de 1950. Também neste volume consta a primeira resenha de peso em português dos *Écrits* de Lacan[23], escrita por Eginardo Pires, um influente colaborador da revista, tradutor, formado em filosofia e mestre em economia. Logo, parece significativo que o primeiro impacto do lacanismo no Brasil se evidencie por meio de uma revista como a *Tempo Brasileiro*: um veículo editorial de maior prestígio no cenário nacional nos tempos da ditadura, que agregou à época intelectuais cariocas de grande envergadura, majoritariamente de esquerda, não necessariamente todos entusiastas da psicanálise em específico, mas sobretudo de diversos campos vizinhos com os quais ela travou diálogo. Em suma, Lacan era um prato cheio para o grupo da *Tempo Brasileiro* pelas influências teóricas que os *Escritos* convocavam à baila e pelo interesse a princípio mais intelectual do que clínico na leitura de sua obra. Não obstante, a revista manteve o pluralismo nos volumes subsequentes dedicados à psicanálise ou a debates que a atravessavam. Após um interessante volume de 1974 chamado "A História e os Discursos", no qual figura a tradução de um artigo de Wilhelm Reich[24], a *Tempo Brasileiro* publica o volume 44 em 1976 com o título "Psicanálise, 2", com textos sobre Freud e Lacan escritos por Francisco Paes Barreto[25], Diana Canaud[26] e Célio Garcia[27]. Apenas para demonstrar um pouco mais a presença da psicanálise na revista e estendendo um pouco a régua da linha do tempo, o volume 70 publicado em 1982 tem como tema "Em Torno de Freud", com artigos de Célio Garcia, Joel Birman, Chaim Katz, Miriam Chnaiderman, Paulo Vidal e Stella Jimenez. Em 1983, no volume 75 dedicado ao tema "Saber/Poder", também estão Chaim Katz, Marcus do Rio e Paulo Vidal com artigos discutindo o problema da intelectualidade à luz da psicanálise.

Enfim, uma pequena amostra para dizer que a *Tempo Brasileiro* se torna já no final dos anos 1960 uma plataforma editorial que incluía a psicanálise em uma agenda intelectual ampla e plural, conferindo a ela uma circulação em chave erudita no campo das humanidades significativamente distinta das produções das revistas institucionais que, de todo modo, tinham um impacto bem mais restrito. Vale ainda mencionar ao lado da *Tempo Brasileiro* a *Revista de Cultura Vozes*, que lança dois números (n. 4 e n. 6) em 1973 com artigos sobre psicanálise, escritos por Marco Aurélio Luz, Carlos Henrique Escobar, Antônio Sérgio Mendonça, Célio Garcia, Chaim Katz e Georges Lapassade. Não é mera coincidência que os nomes da *Tempo Brasileiro* e da *Revista de Cultura Vozes* repitam frequentemente os mesmos do jornal *Opinião*, por exemplo. Ou seja, quanto mais próximo se está de meados da década de 1970, mais se pode notar com clareza que as revistas cariocas mais consagradas do campo intelectual brasileiro abrem suas portas para uma reflexão verdadeiramente crítica que toma a psicanálise como grande aliada, com ensaios mais interessantes do que os lidos na *Revista Brasileira de Psicanálise* – reiterando, um prato cheio para o pensamento lacaniano.

No entanto, para além da recepção das ideias de Lacan, há também a recepção do ensino e da clínica lacaniana. Vimos que diversos brasileiros se exilaram na Europa a partir de 1968, quando Lacan já era uma figura intelectual exuberante na França, mas ainda um nome desconhecido no Brasil. O primeiro a retornar do exílio em julho de 1971 trazendo o lacanismo na bagagem é Ivan Corrêa, em Pernambuco[28]. As credenciais de Ivan Corrêa revelam um fenômeno curioso, e ecoarão em outras biografias de parte dos primeiros lacanianos brasileiros; padre jesuíta, com formação em letras, matemática e filosofia, Corrêa se inscreve em um doutorado em Psicologia Patológica na Sorbonne e estuda em uma instituição dirigida por Louis Beinaert[29] chamada Association Médicopsychologique d'Aide aux Religieux (Associação Médico-Psicológica de Ajuda aos Religiosos), na qual lecionavam figuras importantes do movimento lacaniano francês como Phillipe Julien, Jean Clavreul e Christian Simatos. Em agosto de 1971 Corrêa retorna à Universidade Católica de Pernambuco (UNICAP), na qual havia sido professor de matemática, para lecionar na disciplina de Teorias Psicanalíticas no lugar de Jurandir Freire Costa (que estava por sua vez na França), onde faz algumas traduções pontuais de textos dos *Escritos* para uso em sala de aula. Ainda em 1971, chega a Recife seu amigo dos tempos do exílio, o canadense Jacques Laberge; em 1972, o gaúcho Fernando Calsavara e o canadense Bernard Morissete somam forças ao lacanismo pernambucano. Entre 1972 e 1975 outros exilados recém-retornados e demais interessados também se agregam, formando o chamado "Grupo Informal"[30], com Zeferino Rocha, Paulina Rocha, Edilnete Siqueira, Eldione Moraes e outros. Esse "Grupo Informal" foi o embrião do movimento psicanalítico pernambucano, desmembrando-se em três frentes mais nítidas a partir de 1975: um primeiro grupo de estudos se ligaria ao, a essa altura, já denominado Círculo Brasileiro de Psicanálise (antigo Círculo de Psicologia Profunda), com Fernando Calsavara, Edilnete Siqueira, Paulina e Zeferino Rocha, entre outros; um segundo grupo busca via sociedades oficiais cariocas (especialmente a SPRJ) o reconhecimento da IPA, fundando o núcleo que daria origem à Sociedade Psicanalítica do Recife (SPR), com Eldione Moraes, o casal José Lins e Lucia Lins de Almeida, Ivanise Cabral e Lenice Sales, entre outros; e por fim Ivan Corrêa e Laberge, que se juntam a dois paulistas: Durval Checchinato de Campinas, filósofo de formação, professor da PUC-Camp, que havia sido aluno da EFP e se analisado com Moustapha Safouan; e Luiz

Carlos Nogueira de São Paulo, outro ex-jesuíta como Corrêa, que vinha de uma formação psicanalítica tradicional na SBPSP e que, junto a Durval Marcondes inicialmente, se tornaria um importante professor na Psicologia Clínica da USP[31]. Corrêa, Laberge, Chechinato e Nogueira fundam o Centro de Estudos Freudianos (CEF) em 1975, prezando pelo ensino da obra e pela transmissão da clínica lacaniana. Com o passar dos anos, o CEF terá núcleos regionais em Recife, Campinas e São Paulo, mas também em Brasília, Salvador, Curitiba, Natal e Porto Alegre[32].

Em paralelo, no Rio de Janeiro no início dos anos 1970, destaca-se o papel no lacanismo desempenhado por Magno Machado Dias, mais conhecido como MD Magno. Magno chega ao final da década de 1960 com um significativo capital simbólico, adquirido ao longo de anos como professor universitário da área de Comunicação e Artes dentro do cenário da expansão das universidades particulares cariocas e também no campo da estética, pelas interlocuções e produções na literatura, no teatro, nas artes plásticas e na música. Na virada para os anos 1970, Magno se empenha em diversas atividades editoriais que viabilizariam traduções de textos lacanianos, como a coleção "Semeion", com publicações na área de comunicação, linguística e estética, lançada em 1973[33] e a revista *Lugar em Comunicação*, fundada em 1972[34]. Após os seis primeiros volumes ela passa a se chamar apenas "Lugar" (grafado como LUGVR) que, em seu número 7, republica artigos da revista *L' Arc* e da revista lacaniana *Ornicar*, misturados com outros textos de autores do ainda incipiente movimento lacaniano carioca. Em 1974 Magno deu aulas de introdução a Lacan no Museu de Arte Moderna do RJ[35] e se juntou a Antônio Sérgio Lima Mendonça, professor de Comunicação da Universidade Federal Fluminense e colaborador na *Tempo Brasileiro* e na *Revista de Cultura Vozes*, congregando um primeiro grupo de discípulos em torno de si. Em 1975, Magno convoca a paulista Betty Milan para fundar no Rio de Janeiro o Colégio Freudiano, em que também lecionará uma excepcional intelectual brasileira: Lélia Gonzalez. Essa grande pensadora brasileira vinha de uma experiência anterior de psicoterapia com um eminente junguiano carioca, chamado Carlos Byington, mas depois se aproxima de Magno, seu então colega na Universidade Estácio de Sá e, por meio dele, da psicanálise freudiana e lacaniana. Na segunda metade dos anos 1970 a atividade de Lélia Gonzalez no movimento lacaniano carioca é de suma importância: contribui para a LUGVR[36], ingressa no Colégio Freudiano como docente[37], ministra cursos de introdução a Freud[38], traduz a obra *Freud e a Psicanálise* do psicanalista francês Octave Mannoni, editada pelo próprio Colégio Freudiano e, finalmente, escreve um de seus ensaios mais brilhantes[39]. Uma característica importante de sublinhar é que tanto Magno quanto Milan vinham com um capital simbólico (um pedigree) valioso para a época, que era o de ter feito análise pessoal com Lacan. Ainda assim, não tardaria muito para que esses primeiros grupos lacanianos no Brasil começassem a se desentender.

Em 1977, Magno briga com o CEF; o primeiro achava a abordagem do CEF demasiadamente fiel à letra lacaniana, enquanto o CEF achava que Magno inventava demais em cima de Lacan. Pouco depois, Magno se afasta do Núcleo de Estudos de Psicologia e Psiquiatria (NEPP) de Sócrates Nasser e de Jorge Forbes. No famoso congresso de Caracas de 1980, em que Alain Grosrichard é designado para "iniciar o movimento lacaniano na América Latina" (quando já havia um bom punhado de iniciativas instituintes por aqui), Magno foi um dos que se recusou com veemência a se submeter a uma instância internacional. Com efeito, ele não estava sem razão: o Colégio Freudiano chegou a ter entre 1982 e 1988 mais de quatrocentos membros, era uma presença constante na mídia carioca e dispensava qualquer filiação internacional para se manter em atividade. Com o mérito de não se submeter a ingerências estrangeiras, colocando em relevo o Brasil e a "Améfrica Ladina"[40], há também uma inflexão importante no campo que é o engenho ousado de criar uma escola partindo praticamente do nada e captar jovens dissidentes das IPAs cariocas. Porém, além do punho forte de Magno na direção (e na mestria) institucional gerando diversos atritos internos, sua obra ficaria marcada pelo hermetismo, uma certa incompreensibilidade justificada por uma retórica autoral muito própria, tão esteticizante quanto exigente, o que de certo modo contribuiu para um isolamento institucional em relação a outros institutos. Do ponto de vista da expansão, rotas migratórias do Colégio Freudiano do Rio de Janeiro se estendem para Brasília em 1982, capitaneado por Humberto Haydt de Mello, e em 1983 para Vitória, por José Nazar[41]. Por meio das rotas de Brasília e do Rio de Janeiro criou-se o Colégio Freudiano de Goiânia[42].

No IMP carioca, Horus Vital Brazil está entre os primeiros e grandes psicanalistas na divulgação do pensamento lacaniano no Brasil. Em 1974 ele dirige uma coleção de publicações de monografias psicanalíticas chamada "Conscientia" na editora Vozes, nas quais seriam publicados ensaios de autores como Hélio Pellegrino, Chaim Katz, Wilson Lyra Chebabi e Célio Garcia, bem como traduções de André Green e Max Pagès. Sem se desfazer dos autores ditos "culturalistas" que o formaram nos EUA, a quem Lacan aliás tanto criticou[43], Horus Vital Brazil todavia tinha rara erudição para lidar com os textos do psicanalista francês. Após o IMP ser rebatizado como Sociedade Psicanalítica Iracy Doyle (SPID), a psicanálise lacaniana se firmaria como uma vertente teórica bastante expressiva (não necessariamente nos esquemas formativos) dessa instituição. Novamente, sublinha-se que a pesquisa em história da psicanálise ainda padece de maiores detalhes da história do IMP/SPID, cujas sinalizações dependem de relatos esparsos e ainda não sistematizados.

Ainda assim, enquanto Magno parecia um autor demasiadamente exótico e o CEF demasiadamente disciplinado, outros grupos lacanianos iam surgindo, alguns em busca de uma filiação com a matriz francesa, e outros verdadeiramente despreocupados com isso. Em São Paulo, enquanto Nogueira segue com o CEF até o final dos anos 1970, Sócrates Nasser (SBPSP), Carlos Briganti e Jorge Forbes fundam o NEPP em 1976[44]. Também em 1976 junta-se ao grupo da CEF em SP o psicanalista Alduísio Moreira de Souza, que se exilara na França e se formara junto aos lacanianos da EFP, aproximação essa que perduraria até 1984, quando ele se muda para Porto Alegre e soma forças ao movimento lacaniano gaúcho. Em 1978, um grupo formado por Oscar Cesarotto, Marcio Peter de Souza Leite, Geraldino Alves Ferreira Neto e outros dissidentes do CEF funda a Escola Freudiana de São Paulo (EFSP), que duraria apenas dois anos. Com a dissolução da EFSP, a saída de Jorge Forbes do NEPP em 1980 e o progressivo afastamento de Luiz Carlos Nogueira do CEF, com a convocação de outros lacanianos paulistas para compor o grupo, funda-se em 1982, em São Paulo, a Biblioteca Freudiana Brasileira, instituição que reuniu boa parte do heterogêneo movimento lacaniano paulista e se estenderia pelos anos 1990[45]. Como afirmam Dunker e Kyrillos Neto:

Ao contrário das Sociedades de Psicanálise, ligadas à internacional [IPA], nunca houve, na tradição lacaniana brasileira, um grupo suficientemente hegemônico e estável para impor seus costumes e práticas de modo unitário e inquestionado. [...] Atos de divisão motivados pela crítica ao pensamento único e à hegemonia discursiva criam novos e cada vez menores agrupamentos em torno de mestrias locais ou internacionais. Por outro lado, reforça-se o desejo de legitimidade, a crítica das imposturas e o empuxo à purificação das origens. A soma dessas duas forças [...] leva à concentração de expectativas em torno de uma comunidade que seja a um tempo orgânica e autenticamente criada segundo uma origem comum e regida por leis, estatutos e dispositivos consensualmente firmados e geridos. Esta combinação é o que se pode chamar *escola*, e sua expectativa é garantir o discurso do psicanalista.[46]

Em Minas Gerais, como aqueles que foram ao Rio de Janeiro ou a São Paulo em busca de formação psicanalítica nas IPAS (Leão Cabernite, Paulo Dias Corrêa, Hélio Pellegrino) jamais retornariam[47], o Círculo se manteve até meados dos anos 1970 como a principal instituição psicanalítica mineira. Não obstante, ao longo da década de 1970 cresce o descontentamento de uma parte de membros do Círculo com seu *modus operandi* institucional, que na época refletia o esquema de uma organização ipeísta – a incorporação do modelo da análise didática, com um corpo dirigente muito restrito aos poucos didatas etc. Em 1980 se forma uma dissidência, que se chamaria Colégio Mineiro de Psicanálise. Lacan, que era lido no Círculo de forma muito tímida e ainda assistemática, passava a apresentar um horizonte distinto de funcionamento institucional com a Proposição de 1967[48], propondo a abolição da análise didática em favor de duas modalidades inventadas por ele de regulação mútua dos processos de formação psicanalítica, os dispositivos do passe e do cartel. Francisco Paes

Barreto foi um dos primeiros a demonstrar seu incômodo com o Círculo angariando a empatia de outros colegas[49], além de contar com o apoio de seu antigo analista, Célio Garcia, a essa altura um já expressivo intelectual do universo psi em âmbito nacional, não apenas na psicanálise, mas também na psicologia social e na análise institucional[50]. O Colégio Mineiro propunha uma formação freudiana, incluindo contribuições de Klein e Lacan[51]. Mas a semente estava plantada; no prefácio escrito por Antonio Beneti para o livro de Francisco Paes Barreto, ele afirma: "para mim, o Colégio foi o instante de olhar e a Escola Brasileira de Psicanálise o momento de concluir"[52]. Ou seja, não por acaso os lacanianos do Colégio Mineiro serão os que mais uniformemente aderirão às diretrizes da Escola da Causa Freudiana (ECF), registrada após a dissolução da EFP às vésperas da morte de Lacan em 1981. Sob os auspícios de seu genro, Jacques Alain-Miller, a ECF buscaria estandardizar as formações lacanianas ao redor do mundo – fala-se aqui em "mundo", justamente, porque, em oposição ao "internacionalismo" carregado de "Associação Psicanalítica Internacional", Miller propõe o "mundialismo" ao nomear tal empreitada de Associação Mundial de Psicanálise (AMP). Assim, mantendo uma vizinhança diplomática com o Círculo e sem uma IPA em Minas Gerais, o lacanismo mineiro teria sido o que mais se aproxima do "suficientemente hegemônico" de que falam Dunker e Kyrillos Neto no início dos anos 1980 em função da filiação à AMP milleriana – a que por exemplo Magno no Rio de Janeiro recusou com fervor –, cenário esse que só se reconfigurará após o fim da ditadura civil-militar.

No Rio Grande do Sul, o movimento lacaniano ganha força principalmente a partir das rotas filiatórias e migratórias argentinas. Por conta da discreta presença do Círculo gaúcho em Porto Alegre, até meados dos anos 1970 a SPPA reinava praticamente soberana. Tida como muito fechada e quase exclusivamente psiquiátrica (ao que tudo indica a única exceção foi mesmo Zaira Martins), muitos candidatos tinham a formação recusada na instituição, seja pelo pequeno número de didatas, seja pela não aceitação de psicólogos – o que a essa altura era um problema de excesso de contingente, dada a força universitária da psicologia gaúcha da PUC-RS e da UCPel, cuja potência só tenderia a aumentar após a criação do curso de psicologia da UFRGS em 1973. Esses recusados seguiram a mesma rota dos Martins nos anos 1950, muitos buscando formação também na APA argentina, porém os critérios locais de seleção e aceitação de novos membros eram tão rígidos que mesmo assim a SPPA não os absorveu. Assim, o grupo dos "gaúchos argentinos" espelhava tardiamente e à sua maneira um processo parecido com o dos "cariocas argentinos" da SBPRJ dos anos 1950, abrindo uma dissidência ipeísta que se formalizaria a partir de 1985, mas se confirmaria somente nos anos 1990 com a fundação da Sociedade Brasileira de Psicanálise de Porto Alegre (SBPdePA). Bem antes disso e em paralelo às rixas ipeístas, em 1975, Luis Olyntho Telles da Silva, que era membro do Círculo gaúcho e presidente da Sociedade de Psicologia do Rio Grande do Sul, convida o psicanalista argentino Roberto Harari a vir regularmente a Porto Alegre para ministrar seminários, supervisões e análises lacanianas. Paulo César D'Ávila Brandão, também do Círculo, será analista de uma parte dos que acompanhariam Harari. Com o endurecimento da ditadura argentina, chegarão mais argentinos lacanianos, como Alfredo Jerusalinsky, Miguel Massolo e outros[53]. Em 1978 instauram-se em solo gaúcho as iniciativas instituintes lacanianas. O grupo de Telles, já afastado do Círculo, desencadeia o processo de fundação da Maiêutica de Porto Alegre, ligada à Mayéutica argentina, processo esse concluído em 1980 – em 1984, será fundada em Florianópolis a seção catarinense da Maiêutica[54]. Em 1979, Brandão, Jerusalinsky e outros fundam o Centro Lydia Coriat, voltado para a clínica dos transtornos de desenvolvimento da infância. Além desses grupos, já nos anos 1980, o CEF teria um braço gaúcho em Porto Alegre (CEF-POA). Com a chegada de Alduísio Moreira de Souza em 1984, funda-se a Cooperativa Cultural Jacques Lacan, que teria fôlego muito curto, mas um impacto considerável no cenário gaúcho. Em paralelo, o Centro de Trabalho em Psicanálise e Grupos abre uma valorosa frente de trabalhos de psicanálise e psicoterapia de grupos. Um grupo denominado Embrião, em parceria com uma das mais intrépidas revistas alternativas da história da psicologia do Brasil – a já mencionada *Rádice*[55] –, fará um importante colóquio cujo tema era "Alternativas do Espaço Psi" em 1981. Com auditórios lotados e falas de Abrão Slavutsky, Hélio Pellegrino[56], Ernildo Stein[57] e outros convidados, o evento não deixaria de ser vigiado pelo serviço secreto da ditadura. Encontramos em uma pasta do SNI a fotocópia do *COOJORNAL*, órgão mantido por uma cooperativa de jornalistas de Porto Alegre, que fez a cobertura do evento[58]. Na mesa "Psicanálise e Ideologia", a fala de Slavutzky, recém-chegado da Argentina, seria uma crítica contundente aos expedientes da despolitização da ética da maturidade e do conflito de gerações:

> Por exemplo, analisar e interpretar as atividades exclusivamente como manifestações neuróticas. Não que nas atividades políticas não existam problemas neuróticos. Mas, aceitar só isso é partir do ponto de vista de que a sociedade, assim como está, está bem. Não deve ser mudada, questionada. E a partir do pressuposto de que a sociedade nunca muda. Quer dizer que quem se rebela, é por um problema neurótico. Isso é uma manifestação da ideologia dominante, para manter essa sociedade.[59]

Não surpreende que ninguém da SPPA participasse de colóquios como esse[60]. Ou seja, em um intervalo razoavelmente curto de anos após 1975, o monopólio ipeísta gaúcho tenta se fechar ainda mais em si mesmo para evitar os petardos de fora. Com isso, abria-se espaço não apenas para firmar o Rio Grande do Sul como um polo irradiador devéras forte do lacanismo no Brasil, mas também dava curso a um dos movimentos psicanalíticos mais contundentes em território nacional, cuja multiplicidade seria ainda maior depois do fim da ditadura civil-militar.

Em Fortaleza, cujo roteiro fundamental é a pesquisa de Leonardo Danziato[61], vê-se que as ideias psicanalíticas circulavam no Ceará desde 1950. Entretanto, é a partir da fundação do Centro de Estudos Melanie Klein (CEMK) em 1974, no interior do Instituto de Psiquiatria do Ceará (IPC), que se inicia um movimento psicanalítico no Estado. Um ano antes, Sônia Lobo retorna ao Ceará após uma temporada de formação na França, iniciando um trabalho com comunidades terapêuticas sob influência da psicanálise. Em 1974, a Universidade Federal do Ceará (UFC) cria o curso de psicologia, mas a psicanálise só passa a ser de fato ensinada nele a partir de 1980. A *Revista de Psicologia*, fundada em 1983, é o veículo principal de difusão do pensamento psicanalítico no período. No início dessa década, o lacanismo se firma como a primeira grande força do movimento cearense, chegando por meio de Ricardo Lincoln Barrocas, que se formaria na França, e Francisco Ramos de Farias, formado no IBRAPSI carioca. Em 1983, chega o casal Francisco Pacheco e Maria Helena Rossetti, ele formado na SPRJ e ela na SBPSP, formação completada depois na SPR pernambucana; ao longo dos anos 1980, eles rompem com suas instituições de origem para se alinharem ao lacanismo. Em 1984, a Universidade de Fortaleza (UNIFOR) criaria também um curso de psicologia, ano em que também chegaria Laéria Bezerra Fontenele, fortificando o movimento lacaniano cearense. De forma um tanto semelhante ao movimento pernambucano, após o fim da ditadura o movimento cearense se configurará em três frentes: o Círculo Freudiano do Ceará, gerado no laço com o Círculo pernambucano; os núcleos lacanianos, pelo Núcleo de Estudos Psicanalíticos (NEP), pela Clínica de Estudos Freudo-Lacaniana (CLEF) e outros mais tardios, que contaram com o apoio de Ivan Corrêa e outros lacanianos de outros Estados; e por fim, após muitas resistências e críticas dos lacanianos cearenses, somente no final dos anos 1990 se forma uma sociedade ipeísta no Ceará, a Sociedade Psicanalítica de Fortaleza (SPFOR).

Segundo Marcio Rogerio Robert[62], Curitiba também teve uma importante implantação do lacanismo. Na esfera universitária, o curso de psicologia da Universidade Católica do Paraná, hoje PUC-PR, foi fundado em 1968 por uma personagem controversa, o padre Emir Calluf[63], seguido pelos cursos da Universidade Federal do Paraná (UFPR) em 1973 e da Universidade Tuiuti do Paraná em 1977. No exílio, Pérsio Pereira Guimarães e Tiana Guimarães haviam fugido da ditadura brasileira para a França em 1968, retornando em 1974 e iniciando análises e um grupo informal de estudos de Lacan que não chegaria a se institucionalizar. Em 1976, chegam os argentinos Norberto Carlos Irusta e Antonio Godino Cabas (marroquino de nascimento, mas formado na Argentina), seguidos de outros argentinos na capital paranaense que potencializaram o movimento lacaniano local.

A partir de 1980 se forma a Biblioteca Freudiana de Curitiba, primeira instituição de formação lacaniana a se instalar no Estado. Quanto à IPA, seguindo um padrão verificado em diversos outros Estados, o Grupo Psicanalítico de Curitiba só se instala de fato muito tardiamente, a partir de 2010. Entre 1976 e 1980, diversos analistas franceses lacanianos e não lacanianos de alta estirpe vêm ao Brasil, como Piera Aulagnier, André Green, René Major, Moustapha Safouan e Serge Leclaire, apenas para citar alguns dos mais destacados. Ainda é intrigante se perguntar por quais razões afinal o lacanismo foi tão bem-sucedido no Brasil, contudo, há algumas boas hipóteses à disposição. Christian Dunker investe na ideia de sincretismo cultural como uma condição estética para a recepção das ideias lacanianas no Brasil, tomando a influência da desconstrução da linguagem no movimento musical do Tropicalismo, na poesia concreta e nos trabalhos de Lygia Clark e Hélio Oiticica no campo das artes plásticas e da cultura brasileira em geral[64]. Jane Russo, por sua vez, defende que o desacordo manifesto entre as terapias corporais e a psicanálise lacaniana guarda, no entanto, um acordo latente na crítica à ortodoxia ipeísta. Enquanto as primeiras prezam por uma espécie de anti-intelectualismo romântico por meio da valorização da experiência do corpo e suas sensações, a segunda extrapola o intelectualismo no polo oposto. Segundo a autora,

no campo propriamente "psi" o lacanismo passa a exigir um grau de sofisticação e requinte dos que querem praticar a psicanálise (como paciente, mas especialmente como analista) que afasta os "recém-chegados" ao campo e tem como intenção evidente atrair os mais bem dotados em termos de capital cultural. É nesse momento (e nessa brecha) que se expandem e difundem as terapias corporais[65].

Mais adiante a autora afirma:

Ao propor como fonte de legitimação e prestígio o refinamento da linguagem e, por que não, uma certa dose de erudição – no lugar do diploma de médico –, o lacanismo surge como solução para o problema colocado pela intensa difusão psicanalítica ocorrida na década de 70. O discurso psicanalítico é aberto a todas as profissões (independente da consagração fornecida pelo diploma médico), mas só será aprendido e utilizado por aqueles que já tenham adquirido (ou tenham a possibilidade de adquirir) uma disposição estética que, se de certo modo depende do capital escolar, ultrapassa a sua simples aquisição. A democracia do acesso ao discurso psicanalítico (em contraposição às limitações então impostas pelas sociedades oficiais) corresponde a uma seleção que, passando pelas instâncias de consagração escolar, ultrapassa-as através da exigência de uma disposição de outro tipo. Se por um lado pode-se falar aí num golpe contra a popularização da psicanálise, é inegável a produção de um certo tipo de difusão *que atinge um público bem determinado*.[66]

A insistência na centralidade dos ritos iniciáticos (ler Lacan, com suas dificuldades peculiares) e na "disposição estética" não é acidental, dada a presença do fenômeno carioca do Colégio Freudiano no horizonte das perspectivas da autora. Porém, ainda que bastante válido para o lacanismo carioca, fica difícil tomar essas diagonais como um padrão nacional quando se observa a emergência dos movimentos lacanianos em outras regiões do país. Dunker, por sua vez, incorpora a perspectiva de Russo para ampliá-la à luz da conceitografia própria da obra de Lacan:

> Daí que nosso lacanismo tenha começado como um sistema de revalorização da autenticidade de conceitos, de crítica dos modelos de formação disciplinares, de integração no debate das luzes, de retomada do espírito de racionalidade, de orientação estruturalista ou dialética, científica ou humanista. [...] A psicanálise lacaniana inverte a exclusão sentida tanto em relação ao condomínio psiquiátrico quanto ao condomínio da psicanálise institucionalista por meio de uma opção crítica: *não é a psicanálise que não nos quer, somos nós que não queremos a psicanálise da forma como ela se encontra*. A luta entre autenticidade, ainda que com a chancela colonial, e a impostura, ainda que nacional, encontrará, então, uma nova encarnação nas origens do lacanismo brasileiro.[67]

A ideia de que "não é a psicanálise que não nos quer, somos nós que não queremos a psicanálise da forma como ela se encontra" é deveras interessante se a observarmos pelas rotas filiatórias e migratórias que a ratificam. O exílio originou experiências intelectuais, políticas e "de divã" na França inegavelmente legítimas, porém radicalmente dissemelhantes das praticadas em um Brasil majoritariamente kleiniano e pós-kleiniano. Seria algo como afirmar que "não queremos a psicanálise da forma como ela se encontra no Brasil, e ainda assim somos psicanálise", uma dissemelhança palpável seja pelas vias legítimas do "freudismo francês" da APF seja pelo lacanismo *stricto sensu* da EPF. Logo, o retorno gradual dos exilados ao país e a ordenação de novos dispositivos de formação psicanalítica conforme tais experiências não haveria de ser menos perturbador para os movimentos locais. A julgar pelo impacto intelectual provocado inicialmente pela recepção dos *Escritos*, não surpreende que o pensamento lacaniano tenha se acomodado tão bem para tantos anseios críticos dos movimentos psicanalíticos nacionais. Não há dúvidas de que se trata de uma obra extensa, heteróclita e complexa[68], mas não se pode negar que ela tenha sido suficientemente conclusiva para servir como plataforma textual de recepção do lacanismo por aqui, a despeito da paulatina publicação dos *Seminários* do final dos anos 1970 em diante. Dos *Escritos*, o primeiro elemento mais óbvio que se pode retirar é o da crítica lacaniana à ética da maturidade. Vimos que a infantilização generalizada nos pressupostos causais dos sintomas e sua correlata técnica da interpretação da transferência se coadunava com o discurso militar de contenção das rebeldias juvenis. Lacan e seu antidesenvolvimentismo intransigente abre ao menos duas condições críticas à ética da maturidade. A primeira condição crítica aponta na direção de uma outra racionalidade diagnóstica em chave estrutural – de acordo com a máxima do "inconsciente estruturado como linguagem"⁶⁹ –, orientada pela repulsa à moralidade adaptacionista e pela reverência ao caráter necessariamente subversivo do desejo. Tal direção se fundamenta em uma perspectiva de cura emancipatória, radicalmente antiadaptacionista, que por conseguinte é expressão de uma perspectiva política de liberdade. Ora, parece evidente que uma perspectiva que articula cura e emancipação na perspectiva lacaniana teria condições de recepção favoráveis em uma conjuntura política que esboçava passar de um regime autoritário para um democrático. Uma ótima síntese dessa articulação pode ser lida em Vladimir Safatle:

> O poder sabe que a liberdade nos angustia, ao mesmo tempo que ela nos atrai. *Se sujeitos aceitam a servidão, é porque eles temem a angústia que a liberdade produz*, e uma das dimensões fundamentais que a análise pode fornecer ao exercício da liberdade é levar o sujeito a depor suas defesas contrafóbicas, é mostrar que a angústia da liberdade não vem da possibilidade transcendente de tudo fazer e desejar, mas da realização de que somos agidos por uma causalidade exterior que, como dizia Lacan, é algo em nós mais do que nós mesmos.⁷⁰

A partir disso, abre-se uma segunda condição crítica para fundamentar outros princípios de direção do tratamento psicanalítico, em que a recusa radical é a do exercício do poder⁷¹. Correndo o risco de certa simplificação aqui, digamos que, daquilo que um paciente fala em análise, a "atenção ao significante" tem precedência explicativa sobre os conflitos que ele experiencia, o que contrasta com aquilo que o analista "sente" contratransferencialmente. Na perspectiva lacaniana, pouco ou nada importariam os "sentimentos" do analista, mas sem que isso signifique um retorno às avessas à neutralidade. Pelo contrário, trata-se sobretudo de implicar o analista no processo de escuta naquilo que teria valor efetivo para o trabalho de análise – a linguagem como campo de ação clínica e a emancipação inexorável como horizonte de cura. Retomando Dunker:

> Durante os anos de chumbo, foi como se o progresso objetivo das relações de produção devesse se fazer acompanhar de uma estase das ambições subjetivas de emancipação. Só assim pode-se entender o sucesso que tiveram por aqui, anos mais tarde, as críticas que Lacan faz à psicanálise do eu, apesar da inexpressividade dessa tendência em território nacional. É que tomamos tais críticas como se fossem dirigidas à impotência da teoria das relações de objeto para *pensar uma teoria do sujeito que não fosse o decalque evolutivo e psicológico da política conservadora.*⁷²

É na esteira da última frase dessa citação de Dunker que todo o acervo levantado em nossa pesquisa pode acrescentar mais uma peça nesse complexo quebra-cabeças da implantação do lacanismo no Brasil. Para além da já discutida crítica lacaniana à ética da maturidade, há também uma dobra do ponto de vista da potência expansionista dos movimentos lacanianos. Na desobrigação da hierarquia institucional da análise didática, reside a ideia de que toda análise levada a contento "produz" um analista. Na prática cotidiana da clínica, a conduta das polêmicas sessões de tempo variável[73] permitiu uma flexibilização incomum nos preços objetivamente praticados nas análises, o que as tornava mais acessíveis às camadas médias da população. Em continuidade com essa prática também será suspendida a norma regulatória em que uma "análise que forma analistas" deve ser realizada na frequência de três a cinco vezes por semana, ao longo de um total arbitrário de horas somadas ao longo de certo número de anos. Na perspectiva lacaniana, o que define o "fim da análise", entendido como finalidade e término da análise[74], é sobretudo a própria experiência da análise, e não uma instância regimental que lhe seja externa. A máxima de que "o analista se autoriza de si mesmo e de alguns outros" é a aposta lacaniana em instituir um campo capaz de regular a si próprio quanto aos códigos de reconhecimento mútuo. Sem entrar em mais detalhes aqui para não perder o foco da pesquisa, pode-se dizer que esses fundamentos do lacanismo são os principais responsáveis pela celeridade e pela eficácia da "reprodução por partenogênese" dos movimentos lacanianos e suas instituições. A democratização do acesso ao tratamento psicanalítico pela flexibilidade do tempo e dos valores praticados e a "elitização intelectual" para a apreensão dos pressupostos teóricos e epistemológicos de um pensamento lacaniano convertido em "estilo"[75] constituem certamente um paradoxo, entretanto, um paradoxo que será determinante por exemplo na afinidade com a academia, como demonstra por exemplo a história dos CEFS, compostos por professores universitários, trazendo postos de docência a reboque da implantação dos movimentos locais. Assim, o lacanismo se espraia por diversos Estados do país antes mesmo da chegada das IPAS, imobilizadas e lentificadas do ponto de vista do expansionismo pelas suas próprias bigornas normativas institucionais.

No entanto, para que não pareça que o sucesso do lacanismo no Brasil tenha sido uma espécie de "grande salvador" dos infortúnios conservadores dos movimentos psicanalíticos nacionais, vale lembrar que desde a *Proposição de 1967* e a invenção dos dispositivos do cartel e do passe (especialmente desse último), novas divisões acontecem na França – sendo o caso mais emblemático a dissidência do Quarto Grupo francês – e em diversos pontos do mundo, quase sempre ecoando no Brasil. Para alguns, trata-se de uma reedição das "verificações de garantia" da formação psicanalítica, uma espécie de "análise didática às avessas", com uma vigilância restritiva igualmente aguda; para outros, trata-se de uma invenção genial de Lacan, à qual se deve aderir irrevogavelmente se se quer ser um psicanalista lacaniano fidedigno, sem maiores avaliações críticas acerca de seus sucessos ou seus fracassos. Haveria ainda um grupo intermediário de "indiferentes" ou "imparciais", que tomam Lacan como um autor de envergadura maior como de fato o é, porém como mais um autor entre outros, sem estabelecer uma relação com sua obra e suas perspectivas em chave mestre-discípulo. Tais grupos permitiriam a penetração de sua influência intelectual em instituições não lacanianas de formação psicanalítica, genuinamente desinteressadas da incorporação dos dispositivos do passe e do cartel em seus regimentos internos, mas igualmente propagadoras de suas ideias e práticas. Assim, enquanto instituições lacanianas *stricto sensu* se caracterizariam no Brasil ao longo dos anos como propensas a controvérsias e divisões na maioria das vezes insondáveis para quem as observa de fora, o lacanismo enquanto movimento psicanalítico ocupa brechas e cantos para além delas, nas universidades, nos círculos intelectuais e nos movimentos psicanalíticos mais abertos.

O EXÍLIO DOS PSICANALISTAS ARGENTINOS NO BRASIL

Vimos como foram fundamentais as rotas migratórias que permitiram a muitos psicanalistas argentinos (até aqui os lacanianos) estabelecer laços comunitários de trabalho principalmente no Rio Grande do Sul, mas também no Rio de Janeiro, a fim de viabilizar a constituição de residências fixas no Brasil. No entanto, não foram apenas argentinos lacanianos que se exilaram no país, e tampouco somente nesses Estados.

Quando se fala da recepção de psicanalistas argentinos no cenário paulista, o primeiro nome que vem à mente é o Instituto Sedes Sapientiae. O Instituto Sedes Sapientiae, ou simplesmente Sedes, era na verdade um legatário da antiga Faculdade de Filosofia da PUC-SP. Vimos que madre Cristina Sodré Dória esteve sob a vigilância do SNI desde a publicação de *Psicologia do Ajustamento Neurótico*. Porém, como a perseguição dos ditadores a membros do clero católico era mais espinhosa, a presença de madre Cristina à frente do Sedes dava alguma proteção ao funcionamento institucional[76]. Alguns didatas da SBPSP foram peças importantes na constituição das frentes psicanalíticas dentro do Sedes. Isaías Melsohn (SBPSP) foi um deles. À diferença da grande maioria de seus colegas aristocratas da SBPSP, Melsohn era filho de comerciantes do bairro do Bom Retiro, na capital paulista. Filiou-se ao PCB em 1945, mas afastou-se da militância "um pouco antes, ou um pouco depois"[77] do golpe de 1964[78]. Ele e sua esposa Hinda Melsohn fizeram parte do grupo de estudo de filosofia e estética capitaneados por Anatol Rosenfeld, um importante intelectual em São Paulo entre os anos 1940 e 1970 e professor da Escola de Comunicação e Artes da USP. Esse grupo era composto pelos casais Jacó e Gita Ginsburg (fundadores da editora Perspectiva de São Paulo), Rita e Leo Seincman (pintora e designer, respectivamente), e por ele passariam diversos outros grandes intelectuais, como por exemplo Bento Prado Jr. e Roberto Schwarz, bem como a jovem psicanalista Amazonas Alves Lima (SBPSP). Nesse grupo também estavam o então casal Boris Chnaiderman, um eminente tradutor do russo e professor da USP, e Regina Chnaiderman, professora de química, mas que já com mais de quarenta anos de idade ingressa no curso de Psicologia da USP decidida a se tornar psicanalista. Ela, por sua vez, vinha sendo encorajada por Melsohn a ter seu consultório psicanalítico desde 1965 quando se forma psicóloga[79] e tenta ingressar na SBPSP algumas vezes (duas, talvez três), todas sem sucesso. Em torno dessas tentativas criou-se uma narrativa de que ela havia sido barrada na SBPSP por ter sido membro do PCB. Na documentação a que tivemos acesso não pudemos confirmar se de fato Regina Chnaiderman era do PCB ou se esteve ligada a ele de alguma maneira no período estudado – confirmação difícil por razões óbvias, uma vez que o partido esteve na condição de ilegalidade na ditadura –, tampouco se esse foi o real motivo de sua barragem na SBPSP. Fato é que muitos analistas da SBPSP ainda lecionavam na Psicologia da USP quando Regina Chnaiderman foi aluna, e provavelmente os conflitos entre estudantes e professores após o golpe de 1964 tenham tido algum papel decisivo nisso. De toda forma, o grupo de Anatol Rosenfeld, com Melsohn, Regina Chnaiderman e outros configurava um grupo de intelectuais majoritariamente de esquerda. Após as recusas da SBPSP, Regina Chnaiderman inicia uma aliança profícua com madre Cristina para a criação de um curso de formação psicanalítica no Sedes. Mantendo no Sedes e em sua própria casa diversos grupos de estudo de psicanálise, Regina Chnaiderman propicia o acolhimento de quadros de jovens psicanalistas para uma formação em formatos muito distintos dos da SBPSP. Não por acaso, um desses grupos irá se interessar pelo estudo de Lacan. Convocando a filósofa Marilena Chauí e agregando Betty Milan, Marilene Carone e sua filha Miriam Chnaiderman, Regina Chnaiderman compõe um grupo que realiza seus primeiros estudos de Lacan, resultando na primeira publicação de uma parte dos artigos dos *Escritos* em 1978 pela editora Perspectiva de São Paulo, cuja tradução foi capitaneada por Regina e Miriam Chnaiderman e pela eminente tradutora Inês Oseki-Dépré. Ainda em 1978, as editoras cariocas Zahar e Forense anunciam outras publicações de Lacan, a primeira se encarregando da publicação dos *Seminários*, e a segunda da tese de 1932, publicada somente em 1987.

Em paralelo ao grupo em torno de Regina, Roberto Azevedo (SBPSP), que não era didata, mas vinha de uma formação psicanalítica em Londres – portanto, com capital simbólico e político significativo para "comprar a briga" com sua instituição de origem – junta-se ao Sedes e leva para lecionar ali analistas não didatas de gerações mais novas da SBPSP como Fabio Hermann, Deodato Azambuja, Sonia Azambuja, Orestes Forlenza, Deocleciano Alves e outros. Assim, Roberto Azevedo acaba assumindo um papel de seletor de professores, com um provável horizonte de vir a constituir no Sedes um *study group* para pedir posterior filiação à IPA. Mas bem antes disso, tanto o grupo de Regina Chnaiderman se incomoda com o caráter autocrático das decisões de contratação docente de Azevedo quanto a SBPSP julga a iniciativa de formação de grupos e subgrupos como "interesses personalistas"[80]. Desse modo, os analistas da SBPSP paulatinamente deixam o Sedes – Fabio Hermann é um dos últimos, em 1981 – para voltar à vida institucional de que nunca saíram, deixando um buraco no corpo docente da nova instituição. É aqui que são acolhidos como docentes do Sedes os psicanalistas argentinos fugidos do endurecimento da ditadura. Ana Maria Sigal é a primeira a chegar em 1976, e a partir de 1977 outros se somarão ao grupo – Mario e Lucia Fuks, Guillermo e Lea Bigliani, Silvia Alonso, Cristina Ocariz, Oscar e Nora Miguelez, entre outros. A divisão entre o grupo de Chnaiderman e o de Azevedo geraria dois departamentos diferentes de formação, o Departamento de Psicanálise e o Departamento de Formação em Psicanálise, ambos em plena atividade até hoje.

Sem se restringir à condição de instituição psicanalítica, o Sedes trazia a marca do pluralismo, abrigando também cursos de diversas modalidades de psicoterapia como a Gestalt-terapia e os grupos reichianos. Historicamente, o Sedes congregou também por meio do Centro de Educação Popular e Política (CEPIS) e da Comissão Pastoral da Terra os movimentos sociais da esquerda nacional, como o Movimento dos Sem-Terra (MST), bem como foi um espaço essencial para o Comitê Brasileiro de Anistia de São Paulo no final da década de 1970 e, pouco depois, para reuniões de fundação do Partido dos Trabalhadores (PT), que tinham na sede do Instituto uma base minimamente segura para realizar reuniões. Talvez pela marca da fundação por membros da IPA, talvez pela herança da formação dos psicanalistas argentinos ali abrigados, as formações psicanalíticas do Sedes inicialmente se configuraram ora alinhadas ao freudismo francês ora ao kleinismo, com uma clara inclinação a trabalhos junto à saúde mental pública (especialmente graças ao grupo de psicanalistas argentinos), mas que retardaria tanto a recepção mais contundente do lacanismo na instituição quanto o fortalecimento de um laço mais frutífero com as universidades. Ainda assim, a propensão à pluralidade se encarregou de encaminhar essas últimas duas frentes a partir dos anos 1980, com parte de seus membros atuando também no campo da pesquisa universitária e, mais recentemente, com grupos de estudos de Lacan, porém sem ofertar uma formação em moldes lacanianos. Esse espaço repleto de experiências possíveis para a resistência à ditadura representou a primeira oposição legítima à esquerda da SBPSP no cenário paulista. Sem se interessar por um projeto expansionista, o Sedes se firma em São Paulo e é até hoje muito lembrado por sua história de combate à ditadura. Ainda que fosse alvo da intimidação do regime militar e da espionagem do SNI, que já estava bastante deformado e incompetentemente inchado na segunda metade da década de 1970 quando comparado aos anos Médici, o forte pilar de sustentação representado por madre Cristina foi capaz de conter a sanha anticomunista dos militares nesse momento histórico.

Outro Estado impactado pela recepção de argentinos foi a Bahia. O roteiro aqui é uma tese recente e robusta sobre a história da psicologia na Bahia, escrita por Rosane Maria Souza e Silva[81]. Em Salvador, graças à expansão na Universidade Federal da Bahia (UFBA) que possibilitaria a criação de uma graduação em Psicologia aproveitando quadros docentes da tradicional psiquiatria baiana, duas instâncias preparam o terreno para a recepção da psicanálise. Uma seria a Clínica de Atendimento Psicoterápico e Psicopedagógico (CLAPP), e a outra o Núcleo de Estudos em Psicoterapia (NEP*), ambas encampadas por Urânia Tourinho Peres e Syra Tahin López, professoras do curso de psicologia. O NEP* é um dos primeiros responsáveis pelo convite a psicanalistas de outras regiões do país para ministrar cursos, seminários e supervisões no Estado. Entre eles, Carlos Castellar Pinto (SPRJ/APPIA) visita periodicamente o grupo com essa finalidade, levando também psicanalistas argentinos como Eduardo Kalina e Héctor Fiorini, este último ligado à psicoterapia breve[82]. Não obstante, não chega a ser criada uma filial da APPIA na Bahia.

Será em 1972 que se mudaria para Salvador o psicanalista do Círculo mineiro Carlos Pinto Corrêa, fundando o Círculo Psicanalítico da Bahia, a primeira instituição que ganhará força no Estado[83]. Em paralelo, o argentino Emilio Rodrigué constituiria um capítulo muito singular na história da psicanálise não apenas da Bahia, mas do Brasil. Após a ruptura do Plataforma-Documento, Rodrigué passa a fazer visitas regulares à Bahia a partir de 1972 trabalhando junto ao NEP* até 1978, para enfim estabelecer sua residência fixa na praia de Ondina em Salvador em 1980. Neste momento Rodrigué já não tinha interesse em retomar uma atividade clínica como psicanalista ortodoxo; interessava-se pelo psicodrama e pela bioenergética reicheana, abria seus horizontes pela entrada no candomblé[84] e escrevia muitos livros, frequentemente autobiográficos, com toques romanceados[85]. Dentre os seus livros, uma publicação já mais tardia, mas ainda ousada para os parâmetros da época, ganharia destaque por seu estilo peculiar: a primeira biografia de Freud escrita na América Latina e publicada[86]. Um grupo de discípulos se reúne em torno dele para realizar análises pessoais e convidar outros argentinos para temporadas na Bahia, como Fernando Ulloa, ao mesmo tempo que Rodrigué se interessava por formatos clínicos inovadores, como o "Laboratório Individual de uma Única Sessão" (LIUS)[87]. Já mais próximo de meados dos anos 1980, a editora baiana Fator, capitaneada por um então professor da UFBA, o psiquiatra e psicanalista Jairo Gerbase[88], será um importante veículo editorial para publicações do movimento negro e da psicanálise, em especial a lacaniana – é da Fator a primeira edição brasileira de *Pele Negra, Máscaras Brancas* de Frantz Fanon, de 1983[89].

Em Vitória, cujo roteiro detalhado e fundamental para depreender a história é a pesquisa de Cíntia Ávila de Carvalho[90], o início do movimento psicanalítico local remete ao Centro de Estudos e Pesquisas Psicanalíticas do Espírito Santo (CEPPES). Aqui, mais uma vez, o papel de Carlos Castellar Pinto à frente da APPIA é central. É ele quem acolhe o psicanalista Hugo Guangiroli quando este foge para o Brasil para escapar da ditadura argentina, que perseguia os militantes da organização a que pertencia, os chamados *montoneros*. Vigiado pelo regime militar por uma colaboração entre os serviços secretos das ditaduras brasileira e argentina conhecida como Operação Gringo, Guangiroli vê no resguardo ofertado por Castellar Pinto a possibilidade de trabalhar como psicanalista no Brasil[91]. Pela rota Rio de Janeiro-Espírito Santo, na segunda metade dos anos 1970 chegará José Nazar, que conhecera Castellar Pinto em sua primeira formação psicanalítica na SPRJ, dando seminários regularmente no CEPPES ao mesmo tempo que se afastava da IPA e se aproximava do lacanismo pelo Colégio Freudiano do Rio de Janeiro. Com a criação do curso de psicologia na Universidade Federal do Espírito Santo (UFES) a partir de 1978, aumentaria significativamente a procura pela formação psicanalítica. Após se estabelecer de vez na capital capixaba, Nazar fundaria com parte do grupo do CEPPES o Colégio Freudiano de Vitória, cujo processo se conclui em 1982. A IPA, por sua vez, só chegaria a Vitória a partir de 1989[92].

Dentro do que nos foi possível mapear, a chegada dos psicanalistas argentinos se deu principalmente nesses locais e movimentos. Por mais óbvio que seja, nunca é demais sublinhar que os "psicanalistas argentinos" não são um bloco homogêneo, nem em termos de filiação teórica, nem em termos de posição institucional e política. Vale lembrar que o entendimento do psicanalista como um "trabalhador de saúde mental" atuando na ponta dos serviços hospitalares públicos e privados na Argentina fez da psicanálise mais uma conjuntura do que uma condição. Alguns chegam mesmo a dizer que continuariam suas formações "por debaixo dos panos"[93] com psicanalistas brasileiros que atuavam nas iniciativas instituintes extramuros ipeístas. Outros, por sua vez, sofreriam represálias dos didatas ipeístas por não terem "completado" sua formação na APA argentina, mesmo que eles não dessem importância alguma a isso, como no caso de Gregório Baremblitt[94]. Mais do que qualquer tipo de "missão colonizadora", os argentinos nos traziam uma perspectiva não dogmática da psicanálise, contundente em diversas frentes – na ainda nascente reforma psiquiátrica brasileira[95], na conciliação com a análise institucional, com o marxismo e com a filosofia da diferença[96], no característico freudo-marxismo argentino[97] e no kleinismo e pós-kleinismo de esquerda das publicações do *Cuestionamos* e no potente lacanismo argentino. Mais do que qualquer restrição de fidelidades institucionais ou teóricas, mas sem recair em um ecletismo, tem-se a impressão de que foram três os motores principais da impactante vivacidade dos psicanalistas argentinos por aqui a partir da última década da ditadura civil-militar brasileira: a busca pela sobrevivência, o desejo de seguir trabalhando no campo da saúde mental sob uma inspiração não compulsória e não exclusivista da psicanálise e a vontade de estabelecer laços comunitários para formar novos "trabalhadores de saúde mental" atuantes na ponta que seriam também psicanalistas por contingência, a despeito de qualquer rigidez ou patrulha institucional.

OUTRAS HISTÓRIAS A SEREM ESCRITAS E ALGUMAS REAÇÕES DAS SOCIEDADES OFICIAIS

Infelizmente, como já adiantamos no início do livro, não foi possível cobrir a contento outros Estados do território nacional. No Nordeste, do ponto de vista da "história oficial", os bons artigos de Ivanise Eulálio Cabral[98] e Sônia Lobo[99] dão algumas luzes, entretanto, padecem de maior precisão historiográfica quanto a datas, ideias principais em circulação, nomes ou referências. Por exemplo, as poucas informações no texto de Cabral sobre um médico que trabalhava no interior de Alagoas nos anos 1940 chamado Sadi Cabral, que se mudaria para Maceió e ficaria conhecido como "o médico que demorava com os pacientes"[100]. Ao passo que a autora afirma que ele era um leitor de Freud e Bion e teria influenciado pessoas pontuais para uma formação analítica, rapidamente o texto desemboca em uma descrição da psicanálise pernambucana, deixando-nos no vácuo quanto ao que veio a acontecer dentro do nosso recorte histórico. Sônia Lobo, por sua vez, menciona Robson Mendonça e Carlos Alberto Vieira da Fonseca[101] como os alagoanos entre os "pioneiros nordestinos", e mais adiante fala de um "numeroso grupo" que se formaria no Recife[102], sem indicar período histórico, grupos, instituições ou qualquer outra pista que nos permita visualizar rotas filiatórias e migratórias em questão. Tentamos cavar informações para complementar os dados por exemplo sobre a psicanálise em Maceió por meio dos trabalhos de Gilberto de Macedo, médico psiquiatra formado na Escola de Psiquiatria do Recife e professor da Universidade Federal de Alagoas (UFAL) – em especial por meio de um livro notável de cunho freudo-marxista denominado *Diagnóstico da Sociedade Tecnológica: Conflito e Violência na Sociedade Contemporânea*. Do mesmo autor destacamos: *A Universidade Dialética* e *A Política da Palavra*.

Marcondes Benedito Farias Costa escreveu *Psiquiatria e Força*, em 1977.

No entanto, essa estratégia não nos permitiu avançar. Talvez Sadi Cabral tenha configurado mais uma "iniciativa pontual" do que disparado um "movimento psicanalítico" local, para lembrarmos de nosso princípio de método. Talvez Gilberto de Macedo tenha atuado mais como o importante professor universitário que foi na UFAL do que como um entusiasta das formações psicanalíticas em seu Estado. Talvez o movimento psicanalítico alagoano tenha de fato começado depois de nosso recorte histórico, ou talvez tenhamos simplesmente fracassado em nossa pesquisa no tocante ao acesso às fontes. Todas essas possibilidades são absolutamente possíveis.

No Rio Grande do Norte, tentamos cavar informações a partir de uma interessante pesquisa em história da psicologia relacionada a uma compreensão da história da capital, Natal, desenvolvida por Denis Barros de Carvalho. O texto trabalha a recepção das ideias psicanalíticas por parte da psiquiatria e do clérigo potiguar nos anos 1920 à luz dos discursos da época, e a determinada altura do livro o autor afirma:

A partir de 1973, o psiquiatra Eduardo Afonso Júnior, que fizera especialização no Rio Grande do Sul (UFR[G]S), assume a disciplina [de Psicologia Médica no curso de Medicina da Universidade Federal do Rio Grande do Norte] e introduz uma discussão mais sistemática das ideias psicanalíticas, incluindo os estudos da obra de Melanie Klein e aprofundando a compreensão dos escritos de Freud.[103]

Eduardo Afonso Júnior teria sido "o primeiro psiquiatra dinâmico de Natal" e assumiria posteriormente a disciplina "Psicanálise" no curso de psicologia da UFRN, na qual lecionaria a obra de Klein. Porém, como o objetivo da pesquisa de Carvalho é outro, o texto segue por outros caminhos e nos vemos no vácuo novamente. Eduardo Afonso Júnior também é mencionado como um "pioneiro nordestino" no artigo de Sônia Lobo, juntamente com outros nomes de potiguares que fariam formação psicanalítica em Pernambuco[104], novamente sem pistas sobre rotas filiatórias e migratórias e novamente sem datações, o que fez com que ficássemos sem saber se estávamos ou não dentro de nosso recorte histórico com esses nomes.

Na Paraíba e em Sergipe as informações conseguem ser ainda mais escassas. Sônia Lobo menciona Humberto Araújo entre os "pioneiros nordestinos" em João Pessoa, seguido de Sandra Matoso Trombetta Quintans como uma psicanalista que faria formação em Recife. Tentamos acessar a tese de doutorado defendida em 2008 por Ivontônio Gomes Viana, denominada *Psicanálise & Modernidade: Fragmentos da Constituição do Campo Psicanalítico na Paraíba*, que a julgar pelo título parece ser uma contribuição importante para a compreensão do movimento psicanalítico paraibano, mas não obtivemos sucesso. Quanto a Sergipe, um único nome é creditado como "pioneiro" na capital Aracaju, Adalberto Goulart[105], e nada mais. Como é um artigo de "história oficial", é provável que todos esses nomes estejam de algum modo ligados à história ipeísta[106], mas nem isso fica claro. Como era de se esperar, tais artigos também não deixam claro o que poderia ter havido nesses últimos quatro Estados nordestinos quanto aos movimentos lacanianos, nos Círculos ou em outras multiplicidades legítimas de iniciativas instituintes. Reproduzimos esses nomes e essas poucas informações "no escuro" mais como um gesto de encorajamento, com a esperança de que a partir delas pistas históricas mais precisas possam ser encontradas em pesquisas vindouras. No Estado do Piauí, há uma pequeniníssima pista sem citar nomes na biografia de MD Magno escrita por Nelma Medeiros[107], de que em 1985 abriu-se uma filial do Colégio Freudiano na capital Teresina. No Maranhão, não encontramos nenhuma pista sobre a emergência de um movimento psicanalítico local, nem tampouco de uma iniciativa pontual, dentro do intervalo entre 1964 e 1985.

Na região Centro-Oeste, mas ainda na história oficial, Marila Teodorowicz Reis é significativamente mais generosa em seu texto sobre o movimento oficial no Mato Grosso do Sul[108]. A própria autora é a primeira psicanalista a retornar à capital Campo Grande em 1971, após se formar na SPRJ. Ainda como membro não didata da SPRJ, era preciso convocar um didata para iniciar a formação de analistas na região. Assim, a partir de 1980, Fábio Leite Lobo (SPRJ), já com idade avançada e com a saúde prejudicada, se desloca no eixo Rio de Janeiro-Mato Grosso do Sul semanalmente para analisar analistas, dando início ao núcleo ipeísta que depois dos anos 1990 formaria a Sociedade Psicanalítica do Mato Grosso do Sul (SPMS). O texto de Reis é deveras interessante por discorrer sobre diagonais culturais da região que dificultaram a implantação da psicanálise em Campo Grande, notadamente o machismo que impedia que mulheres estudassem, tivessem profissão e se estabelecessem em uma vida independente. Ao fim do texto, a autora afirma que além de grupos de estudo que partiram de iniciativas de membros da própria SPMS, "atualmente o estado conta, além da SPMS [...], com vários grupos lacanianos, um de Fabio Hermann, sobre teoria dos campos". Assim, ainda que o grupo da teoria dos campos de Hermann tenha se dado após o fim da ditadura – em um caso similar ao do Triângulo Mineiro[109], já depois do nosso recorte histórico –, também ficamos sem saber quais são esses "vários grupos lacanianos". Uma vez que, como vimos, os Círculos e os movimentos lacanianos chegaram antes das IPAs em vários Estados, pode ser (ou não) que isso tenha também se dado em Campo Grande, informação acerca da qual infelizmente Reis não nos dá nenhuma pista.

No Centro-Oeste, ao que tudo indica, o Distrito Federal realmente se afirma como um capítulo excepcional. Vimos que a ida de Virgínia Bicudo à capital no início dos anos 1970 foi fundamental. Do ponto de vista da história oficial, há um bom artigo escrito pelo já citado Ronaldo Mendes de Oliveira Castro[110], que conta como Virgínia Bicudo é recebida por um primeiro círculo de analisantes e supervisionandos – além dele próprio são mencionados Luiz Meyer, Caiuby Marques Trench e Humberto Haydt de Souza Mello. Esse primeiro pequeno grupo dá origem à SPBSB, cuja conclusão da vinculação à IPA se daria somente em 1994. A Revista *Alter*, fundada por Virgínia Bicudo e seus discípulos ainda em 1970, seria o primeiro veículo editorial oficial em Brasília, sendo uma revista ativa até hoje. Um dado aparentemente bastante importante, mas que não nos permitiu um aprofundamento maior por falta de informações, é que o artigo de Ronaldo Mendes de Oliveira Castro menciona de passagem a criação de uma filial da APPIA no Distrito Federal em outubro de 1972[111], ou seja, *na mesma época em que Virgínia Bicudo delata Castellar Pinto ao SNI*. Não foi possível descobrir quais membros compuseram a APPIA-DF e tampouco se tal composição estava vinculada com a delação de Virgínia Bicudo, contudo, não parece improvável que haja alguma relação entre os fatos aqui. Ainda no que tange ao movimento psicanalítico brasiliense, sabe-se que Luiz Meyer viria a se tornar mais tarde um importante psicanalista didata na SBPSP, inclusive empenhando uma perspectiva crítica da história e dos funcionamentos institucionais desde dentro da instituição[112], assim como se sabe que Humberto Haydt de Souza Mello se afastaria da IPA brasiliense para fundar o Colégio Freudiano de Brasília na primeira metade dos anos 1980. Do ponto de vista da expansão, o artigo menciona imprecisamente que "algum tempo depois"[113] o núcleo ipeísta brasiliense acolheu candidatos goianienses para a formação, gerando o Núcleo de Psicanálise em Goiânia, mas sem dar nomes ou datas. Quanto a Mato Grosso, terceiro Estado da região Centro-Oeste, não foi encontrada nenhuma pista sobre a psicanálise dentro do intervalo entre 1964 e 1985.

Quanto à região Norte, conforme já anunciado, não foi possível também encontrar pistas dentro do nosso recorte histórico. Em Belém, mesmo contando com a UFPA, uma universidade federal bastante importante desde o fim dos anos 1950 e com intelectuais de grande envergadura como Benedito Nunes – filósofo e crítico literário atento à influência do freudismo no modernismo literário, por exemplo –, ao que tudo indica o movimento psicanalítico expressivo que há hoje no Estado com diversas instituições e com uma pesquisa em psicanálise importante na academia teve início somente depois dos anos 1990. Quanto aos Estados do Amazonas, Acre, Roraima, Rondônia, Amapá e Tocantins, tudo leva a crer que os movimentos psicanalíticos locais se desenvolveram ainda mais tardiamente, depois dos anos 2000, e de forma razoavelmente mais tímida do que no Pará; de toda forma, não foi possível mapear as rotas filiatórias e migratórias desses processos de implantação. Novamente reiteramos que esse parecer quanto à região Norte é provisório, resultado de uma carência de acesso a fontes fidedignas e mais precisas. De qualquer modo, encorajamos a pesquisa sobre movimentos locais nesses Estados para que se possa ter um mapa mais completo em um momento futuro.

Diante desse cenário, as sociedades oficiais por sua vez se veem impelidas a ingressar com mais afinco no universo editorial para além da *Revista Brasileira de Psicanálise*. Jayme Salomão (SBPRJ) havia fundado em 1968 a editora Imago[114], que contou com o capital simbólico (e financeiro por tabela) extraordinário de publicar a *Standard Edition* das obras completas de Freud. Porém, é na segunda metade da década de 1970 que são publicadas obras dos psicanalistas ipeístas brasileiros, como Walderedo Ismael de Oliveira (SBPRJ)[115], Leão Cabernite (SPRJ) e Paulo Dias Corrêa (SBPRJ)[116]. Este último livro é um ótimo exemplo do caráter reativo de tais empreitadas editoriais. Nele, Lacan é criticado por querer – na leitura dos autores – "substituir" a metapsicologia pela linguística, pela etnologia e pela "lógica simbólica [sic]", o que o caracterizaria mais como um "investigador psicanalítico" com "dificuldades de se dedicar à terapia (suas sessões terapêuticas duram habitualmente de dez a quinze minutos)"[117]. Deleuze e Guattari em *O Anti-Édipo* – por sinal, publicado pela primeira vez pela mesma Imago também em 1976 – são caracterizados como "introdutores do anarquismo em psicanálise"[118] e, ao lado dos pensadores da antipsiquiatria, são colocados como críticos "mais ideológicos do que científicos" do complexo de Édipo – uma vez que, para os autores, "o Édipo finalizado é a própria coesão social"[119]. Não surpreende, o título atribuído por Chaim Katz à sua resenha ácida no *Opinião* sobre o livro de Cabernite e Corrêa[120], cujo subtítulo é um excelente resumo: "O Desespero Secreta uma Ideologia Tão Conformista Quanto o Conservadorismo ou a Repressão". Como um jogo impaciente de ação e reação, as produções intelectuais das sociedades oficiais se apequenavam ante a exuberância da crítica enfim possível daqueles que reivindicavam (e tinham) a posição de legitimidade para falar em nome da psicanálise. Para os que não se reconheciam no freudismo e pós-freudismo obtuso e conservador dos discursos do "Édipo finalizado como coesão social", as fronteiras da crítica da psicanálise eram movediças. Seja contra ela ou em defesa dela, se é que se pode falar assim, não estava em questão qualquer horizonte de "missão" ou de "salvamento" da doutrina freudiana em território nacional. Pelo contrário, é pela segurança historicamente inédita de que as regras do jogo de disputa pela legitimidade estavam minimamente estáveis em pleno processo de reconfiguração que seus alicerces foram testados ao limite: se ela caísse, é porque a insígnia do conservadorismo lhe marcara de forma inextinguível, devendo ser descartada de vez; porém, se ela se mantivesse de pé, é porque sua integridade ética e política se perpetuara mesmo com todos os flagelos a ela impostos pelos anos de chumbo. Pode-se dizer que, com o milagre da multiplicação legítima, há um verdadeiro rearranjo das vizinhanças. De acordo com o esquema proposto pela "topologia histórica" de Dunker:

Na história da psicanálise encontramos três tipos de derivações clínicas da experiência inaugurada por Freud: os que se separam da psicanálise originando novas práticas clínicas (vizinhança externa), os que dentro da psicanálise formavam novas escolas, estilos ou abordagens (vizinhança interna) e aqueles que absorveram aspectos técnicos, conceituais ou éticos da psicanálise sem, contudo, situarem-se, propriamente, no sistema de transmissão e formação da psicanálise (transição entre vizinhança e não vizinhança).[121]

Eis por que fizemos questão de sublinhar anteriormente que o *boom* da psicanálise foi acompanhado de um *boom* das psicoterapias. No final dos anos 1970, ambos são incontestáveis e, em favor de uma causa maior que seria a abertura política, vizinhos internos, externos e não vizinhos encontram afinidades eletivas excepcionais situadas além da especificidade das abordagens, para além do "narcisismo das pequenas diferenças", para lembrar da feliz expressão de Freud. É certo que isso não chega a formar um grande "espírito comunitário" – pelo contrário, o narcisismo das pequenas diferenças sempre foi e segue sendo um expediente por excelência nas alienações e separações do universo psi –, mas certamente isso possibilitou caminhos para um tráfego menos acidentado entre os especialismos. Psicodramatistas, Gestalt-terapeutas, analistas institucionais e terapeutas corporais percebiam que tinham mais afinidade com ideias e práticas psicanalíticas do que poderiam crer inicialmente, propiciando inclusive uma formação dupla para uma parte desses profissionais, quando não uma migração completa para outras vizinhanças. Psicoterapeutas de grupo hesitariam menos em denominar seus exercícios clínicos como psicanalíticos, porque afinal não se poderia negar que o eram. Se a psicanálise no Brasil não fosse capaz de suportar a crítica reichiana do "cerebralismo" ou a crítica grupalista do individualismo, por exemplo, o problema então não seria das críticas em si, mas sim da perda da capacidade da psicanálise de contestá-las ou de se reinventar à luz delas. Desse modo, como veremos adiante, do ponto de vista do campo intelectual, o *boom* da psicanálise constituiu por consequência uma verdadeira *biblioteca crítica psicanalítica* para os movimentos nacionais na passagem da década de 1970 para a de 1980.

Antes, vale retomar a expressão *boom* da psicanálise, consagrada exatamente nesse momento histórico pelo artigo escrito por Eduardo Mascarenhas (SPRJ) em 1978, em que ele afirma:

> O desejo de autoconhecimento, a vontade de melhorar a qualidade dos vínculos eróticos, afetivos ou familiares, a inquietação por desatar nós ou impasses existenciais, a ambição de ampliar a criatividade, iniciativa ou eficácia profissionais, tornaram-se agora os principais motivadores para a busca do auxílio psicanalítico. Quer isto dizer que não são os inativos ou imobilizados, mas sim os membros mais socialmente ativos da sociedade – seus líderes, dirigentes ou formadores de opinião – aqueles que são mais poderosamente influídos pelo saber psicanalítico.[122]

Mascarenhas está atento ao recorte de classe que caracteriza o *boom* enquanto um fenômeno social. A convocação da "consciência nacional" aqui para que se olhe para "inativos" e "imobilizados" é de algum modo um esboço de autocrítica que foi prenunciada pela CSAKK, que era a inviabilidade do acesso ao tratamento psicanalítico para as classes populares.

Algo que faz lembrar o que Dunker caracterizou na chave do sincretismo cultural e do colapso do individualismo liberal como uma das características da implantação da psicanálise no Brasil, a saber, "a contingência de não se levar tão a sério"[123]. Eis uma das características da presença da psicanálise no debate público brasileiro: os que encampam tal tarefa não são aqueles das gerações antigas, com suas missões autoatribuídas em defesa de uma psicanálise permanentemente ameaçada de extinção pelo ódio dos psiquiatras organicistas e pela emergência do charlatanismo, exigindo o enclausuramento institucional das ideias e das práticas como uma contrapartida protetiva inevitável, quase persecutória. As novas gerações, despojadas do caráter missionário dos primeiros bandeirantes, desejam o debate público e repudiam a censura e a autocensura, na vivacidade intelectual que se esboça na passagem do governo Geisel para o governo Figueiredo. Não será por outro motivo que Mascarenhas encerra seu texto afirmando: "Está, pois, aberto o debate. *Publicamente aberto*, como convém aos debates de um país que busca reencontrar-se na plenitude de sua normalidade política."[124]

Aqui, vale recuperar alguns elementos presentes em nossas premissas de método. Ora, não é exatamente óbvio que um psicanalista ocupe a posição de intelectual público. Aquele que mais ousou fazê-lo, Hélio Pellegrino, passou alguns meses na prisão enquadrado pelo AI-5 na Lei de Segurança Nacional, na virada de 1968 para 1969. Enquanto na primeira metade dos anos 1970 as antigas gerações se mantinham leais às agendas do conflito de gerações, as novas gerações na segunda metade dos anos 1970 não teriam outra opção que não incorporar a agenda da sociedade civil de forçar a abertura política do país. À luz da pergunta de Paulo Endo[125] –, pode-se dizer que naquele momento histórico muitos psicanalistas não hesitariam em responder que sim, que na verdade tinham um dever ético e político de sê-lo, para que se recuperasse a dignidade extraviada pela caricatura conservadora e adaptacionista que lhes imputaram as padronizações "maduras" das sociedades oficiais. Dizendo de outro modo, trata-se de uma reafirmação pública de que o projeto do apoliticismo, da neutralidade e da abstinência havia sido um desastre colossal para o pensamento psicanalítico – e por conseguinte para as práticas clínicas –, ambos constritos ao longo dos primeiros e penosos dez anos de ditadura civil-militar no país. Assim, a segunda metade dos anos 1970 fizeram com que o Brasil conhecesse uma premissa fundamental:

Não há motivo para considerar o intramuros como único território livre para a Psicanálise, como se em todo o resto ela devesse estar coibida e aprisionada, a não ser por um gosto [...] pela ultraespecialização da psicanálise. Também não se deve temer uma psicanálise sem clínica, criando a falsa oposição clínica *versus* social, já que o pensamento psicanalítico é sempre tributário da prática clínica, mesmo quando ele ignora seus princípios, e é aí que os psicanalistas são fundamentais, não como homologadores ou especialistas, mas como debatedores competentes e interessados na ultrapassagem dos impasses deixados por Freud e os que o sucederam.[126]

Assinando como psicanalistas na grande mídia, nas mais consagradas revistas da intelectualidade da esquerda nacional e na imprensa alternativa, a psicanálise no Brasil se infiltra de modo indelével nas esquerdas progressistas e nas proposições de resistência ao regime militar. É nesse contexto que o cenário psicanalítico carioca se firma como o protagonista da reflexão crítica sobre o *boom* da psicanálise, mas sem, no entanto, excluir aliados argentinos ou de outros Estados – sobretudo os mineiros do Círculo e do Colégio Mineiro, por vezes alguns pernambucanos herdeiros tardios de Ulysses Pernambucano e paulistas do Sedes, mas muito raramente os gaúchos. A bem da verdade, na SPPA gaúcha a exceção mais visível é mesmo Cyro Martins, que havia se afastado da militância política nos anos 1950 e, depois do lançamento de seu livro *Do Mito à Verdade Científica* em 1964, concentrou sua produção escrita em textos psicanalíticos de cunho mais técnico. Porém, de 1973 em diante, Cyro Martins revigora seu capital simbólico como o grande escritor que foi em uma série de ensaios publicados[127]. A despeito de seus coetâneos fundadores da SPPA, que se mantinham "apolíticos" (entre muitas aspas, como prova o caso clínico de Meneghini citado anteriormente), Cyro Martins se engaja em uma perspectiva humanista[128] para suas leituras psicanalíticas sobre a guerra e os conflitos sociais nacionais. Ainda que não tenham tido a repercussão que teve sua produção literária, são obras que mais uma vez sublinham a excepcionalidade dessa personagem fundamental do movimento psicanalítico gaúcho.

Ainda que cada núcleo aqui descrito fosse numericamente pouco expressivo, na soma eles representavam um traço inequívoco da segunda metade dos anos 1970: a quebra da hegemonia ipeísta no sentido de se autoafirmar como única herdeira legítima do legado psicanalítico. As pouquíssimas e impotentes reações dos psicanalistas ligados ao discurso oficial das sociedades oficiais, diante desse cenário em que membros igualmente ligados às mesmas sociedades se colocam publicamente contra o discurso oficial delas, não deixam de ser um sinal disso. O *boom* da psicanálise não foi apenas o enorme aumento da procura por tratamento psicanalítico por parte de uma nova clientela, mas foi também um *boom* de iniciativas instituintes legítimas, algumas de fôlego curto, é verdade, e outras que perduram até hoje, porém todas com histórias minimamente rastreáveis mesmo em meio ao pandemônio das subdivisões e renomeações na lógica da "reprodução por partenogênese" do lacanismo e de outras rotas filiatórias. Sem uma rigidez tão estrita que os impedisse de viabilizar seus processos migratórios e expansionistas, tanto os movimentos lacanianos quanto filiais do Círculo e institucionalidades espontâneas chegaram a lugares do país antes ou muito antes das IPAS. Fato é que, na segunda metade dos anos 1970, foi a onipresença da psicanálise que tornou capaz a sobrevivência ao maior impacto que estava para chegar na virada para os anos 1980: o escândalo do caso Amílcar Lobo.

15.
A Última Catástrofe:
O "Caso" Amílcar Lobo

> *Mais estranho do que guerras que não resolvem nada é essa nossa paz promíscua, vencedores e vencidos convivendo sem nunca saber quem é o quê.*
>
> LUIS FERNANDO VERÍSSIMO, *A Mancha*.

No livro *A Última Catástrofe*, o eminente historiador francês Henry Rousso discute que conceito afinal de "presente" seria razoável para uma história do tempo presente. Via de regra, no campo acadêmico da história do tempo presente os agentes vivos que presenciaram e experienciaram os acontecimentos históricos se misturam com os jovens pesquisadores que tomam tais acontecimentos como objeto de estudo. Nessa mistura, o agente da geração anterior que é sujeito e objeto do momento histórico estudado comumente recorre ao expediente do argumento de autoridade contra os pesquisadores jovens, como quem diz: "você não viveu o que você estuda, *eu estava lá* e *eu sei* como as coisas se deram, e te asseguro que elas não se deram como você diz ou escreve". As controvérsias entre memória e história ou entre fatos e testemunhos se erguem contra a narrativa julgada inconveniente ou inverossímil pelas gerações antigas, mesmo entre aqueles mais graduados ou mais sóbrios, constituindo uma espécie de dificuldade estrutural para toda pesquisa histórica que seja muito próxima do tempo presente – afinal, como fazer uma história dos vivos, ou mais, em meio aos vivos? É confrontando esse impasse que Rousso propõe uma definição preciosa – "lapidar e espantosa", nas palavras do autor – de presente: "toda história contemporânea começa com a 'última catástrofe em data', e em todo caso a última que parece a mais loquaz, senão a mais próxima cronologicamente"[1].

O capítulo anterior tratou de acontecimentos mais próximos do nosso presente histórico. Algumas instituições fortes e tradicionais como os

Círculos de vários Estados, o IMP/SPID carioca, o Sedes paulista ou o CEF pernambucano, por exemplo, seguem em plena atividade, assim como todas as sociedades oficiais ligadas à IPA. Por outro lado, outras iniciativas instituintes não existem mais, foram se dissolvendo ou se renomeando, às vezes se reconciliando ou se "refiliando" e gerando novas frentes instituintes. Há ainda os agentes que desenvolveram percursos independentes ou avulsos, incluindo aqueles que em algum momento se formaram em alguma instituição na origem e depois escolheram se desligar dela. Muitos agentes das instâncias que buscamos descrever e interpretar aqui estão vivos e atuantes, e não há dúvidas de que eles terão versões diferentes da nossa na chave do "eu estava lá!", talvez mais sofisticadas, entretanto talvez simplesmente mais autocráticas. Esses agentes devem ser convocados para dar seus testemunhos, desmentir ou contrariar as interpretações, participar da construção *a posteriori* da história de que eles próprios participaram em um passado recente. Com o perdão da platitude, assim como não existe algo como "a versão definitiva da história", tampouco existe "a minha versão da história", o que inclui obviamente a própria posição de autoria. Fizemos questão de sublinhar que ainda há muitos fatos desconhecidos, especialmente nos Estados cuja pesquisa acadêmica em história da psicanálise ainda não é suficientemente desenvolvida mesmo com condições de vir a sê-la, ao mesmo tempo que há muitos fatos conhecidos, deslindados pelos acúmulos de versões às vezes incoerentes, mas sedimentadas como um conhecimento sólido de determinado assunto sobre um objeto dentro de determinado recorte de tempo.

É aqui que reencontramos a definição de presente enquanto "última catástrofe em data" para localizarmos historicamente o caso Amílcar Lobo. Enquanto na ditadura civil-militar brasileira abundavam catástrofes de toda ordem, na história da psicanálise no Brasil nenhuma catástrofe seria tão perniciosa no imaginário geral sobre os acontecimentos do período quanto essa. A perniciosa trajetória de Amílcar Lobo organiza o presente da história da psicanálise no Brasil não porque ela submete ou subjuga o presente daqueles que nunca se reconheceram nela, mas por ser um parâmetro incontornável a partir do qual o presente se ordena – no caso, afirmar a legitimidade da rota filiatória e migratória de um percurso de formação se tornaria uma tomada de posição *em relação* à história de Amílcar Lobo e toda a crise gerada em torno dela. Não é acidental que quando se fala em história da psicanálise no Brasil durante o regime militar a primeira lembrança que vem à mente, independentemente da geração e mesmo para psicanalistas fora do país, é a história desse caso. Entende-se o caso Amílcar Lobo como a última catástrofe em diversos níveis, uma catástrofe institucional no nível mais aparente, no entanto, em camadas mais profundas, uma gigantesca catástrofe ética e política cuja marca na história da psicanálise no Brasil exige reexames até hoje.

Um dos reexames que nos propusemos a realizar passa pelos arquivos do serviço secreto de Estado. Do ponto de vista do SNI, o *boom* da psicanálise e o milagre da multiplicação legítima de suas iniciativas instituintes não seriam alvos das espionagens plenas. Nesse sentido, o critério parecia ser mesmo o da exuberância, uma vez que quanto mais populosas eram as instituições e seus congressos, mais propensas elas estariam a chamar a atenção do regime. Não será por outro motivo que, de todo o conjunto de instituições elencadas no capítulo anterior, encontramos documentos que revelam a espionagem das atividades de grupos não ipeístas na APPIA e no IBRAPSI no Rio de Janeiro, assim como no Sedes em São Paulo, ao passo que não encontramos registros de outras instituições nos documentos do serviço secreto. No caso do Sedes, a maioria das quase quinhentas ocorrências do nome do instituto no portal Memórias Reveladas – cuja tabulação seria um trabalho à parte por si só – se refere às atividades dos movimentos sociais e sindicais que foram lá abrigadas, incluindo congressos e reuniões políticas especialmente a partir de 1977, mas nenhuma delas está relacionada a departamentos de psicanálise. Já nos documentos referentes à APPIA e ao IBRAPSI, o SNI recolheu documentos de registros de cartório, que por sua vez contavam com listas de nomes de diretores e membros[2]. Especificamente na APPIA, os militares cruzaram também com informações de setores de imigração, como por exemplo dados de passaporte[3]. Pode-se supor que a espionagem da APPIA tenha se dado por um conjunto de pelo menos quatro motivos. O primeiro é pelo foco na questão da infância e da adolescência, uma vez que, enquanto as IPAS se esforçavam em deter o monopólio do discurso conservador sobre os temas e em alinhá-los à ideologia da guerra psicológica (como vimos com Noemy Rudolfer), o grande potencial de expansão da APPIA capitaneada por um agente interno (Castellar Pinto era da SPRJ e sua trajetória se ligava à resistência à ditadura) poderia ser de fato uma ameaça. O segundo é que os cerca de mil membros ligados à APPIA e o enorme sucesso de seus congressos nos anos 1970 atestavam a exuberância da empreitada. O terceiro é a situação entre Clóvis Stenzel e Mariana Alvim, que por caminhos estranhos se desdobrará no recurso à delação de Virgínia Bicudo contra Castellar Pinto. O quarto é a proximidade com os psicanalistas argentinos, tanto no caso dos exilados que foram acolhidos quanto no dos professores convidados pela instituição. Com relação à IBRAPSI, a espionagem é desengatilhada pela presença de perseguidos na diretoria (Luiz Fernando de Mello Campos e Chaim Katz), alinhados a Gregório Baremblitt, colocado sob suspeição desde sua vinda da Argentina para cá. O IBRAPSI pautou debates intelectuais incômodos aos olhos dos militares e também gozou de grande prestígio e popularidade no fim dos anos 1970, com congressos igualmente cheios.

Em um âmbito mais largo, as denúncias da tortura na ditadura civil--militar eram conhecidas pelos círculos da esquerda nacional desde os primeiros momentos após o golpe de 1964, porém tardariam alguns anos até que elas ganhassem o debate público. Diversos casos são hoje conhecidos, como o do deputado Rubens Paiva ou do estudante Alexandre Vannuchi Leme, entre tantos exemplos funestos. Segundo Janaina Teles[4], a tortura não é propriamente substituída, contudo, intensifica-se a estratégia do desaparecimento ao longo dos anos 1970, entendida como uma violência "mais eficaz" por "não deixar vestígios". Trata-se da sedimentação do que Fábio Nobrega Franco denominou "necrogovernamentalidade", simbolizada pela vala clandestina do Cemitério de Perus de São Paulo, que "define as condições nas quais a morte é possível e reconhecível, gerindo indiretamente as condutas dos vivos a partir da circulação dos mortos e das formas de 'matar o morto'"[5]. Por tudo isso, não se pode falar em uma "distensão lenta, gradual e segura", mas sim em uma "distensão relativa", cuja tecnologia do desaparecimento se sofistica e segue em absoluta vigência nos governos Geisel, Figueiredo – e, por que não dizer, até hoje, utilizada principalmente contra as populações negras e periféricas dos grandes centros urbanos do país.

Além disso, o famigerado "milagre econômico" entrava em franco declínio, corroendo a base liberal de apoio ao regime. Quanto à tortura, o caso emblemático mais imediatamente lembrado pelos brasileiros é o do assassinato do jornalista Vladimir Herzog em 1975, no qual os militares apresentam como suicídio uma cena inverossímil, em que Herzog teria se enforcado com o chão ao alcance de seus pés. Não era preciso aguardar até a resolução do processo jurídico de 1979 que condenou a União pelo assassinato, nem tampouco a certidão de óbito corrigida em 2013 em que se registraram as "lesões e maus tratos" que o jornalista sofreu no DOI-CODI para substituir o suposto suicídio. Aos olhos da opinião pública, a morte de Vladimir Herzog representava a exposição máxima das atividades dos chamados "porões" da tortura; o rito ecumênico em homenagem ao jornalista na Catedral da Sé reuniu cerca de oito mil pessoas e deu o primeiro grande sinal de que os setores progressistas da sociedade civil estavam dispostos a reagir e acabar com a ditadura, que a essa altura já durava mais de uma década. Pouco tempo depois, no início de 1976, o operário Manoel Fiel Filho é assassinado, mas no registro também constava suicídio, e casos similares só se acumulavam. Com a opinião pública escandalizada, a agenda política do combate à tortura intensificada na segunda metade dos anos 1970 pressionará o governo Geisel na direção da abertura política, cujos primeiros passos são dados por ele. É sabido que Geisel não abriu mão da tortura e das execuções sumárias de seus opositores, e será justamente sob o seu governo que a pressão pela redemocratização ganhará força.

AGOSTO DE 1973 — VOZ

Ditadura Assassina

Foi assassinado em São Paulo, pelos "órgãos de segurança", o preso político Luis José da Cunha, no dia 13 de julho último.

Neste ano a ditadura completa 04 assassinatos de presos políticos, prosseguindo na sua sinistra rotina criminosa.

Com Luis José da Cunha o método utilizado foi o mesmo que sempre empregaram com outros presos políticos. Foi torturado até à morte e depois levado para a esquina da Avenida dos Bandeirantes com a Avenida Santo Amaro, onde montaram a farsa de resistência à prisão.

No dia anterior, em La Paz, o ministro do Exterior da ditadura, declarava, cinicamente, em entrevista à imprensa, que ..."o governo brasileiro não aplica torturas em presos políticos e assegurava que no Brasil não há presos políticos".

A luta popular levará a ditadura à derrota e esses monstruosos crimes serão ainda submetidos à justiça do povo. O caminho da ditadura no Brasil é a sua criminosa política salarial contra a família operária, a favor dos fabulosos lucros dos patrões; é a sua traidora política em benefício dos monopólios estrangeiros, entregando-lhes os pontos decisivos da economia nacional. Para garantir isto, a ditadura tortura e mata. Mas tal política não tem futuro e será derrotada pela ação organizada de todas as forças antiditatoriais.

No momento, cabe a todos os democratas denunciarem, por todos os meios, esses hediondos crimes da ditadura e contribuirem para a solidariedade aos presos e perseguidos políticos e suas famílias.

Coronel FIUZA DE CASTRO, o monstro torturador

IDENTIFICADOS ALGUNS TORTURADORES NA GUANABARA

Informações seguras identificaram o coronel Fiuza de Castro, filho do falecido marechal Fiuza de Castro, como um dos responsáveis pela tortura de presos políticos, em quartéis do Exército.

Outro oficial do Exército, da equipe de torturadores, é o tenente médico Amílcar Lobo Moreira. Esse oficial orienta os torturadores sobre a resistência física do preso político. E como psicoanalista é o responsável pelo «acompanhamento» da saúde mental do torturado e da melhor maneira de arrancar confissões.

Acobertados pela farda do Exército e pela impunidade que o regime lhes dá, no momento, esses dois bandidos se especializaram em torturar presos políticos. O fascismo sempre gerou monstros deste tipo que deverão ser promovidos, se já não foram, em recompensa aos serviços prestados ao Exército e à Pátria.

Outra figura importante da repressão, civil e ex-comissário de polícia no Recife, é Francisco de Assis Maia, famoso espancador e torturador, mais conhecido pelo apelido de Chico Pinote. Nessa função conta com mais de quarenta anos de experiência, pois desde bem moço vem servindo à reação na polícia política e aperfeiçoando-se nos métodos de tortura. Em Pernambuco, milhares de presos políticos sofreram nas suas garras. De pequena estatura, mas enorme pela sua frieza e crueldade, Chico Pinote conta hoje com 65 anos de idade, aproximadamente. Transferiu-se para a Guanabara, antes do golpe de 1964, contratado pela Marinha com altíssimo salário e sob o seu manto protetor esse bandido tortura presos políticos dentro do Ministério da Marinha. É conhecido pelos tiras do Cenimar como «o doutor» e muitas vezes apresenta-se aos presos políticos, fardado e sob o nome de «comandante Lopes», fazendo-se passar por oficial da Marinha. Recentemente, foi agraciado com uma medalha pelos «relevantes serviços prestados à Marinha e à Pátria.

Esses facínoras serão repudiados pela maioria dos oficiais e praças de nossas forças armadas e punidos pela justiça popular.

Normalize a cobrança das mensalidades.

Planeje, desde já, o 6º MÊS NACIONAL DE FINANÇAS. Organize a execução do PLANO DE FINANÇAS.

Não atrase o pagamento dos materiais.

Ultrapassemos as cotas do 6º Mês Nacional de Finanças!
Vá ao povo. Ele atenderá.

Fig. 7: Denúncia do jornal Voz Operária *contra Amílcar Lobo, agosto de 1973..*

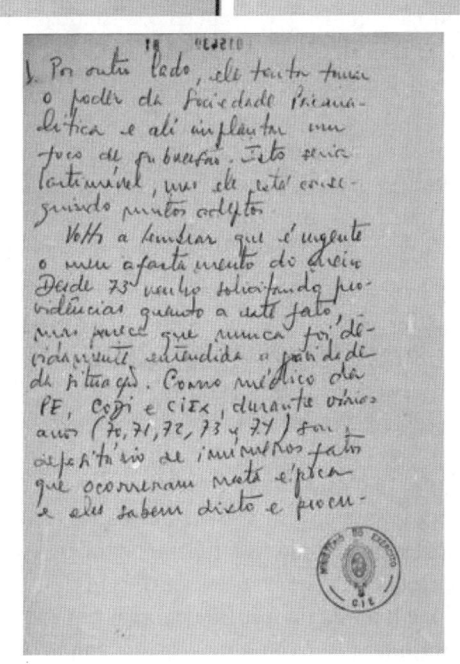

Figs. 8-10: Carta de Amílcar Lobo ao "Coronel Guerreiro".

PRIMEIRO TEMPO DO CASO AMÍLCAR LOBO

Nosso objetivo nesta seção é apresentar em síntese a história do caso, sem necessariamente entrar em muitos detalhes. A história do caso já é fartamente conhecida e conta com trabalhos acadêmicos[6], uma tese primorosa sobre o contexto institucional da SPRJ[7], um relato contundente em primeira pessoa de quem participou diretamente dos fatos[8] e até mesmo a autobiografia do "sujeito do caso" em questão[9]. De toda forma, não nos parece interessante repetir o que já se sabe, mas sim de reconstruir a narrativa do caso dispondo uma interpretação complementar à luz de alguns documentos inéditos que encontramos em nossa pesquisa; seguindo a estratégia de Nádia Ferreira Sério, dividiremos essa reconstrução em dois tempos, num roteiro cronológico.

O interesse do estudante de medicina Amílcar Lobo pela psicanálise começa no final do terceiro ano de sua graduação, quando passaria por uma psicoterapia de grupo por dezesseis meses. Antes mesmo de se formar médico, em novembro de 1968, Lobo iniciara sua análise didática com Antônio Dutra Jr. na SPRJ com o plano de se tornar psicanalista. Ao fim da sua graduação em Medicina, sem ter se alistado no serviço militar obrigatório aos 18 anos de idade por razões familiares, Amílcar Lobo é ordenado a prestar serviços como médico nos departamentos militares em 1969, quando já tinha 30 anos de idade. Inicialmente, ele trabalharia no Forte Copacabana, porém três meses depois é deslocado para prestar serviço no 1º Batalhão da Polícia do Exército (PE) da Rua Barão de Mesquita, no Rio de Janeiro. No primeiro dia já lhe é apresentado o universo que viria a habitar, quando é chamado para prestar assistência médica a um preso político. Ao chegar à sala, vê um homem nu no chão molhado e completamente debilitado, os dedos amarrados, e outro homem sentado ao lado, que teria lhe dito não saber por que razão haviam solicitado atendimento médico, uma vez que o homem ao chão não estaria "tão ruim assim"; para provar, pede para que o homem no chão se erga, enquanto veste uma luva metálica e desfere um soco nas costas do primeiro, pedindo ao fim que Lobo se retire da sala. O jovem médico, que acreditara que prestaria serviços de caráter sanitário quando convocado pelo Exército, fora imediatamente apresentado ao cotidiano de violência e barbárie que, afinal, seria sua rotina de trabalho pelos anos seguintes.

Em paralelo, em junho de 1970, já com mais de um ano de análise didática, Lobo inicia sua formação teórica, frequentando os cursos e seminários da SPRJ. Entretanto, em agosto de 1970, Antônio Dutra Jr. se muda para Londres, e Fábio Leite Lobo, diretor do Instituto de Ensino da SPRJ à época, recomenda que Amílcar Lobo procure outro analista didata. É assim que Leão Cabernite recebeu Amílcar Lobo para análise didática em dezembro de 1970, análise esta iniciada em janeiro de 1971 e interrompida em fevereiro de 1974. Ao longo desses anos, Lobo terá um consultório particular para receber pacientes em análise, dividindo sua agenda com idas regulares à Polícia do Exército e a um centro clandestino de tortura que ficaria conhecido como a "Casa da Morte" de Petrópolis.

É também nesse intervalo que temos o primeiro tempo do caso, em que a personagem central é uma psicanalista da outra sociedade ipeísta carioca. O nome dela é Helena Besserman Vianna (SBPRJ), médica de formação que se analisara com Zenaira Aranha (SBPRJ) e procurava na primeira metade dos anos 1970 se estabelecer como membro titular nessa instituição. Com um percurso na militância do PCB que envolvia amigos e familiares próximos e sob a dura vigência do AI-5, chega-lhe aos ouvidos por meio de duas de suas pacientes que um candidato da SPRJ de nome Amílcar Lobo atuava nos centros cariocas de tortura. Em agosto de 1973 é publicada a nota "Identificados Alguns Torturadores na Guanabara" no jornal clandestino *Voz Operária*, na qual se lê:

Outro oficial do Exército [o primeiro citado é o coronel Fiuza de Castro] da equipe de torturadores é o tenente médico Amílcar Lobo Moreira. Esse oficial orienta os torturadores sobre a resistência física do preso político. E como psicanalista [sic] é o responsável pelo "acompanhamento" da saúde mental do torturado e da melhor maneira de arrancar confissões.[10]

Helena Besserman Vianna se encarrega de destinar a um lugar que nesse momento da história não poderia ser mais pertinente: a Argentina do grupo Plataforma-Documento e sua revista *Cuestionamos*. No rodapé da página foi acrescentado o seguinte texto manuscrito em maiúsculas:

DIDATA DA SOC. PSICANALÍTICA DO RIO DE JANEIRO
ANALISTA: LEÃO CABERNITE
ENDEREÇO: RUA GEN. MIGUEL FERREIRA, 97 – JACARÉPAGUÁ (CATALOGADO NO ROSTER DA ASSOCIAÇÃO BRAS. DE PSICANÁLISE).[11]

Pela publicação do *Cuestionamos*, a denúncia chega a outros países. O presidente da IPA naquele momento, Serge Lebovici, bem como a presidente da SPP francesa Evelyne Kestemberg estreitam contatos com uma das figuras institucionais mais fortes da SPPA no período, que acumulava o prestigiado posto de presidente do Conselho Coordenador das Organizações Psicanalíticas da América Latina (COPAL), David Zimmermann (SPPA). Criada em 1960 para defender os interesses das sociedades oficiais latino-americanas, para promover a integração e o intercâmbio de ideias entre elas[12], a COPAL[13] era o órgão que teria as melhores condições de conduzir a situação. Zimmermann envia uma cópia à cúpula dirigente da SPRJ, solicitando a Cabernite um esclarecimento sobre "o problema do teu candidato". No ofício de 29 de outubro de 1973, afirma Zimmermann:

Acabo de receber cópias xerográficas do jornal em questão, enviadas pela Dra. Evelyne Kestemberg, presidente da Sociedade Psicanalítica de Paris e duas cartas que anexo, uma das quais é dirigida ao presidente da Associação Psicanalítica Internacional, Dr. Serge Lebovici, na qual poderão ver que o assunto é tratado com muita seriedade. [...] Como presidente da COPAL devo esclarecer o problema da melhor maneira possível, a fim de que *a Psicanálise do Brasil, e o próprio Brasil, não sejam envolvidos em difamações e mentiras*, já que *aquele jornalzinho clandestino não tem nenhuma respeitabilidade e muito menos responsabilidade*: não se pode processar ninguém por veicular calúnias já que, obviamente, nada é assinado. Não posso, nem devo simplesmente desconhecer o problema: Ao contrário, penso que este assunto merece ser bem esclarecido para a Associação Psicanalítica Internacional, Sociedade Francesa de Psicanálise e Associação Psicanalítica Argentina, a fim de que *a imagem distorcida atual da Psicanálise no Brasil corresponda ao que de fato ela é em realidade.* Em vista de que teu nome foi mencionado neste problema e dada à longa amizade [sic] que nos liga, gostaria de te pedir que me ajudasses, com as informações mais corretas possíveis a fim de facilitar minha missão esclarecedora junto àquelas três entidades. Se for de teu desejo, poderias entregar estes dados à portadora desta carta...[14]

Uma operação internacional para abafar o caso estava lançada. Cabernite se apressa em dizer a Lebovici e Zimmermann que se tratava de uma calúnia, forjada como uma forma de ataque à credibilidade da psicanálise. A cópia da denúncia anônima é enviada ao Instituto de Criminalística Carlos Éboli, o mais avançado laboratório privado de perícia técnica à época, que prestava serviço à Secretaria de Segurança do Rio de Janeiro, para que se realizasse um exame grafológico da parte escrita da nota. Comparando as partes escritas à mão da nota com algumas letras de uma ficha de inscrição do III Congresso Brasileiro de Psicanálise por Helena Besserman Vianna, um jovem perito de nome Mauro Ricart Ramos assina o laudo concluindo que a autora é ela. Se houver alguma dúvida quanto ao caráter em tese estritamente técnico da nota, vale lembrar de uma parte de seu conteúdo: "Cópia xerox de uma folha de jornal ou revista, cujo texto é vasado em matéria de cunho ofensivo, mentiroso e evidentemente subversivo, atacando violentamente a oficiais do Exército Brasileiro, dentre os quais o coronel Fiuza de Castro e o tenente médico Amílcar Lobo Moreira."[15] A própria Helena Besserman Vianna confirmaria em *Não Conte a Ninguém* que conhecia o editor do *Voz Operária*, o ex-deputado cassado pelo golpe de 1964 Marco Antonio Tavares Coelho[16], e confirmara também que fez a nota da denúncia chegar à Argentina após ter ouvido de suas duas pacientes algo similar ao que ali constava, mas até onde pudemos pesquisar ela não confirmou ser a autora da denúncia do jornal ou mesmo da nota de pé de página acrescentada à mão, mesmo nos anos 1990. Não havia nenhuma espécie de relação próxima entre Helena Besserman e Amílcar Lobo, até porque ambos eram *de instituições diferentes e de rotas filiatórias muito distintas*, mas isso não impediu que ela se tornasse um alvo direto da perseguição militar.

Em paralelo, um articulador fundamental na operação para abafar o caso é designado para falar diretamente com Lobo. Trata-se de Ernesto La Porta, didata da SPRJ, figura importante entre os docentes da SPAG na época em que ela estava sob domínio hegemônico dos ipeístas. Nascido em 1914 em Porto Alegre, o gaúcho La Porta esteve inicialmente entre os fundadores da SPPA. Mas como julgava excessivamente informal o funcionamento do grupo de Porto Alegre[17], muda-se para o Rio de Janeiro para fazer análise didática com Werner Kemper e se estabelece na capital; apesar de reconhecido e lembrado como um dos fundadores da SPPA, La Porta não sustentou relações orgânicas com a sociedade gaúcha depois de sua mudança para o Rio. Na ocasião da denúncia, La Porta era o diretor do Instituto de Ensino da SPRJ. Na autobiografia de Lobo, pode-se ler:

Tive, após o conhecimento da autoria da denúncia, uma longa conversa com o dr. Ernesto La Porta. O encontro ocorreu em sua própria casa, a portas fechadas, porque este psicanalista foi encarregado pela Comissão de Ensino da Sociedade de averiguar profundamente as denúncias formuladas pela revista *Cuestionamos*. Contei-lhe nesta ocasião a maioria das situações presenciadas durante o tempo que fiz o serviço militar. Foram-me feitas inúmeras perguntas que respondi sem pestanejar um só momento. Após quase três horas de contato tão mesclado a amargas lembranças, senti-me dilacerado e me invadiu uma depressão cada vez mais profunda.[18]

Embora o trecho não precise datas nem conteúdos de tal longa conversa, o cotejo com os acontecidos indica que ela se deu entre o fim de 1973 e o início de 1974. Pouco antes da interrupção da análise didática de Lobo, em dezembro de 1973, Cabernite teria lhe dito que deveria descontinuar o processo da análise em função dos crescentes rumores de sua participação na tortura. Lobo por sua vez lhe implora para que não faça isso e que aguarde a chegada das férias até janeiro de 1974 para pensar melhor, pedido a que Cabernite consente.

Nossa pesquisa acerca desse primeiro tempo do caso Amílcar Lobo nos levou à descoberta de um arquivo fundamental. Na pasta "Comissão Nacional da Verdade" do portal Memórias Reveladas constam os autos do processo judicial movido pelo Grupo Tortura Nunca Mais após o fim da ditadura civil-militar contra Amílcar Lobo e mais de sessenta médicos que ora atuaram diretamente nos centros de tortura, ora trabalharam como legistas ofuscando evidências de violações e atrocidades nos laudos médicos. Neste extenso processo[19] foram mobilizados diversos documentos e agentes para depor, entre os quais Amílcar Lobo, Leão Cabernite, Hélio Pellegrino, Helena Besserman Vianna e diversas vítimas dos centros de tortura que convergem em uma mesma narrativa geral: diferentemente da versão do próprio Amílcar Lobo de que sua atuação na Casa da Morte se restringia apenas a cuidados médicos após a tortura, as vítimas sublinham que ele participava ativamente dos rituais de humilhação, violência psicológica, aplicação de injeções e tantas outras rotinas da barbárie em curso nos porões cariocas da ditadura.

A pesquisa acadêmica que mais havia contado com documentos e com o depoimento oral de Cabernite e outros membros da SPRJ para a reconstrução desses acontecidos de fato é a tese de doutorado de Nádia Ferreira Sério. No entanto, à altura da confecção do trabalho, Cabernite, já muito idoso, aparentemente não era mais capaz de formular frases com lucidez e tinha problemas cognitivos em função da senilidade. As falas transcritas na tese às vezes dão pistas importantes, mas no geral são de difícil compreensão. No documento em questão, um Cabernite mais jovem e bastante lúcido depõe à Justiça Federal, esclarecendo fatos inéditos que ainda não haviam sido contemplados pela pesquisa acadêmica. Como o documento não está paginado, reproduziremos trechos, mas sem condições de indicar a página exata em que eles aparecem, sendo possível apenas remeter aos anexos e à versão digitalizada no portal Memórias Reveladas.

Quanto aos outros depoentes, poucas novidades. No que diz respeito a Amílcar Lobo, os trechos são versões às vezes reproduzidas *ipsis literis* das descrições de sua autobiografia. Com efeito, Lobo reafirmou mais de uma vez que seu analista Leão Cabernite tinha conhecimento de tudo. No documento do processo ele afirma textualmente:

Todos esses acontecimentos [relativos à tortura] eram relatados ao meu analista, dr. Leão Cabernite e aos colegas de profissão e na própria Sociedade Psicanalítica, inclusive seminários. Nunca recebi críticas ou aconselhamentos com relação a estes fatos. Certa vez cheguei a escrever uma carta ao próprio Conselho Regional de Medicina, dirigida ao Dr. Silvio Lengruber Sertã, sem qualquer resposta.

Esta última pista documental, no entanto, não pôde ser encontrada em nossa pesquisa.

Hélio Pellegrino, outra personagem decisiva para os rumos dessa história, mas em seu segundo tempo que veremos adiante, disse ter tido conhecimento do caso ainda em 1973 pela *Cuestionamos*. Mais ou menos na mesma época, uma paciente de Amílcar Lobo procurou Pellegrino para lamentar que seu então analista era um possível integrante do esquema de tortura. Como Pellegrino não era da cúpula dirigente da SPRJ e desconhecia os trâmites da operação "abafa o caso" nesse intervalo entre 1973 e 1974, ele a aconselha a procurar Leão Cabernite, então presidente da SPRJ, que por sua vez a desmente e lhe apresenta a famigerada versão da calúnia e da difamação contra Lobo. Helena Besserman Vianna, por sua vez, apenas corrobora o que já se sabia, sem confirmar se teria ou não sido a autora da denúncia no *Voz Operária*, mas confirmando que encaminhou a denúncia a instituições psicanalíticas estrangeiras:

Em seu depoimento a dra. Helena Besserman Vianna declara que ao tomar conhecimento em 1973 da notícia publicada no jornal clandestino A VOZ OPERÁRIA, denunciando dr. Amílcar Lobo como torturador, se sentiu desobrigada do segredo médico.

A ÚLTIMA CATÁSTROFE: O "CASO" AMÍLCAR LOBO

Dois clientes seus já lhe haviam revelado, em caráter sigiloso, este fato. Permitiu-se então dar conhecimento dessa denúncia a várias Sociedades Psicanalíticas do exterior, dentre as quais a de Buenos Aires, que publicou na revista *Questionamos* o fac-símile da xerox enviada, na qual haviam [sic] anotações manuscritas.[20]

As partes mais ruidosas do documento são mesmo os depoimentos de Cabernite nos argumentos de defesa. Por se tratar de um documento ainda inédito em termos de debate acadêmico, vale reproduzir os trechos que, apesar de longos, evidenciam o tipo de argumento utilizado por Cabernite:

Quando começaram a surgir os rumores sobre a ligação de Amílcar com a tortura, *Ernesto La Porta, então diretor do Instituto, se encarregou de verificar a veracidade daquilo que se propalava*. Não apurou nada além daquilo que já se sabia, pois Amílcar não escondia de sua turma do Curso de Formação Psicanalística [sic] da SPRJ e de Formação em Psicoterapia de Grupo, este organizado pelo dr. La Porta, que era médico convocado para prestar serviço militar, que servia na P.E., onde atendia prisioneiros torturados. O seminário ministrado pela professora Inês Besouchet para a nona turma do Curso de Formação, para discutir o assunto em pauta, na presença de Amílcar, e o relatório feito por toda turma no final do Seminário dão ideia de como a participação de Amílcar era conhecida. Nada sendo constatado que pudesse incriminá-lo como torturador, foi enviado ao dr. David Zimmermann, presidente da Copal, correspondência em que este fato era confirmado, a qual foi assinada por mim, como presidente da IPA. Era nossa convicção – e não teríamos assinado o documento se não o fosse – que o dr. Amílcar Lobo fora jogado num lodaçal, do qual não conseguia sair, sendo sua análise e a proteção da Sociedade a corda lançada para tentar resgatá-lo. Essa parecia ser a ideia reinante em toda a Sociedade que era conhecedora do assunto, sobre o qual se conversou bastante, inclusive durante o congresso Brasileiro de 1973.

A direção da Sociedade desejou saber a proveniência de denúncia anônima enviada a órgão argentino que questionava as instituições psicanalíticas, comunicando o fato às diretorias da ABP [Associação Brasileira de Psicanálise] e da SBPRJ. Unanimemente, os dirigentes da SPRJ e da SBPRJ estranhávamos que este fato sobre que se falava entre os psicanalistas brasileiros fosse levado para revista estrangeira, e não para os dirigentes das entidades brasileiras. Supusemos tratar-se de colega interessado em denegrir [sic] a imagem da psicanálise brasileira, tanto que a denúncia foi feita a *pessoas que atacavam as instituições psicanalíticas*. Através de um fac-símile enviado pela dra. Evelyn[e] Kestemberg (presidente da Sociedade Psicanalítica de Paris) ao dr. Zimmermann, foi possível chegar ao autor da denúncia. Foi feito exame grafotécnico com a finalidade exclusiva de dirimir dúvidas, pois havia a possibilidade de ser outra pessoa além da dra. Helena Besserman, *pessoa essa, por sinal, isenta de qualquer militância política*. A finalidade da pesquisa, que foi feita rapidamente devido a uma série de coincidências, foi apenas saber que pessoas atuavam destrutivamente dentro da própria psicanálise. Afinal, a denúncia da dra. Besserman, *além de não nos trazer nenhum benefício prático, ainda nos fazia correr o risco de jogar a repressão política sobre as instituições psicanalíticas*, quando, aos poucos, o caso Amílcar já estava tomando um rumo adequado, como acabou, de fato, acontecendo.[21]

Dentre vários elementos que merecem destaque, elencamos quatro. Primeiro, ele confirma a mediação de Ernesto La Porta na verificação da "veracidade" do que se circulava com a denúncia. Segundo, a referência a "pessoas que atacavam as instituições psicanalíticas", no caso, aludindo à dissidência do grupo Plataforma-Documento; a segunda pessoa "isenta de qualquer militância política" sob suspeita, mas descartada após o laudo grafológico, que indica que Helena Besserman Vianna era antes mesmo de sua realização a suspeita principal pela sua atividade prévia na militância de esquerda; e por fim o argumento grotesco de que tal denúncia, além de não trazer "nenhum benefício prático", seja lá o que isso queira dizer, retiraria a blindagem da SPRJ e de outras instituições oficiais em relação à espionagem do SNI e outras formas de opressão, uma vez que na verdade lhes caberia espionar as "formações paralelas".

Um pouco mais adiante, Cabernite prossegue:

> Durante toda a análise do dr. Amílcar, jamais soube de qualquer ato seu que o caracterizasse como participante ativo de tortura, mas apenas de sua atividade de médico que tratava de presos que tinham sido vítimas de tortura.
>
> É difícil para quem está de fora da situação poder avaliar a participação do analista num caso desses.
>
> Imaginem – principalmente os didatas – a seguinte cena: o analista é procurado por um candidato selecionado por três colegas do instituto, já frequentando o curso de Formação e tendo interrompido a análise com seu didata anterior, por motivo de viagem deste ao exterior, além do mais, está pressionado pelo Instituto para retomar seu processo analítico, sob pena de ver sua formação encerrada. No decorrer da análise, mostra angústia diante do sofrimento de prisioneiros torturados, de quem ele é obrigado a tratar, não só por ser médico, mas também por solidariedade humana.[22]

Chega a ser espantoso que o argumento de defesa de Cabernite em um contexto jurídico tardio se sustente nos mesmos tópicos que elencamos nos nossos capítulos anteriores de forma tão evidente. Nessa cena estapafúrdia, transbordam os ingredientes da alienação desmedida a que estava submetido o analista didata em sua função. De que se tratava aqui? Conduzir uma análise didática e formar um analista é oferecer socorro? Se sim, tratar-se-ia de socorrer alguém de quê? Da suposta ilegitimidade das formações paralelas? Do risco de desperdiçar uma formação psicanalítica inacabada? Ler esse argumento no contexto do caso Amílcar Lobo torna a cena não apenas bizarra, mas sobretudo ultrajante. Diante da gravidade das denúncias e dos fatos, quem poderia seguir acreditando que o mais importante é levar uma análise didática ou uma formação psicanalítica a cabo para cruzar a linha de chegada institucional, independentemente da qualidade ou da experiência do próprio percurso? Quem poderia ter alguma empatia com o "drama" do didata Cabernite, pressionado pela dinâmica institucional que ele próprio defendeu e da qual escolheu fazer parte? Quis ele afinal salvar o que supostamente restaria de "solidariedade humana" no coração puro de um torturador?

No apagar das luzes desse espetáculo de horrores, um último trecho mais longo de Cabernite:

Jamais fui político. Minha ideologia é a psicanálise e tenho sido muito criticado por não abrir mão dessa convicção, que tem me permitido analisar pessoas das mais diversas convicções religiosas e políticas.
 A prática da psicanálise dentro do rigor preconizado por Freud e confirmado pela experiência, levou-me a alinhar-me nas diretrizes traçadas pela IPA com o propósito de manter a psicanálise dentro de padrões que impeçam a sua descaracterização. Deste modo, desde que assumi a SPRJ e a Sociedade Brasileira de Psicanálise, uma de minhas metas foi defender a psicanálise de ataques diversos, vindos sob as formas variadas. Isto me tornou extremamente impopular entre aqueles que queriam ser psicanalistas sem se submeter ao processo de formação preconizado por Freud e instituído pela IPA. Durante a minha gestão apenas fiz cumprir os estatutos que previam a penalidade de expulsão para as pessoas vinculadas à formação paralela e estava de acordo como espítito [sic] da IPA. A única ideologia que sempre foi levada em conta foi a ideologia da psicanálise.
 A Sociedade está mergulhando inexoravelmente na política. Está passando a ser uma entidade iniludivelmente política. Aquilo por que sempre lutamos, qual seja, o apoliticismo da psicanálise, entendendo como tal seu não engajamento em qualquer sistema político-ideológico, seja de esquerda, de direita ou de centro, vemos nosso esforço sentido esborar-se inapelavelmente. Nosso ideal de praticar tão somente a política da psicanálise começa a dissolver-se neste momento, após o trabalho demolidor e pertinaz de alguns membros que souberam usar tão hábil quanto maliciosamente alguns episódios de circunstâncias – como usam agora o caso Amílcar Lobo para fazer dele aríetes para derrubar a cidadela representada por uma concepção de psicanálise, que gostaríamos de ver inexpugnável. Os ossos de Freud devem estar se remexendo de perplexidade em seu túmulo.[23]

Impossível não lembrar aqui do significante "desespero" trazido por Chaim Katz na resenha do livro de Cabernite e Corrêa de 1976[24]. O testemunho tardio e lamurioso ante as ruínas do projeto do apoliticismo revelava o tipo de política que a neutralidade buscou *ativamente* encobrir. Esse depoimento, tal como um último prego no caixão, enterrava de uma vez por todas um Freud que não reconhecemos, que em nada se parece com sua obra e sua própria trajetória: um Freud delirado por Cabernite na imagem de "perplexidade" diante dos fatos investigados no processo jurídico.

Bem, dito isso, retomando o intervalo entre 1973 e 1974, Cabernite afirma ter tido notícias da denúncia anônima do *Voz Operária* e teve em mãos a revista *Cuestionamos* que reproduzia a nota. A justificativa para não interromper a análise didática de Lobo é assim descrita no documento: "face ao poder instalado no país o didata não tinha como fazer a interrupção da formação sem atrair sobre si e a SPRJ todo o sistema de força do governo de então"[25]. Em 27 de junho de 1974, Lobo teria enviado a Cabernite uma carta comunicando o trancamento da matrícula nas disciplinas teóricas do Instituto de Ensino na véspera da conclusão. Cabernite estranha a carta por dois motivos: primeiro, porque de acordo com as regras institucionais não é permitido ao candidato continuar a formação teórica enquanto a análise didática está interrompida; e segundo, porque essa carta deveria ter sido dirigida ao diretor do Instituto de Ensino, Ernesto La Porta, e não a ele. Assim, ele complementa com um dado crucial:

> O dr. Cabernite cita uma investigação levada à cabo pelo dr. Ernesto Meireles La Porta sobre o envolvimento do dr. Amílcar Lobo com a tortura. O dr. La Porta ministrava um curso de Psicoterapia Analítica de Grupo na Escola de Pós-graduação Médica Carlos Chagas onde um dos seus alunos era o dr. Lobo. Sua iniciativa se prendeu ao fato de ser também o diretor do Instituto de Ensino da SPRJ, e *a tarefa lhe pareceu fácil porque era cunhado do general Carlos Alberto Fontoura, então ministro-chefe do SNI*. Sua investigação acabou concluindo que tudo o que se falava do dr. Amílcar Lobo era apenas boato.[26]

Até onde pudemos investigar, essa informação explosiva nunca fora trabalhada. Dessa forma, nossa pesquisa buscou averiguar a autenticidade desse dado e pudemos confirmá-lo. Ernesto Meirelles La Porta se casaria com Umbilina Brasilia Amaral Pinto Freitas Valle Silva, natural de Alegrete (RS). Em uma nota histórica publicada em 1997 pelo *Jornal da SPPA*[27], Ernesto La Porta aparece entre os fundadores da SPPA ao lado da "Sra. Bili La Porta", sendo o diminutivo "Bili" e o sobrenome os índices de que se trata de sua esposa. Pelo sobrenome completo, chegamos ao nome de uma de suas irmãs, Maria Lucila Freitas Vale da Silva Fontoura, que assumiria o último sobrenome pelo casamento com, justamente, Carlos Alberto da Fontoura. Em entrevista ao CPDOC da FGV[28], o general Carlos Alberto da Fontoura se vangloria de seus antepassados militares e indica: "A minha mulher é Freitas Vale, é prima do Ciro [Aranha], prima do Osvaldo [Aranha], neta da famosa dona Betinha Freitas Vale". Mais adiante, ao contar de uma transferência de trabalho, ele completa: "Transferiram-nos todos. [...] Eu fui triste porque tinha acabado de ficar noivo, a noiva não era de lá, é Freitas Vale, família de Alegrete, Uruguaiana, e lá nos conhecemos. Não no mesmo ano, mas uns dois anos depois nós nos conhecemos, acabamos noivos e casados até hoje [a entrevista se dá em 1993], há 53 anos". Em uma dissertação de mestrado dedicada à prosopografia de "militares de carreira" escrita por Fabíola Peres de Souza, confirma-se que a esposa do general Fontoura era mesmo Maria Lucila Freitas Vale da Silva Fontoura[29]. Portanto, o cruzamento dessas informações nos permite afirmar que Cabernite fala a verdade quanto a Ernesto La Porta ser cunhado do então ministro-chefe do SNI, salvo o pequeno detalhe de que Carlos Alberto Fontoura era na verdade concunhado de La Porta, e não exatamente cunhado.

A essa altura da obra já está claro o tamanho do poder de um ministro-chefe do SNI, ainda mais no sinistro período Médici. Bastaria primeiro lembrar que o próprio Médici chega ao posto da Presidência da República após chefiar o SNI, assim como é válido lembrar que o substituto de Fontoura escolhido na posse de Geisel para a chefia do SNI em 1974 seria João Figueiredo, último presidente do regime militar. A relação entre a Presidência da República e o SNI era absolutamente orgânica, quando não de dependência mútua. Médici, entusiasta que era do SNI, cuidara da transição da chefia do Serviço com muita atenção, e Fontoura seria seu homem de confiança irrestrita nisso. Segundo Lucas Figueiredo:

> Quem dava as cartas no SNI de Médici era o general Carlos Alberto da Fontoura, de Cachoeira do Sul, mais um *duro* da turma dos gaúchos. Fontoura considerava que não faltava liberdade no país; o problema é que a esquerda queria liberdade demais, "uma licenciosidade", como definiu certa vez. Ele tinha tanto poder que se dava ao direito de enfrentar nomes poderosos da caserna.[30]

Afinal, foi sob o comando de Fontoura que o SNI e a comunidade de informações que lhe dava sustento alcançariam o tamanho e a envergadura estrondosa no início dos anos 1970. Nesse contexto, Cabernite parece ter razão quando afirma que a solicitação da investigação sobre a denúncia seria "tarefa fácil" para La Porta. Requisitar um laudo grafológico incriminatório ou se incumbir de uma suposta longa conversa de esclarecimento com Lobo, no mais absoluto sigilo sob a salvaguarda do SNI, não poderia ter tráfego mais oportuno do que uma relação entre concunhados. Retomando o argumento de método, pela combinação da estratégia da pesquisa prosopográfica à luz da percepção de campo do poder de Bourdieu e da concepção de elite do poder de Wright Mills, pouco importa se os concunhados em questão eram amigos íntimos ou não, mas sim o fato de que na hora de uma emergência escandalosa como essa contatos familiares ainda que pouco próximos seriam expedientes facilitadores para asfixiar a eclosão de qualquer problema.

A isso se soma mais uma informação, encontrada em uma reportagem do *Jornal do Brasil*, constando que "Ernesto Laporta [sic] conseguiu do então comandante do 1º Exército, general Silvio Frota [sic], um atestado do 'procedimento digno e humano' de Amílcar Lobo"[31]. O atestado consta como anexo na obra de Helena Besserman Vianna[32]; trata-se de uma declaração datada de 4 de março de 1974 em papel timbrado do Ministério do Exército, assinado pelo comandante do I Exército, general Sylvio Couto Coelho da Frota, onde se pode ler:

> Na qualidade de comandante do I Exército e responsável pela Defesa Interna na área dos Estados da GUANABARA, RIO DE JANEIRO, MINAS GERAIS e ESPÍRITO SANTO, declaro, a fim de desfazer intrigas e aleivosias assacadas propositada e maldosamente por inimigos do regime e seus patronos contra o Dr. AMILCAR LOBO MOREIRA DA SILVA, que o referido cidadão sempre teve procedimento digno e humano, compatível com sua situação de Oficial da Reserva do Exército convocado e de médico militante, nada podendo contra ele ser erguido, justamente, que afete sua honra, pundonor e decoro,

quer militar quer profissional. Rio de Janeiro, 04 de março de 1974. Ge. Ex. Sylvio Couto Coelho da Frota, Comandante do I Exército.[33]

A informação de que a declaração de Sylvio Frota teria sido encomendada por La Porta é, no entanto, muito imprecisa, uma vez que a proximidade entre Lobo e Frota tornaria La Porta dispensável. A proximidade com Frota é confirmada pelo próprio Lobo à revista *IstoÉ* publicada anos antes, em 1º de abril (coincidência ou não na data) de 1987, onde se pode ler:

> Numa ocasião o general Sylvio Frota solicitou, inclusive a mim pessoalmente, que fizesse um exame nos presos assim que eles chegassem ao DOI-CODI. E que os repetisse a cada três ou quatro dias. Eu preenchia relatórios desses exames e os colocava numa pasta que semanalmente era apanhada por Frota, quando ele ia para sua casa, no Grajaú. Havia semanas em que ele passava duas vezes pelo quartel – que também era da PE – e ia falar comigo. Nesse período, realmente a tortura diminuiu muito, embora de vez em quando surgissem alguns casos. Ele realmente fiscalizava muito aquele aparato todo. O general visitava celas na minha companhia. Dizia o meu nome para os presos e qual era a minha especialidade. Averiguava as condições físicas das pessoas, fazia uma checagem com os meus relatórios e assinava embaixo.[34]

Que fique claro que o general Sylvio Frota seria um ferrenho opositor de Geisel e do programa da abertura política. No poderoso e em tese "indemissível" cargo de ministro do Exército entre 1974 e 1977, Frota almejava pleitear o posto da Presidência da República em 1978. No entanto, em 1977 é surpreendentemente demitido por Geisel, seja porque Geisel já tinha escolhido o seu sucessor – o chefe do SNI João Figueiredo –, seja porque o esquema da tortura que Frota tanto defendia já se tornava insustentável em função de uma opinião pública escandalizada a essa altura da história. Segundo a apresentação de Celso Castro e Maria Celina D'Araújo para a autobiografia póstuma de Sylvio Frota:

> O momento dramático da demissão, em 1977 – que Frota chama "a farsa de outubro" –, revela a disputa entre as duas concepções: numa, representada por Frota e pela "linha-dura" que o apoiava, o presidente era um "mero delegado da Revolução" e deveria subordinar-se a ela (leia-se: ao pensamento do Exército, representado por seu ministro); na outra, de Geisel e seus aliados, a Revolução já estava em outra fase, de "abertura", e a dinâmica do jogo político, embora permanecesse autoritária em muitos de seus fundamentos – basta lembrar a vigência do AI-5 –, precisava levar em conta a oposição. Na primeira concepção, a disputa política era um mal inaceitável; na segunda, um mal necessário. Tanto Geisel quanto Frota concordavam, no entanto, num ponto: a hierarquia e a disciplina são os pilares da instituição militar. Restava determinar a quem, no momento crítico, os generais do alto-comando do Exército prestariam obediência e reconheceriam como chefe. Frota foi o perdedor. Em sua visão, quando foi demitido sem que houvesse reação, os ideais da "Revolução" foram renegados.[35]

Com efeito, muitas coisas aconteceriam entre 1974 e 1977. No quinteto "Cabernite – Lobo – Frota – Fontoura – La Porta", que se entremeava na cúpula dirigente da SPRJ, é impossível saber quem encomendou o que a quem, ou digamos, onde um começa e outro termina. Fato é que ao longo desses anos a operação "abafa o caso" funcionava – com toda a opressão de que ela necessitava para operar, mas funcionava. Após o tal laudo grafológico, Helena Besserman Vianna seria o alvo central das atenções das duas sociedades ipeístas cariocas. Segundo seu relato, ainda em julho de 1974, a cúpula dirigente da SPRJ envia uma carta à SBPRJ, onde se pode ler:

A dra. Helena C.B. Vianna divulgou em anonimato as mais graves acusações, sem o ter feito dentro da ética médica, do espírito psicanalítico, da decência humana ou da normalidade mental. Em nenhum momento procurou-nos para se inteirar da verdade ou não das acusações; evidentemente, isto poderia perturbar as finalidades que visava alcançar: destruir a instituição psicanalítica.[36]

Em setembro de 1974, teve o próprio carro alterado de forma suspeita[37] quando estava estacionado em frente à sede da SBPRJ. Nos primeiros meses de 1975, ao pedir para se tornar membro titular da SBPRJ, mesmo tendo cumprido todas as exigências formais e acumulado todas as credenciais burocráticas para tal, esbarrou em respostas peremptórias e unânimes de indeferimento do pedido e outras dificuldades pouco claras. Em junho de 1975 fora intimada a depor internamente em uma situação sinistra que espelhava os procedimentos inquisitórios da polícia política militar. Antes de entrar na sala, Luiz Werneck (SBPRJ) a recebe dizendo para que deixasse seus pertences do lado de fora. Dentro da sala, Mario Pacheco de Almeida Prado (SBPRJ) tinha em mãos uma ficha do DOPS, a partir da qual lhe faz diversas acusações, desde plágio até desvio dos "padrões éticos exigidos de 'neutralidade' no exercício profissional de nossa especialidade"[38]. Foi solenemente ignorada pela maioria de seus colegas em um congresso em Londres neste mesmo ano. Foi aconselhada por Danilo Perestrello (SBPRJ), um dos poucos que não a ignorava, a queimar cartas e atas internas para viabilizar seu pleiteamento como membro titular, o que só aconteceria em dezembro de 1976. Segundo ela, a partir disso, até 1978, "silêncio total sobre todos os acontecimentos"[39].

Hélio Pellegrino por sua vez guardara consigo a informação que tivera em 1973 e só a faria valer alguns anos depois. Na passagem dos anos 1970 para os anos 1980, chegamos ao segundo tempo do caso Amílcar Lobo.

SEGUNDO TEMPO DO CASO AMÍLCAR LOBO

Os tempos da história da ditadura e da história da psicanálise no Brasil na chegada aos anos 1980 já eram outros. Ao assumir a Presidência da República, João Figueiredo assina em 1979 a Lei da Anistia, permitindo o retorno dos exilados ao país ao mesmo tempo que absolvia os militares dos crimes perpetrados por eles mesmos. Apesar do paradoxo de tal Lei, que é até hoje um assunto profundamente controverso, o horizonte da abertura democrática nunca havia estado tão próximo em mais de dezesseis anos de ditadura. Afinal, a grande assombração do retorno à democracia na perspectiva dos militares se chamava "revanchismo", como se uma ascensão fulminante das esquerdas nacionais, caso a transição perdesse seu caráter "lento, gradual e seguro", colocasse a perder todo o processo criminoso da ditadura mantido inabalável juridicamente ao custo de tantas vidas.

É preciso abrir aqui um parêntese um pouco mais longo para recuperar o debate de nosso capítulo anterior. A essa altura, os movimentos psicanalíticos nacionais e suas respectivas instituições nos grandes centros urbanos do país se haviam com os paradoxos dos vícios e das virtudes do *boom* psicanalítico, com consultórios cheios, produções intelectuais a pleno vapor e um amplo espaço na mídia. Em um ensaio publicado em 1979, o sociólogo Luciano Martins trabalha a ideia de "cultura autoritária" como forma de suspender a fronteira imaginária entre o Estado autoritário e a vida social geral. Para o autor, três fenômenos sociais do contexto carioca elucidam a cultura autoritária em vigência: o culto da droga, a desarticulação do discurso e o "modismo psicanalítico"[40]. Por mais que se faça presente no texto um certo juízo moral no que tange às drogas, ou ainda no uso de gírias como expressão do discurso desarticulado, o texto exprime uma compreensão lúcida a respeito da sociabilidade ordinária das classes médias cariocas. A articulação da "cultura autoritária" com as subjetividades das classes médias se resume na seguinte sentença: "O autoritarismo reprime a crítica por arrogância; a 'Geração AI-5' por fragilidade. Ambos se complementam na mesma tarefa de liquidação do pensamento crítico."[41] Quanto à ideia de "modismo psicanalítico", proposta enquanto um modelo de reflexão sobre o *boom*, Luciano Martins faz questão de sublinhar que sua crítica não se endereça à psicanálise propriamente dita – "até porque estou convencido de que a psicanálise pode ser um instrumento de desalienação"[42] –, lembrando que fez ele mesmo análise no Brasil e na Europa, ainda que notasse diferenças entre as experiências. Ou seja, não se trata de um autor antipático à psicanálise, pelo contrário; no ensaio, trata-se de compreender os impactos sociais da presença da psicanálise na cultura das classes médias enquanto um *mercado* específico. Nesse sentido, a psicanálise é configurada socialmente como uma panaceia no espectro do que ele denomina "sintomatologia ampliada", causada pelo aumento da ansiedade na vida urbana, a qual se recorre dentro de uma lógica do "consumismo de prestígio"[43]. Dois argumentos que justificam tal lógica são apresentados no ensaio, mas de forma um tanto apressada: o primeiro que articula o modismo psicanalítico a ansiedades pseudoneuróticas, conduzindo a interpretação na direção da "alienação" e da "adaptação" do sujeito a uma realidade social doentia; e o segundo argumento do déficit da "formação de terapeuta" na criação de condições mínimas para criar quadros de analistas "competentes"[44], argumento este que tem algum vislumbre, mas padece de imprecisão. Não obstante, esses dois argumentos alcançam uma conclusão interessante, que *desiguala a expansão do mercado psicanalítico e o desenvolvimento da psicanálise*. Ora, a ideia é simples: não é porque o mercado expandiu que a psicanálise "progrediu", pois justamente é a própria ideia de progresso que é problemática. Fechando o argumento com um diagnóstico de época que identifica que "o modismo psicanalítico tende a prevalecer sobre o desenvolvimento da psicanálise"[45], diagnóstico este marcado por uma injunção de causalidade – a "fraca produção intelectual dos analistas brasileiros"[46] –, Luciano Martins estampa em seu "Geração AI-5" o retrato da situação da psicanálise no Rio de Janeiro às vésperas dos anos 1980.

Entretanto, o que parece escapar ao autor é o fato de que o *boom* é correlato de uma transformação da compreensão dos modos de sofrer no Brasil. O substrato da reflexão engendrada em seu ensaio se aproxima daquilo que Dunker denomina *transformação da gramática do sofrimento*:

> Por volta do final dos anos 1970, a retórica do desenvolvimento começa a ratear. O sincretismo diagnóstico com a psiquiatria e com a psicologia do desenvolvimento consiste em naturalizar a história no âmbito da pessoa, torná-la isomórfica à história social individualizada e, em seguida, propor o ideal de passagem empírico-transcendental da criança para o adulto. Está aqui a origem da polêmica que oporá, anos mais tarde, o adultocentrismo dos partidários da estrutura ao desenvolvimentismo dos partidários da autonomia da experiência da criança.[47]

Nessa chave, não se trata de imprimir juízos de qualidade ou gradações de gravidade nos modos de sofrer, mas sim de compreender a sobredeterminação social que legitima certas formas de sofrimento por estratégias de nomeação distintivas em detrimento de outras. Logo, é o próprio horizonte da ética da maturidade que está em xeque depois de anos de alinhamento com o discurso militar desenvolvimentista do "milagre do crescimento econômico". Eis mais dois significantes nada acidentais aqui: "crescimento" e "econômico". Se em relação ao primeiro já foi possível recolher elementos críticos o suficiente, em relação ao segundo vale recorrer à articulação entre "psicologia moral" e "economia moral" proposta por Vladimir Safatle:

> A autonomia da economia, sua posição de discurso de poder ilimitado na definição das orientações de gestão social, caminha juntamente com a legitimação cada vez mais clara de suas injunções como uma psicologia moral, ou seja, como um discurso no qual se articulam injunções morais e pressuposições a respeito de desenvolvimento e maturação. O que nos leva a afirmar que o império da economia é solidário da transformação do campo social em um campo indexado por algo que poderíamos chamar de "economia

moral", com consequências maiores não exatamente para os modos de produção e circulação de riqueza, mas para a eliminação violenta da esfera do político enquanto espaço efetivo de deliberação e decisão, com a redução da crítica à condição de patologia.[48]

Partindo dessa premissa, mas localizando-a no nosso recorte histórico, é possível compreender que a derrocada do "milagre" do ponto de vista das políticas econômicas sustentadas por anos no regime militar acaba por se consubstanciar com uma crise moral e psicológica no horizonte da transição democrática posta em curso no governo Figueiredo. Ou seja, abria-se enfim a possibilidade de compreender que nem todo sofrimento psíquico seria "emoldurável" enquanto um déficit do desenvolvimento, afinal, as diagonais econômicas de tal política explicitavam cada vez mais a quem ela servia – para lembrar Miriam Debieux Rosa, explicitavam-se as "vidas secas", o sofrimento causado pela pobreza, pela injustiça social, pela inclusão indigna, pela miséria e pela violência[49], que não cabiam na gramática do reconhecimento em curso. Logo, a crítica ao "elitismo" dos movimentos psicanalíticos oficiais não poderia estar em maior evidência nesse momento histórico, e é nele que estamos no segundo tempo do caso Amílcar Lobo. Tudo isso para dizer que, no *boom*, não há dúvidas de que o público e a audiência dos debates estão em plena transição graças à expansão e à vulgarização (no sentido bom e ruim do termo) da psicanálise. No entanto, aqui precede uma transformação dos modos de sofrer conduzida pela transformação da nomeação desses sofrimentos. As típicas mudanças de comportamento da "Geração AI-5" podem ser lidas como a face aparente desse processo profundo, no qual a apresentação dos modos de sofrer na experiência clínica acaba sendo, por si só, para recuperar o conceito de Bourdieu, um operador de distinção.

Dito isso, e já fechando o parêntese, é preciso sublinhar esse contexto para entender como e por que o Simpósio Psicanálise e Política, promovido pela Clínica Social de Psicanálise Anna Kattrin Kemper (CSAKK) e realizado na PUC-RJ entre 17 de setembro e 29 de outubro de 1980, teve tamanha repercussão, fazendo renascer das cinzas o caso Amílcar Lobo em um segundo tempo. Propor um tema como "Psicanálise e Política" naquele ano era uma estratégia audaciosa, mas sem incorrer em um perigo tão palpável como seria, por exemplo, no final dos anos 1960. Uma universidade prestigiada como a PUC-RJ como sede do evento também não parece uma escolha fortuita, pois apesar de ter muitos docentes conservadores e reacionários (Aroldo Rodrigues na Psicologia Social[50] ou Antonio Paim na Filosofia), tratava-se de um dos departamentos universitários mais fortes de Psicologia no Rio de Janeiro – e por que não dizer, do Brasil como um todo – e um dos palcos mais oportunos para o debate político[51].

A primeira mesa receberia o nome de "A Psicanálise e sua Inserção no Modelo Capitalista" e teria como conferencistas três psicanalistas da SPRJ:

Hélio Pellegrino, Eduardo Mascarenhas e Wilson Lyra Chebabi. Ou seja, a interrogação sobre o "mercado" da psicanálise, como diria um ano antes Luciano Martins, estava pautando o debate. A conferência seria celebrada em um artigo memorável publicado em 23 de setembro de 1980 no *Jornal do Brasil*, escrito pelo jornalista – que viria a se tornar também psicanalista – Roberto Mello, intitulado "Os Barões da Psicanálise". O conteúdo das falas dos três palestrantes era já resumido no primeiro parágrafo do artigo – "os altos custos do tratamento, a gerontocracia nas instituições psicanalíticas, as discriminações ideológicas contra candidatos à formação, o falso 'apoliticismo', e até mesmo a ignorância das obras de Freud"[52] –, um conteúdo era radicalmente diferente do que se poderia ler em um artigo da *Revista Brasileira de Psicanálise*, por exemplo. É assim que Roberto Mello sentencia na grande mídia impressa carioca, e certamente na contramão do tabu ipeísta que caracterizou os anos da ditadura até então, que "*a prática clínica, como toda prática social, é política*"[53].

Do ponto de vista da articulação dos movimentos psicanalíticos, o Simpósio Psicanálise e Política também era bastante emblemático. Na programação do evento, estavam contempladas praticamente todas as instituições de formação psicanalítica nas mais diversas conferências: o IMP/SPID com Horus Vital Brazil; o IBRAPSI com Gregório Baremblitt; a SEPLA com Luiz Paiva de Castro; o Círculo carioca e a CSAKK com João Batista Ferreira; o Círculo mineiro com Célio Garcia; o Colégio Freudiano com Lélia Gonzalez – com seu indispensável *Racismo e Sexismo na Cultura Brasileira* –, entre tantos outros. Carlos Byington representava o junguismo carioca, enquanto Washington Loyello retratava o então nascente movimento da reforma psiquiátrica brasileira. Em suma, no Simpósio havia um cardápio intelectual para todos os gostos, o que só amplificava ainda mais o impacto de um debate que não poderia tardar mais: a relação intrínseca entre psicanálise e política em suas mais diferentes vertentes, da antropologia à filosofia, do marxismo ao feminismo negro, da medicina social às especificidades da questão da formação psicanalítica.

Ou seja, nem os palestrantes e nem a audiência do simpósio proposto pela CSAKK discordariam da asserção de Roberto Mello de que "a prática clínica, como toda prática social, é política". Mas aquilo que ninguém esperava era que um dia depois da publicação de "Os Barões da Psicanálise", na segunda mesa do Simpósio denominada "Psicanálise e Fascismo", uma pessoa na plateia levantaria a mão para relatar episódios da tortura que havia sofrido quando fora presa e fazer uma denúncia pública: entre os torturadores estava Amílcar Lobo. O denunciante era Rômulo Noronha de Albuquerque, preso em março de 1970 e torturado no quartel da P.E. do DOI-CODI. Como provavelmente eram os primeiros momentos de Lobo na "Casa da Morte", ele veio ao encontro de Rômulo Albuquerque acompanhado de um oficial e devidamente identificado, o que lhe permitiu ler em uma tarjeta acima do bolso a inscrição "Asp. Lobo". Hélio Pellegrino, que presidia a mesa, pontua a gravidade da denúncia e se engaja na tomada de providências. Não se pode dizer que ele desconhecesse o caso, mas era a primeira vez que a denúncia surgia na ambiência que Pellegrino mais prezava: o espaço sem muros do debate público.

Na verdade, um ano antes, uma pequena fagulha da bomba que estava para explodir havia sido disparada em uma reportagem chamada "Psicanálise" no Caderno B do *Jornal do Brasil* de 21 de setembro de 1979, dividida em duas partes – "Em Cuba Recusada, Mas Tolerada" e "No Brasil Estimulada, Mas Condenada". Na segunda seção assinada pela jornalista Norma Couri, em meio a trechos de uma entrevista com Hélio Pellegrino, consta o seguinte parágrafo: "O Dr. Nikodem Edler lembra o artigo publicado na revista argentina *Cuestionamos* denunciando a presença de torturadores como Amílcar Lobo Moreira, psicanalista, 'acobertado pela farda do Exército', candidato à Sociedade Psicanalítica do Rio de Janeiro, expulso primeiro, readmitido depois, expulso uma segunda vez"[54]. Em 3 de outubro de 1979, uma carta de resposta de Amílcar Lobo é publicada exigindo "imediata retificação" da "grave calúnia" e "difamação [...], pondo em jogo anos de um trabalho profissional honrado". Em seguida, uma carta de Nikodem Edler, que recupera o artigo da *Cuestionamos* em que aparece a denúncia para afirmar:

A fim de não adulterar o espírito do artigo [da *Cuestionamos*], tratamos de lê-lo na íntegra. E é nele que são veiculadas as acusações de torturador a um psicanalista em formação, chamado Amílcar Lobo. Não corresponde, portanto, à minha opinião pessoal qualquer ofensa à farda do Exército, que à instituição como um todo culpa não lhe cabe se, por algum tempo, o lobo e animais assemelhados utilizaram-na para dar vazão à paranoia e a frustrações sadomasoquistas.[55]

Nikodem Edler não era psicanalista, mas sim médico psiquiatra, militante do PCB, próximo de Marco Antonio Tavares Coelho (editor de *Voz Operária*) e de Helena Besserman Vianna. Apesar de ser a primeira denúncia que um jornal de grande circulação aceitava publicar, demoraria mais de um ano até que o assunto reverberasse novamente dentro da SPRJ.

Em 2 de outubro de 1980, Hélio Pellegrino envia uma carta denúncia aos dirigentes da SPRJ solicitando esclarecimentos institucionais acerca do caso Amílcar Lobo[56]. Internamente, a SPRJ estava na contramão; o clima era de prosperidade, em que a década de 1970 havia se fechado como uma "década de ouro"[57]. Ousara nos últimos anos da década pautar o voto dos membros associados para decisões institucionais de maior importância – ou seja, aventou-se a possibilidade de que uma "reforma democrática caseira" no funcionamento institucional seria saudável, sem restringi-lo ao voto estrito dos didatas. A discussão se acalorava, mas apesar de uma ou outra altercação lá ou cá, o debate pelo menos estava posto. Leão Cabernite, que havia ocupado o posto de presidente da SPRJ de 1972 a 1979[58], tinha saído dos quadros dirigentes em 1980 para ocupar o posto de "eminência parda" na instituição. Nesse ano, para o biênio 1980/1981, quem ocupa a presidência da SPRJ é um psicanalista significativamente mais jovem, um provável representante do "reformismo caseiro", chamado Victor Manoel Andrade. Alguns de seus artigos na *Revista Brasileira de Psicanálise* na primeira metade dos anos 1970[59], aparentavam alguma afinidade intelectual e talvez até uma certa agenda comum de reivindicações reformistas com os setores mais jovens da SPRJ. Porém, a assunção de um cargo como a presidência de uma instituição psicanalítica marcadamente conservadora não permite manobras ou "jogos de cintura" progressistas a qualquer um que viesse a se sentar nessa poltrona – que, de tão velha, adquirira um formato com nome e sobrenome: Leão Cabernite. Um pouco à maneira de Laertes Ferrão (SBPSP) assinando a carta de (não) "solidariedade institucional" à prisão de Marcelo Viñar, Victor Manoel Andrade receberia uma bomba nas mãos chamada "segundo tempo do caso Amílcar Lobo" via carta de denúncia de Pellegrino, à qual ele (mais a "poltrona" do que a "pessoa", digamos) responderia institucionalmente como um velho dirigente conservador da geração anterior.

De fato, não seriam nem Victor Manoel Andrade nem a cúpula dirigente da SPRJ os responsáveis por pautar a agenda da reforma interna do voto dos membros associados. Já desde o fim dos anos 1970 articula-se um grupo que viria a se chamar "Fórum de Debates". Contra o poder monástico dos 20 didatas da SPRJ, o Fórum de Debates reunia 42 apoiadores e 72 analistas, majoritariamente associados e efetivos[60]. Desde ao menos a ruptura do Plataforma-Documento, a história da psicanálise já vinha ensinando que, quando membros das "camadas inferiores" da hierarquia institucional declaram independência de conduta e prezam pela liberdade de pensamento contra as constrições das "castas mais altas", prenuncia-se a perda do controle dirigente. Com o Fórum de Debates não haveria de ser diferente, pois nele se discutia criticamente o *boom* da psicanálise, o baronato das instituições ipeístas e todos os demais assuntos que a situação da psicanálise carioca exigia de seus agentes. Não tardaria para que a SPRJ impedisse que as reuniões do grupo acontecessem em sua sede. O tiro, no entanto, sairia pela culatra, pois as reuniões passariam então a acontecer no lugar mais temido pela cúpula dirigente da instituição: na rua. A SPRJ, por sua vez, mantinha suas reuniões internas a portas fechadas, tamanho receio de que jornalistas tivessem qualquer acesso ao que estava sendo discutido internamente[61].

A resposta institucional a Pellegrino envolvia também Eduardo Mascarenhas: no dia 8 de outubro de 1980, ambos seriam expulsos sumariamente do quadro de analistas da SPRJ. O motivo alegado não era nem o envolvimento deles com o Fórum de Debates e nem a carta denúncia envolvendo o caso Amílcar Lobo, mas sim o conteúdo da primeira mesa-redonda do Simpósio abarcado pela reportagem "Os Barões da Psicanálise" de Roberto Mello. Victor Manoel Andrade assina uma circular interna datada de 1º de dezembro de 1980 respondendo às "diversas manifestações por parte de uma parcela do quadro social", justificando a expulsão pelas "declarações ofensivas à Sociedade e a seu quadro social veiculadas pela imprensa", chamando a atenção para "o perigo representado pela inoculação sub-reptícia de ideologias alheias à psicanálise, em geral, e à SPRJ, em particular, através de movimentos que procuram aproveitar-se de justas reivindicações de parte de nossos associados"[62]. Em 14 de janeiro de 1981, Pellegrino e Mascarenhas respondem ponto a ponto à circular assinada por Andrade, reiterando uma questão a que Pellegrino era sensível pela própria experiência da prisão logo após o decreto do AI-5:

É preciso não esquecer que, apesar da propalada abertura política, a Lei de Segurança Nacional está, em nosso país, plenamente vigente. É preciso não esquecer também, em nenhum instante, que o anticomunismo irracional, como artefato ideológico a serviço da injustiça social e da violência repressiva, é o cerne dessa mesma Lei de Segurança.[63]

Ao fim, ambos indicam que detectaram o calcanhar de Aquiles da SPRJ: "daremos divulgação a este documento"[64]. Em 27 de janeiro de 1981, Victor Manoel Andrade responde a Pellegrino (sem citar Mascarenhas) como quem dá de ombros, reiterando a expulsão diante das "novas atitudes de V. Sa"[65].

Para não nos estendermos mais nas trocas de acusações das cartas – todas publicadas em 1982 no livro *Crise na Psicanálise*, organizado por Gisálio Cerqueria Filho –, vale apenas dizer que a versão de que a verdadeira razão da expulsão havia sido a primeira mesa-redonda do Simpósio da PUC-RJ é assumida por Pellegrino e Mascarenhas. Talvez ela gerasse uma cortina de fumaça promissora, encobrindo mais uma vez o caso Amílcar Lobo, porém talvez ela fosse apenas a face aparente de um problema ainda desconhecido de parte dos analistas filiados à instituição. De toda forma, é essa expulsão, reverberada na caixa de ressonância a céu aberto do Fórum de Psicanálise, que desengatilhou a chamada *crise da SPRJ*. A grande balbúrdia institucional acabaria por delimitar dois círculos na divisão da SPRJ: de um lado, a cúpula dirigente da situação encabeçada por Cabernite e Andrade; de outro, a oposição solidária a Pellegrino e Mascarenhas. Hélio Pellegrino escreveria sobre a situação das expulsões um ano depois:

Dela [SPRJ] fomos expulsos, sem sequer direito de defesa, porque denunciamos esse estado [autoritário e antidemocrático] de coisas numa mesa-redonda na qual fizemos, da instituição psicanalítica, uma leitura de esquerda. O nome da SPRJ não foi citado uma só vez. A carapuça, entretanto, caiu-lhe como uma luva.[66]

Eduardo Mascarenhas também terá a sua versão:

Reprimir o reconhecimento da existência da pirâmide social, nisso consiste o principal propósito de nossa Psicanálise Oficial.

Por representar, de diversas maneiras, uma denúncia desse propósito, fui expulso da SPRJ, como, provavelmente, o teria sido de outras instituições.

Revelar publicamente os ideais de classe média reinante nos setores mais conservadores da comunidade psicanalítica transformou a outrora admiração dos didatas e burocratas dirigentes em franca animosidade. Não podiam tolerar minha função social de crítico sistemático das "classes médias". Mas, chamá-los publicamente de Barões e revelar a existência de seus iníquos baronatos, que lhes garante, em caráter vitalício, sem nenhum mérito, uma renda mensal superior a quatro mil dólares, sem recibo de Imposto de Renda, além de tantos outros privilégios institucionais, foi demais. Acionaram, em rito sumaríssimo, todo o peso de sua fúria institucional.[67]

Enquanto isso, o fogo por trás da cortina de fumaça provocado pela fagulha de Nikodem Edler crescia na grande mídia impressa. A capa do *Jornal do Brasil* de 6 de fevereiro de 1981[68] trazia estampada uma foto de Amílcar Lobo, confirmando que havia sim atendido uma ex-presa política em Petrópolis que o reconhecera. Inês Etienne Romeu era a única sobrevivente da Casa da Morte. A ex-militante da Vanguarda Popular Revolucionária (VPR) foi presa em maio de 1971 e submetida às mais bárbaras torturas. Com a Lei da Anistia, a prisão perpétua a que havia sido condenada é suspensa, e ela é libertada em 29 de agosto de 1979. Ao sair da prisão, dedicará o resto de sua vida ao combate à tortura e ao esclarecimento dos crimes cometidos na Casa da Morte. Um dia antes da reportagem do *Jornal do Brasil*, em uma atitude de inacreditável coragem, ela vai até o consultório de Lobo acompanhada do deputado federal Antonio Modesto da Silveira (à época no MDB) e reconhece o "dr. Carneiro", codinome cáustico adotado por Lobo nos centros de tortura. A situação se amplifica com duas reportagens na revista *IstoÉ* poucos dias depois: "O Carneiro era o dr. Lobo", que reproduz um diálogo entre Inês Etienne Romeu e Amílcar Lobo, e "A Casa dos Horrores"[69]. Além de admitir que reconhecia a ex-presa política, Lobo confirma nesta mesma reportagem uma informação que também se repetia na capa do jornal, bem abaixo de sua foto: "Eu sabia que ela era uma presa política e foi recomendado que mantivesse silêncio. Mesmo assim falei do assunto a meu analista didata (dr. Leão Cabernite, ex-presidente da Sociedade Psicanalítica do Rio de Janeiro), que me recomendou abandonar o serviço militar, pedindo dispensa."[70] Em dois dias seguidos, 7 e 8 de fevereiro de 1981, a *Folha de S.Paulo* publica duas reportagens na sequência, "Envolvidos Com Casa de Tortura Serão Chamados" e "Psicanalista se Diz Vítima 'da Engrenagem'"[71], sendo que a última também menciona o nome de Leão Cabernite. Assim, no intervalo de uma semana, o pacto de silêncio entre Cabernite e Lobo mantido por anos se deteriorava a olhos nus em plena praça pública.

O "imparável" Pellegrino seguia cumprindo seu papel de intelectual público. Pouco mais de um mês depois, ele assina o artigo "A Sociedade

Psicanalítica e a Expulsão dos Demônios"[72]. Apesar da capa com um título bem-humorado – "E a Cuca, Vai Bem?" –, no texto Pellegrino leva para a imprensa paulista a crise da SPRJ, porém não menciona o caso Amílcar Lobo. Ainda assim, isso parece ter sido o suficiente para que o "dr. Carneiro" voltasse a contatar os militares.

Aqui, um segundo documento inédito a que tivemos acesso, mais um entre os mais importantes, é profundamente revelador. Encontramos na pasta do "Serviço Nacional de Informações" digitalizada pelo portal Memórias Reveladas uma carta manuscrita de Amílcar Lobo enviada a um certo "coronel Guerreiro"[73]. A carta foi escrita em papel timbrado do médico, com nome completo, registro profissional e endereços de Lobo, o que confere autenticidade ao documento:

Cel Guerreiro,
Penso que os Drs. Hélio Pellegrino e Eduardo Mascarenhas estão tentando reacender a polêmica, enviando este "relatório" a várias entidades médicas e médicos. Há todo um sentido de provocação neste sentido [sic].
Além disso, parece-me que esta campanha contra mim foi muito bem-organizada e executada, provavelmente por orientação do PC [Partido Comunista], ao qual Pellegrino está filiado.
Por outro lado, ele tenta tomar o poder da Sociedade Psicanalítica e ali implantar um foco de subversão. Isto seria lastimável, mas ele está conseguindo muitos adeptos.
Volto a lembrar que é urgente o meu afastamento do meio. Desde 73 venho solicitando providências quanto a este fato, mas parece que nunca foi devidamente entendida a gravidade da situação. Como médico da PE [Polícia do Exército], CODI e CIEX, durante vários anos (70, 71, 72, 73 e 74) sou depositário de inúmeros fatos que ocorreram nesta época e eles sabem disto e procurarão sempre me colocar em situações difíceis e frágeis.
Esta campanha movida contra o Sr., por exemplo, não lhe afetaria tanto, mas contra um médico militante é catastrófica. Parece que isto, ainda, não foi bem entendido. Profissionalmente estou numa situação bastante difícil e penosa, em decorrência de todos estes fatos. Não posso arcar como todo peso desta responsabilidade, sem nenhuma ajuda realmente eficaz.
Solicito, mais uma vez, providências urgentes das autoridades competentes no sentido de resolver este impasse. Para mim é uma questão de sobrevivência e de minha família, pela qual sou responsável e que está sendo afetada por toda esta situação.
Sem mais,
Amílcar Lobo
Rio, 18/03/81

P.S. O Jornal "Folha de S.Paulo" continua dando cobertura ao Dr. Hélio Pellegrino (edição de domingo p. p.)[74]

Bem, essa carta permite interpretar um conjunto significativo de ao menos cinco questões. O primeiro ponto é que ela esclarece as razões pelas quais Lobo recorria novamente aos militares a essa altura dos acontecidos. A rede formada pelo quinteto "Cabernite – Lobo – Frota – Fontoura – La

Porta" se esgarçara de modo irreversível. Lobo não poderia mais contar com a cobertura de seu antigo analista didata, desonrado pela aparição de seu nome nas notícias de diversos jornais e revistas às vésperas da referida carta. Tampouco seu antigo comandante no Exército, o general Sylvio Frota, "traído" na demissão de 1977 por Geisel, poderia lhe oferecer resguardo aqui. A essa altura, nenhuma declaração oficial que atestasse "procedimento digno e humano" seria capaz de deter os escândalos que se confirmavam à luz do dia na grande mídia impressa do país, escândalos esses confirmados pelo próprio Lobo. Quanto a Carlos Alberto Fontoura, cujo laço passava por Ernesto La Porta, igualmente não haveria álibi a ser oferecido, uma vez que ele deixara a chefia do SNI ao fim do governo Médici. Nesse contexto, não seria exagerado supor que Amílcar Lobo escreve o apelo ao "coronel Guerreiro" em pleno estado de amargura, cujo tom é evidente no texto. Sem contar com uma rede de proteção para "abafar o caso" novamente como fora feito nos idos de 1973, Lobo estava entregue ao mesmo tempo que escolhia deliberadamente "entregar" à grande mídia aquilo que havia visto e testemunhado nos centros de tortura. Nas entrevistas que deu, não cansou de se colocar como "vítima da engrenagem", como alguém que zelou pela vida de Helena Besserman Vianna quando impediu que a assassinassem com uma bomba, alegações essas que compõem o fio condutor de sua autobiografia publicada em 1989. Por contraste, Lobo conhecia muito bem o universo gramatical e semântico militar do anticomunismo, dispondo de índices como a "orientação do Partido Comunista" para "tomar o poder" ou "implantar um foco de subversão", mensagens criptografadas indiscutíveis para os dois polos da comunicação: o emissor Lobo sabia aonde queria chegar, e o receptor "coronel Guerreiro" entenderia o recado. Portanto, ao sugerir implicitamente que se tomem providências contra Hélio Pellegrino, a carta prova que de "vítima" ou de "coitado" Amílcar Lobo não tinha rigorosamente nada.

Em segundo lugar, Lobo demonstra que tinha plena consciência da posição solitária que ocupava já em 1981. A melhor síntese a esse respeito pode ser lida nas palavras dele próprio na reportagem de Jorge Antonio Barros[75], em que Amílcar Lobo afirma: "*Fiquei isolado entre a sociedade, o Exército e a esquerda*". A reportagem então sintetiza: "Da sociedade, teve a repulsa; de setores da esquerda, a certeza de que Lobo era de confiança do esquema repressivo; e de setores militares, dois atentados em 82 que Lobo suspeita ter sido 'coisa do SNI'". Permitimo-nos acrescentar uma interpretação e sofisticar o argumento aqui. Da sociedade Lobo teve muito mais do que uma mera repulsa, uma vez que ele passava a ser (e se dispôs a ser) o símbolo das práticas mais abomináveis e atrozes da tortura no auge da ditadura civil-militar. A estratégia da redenção pública, que se confirmaria no prefácio de sua autobiografia assinada por um padre chamado Jonas Rezende, estratégia de quem faz das notícias de jornal um espaço de lamúria no anseio pelo perdão, caracteriza o discurso de Lobo na chave da confissão. Apesar de ter de fato colaborado para a localização de desaparecimentos como o do deputado Rubens Paiva, a grande expectativa de Lobo era mesmo a misericórdia. Não por acaso, nessa mesma reportagem de 1986, Lobo "confessa": "Falar é a única maneira de a sociedade se livrar de sua culpa". À sociedade pouco importa que destino ele daria ao próprio sentimento de culpa, pois não se trata de uma questão de piedade aqui, mas sim de elucidar os crimes perpetrados pelo Estado.

O terceiro esclarecimento é justamente em relação à implicância obcecada com Pellegrino. É provável que aqui incida o que a reportagem acima dizia: a esquerda não tinha dúvidas quanto ao laço de confiança entre Lobo e o esquema repressivo. No entanto, no referido artigo da *Folha de S.Paulo*, Pellegrino sequer menciona o escândalo ou cita qualquer evento envolvendo o nome de Lobo e seus outrora aliados institucionais diretos. Como alguém que se crê do lado do bem atuando contra o mal, de alguma forma Lobo permanece imbuído do papel de "defensor da causa da neutralidade psicanalítica" mesmo quando já não é mais filiado à SPRJ (seu desligamento definitivo se dera em 1980), e mesmo expondo seu analista didata nos grandes jornais. Parece evidente que Lobo segue reproduzindo o argumento próprio do discurso tradicional da SPRJ que o formara, mesmo quando não teria mais nenhum débito para quitar com ela. Zelando pela idoneidade da instituição à qual já não mais pertence, ele clama por uma ação dos militares para que ela não se torne "um foco de subversão" caso Pellegrino tome o poder – um raciocínio que só não é ilógico porque, justamente, é formulado dentro de uma lógica golpista.

Quarto, a carta é um pedido de reativação da espionagem, que por sua vez já não se dedicava à situação de Lobo desde os idos de 1973. Porém, o que "pouparia" Helena Besserman, Pellegrino, Mascarenhas e seus aliados – na verdade nem se pode falar assim, uma vez que Pellegrino e Helena Besserman anos antes foram tudo menos "poupados", porém nos faltou uma palavra melhor aqui – era a própria incompetência do SNI, que a essa altura era acachapante. A partir da carta, acumulam-se informações de antes e de depois do período militar nas *270 Ocorrências* do marcador "Amílcar Lobo" no portal Memórias Reveladas, em sua maioria coleções de recortes de jornais ou espionagens recauchutadas e inócuas. Em suma, ao invés de procurar agir efetivamente sobre a situação como o fizera em 1973, o SNI em 1981 parecia mais um espectador passivo, como qualquer leitor de jornal, do que um informante ativo da opressão como o fora nos primeiros quinze anos de ditadura civil-militar. Sem abastecer a Presidência da República com a eficiência de antes, mesmo porque a decisão política no momento era a da abertura política, o "monstro" de Golbery dava claros sinais de que era mesmo o cancro do regime militar. No caso da carta, duas providências foram tomadas. A primeira foi confeccionar uma prova forjada, um bilhete nada verossímil supostamente capturado do "aparelho" do MR-8 em 14 de março de 1979 contendo o endereço do consultório de Lobo e os dias e horários em que ele trabalhava lá, acrescido da seguinte nota: "PSIQUIATRA E AUXILIAR DE TORTURAS DO CODI (GB) DENUNCIADO NA IMPRENSA CLANDESTINA (*VOZ OPERÁRIA*) E NA IMPRENSA LEGAL ARGENTINA". O linguajar utilizado revela a inépcia dos que forjaram a "prova". Ora, é absolutamente improvável que um grupo como o MR-8 produzisse em 1979 uma cédula interna referindo-se ao *Voz Operária* como "imprensa clandestina"; evidentemente, esse tipo de nomenclatura era próprio dos militares, e não dos militantes da esquerda. A segunda providência foi analisar uma longa carta escrita por Eduardo Mascarenhas e Hélio Pellegrino em 5 de março de 1981[76]. A carta em si não é inédita, uma vez que ela pode ser lida na íntegra no anexo do livro *Crise da Psicanálise* – dada a extensão do anexo específico, será a versão do livro que será referenciada na paginação a seguir[77]. O elemento inédito aqui é *a análise que o Centro de Informações do Exército* (CIE) *faz dela*. Entre os muitos parágrafos sublinhados pelos militares, algumas notas na beira das páginas revelavam espanto de dados que já se deram a conhecer pela boca do próprio Amílcar Lobo. Por exemplo, no trecho em que os autores contam que Cabernite "sabia, portanto, das atividades deste [Lobo] como integrante de uma equipe de tortura"[78], os "peritos" se limitam a sublinhar e exclamar ao lado: "*Isto é grave*". Mais adiante, quando os autores contam que o cunhado de Zenaira Aranha (SBPRJ), um "alto oficial militar", dera a ela um documento falso atestando um casamento entre eles que não existia e um revólver, aconselhando-a a não ir à sede da Sociedade sem a arma[79]; os "peritos" aqui incluem uma pergunta: "*Quem seria este alto oficial militar?*". Como o sobrenome "Aranha" aparece também no depoimento de Carlos Alberto Fontoura citado acima, vale um esclarecimento a respeito dessa pergunta. Zenaira Aranha era neta do político gaúcho coronel Euclydes Egydio de Sousa Aranha e de Luiza de *Freitas Valle Aranha* – ou seja, um sobrenome que revela um parentesco longínquo com a esposa do ex-ministro-chefe do SNI. Os pais de Zenaira Aranha se chamavam Adalberto Aranha e Aracy Benício. Osvaldo Aranha, uma das mais importantes figuras políticas da Era Vargas, era na verdade irmão de Adalberto Aranha e, portanto, tio de Zenaira Aranha. Quanto à pergunta, é a estratégia prosopográfica que nos permite respondê-la: a irmã de Zenaira Aranha se chamava Stella Maria Aranha, que por sua vez era casada com um militar da Aeronáutica chamado *Luiz Chaves Figueiredo*. É, portanto, razoável supor que é dele que Pellegrino e Mascarenhas estão falando. Essa estratégia prosopográfica[80] foi necessária porque Zenaira Aranha não permitiu que seus dados biográficos fossem publicados na história oficial da SBPRJ de Marialzira Perestrello, provavelmente para não revelar a história familiar profunda que se misturava com as altas instâncias decisórias da política nacional desde os anos 1930. Primeira analista de Helena Besserman Vianna e reconhecida como alguém de espírito progressista dentro da SBPRJ, ela se tornaria uma aliada de Pellegrino e Mascarenhas pelo "peso de seu sobrenome" na denúncia do segundo tempo do caso Amílcar Lobo.

Quinto e último, mas não menos importante esclarecimento, a atitude de Amílcar Lobo aos olhos dos militares era de grave leviandade. Confirmar a "Casa da Morte" e revelar ainda que parcialmente o paradeiro de mortos e desaparecidos o tornava uma espécie de pária, de militar proscrito ou desqualificado. Ou seja, na disciplina militar, qualquer um que incorresse no erro de "abrir o bico" era considerado volúvel. O padrão do "espírito militar" diante das pressões da imprensa era, primeiro, responder com olhar altivo e procurar não perder a razão, e segundo, caso acabasse a paciência, mandar calar a boca, ameaçar, perseguir e recorrer ao expediente autoritário. Lobo por sua vez era frívolo e amedrontado, tinha crises de consciência, falava tão baixo que quase não se podia ouvi-lo. Prensado em uma esquina moral em que ele mesmo se colocou ao "abrir o bico", ele estava suscetível diante de tantos justos questionamentos por parte daqueles que confirmou ter conhecido nos porões da tortura. Aos olhos da disciplina militar, isso era sinal de pusilanimidade, de fibras frouxas, o que só confirmava o desprezo alimentado pelo *habitus* militar em relação ao "universo paisano". Lobo, um obediente ínsito motivado pelo pavor e pela covardia, esbanjava vaidade quando contava ter sido "um dos melhores alunos da sala" nos seus tempos de candidato na SPRJ, mas isso de nada valia no meio militar, já que Lobo ingressava como tenente-médico tarde, aos trinta anos de idade, carregando consigo os vícios da mentalidade desleal e irresponsável dos civis. Em suma, na visão dos militares Lobo representava o malogro do pacto civil-militar, em que o "mal necessário" de ter que contar com um médico formado fora das escolas militares para atuar na tortura se volta contra os próprios militares. Em 1981 já não era mais possível, digamos, "trocar os pneus com o carro andando": Amílcar Lobo, além de ser a última catástrofe da psicanálise no período militar, entrava também para a história do militarismo brasileiro como um exemplar impuro e espúrio da espécie.

Bem, dito isso, vale retornar a um último elo da rede esgarçada de apoio a Lobo dentro da SPRJ: afinal, por onde andava Ernesto La Porta? Para a surpresa da cúpula dirigente da instituição, ele estava entre os que assinariam em 1º de fevereiro de 1981 uma carta de repúdio à expulsão de Pellegrino e Mascarenhas, prestando-lhes solidariedade[81]. Além de ser o único didata entre os assinantes[82], La Porta era também o único que conhecera os bastidores da operação "abafa o caso" em 1973 e, sobretudo, foi convocado a ser um articulador da operação. Ou seja, inegavelmente

A ÚLTIMA CATÁSTROFE: O "CASO" AMÍLCAR LOBO   313

La Porta aqui escolhia em que lado gostaria de estar na história. Nesse momento, o laço entre Cabernite e La Porta está abalado. Como bem resume Nádia Ferreira Sério,

> La Porta reconheceu ter errado tanto diante da SPRJ (1981, 1986) quanto da IPA (1981) e, em consequência, assumiu e foi reconhecido como ocupando uma outra posição. Já Cabernite não abriu mão, em momento algum, das prerrogativas de sua posição de líder: aquele que modela o grupo conforme seus interesses e/ou à sua imagem e semelhança. Tentou persuadir, intimidar, acusar, exibir sua força através das provas documentais, que, em boa parte, desapareceram dos arquivos da Sociedade. Como dirigente, conservou a distância e o controle para sustentar sua posição.[83]

Dessa forma, o concunhado do antigo ministro-chefe do SNI agora se alinhava ao grupo da resistência ao lado de Pellegrino e Mascarenhas contra Cabernite e seu grupo. Em 11 de março de 1981, La Porta é convocado pelo presidente da SPRJ Victor Manoel Andrade e pelo grupo da diretoria institucional para prestar depoimento sobre a assinatura da carta em solidariedade aos dois expulsos. Na sequência, La Porta recebe uma suspensão da SPRJ e tem seu título de didata cassado por um ano. Outras duas personagens da SPRJ que ainda não tinham aparecido nesse contexto, Fabio Leite Lobo e Carlos Castellar Pinto, também são punidos. Um primeiro motivo que se pode supor para uma punição "no pacote" da crise sem argumentos a esses dois últimos é o envolvimento deles nas formações ditas paralelas – Fabio Leite Lobo no IOP e na SPC, Castellar Pinto na APPIA. Vimos que este último esteve no radar de Virgínia Bicudo (SBPSP) em 1972 e por conseguinte do próprio SNI, mesmo assim é espantoso que seu nome reapareça no contexto das retaliações na crise da SPRJ em 1981. O que se sabe é que Castellar Pinto não seria didata na SPRJ depois disso, pedindo sua desfiliação da instituição em 1986[84].

No entanto, no caso de Fabio Leite Lobo, quem apresenta uma versão é o próprio Ernesto La Porta. A única declaração dele que encontramos em nossa pesquisa foi uma conferência proferida em 1994 em um simpósio organizado por MD Magno[85]. Esta fala "cheia de dedos" de La Porta no que se refere a "citar nomes" – mas cujas lacunas são facilmente dedutíveis por tudo o que pudemos ver até aqui –, transcrita em quarenta páginas, é reveladora. Primeiro que La Porta afirma ter proposto a Leite Lobo em 1976 que se tornasse presidente da SPRJ, como uma forma de quebrar a liderança contínua de Cabernite no posto. Ele afirma:

> Isto, para acabar com aquela situação [do caso Amílcar Lobo] que, embora estivesse adormecida, não estava sendo, vamos dizer, não tinha sido resolvida. Ficaram dois teimosos. Eu [La Porta], contrário àquela situação, tentando barrar a permanência da pessoa [Cabernite] na presidência, que continuava protegendo [Amílcar Lobo]. Em um Congresso em 1978, eu e o Fabio, só nós dois, tentando dar voto aos membros associados, apoiando o movimento dos membros associados, fomos punidos com uma advertência.[86]

Vimos que, mesmo já idoso e com a saúde prejudicada, desde 1978 Fabio Leite Lobo participava ativamente da fundação de um núcleo ipeísta no Mato Grosso do Sul, ficando cada vez mais distante dos problemas da SPRJ. Segundo essa versão de La Porta, talvez isso explique a punição de Fabio Leite Lobo por tabela, às vésperas de sua morte no início de 1981. La Porta, por sua vez, era acolhido pelo grupo do Fórum de Debates.

Mais adiante, vê-se outro momento importante da fala de La Porta:

Por azar, quando aconteceu a coisa [a denúncia de Amílcar Lobo], um parente meu – não se escolhe parente –, estava na chefia do SNI. Eu não tinha nenhum contato com ele nesse tempo. Então, ele [Cabernite] quis me aproveitar, quis se pegar em mim para dizer: "Eu não vou mergulhar sozinho". Tanto mais que, com o tempo, quando chegou em 1980 e, principalmente, quando chegou [sic]. Sabe que isso está no Código de Ética médica? Se um médico tenta passar para o outro, para um colega, seu erro e sem prova, ele está cometendo uma infração. Não havia nenhuma coisa contra mim, ele só mentiu. As testemunhas que mentiram. Vamos começar de novo.[87]

La Porta confirma assim o que já sabíamos: o "parente" que ele "não escolheu" à frente da "chefia do SNI" era Carlos Alberto Fontoura. Contudo, as acusações que estão no entorno da confirmação são desconcertantes. Cabernite disse uma verdade sobre o concunhado de La Porta no processo jurídico, o que La Porta confirma aqui. A "tarefa fácil" de resolver, via SNI, o caso Amílcar Lobo, no entanto, é negada. A tal reunião de quase três horas a portas fechadas entre La Porta e Amílcar Lobo na ocasião da denúncia de 1973 tampouco é confirmada. Afinal, *quem está mentindo aqui?* Quem fala a verdade? Leão Cabernite? Amílcar Lobo? Ernesto La Porta? Fato é que com o esgarçamento da rede entre eles multiplicou-se a troca de acusações internas a tal ponto que o cotejamento das versões em busca da transparência dos fatos se torna absolutamente impraticável.

A conclusão a que se pode chegar nesse cenário não é propriamente uma conclusão. Alguns documentos que encontramos nos arquivos do portal Memórias Reveladas nos permitiram averiguar sua fidedignidade – como por exemplo o papel timbrado da carta de Amílcar Lobo ao "coronel Guerreiro". Em outros documentos, o que é possível inferir é o contrário da fidedignidade, pois era praxe do SNI produzir provas falsas, como no caso da cédula do MR-8. A qualidade dos arquivos aqui está comprometida pelos princípios do próprio arquivamento, pois quando aqueles que os produzem e os armazenam estão mais aplicados na produção de suspeitas do que de certeza, não se pode esperar outra coisa que não a radical desorientação quanto ao que é mentira e o que é verdade.

Dito isso, reiteramos o que anunciamos no início: nossa intenção neste capítulo não é simplesmente repetir o que já se sabe sobre a história do caso Amílcar Lobo, mas fazer intervir sobre ele novas explanações a partir dos arquivos que consultamos. Daqui em diante, só nos cabe remeter aos artigos, coletâneas e trabalhos já citados[88]: Helena Besserman Vianna[89]; Nádia Ferreira Sério[90]; Carmen Lucia Valladares[91]; Aline Rubin[92]; Cecília Coimbra[93]; Daniel Kupermann[94]; Chaim Katz[95] e Gisálio Cerqueria Filho[96].

Antes de aportarmos no último capítulo desta obra, vale apenas fazer dois breves comentários acerca de duas interpretações que se consagrariam acerca dos fatos aqui descritos, a da própria Helena Besserman Vianna em *Não Conte a Ninguém* e a de Daniel Kupermann no livro *Transferências Cruzadas*.

Na primeira, a autora propõe uma interpretação psicanalítica da rota filiatória e migratória das origens da fundação da SPRJ, conectando o pedigree do divã em três camadas geracionais: Werner Kemper, primeiro analista de analistas da história da SPRJ que chega ao Rio de Janeiro após participar do Instituto Göring, analisara Leão Cabernite, que por sua vez analisara Amílcar Lobo. No trio Kemper-Cabernite-Lobo, a atuação deste último nos centros de tortura, mediada por Cabernite, não deixaria assim de ser uma "repetição" ou um "retorno do recalcado" do nazismo alemão:

> No Rio de Janeiro, a primeira geração de pioneiros de psicanalistas responsáveis pela formação das futuras gerações, é produto do "crime" da II Guerra Mundial e da má avaliação de Jones apoiando indicações tão díspares quanto a de Burke [SBPRJ] e Kemper [SPRJ] para se responsabilizarem pelo início da formação de psicanalistas no Rio de Janeiro. A segunda geração, representada por Leão Cabernite e seus colegas tanto da SPRJ quanto da SBPRJ, fez absoluto silêncio sobre o comprometimento de Kemper com o regime nazista durante seu trabalho no Instituto Göring, bem como sobre as supostas "loucuras" de Burke. A terceira geração é Amílcar Lobo e, de certa forma, os que o denunciaram. Burke era judeu que tinha vivido a guerra na Inglaterra. Kemper, que no início trabalhava em conjunto com Burke, vinha dos escombros do nazismo e de todas as atrocidades praticadas contra os judeus. Cabernite, que é também de origem judaica, faz análise com Kemper. Cabe discutir o que teria permanecido em "silêncio" nesta análise em função do comprometimento de seu analista com a "tortura" imposta pelos nazistas a judeus e comunistas. Amílcar Lobo, analisando de Cabernite, coloca "em ação" a tortura a presos políticos.[97]

Por mais que acompanhemos a compreensão das rotas filiatórias e migratórias como um programa fundamental para toda e qualquer história da psicanálise, incorporado aqui na qualidade de método, pensamos, contudo, que o argumento não é necessariamente "fatalista" para todos os casos que compõem um movimento psicanalítico local. Vimos que Mark Burke não foi o único responsável pela formação de analistas da história da SBPRJ, que também foi composta pelos chamados "argentinos" e pelos que se analisaram em Londres financiados pelo Serviço Nacional de Doenças Mentais – aliás, o próprio "pedigree" de Helena Besserman Vianna, analisada por Zenaira Aranha, em nada tem a ver com o "pedigree" dos analisandos de Mark Burke. Na SPRJ, é verdade que Kemper exercia um poder centralizador de análises didáticas mais enérgico, mas havia também sua então esposa Anna Kattrin Kemper, cuja formação esteve sob questão, mas que de todo modo formou no divã um grupo de analistas de oposição aos "silenciamentos", sendo Hélio Pellegrino o caso mais emblemático. Para dar dois exemplos, o que dizer então de Fábio Leite Lobo, por exemplo, que se opôs tantas vezes a Kemper mesmo tendo sido ele o seu analista, ou de Inês Besouchet, que trazia em sua trajetória uma luta política na esquerda e simpatizaria nos anos 1980 com o grupo de Pellegrino e Mascarenhas? A fim de evitar o "fatalismo", pode-se dizer que as rotas filiatórias e migratórias *configuram a legitimidade* dos movimentos psicanalíticos em implantação, mas não necessariamente *prenunciam um destino inelutável* a eles, algo como se o "retorno do recalcado" permanecesse sempre à espreita, esperando uma oportunidade para ressurgir das cinzas das formações de outrora. Por isso, concordamos apenas parcialmente com essa característica do argumento de Helena Besserman Vianna, uma vez que as rotas filiatórias e migratórias incorporadas na qualidade estrita de método não têm precedência explicativa sobre eventuais "repetições" ou congêneres de um movimento psicanalítico inteiro, que, inclusive no caso da crise da SPRJ nos anos 1980, tendem a ser muito mais plurais do que a hipótese de *Não Conte a Ninguém* faz crer. Além disso, os contrastes oferecidos por Hans Füchtner em seus dois estudos sobre Werner Kemper[98] e Anna Kattrin Kemper[99] são ótimas demonstrações de que o argumento filiatório não é autossuficiente e, se tomado muito à risca ou a despeito das condições da sócio-lógica que o comportam, tende a induzir a imprecisões. Mesmo que ele potencialmente ofereça índices importantes sobre a história dos fatos, algo que justamente Helena Besserman Vianna explora convincentemente em seu livro, é necessário sempre recorrer a outros expedientes críticos a fim de não fazer da filiação um "mito" que tudo é capaz de explicar. Felizmente, os movimentos psicanalíticos são muito mais metamorfoseáveis do que a árvore genealógica que os guia e, para toda análise pessoal ou vida institucional que se oriente pelo império do silêncio, há sempre uma reanálise ou uma outra instituição para reconfigurar itinerários pessoais e coletivos.

Na segunda interpretação, Kupermann depreende quatro pontos que poderiam ser destacados a partir do exame da autobiografia de Amílcar Lobo:

1. A identidade entre as práticas do Exército e as encontradas na Sociedade Psicanalítica, não só na representação imaginária de Lobo, mas também de seus colegas de formação e até de alguns analistas didatas.

2. A busca de uma palavra ou de um pensamento diferente em relação ao que vivia no DOI-CODI, o que lhe foram negados institucionalmente.

3. A identificação estabelecida por Lobo, na sua relação com a formação psicanalítica, com os torturados que atendia.

4. A introjeção maciça de interpretações, regulamentos e ideais difundidos pelas instituições psicanalíticas.[100]

Quanto aos dois últimos pontos, parece-nos que Kupermann se fia a uma interpretação psicanalítica do conteúdo exposto no livro, como uma espécie de psicanálise aplicada de seu autor, pensada a partir de conceitos como "identificação" ou "introjeção". Nossa pesquisa é bastante dissemelhante desse tipo de expediente e, apesar de considerarmos essa hipótese plausível na chave da psicanálise aplicada, nossos recursos se construíram por outros caminhos e nada temos a acrescentar quanto a elas. O segundo ponto de fato se prova pelos arquivos que levantamos, uma vez que a negação do direito à palavra se tornaria praxe na SPRJ, especialmente no auge de sua crise – palavras negadas não apenas a Lobo, mas aos expulsos Pellegrino e Mascarenhas e tantos outros. O primeiro ponto é o que julgamos poder mais contribuir no sentido de sofisticar o argumento. Quando Kupermann fala em "identidade" de "práticas", parece ficar subsumido que se trata de práticas institucionais. Por um lado, a rígida hierarquia da SPRJ, avessa a reformas internas, comporta semelhanças com a hierarquia militar no que tange a prescrições de mando e obediência. Por outro lado, entendemos que nem toda hierarquia rígida é necessariamente militar. Mais do que um espelhamento hierárquico, parece mais decisiva a identidade das práticas de arquivamento no interior de uma política do segredo pois, justamente, a desorientação quanto a verdades e mentiras se acondiciona à rigidez do sigilo dos arquivos institucionais – essa sim uma prática das sociedades oficiais em vigência até o presente momento.

Tal como a água que é insolúvel no óleo, cuja mistura é apenas aparente a olho nu enquanto se agita o frasco contendo os dois líquidos, com o fim do chacoalho aquilo que aparentemente se amalgamava retorna a seu estado de separação de origem – óleo para cima, água para baixo. A última catástrofe Amílcar Lobo representa o revés do pacto civil-militar no sentido dessa metáfora; sob o frasco em plena convulsão do AI-5, óleo e água se misturaram aparentemente por algum tempo, mas com a perspectiva da abertura rapidamente a insolubilidade se revelou. Quando no início dos anos 1980 outros valores morais da disciplina e da hierarquia militar para além da obediência como a lealdade e a retidão foram colocados à prova, Amílcar Lobo escolhia passar o resto de sua vida à espera de valores que não eram militares, mas religiosos, como a misericórdia e a compaixão. Na luta pela redemocratização do país, a desidentificação das práticas, hierarquias e valores morais entre o militarismo e os movimentos psicanalíticos constituía uma agenda política e intelectual central – antes tarde do que nunca, a última catástrofe em curso definiria o presente: óleo para cima, água para baixo.

16.
A Constituição de uma Biblioteca Crítica Psicanalítica

Da Reorganização das Resistências dos Psicanalistas ao Regime Militar a um Passado a Ser Tirado a Limpo

> *Não estou a fim de bancar Champollion*
> *E decifrar teus sonhos e hieróglifos freudianos*
> *Fruto de teu esfíngico inconsciente*
> *Pois é o seguinte*
> *Não acho uma boa dormir no ponto*
> *Dar uma de tonto e vomitar pelos divãs*
> *As coisas chãs e vãs tão próprias do cotidiano*
> FERNANDO PELLON E PAULO LÊMOS, Tal Como Nazareth
> (no disco *Cadáver Pega Fogo Durante o Velório*).

Não seria exagerado afirmar que o escândalo do caso Amílcar Lobo marcaria uma reconfiguração profunda no jogo de forças dos movimentos psicanalíticos nacionais. Desde o freudo-marxismo representado por Marcuse no final dos anos 1960 havia um profundo lastro intelectual crítico que corria em paralelo aos discursos psicanalíticos oficiais. Alimentado ao longo da década de 1970, tal repertório é convocado com ainda mais força nos primeiros anos da década de 1980. Nossa hipótese é de que foi fundamental contar com uma *biblioteca crítica psicanalítica* em âmbito nacional para que os movimentos psicanalíticos locais retomassem as condições de resistir ao impacto nefasto do escândalo Amílcar Lobo, posicionando-se criticamente em relação a ele. Ora, não seria disparatado supor que um acontecimento macabro dessa ordem de grandeza poderia colocar em xeque toda e qualquer credibilidade ética e política dos movimentos psicanalíticos brasileiros no início dos anos 1980. Tratava-se de um escândalo em diversos níveis, clínico, epistemológico, ético e político – em suma, uma grande catástrofe. Como bem resumem Facchinetti e Ponte:

A psicanálise que entrara para auxiliar na subversão de códigos de linguagem e de ruptura com uma visão de mundo comprometida com o modelo europeu idealizado, causando estranhamento e escândalo nas experimentações clínicas e de linguagem, foi incorporada por um discurso conservador, repressivo e acrítico. Submetida a um filtro ideológico autoritário, cujos conceitos e práticas passam a ser considerados como verdadeiros e único caminho de ascese ao saber, foi [...] destituída de seu poder subversivo.[1]

Talvez aqui incida mais uma vez a necessidade de compreender os movimentos psicanalíticos de acordo com as rotas migratórias e filiatórias que os suscitaram, uma vez que para a maior parte deles o escândalo Amílcar Lobo era a decorrência sintomática da história de um grupo restrito de psicanalistas no interior de uma instituição específica. Em suma, era necessário não apenas não se reconhecer secretamente naquela trajetória, porém sobretudo se opor publicamente a ela a partir de um repositório intelectual que oferecesse coordenadas para justificar esse não reconhecimento. Digamos simplesmente que não bastaria que cada psicanalista não envolvido no caso afirmasse para si mesmo "eu não tenho nada a ver com isso", era preciso reiterar que a maior parte dos movimentos psicanalíticos no Brasil estava igualmente horrorizada e perplexa com o desenrolar das evidências da "última catástrofe em data".

A intenção deste último capítulo não é esmiuçar as sofisticadas obras de cada um dos autores que seguem, mas propor agrupamentos visando construir um panorama que avalize as condições de suas recepções no Brasil, tomando as interlocuções com a psicanálise como crivo central. Não concordamos com a caracterização de tais obras e seus autores como "datadas" ou "antigas" no sentido pejorativo do termo. Pelo contrário, pensamos que uma apreciação delas é necessária inclusive para que se entenda o estado atual do debate psicanalítico no Brasil uma vez que, se é verdade que ele formaria intelectualmente toda uma geração atuante no país, certamente não deixará de ter efeitos de transmissão para as gerações vindouras.

Assim, ficará evidente o papel fundamental que a política editorial cumpriu na confecção dessa biblioteca crítica psicanalítica. É verdade que para os círculos intelectuais nacionais não era obrigatório aguardar uma publicação em português para que os livros fossem lidos, uma vez que seus agentes dominavam línguas estrangeiras, e muitas obras foram lidas nos originais. O que nos interessa é compreender que certos fenômenos editoriais respondem a anseios de um público amplo, aumentando a capacidade de penetração nos quadros universitários pela inclusão de uma bibliografia renovadora, o que naturalmente reverbera nas formações psicanalíticas dentro e fora de suas instituições. Nesse embate de ideias, novas gerações de psicólogos, psiquiatras e outros profissionais ingressam na psicanálise com perspectivas diferenciadas, imprimindo a circulação de agendas intelectuais muito distintas das que formaram as gerações anteriores. Nesse aporte em que a história intelectual encontra a história das ideias e a história das práticas, nossa hipótese aqui é que a biblioteca crítica psicanalítica facilitaria o processo de obsolescência de ideias e práticas clínicas tal como elas majoritariamente apareciam nas produções das sociedades oficiais nos anos mais árduos da ditadura. O expediente da história intelectual foi o que permitiu fazer o esboço de sistematização que virá e dará visibilidade à função de linha de frente da formação dessa biblioteca crítica psicanalítica assumida por algumas editoras cariocas e paulistas. Entre as cariocas, destacam-se: Zahar, Graal, Vozes, Campus, Francisco Alves, Tempo Brasileiro, Campus, Taurus, Documentário e Achiamé, as três últimas mais voltadas para produções locais. Entre as paulistas, destacam-se: Brasiliense, Paz e Terra, Perspectiva e, em menor grau dentro de um catálogo bastante eclético, a Cultrix. Vale acrescentar no Rio Grande do Sul três editoras mais modestas e inicialmente mais voltadas às produções locais: Movimento, Sulina e a Artes Médicas – essa última na verdade viria a ser muito importante, porém somente depois do fim do regime militar. É certo que outras editoras com catálogos mais modestos e de outras regiões do país se somaram a essa empreitada, bem como a famosa coleção "Os Pensadores" da editora Abril, que operava como uma enciclopédia obrigatória de textos basais de consulta. De toda forma, chama a atenção que a vasta maioria de obras decisivas para formar toda uma camada geracional à diferença da anterior fosse coberta e veiculada pelas editoras elencadas acima. Pode parecer uma visada um tanto exótica ou pouco usual em história da psicanálise colocar decisões editoriais à frente do conteúdo propriamente das obras, mas uma vez que o objetivo aqui não é adentrar em particularidades conceituais, mas sim mapear a *formação de uma nova cultura intelectual*, é por meio do universo editorial tomado como o terreno do combate de ideias que acreditamos que a transformação das agendas psicanalíticas se torna mais imediatamente visível. Tais agendas transformadas configuraram os alicerces que permitiriam aos movimentos psicanalíticos constituírem uma confrontação direta ao escândalo, "aposentando" a perspectiva do conflito de gerações e da ética da maturidade, tomando distância do ideário da guerra psicológica, situando-os no antagonismo direto que se lhes exigia em função da querela pública da participação de um psicanalista nos porões da tortura.

É oportuno lembrar que as brisas da reabertura democrática que se faziam sentir nas frestas do regime militar arejavam também a intelectualidade nacional que respirava psicanálise. A partir de 1976, os correios modernizam despachos e pagamentos por transferência de dinheiro, facilitando o acesso a livros com menor dependência da rede física das vulneráveis livrarias – para se ter uma ideia, segundo Hallewell[2], 40% das entregas dos correios eram de livros. Ou seja, mesmo estando a maior parte das editoras da biblioteca crítica localizadas no eixo Rio de Janeiro – São Paulo, o acesso em âmbito nacional às obras publicadas por elas nunca havia sido tão descomplicado do ponto de vista logístico. A censura certamente seguia em vigência, se bem que de forma menos implacável e persecutória no final do governo Geisel e ao longo do governo Figueiredo. Mesmo assim, muitas obras seguiram seus itinerários ainda com títulos distorcidos – *O Homem Unidimensional* de Marcuse sendo o caso mais flagrante de inversão de nomes como forma de driblar a censura. De toda forma, textos potencialmente considerados "subversivos" pelo regime circulavam oficialmente no país por meio de seus correios, devorados pela "juventude psi" ao mesmo passo que eram ignorados pelos ipeístas. A despeito das críticas que os autores que apresentaremos adiante diziam ser a psicanálise, no fundo elas pareciam valer sobretudo para a caricatura do psicanalista encastelado, determinando as condições de recepção de suas ideias.

O cenário intelectual que segue é profundamente heteróclito e será apresentado no interior de categorias abrangentes. Esperamos que isso opere como um "ensaio de curadoria de bibliografias", o que nos restringe a uma exibição não exaustiva e impede o esquadrinhamento de obras e autores tão preciosos. Por isso, comentadores serão indicados sempre que possível em notas de rodapé, mapeando alguns roteiros de leitura que parecerem adequados para o aprofundamento dos debates em questão.

A TORRENTE FRANCO-BRASILEIRA:
O PÓS-MAIO DE 1968 APROPRIADO ÀS CONDIÇÕES
DA ABERTURA POLÍTICA BRASILEIRA

Vimos anteriormente que a psicanálise francesa demoraria um tanto para aportar no Brasil, seja porque os movimentos psicanalíticos oficiais não demonstravam maior interesse pela produção francófona – salvo raríssimas exceções, como Maud Mannoni, Françoise Dolto ou Daniel Lagache –, seja por uma incompatibilidade de *habitus* que julgava os psicanalistas franceses "pobres" do ponto de vista material (portanto, a despeito de qualificações intelectuais), seja porque de fato somente com o retorno dos exilados foi possível entrar em contato com ideias e práticas clínicas francesas. Com Lacan indiscutivelmente à frente, acompanhado progressivamente do "freudismo francês" da APF e ocasionalmente das produções do Quarto Grupo, apenas da segunda metade da década de 1970 em diante se pode falar de uma presença vigorosa da psicanálise francesa no Brasil. Não obstante, o mesmo não pode ser dito em relação a uma série de autores que em sua grande maioria não eram psicanalistas, mas cujas obras tinham a psicanálise no horizonte de uma interlocução crítica.

O impacto do pensamento de Michel Foucault no Brasil é provavelmente a maior expressão disso. Ele já havia vindo ao Brasil em 1973 para o ciclo de conferências na PUC-RJ que seria compilado em *A Verdade e as Formas Jurídicas*. Do ponto de vista dos militares, Foucault foi certamente vigiado, porém tinha um trânsito razoavelmente livre (para os parâmetros da época) no país. É esclarecedora uma nota que encontramos, enviada em 28 de outubro de 1975 por um membro da comunidade de informações ligado ao SNI do DOPS de São Paulo, quando Foucault esteve na USP para um ciclo de conferências, em que se pode ler:

Michel Foucault é filósofo e pensador francês de renome internacional. Convidado pela autoridade para proferir palestras e apresentar trabalhos. Não é professor da USP como foi divulgado. Conhecido como de tendência "liberal" na França. Não é comunista. Está sendo usado pelos aulonos [sic] e professores interessados em criar um impasse internacional.[3]

Crítico da psicanálise em certos momentos, notadamente em *História da Loucura* ou no primeiro volume de sua *História da Sexualidade*, em outros Foucault reservava um lugar especial ao freudismo, em sua arqueologia das ciências humanas de *As Palavras e as Coisas* e na fundação de uma discursividade inédita em conferências como Nietzsche, Freud e Marx[4] ou *O Que É um Autor?*. Do ponto de vista da recepção de suas ideias no Brasil tomando a psicanálise como parâmetro, houve pelo menos quatro destinos gerais. Primeiro, no campo da análise institucional e da luta antimanicomial, em que Foucault era lido ao lado de René Loureau e Georges Lapassade, ou junto a Franco Basaglia, Ronald Laing e David Cooper, como mais um pensador de peso a auxiliar na configuração de uma agenda geral de reforma das práticas psiquiátricas no Brasil, na qual a psicanálise não mereceria um tratamento propriamente especial nem para a refutação e nem para a exaltação, mas seria um caso em meio a outros no interior de uma causa política mais extensa. Segundo, na filosofia universitária, em que Foucault parecia talvez ocupar um lugar que outrora havia sido o de Sartre, um tipo intelectual do maio de 1968 francês que nos trazia o que havia de mais arejado na filosofia francesa crítica contemporânea, acentuando suas investigações sobre campos empíricos que não estiveram no escopo dos entusiasmos da historiografia marxista mais clássica, como a medicina, a psiquiatria, as prisões ou a sexualidade. Terceiro, entre os psicanalistas mais ortodoxos, as críticas do pensador francês à psicanálise representavam uma ameaça destrutiva que, apesar de muito astutas e historicamente bem fundamentadas, não teriam credibilidade por serem desferidas por um autor "de fora do campo", um "não analisado" – ou seja, uma espécie de não recepção que não deixa de ser uma recepção às avessas. E quarto, entre os próprios psicanalistas não ortodoxos que, sob os efeitos do escândalo Amílcar Lobo, redobravam a razão dada às críticas de Foucault à psicanálise sem, no entanto, se retirar dela, engajados no sentido de que elas apontavam para a urgência da revisão dos princípios e dos constituintes historicamente determinados da psicanálise. Ora rechaçado pelo marxismo tradicional brasileiro por ter desenvolvido uma teoria geral do poder excessivamente "liberal" e descompromissada com a perspectiva da luta de classes, ora encampado pela "nova esquerda" em ascensão na abertura como um autor que, ainda que não marxista, definitivamente lançava luzes sobre problemas nacionais fundamentais (o hospitalocentrismo, a manicomialização, o encarceramento, a opressão moral e sexual do catolicismo conservador brasileiro etc.), Foucault, que já era presente na primeira metade dos anos 1970, ganhava ainda mais relevância quanto mais se aproximava da década de 1980. Algumas de suas obras publicadas em português no período além das citadas: *Doença Mental e Psicologia*, pela Tempo Brasileiro; *Vigiar e Punir*, pela Vozes; *Eu, Pierre Rivière, Que Degolei Minha Mãe, Minha Irmã e Meu Irmão*, pela Graal; e a aclamada antologia *Microfísica do Poder*, também pela Graal. Um primeiro comentário sistemático sobre Foucault na filosofia universitária brasileira é a importante obra *Ciência e Saber* de Roberto Machado, publicada pela Graal. Renato Janine Ribeiro publica a coletânea *Recordar Foucault* pela Brasiliense, em que consta o primeiro texto de um autor brasileiro dedicado à relação entre Foucault e a psicanálise, "Uma Arqueologia Inacabada: Foucault e a Psicanálise", de Renato Mezan.

Ainda nesse contexto, não há como não lembrar outra grande obra de impacto: *O Anti-Édipo*, de Gilles Deleuze e Felix Guattari. Rapidamente traduzido e publicado em português pela Imago em 1976, *O Anti-Édipo* é uma crítica feroz à assimilação familiarista da teoria psicanalítica (especialmente freudiana e lacaniana) do complexo de Édipo, avaliada sob a óptica do que se consagraria como "filosofia da diferença", uma perspectiva de fundamentação de uma ontologia inspirada em Bergson, Nietzsche e Spinoza e, por conseguinte, também crítica ao estruturalismo e à dialética hegeliana. Um tanto na esteira de Foucault, Deleuze e Guattari foram igualmente incorporados pela análise institucional e pela luta antimanicomial. Já os psicanalistas não ortodoxos brasileiros viam nessa obra não uma "anarquização da psicanálise" como Cabernite, nem tampouco uma destruição implacável dos edifícios conceituais freudianos ou lacanianos como poderia se esperar, mas sobretudo a possibilidade de um interlocução crítica que também tinha sua razão de ser especialmente quando aplicada aos efeitos nefastos da "edipianização infantilista" do "conflito de gerações" e das próprias conduções das análises tal qual elas apareciam nos casos clínicos da *Revista Brasileira de Psicanálise*. Por mais paradoxal que possa ser, tendo em vista os objetivos do próprio livro e de outras produções mais tardias desses dois autores, *O Anti-Édipo* teve recepção generosa no Brasil por parte dos psicanalistas brasileiros não ortodoxos desejosos de uma autocrítica mais enérgica, ainda que o retrogosto de suas teses fosse mais amargo para esses do que era a recepção de Foucault. Após a publicação de *Revolução Molecular* em 1981 pela Brasiliense, Guattari viria ao Brasil em 1982 e abriria o horizonte de uma prática clínica diferente por meio da experiência da Clínica La Borde, dirigida por um outro parceiro seu, Jean Oury. Também são publicados dois livros de Deleuze: *Lógica do Sentido*, pela Perspectiva, e *Apresentação de Sacher-Masoch*, pela Taurus, ensejando a publicação da grande maioria das obras desses autores no Brasil dos anos 1990 em diante.

Outro livro fundamental que marcaria época é *O Psicanalismo*, de Robert Castel. Para esse autor, o psicanalismo é um "incomparável sistema produtor de ideologia", constituindo "um novo tipo de poder que, por recusar as características mais evidentes do exercício tradicional da autoridade, não deixa de ser mais funcional em relação ao atualmente requerido pelas novas formas de dominação"[5]. Tomando a psicanálise como um "dispositivo de controle social", Castel reencontra conceitos e interpretações muito próximas das produções de Foucault, Deleuze e Guattari; ainda que seja menos lembrado hoje em dia do que os dois últimos, Castel e seu *Psicanalismo* compuseram um mesmo escopo de análises críticas da psicanálise levando em conta um cenário francês que parecia espelhar a situação da psicanálise no Brasil no período, aplicado quase sem mediações. Do mesmo autor, é publicado *A Ordem Psiquiátrica*, um livro mais avizinhado da *História da Loucura* de Foucault, obra também bastante lida na época. Uma obra excepcional dessa mesma época, mas curiosamente pouco lembrada hoje pelos psicanalistas, é *A Polícia das Famílias* de Jacques Donzelot. Prefaciado por Deleuze, este livro lança luz sobre a história da psicanálise não na herança das práticas médicas ou psiquiátricas, mas sobretudo na sua inscrição como mediadora entre o planejamento familiar e a harmonia social[6]. Os dois últimos livros saem pela Graal.

É fundamental aqui também lembrar da forte influência da corrente francesa ao espírito de maio de 1968 que ficou conhecida como Análise Institucional francesa. Autores como René Loureau e Georges Lapassade vieram ao Brasil para parcerias com universidades do Rio de Janeiro e de Minas Gerais e foram muito lidos e celebrados nos círculos universitários brasileiros da psicologia social e da psicologia institucional. Seriam também bastante celebrados os trabalhos de François (Francesc) Tosquelles, Jean Oury e do próprio Guattari nas propostas conhecidas como "psicoterapia institucional"[7] – à qual também se alinham nomes como Roger Gentis[8] e Horace Torrubia[9], estes menos conhecidos no Brasil, além de tantos outros nomes e experiências[10]. Também foram presentes a pedagogia institucional de Michel Lobrot[11] e a abordagem multirreferencial de Jacques Ardoíno[12] – este último esteve no congresso do MASP de 1970, junto com Lapassade, Maxwell Jones e outros. A "Coleção Psicanálise" da editora Vozes, embora um tanto eclética do ponto de vista editorial porque misturada com a antipsiquiatria inglesa ou a abordagem rogeriana, viabilizou a publicação de obras como o indispensável J.B. Pontalis com *A Psicanálise Depois de Freud*, *A Sexualidade Feminina*, de J. Chasseguet-Smirgel, e outros autores que viriam a compor a chamada psicossociologia francesa, como Max Pagès, com a *Vida Afetiva dos Grupos*.

Um tanto mais distante das perspectivas teóricas dos autores acima citados, mas ainda na série francesa, a editora Zahar publica *A Representação Social da Psicanálise*, de Serge Moscovici, uma obra que teria boa difusão em função da pesquisa de campo realizada sobre os entendimentos populares e especializados do que é psicanálise no âmbito francês; suas obras seguintes fundamentarão uma perspectiva denominada "teoria das representações sociais", muito influente na psicologia social brasileira. Dentro do referencial lacaniano da teoria dos quatro discursos, é editado pela Brasiliense *A Ordem Médica*, de Jean Clavreul.

Entre os autores brasileiros que repercutiram as teses das obras acima, destacam-se alguns autores cariocas no período. Um deles é Chaim Katz, com as obras *Psicanálise e Instituição* e *Ética e Psicanálise*. Duas coletâneas importantes do ponto de vista da recepção francesa por ele organizadas são *Psicanálise e Sociedade* e *Psicanálise, Poder e Desejo* – esta última publicada desde o IBRAPSI –, com traduções de artigos e ensaios de Foucault, Deleuze e Castel, além de autores lacanianos como Alain Grosrichard e Jacques Alain--Miller. Por fim, ainda entre as coletâneas, vale lembrar da já mencionada *Psicanálise e Nazismo*, primeira antologia publicada em português, que busca perscrutar a história da psicanálise na Alemanha durante o regime nazista (portanto, nesse caso em específico a grande maioria de autores são alemães), além de propiciar o acesso a reportagens e documentos da época sobre o caso Amílcar Lobo. Além dos livros e antologias, Chaim Katz foi responsável por diversas traduções e resenhas de livros na revista *Tempo Brasileiro* e colunas na chamada imprensa alternativa, em especial no jornal *Opinião*, o que lhe dava grande capital simbólico para publicar obras e se firmar com destaque no cenário intelectual carioca. Ao lado de Katz, tomando como termômetro as produções intelectuais do IBRAPSI, é preciso lembrar as obras de Gregório Baremblitt, como *Progressos e Retrocessos em Psiquiatria e Psicanálise* e a coletânea *O Inconsciente Institucional*. Baremblitt seria um dos principais responsáveis pela articulação da psicanálise com a análise institucional francesa e com a esquizoanálise de Deleuze e Guattari no Brasil[13].

Muitas obras acadêmicas produzidas dentro ou fora do país se deram sob uma evidente influência intelectual de Foucault[14], especialmente no Rio de Janeiro. Para nomear algumas das mais notáveis: a emblemática *História da Psiquiatria no Brasil*, de Jurandir Freire Costa, publicada originalmente em 1976, sobre a história da Liga Brasileira de Higiene Mental da primeira metade do século XX[15]; *A Psiquiatria como Discurso da Moralidade*, de Joel Birman; a obra conjunta *Danação da Norma: Medicina Social e Constituição da Psiquiatria no Brasil*; e *Ordem Médica e Norma Familiar*, novamente de Jurandir Freire Costa. Estas últimas três obras foram publicadas pela editora Graal.

Em São Paulo, o grande representante dessa corrente de inspiração francesa será José Augusto Guilhon Albuquerque, com a publicação pela editora Paz e Terra de *Metáforas da Desordem*, e de *Instituição e Poder* pela Graal, bem como o ensaio curto *Metáforas do Poder*, pela editora Achiamé. Guilhon Albuquerque também atua como articulista em jornais da imprensa alternativa[16]. Além disso, ele será um tradutor importante de diversas obras fundamentais, em especial as de Michel Foucault.

ANTROPOLOGIA E CIÊNCIAS SOCIAIS: O *BOOM* DA PSICANÁLISE COMO OBJETO DE ESTUDO

Uma boa forma de apresentar essa segunda linha de frente da biblioteca crítica psicanalítica em construção no Brasil pode partir de um conjunto de quatro artigos oriundos de um simpósio e publicados na revista da Sociedade Brasileira para o Progresso da Ciência, denominado Quem Está Pirando no Rio de Janeiro: As Transformações da Demanda de Psicoterapia[17]. Voltados para a diferença entre a demanda da classe média "intelectualizada e narcísica" e a da classe baixa "desesperançada e enlouquecida", em um dos textos afirma-se:

> O código linguístico é uma forma específica de comunicação, dentre várias, um emergente cultural determinado pelas aprendizagens que o indivíduo realiza e, portanto, condicionado pela estrutura de classe, à qual o indivíduo está subordinado. O paciente de classe pobre não tem apenas dificuldade de entender o que lhe diz o terapeuta, por restrições de vocabulário, fruto de experiências educacionais empobrecedoras. A barreira de classe entre terapeuta e paciente é muito mais extensa, já que o código verbal representa apenas um dos elementos que constitui seu universo de representações mentais e que acabam por determinar uma visão de mundo. Este universo é condicionado por uma estrutura de classe, estando aí um dos motivos reais da inoperância terapêutica.[18]

Parecia evidente que os aportes da antropologia e da sociologia urgiam na compreensão do crescimento da demanda por psicoterapia como um fenômeno social. Assim como Katz, Baremblitt, Freire Costa, Birman, Guilhon Albuquerque e outros, também foram fundamentais os autores que tomaram o *boom* da psicanálise como objeto de estudo ou respaldaram análises sobre ele. Seu principal polo irradiador seria o Museu Nacional no Rio de Janeiro, dentro do grupo de pesquisa de Gilberto Velho. Esse versátil antropólogo defenderia em 1975 sua tese de doutorado sobre o uso de tóxicos na Zona Sul do Rio de Janeiro, publicada anos depois como *Nobres e Anjos. Desvio e Divergência* e *Individualismo e Cultura* são suas duas principais obras no período, ambas publicadas pela editora Zahar. Além delas, destaca-se um conjunto de ensaios, que começam a ser escritos em 1983, mas só viriam a público em 1986 pela Zahar, chamado *Subjetividade e Sociedade*, um trabalho antropológico luminoso sobre os efeitos subjetivos da ditadura brasileira.

Uma das teses mais destacadas produzidas no grupo do Museu Nacional é *Da Vida Nervosa nas Classes Trabalhadoras Urbanas*, de Luiz Fernando Dias Duarte, defendida em 1985 e publicada no ano seguinte pela Zahar. Nesta obra, discute-se a emergência das "doenças nervosas" no bairro periférico de Acari na capital carioca a partir de um espectro empírico que vai de depoimentos a propagandas e anúncios de jornais. É também de Luiz Fernando Dias Duarte o comentário mais atento sobre a história da relação entre antropologia e psicanálise do grupo do Museu Nacional no Rio de Janeiro[19]. Outro trabalho produzido nesse contexto intelectual, mas um pouco posterior ao período ditatorial, é o já mencionado *O Corpo Contra a Palavra*, de Jane Russo.

Outro autor cujas obras terão um importante impacto é o psicanalista Sérvulo Augusto Figueira, que inicia uma parceria com o grupo de Gilberto Velho e com jovens psicanalistas e pesquisadores que formarão uma espécie de agenda comum de pesquisas sobre a chamada cultura psicanalítica no Brasil. Seu mestrado, orientado por Samuel Faro (IMP/SPID) e defendido na PUC-RJ, foi publicado como *O Contexto Social da Psicanálise*. Figueira organizou antologias importantes, como *Sociedade e Doença Mental*, *Psicanálise e Ciências Sociais*, *Cultura da Psicanálise* e, junto com Gilberto Velho, *Família, Psicologia e Sociedade*. Além dos ensaios e das produções acadêmicas, Figueira publicaria pelo menos dois textos marcantes no *Jornal do Brasil*[20]. Já no campo das pesquisas sobre a comunicação das massas é importante lembrar de Muniz Sodré, com obras como *O Monopólio da Fala* e *A Máquina de Narciso*. Suas reflexões do período sobre a cultura de massas (especialmente da televisão) tinham no horizonte um entendimento da psicanálise como fenômeno da classe média restrita aos grandes centros urbanos, inacessível às cidades pequenas[21]. Ainda que posterior ao período ditatorial, vale mencionar a antologia organizada por Muniz Sodré denominada *Clínica e Sociedade*, que compila diversos textos do grupo do CESAC carioca, do qual ele foi membro.

Além de incorporar os debates de Foucault, Deleuze, Castel e outros da "torrente" anterior, junto aos obviamente basilares Mauss e Lévi-Strauss, esse grupo também convocará outros clássicos das ciências sociais como intérpretes da cultura psicanalítica brasileira, como as sociologias de Georg Simmel e de Pierre Bourdieu, a antropologia de Louis Dumont e a historiografia da tradição dos *Annales* de Philipe Ariès. Autores menos lembrados hoje em dia como Basil Bernstein ou Peter Berger também foram fundamentais na composição da paisagem intelectual do grupo. Nesse contexto, são revividas duas grandes obras do cientista social canadense Erving Goffman – *Manicômios, Prisões e Conventos* e *Estigma*. Também serão traduzidas para o português pela editora Graal: *As Classes Sociais e o Corpo*, do sociólogo Luc Boltanski, uma discussão perspicaz sobre experiências de tratamentos médicos matizadas pelas diferenças de classe, e *Da*

Polícia Médica à Medicina Social, do historiador George Rosen, autor que se dedicou ao campo da história da saúde pública.

No que tange à interlocução entre psicanálise e ciências sociais, o círculo intelectual e acadêmico paulista que foi seguramente pioneiro nesse debate graças aos trabalhos de Roger Bastide e Florestan Fernandes esteve de algum modo menos entusiasmado com a questão da cultura psicanalítica brasileira. Bastide voltara à França dez anos antes do golpe de 1964 e se afastara significativamente da produção brasileira uspiana que ele ajudara a fundar; em 1967 foi publicado *Sociologia das Doenças Mentais* em português, mas Bastide morreria alguns anos depois, em 1974. Florestan Fernandes, seguramente um dos maiores intelectuais de esquerda da história do Brasil, foi por sua vez severamente perseguido após o golpe de 1964, aposentando-se compulsoriamente da USP após o AI-5 e exilado no Canadá e nos EUA. Ao retornar ao Brasil, a agenda intelectual partilhada com Bastide nos anos 1950, que incluía a psicanálise, parecia ter ficado no passado. Suas atividades acadêmicas na sociologia e sua dedicação à militância nas esferas políticas e educacionais foram da maior importância no contexto da abertura política no país. O antropólogo Ruy Coelho, que trazia em sua bagagem intelectual pesquisas utilizando o teste de Rorschach em tribos da América Central e havia publicado em 1969 o importante *Estrutura Social e Dinâmica Psicológica*, era talvez uma espécie de herdeiro intelectual de Bastide na antropologia uspiana no que diz respeito à interlocução com a psicanálise. Porém, Coelho foi igualmente perseguido pela ditadura e obrigado a se exilar na França nos anos 1970, sem retomar na década de 1980, já de volta à USP, sua agenda intelectual de interlocução crítica com a psicanálise. De toda forma, provavelmente como uma sequela tardia da perseguição militar das universidades paulistas dos anos 1960 e 1970, não houve em São Paulo algo semelhante ao que acontecia no Rio de Janeiro no sentido de tomar o *boom* da psicanálise como objeto de estudo. Por mais preciosas que sejam as escolas de antropologia nordestinas, principalmente as pernambucanas e baianas, aparentemente a formação de uma cultura psicanalítica no sentido forte da expressão foi mesmo um fenômeno Sul--Sudestino, mais concentrado no eixo Rio de Janeiro – São Paulo talvez até do que no Rio Grande do Sul, e não chegou a ser objeto de reflexão das tradições intelectuais de outras regiões.

OUTROS ENCONTROS ENTRE FREUD E MARX

Vimos anteriormente que *Eros e Civilização* de Marcuse foi o grande marco do freudo-marxismo em território nacional nos idos de 1968, firmando-se como o ponto de referência basal para toda e qualquer articulação entre Freud e Marx no Brasil ao longo dos anos seguintes. O entusiasmo com o freudo-marxismo estadunidense encabeçado no final dos anos 1960 teve, no entanto, fôlego curto ante a censura implacável; como não haveria chance de ser diferente, foram muito raras as publicações nesse espectro, todas por editoras pequenas e sem causar grande impacto. Um ótimo exemplo é o volume publicado em 1969 intitulado *Psicanálise e Sociologia*, contendo dois ensaios: "Por uma Síntese Antropológica", de Robert Kalivoda, e "Uma Sociedade Unidimensional?", de David Horowitz. Ora, parece claro que um título genérico como *Psicanálise e Sociologia* e um subtítulo abreviado em português como o que foi dado ao ensaio de Kalivoda eram formas de não tornar manifesto o seu conteúdo, que abrangeria Freud, Marx, Marcuse e Fromm, aos olhos dos militares[22]. Os efeitos deletérios da censura para uma apreensão posterior de obras como essa do ponto de vista da história intelectual se fazem sentir aqui; ao obrigar editoras (principalmente as menores) a dissimular títulos, capas e paratextos, a censura tornava a recepção e a divulgação de certas tradições intelectuais muito inexatas, quando não verdadeiramente impossíveis. *Vida Contra Morte*, de Norman Brown, chegou em 1974, mas sem o mesmo impacto aqui que teve nos EUA, enquanto *Para uma Crítica Marxista da Teoria Psicanalítica*, escrita pelos franceses Catherine Clément, Pierre Bruno e Lucien Sève, só chegaria graças a uma edição portuguesa de 1975, distribuída pela editora Martins Fontes. Vimos que a obra de Reich sofria com os entraves da versão brasileira da Guerra Fria; salvo raras exceções, Reich nesse período acabou sendo mais lido em espanhol, principalmente graças a edições argentinas, do que em português. Não obstante, o reichismo foi bastante influente em São Paulo, tanto para propostas de clínica pública[23] quanto para desenhar temáticas intelectuais voltadas à questão da libertação sexual no contexto da abertura. Dentre essas produções, destacamos a coletânea *Sexo & Poder*, organizada por Guido Mantega, e a célebre *Repressão Sexual: Essa Nossa (Des)conhecida*, de Marilena Chauí, ambas publicadas pela editora Brasiliense.

A partir da segunda metade dos anos 1970, esse cenário começa a mudar, um tanto timidamente ainda, mas de forma suficientemente significativa. Provavelmente na esteira da torrente francesa, em que autores como Foucault, Deleuze ou Guattari incomodavam menos o regime militar do que os "imediatamente marxistas", chegam ao Brasil traduções fundamentais da obra de Louis Althusser, publicadas em um curto intervalo de dois anos pelas editoras Graal e Zahar[24]. Com quase dez anos de atraso facilmente explicáveis pela censura e pelas atrocidades da vigência do AI-5, e apesar de conhecido e debatido nos círculos intelectuais da *Tempo Brasileiro* e da *Revista de Cultura Vozes*, é somente no fim da década de 1970 que o grande público leitor "psi" tem finalmente amplo acesso ao pensamento de um articulador intelectual francês fundamental do maio de 1968. O freudo-marxismo de Althusser se assenta em fundamentos epistemológicos do estruturalismo francês e tem como um interlocutor central Jacques Lacan, cuja experiência intelectual estava igualmente em processo de implantação no Brasil. A notoriedade da presença de Althusser nos círculos intelectuais psicanalíticos é saudada com a publicação de *Freud e Lacan, Marx e Freud*, que contava com uma elucidativa apresentação do filósofo mineiro Walter Evangelista:

> Em 1949, estávamos na mais total oposição. Era ou Marx ou Freud. Em 1965, aproximamo-nos do perigo oposto, ou seja, da *tendência* a fundir Marx e Freud no discurso da superdeterminação, superciência, saber absoluto que reeditaria, se a tendência dominante fosse a da Psicanálise, uma epistemologia geral, a qual proporia, como *fundamento*, o desejo, tal como ele se exprime-esconde na linguagem, ou se apropriaria da Psicanálise, se a dominância fosse do Marxismo, colocando-a no Materialismo Histórico como a nova teoria da Ideologia, da qual ela teria necessidade, teoria essa que, novamente, tornaria possível uma epistemologia geral e fundante. Tanto Marx quanto Freud se perderiam, de novo, na ideologia totalitária e totalizante. Em 1976, com "Marx e Freud", Althusser reestabelece a distância adequada: Marx e Freud, o mesmo combate contra a noção ideológica de sujeito, mas em dois campos distintos, porque duas ciências distintas.[25]

Nessa mesma leva, em 1979 começam também a ser publicadas obras do grupo francês Socialismo ou Barbárie[26]. Nesse ano são publicados *As Formas da História*, de Claude Lefort[27] e *Socialismo ou Barbárie*, de Cornelius Castoriadis, ambos pela editora Brasiliense[28]. Ainda por esta editora, sai em 1981 *A Invenção Democrática*, de Lefort, e no ano seguinte é publicado *Diante da Guerra*, de Castoriadis. Esses autores foram potencializados por novas revistas de esquerda, como a *Oitenta* da editora gaúcha L&PM, que seria responsável pela publicação em 1985 de *Os Destinos do Totalitarismo e Outros Escritos*, de Castoriadis. Vale pontuar que Jean-François Lyotard, outro autor incontornável ligado ao Socialismo ou Barbárie e profundamente influenciado por Freud e Lacan, especialmente em suas primeiras obras, seria traduzido e publicado em português antes por editoras de Portugal do que por editoras brasileiras – sua influência será mais notada após o fim do período ditatorial. Com isso, fecha-se um primeiro ciclo de recepção dessa vertente que sobremaneira se mostraria bastante distinta de outros encontros entre o freudismo e o marxismo. Correndo algum risco de simplificação ao resumir aqui, vale ao menos sinalizar que Lefort e Castoriadis (principalmente o último) aproximariam psicanálise e marxismo para construir críticas equidistantes ao stalinismo e ao fascismo sob inspiração inicialmente trotskista e, ao longo do desenvolvimento de suas experiências intelectuais e cada qual à sua maneira, converteriam o marxismo crítico em crítica ao próprio marxismo tradicional. Na impossibilidade de trabalhar exaustivamente a trajetória intelectual desses autores, ficam indicadas referências para maior aprofundamento.

Quando se fala em autores que articularam Freud e Marx, saindo da influência mais francesa, é mister sublinhar a recepção de autores da Escola de Frankfurt, para além de seus primeiros "capitães" iniciais no Brasil, Marcuse e Fromm. Pensadores como Adorno, Horkheimer, Benjamin e Habermas se tornaram inicialmente conhecidos em solo nacional graças a um volume da famosa coleção "Os Pensadores" dedicada a eles, uma espécie de presença obrigatória nas prateleiras das bibliotecas brasileiras que, de certo modo, forneceu as coordenadas para a atenção aos originais desses autores. Na primeira metade dos anos 1970, constam *A Modernidade e os Modernos*, de Walter Benjamin – com a primeira versão de "Sobre Alguns Temas em Baudelaire" em português, um ensaio brilhante construído em diálogo com Freud[29] – e *Temas Básicos de Sociologia*, de Adorno e Horkheimer. *Eclipse da Razão*, de Horkheimer, sairia por uma pequena editora carioca – Labor do Brasil – em 1976, mas passaria quase despercebido. Nos primeiros anos da década de 1980, duas das principais obras de Habermas que travam diálogo com a psicanálise são publicadas: *Conhecimento e Interesse* e *Para a Reconstrução do Materialismo Histórico*. Um livro crucial como *Dialética do Esclarecimento*, de Adorno e Horkheimer, por sua vez, só seria traduzido em 1985 pela editora Zahar. Entre os autores que estiveram entre os frankfurtianos menos conhecidos do público brasileiro geral está Alexander Mitscherlich, que terá *A Cidade do Futuro* publicado em 1972 – única obra desse autor que chegou por aqui até hoje. Nesse caso específico, versando mais sobre benefícios que a psicologia social ofereceria ao planejamento urbano na transformação das cidades do que sobre qualquer aspecto mais específico da psicanálise, *A Cidade do Futuro* pouco informa sobre a reflexão propriamente psicanalítica desse autor. Alfred Lorenzer, por sua vez, aguardaria até 1987 para que fosse publicado aqui seu profícuo *Arqueologia da Psicanálise*. Quanto aos comentaristas e ensaístas brasileiros, Sérgio Paulo Rouanet é um dos mais importantes intelectuais que chamaria a atenção para a relação entre alguns autores da Escola de Frankfurt com a psicanálise, por meio de textos como *Édipo e o Anjo* e o notável *Teoria Crítica e Psicanálise*. São essas as primeiras obras a chegarem aqui ou a serem produzidas aqui que preparam a interlocução profícua entre os autores da Escola de Frankfurt e a psicanálise, cuja efetivação se dá com grande potência a partir da segunda metade dos anos 1980.

No escopo do freudo-marxismo estadunidense, já sob influência dos frankfurtianos, serão publicados no Brasil *Amnésia Social*, do eminente historiador Russell Jacoby, e dois livros notáveis do historiador Christopher Lasch: *A Cultura do Narcisismo* e *O Mínimo Eu*. Esses três livros terão destinos importantes no Brasil e seguem sendo bastante lidos até hoje. Um quarto freudo-marxista estadunidense, menos influente do que Jacoby ou Lasch mas que vale mencionar, é Michael Schneider, com *Neurose e Classes Sociais*. Lembrando a questão das capas que mencionamos a respeito de *Eros e Civilização* ou de *A Esquerda Freudiana*, o livro de

Schneider também trazia uma pequena foto de Freud e Marx lado a lado; porém, aqui, essa seria apenas mais uma capa de mais um livro em meio a uma abundância de publicações que os militares já não poderiam fazer mais nada para conter.

O solo fértil de Althusser e dos frankfurtianos na passagem dos anos 1970 para 1980 seguiu sendo a revista *Tempo Brasileiro*, cujos braços se estendiam por mais dois veículos, a *Revista de Cultura Vozes* e a *Encontros com a Civilização Brasileira*. Leandro Konder se apoia em uma articulação entre Reich, o freudo-marxismo estadunidense e os frankfurtianos em *Introdução ao Fascismo*, livro que seria alvo da espionagem militar em 1978. Inúmeros artigos de crítica e contracrítica focados especialmente em Althusser circularam entre o fim dos anos 1970 e início da década de 1980, um debate tão intenso e profuso que não teríamos condições de apresentar aqui[30]. Fato é que as polêmicas em torno da recepção desse pensador francês acabaram atravessando a recepção de Lacan, dada a importância desse autor para a experiência intelectual althusseriana. Intelectuais da direita liberal como José Guilherme Merquior que se impacientaram com o marxismo estruturalista althusseriano acabavam por tabela se indispondo com Freud e Lacan:

Ambos os erros: desprezo da pesquisa causal, falta completa de curiosidade histórica – seriam perfilhados pelos candidatos mais badalados à sucessão da estruturalice, a saber, a semidiótica e a lacanagem: o tréfego [sic] festival dos signos "a tout propos" e o esotérico, oracular pedantismo do hierático doutor Lacan. Da psicanálise, superstição do nosso tempo, já se disse, com acerto, que nasceu como tentativa de explicação. Manifesto exagero, quando muito válido para o pedestre, claro e filosoficamente raso Freud. Lacan é mais profundo: serve a mitologia, mas não liga bulhufas para a explicação – a rigor, nem sequer elucida os seus arcanos teóricos. O inconsciente pode ser uma linguagem (metáfora, por sinal, ou trivial ou falsa); mas o discurso do Mestre é uma catedralesca criptologia. Se a clareza é, conforme queria Ortega, a cortesia do pensador, Jacques Lacan é o pensador mais grosseiro que já se viu (a menos que não se trate de um pensador).[31]

Como no contexto da abertura política passava a ficar mais nítida a fronteira entre o liberalismo à direita e o freudo-marxismo à esquerda, críticas como essa de Merquior acabavam prestando um favor às avessas à recepção do lacanismo do ponto de vista intelectual: se Althusser era um marxista leitor da psicanálise, Lacan, cuja obra ainda estava lentamente aportando nos círculos intelectuais, talvez também o fosse. Na dúvida, os intelectuais liberais lhe torciam o nariz de antemão, enquanto a nova esquerda em formação o acolhia um tanto em paralelo às rotas filiatórias e migratórias da implantação propriamente clínica (sem ajuizar aqui qual itinerário é o principal e qual é o lateral, se é que isso faz algum sentido quando se parte do pressuposto da história intelectual dos cruzamentos mútuos) – algo como um "se é inimigo intelectual dos meus inimigos então é meu amigo". Ou seja, a acolhida de Lacan se impulsionava também entre as esquerdas nacionais em meio à turbulenta recepção da obra de Althusser no Brasil, o que também lhe marcaria um lugar futuro no circuito universitário. Como um efeito inusitado nesse contexto, forma-se um certo vulto hipotético em que "ser psicanalista", "ser marxista" e "ter contrariedades com a IPA" se igualavam na conclusão abreviada "ser lacaniano". Ainda que muitos lacanianos fossem de esquerda, chega a ser engraçado quando se detecta essa decorrência imaginária compulsória, como por exemplo em um diálogo ocorrido em 1983 entre um grupo de psicanalistas cariocas, do qual recortamos um trecho da conversa entre Galina Schneider e Hélio Pellegrino, ambos da SPRJ, em uma situação pós-escândalo Amílcar Lobo:

Galina – Cada vez que entra uma teoria nova, uma visão nova, a psicanálise, digamos assim, entra em convulsão. O lacanianismo está produzindo isso. Os lacanianos da nossa sociedade estão agitando a sociedade.
Pellegrino – Mas quem são os lacanianos da nossa sociedade?
Galina – Um deles é você.
Pellegrino – Não, não é verdade.
Galina – Ah! Hélio, não seja modesto!
Pellegrino – Não, não, eu não conheço suficientemente o Lacan, para me dizer lacaniano.[32]

Tanto Hélio Pellegrino quanto Eduardo Mascarenhas simpatizaram com Lacan e estudaram sua obra, porém mesmo após a polêmica em torno da expulsão da SPRJ ambos jamais se filiariam a uma instituição lacaniana, nem tampouco reivindicariam ser reconhecidos como lacanianos. Sabidamente com razão na crise da SPRJ em torno do caso Amílcar Lobo, a trajetória desses dois psicanalistas não foi marcada por nenhuma espécie de crise de consciência ou de legitimidade, provando que sim, era possível se colocar publicamente como psicanalista e marxista ao mesmo tempo, mas não, não era obrigatório ser lacaniano para tal. Pode parecer um disparate reiterar algo tão banal a essa altura do nosso livro, mas o momento é oportuno para lembrar que ambas são trajetórias exemplares quanto às múltiplas possibilidades de encontros entre Freud e Marx. No caso de Hélio Pellegrino, não há dúvidas de que ele se firmara nos primeiros anos da década de 1980 como um dos maiores representantes da psicanálise ao sustentar o papel de intelectual engajado. Todo o capital simbólico acumulado como escritor e poeta, como colunista nos jornais cariocas até sua prisão após o AI-5, nas propostas "à altura de seu tempo" da CSAKK e na contestação pública do escândalo Amílcar Lobo lhe valerão um lugar de destaque no cenário psicanalítico nacional. Ao mesmo tempo, a parte relativa aos textos do autor discutindo teoria psicanalítica *stricto sensu* é bastante modesta. Seus dois ensaios mais consagrados serão: Pacto Edípico, Pacto Social[33] e A Dialética da Tortura: Direito Versus Direita[34]. Resumidamente, o primeiro versa sobre a associação entre a "Lei da cultura" própria da entrada no complexo de Édipo e o pacto civilizatório centrado na entrada no mundo do trabalho, organizando uma leitura sobre problemas sociais brasileiros como a delinquência a partir dessa articulação entre essas duas frentes interpretativas[35]. Quanto ao segundo, Pellegrino recorre ao expediente dialético para superar a oposição entre a agenda política da busca pela verdade sobre a prática da tortura na ditadura e a contra-acusação de "revanchismo" do lado do discurso militar no contexto da abertura. Com hipóteses menos psicanalíticas do que em *Pacto Edípico*, não se pode negar a presença tácita do caso Amílcar Lobo no pano de fundo do argumento do texto, uma vez que Pellegrino já tinha conhecimento da situação quando escreve. Com o fim da ditadura, a antologia *A Burrice do Demônio* reuniu quase sessenta artigos de Pellegrino em jornais entre 1982 e 1988. Não obstante, ainda está para se realizar uma compilação verdadeiramente completa de seus ensaios e colunas para além de sua obra literária[36], algo para o qual esperamos que esta obra possa contribuir de alguma forma.

Eduardo Mascarenhas por sua vez também se coloca como intelectual engajado no início dos anos 1980, porém de outras formas. Fiel escudeiro de Pellegrino no caso Amílcar Lobo, Mascarenhas, talvez por ser mais jovem e por conseguinte com menos capital simbólico acumulado, foi mais questionado no cumprimento desse papel. Filho de Geraldo Mascarenhas da Silva, antigo subchefe da Casa Civil do governo Vargas e secretário de Educação do governo de Minas Gerais, Eduardo Mascarenhas logo se inclina para a política ainda no contexto da abertura pelo pleito de 1982 pelo MDB[37], mas não se elege. Mascarenhas ficaria famoso por suas participações na televisão, como no programa *Interiores*, da TV Educativa, e no programa *TV Mulher*, da Rede Globo, encampando uma representação midiática pouco usual, o "psicanalista das celebridades", recebendo em seu divã atores populares (principalmente das novelas globais), cineastas (como Glauber Rocha) e outros. Não obstante, nada disso o desabonaria nesses primeiros anos da década de 1980. Uma das características da posição pública de Mascarenhas era chamar a atenção para a questão da consciência de classe por parte dos psicanalistas, como se pode ver neste trecho de entrevista para uma revista de arquitetura de 1981:

> Na minha opinião, no âmbito da psicanálise, elas [contradições fundamentais da sociedade] não são as contradições entre a burguesia e a classe média, nem entre a burguesia e a pequena burguesia. Há um conflito no âmbito psicanalítico entre a pequena burguesia e a classe média. Para se ter uma ideia, a psicanálise tem uma reverência aos artistas e aos intelectuais extraordinária, porque esses pequenos burgueses estão fazendo uma apropriação da mais-valia erótica, estética, de elegância, de finura, que a burguesia não controla. E são apropriação de mais-valia de transcendental importância. A mais-valia erótica, você comer mulher [sic], é um troço importante pra caralho [sic]. Você ser bonito e gostoso – Caetano Veloso? Isso é importantíssimo!

Agora, no âmbito da psicanálise, o conflito é que a maior parte dos psicanalistas que detêm o poder institucional vieram da classe média e são leitores de *O Globo*, que vêm com aquela manteiga embrulhada em papel cor-de-rosa, pendurada no barbante, de noite, para ver a novela das 8 da rede Globo, entendeu? A adolescência foi pobre de experiências existenciais, culturais, eróticas, etc. Chegaram os 35, 40 anos já senhores, barrigudos, com mulheres meio bigodudas, filhos meio feios, morando ali debaixo do viaduto Paulo de Frontin, e aí começam a ter um determinado nível de poder financeiro. Então surge o conflito, muito grande, no espaço psicanalítico – a burguesia não é psicanalista, é óbvio que não! É uma classe média que se tornou pequena burguesia tardiamente. É esse tardiamente que faz uma puta [sic] diferença! Não tem retorno biográfico, nego! A carteira de identidade, os cabelos brancos, a barriga que cresceu, não dá![38]

Se comparada às aparições na grande mídia e suas polêmicas públicas, a obra escrita de Mascarenhas nessa época é bastante modesta. Carismático e um tanto desaforado, seus feitos mais populares foram a coluna *No Divã do Mascarenhas*, iniciada em 1983 no jornal *Última Hora*, e suas participações no TV *Mulher*, da Rede Globo e na revista *Contigo*. No livro *Emoções no Divã de Eduardo Mascarenhas*, o autor defende sua participação na grande mídia, pois a julga não como "vulgarização do conhecimento", mas como "democratização do saber"[39], uma forma de combater o "psicanalês" (dialeto assumido por psicanalistas na cena pública que suspende o português) e o elitismo da psicanálise. Com o fim da ditadura, Mascarenhas se engaja na vida política de forma decisiva, filiando-se posteriormente ao PDT de Leonel Brizola e depois ao PSDB, já dentro da corrente política então chamada "neoconservadora"[40] – portanto nos anos 1990, já muito distante das raízes marxistas das quais tanto se orgulhava no entorno do escândalo Amílcar Lobo. De toda forma, dos anos 1980 destacamos dois textos do autor. Um já citado, produzido nos acontecimentos do Fórum de Debates, denominado "Aquele que Deixou de Ser Sem Nunca Ter Sido ou a Psicologia de Classe Média dos Psicanalistas"[41]. E um segundo mais tardio, publicado em 1987, denominado "Grupo Não é Psicoterapia de Pobre"[42], no qual Mascarenhas parte da crítica a uma burlesca "teoria do bife de churrascaria" – na qual se pensaria que psicoterapia de grupo era "ter que dividir o bife com outros sentados à mesa", uma imagem de prejuízo em relação à psicoterapia individual – para defender a validade das análises grupais.

As empreitadas de Pellegrino e Mascarenhas no papel de intelectuais públicos também foram seguidas de declarações de apoio a candidaturas políticas e movimentos estudantis, todas devidamente acompanhadas pelo SNI: Pellegrino seguia como carta marcada nos Relatórios Periódicos de Informações em função de suas colunas de jornais, como se pode ver em um documento do CISA de 1983[43], bem como também era vigiado por apoiar Tancredo Neves como o candidato da conciliação em 1984[44]. Mascarenhas, por sua vez, era vigiado por se aliar aos estudantes em 1983[45]. Menos importantes que documentos anteriores, mencionamos esses três apenas para demonstrar que a espionagem sobre eles continuava. Ainda que não houvesse prisão ou alguma intimidação direta como houve com Pellegrino no contexto do AI-5 (afinal, os tempos já eram outros), parece que o SNI atendeu aos pedidos de Amílcar Lobo de mantê-los sob estrita vigilância nos últimos anos da ditadura civil-militar brasileira. Com efeito, tal como coloca Pellegrino em *A Dialética da Tortura*, a operação "abafa o caso" de Amílcar Lobo ainda fazia suas últimas tentativas pois, para os militares, quanto menor a exposição da tortura, mais "lenta, gradual e segura" seria a transição democrática.

De toda forma, retomando o argumento da história intelectual, não raro os três grupos até aqui trabalhados estavam em contato direto, partilhando leituras e inquietações comuns, todos de alguma forma embebidos do espírito libertário[46] que se anunciava com a anistia e o previsível fim da ditadura no Brasil. No esteio desses grupos, ainda restava acertar as contas intelectuais com um freudismo aparentemente desgastado pela hegemonia do kleinismo e do pós-kleinismo nas sociedades oficiais, bem como recuperar as virtudes da obra de Freud em um momento de vulgarização acentuada. Assim, forma-se outro grupo, esse mais paulista do que carioca, e mais universitário do que midiático ou propriamente militante, para ler Freud com as lentes da filosofia.

UMA FILOSOFIA DA PSICANÁLISE NO BRASIL

Entre os fins dos anos 1970 e meados de 1980, sedimentou-se o que já se convenciona chamar de "recepção filosófica da psicanálise no Brasil"[47] no interior de uma extração de pesquisa universitária de difícil sistematização, uma vez que rapidamente se irradia em diversas frentes acadêmicas em regiões distintas do país. Porém, evitando os argumentos tentadores do pioneirismo, alguns marcos históricos podem guiar a organização desse campo intelectual específico.

Na primeira geração que se voltou a tópicos da denominada filosofia da psicanálise estava a personalidade intelectual ímpar de Bento Prado Jr. Na ditadura, esse filósofo e ensaísta de erudição prodigiosa havia sido um dos alvos da perseguição a professores universitários, que demitia, cassava e forçava demissões e aposentadorias. Coagido a se aposentar da Filosofia da USP onde era professor por um decreto do MEC de 29 de abril de 1969, Bento Prado Jr. escreveu em seu exílio na França diversos textos que seriam reunidos na antologia publicada somente em 1985, denominada *Alguns Ensaios*[48]. Nessa obra são sintetizados artigos que haviam sido publicados de forma dispersa, dando a conhecer textualmente sua sofisticação *avant-garde* e seu conhecimento profundo de autores como Habermas, Marcuse ou Deleuze[49], em meio a outros que não vimos até aqui, como Georges Politzer ou Pierre Clastres. A atenção que Bento Prado

Jr. dera à psicanálise não era exclusivista, uma vez que ele também se dedicou a tantas outras áreas, como a literatura e a psicologia. Na impossibilidade de cobrir todos esses interesses em um parágrafo tão curto[50], vale mencionar a coletânea *Filosofia e Comportamento*, organizada por Bento Prado Jr. em 1982, que abre o interesse desse pensador brasileiro sobre a psicologia – no caso desse livro, sobre o behaviorismo e a filosofia da mente. Não obstante, a coletânea organizada por ele que seria verdadeiramente celebrada viria somente em 1991, com a publicação do clássico *Filosofia da Psicanálise*.

Bem antes disso, entre os marcos históricos mais comumente lembrados estão dois trabalhos acadêmicos centrais, orientados por Marilena Chauí na USP. O primeiro é *Freud: A Trama dos Conceitos*, dissertação de mestrado de Renato Mezan defendida em 1977 e publicada em 1982. O segundo é *Freud: O Movimento de um Pensamento*, tese de doutorado de Luiz Roberto Monzani defendida em 1982 e publicada em 1989. Cada qual ao seu modo realizava uma leitura sistemática da teoria e da metapsicologia freudiana pelo recurso da pesquisa sobre a origem e o desenvolvimento de seus conceitos mais fundamentais, empreitadas pouquíssimo habituais para a época. Em 1981, Osmyr Faria Gabbi Jr. defendia seu doutorado sobre *A Pré-História da Teoria Freudiana* na Psicologia da USP, mas o acolhimento de suas reflexões se daria um pouco depois no grupo da filosofia da psicanálise. Também em 1981, Mezan defende uma tese de doutorado marcante, também sob orientação de Chauí e escrita parcialmente na França, defendida em 1981 e publicada em 1985 com o título *Freud, Pensador da Cultura*, uma exposição meticulosa dos chamados textos sociais de Freud.

Um nome a ser lembrado no Rio Grande do Sul é Ernildo Stein. Assim como Bento Prado Jr., Stein é aposentado em 1969 e perseguido pelo regime militar, exilando-se na Alemanha até 1972. Após retornar ao Brasil, publica um conjunto de ensaios em 1976 chamado *Melancolia* e, no ano seguinte, *A Instauração do Sentido*. Ainda distante nessas obras de uma reflexão propriamente psicanalítica, Stein se aproxima aos poucos do grupo seminal da filosofia da psicanálise, imprimindo-lhe um olhar inspirado principalmente em Heidegger. Outro autor importante que trará o aporte heideggeriano para a filosofia da psicanálise no Brasil é Zeljko Loparic, formado em Louvain e nessa época professor na Unicamp[51]. Com o XVI Colóquio de Filosofia do Centro de Lógica e Epistemologia (CLE) do Instituto de Filosofia e Letras Humanas (IFCH) da Unicamp, cujo tema seria "Fundamentos da Psicologia e da Psicanálise", estava plantada a semente de um Curso de Especialização com esse mesmo nome, ao qual muitos psicanalistas e filósofos recorreram para estudar sistematicamente, com o olhar filosófico, a obra de Freud principalmente. Este curso no CLE do IFCH-Unicamp tinha como professores Loparic, Faria Gabbi Jr. e Monzani, além de Bento Prado Jr. como professor convidado – nessa época Bento

Prado Jr. estava lotado na UFSCar, universidade que o recontratara em 1977, sendo "o primeiro professor cassado pelo golpe militar a ser recontratado por uma universidade pública"[52]. Até hoje, o IFCH-Unicamp zela pela tradição idealizada por esse curso, mantendo-se como um núcleo de referência de formação acadêmica na filosofia da psicanálise no Brasil.

No Rio de Janeiro, destacava-se no início da década de 1980 a tese de doutorado de Luiz Alfredo Garcia-Roza, denominada *Psicologia e Subjetividade*, orientada por Antônio Gomes Penna, que inscreve Freud na tradição filosófica ocidental. É verdade que Garcia-Roza já havia defendido em 1975 seu mestrado intitulado *Esboço de uma História do Saber Psicológico* na esteira das pesquisas de Gomes Penna em história da psicologia, mas é a partir do doutorado que sua produção se voltava verdadeiramente para o estudo da obra de Freud no escopo da filosofia da psicanálise. Garcia-Roza também seria o responsável por capitanear a criação de uma pós-graduação em Teoria Psicanalítica na UFRJ, acolhendo a formação de diversos pesquisadores e deixando um importante legado para a pesquisa acadêmica em psicanálise no Brasil[53].

Das obras traduzidas, destacamos três: do psicanalista francês Paul-Laurent Assoun, *Freud, a Filosofia e os Filósofos* e *Introdução à Epistemologia Freudiana*, que examinam detidamente as relações de Freud com a filosofia e com outros campos que influenciaram a fundamentação dos conceitos psicanalíticos; e *A Linguagem e as Origens da Psicanálise*, do filósofo e historiador da psicanálise inglês John Forrester, obra excepcional que parece inexplicavelmente um tanto esquecida hoje em dia.

Da segunda metade dos anos 1980 em diante, uma parte dos universos se cruzam e se misturam. Walter Evangelista na UFMG, Joel Birman na UFRJ e na UERJ e tantos outros também são reconhecidos como integrantes desse grupo, pois afinal também se fazia filosofia da psicanálise por meio das interfaces, com autores como Foucault, Althusser, Marcuse etc. Sobretudo a partir dos anos 1990, essa tradição se faz presente em diversas universidades espalhadas pelo país, seja nos departamentos de filosofia, seja nos de psicologia; além das paulistas USP, PUC-SP, Unicamp, UFSCar e Unifesp e das cariocas UFRJ, UERJ e PUC-RJ, lembremos também de outras, sem a pretensão de fazer aqui uma lista exaustiva: Universidade Federal de Pernambuco (UFPE), PUC-PR, UFRGS, UFES, Universidade Federal de Mato Grosso do Sul (UFMS) e Universidade Estadual de Londrina (UEL). Não seria arriscado dizer que muitos psicanalistas que faziam e fazem suas formações clínicas dentro ou fora das instituições encontravam nesses núcleos universitários solos muito férteis para o estudo sistemático e rigoroso de Freud e dos pós-freudianos com o aporte filosófico, mas também frequentemente imbricados ou ligados às humanidades em geral. É absolutamente certo que a universidade nunca substituiu e nem substituirá um percurso de formação psicanalítica *stricto sensu*, nem tampouco se propôs a isso, porém não se pode negar que a influência da forte presença da psicanálise na pesquisa universitária brasileira remete às experiências desse período histórico. Quanto mais se lia Freud e o pós-freudismo (Lacan, pela qualidade e sofisticação de sua experiência intelectual, não tardaria a ingressar aqui[54]), mais se sinalizava indiretamente o "ponto cego" no quesito rigor de diversas instituições de formação psicanalítica. Sem herdar em absoluto a lógica de disputas próprias do universo psiquiátrico por cátedras universitárias em cursos de psiquiatria ou de psicologia, esses intelectuais no campo da filosofia e das ciências humanas realizarão uma carreira acadêmica substancialmente distinta do roteiro histórico de localizações dos psicanalistas na universidade brasileira. Ao passo que acadêmicos exilados retornavam a postos universitários com a progressiva reabertura política do país, outros realizavam suas formações em pesquisa por aqui mesmo, capitaneando o movimento de leitura rigorosa do freudismo e do pós-freudismo em uma chave filosófica almejada desde os tempos em que alguns sonhavam com uma "Faculdade de Psicanálise", sem nunca a ter feito. Na verdade, o que o grupo da filosofia da psicanálise e os antropólogos e sociólogos dos grupos anteriores faziam era muito melhor e mais razoável do que a tal "Faculdade de Psicanálise". Se por um lado (e não sem razão) as instituições psicanalíticas reivindicavam para si o lugar adequado para a formação de psicanalistas, a despeito de certo "ciúme" da envergadura intelectual daqueles formados nas melhores fileiras da universidade, por outro, os intelectuais universitários trilham seus caminhos em paralelo às instituições psicanalíticas segundo regras próprias de reconhecimento de afinidades intelectuais para formação de grupos de pesquisa, concentrando-se em uma apropriação renovada do pensamento freudiano e pós-freudiano para finalidades intelectuais diversas e independentes da questão da formação de psicanalistas. Os famosos debates entre psicanálise e universidade, que ganhariam importância em meados dos anos 1980 e atravessariam a década de 1990 como um todo, não deixam de ser, a seu modo, uma herança histórica desse desencontro de destinos em torno da disputa por capital simbólico e por legitimidade intelectual dos tempos da ditadura. Ou seja, quando o estímulo para leituras sistemáticas de autores e obras da psicanálise não estava muito em voga, ou quando certos dogmatismos institucionais impediam a circulação livre de ideias, o recurso à pesquisa universitária apresentava um caminho auxiliar fundamental.

NO CONVÍVIO DAS AGENDAS POLÍTICAS DA ABERTURA: A REFORMA PSIQUIÁTRICA E A LUTA ANTIRRACISTA

No pano de fundo de uma sinergia inusitada entre a atenção de setores das ciências humanas à situação da psicanálise nos grandes centros urbanos, em contraste com a situação da saúde mental da classe trabalhadora e as denúncias das condições desumanas dos pacientes psiquiátricos no Brasil, estava o movimento da reforma psiquiátrica no Brasil. No que tange às relações com a psicanálise, alguns pontos de cruzamento são detectáveis por congressos e simpósios a partir de 1978. Um marco histórico seria o I Simpósio Brasileiro de Psicanálise de Grupos e Instituições, realizado pelo IBRAPSI em 1978, que contou com presenças ilustres como Robert Castel, Felix Guattari, Erving Goffman, Franco Basaglia, Thomas Szasz e Shere Hite, entre outros. No início de 1979, acontecia o I Congresso Nacional dos Trabalhadores em Saúde Mental no Instituto Sedes Sapientiae, encontro que será o germe do Centro Brasileiro de Estudos da Saúde (CEBES), formalizado em 1981, com Chaim Katz, Helena Besserman Vianna, Joel Birman, Jurandir Freire Costa e Franklin Rubenstein (SBPRJ), entre outros intelectuais de renome de várias áreas[55]. Ainda em 1979, realizava-se o III Congresso Mineiro de Psiquiatria, que contou também com as presenças de Castel e Basaglia, em circunstâncias nas quais as críticas aos manicômios ganhariam proporções midiáticas. O jornalista Hiram Firmino publicaria uma série de reportagens de denúncias da situação dos asilos mineiros em 1979 no jornal *Estado de Minas* – que o consagrarão com o Prêmio Esso de Jornalismo de 1980 e em 1982 seriam compiladas no livro *Nos Porões da Loucura*, editado pela Codecri. O documentário "Em Nome da Razão", do diretor Helvécio Ratton, impactará definitivamente o campo psiquiátrico mineiro[56], cujos efeitos no Círculo e no Colégio mineiro serão inevitáveis.

Não foi nosso objetivo mapear extensivamente como os militares vigiavam o movimento brasileiro da reforma psiquiátrica, mas encontramos documentos provando que o SNI vigiava não apenas o IBRAPSI, conforme já visto, como também o CEBES – para eles "uma entidade dirigida pelo PCB"[57]. Toda a ânsia privatista que marcava a oposição majoritária das classes médicas ao governo João Goulart na ocasião do golpe de 1964 de certo modo se confirmou como "política de saúde" em âmbito nacional, se é que se pode chamar assim. Porém, obviamente, a privatização deixava sequelas visíveis quase vinte anos depois, abandonando a saúde pública a um estado de calamidade geral. No caso da saúde mental em específico, o corolário dessa política que já chocava a opinião pública com o Juquery paulista dos primeiros anos da ditadura ganha proporções ainda maiores com a Barbacena mineira. Nesse cenário difuso que complica uma detecção mais apurada de onde um começa e outro termina, o engajamento político de atores da reforma psiquiátrica atravessa diversos movimentos psicanalíticos de uma forma inédita. Entretanto, apesar do caráter indistinto, um elemento se tornava cada vez mais claro: o corte geracional. Muitos jovens psiquiatras de formação que participaram e seguiriam participando da luta antimanicomial aportavam na psicanálise de forma radicalmente distinta dos antigos psiquiatras-psicanalistas entre os anos

1930 e 1970, trazendo um conjunto de experiências formativas e pautas políticas que modificariam drasticamente os movimentos psicanalíticos nacionais. Enquanto as gerações mais antigas, sobretudo das sociedades oficiais, seguiam rezando a cartilha do "encastelamento" apolítico e da indiferença em relação às agendas políticas, sociais e acadêmicas desses grupos, a reforma psiquiátrica transpassava os movimentos psicanalíticos em simpósios, sediados nos dois exemplos acima no IBRAPSI e no Sedes.

É possível dizer que a psicanálise ortodoxa se isola não apenas da psiquiatria organicista, da qual afinal tinha mesmo boas razões epistemológicas para manter alguma distância, mas salvo sob circunstâncias excepcionais no Rio Grande do Sul e no Rio de Janeiro[58] ela também se isola da psiquiatria social e comunitária, bem como dos estudos da epidemiologia psiquiátrica[59], que poderiam ter auxiliado em uma reflexão crítica sobre os seus fundamentos e sua sociabilidade. Ao que tudo indica, os estudos de epidemiologia psiquiátrica e de antropologia da saúde entre o fim dos anos 1970 e o início da década de 1980 deram conta de compreender a situação do sofrimento psíquico das classes baixas, que chegavam mais aos departamentos médicos e hospitais públicos do que às clínicas psicanalíticas privadas. De todo modo, não ofereceram a estas nenhuma espécie de pressão direta, senão pela via dos campos de estudos que se diferenciavam do discurso psicanalítico vigente. Naomar de Almeida-Filho na Bahia, por exemplo, publicava já em 1982 seus estudos sobre o adoecimento psíquico provocado pelos processos de modernização, experienciados como rupturas e traumas[60]. Ana Maria Pitta realiza esforços dentro do Departamento de Medicina Preventiva da Faculdade de Medicina da USP, bem como da Faculdade de Saúde Pública da mesma universidade, cujo diálogo com a psicanálise se aproximava mais do espírito questionador do Sedes do que da SBPSP. Paulo Amarante, um dos maiores nomes da reforma psiquiátrica brasileira, também terá diálogos profícuos com o IBRAPSI de Baremblitt, atravessando diversas formações dos clínicos "psi" na esteira da luta antimanicomial ao longo dos anos 1980, processo que culminaria com a formação de uma agenda política de saúde mental na constituinte de 1988 via criação do Sistema Único de Saúde (SUS).

Nos anos 1970, a chamada psiquiatria social ou psiquiatria comunitária (cujo pioneirismo, vimos, é antes de tudo recifense graças a Ulysses Pernambucano e seus discípulos) também ganharia espaço no eixo Sul--Sudeste, porém com pouca influência nos movimentos psicanalíticos regionais. Clóvis Martins na USP abrirá espaço para pensar a psiquiatria transcultural; contudo, talvez por ser não exatamente simpático à psicanálise, as interlocuções mais diretas acabavam bloqueadas. Infelizmente temos pouco a acrescentar aqui, pois fugiria muito do escopo do que pesquisamos, mas não quisemos deixar de apontar o que pôde ser levantado ainda que muito rapidamente.

De toda forma, parece mesmo que as vias de comunicação seriam prioritariamente indiretas, animadas pelo espírito libertário da abertura política. É sob essas circunstâncias que nos primeiros anos da década de 1980 os psicanalistas de posições políticas progressistas passam a compor grupos, assinar apoio a causas políticas e outras iniciativas do tipo. Um exemplo é o apoio de Regina Chnaiderman (Sedes) à candidatura do deputado paulista Fernando Morais pelo MDB em 1982[61]. Outro é o manifesto dos médicos em apoio à reforma agrária em 1984, assinado por Isaías Melsohn, Luiz Meyer, Aníbal Silveira (da Psiquiatria da FMUSP) e Franco Montoro (Governador de São Paulo). A vigilância do SNI aqui parece mesmo limitada à leitura e recortes de jornais. São documentos como esses que compõem uma leva de ocorrências de nomes de psicanalistas nos arquivos do portal Memórias Reveladas na primeira metade dos anos 1980, os quais em virtude do nosso recorte não encontramos necessidade de anexar e explorar.

Outra luta política que incomodava muito o regime militar era a luta antirracista. Na sua interface com a psicanálise, em solo carioca produzia-se uma obra que marcaria época e se constituiria como uma referência crucial até hoje: *Tornar-se Negro*, de Neusa Santos Souza, originalmente uma tese de doutorado defendida na UERJ e publicada pela editora Graal em 1983. Vale lembrar que a grande pioneira desse debate na história da psicanálise no Brasil havia sido Virgínia Bicudo, mas dadas as situações vivenciadas por ela nos anos 1950 e 1960, acabou se afastando do debate; com a ascensão do militarismo ao poder, esperamos ter demonstrado que Virgínia Bicudo, na década de 1970, escolheria o lado conservador na divisão política que se instalara, o que só testifica ainda mais seu distanciamento das agendas políticas da luta antirracista no Brasil. Desde meados dos anos 1970, sem poder contar com a colaboração de sua pioneira por excelência, a irrisória reflexão psicanalítica de extração ipeísta sobre o racismo no Brasil dava claros sinais de inépcia em função de uma ausência crônica de lastro crítico sobre o tema racial. O representante maior dessa empreitada intelectual malfadada é o livro de Eduardo Etzel, publicado em 1976; com um título autoevidente que equaliza "duas formas de escravidão" (com o perdão do desvario), o autor, a essa altura um já ex-didata da SBPSP, estacionava sua reflexão psicanalítica sobre a questão racial nacional no mito da democracia racial e na falsa equivalência das opressões entre negros e brancos no Brasil[62]. Essa obra esquecida ou ignorada por seu explícito despreparo intelectual para lidar com tema tão sensível da realidade social brasileira é, no entanto, aqui lembrada como um índice de que sim, até havia pontualmente algum debate sobre psicanálise e questões raciais entre psicanalistas das sociedades oficiais nos anos 1970, mas os termos[63] em que se forjava esse debate eram diametralmente opostos às exigências que a luta antirracista brasileira fazia engendrar na agenda da abertura política.

O que realmente muda esse cenário e alinha psicanálise e luta antirracista é a sobrepujança intelectual de Lélia Gonzalez no Colégio Freudiano carioca e no movimento negro – especialmente no Movimento Negro Unificado (MNU) – a partir da segunda metade dos anos 1970. O já mencionado ensaio "Racismo e Sexismo na Cultura Brasileira"[64] publicado no livro decorrente do Simpósio Psicanálise e Política da PUC-RJ estabelece marcos inéditos para uma reflexão orientada pela psicanálise sobre a herança da escravidão nos interstícios da materialidade da linguagem, notadamente nas referências a babás e empregadas descendentes das escravas e amas de leite[65]. O ano de 1983 brindaria a biblioteca crítica psicanalítica nacional[66] não apenas com a primeira tradução para o português de *Pele Negras, Máscaras Brancas*, de Frantz Fanon, mas também com *Tornar-se Negro*, de Neusa Santos Souza, um estudo deveras fecundo sobre o sofrimento psíquico característico dos processos de ascensão social e econômica de negros e negras no Brasil, principalmente nos grandes centros urbanos[67]. Essas duas obras extraordinárias publicadas não por coincidência no mesmo ano representarão do ponto de vista da história intelectual o fechamento do ciclo obtuso de reflexões que as antecedeu para abrir uma nova rodada de perspectivas da luta antirracista no Brasil inspiradas na e pela psicanálise, cujos efeitos se fazem sentir até hoje[68].

A NEUTRALIDADE INEXPUGNÁVEL

Para que não se cometa uma injustiça aqui, não é possível dizer que não houve produção intelectual nas sociedades oficiais ligadas à IPA no Brasil. Com efeito, é digno de nota o trabalho realizado por Jayme Salomão à frente da editora Imago, fundada por ele em 1967. Além dos já citados Walderedo Ismael de Oliveira, Leão Cabernite e Paulo Corrêa, vale mencionar os livros *Evolução da Psicanálise*, de Antônio Carlos Pacheco e Silva Filho (SBPSP); *Obsessão e Delírio*, de Eustachio Portella Nunes (SBPRJ); e *Narcisismo e Estados de Entranhamento*, de Mario Pacheco de Almeida Prado (SBPRJ). De modo geral, livros como estes últimos não se sobressairão quando comparados ao vasto catálogo de clássicos da editora, como Klein, Anna Freud, Bion ou Winnicott, catálogo naturalmente encabeçado pela *Standard Edition* das obras completas de Freud. Contando com comentários quase tão clássicos quanto os originais – notadamente, o lidíssimo *Introdução à Obra de Melanie Klein*, de Hanna Segal –, por razões óbvias a Imago era a casa editorial predileta dos autores brasileiros ipeístas. Talvez a única obra mais crítica traduzida e publicada no período pela Imago ao lado de *O Anti-Édipo* tenha sido *O Homem do Gravador*, de Jean Jaques Abrahams. As obras clássicas também foram, são e seguirão sendo presenças obrigatórias nas prateleiras dos psicanalistas brasileiros, mas é fato que, analisando estritamente a produção nacional, nenhum autor brasileiro das sociedades oficiais nesse período passaria na prova dos ritos de consagração intelectual que lhes era exigida na passagem para os anos 1980.

Não obstante, a caça aos ilegítimos continuava. Na reportagem "Polícia Fecha a Escola de Psicanálise em Higienópolis", o jornal *O Estado de S. Paulo* noticiava em 23 de maio de 1979 a interdição de mais uma escola charlatã. Dessa vez não era o CADEP/ESP, mas o Instituto Nacional de Psicanálise e Ciências Humanas, dirigido pelo parapsicólogo, "psico--embriologista" [sic] e "criador do método da 'gestação dirigida'" Wilson Almeida Ribeiro. Enquanto a produção textual das sociedades ipeístas se apequenava ante a exuberância intelectual das correntes acima citadas, comemorava-se cada instituto impostor fechado pela polícia:

O "mercado" chegou a tal ponto de "progresso" que recentemente a polícia descobriu e fechou um "Instituto Nacional de Psicanálise e Ciências Humanas". Esta arapuca que funcionava já havia três anos formou muitos "psicanalistas" e tinha 169 alunos, de quem o espertalhão cobrava gordas somas de dinheiro, acenando com uma profissão rendosa entre todas sem a necessidade de uma formação médica onerosa e difícil. Ostentava diplomas de todas as "sociedades de psicanálise" do mundo, até do longínquo Japão. Uma "verdadeira" meca do "ensino" da especialidade. Como esta arapuca outras houve, já que o malandro declarou à polícia que "fez um curso no Instituto Paulista de Psicanálise", outra instituição irregular; e certamente mais delas existirão na eterna tentativa de esvaziar o bolso alheio. Este clima conturbado em detrimento dos sofredores poderia ter sido de longa data ordenado e policiado por uma organização séria e honesta, como sempre o foram as Sociedades de Psicanálise filiadas à Sociedade Internacional de Londres.[69]

Tal como em relação ao CADEP/ESP, não havia dúvidas quanto à ilegitimidade de tal instituto, mas a impressão que se tem com esse tipo de comemoração acima é que o bonde da história passava e as sociedades ipeístas perdiam a viagem. Da SPPA, até hoje, pouco ou quase nada se sabe sobre esse período. Ao que tudo indica, Cyro Martins ocupava mesmo uma certa posição de "oposição interna" entre os pioneiros ainda vivos na instituição, apoiado por uma minoria de discípulos, enquanto o grosso da cúpula dirigente mantinha uma posição conservadora em diversos níveis, desde a recusa a aceitar candidatos não médicos até a inflexibilidade das relações pessoais internas na instituição. Talvez na SPPA o programa de contenção do "conflito de gerações" tenha funcionado bem, a despeito de quaisquer abalos que a sucessão das circunstâncias políticas pudesse vir a provocar. Nenhum documento significativo foi encontrado no portal Memórias Reveladas, nenhuma obra de destaque que pudesse indicar posições intelectuais em transformação, nenhuma notícia de jornal relevante, nenhum indício nos registros da história oficial, enfim, nada pôde ser encontrado nesse sentido. As pouquíssimas pistas que recolhemos dos depoimentos na biografia de Cyro Martins, principalmente de Luiz Carlos Osório, indicam o seguinte:

> Luiz Carlos Osório, tido por alguns como o filho dileto de Cyro na Sociedade [SPPA], vai além: "Ele era execrado por alguns de seus pares porque era de esquerda, como Fernando Guedes e eu. Era tido como permissivo, tolerante, que não seguia as normas. Nunca foi totalmente aceito na Sociedade. Achavam que ele tinha enveredado pela literatura". [...] Osório afirma que ele "tinha capacidade de absorver as críticas sem rancor". Respeitoso com as instituições, permaneceu na Sociedade, e lá enfrentou diversas rusgas. A filha Maria Helena recorda uma delas, com o psicanalista José Maria Wagner. Osório conhece bem esse episódio: de um lado, Cyro e Fernando Guedes, e de outro, Wagner e David Zimmermann, o Davizão, mais conservadores. "As divergências eram na forma de encarar a psicanálise e se relacionar com os alunos. Cyro era mais aberto e flexível. Os outros, mais rígidos e ortodoxos. A SPPA, por exemplo, foi a penúltima a aceitar psicólogos em seus quadros", afirma Osório, que se retirou da Sociedade, e isso foi encarado com naturalidade. Afinal, era paciente de Cyro e um atuador, "termo usado para classificar os que se expressavam por atitudes e não por palavras".[70]

Das raras dissidências internas dessa época, à exceção dessa de Luiz Carlos Osório – que se dedicaria à grupoterapia psicanalítica em Porto Alegre –, também nenhuma pista sobre as razões que as motivavam. Se nem mesmo a chegada dos argentinos, do lacanismo ou de uma improvável "concorrência" com o Círculo parecia desestabilizar a SPPA na virada de 1970 para os anos 1980, o que dizer de um distante escândalo carioca da participação de um candidato na tortura? Ou de uma eventual possível participação de um antigo fundador histórico (Ernesto La Porta), cujas raízes familiares gaúchas já pareciam bastante desgarradas do movimento psicanalítico em Porto Alegre? Ao que tudo indica, será necessário aguardar a chegada de novos estudos com arquivos e documentos da época para averiguar se, de fato, tais acontecimentos impactaram o cenário psicanalítico gaúcho.

Quanto à SBPSP, é louvável o esforço das histórias oficiais – sobretudo o *Álbum de Família* de Leopoldo Nosek – para reconstruir uma linha do tempo apontando para as circunstâncias políticas da anistia e da transição democrática, mas os elos de ligação parecem demasiadamente frágeis. Enquanto a SPRJ convulsionava com o caso Amílcar Lobo e a SBPRJ lidava com seus efeitos colaterais, a SBPSP, que afinal não tinha nada a ver (diretamente) com o assunto, permanecia impassível e "lamentando à distância". Vejamos duas respostas longas de Durval Marcondes (SBPSP) a uma entrevista à revista *Manchete* em 1981:

> - No caso em questão, dos psicanalistas expulsos da Sociedade Psicanalítica do Rio de Janeiro [Pellegrino e Mascarenhas], essa expulsão é justificada do ponto de vista ético?
> - Longe do palco dos acontecimentos, não tenho recursos para dar uma opinião a respeito. Não tive em minhas mãos o texto das acusações à Sociedade Psicanalítica do Rio, que teriam sido feitas frente a um grande auditório pelos psicanalistas expulsos por

ela. Acho, porém, que se as palavras dos dois oradores foram de molde a produzir uma injusta e depreciativa ideia da Sociedade Psicanalítica na coletividade presente, com o propósito de desmoralizar essa instituição perante a opinião pública, a eliminação de ambos seria, no meu ver, cabível. De qualquer modo, o acontecimento é lamentável.
- Na presente situação, a psicanálise é acusada de elitista. É justo? Que tipo de pessoas é beneficiado pela psicanálise hoje, no Brasil?
- É preciso saber em que sentido se emprega, neste caso, a palavra elitista. A psicanálise, ramo científico criado por Sigmund Freud, não é por si mesma elitista, como não o são a química, a física, a biologia etc. Não se pode falar de uma oftalmologia elitista, de uma dermatologia elitista, de uma ginecologia elitista. O termo elitista, com certo sentido pejorativo, vem certamente à baila no caso da psicanálise porque ela, como forma de tratamento, é dispendiosa devido ao longo tempo exigido para sua execução. Mas isto não é um privilégio dela. Há muitas coisas que são caras e nem por isso são condenadas ou mereçam reprovação. Eu costumo comparar, neste aspecto, a psicanálise com o transporte aéreo de Recife a São Paulo, que custa bastante dinheiro. A maioria dos viajantes no percurso – refiro-me aos nossos patrícios nordestinos, que se dirigem a São Paulo e que não usam avião – não possui dinheiro para pagar a passagem. Devemos, por isso, eliminar a engenharia aeronáutica? Ou exigir que as empresas baixem os preços das passagens para atender a todos? Devemos, por acaso, repreender nosso genial compatriota Santos Dumont por haver inventado um meio tão elitista de condução? Os que condenam a psicanálise, pelo seu elitismo, esquecem a contribuição proveitosa que ela veio, indiretamente, trazer às mais diversas áreas do conhecimento humano e do bem-estar social: a educação, a higiene mental, a criminologia, a sociologia, a antropologia etc. E deve-se salientar que, pelos esclarecimentos que ela proporciona, quanto ao psicodinamismo inconsciente, a psicanálise trouxe maior compreensão e segurança no manejo de métodos psicoterápicos tecnicamente mais simples que, por menos dispendiosos, podem ser bastante úteis na prática cotidiana. Talvez o termo elitista, num certo sentido crítico tenha sido empregado pelos dois psicanalistas citados, como referência ao alto custo da atual psicanálise didática, aquela que, como já ficou dito, é exigida aos candidatos a psicanalista. Neste caso, eles têm razão. A especialização em psicanálise é, hoje em dia, privativa daqueles que podem arcar com altas despesas. Torna-se, de fato, reservada a uma certa elite econômica. Este é um assunto que deve merecer a atenção e o estudo dos institutos de psicanálise e demais interessados, para que se encontre uma fórmula que permita uma seleção não só baseada em nível econômico, mas também – e acima de tudo – no nível pessoal.[71]

A resposta no estilo "morde e assopra" pode até parecer razoável à primeira vista, mas à luz dos acontecimentos históricos, ela já não convenica mais. Pellegrino e Mascarenhas tinham razão na denúncia do elitismo, mas a SPRJ tinha razão ao expulsá-los por terem exposto as feridas institucionais da forma em que o fizeram. Não convém generalizar a psicanálise como elitista, mas essa qualificação é válida para a análise didática. Em meio a isso, a ideia de que a psicanálise era "condenada" por seu elitismo, quando na verdade ela era criticada; de que os condenadores ignoravam as contribuições oferecidas ao conhecimento humano, quando na verdade eles renovavam as bases críticas que fundamentavam as próprias interfaces da psicanálise com o conhecimento humano. Em se tratando de um ano como 1981, a resposta defensiva de Marcondes não poderia parecer mais caricatural no sentido de "ficar a ver navios", como quem se senta confortavelmente em uma cadeira na orla da praia com vistas para o mar.

No entanto, essa é apenas a face aparente da história. A última leva de documentos encontrados em nossa pesquisa no portal Memórias Reveladas se refere à participação de três psicanalistas da SBPSP na Associação dos Diplomados da Escola Superior de Guerra (ADESG) – que, como vimos, era a rede estendida da Escola Superior de Guerra nos mais diversos Estados. São eles: Bernardo Blay Neto[72], David Ramos[73] e Lothar Solinger[74].

Bernardo Blay Neto se tornaria psicanalista depois de uma formação médica sólida. De origem humilde, como podemos ver no depoimento de seu irmão, Samuel Blay[75], Bernardo Blay era um típico filho de imigrantes, morador do centro de São Paulo. Ia para a faculdade de bicicleta. Depois de formado, tornou-se um importante nome na psicoterapia de grupos. Esteve ligado à SPAG, e suas produções mais lembradas são nesse campo.

Lothar Solinger, médico graduado em 1953, era colega de sala do também futuro psicanalista Chaim José Hamer e do psiquiatra Paulo Correa Vaz de Arruda. Formado em psiquiatria, manteve-se ligado na segunda metade dos anos 1950 ao Hospital Franco da Rocha, junto ao grupo em que estavam Paulo Fraletti e Pérsio Osório Nogueira. Solinger também faria parte de um instituto privado de psiquiatria chamado Aché, presidido por Pérsio Nogueira e Mário Yahn. Solinger, no entanto, teve trajetória bastante apagada e discreta na SBPSP. Há poucos registros de atividades dele na instituição – nem artigos publicados, nem cargos institucionais importantes. Sabe-se também que Solinger tentara uma carreira universitária na Psiquiatria da USP[76], mas foi barrado pelo muro intransponível da influência de Pacheco e Silva.

David Ramos, por sua vez, já foi discutido quando dos artigos do final dos anos 1960, relativos à "Faculdade de Psicanálise" e à leitura da psicanálise enquanto "ciência específica". Dos anos 1970 em diante, sua trajetória também se apagará na SBPSP, a ponto de não encontrarmos mais nenhuma produção dele.

Dada a ausência de cuidados com os arquivos da ADESG, não é possível saber de que forma os três psicanalistas contribuíram com sua produção, se chegaram ou não a produzir relatórios, ou se seriam docentes oficiais ou convidados tal como foi Noemy Rudolfer (SPRJ) na "grande matriz" ESG. As fichas, no entanto, fortalecem o argumento geral do suposto apoliticismo enquanto um projeto de alinhamento ideológico tácito ao regime militar, mesmo nos tempos da abertura política. As datas aparentemente tardias do alinhamento desses três psicanalistas às "filiais" da "Sorbonne" (1979) indicam uma preparação para o processo de transição democrática já discutido na época, como o evadir-se do "revanchismo", revigorar a "guerra psicológica difusa" e afins. Vale lembrar aqui do estudo de Everton

ASSOCIAÇÃO DOS DIPLOMADOS DA ESCOLA SUPERIOR DE GUERRA

DELEGACIA DE SÃO PAULO — RUA RIACHUELO, 115 — 9.º — TELEFONES: 32-3875 — 34-3013

090 363

ANO	CICLO	CIDADE			MATRÍCULA	
79	1º	São Paulo				

NOME				NOME DE GUERRA	
DAVID RAMOS				Ramos	

DATA NASC.	LOCAL NASC.		ESTADO	SEXO	ESTADO CIVIL
6/7/27	São Paulo		SP	M	Casado

FORMAÇÃO PROFISSIONAL	CÓDIGO	CAMPO DE ATUAÇÃO	CÓDIGO
Medicina		Psiquiatria	

CARGO	CÓDIGO	SETOR	CÓDIGO
Prof. Liberal			

END. RESIDENCIAL	CEP	TELEFONE	CIDADE
Rua Belmonte, 547	05088	260.0660	São Paulo

END. COMERCIAL	CEP	TELEFONE	CIDADE
Rua Itacolomi, 601 - 9º and	01239	256.4485	São Paulo

EMPRESA ONDE TRABALHA	C. P. F.
Profissional Liberal	030.296.388/04

FILIAÇÃO
Antonio Ramos e Joaquina Ramos

IDENTIDADE	ÓRG	DATA	TÍTULO ELEITOR	ZONA	ESTADO
1.041.332	S.S.P	27/12"56	422782	2ª	São Paulo

SIT. MILITAR	ARMA	RELIGIÃO	CURSO MAIS ALTO NÍVEL	DATA
	Infant.		Medicina	1954

NOME DO CONJUGE	DATA NASC.
Martina Leal Ramos	17/6/21

FILHOS

NOME	DATA NASCIMENTO	NOME	DATA NASCIMENTO
Antonio Carlos L. Ramos	17/3/58		
Olívia Leal Ramos	17/5/60		

CLUBES E ENTIDADES A QUE PERTENCE

Sociedade Brasileira de Psicanálise
Associação Brasileira de Psicanálise
Associação Paulista de Medicina
Associação Brasileira de Medicina

TÍTULOS HONORÍFICOS

—

CURSOS E ESTUDOS ESPECIALIZADOS

Medicina - Escola Paulista de Medicina.
Teórico do Instituto de Psicanálise da Sociedade Brasileira de Psicanálise.
Curso de Endocrinologia Psicossomática

Figs. 11-12: Ficha de diplomados na Escola Superior de Guerra de David Ramos.

Curso de Arquitetura do Sistema Nervoso.

COLABORAÇÃO À DELEGACIA DA ADESG NO ESTADO DE SÃO PAULO

1. Poderia colaborar com a ADESG. Sim [X]   Não [ ]
   De que forma?   Em trabalho de grupo [X]   Em trabalho individual [ ]

1.1. Qual o campo de sua preferência?
   Político [ ]   Econômico [ ]   Psicossocial [X]   Militar [ ]

1.2. ÁREA ADMINISTRATIVA: -
   Assinale o setor no qual deseja colaborar.
   Ass. Relações Públicas [ ]   Ass. Cultural [ ]   Ass. Social [X]
   Ass. Jurídica [ ]   Comissões internas nos ciclos de estudos [ ]
   Como conferencista [ ]

São Paulo,   de 19
                    _____
                         Assinatura

ANUIDADE

(uso exclusivo da tesouraria)

Rodrigo Santos sobre o discurso ideológico esguiano no contexto da transição democrática:

> a ESG cumpriu um papel importante no processo de transição para a democracia no Brasil (1974/1989) justamente por seu caráter ideológico, qual seja, o de sustentar no plano simbólico a manutenção de relações assimétricas de poder entre civis e militares dentro do aparelho de Estado, recrutando para isso parte da elite civil/militar brasileira. [...] Na busca pela institucionalização do Estado de Segurança Nacional estava embutida a alocação das Forças Armadas num papel tutelar em relação à sociedade. [...] [Assim] é garantido que "os militares enquanto instituição" saíssem fortalecidos desse processo. Inclusive a passagem dos governos militares para os civis se dá com garantias constitucionais para os primeiros, assegurando a democracia tutelar. Assim, tanto a manutenção do governo, quanto a manutenção das Forças Armadas em seu papel tutelado, no período em análise, foram justificadas e legitimadas na ESG, configurando assim esta instituição como um lócus ideológico de sustentação do regime autoritário/tutelar durante o processo transicional da política brasileira. Aqui também a mobilização simbólica no período foi ao encontro destas relações de dominação civil/militares[77].

O mesmo que se constata para a ESG vale para a ADESG. Pode-se ver, por exemplo, que nas fichas da ADESG encontradas desse mesmo período no portal Memórias Reveladas há um grande número de "diplomados" que optavam por não colaborar, o que parece sinalizar a mudança dos ventos em curso. Voluntariar-se a colaborar (por mais que ainda não seja possível conhecer que espécie de colaboração era essa, em função da desorganização dos arquivos), portanto, já é um índice por si só de expressão de desejo de pertencimento a essa rede de ligações entre civis e militares – mais um desejo do que uma coação, digamos. Ou seja, não parece arriscado deduzir que, por mais apagada que seja a maior parte da produção intelectual das sociedades ipeístas quando um mar inédito de possibilidades se apresentava desde a segunda metade dos anos 1970, havia ainda assim uma posição tomada: a de conservar capitais simbólicos previamente acumulados, de "não dar a cara a tapa" mesmo quando o escândalo Amílcar Lobo eclode e de declinar o convite a "jogar o jogo" das disputas intelectuais em curso.

A presença da matriz anglo-saxônica psicanalítica acabaria se renovando de fato no Brasil somente após o fim da ditadura civil-militar. Por mais que diversos autores do chamado *middlegroup* como Donald Winnicott, Ronald Fairbain e Michael Balint fossem lidos, estudados e citados, é somente na chegada da década de 1990 que ficaria mais evidente o contraste efetivo com o kleinismo e o bionismo datado ou "cru" dos anos 1960 e 1970. Dentre eles, Winnicott se destacaria na qualidade de autor central para diversos movimentos psicanalíticos em âmbito nacional, reconfigurando as premissas da perspectiva das relações objetais em fundamentos intersubjetivos. Aquilo que se discute em termos de relações de objeto no Brasil[78] nos últimos trinta anos faz parecer a primeira recepção do kleinismo em território nacional algo ainda mais arcaico, e é muito difícil imaginar que um psicanalista brasileiro kleiniano ou pós-kleiniano atualmente reconheça alguma similaridade entre sua prática clínica ou sua produção teórica e, por exemplo, aquilo que se poderia ler nos anos 1960 e 1970 na *Revista Brasileira de Psicanálise*. Apenas para dar alguns exemplos, o vigor teórico do kleinismo é redescoberto[79] à luz de autores contemporâneos de grande envergadura como Christopher Bollas, Thomas Ogden, de italianos pós-bionianos como Antonino Ferro ou na pena de franceses como André Green ou René Roussillon, não raro por meio de dissertações e teses universitárias. O que a nosso ver ainda está para ser realizada – e que não teremos condições de fazer aqui por razões óbvias – é uma apreensão mais criteriosa do ponto de vista da história das ideias capaz de mapear a influência do kleinismo e do pós-kleinismo latino-americanos (especialmente o argentino, mas também o uruguaio) nos movimentos psicanalíticos nacionais[80]. Talvez como um sintoma do colonialismo tardio, ainda parece se querer crer que a reconfiguração da agenda intelectual das relações de objeto no Brasil se "deve mais" às produções do hemisfério norte, ao passo que a nossa prestigiosa vizinhança renovava e politizava o kleinismo em uma vanguarda mundial, porém ainda não suficientemente reconhecida enquanto tal pela historiografia geral da psicanálise.

Outras editoras virão a se somar na biblioteca psicanalítica nacional no fim da ditadura civil-militar. A paulista Papirus publica uma série de obras de extração lacaniana na segunda metade dos anos 1980 e na década de 1990. No Rio Grande do Sul, pouco após o fim da ditadura civil-militar, uma casa editorial se firmaria como um dos grandes veículos de divulgação das obras de psicanálise, a Artes Médicas (hoje ArtMed), priorizando *grosso modo* as produções ipeístas[81].

Bem, dito tudo isso, às vésperas do nosso capítulo de conclusão, reencontramos os ecos da resposta de Roudinesco com a qual abrimos a nossa introdução: "Havia opções". Do ponto de vista intelectual, por mais que não tenhamos tido a oportunidade de destrinchar e analisar calmamente cada uma das opções de nossa biblioteca crítica psicanalítica, esperamos ter apresentado um panorama minimamente satisfatório ao qual denominamos inicialmente "ensaio de curadoria" para corroborar o entendimento de Roudinesco: sim, do ponto de vista da pluralidade das ideias, havia opções, e muitas, mas do ponto de vista das opções políticas, até que os ventos da abertura se fizessem sentir nos movimentos psicanalíticos nacionais, havia poucas, bem poucas. Assim, a convergência paradoxal entre tantas opções intelectuais e poucas opções políticas redefiniam os quadros da institucionalidade psicanalítica nacional, formando um cenário decisivo para a corrosão da hegemonia ipeísta nos ultimíssimos anos da ditadura civil-militar no país por meio de frentes múltiplas e simultâneas, porém não necessariamente coincidentes. Com a reconfiguração das relações de poder e das regras do jogo de disputas e concorrências pela legítima herança do legado psicanalítico, permitimo-nos enfim reconduzir nossa conclusão na direção do debate sobre autonomia relativa do campo. Com isso esperamos não decretar estados de autonomia absoluta ou independente das circunstâncias políticas, mas talvez tenhamos levantado material suficiente que nos permitam indicar, com um grau suficientemente embasado, que certos estados de autonomia relativa, quando se trata de um campo tão sensível às afetações causadas pelas circunstâncias políticas de suspensão da democracia como é a psicanálise, de fato ficam severamente deteriorados em regimes políticos como foi a ditadura brasileira entre 1964 e 1985, mas não necessariamente a ponto de definharem ou sucumbirem em função disso.

Reflexões Finais

Bourdieu tem uma boa metáfora sobre a questão da autonomia relativa das ciências:

Se você deseja triunfar sobre um matemático, é preciso fazê-lo matematicamente pela demonstração ou refutação. Evidentemente, há sempre a possibilidade de que o soldado romano corte a cabeça de um matemático, mas isso é um "erro de categoria", diriam os filósofos. Pascal veria nisso um ato de tirania que consiste em utilizar numa ordem um poder que pertence a outra ordem. Mas um tal trunfo não o é, realmente, segundo as normas do próprio campo.[1]

Aproveitando o ensejo, é possível perguntar: afinal, que autonomia relativa seria possível quando se tem um soldado romano à espreita disposto a degolar um dos adversários do jogo a qualquer momento?

Vale retomar aqui a inquietação que deu início a toda essa jornada: como pôde a psicanálise no Brasil alcançar o ápice de seu processo de expansão justamente durante a ditadura civil-militar brasileira entre 1964 e 1985?

Aterrissar nesse recorte histórico exigiu pelo menos duas frentes prévias de pesquisa. A primeira consistiu em compreender como os capitais simbólicos estavam distribuídos desigualmente entre os movimentos psicanalíticos já instalados nos anos ou décadas anteriores. Ou seja, visando superar a dicotomia simples entre "oficiais" e "paralelos", foi necessário construir um instrumental metodológico que privilegiasse a legitimidade enquanto categoria de análise, perscrutada por meio das rotas filiatórias e migratórias que os compuseram.

A segunda consistiu em entender o vocabulário e as siglas que estruturavam os arquivos consultados. Assim, foi preciso recorrer aos historiadores da ditadura para compreender como agiam as instâncias militares de espionagem, mergulhar no discurso persecutório da "ameaça comunista" e entender as "razões" pelas quais alguns acontecimentos da vida social seriam alvo de perseguição e outros não.

A adesão tácita dos movimentos psicanalíticos oficiais ao autoritarismo de crise do golpe militar de 1964 era fundamentalmente apática, sem envolvimentos conspiratórios diretos e sem capital político ou financeiro para tomar qualquer posição decisiva e direta na sublevação civil contra Jango. Como beneficiários indiretos do privatismo que o regime militar encorajou no campo da saúde, os psicanalistas se dedicariam mais a exercer influências para dentro de seu campo mais restrito. Todos os xiboletes estavam convocados para compor a gramática das concorrências e das exclusões. A história da psicanálise no Brasil era contada no estilo quatrocentão, com nomes e sobrenomes, bairros e carteiradas, cuja narrativa mítica de pedigrees era construída de forma grandiloquente pelos próprios agentes em disputa. Ávidos por poltronas antigas com formatos dos corpos de dirigentes antigos, quixotes e que tais erguiam bandeiras da verdadeira psicanálise e travavam batalhas contra moinhos de vento enquanto o país colapsava em um dos momentos mais terríveis de sua história recente. Para os concorrentes legítimos, que desconheciam o nível de fluidez do tráfego entre os dominantes na elite do poder, resguardo e prudência eram posições sensatas. Para os militares, as disputas domésticas dos movimentos psicanalíticos eram apenas mais um episódio da frivolidade das classes abastadas a ser desconsiderado enquanto perigo político.

Com o progressivo endurecimento do regime, haveria de prevalecer a lógica do "aos amigos tudo, aos inimigos a lei". Foram muito raros os psicanalistas convocados a colaborar diretamente com o regime, e dentre eles houve os que aceitaram e os que declinaram o convite. Colaborar aqui inclui desde ingressar no corpo civil da comunidade de informações da espionagem até ministrar cursos nas altíssimas cúpulas das escolas militares. Bem menos raros seriam os perseguidos, não exatamente por serem psicanalistas, mas por estarem envolvidos em algum tipo de atividade política na resistência à ditadura. "Havia opções"? A história da psicanálise no Brasil durante a ditadura civil-militar se divide nessa resposta. Para os eternamente "do lado certo da história", que desfrutaram do privilégio de permanecer onde sempre estiveram sem serem incomodados, certamente sim. Já para aqueles submetidos a exílios forçados e prisões arbitrárias no auge do terror de Estado, parece que a denominação "opções" tende a ultrapassar a fronteira da imperícia para adentrar o domínio do ultrajante.

É verdade que o vocabulário psicanalítico orientava o instrumental interpretativo dos testes projetivos e da razão diagnóstica em voga, mas também parece descuidado concluir que por isso "a psicanálise" foi parte dos "corretivos de personalidade" aplicados a presos políticos. No mundo psi, havia a psicotécnica, itinerário tradicional que pavimentava as vias de acesso aos militares, no entanto, é incerto achar que a incorporação de ferramentas da teoria psicanalítica para tais finalidades é um sinal inequívoco da participação "da psicanálise" nesse tipo de serviço prestado. Havia também psiquiatras trabalhando nos hospitais militares, mas dentre eles houve episódios de demissão sumária quando entenderam o que estava acontecendo e reportaram as torturas nos prontuários.

Nessa turbulência que aparentou misturar água e óleo, o que parece mais seguro de concluir é que, acima de todas as fronteiras das práticas e seus praticantes, havia o império ideológico da "guerra psicológica". A artilharia era grosseira, mas tinha repertório vasto e variado, desde manuais clandestinos de lavagem cerebral soviéticos escritos por cientologistas até relatórios de trotes universitários escritos por professores universitários renomados. O discurso estadunidense da Guerra Fria se infiltrava por todos os cantos subjetivos na ditadura, e a capacidade de responder autonomamente à altura da enxurrada de medo e censura imposta nos fins dos anos 1960 e inícios dos anos 1970 estava severamente prejudicada. Uma consequência óbvia, mas que vale reiterar, é que nenhuma corrente teórica em psicanálise é espontaneamente despolitizante, cuja prova maior no período estudado segue sendo a do movimento psicanalítico argentino. Porém, ao menos no caso brasileiro, o kleinismo e o pós-kleinismo foram de fato as vertentes mais adaptáveis às condições anormais de temperatura e pressão política dos anos de chumbo. O discurso da neutralidade analítica assim entendido passa a ser mais do que um apoliticismo idealmente "purista"; sobretudo, ele representa no nosso recorte histórico a *reação heterônoma ante a ideologia anticomunista*. Militantes de esquerda no divã eram "imaturos", gerações jovens de analistas que se insurgiam contra hierarquias rígidas agiam como "adolescentes rebeldes", e toda e qualquer crítica à psicanálise era "anarquismo": em tempos nos quais sempre se é o idiota útil de alguém, a desobediência se torna uma afronta imperdoável. Não por acaso, o retorno dos exilados, a chegada dos argentinos, a expansão para além do eixo Sul-Sudeste e a constituição de uma biblioteca crítica psicanalítica coincidem historicamente com os ensaios da distensão e com o programa da transição democrática. Por mais que a transição nunca tenha de fato se desvencilhado da tutela militar e nunca tenha se completado efetivamente, *pelo menos* para os movimentos psicanalíticos ela foi decisiva para aliviar o sufoco intelectual que caracterizou os anos mais duros da ditadura civil-militar brasileira. Quando não há "erros de categoria", as quebras de hegemonia não arruínam credibilidades. Pelo contrário, o mais provável é que elas constituam o melhor fiel da balança para avaliar estados de autonomia relativa dos movimentos psicanalíticos em relação ao Estado: ao que tudo indica, é melhor que haja muitas opções legítimas (desde que sejam opções de fato e legítimas de fato também) do que somente uma. Apesar disso, ainda não foi possível deixar de supor que há soldados romanos nos pontos cegos dos nossos olhares para a história da psicanálise no Brasil. É fato que somente uma verdadeira superação da política de segredo de arquivos poderá ampliar nosso campo de visão. Porém, até lá, não há razões para não explorar as fontes de que dispomos para recolher o que está ao nosso alcance.

Eis uma das razões pelas quais foi possível ter acesso a alguns materiais importantes em arquivos tão incomuns em pesquisas sobre história da psicanálise. Tais materiais nos lembram de que não se deve confundir processos de institucionalização com processos de autonomização. É certo que as instituições psicanalíticas são instâncias de estabilização das rotas filiatórias e migratórias dos movimentos psicanalíticos que as originaram. Operam como selos ostensivos de garantia da legitimidade dessas rotas, como formas organizadas de diligência e preservação de tradições intelectuais, de preferência viabilizando-as em uma cena editorial. É de se esperar que as disputas pelas heranças legítimas sejam desiguais em função da distribuição desproporcional de capitais simbólicos acumulados por essas rotas, e não há razões para achar injusto que a gramática dessas disputas tenha se dado dessa forma – afinal, a horizontalidade da disputa só pode ser projetada ou como mito ou como meta. No entanto, quando as próprias instituições estão corrompidas pelo autoritarismo, toda disputa deixará de ser desigual para se tornar *desleal*. Com isso pode-se confirmar que sim, há não apenas sobrevivências, mas também *expansões heterônomas* nos cenários políticos mais nefastos. Não é preciso que a psicanálise seja extinta ou pulverizada em um regime autoritário para que se prove o seu compromisso ético e político irrestrito com o horizonte democrático. É a própria história da psicanálise que o prova. É preciso lembrar também que grande parte do que foi aqui pesquisado, pensado e escrito se deu sob as repercussões da perplexidade, em plena revivescência do ardor e do ardil autoritário dos últimos anos em nosso país. Lá onde muitos de nós acreditávamos ter superado os obstáculos para a construção de uma democracia real no Brasil, uma série de devastações e atrocidades nos arrastou para uma calamidade política que insiste em se fazer presente nas margens ou nas cúpulas do poder. Que ousemos projetar um futuro democrático o suficiente para a psicanálise no Brasil, reconhecendo o obstáculo elementar imposto às nossas agendas intelectuais que é o próprio desconhecimento em relação à nossa própria história. Que este livro possa servir como um alerta do tipo "em caso de incêndio, quebre o vidro": em caso de dúvida, há sempre a última catástrofe em data para lembrarmos daquilo que define o nosso presente histórico.

Notas

INTRODUÇÃO: A PESQUISA EM HISTÓRIA DA PSICANÁLISE NA DITADURA BRASILEIRA

1. *Genealogias*, p. 62-63.
2. Provocadas por uma leitura de *Alguém Disse Totalitarismo?*, de S. Žižek.
3. Ver, respectivamente, C.L.M. Valladares de Oliveira, *História da Psicanálise: São Paulo (1920-1969)*. A.M. Gageiro; S.D. Torossian, A História da Psicanálise em Porto Alegre, *Analytica – Revista de Psicanálise*, v. 3, n. 4, p. 117-144.
4. Mais de uma vez fui interpelado: "você tem parentes psicanalistas?" Ao responder que não, cheguei a ouvir com tom de insistência e desconfiança: "tem certeza?" Demorou alguns anos até que me perguntassem diretamente o que eu já suspeitava nas entrelinhas: "você é parente da Amazonas Alves Lima?" Amazonas Alves Lima foi uma psicanalista precocemente falecida, membro da Sociedade Brasileira de Psicanálise de São Paulo, com uma trajetória deveras honrosa, cujo percurso pessoal inclusive se desenvolveu dentro do recorte histórico da obra, mas com quem não tenho qualquer grau de parentesco. Teremos a oportunidade de examinar a valoração simbólica embutida na sondagem de credenciais profissionais por meio de sobrenomes familiares nos capítulos 5 e 6. Trata-se de um expediente relacional dissimulado, que frequentemente aguça o dissabor daquele que quer perguntar "então afinal quem é você?", mas não pode. Por jamais ser explícito, esse expediente pode parecer ainda excêntrico a esta altura do livro, no entanto acreditamos que ele será lembrado especialmente a partir da discussão sobre o quatrocentismo no capítulo 6.
5. Tomamos o termo não em sentido pejorativo, mas simplesmente como ausência de reverência. Ver P.S. de Souza Jr., Pour une Psychanalyse Irrévérente, *Oxymoron Revue psychanalytique et interdisciplinaire*, n. 5, p. 4.
6. Ver A. Nervo Codato, Uma História Política da Transição Brasileira, *Revista de Sociologia e Política*, n. 25, p. 83-106.
7. Idem, O Golpe de 1964 e o Regime de 1968, *História: Questões & Debates*, v. 40, n. 1, p. 12.

1. PARÂMETROS PARA UMA HISTÓRIA DA PSICANÁLISE NO BRASIL

1. Ver S. Freud, "Psicanálise" e "Teoria da Libido", *Psicologia das Massas e Análise do Eu e Outros Textos (1920-1923)*, p. 273-308.
2. Ver Contribuição à História do Movimento Psicanalítico, *Totem e Tabu, Contribuição à História do Movimento Psicanalítico e Outros Textos (1912-1914)*, p. 245-327.
3. Ver P.C. Endo, Freud, Jung e o Homem dos Lobos, *Ágora: Estudos em Teoria Psicanalítica*, v. 4, n. 1, p. 115-130.
4. Ver *Introdução ao Narcisismo, Ensaios de Metapsicologia e Outros Textos (1914-1916)*, p. 13-50.
5. Conjunto de seis ensaios escritos por Freud entre 1911 e 1915 visando estabelecer um parâmetro de orientação geral da técnica psicanalítica. Sem mais modelar a transmissão e o ensino das condutas clínicas no *tête-à-tête* de grupos pequenos como

o "Círculo Secreto", esse grupo de curtos, porém brilhantes, artigos não deixa de ser, à luz das sucessões de contexto, uma forma de inscrição no projeto expansionista da criação da IPA. São eles: O Uso da Interpretação dos Sonhos na Psicanálise; A Dinâmica da Transferência; Recomendações ao Médico Que Pratica a Psicanálise; O Início do Tratamento; Recordar, Repetir e Elaborar e Observações Sobre o Amor de Transferência, publicados em *Observações Psicanalíticas Sobre um Caso de Paranoia Relatado em Autobiografia ("O Caso Schreber"), Artigos sobre Técnica e Outros Textos (1911-1913)*, p. 122-228.

6. Ver M. Plon, Ordem e Subversão no Movimento Psicanalítico, *Ágora: Estudos em Teoria Psicanalítica*, v. 5, n. 2, p. 317-328.
7. Ver J. Forrester, A Whole Climate of Opinion, *Dispatches from the Freud Wars: Psychoanalysis and its Passions*, p. 184-207. E. Young-Bruehl; M. Schwartz, Why Psychoanalysis Has no History, em E. Young-Bruehl, *The Clinic and the Context: Historical Essays*, p. 1-18.
8. Ver S. Ferenczi, Sobre a História do Movimento Psicanalítico, *Obras Completas – Psicanálise I*, p. 167-177.
9. Sendo a primeira regra fundamental a da associação livre, em que o paciente em análise deve falar tudo o que lhe vier à cabeça, suspendendo o juízo (moral) acerca do conteúdo que lhe ocorre.
10. "Em tese", propositalmente entre aspas, uma vez que é deveras extensa a discussão sobre o estatuto da autoanálise de Freud e as relações entre ele e Wilhelm Fliess. Isso para não entrar no mérito do debate mais sensivelmente clínico da análise do analista que acontece durante a escuta, ou seja, o componente de análise do analista contido nas análises que ele mesmo conduz. Não há condições de desenvolver isso aqui em detalhes, mas no que tange à história dessa discussão, sugere-se como um bom ponto de partida o texto clássico de Didier Anzieu, de 1959, denominado *L'Auto-analyse de Freud et la découverte de la psychanalyse* (A Autoanálise de Freud e a Descoberta da Psicanálise).
11. Ver Quem Está em Análise Com Quem? Freud, Lacan, Derrida, *Seduções da Psicanálise: Freud, Lacan e Derrida*, p. 217-246.
12. Há ao menos duas cartas em que Freud se refere ao "distante Brasil". Em uma primeira, datada de 10 de janeiro de 1927, dirigida a Osório César, se pode ler: "Causa-me grande satisfação a prova de interesse que a nossa psicanálise vem despertando no seu distante Brasil." A mesma expressão reaparece em uma segunda carta de 1928 enviada a Julio Porto-Carrero, na qual Freud teria escrito: "Quão notável que no distante Brasil nasça de repente um movimento psicanalítico pronto, assim como a deusa Atena surgiu da cabeça de Zeus, com divulgação em toda sociedade e naturalmente também alguma oposição. Esta última não deve faltar. Alegra-me que o senhor reconheça a sua necessidade. É como na técnica analítica. Sem a superação de obstáculos, não existe sucesso." A surpresa com o caráter supostamente repentino de nascimento de um movimento psicanalítico no Brasil e a analogia com a sabedoria e coragem de Atena perante a supremacia divina de Zeus parecem índices da distância que separava Freud do Brasil no final dos anos de 1920, revelando o desconhecimento das férteis condições que estavam dispostas em solo nacional já nesse período para tal.
13. Ver a respeito D. Cohen, *A Fuga de Freud*.
14. Ver J. Derrida, Geopsychoanalysis "and the rest of the world", *Psyche: Inventions of the Other*, v. 1, p. 318-343.
15. Ver J. Borossa, The Extensions of Psychoanalysis, em L. Auestad (ed.), *Psychoanalysis and Politics*, p. 227-244; The Migration of Psychoanalysis and the Psychoanalyst as Migrant, *Oxford Literary Review*, v. 19, n. 1, p. 79-104.
16. D. Nobus, Psychoanalytic Geopolitics, em Y. Stravakakis et al. (eds.), *Routledge Handbook of Psychoanalytic Political Theory*, p. 364-365.
17. Ver D. Kirsner, All Psychoanalysis is Local, *Psychotherapy and Politics International*, v. 10, n. 2, p. 146-156.
18. Ver, por exemplo, M.E. Maciel, Memória, Tradição e Tradicionalismo no Rio Grande do Sul, em S. Bresciani; M. Naxara (orgs.), *Memória e (Res)sentimento*, p. 237.
19. P. Bourdieu, *O Poder Simbólico*, p. 27.
20. Ibidem, p. 69.
21. P. Bourdieu, *Razões Práticas: Sobre a Teoria da Ação*, p. 71.
22. Idem, *Os Usos Sociais da Ciência*, p. 21.
23. Ibidem, p. 22.
24. Idem, *A Economia das Trocas Simbólicas*, p. 25. (Grifos nossos.)
25. Idem, *Questões de Sociologia*, p. 110.
26. Idem, O Campo Científico, em R. Ortiz, *A Sociologia de Pierre Bourdieu*, p. 133.
27. Na obra bourdieusiana, o capital simbólico se desdobra em tipos como "capital cultural", "capital social" e o próprio "capital econômico". Ainda que a diferença entre eles tenha relevância no sistema da teoria "do social" bourdieusiana, não caberá aqui nos deter especificamente sobre tais diferenças.
28. Idem, *O Poder Simbólico*, p. 103.
29. Idem, *A Distinção: Crítica Social do Julgamento*, p. 235.
30. *O Poder Simbólico*, p. 82.
31. Ibidem, p. 103.
32. Idem, *Questões de Sociologia*, p. 128.
33. Para ser mais exato, trata-se de imprimir no próprio processo de objetivação um "desafio" a "oposições abstratas": "Uma autêntica ciência da ciência não pode ser constituída a menos que ela desafie radicalmente a oposição abstrata [...] entre a análise interna ou imanente, considerada como a província do epistemólogo, que recria a lógica pela qual a ciência cria seus problemas específicos, e a análise externa, que relaciona estes problemas às condições sociais de sua aparição." (P. Bourdieu, The Specificity of the Scientific Field and the Social Conditions of the Progress of Reason, *Social Science Information*, v. 14, n. 6, p. 22.)

34. Ainda que não tenha sido o nosso foco na abordagem material com arquivos, tornou-se notável a forma em que as representações dos *habitus* comuns à classe psicanalítica foram caracterizados durante a ditadura por meio de caricaturas. Roy Porter em seus estudos sobre a história da medicina vista desde baixo foi sábio em demonstrar como circulavam as representações das práticas médicas desde o ponto de vista dos pacientes (Ver The Patient's View, *Theory and Society*, v. 14, n. 2, p. 175-198) por meio da análise dos traços caricaturescos pelos quais elas são desenhadas. Não parece acidental por exemplo que muitos cartunistas tenham gerado uma verdadeira *iconomia* (sendo o *Pasquim* o mais lembrado) da ditadura civil-militar brasileira. A este respeito, ver R.P. Sá Motta, *Jango e o Golpe de 1964 na Caricatura*.
35. Para dar um exemplo bastante óbvio, Freud se incumbiu ele mesmo de prefaciar inúmeros livros de discípulos próximos ou distantes como forma de manter a liderança no expansionismo do movimento psicanalítico à época. Trata-se de uma estratégia clássica das políticas editoriais para conferir credibilidade, por exemplo, a autores desconhecidos – uma obra prefaciada por Freud, ainda que não se saiba muito bem quem a escreveu, ganha crédito complementar e, por isso, provavelmente terá uma disseminação bem-sucedida. Não por acaso, os paratextos produzidos por Freud se conjugam também aos seus textos mais clássicos nas edições de suas obras completas.
36. F.M. Heinz, O Historiador e as Elites, *Por Outra História das Elites*, p. 9.

2. POLÍTICAS DO SEGREDO E ARQUIVOS NA HISTÓRIA DA PSICANÁLISE

1. O início deste capítulo é uma versão abreviada e reescrita de um capítulo de nosso *Politics of Secrecy in the History of Psychoanalysis* (de 2021). Ali poderão ser encontradas reflexões sobre a "metapsicologia do segredo" aqui suprimidas em favor do nosso foco. Foram mantidos fundamentalmente os aspectos sociológicos do segredo e suas relações com o arquivo, de modo a apresentar os arquivos consultados na pesquisa e justificar a escolha por esse material.
2. A expressão original é *hohen Funktionär*. A opção do tradutor foi por "alto funcionário", mas no contexto a expressão "alto oficial" (tal como foi a escolha da tradução inglesa) seria igualmente adequada. Como Freud não dá mais detalhes sobre o caso, não é possível supor se se trata de um civil ou de um militar.
3. Ver O Início do Tratamento, *Observações Psicanalíticas Sobre um Caso de Paranoia Relatado em Autobiografia ("O Caso Schreber"), Artigos sobre Técnica e Outros Textos (1911-1913)*, p. 163-192.
4. O caso Jorge III foi examinado minuciosamente em I. Macalpine; R.A. Hunter, *George III and the Mad-Business*.
5. Ver G. Simmel, A Sociologia do Segredo e as Sociedades Secretas, *Revista de Ciências Humanas*, v. 43, n.1, p. 219-242.
6. Ibidem, p. 237.
7. A ideia de "economia de crédito" não é postulada aqui por acaso. Na sociologia de Simmel, ela se articulará com o raciocínio explorado em outro livro famoso do autor, *Philosophie des Geldes* (A Filosofia do Dinheiro). Além dele, vale mencionar o ensaio Para a Psicologia do Dinheiro, em *O Conflito da Cultura Moderna e Outros Escritos*, p. 11-28, como mais uma demonstração do interesse do autor pelo assunto.
8. Idem, A Sociologia do Segredo e as Sociedades Secretas, *Revista de Ciências Humanas*, v. 43, n.1, p. 222.
9. Ibidem, p. 236.
10. É digno de nota o artigo do sociólogo e psicanalista Michael Rustin discutindo a sociologia do segredo de Simmel, compreendendo as instituições psicanalíticas como sociedades secretas. Ver M. Rustin, The Social Organization of Secrets, *International Review of Psychoanalysis*, v. 12, p. 143-159.
11. G. Simmel, A Sociologia do Segredo e as Sociedades Secretas, *Revista de Ciências Humanas*, v. 43, n. 1, p. 237.
12. Ibidem, p. 224.
13. Com efeito, se quiséssemos nos ater a uma perspectiva estritamente simmeliana para debater a função do segredo no sistema democrático, isso seria possível por meio de mediações conceituais como a diferenciação entre o segredo enquanto instituição e o segredo enquanto organização, ou mais especificamente, dedicando-nos à passagem da perspectiva microssociológica para a macrossociológica (ver B. Nedelmann, Secrecy as a Macrosociological Phenomenon, em D. Frisby [ed.]), *Georg Simmel: Critical Assessments*, v. 3, p. 202-221). Pede-se aqui alguma confiança em nosso "salto epistemológico" na direção da perspectiva de Bobbio, com a esperança de que ele se justifica pela discussão que virá mais adiante sobre a política do segredo enquanto política de arquivo, que é o nosso foco.
14. N. Bobbio, *Democracy and Dictatorship*, p. 18.
15. Idem, *The Future of Democracy*, p. 95.
16. Ver M. Weber, *A Política Como Vocação*.
17. *The Future of Democracy*, p. 95.
18. A. Stepan, *Rethinking Military Politics*, p. 16.
19. L. da Silva Catela, Do Segredo à Verdade, em J. de Almeida Teles et al. (orgs.), *Desarquivando a Ditadura: Memória e Justiça no Brasil*, p. 448.
20. P. Endo, Sonhar o Desaparecimento Forçado de Pessoas, em M.A. de Almeida Cunha Arantes; F. Carvalho Ferraz (orgs.), *Ditadura Civil-Militar no Brasil: O Que a Psicanálise Tem a Dizer*, p. 150.
21. Ver G. Fichtner, Professional Secrecy and the Case History, *The Scandinavian Psychoanalytic Review*, v. 20, n. 1, p. 97-106.
22. Ver J. Borossa, Case Histories and the Institutionalization of Psychoanalysis, em I. Ward, *The Presentation of Case Material in Clinical Discourse*, p. 45-63.
23. Ver Direito à Informação e Direito à Vida Privada, *Estudos Históricos*, v. 25, n. 49, p. 129-148.

24. O que, certamente, não constitui uma definição única. Nesse debate em aberto, entre os autores mais lembrados pelo campo psicanalítico, estarão certamente M. Foucault em *A Arqueologia do Saber* e J. Derrida em *Mal de Arquivo*. Tivemos a oportunidade de discutir tais autores mais detidamente em R.A. Lima, *Por uma Historiografia Foucaultiana Para a Psicanálise*.
25. Respectivamente, R.M. de Oliveira Castro, História da Psicanálise em Brasília, *Revista Brasileira de Psicanálise*, número especial, p. 139-146; A. Rubin et al., "No Memory, No Desire": Psychoanalysis in Brazil During Repressive Times, *Psychoanalysis and History*, v. 18, n. 1, p. 93-118.
26. Ver N.C. Hollander, Psychoanalysis and the Problem of the Bystander in Times of Terror, em L. Layton et al. (eds.), *Psychoanalysis, Class and Politics*, p. 154-165.
27. Ver M.R. Neto da Silva; T. Féres-Carneiro, Silêncio e Luto Impossível em Famílias de Desaparecidos Políticos Brasileiros, *Psicologia & Sociedade*, v. 24, n. 1, p. 66-74.
28. O ano de 1985 marca também a publicação do livro *Brasil: Nunca Mais*, que revelou diversos documentos do SNI e fortaleceu a luta pelo direito à verdade, à memória e à justiça em nosso país. Ver P.E. Arns, *Brasil Nunca Mais*.
29. M. Soares Palmeira, O Poder da Ancestralidade, a Ancestralidade do Poder, *Revista do Instituto Histórico e Geográfico de Sergipe*, v. 1, n. 48, p. 47-48.
30. *Questions for Freud*, p. 99.
31. "Confirmação secundária" no sentido de "confirmação do já confirmado" pelo próprio cotejamento e confrontação de arquivos e fontes documentais entre si.
32. I. Stampa; V. Rodrigues, Memórias Reveladas, *Revista Em Pauta: Teoria Social e Realidade Contemporânea*, v. 12, n. 33, p. 23.
33. Segundo artigo de Inez Stampa de 2011, Memórias Reveladas e os Arquivos do Período da Ditadura Militar, *ComCiência*, n. 127, p. 1, "o acervo do período da ditadura militar sob a guarda do Arquivo Nacional, tanto na sede da instituição no Rio de Janeiro como em sua Coordenação Regional no Distrito Federal, é constituído por cerca de 17 milhões e 400 mil páginas (aproximadamente 8 milhões e 900 mil folhas) de documentos textuais, além de 1.363 mil metros lineares de outros tipos documentais (como, por exemplo, fotografias e mapas), 220 mil microfichas e 110 rolos de microfilmes".
34. Ao apresentar os arquivos da *Hemeroteca Digital*, não podemos deixar passar a oportunidade de tornar a expor as dificuldades encontradas para cobrir as regiões do país fora do eixo Sul-Sudeste. Por exemplo, as ocorrências da palavra "psicanálise" em três jornais acreanos (*Diário do Acre, Repiquete* e *Jornal*) no intervalo de 1964 e 1985 somam menos de vinte, e isso no contexto de colunas de humor, resenhas de livros e alusões metafóricas. Não foi possível constatar a ocorrência de congressos, nenhum evento, nenhuma publicação local, nenhuma instituição, nem sequer um anúncio de consultório nas "páginas amarelas". Claro que, para tomar outro exemplo da Região Norte, no *Jornal do Commercio* (AM), um periódico bem estruturado cujas atividades estão arquivadas na *Hemeroteca* até 1979, há mais de cem incidências do termo "psicanálise" em colunas sociais, notícias internacionais, peças publicitárias, bem como em matérias avulsas de curiosidades, variedades ou comportamento. São índices claros da presença da psicanálise na cultura letrada da capital amazonense, mas ainda assim, grande parte são de artigos produzidos sobre (ou em) outras regiões do país, ou seja, um material que não oferece indícios da emergência de um movimento psicanalítico local. O mesmo padrão pôde ser constatado em outros jornais menores de outros estados. É importante observar também que o portal não apresenta jornais digitalizados de todos os períodos em todos os estados. Por exemplo, todo o conjunto da mídia impressa da Bahia, de Alagoas e da Paraíba ali digitalizada e disponibilizada se encerra em 1959, portanto fora do nosso recorte cronológico. Nessas situações, foram buscadas e consultadas outras fontes. Os principais jornais dos quais foi possível recolher algumas informações acidentais dentro de nosso recorte histórico foram: *O Estado do Mato Grosso* (MT), *Jornal do Tocantins* (GO), *Alto Madeira* (RO), *O Triângulo* (MG) e *Jornal do Maranhão – Semanário de Orientação Católica* (MA). Ainda fora do eixo SP-RJ-RS, em que a mídia impressa transbordava informações sobre o movimento psicanalítico em volume quase vertiginoso, resultados significativamente expressivos e úteis de pesquisa foram encontrados nos seguintes jornais: na região Nordeste, o *Diário de Natal* (RN), *O Poti* (RN) e o *Diário de Pernambuco* (PE); na região Centro-Oeste, o *Correio Braziliense* (DF); na região Sul, o *Diário do Paraná* (PR) e o *Diário da Tarde* (PR). Cada uma das referências utilizadas será cotejada no momento oportuno. Contudo, mais do que as referências em si, esperamos, no fundo, que os índices esporádicos que encontramos em nossa pesquisa incentivem e estimulem outras pesquisas em história da psicanálise nesses territórios, cuja importância acaba sendo frequentemente negligenciada pela concentração sul-sudestina.

3. A PSICANÁLISE EM 31 DE MARÇO DE 1964

1. Ver *Roteiro de Leituras Para o Estudo do Golpe Civil-Militar de 1964*.
2. Ver Versões e Controvérsias Sobre 1964 e a Ditadura Militar, *Revista Brasileira de História*, v. 24, n. 47, p. 29-60.
3. Aniversários do Golpe de 1964, *Tempo e Argumento*, v. 10, n. 23, p. 204-251.
4. *O Colapso do Populismo no Brasil*, p. 187.
5. Notadamente, o Instituto de Pesquisas e Estudos Sociais (IPES), o Instituto Brasileiro de Ação Demo-

crática (IBAD) – o chamado "complexo IPES/IBAD" –, a Escola Superior de Guerra (ESG) e, em menor grau, suas "filiais" da Associação dos Diplomados da Escola Superior de Guerra (ADESG) foram entidades centrais na dinamização de relações de compadrio entre comissários da elite do poder que sustentou o golpe de 1964. Trataremos das duas últimas entidades mais adiante.

6. Um detalhe importante, que indica a recepção dessa agenda intelectual na pesquisa acadêmica: todos esses trabalhos são originalmente teses de doutorado. Da corrente explicativa da conspiração, apenas o trabalho de Dreifuss é também originalmente uma tese de doutorado.
7. W.G. dos Santos, *O Cálculo do Conflito*, p. 202.
8. A.M. Figueiredo Cheibub, *Democracia ou Reformas?*, p. 187.
9. Ver Contrarrevolução e Ditadura, *Marx e o Marxismo*, v. 2, n. 2, p. 111-138.
10. Ver M. Napolitano, *1964: História do Regime Militar Brasileiro*.
11. G.A. Dillon Soares, O Golpe de 64, em G.A. Dillon Soares; M.C. D'Araújo (orgs.), *21 Anos de Regime Militar*, p. 27.
12. C. Fico, op. cit.
13. Ver *Reflexão Sobre os Estados Burocrático-Autoritários*.
14. Ver *O Modelo Político Brasileiro*.
15. Estado e Regime no Pós-64: Autoritarismo Burocrático ou Ditadura Militar?, *Revista de Sociologia e Política*, n. 2, p. 7-23.
16. Ver C. Wright Mills, *A Elite do Poder*.
17. Ver D. Bezerra de Melo. Ditadura "Civil-Militar"?, *Espaço Plural*, v. 13, n. 27, 2012, p. 39-53.
18. Ainda que, a título de evitar repetições no texto, por mera questão estilística, apareçam ocasionalmente designações mais tradicionais como "regime militar" ou "ditadura militar". Por mais pertinente que seja a proposta de "ditadura empresarial-militar", ela é pouco atinente ao nosso objeto e poderia se prestar a deslizes inadministráveis, e por isso não se fará uso dela aqui.
19. *Classe Média e Sistema Político no Brasil*.
20. D.A. Marques de Saes, op. cit., p. 153.
21. Pela ideia de um "primeiro tira o presidente, depois convoca-se a eleição e há de ficar tudo bem", diversos jornalistas liberais de *O Correio da Manhã*, por exemplo, retiram o apoio ao regime e rompem com ele quando o primeiro Ato Institucional (AI-1) é decretado em 9 de abril de 1964. Ver E. Zayat Chammas, O "Correio da Manhã" no Golpe de 1964, em M.L. Mônaco Janotti; J.M. Aria Neto (orgs.), *Democracia e Autoritarismo*, p. 174-192. Para dar outro exemplo, em Terrorismo Cultural, publicado no *Jornal do Brasil* em 7 de maio de 1964, o intelectual cristão Alceu Amoroso Lima denuncia a perseguição a intelectuais e artistas e as ameaças à liberdade de expressão do regime militar. A publicação renderia a Amoroso Lima uma ligação de próprio punho do então presidente Castelo Branco, com vistas a "alertá-lo" sobre a ameaça de infiltração comunista.
22. O texto completo está disponível no site do Governo Federal. (Grifos nossos.)
23. A partir do início de 1963, o ex-governador do Rio Grande do Sul, Leonel Brizola, se firma como líder de diversas tendências da esquerda, que pressionavam Jango para a viabilização das reformas, sobretudo da agrária. Na perspectiva da "radicalização dos atores", na visão de Wanderley Guilherme dos Santos em *O Cálculo do Conflito*, o brizolismo representava a radicalização à esquerda cuja pressão política tornaria o governo Jango insustentável. A reunião dessas tendências sob a liderança de Brizola receberia o nome de Frente de Mobilização Popular. Ver J. Ferreira, A Estratégia de Confronto, *Revista Brasileira de História*, v. 24, n. 47, p. 181-212.
24. Talvez o caso mais emblemático seja o de Gregório Bezerra, líder pernambucano das Ligas Camponesas que, preso no dia seguinte do golpe, é amarrado em um jipe do Exército e arrastado pelas ruas de Casa Forte, na zona Norte de Recife, agredido, xingado e humilhado em plena luz do dia para que toda a população local presenciasse.
25. S. Escorel; L.A. Teixeira, História das Políticas de Saúde no Brasil de 1822 a 1963, em L. Giovanella et al. (orgs.), *Políticas e Sistema de Saúde no Brasil*, p. 312.
26. Ver L.F. Paulin; E.R. Turato, Antecedentes da Reforma Psiquiátrica no Brasil, *História, Ciências, Saúde: Manguinhos*, v. 11, n. 2, p. 241-258.
27. A série de reportagens do *Correio Paulistano* se inicia em 23 de fevereiro de 1963.
28. Secretaria da Fazenda Não Reconheceu Calamidade no Juqueri e Negou Verba, *Diário da Noite*, Rio de Janeiro, 7 mar. 1963, p. 5.
29. Op. cit., p. 190.
30. Ver infra, Seleção de Arquivos e Documentos Mencionados.
31. Com efeito, saúde mental se tornaria verdadeiramente um tópico para o planejamento nacional de saúde pública somente nos anos de 1980, especialmente em função da luta antimanicomial e da reforma psiquiátrica brasileira. Teremos a oportunidade de falar disso em nosso último capítulo.
32. Ver P. Amarante, *Loucos Pela Vida*.
33. Ver C. Facchinetti, História das Psicoterapias e da Psicanálise no Brasil, *Estudos e Pesquisas em Psicologia*, v. 18, n. 4, p. 1106-1117.
34. Ver Y. Marmit Wadi, *Palácio Para Guardar Doidos*.
35. Ver A.M. Gageiro; S.D. Torossian, A História da Psicanálise em Porto Alegre, *Analytica – Revista de Psicanálise*, v. 3, n. 4, p. 117-144.
36. Ver C.L.M. Valladares de Oliveira, Os Primeiros Tempos da Psicanálise no Brasil e as Teses Pansexualistas na Educação, *Ágora: Estudos em Teoria Psicanalítica*, v. 5, n. 1, p. 133-154.
37. O retorno dos profissionais liberais à cena política é caracterizado por Décio Saes como uma "contramobilização": "a contramobilização das camadas médias tradicionais se define logo como antipopular e anticomunista. [...] Enquanto o "movimento das mulheres" empreende a condenação moral do

comunismo, a contramobilização organiza outro setor das camadas médias tradicionais: os profissionais liberais. Neste nível, o anticomunismo se define antes como a defesa das instituições democráticas; mais claramente, trata-se de condenar a "democracia de massas" populista em nome do respeito aos princípios liberal-democráticos. [...]. Em resumo, as associações de advogados, médicos e engenheiros, tradicionalmente orientados para o liberalismo oligárquico, estarão encarregados de disfarçar a assimetria da oposição entre "democracia" e "comunismo", assim como de atribuir-lhe um caráter obrigatoriamente alternativo. Daí o aspecto arcaico da contramobilização de 1964: de um lado, o "movimento feminino" e seus temas morais e religiosos; de outro, o retorno à cena política de um personagem – o profissional liberal – típico do período oligárquico" (op. cit., p. 137).

38. Gastão Pereira da Silva (1896-1987), médico, jornalista, psicanalista autodidata e teatrólogo. Grande entusiasta e divulgador da psicanálise com mais de quarenta obras publicadas, dedicou-se a diversas formas de uso do freudismo em seus escritos de "biografia política". Colunista de revistas voltadas ao grande público, como a *Vamos Lêr!*, tinha relações orgânicas com o universo editorial que configurava o campo midiático do governo Getúlio Vargas. As interpretações dele de inspiração psicanalítica da vida e obra de notáveis brasileiros foram dedicadas por exemplo ao dramaturgo Procópio Ferreira, aos ex-presidentes Prudente de Moraes e Rodrigues Alves, ao abolicionista Xavier da Silveira; dedicou também dois livros ao então presidente Getúlio Vargas; ao militar e político brigadeiro Eduardo Gomes; ao pintor Almeida Junior; a retratos biográficos da constituinte pós Estado Novo de 1946, bem como um estudo sobre as mulheres na Rússia. Escreveu *Lenine e a Psicanálise* e *O Operário e a Nova Sociedade*, tendo também prefaciado *Lampião e a Sociologia do Cangaço*, de Rodrigues de Carvalho, e *O Dinheiro na Vida Erótica*, de 1937, de Karl Weissmann. Como Weissmann, também trocou correspondência com Freud. Ver Dirceu de Santa Rosa, A Propósito de uma Carta de Freud, *Revista Brasileira de Psicanálise*, v. 28, n. 3, p. 461-470. Uma ótima forma de se aproximar da trajetória de Gastão Pereira da Silva é por meio de sua autobiografia, *25 Anos de Psicanálise*. A importância desse autor para a difusão da psicanálise no Brasil tem sido recuperada por alguns pesquisadores. A este respeito, ver também Sérgio Ribeiro de Almeida Marcondes, "Nós, os Charlatães": Gastão Pereira da Silva e a Divulgação da Psicanálise em O Malho (1936-1944); J. Russo, A Difusão da Psicanálise no Brasil na Primeira Metade do Século XX, *Estudos e Pesquisas em Psicologia*, v. 2, n. 1, p. 51-61.

39. Ver M.A. Moretzsohn; M.H. Teperman, Uma Carta, Uma História, *Jornal de Psicanálise*, v. 47, n. 87, p. 261-263.

40. Respectivamente, R.A. Nogueira Santos, *A História da Psicanálise em Minas Gerais*; R.A. Nogueira Santos; B. Mandelbaum, A Psicanálise e seus Pioneiros no Brasil, *Analytica: Revista de Psicanálise*, v. 6, n. 11, p. 34-68; R.A. Nogueira Santos; B. Mandelbaum, Karl Weissmann e a Psicanálise na Era Vargas *Memorandum: Memória e História em Psicologia*, v. 36, p. 1-27; R.A. Nogueira Santos, *Um Psicanalista para os Seus Tempos*.

41. Ver Psicanalista Weissmann Prova: Comunismo Provém do Masoquismo, *Jornal do Commercio*, 16 ago. 1963.

42. As referências principais de Freud no livro são: *Além do Princípio do Prazer*; *Acerca de Uma Visão de Mundo (Weltanschauung)*; *O Futuro de uma Ilusão*; *O Mal-Estar na Civilização* e *O Problema Econômico do Masoquismo*. Para a concepção de "vida e obra" de Freud, Weissmann tem no centro de seus argumentos a biografia escrita por Ernest Jones, *Vida e Obra de Sigmund Freud*.

43. K. Weissmann, *Masoquismo e Comunismo*, p. 18.
44. Ibidem, p. 30.
45. Ibidem, p. 89.
46. Ibidem, p. 111.
47. Ibidem, p. 114.
48. Ibidem, p. 41-42.
49. Ibidem, p. 79.
50. Ibidem, p. 115.
51. Ibidem, p. 10. (Grifos nossos.)
52. P. Bourdieu, *Os Usos Sociais das Ciências*, p. 22.
53. Como, por exemplo, em *Psicologia da Revolução*, publicado originalmente em 1933.
54. Sintagma que dá título a uma das obras nacionais mais expressivas de psicologia coletiva aplicada ao direito criminal, publicada originalmente em 1934 pelo jurista piauiense Elias de Oliveira.
55. Ainda que não seja possível sistematizar tal reflexão a contento, vale ao menos sinalizar a existência de uma bibliografia bastante satisfatória que busca historicizar o interesse ocidental pelo comportamento das massas nesse período histórico. Ver R.A. Nye, *The Origins of Crowd Psychology*; J.S. McClelland, *The Crowd and the Mob*.

4. **O MITO NACIONAL DO PEDIGREE**

1. No original: *Filiation par mésalliance: tel pourrait être notre statut secret*. *Mésalliance* em francês indica um casamento desigual, quando alguém se casa com outra pessoa de condição socioeconômica inferior. Exprime matrimônios por interesses em bens materiais, eventualmente arranjados por famílias, quando alguém mais rico ou mais velho se casa com alguém mais pobre ou mais jovem – tal como retratado em *O Casamento Desigual*, do pintor flamengo Quentin Metsys (século XVI). Do ponto de vista do desfavorecido, poder-se-ia falar em "conveniência", "interesse" ou, no jargão popular, na intencionalidade pressuposta no "golpe do baú". Do ponto de vista daquele que está em posição superior, que é o que *mésalliance* acentua, sublinha-se a relação de *disparidade* (uma aliança assimétrica, que não configura um par entre sujeitos em condições iguais). Portanto, lembrando que não contamos

com uma tradução de *Filiations* para o português, nossa tradução livre carrega um certo prejuízo de significado aqui – daí essa nota de rodapé explicativa.

2. Ver C.L.M. Valladares de Oliveira, *História da Psicanálise: São Paulo (1920-1969)*.
3. Ver M. Schröter, The Dissemination of the Berlin Model of Psychoanalytic Training, *Psychoanalysis and History*, v. 10, n. 2, p. 205-225.
4. E. Falzeder, *Psychoanalytic Filiations*, p. 57.
5. Trata-se da gravura desenvolvida pelo próprio Falzeder, chamada "Spaghetti Junction", que estampa a capa de *Psychoanalytic Filiations*.
6. E. Falzeder, op. cit., p. 53.
7. É certo que as críticas à análise didática são certeiras pois atingem o "calcanhar de Aquiles" do sistema formal das sociedades ipeístas. No entanto, deve-se considerar que provavelmente uma eventual derrocada desse modelo – que por sinal segue vigente (nada aliás indica que isso será transformado a curto prazo, provavelmente porque não há motivos institucionais para tal) – não resolveria o problema que ele comporta. Em suma, o modelo segue vigente porque segue sendo uma escolha legítima. O problema se dá quando ele deixa de ser uma escolha. Daí o cenário da ditadura civil-militar brasileira ser um campo fértil para uma análise dessa sócio-lógica tão peculiar.
8. Ver A Whole Climate of Opinion, *Dispatches from the Freud Wars*, p. 195-196.
9. Ver Training Analysis: The Shibboleth of Psychoanalytic Education, *Psychoanalytic Review*, v. 97, n. 6, p. 971-995.
10. Precisamente, as referências de Freud nomeadas como xiboletes são: 1. a diferenciação entre consciente e inconsciente, nos dois verbetes de psicanálise ("Psicanálise" e "Teoria da Libido", em *Psicologia das Massas & Análise do Eu e Outros Textos (1920-1923)*, p. 273-308; 2. a Teoria dos Sonhos, em *Revisão da Teoria do Sonho*; e 3. o Complexo de Édipo, nos *Três Ensaios*.
11. Ver L. Fulgêncio, Kant e as Especulações Metapsicológicas de Freud, *Kant e-Prints*, v. 2, n. 9, p. 1-31.
12. Ver Contribuição à História do Movimento Psicanalítico, em *Totem e Tabu, Contribuição à História do Movimento Psicanalítico e Outros Textos (1912-1914)*, p. 245-327.
13. *Sovereignties in Question: The Poetics of Paul Celan*, p. 22-23.
14. Ibidem, p. 26.
15. Ibidem, p. 30.
16. Vale sublinhar que Freud não dominava o hebraico. Ver P. Gay, *Um Judeu Sem Deus*, p. 126. O debate da relação entre Freud e o judaísmo é bastante extenso e complexo e, certamente, escapa das nossas intenções de pesquisa. Além do próprio texto de Derrida que interpreta na segunda metade de seu ensaio o "judeu" como um xibolete, sugere-se para uma apreciação sintética os trabalhos de Betty Fuks, *Freud e a Judeidade*. Para uma análise da pertinência histórica desse tema em termos de rotas filiatórias e migratórias, sugere-se Eran Rolnik, *Freud in Zion:*

Psychoanalysis and the Making of Modern Jewish Identity e o livro recém-traduzido para o português de Guido Liebermann, *A Psicanálise em Israel*.

17. D. Kirsner, All Psychoanalysis is Local, *Psychotherapy and Politics International*, v. 10, n. 2, p. 975.
18. Idem, *Unfree Associations*, p. 13.
19. D. Herzog, *Cold War Freud: Psychoanalysis in an Age of Catastrophes*, p. 2-3.
20. Ibidem, p. 3-4.
21. C.L.M. Valladares de Oliveira, *História da Psicanálise: São Paulo (1920-1969)*.
22. Ver C.I.L. Dunker, *Mal-Estar, Sofrimento e Sintoma: Uma Psicopatologia do Brasil Entre Muros*.
23. Ver C. Facchinetti, História das Psicoterapias e da Psicanálise no Brasil: O Caso do Rio de Janeiro, *Estudos e Pesquisas em Psicologia*, v. 18, n. 4, p. 1106-1117.
24. Ver R. Dias de Castro, *A Sublimação do Id Primitivo em Ego Civilizado*.
25. Ver E.A. Nogueira do Vale, *Os Rumos da Psicanálise no Brasil*.
26. Ver E. Mokrejs, *A Psicanálise no Brasil: As Origens do Pensamento Psicanalítico*.
27. Ver A.M. Gageiro; S.D. Torossian, A História da Psicanálise em Porto Alegre, *Analytica – Revista de Psicanálise*, v. 3, n. 4, p. 117-144.
28. Ver J. Russo, *O Mundo Psi no Brasil*.
29. Ver N.M. Ferreira Sério, *Reconstruindo "Farrapos"*.
30. Ver L. Nosek et al., *Álbum de Família: Imagens, Fontes e Ideias da Psicanálise em São Paulo*.
31. Ver M. Perestrello (org.), *História da Sociedade Brasileira de Psicanálise do Rio de Janeiro*.
32. Ver P. Marchon (ed.), *A Psicanálise no Rio de Janeiro e Sua Difusão pelo Brasil*.
33. Ver T. Bloss de Araujo, *Raul Briquet e a Modernização Conservadora*.
34. Referendado em uma publicação no seu principal jornal, o *International Journal of Psychoanalysis*.
35. Que fez análise com Otto Fenichel, que por sua vez fez duas análises. Ver J.H. Parra Palumbo, *Sobre as Concepções de Otto Fenichel*. Uma primeira análise com Paul Federn, que não se analisou com ninguém; e uma segunda com Sandor Rado, que fez análise com Karl Abraham, que não se analisou com ninguém.
36. Ver L.A. Gomes Lima, *A Infância na Psicanálise de Durval Marcondes*.
37. Falecido precocemente em 1965.
38. Que fez uma primeira análise com August Aichhorn, que por sua vez fez análise com Paul Federn, que não se analisou com ninguém; e uma segunda análise com Otto Fleischmann, sobre quem não foi possível obter informações precisas.
39. Ver L. Alcântara do Amaral, Uma Passagem com Bion, *Percurso*, v. 10, n. 19, p. 83-90.
40. Ver C.L.M Valladares de Oliveira, *História da Psicanálise: São Paulo (1920-1969)*. A respeito de Pacheco e Silva, ver G. Tarelow Querodia, *Psiquiatria e Política*.
41. A título de curiosidade, uma pequena menção honrosa para aqueles que vieram e não se adaptaram ao calor brasileiro, como o sueco Nils Haak, ou cuja

negociação não vingaria, como o austríaco René Spitz ou o francês Daniel Lagache. Como teria sido a configuração institucional da SBPSP se tivessem sido esses analistas a chegar para formar os analistas paulistas? Nunca saberemos.

42. Ambas fundadas em 1808, com somente nove meses de diferença.
43. Ver R. Castro; C. Facchinetti, A Psicanálise Como Saber Auxiliar da Psiquiatria no Início do Século XX, *Culturas Psi*, n. 4, p. 24-52.
44. Ver C. Facchinetti; A.T. Venancio, Entre a Psicanálise e a Degenerescência, *Revista Latinoamericana de Psicopatologia Fundamental*, v. 9, n. 1, p. 151-161.
45. Ver J. Russo, Raça, Psiquiatria e Medicina Legal, *Horizontes Antropológicos*, v. 4, n.9, p. 85-102.
46. Ver F. Figueira Nascimento; B. Piltcher Mandelbaum, A Psicanálise da Norma, *Memorandum: Memória e História em Psicologia*, v. 36, p. 1-25.
47. Ver S. Alexim Nunes, Histeria e Psiquiatria no Brasil da Primeira República, *História, Ciência, Saúde: Manguinhos*, v. 17, supl. 2, p. 373-389.
48. Ver J. Russo, Júlio Porto-Carrero, em L.F. Dias Duarte; J. Russo; A.T. Venancio (orgs.), *Psicologização no Brasil*, p. 127-150.
49. G. Pereira da Silva, *25 Anos de Psicanálise*, p. 1. A segunda edição da obra é uma publicação exemplar em termos de legitimidade no campo. Primeiro porque é editada pela "Associação Profissional dos Psicanalistas do Estado do Rio de Janeiro", um desdobramento do Centro Acadêmico de Debates e Estudos de Psicanálise /Escola Superior de Psicanálise (CADEP/ESP), instituição que examinaremos no capítulo 11. Na contracapa, o autor faz questão de inscrever a seguinte credencial: "Credenciado por Sigmund Freud e antigo correspondente da Internationaler Psychoanalysticher Verlag (Vien.)". Não é acidental que para uma publicação como essa no ano de 1978 o autor acabe tendo que se reafirmar e "prestar contas" ao campo.
50. Que se analisou na Inglaterra com James Strachey, que se analisou com Freud.
51. Mariz de Moraes era médico formado em Recife e não ficaria muito tempo no Rio de Janeiro, sendo talvez o único formado na SBPRJ que voltaria a Pernambuco poucos anos depois. Em seu retorno continuou trabalhando como psiquiatra e clinicando em uma orientação psicanalítica, mas não se formou um movimento psicanalítico em torno dele. A trajetória de Mariz de Moraes é, portanto, um bom exemplo de iniciativa pontual; o movimento psicanalítico pernambucano de fato só se configurará enquanto tal mais tardiamente, nos anos 1970.
52. Que se analisou com Melanie Klein, que por sua vez fez duas análises: uma com Sándor Ferenczi, analisado por Freud, e outra com Karl Abraham, que não se analisou com ninguém.
53. Que se analisou com Sándor Ferenczi.
54. Que se analisou com Melanie Klein.
55. Décio Soares de Souza já era um prestigiado catedrático de Psiquiatria da Universidade Federal do Rio Grande do Sul quando foi à Inglaterra para realizar a formação psicanalítica. Ele retornaria com os outros para formar o grupo da SBPRJ. Porém, em 1965, ele é expulso da SBPRJ por motivos até hoje misteriosos – daí certas lacunas nunca preenchidas sobre sua trajetória –, mas não se nega a importância desse agente nem na fundação da SBPRJ e nem na história do movimento psicanalítico gaúcho.
56. Que se analisou com Carl Muller-Braunschweig, que se analisou primeiramente com Karl Abraham, que não fez análise com ninguém; e depois com Hanns Sachs, que não se analisou com ninguém. Uma primeira inflexão importante aqui: de acordo com Emily Kuriloff, *Contemporary Psychoanalysis and the Legacy of the Third Reich*, p. 89, no processo de nazificação do Instituto Psicanalítico de Berlim, Carl Muller-Braunschweig era "aparentemente mais complacente do que aderente" ao processo.
57. Que fez primeiro uma terapia junguiana com Elisabeth Lambert e, posteriormente, uma análise com Margarete Seiff - que por sua vez fez análise com Harald Schultz-Henke, que fez análise com Sandor Radó, que fez análise com Karl Abraham, que não fez análise com ninguém. De acordo com E. Kuriloff, op. cit. e G. Cocks, *La Psychothérapie sous le IIIe. Reich*, sabe-se que Schultz-Henke era o psicanalista mais abertamente antinazista que permaneceu na Alemanha durante o processo de nazificação.
58. Um bom resumo desse cenário pode ser lido em H.M. Lohmann; L. Rosenkötter, Psicanálise na Alemanha Hitlerista, em C.S. Katz, *Psicanálise e Nazismo*, p. 49-78.
59. Uma análise minuciosa do percurso de Werner Kemper amparada em documentos e arquivos pode ser vista no artigo de H. Füchtner, cujo título já aguça a curiosidade por si só: "O Caso Werner Kemper", *Psychanalyse.lu*, p. 1-50.
60. Hans Füchtner é igualmente responsável pela melhor síntese e descrição do percurso de Anna Kattrin Kemper em um artigo igualmente baseado em documentos e arquivos que, não por acaso, recebeu o título de "Uma Carreira de Psicanalista Atípica e Contrária às Normas", *Psychanalyse.lu*, p. 1-33.
61. A título de curiosidade, a reação de Durval Marcondes à prisão de Werner Kemper no Rio de Janeiro chega a ser cômica: ele acredita que quem teria mandado Kemper à prisão fora Antonio Carlos Pacheco e Silva (ver N.M. Ferreira Sério, op. cit., p. 285), para quem perdeu o concurso pela cátedra de Psiquiatria da USP nos anos 1930. Pacheco e Silva não era "santo", muito pelo contrário, era conhecido por posições políticas reacionárias, que o levariam a estabelecer relações profundas e orgânicas com os militares desde os primeiros momentos do golpe de 1964. (Ver G. Tarelow Querodia, op. cit.) De todo modo, parece mais um sinal de que, nos anos 1950, Marcondes e o grupo paulista não apenas desconheciam os termos em que se davam as lutas internas do movimento carioca, como tentavam entendê-las segundo sua própria óptica.

62. Ver J.L. Ferreira Abrão, Zaira de Bittencourt Martins, *Revista de Psicanálise da Sociedade Psicanalítica de Porto Alegre*, v. 18, n. 2, p. 219-236.
63. Ver J. Lemmertz, *Memórias de um Psicanalista*.
64. Cyro Martins conta uma memória interessante a respeito dessa barreira entre Kemper e os gaúchos em um livro de entrevistas: "Lembro-me do ocorrido numa das tantas entrevistas com Werner Kemper, o psicanalista alemão importado por um grupo de aspirantes a psicanalistas, do Rio de Janeiro, por indicação da Internacional [IPA]. Antes já viera para São Paulo a dra. Koch, pessoa de difícil trato. Mas, por ora, fiquemos com Kemper e o episódio a que eu fiz menção. Essa conversa foi aqui em Porto Alegre. O Mario [Martins], mais uma vez, insistia com ele a respeito do nosso reconhecimento como *Study Group* [primeiro passo para o reconhecimento oficial da IPA]. Kemper sempre levantava mais uma dificuldade. Num dado momento, o nosso líder [Mario Martins] deu-lhe uma estocada de vida ou morte: 'Estou vendo que o senhor, em vez de contribuir para o desenvolvimento da psicanálise na América Latina, está fazendo justamente o oposto!'. Kemper ficou muito embaraçado. Esteve pouco tempo depois aqui o presidente da Internacional e as coisas começaram a melhorar." Ver C. Martins; A. Slavutzky, *Para Início de Conversa*, p. 139.
65. William Alanson White, que dá nome ao instituto, foi analisado por Otto Rank, que não se analisou com ninguém.
66. Sobre quem não foi possível obter informações quanto à filiação.
67. Segundo um boletim interno de informações da SPID (Sociedade Psicanalítica Iracy Doyle) de agosto de 2011, a primeira turma de formação do IMP foi composta por: Carlos Paes e Barros; Claudino Borges; Ewald Mourão; Hélio Pellegrino; Hélio Tolipan; Horus Vital Brazil; Jayme P. Pereira; Jorge de Souza Santos; Margarida Pimentel; Rosita Mendonça; Sérgio Botelho; e Urano Alves.
68. Seria interessante investigar qual era o grau de parentesco de Iracy Doyle e Plinio Doyle, conhecido advogado e bibliófilo carioca que agregava grandes escritores em uma espécie de "academia literária informal" em encontros em sua casa, os chamados "Sabadoyles". Plinio Doyle trabalhou com o famoso editor José Olympio e não surpreenderia que algum trânsito de Iracy Doyle no mundo editorial carioca tenha relação com o sobrenome. Não obstante, não foi possível ver com nitidez tal grau de parentesco.
69. Retiramos a maior parte destes dados de I. Paim, *Psiquiatras Brasileiros*, corrigindo-os quando necessário.
70. Que fez análise com Sándor Ferenczi, que, por sua vez, fez análise com Freud.
71. Ver D. Herzog, op. cit.
72. Ver R. Jacoby, *The Repression of Psychoanalysis*.
73. Ver M. Jay, *A Imaginação Dialética*.
74. Ver S. Gojman de Millán, Development of Latin-American Societies in the IFPS, *International Forum of Psychoanalysis*, v. 23, n. 2, p. 104-110.
75. Uma nota biográfica mais detalhada de Malomar Edelweiss encontra-se em *Monsenhor Malomar Lund Edelweiss*, disponível em: <https://www.ucpel.tche.br/malomar/>. Além do trabalho já citado de Rodrigo Afonso Nogueira Santos, *A História da Psicanálise em Minas Gerais*, ver também E.R. Pereira Mendes, Os 50 Anos do Círculo Psicanalítico de Minas Gerais, em *Reverso*, v. 35, n. 66, p. 25-32.
76. Campo de estudos voltado à regulamentação dos registros legais das instituições religiosas.
77. Que analisou primeiramente com August Aichhorn, que por sua vez fez análise com Paul Federn, que não se analisou com ninguém; e em uma segunda análise com o psicanalista cristão e barão Viktor Emil von Gebsattel. Quanto a este último, tivemos dificuldade de encontrar informações precisas sobre filiações. Pistas não muito precisas indicam que Gebsattel teria feito uma análise com Leonhard Seif, que por sua vez teria se analisado com Carl Jung (que não se analisou com ninguém) e era muito próximo de Alfred Adler. A imprecisão se dá provavelmente porque entramos aqui na "zona cinzenta" das longínquas dissidências entre Freud, Jung e Adler nos anos 1910 que vimos no início de nosso capítulo de método, complicando a detecção das rotas filiatórias, posto que as próprias dissidências seriam cabais na determinação capitaneada por Freud do que era ou não psicanálise.
78. Letícia Gomes da Silva defendeu muito recentemente uma dissertação de mestrado que lança luz sobre o ensino da psicanálise em um curso de formação clerical denominado "Christus Sacerdos" na cidade de São Leopoldo (RS) e suas relações com o Círculo gaúcho. Baseada em arquivos e em entrevistas, a pesquisa explora uma frente de fato pouco conhecida dessa intersecção entre movimentos psicanalíticos nacionais e congregações católicas no Brasil.

5. UMA REVISTA, BRASILEIRA, DE PSICANÁLISE

1. O acervo pode ser encontrado no portal da Hemeroteca. Ver referências. Para uma análise destas fontes primárias, ver C. Facchinetti et al., Arquivos Brasileiros de Psiquiatria, Neurologia e Ciências Afins, *História, Ciências, Saúde: Manguinhos*, v. 17, suplemento 2, p. 527-535.
2. Esses periódicos se ligavam diretamente aos hospitais psiquiátricos e institutos de pesquisa que os bancavam. Por exemplo, o hospital do Juqueri contava com um parque gráfico próprio, as *Officinas Graphicas do Hospital de Juquery*. Não obstante, uma parte substancial dessas revistas dependia de parques gráficos externos, o que as tornava vulneráveis quanto à oscilação do mercado editorial e impossibilitava a manutenção de uma regularidade contínua.
3. Ver M.V. de Souza Xavier et al., Um Estudo Bibliométrico nos "Arquivos de Neuropsiquiatria" (1943-1962), *Revista Latinoamericana de Psicopatologia Fundamental*, v. 22, n. 4, p. 909-937.

4. Uma boa lista pode ser encontrada em P. Dalgalarrondo, As Primeiras Revistas Psiquiátricas no Brasil e no Mundo, *Revista Brasileira de Psiquiatria*, v. 21, n. 4, p. 237-238.
5. Ver E.C. Bispo Cerqueira, *Cláudio de Araújo Lima e a Divulgação de Teorias Médico-Psicológicas no Rio de Janeiro*.
6. Um trabalho incrível de catalogação de arquivos e fontes primárias foi feito pelo projeto "Memória da Psiquiatria no Brasil", coordenado por Paulo Amarante. Dele, decorre um guia de acervos e instituições que abrigam arquivos fundamentais no Rio de Janeiro (Fundação Oswaldo Cruz). O documento está disponível em: <http://laps.ensp.fiocruz.br/arquivos/documentos/1>.
7. Apresentação, *Revista Brasileira de Psicanálise*, v. 1, n. 1, p. 6.
8. Ibidem.
9. "Acting-out", Depressão e Homossexualidade, *Revista Brasileira de Psicanálise*, v. 1, n. 2, p. 204-212.
10. A Interação Transferência-Contratransferência na Gênese do Acting-Out, *Revista Brasileira de Psicanálise*, v. 1, n. 3, p. 305-323.
11. Notas à Margem de um Prefácio, *Revista Brasileira de Psicanálise*, v. 1, n. 4, p. 542-550.
12. À exceção da carta do v. 1, n. 2, que é de Freud a Osório César, mas que foi incluída por mencionar o nome de Durval Marcondes.
13. Aqui será citada a versão republicada deste artigo na própria *Revista Brasileira de Psicanálise* em 2016.
14. Ver L. de Almeida Prado Galvão, Pré-História e História da Revista Brasileira de Psicanálise, *Revista Brasileira de Psicanálise*, v. 50, n. 1, p. 114-118.
15. Esclarecimento ao Público, *Revista Brasileira de Psicanálise*, v. 1, n. 3, p. 303.
16. Ibidem, p. 303-304.
17. Ibidem, p. 304. (Grifos nossos.)
18. *Os Paulistas de Quatrocentos Anos*, p. 38. (Grifos nossos.)
19. Ibidem, p. 42.
20. P. Bourdieu, *A Distinção: Crítica Social do Julgamento*, p. 239.
21. M.H. Bueno Trigo, op. cit., p. 43.
22. Para dar um exemplo da psicanálise, destacamos um trecho de um artigo de Oswaldo Ferreira Leite Netto em homenagem a Lygia Amaral: "Fomos à Bienal, ao MAM [Museu de Arte Moderna de São Paulo]. [Lygia Amaral] Era divertida quando procurava os privilégios de idosa e decana da psicanálise. Ela me dizia: 'Quer ver como funciona?' Se empertigava ainda mais e dizia: 'Sou Lygia Amaral', e invariavelmente o segurança respondia: 'Pois não, por favor...' E eu, encabulado, ia junto como acompanhante, me sentindo uma espécie de príncipe consorte, furando as filas...". (Minha Amiga D. Lygia Amaral, *Jornal de Psicanálise*, v. 44, n. 81, p. 263-265).
23. C. Martins Pulici, *O Charme (in)Discreto do Gosto Burguês Paulista*, p. 135.
24. C. Martins Pulici, op. cit., p. 20.
25. Notas para a História da Psicanálise em São Paulo, *Revista Brasileira de Psicanálise*, v. 1, n. 1, p. 46-47.
26. Ibidem, p. 47-48. (Grifos nossos.)
27. P. Bourdieu, *Questões de Sociologia*, p. 129.
28. P. Bourdieu, *O Poder Simbólico*, p. 103.
29. Ibidem, p. 104-105.
30. Idem, referindo-se a *Notas*.
31. Idem, Reflexos da Análise Didática na Vida Científica de Sociedades de Psicanálise, *Revista Brasileira de Psicanálise*, v. 1, n. 3, p. 366.
32. Idem, Notas para a História da Psicanálise em São Paulo, *Revista Brasileira de Psicanálise*, v. 1, n. 1, p. 58. (Grifos nossos.) A referência é ao filme inglês *Adeus, Mr. Chips*, de 1939, baseado no romance homônimo escrito por James Hilton em 1935. O filme conta a história do professor Arthur Chipping (interpretado por Robert Donnat), que almeja se tornar diretor da renomada escola em que trabalha, mas encontra dificuldades por ser impopular entre seus alunos. Ao se casar com Katherine Ellis (interpretada por Greer Garson), o professor Chips se torna mais amável e receptivo, conquistando a simpatia de seus pares e alunos. Longe de ser mero detalhe, o retrato de Herminda Marcondes (que não era psicanalista, mas que ingressa na história da psicanálise desde esse "outro lugar"), na qualidade de "esposa que melhora o marido", indica, pela analogia com o enredo do filme, a forma pela qual papéis familiares que operam segundo divisões de gênero na narrativa tradicionalmente quatrocentona atravessam o empreendimento historiográfico empenhado por Almeida Prado Galvão.
33. Idem, Observações e Reflexões Sobre o Trabalho Psicanalítico, *Revista Brasileira de Psicanálise*, v. 8, n. 2, p. 121.
34. Ulhôa Cintra foi sucedido por Luís Antônio da Gama e Silva, professor da Faculdade de Direito, reitor de 1963 a 1967, ano em que este assume o cargo de ministro da Justiça do governo Costa e Silva. Entre 1967 e 1969 seu vice, Hélio Lourenço de Oliveira, da Faculdade de Medicina de Ribeirão Preto da USP, assume o posto de reitor. Em 1969, assume Miguel Reale, da Faculdade de Direito, conhecido integralista nos anos de 1930 e proeminente figura intelectual da direita reacionária no Brasil, que fica no posto até 1973. Importante notar que a alternância entre professores de Medicina e de Direito caracterizou os processos de escolha de reitorias na USP e em parte das universidades públicas no Brasil, conferindo poder e prestígio no meio universitário. Sendo Ulhôa Cintra presidente da Fapesp até o fim da gestão de Reale como reitor, garante-se uma articulação entre cargos de direção da universidade pública e órgãos de fomento estadual, aproximando politicamente os agentes em questão.
35. Reflexos da Análise Didática na Vida Científica de Sociedades de Psicanálise, *Revista Brasileira de Psicanálise*, v. 1, n. 3, p. 367.
36. Pré-História e História da Revista Brasileira de Psicanálise, *Revista Brasileira de Psicanálise*, v. 50, n. 1, p. 115. (Grifos nossos.)
37. A opção por Higienópolis, inclusive, mereceria todo um capítulo à parte. Localizado em uma região de

maior altitude da cidade, a ocupação intencional por parte das classes média-alta e alta desse território se dá historicamente como modo de evitar doenças sanitárias (malária ou febre amarela, por exemplo) pela impossibilidade geográfica de que ali se acumulassem enchentes ou outras mazelas de ordem climática. Sendo uma das primeiras localidades a ter fornecimento regular de água e redes de esgoto na cidade, o bairro simboliza e expressa em seu próprio nome o distintivo de empreendimento higienista do ponto de vista urbanístico que caracterizou sua formação. Muitos terrenos em que foram construídos prédios eram, originalmente, terras de famílias cafeicultoras. (Ver M.H. Bueno Trigo, op. cit., p. 22-23). Para aqueles que acreditam que formas de constituição de um determinado território e as respectivas classes sociais que o ocuparam não têm consequências no presente, bastaria lembrar-se da situação constrangedora de 2010 em que moradores de Higienópolis se opuseram à abertura de uma estação de metrô na região, alegando que isso poderia trazer "gente diferenciada" (expressão depreciativa que designaria pobres, periféricos e transeuntes indesejados) para as redondezas.

38. L. de Almeida Prado Galvão, Pré-História e História da Revista Brasileira de Psicanálise, *Revista Brasileira de Psicanálise*, v. 50, n. 1, p. 116. (Grifos nossos.)
39. O. Pilagallo, *História da Imprensa Paulista*, p. 147.
40. Segundo L. Hallewell, *O Livro no Brasil*, p. 576, a editora Ibrasa – sigla para Instituto Brasileiro de Difusão Cultural S.A. – é fundada em 1947 por Nabantino Ramos, publicando inicialmente livros de divulgação na área da saúde, linhagem na qual o livro de Virgínia Bicudo se inseria. Com o tempo, a editora ampliará seu leque para ficções, romances, filosofia, autoajuda, educação, negócios, esportes, religiões e esoterismo – ou seja, não terá uma linha editorial específica. Livros como *Curso Avançado de Psiquiatria*, da autoria de Darcy de Mendonça Uchôa, também serão publicados pela Ibrasa.
41. Exceto o Imposto de Renda.
42. L. de Almeida Prado Galvão, Pré-História e História da Revista Brasileira de Psicanálise, *Revista Brasileira de Psicanálise*, v. 50, n. 1, p. 117. (Grifos nossos.)
43. F. da Silveira, *Ouro, Cobre e Chumbo*, p. 201.
44. Não só bourdieusiana; no caso de Bueno Trigo, será também importante o método biográfico de Daniel Bertaux em *Destinos Pessoais e Estrutura de Classe*. Apesar de interessante e aproximável de Bourdieu, não utilizamos essa obra em nosso aporte de método.
45. A título de exemplo, poderíamos citar Paulo Prado, um dos mais notáveis mecenas e articuladores da Semana de Arte Moderna de 22, com o ensaio *Paulística* (1925), provavelmente o maior expoente da consciência da oligarquia cafeeira para a criação de um imaginário estético de superioridade do paulista em relação ao resto do país. A "excepcionalidade paulista" também se desdobra no chamado Movimento Verde-Amarelo, resposta conservadora que se insurge contra Oswald de Andrade e seu vanguardista "Manifesto do Pau-Brasil" (1924), expresso em obras como *Raça de Gigantes* (1926) de Alfredo Ellis Jr. ou, mais tardiamente, em *Marcha para o Oeste* (1940) de Cassiano Ricardo. Conforme já dito sobre a formação da SBPSP, vale lembrar que autores como Menotti del Picchia e Candido Motta Filho estiveram na fundação da Sociedade nos anos de 1920.

46. D. Ramos, Psicanálise – Ciência Específica – Psicanalista – Profissão Especializada, *Revista Brasileira de Psicanálise*, v. 1, n. 1, p. 108-115.
47. M. Melo Meireles; M.A. Fernandez Velloso, *Seguir a Aventura com Enrique José Pichon-Rivière*, p. 31.
48. Ibidem, p. 32.
49. D. Ramos, op. cit., p. 109.
50. Idem, p. 110.
51. S. Freud, A Questão da Análise Leiga, *Inibição, Sintoma e Angústia, o Futuro de Uma Ilusão e Outros Textos (1926-1929)*, p. 212.
52. D. Ramos, op. cit., p. 110.
53. Ibidem. (Grifos nossos.)
54. Ibidem, p. 111-112.
55. Ibidem, p. 113. (Grifos e maiúsculas do autor.)
56. Ibidem.
57. Ibidem.
58. Sobre o Exercício da Psicanálise, *Revista Brasileira de Psicanálise*, v. 1, n. 2, p. 251.
59. Ibidem. (Grifos nossos.)
60. Ibidem, p. 257. (Grifos nossos.)
61. Ibidem, p. 259.
62. Ibidem, p. 257. (Grifos nossos.)
63. Ibidem, p. 252.
64. Ibidem, p. 260.
65. Para dar apenas um exemplo historicamente próximo dentre tantos possíveis, no prefácio assinado por Pacheco e Silva ao livro *Psicanálise: A Mistificação do Século*, de E.R. Pinckney e C. Pinckney, pode-se ler, entre afirmativas em que Freud é retratado como alguém de "imaginação fertilíssima" e com um "genial dom de proselitismo" (p. 9-10), o seguinte: "Admite-se, por múltiplas razões [...], que paraquedistas, que saltaram sobre a psiquiatria para tomá-la de assalto, sem estarem habilitados, científica, profissional ou legalmente para exercê-la, se mostrem ainda cegos e surdos, *et pour cause*, ao desenvolvimento e ao progresso operado em tantos setores, confinados que vivem dentro dos estreitos limites de um dogma obscuro, sentencioso e intangível, só acessível a uns tantos predestinados e privilegiados, que se julgam os únicos capazes de penetrar, compreender, sentir, interpretar e aplicar os princípios psicanalíticos. Mas o que não se pode conceber é o fato de médicos, dotados de conhecimentos científicos e de experiência clínica, se deixarem dominar pelos pregoeiros desse mito, a eles se sujeitando e submetendo, numa completa inversão de posição, papéis e valores." (p. 11-12). Além da questão propriamente teórica do pensamento freudiano, vê-se que Pacheco e Silva julga inaceitável que psicanalistas não médicos se

apossem da prática clínica e do conhecimento psicanalítico. Portanto, para além do repúdio à teoria, ele expressava o repúdio à própria organização do movimento psicanalítico.

66. Uma faculdade de Curitiba denominada Uninter iniciou em 2022, sem qualquer legitimidade ou credibilidade no campo, um curso de bacharelado em psicanálise. O curso foi obviamente muito criticado por diversos psicanalistas na grande mídia, e o debate ganhou uma proporção tal que não nos cabe reproduzir aqui. O que ainda não parece ter sido suficientemente discutido é o fato de que o dono da Uninter, o empresário Wilson Picler, foi o maior financiador privado da campanha presidencial de Bolsonaro em 2018.

6. 1968, O ANO TERMINÁVEL E INTERMINÁVEL

1. Ver L.F. de Alencastro, O Golpe de 1964 e o Voto Popular, *Novos Estudos* CEBRAP, edição 98, v. 33, n. 1, p. 5-11.
2. Ver O Golpe de 1964 e o Regime de 1968, *História: Questões & Debates*, v. 40, n. 1, p. 11-36.
3. Ibidem, p. 17.
4. *1964: História do Regime Militar Brasileiro*, p. 71-72.
5. Ver M. Winock, *O Século dos Intelectuais*.
6. Esse parágrafo resume algumas indicações sobre a vida de Hélio Pellegrino contida na biografia escrita por Paulo Roberto Pires, *Hélio Pellegrino: A Paixão Indignada*.
7. Danilo Perestrello veio a falecer em 1975. Depois disso, sua esposa Marialzira Perestrello (SBPRJ), que provavelmente tinha também alguma tendência de oposição à ditadura militar, acaba se retirando de atividades públicas, concentrando-se na produção de textos e livros sobre a psicanálise e sua história (especialmente a do movimento psicanalítico carioca) e se dedicando integralmente à clínica e à vida familiar. Ver J.L. Ferreira Abrão, *Marialzira Perestrello: Mulher de Vanguarda e Pioneira da Psicanálise*.
8. *O Globo*, 21 jun. 1968, p. 15. A notícia foi arquivada no fundo "Campanha da Mulher pela Democracia" no portal Memórias Reveladas.
9. *Correio da Manhã*, 23 jun. 1968, p. 1.
10. *Correio da Manhã*, 14 jul. 1968, p. 4.
11. *Correio da Manhã*, 11 ago. 1968, p. 2.
12. *Correio da Manhã*, 25 ago. 1968, p. 3.
13. *Correio da Manhã*, 8 set. 1968, p. 5.
14. *Correio da Manhã*, 22 set. 1968, p. 4.
15. *Correio da Manhã*, 3 nov. 1968, p. 4.
16. Ver A. Nervo Codato, op. cit.
17. Ver infra, Seleção de Arquivos e Documentos Mencionados.
18. A tradicional família mineira Pentagna Guimarães é conhecida por ter sido historicamente dona de muitas terras (por exemplo, uma parcela grande do terreno em que hoje fica o bairro de classe alta Belvedere, em Belo Horizonte, era dos Pentagna Guimarães) e pertencer à indústria financeira mineira – cujos herdeiros hoje dirigem o banco BMG.
19. Ver infra, Seleção de Arquivos e Documentos Mencionados.
20. Exército Julga Hélio Pellegrino por Atividade Subversiva, *Correio da Manhã*, 26 fev. 1970, p. 7.
21. É recente a primeira pesquisa verdadeiramente sistemática sobre a obra de Pellegrino, acompanhada de um cotejamento arquivístico bastante expressivo. Ver L. Leão de Castro, *A Coragem de Hélio Pellegrino de Romper o Silêncio na Psicanálise*.
22. Ver infra, Seleção de Arquivos e Documentos Mencionados.
23. Ver J. Damaceno Gomes, *Os Segredos de Virgínia*.
24. K. Oliveira Barbosa; A.A. Leal Ferreira, Virgínia Leone Bicudo: Contribuições aos Estudos sobre Relações Raciais, *Arquivos Brasileiros de Psicologia*, v. 72, n. especial, p. 66-79.
25. Ver J.L. Ferreira Abrão, *Virgínia Bicudo: A Trajetória de uma Psicanalista Brasileira*.
26. A.P. Musatti Braga, Pelas Trilhas de Virgínia Bicudo, *Lacuna: Uma Revista de Psicanálise*, n. -2, p. 1.
27. Ver J.L. Ferreira Abrão, op. cit.
28. Educação Sanitária, Estudos de Atitudes Raciais e Psicanálise na Trajetória de Virgínia Leone Bicudo, *Cadernos Pagu*, n. 35, p. 309-355.
29. Sociedade Brasileira de Psicanálise de São Paulo. Depoimento de Virgínia Bicudo, disponível em: <https://youtu.be/YMiFwfi6anY>.
30. Ver M. Chor Maio, op. cit.
31. *Arquivos de Neuro-Psiquiatria*, v. 6, n. 1, p. 69-72.
32. *História da Psicanálise – São Paulo (1920-1969)*.
33. M.H. Indig Teperman; S. Teperman Knopf, Virgínia Bicudo: Uma História da Psicanálise Brasileira, *Jornal de Psicanálise*, v. 44, n. 80, p. 65-77. (Grifo nosso.)
34. Ibidem.
35. Jânio Quadros, por sua vez, fazia análise com o então jovem psiquiatra e psicanalista Bernardo Blay Neto (SBPSP) e era um simpatizante da psicanálise. Ver M. Blay, *Direto de Paris: Coq au vin com Feijoada*.
36. M.T. Saraiva Melloni, *Rio de Janeiro (1937-1959)*.
37. M. Massi, *Trinta Anos de História da Revista Brasileira de Psicanálise*, p. 79-81.
38. A versão de que Frank Philips era engenheiro é a história oficial, mas essa versão já foi contestada por C.L.M. Valladares de Oliveira, em Trajetórias da Psicanálise Paulista, *Analytica: Revista de Psicanálise*, v. 3, n. 4, p. 77. Segundo a autora, "é interessante constatar que quanto mais o prestígio e a lenda da 'inteligência', da 'grande bagagem cultural' e da 'fineza da interpretação' de Frank Philips aumentava – aliás, em proporção ao preço da sessão –, mais se fazia necessário lhe atribuir um título de 'engenheiro' ou, então, de 'doutor', precedendo o seu nome, como se um diploma pudesse justificar a competência que desejavam lhe atribuir ou, quem sabe, o exorbitante preço cobrado, sobretudo quando se tem o controle do mercado de trabalho".
39. O que decerto não a impediu de sofrer com o racismo. Em seu livro de memórias, *Manhãs de Manhães*, Maria da Paz narra que foi na vida amorosa que ela sentiu verdadeiramente o preconceito racial ao ser

rejeitada por um namorado. Ao contrário de Virgínia Bicudo, cujo legado vem sendo resgatado com maior vigor pela pesquisa acadêmica nos últimos anos, ainda faltam estudos sobre o legado de Maria da Paz Manhães como mulher negra no movimento psicanalítico carioca. Na entrevista para o portal do Youtube Conselho de Minerva, após um controverso posicionamento contra as cotas raciais na universidade, ela responde a uma pergunta sobre a competição com colegas médicos homens: "Olha, há competição. Você sabe, o cliente psiquiatra [sic] tem a língua mais solta, não é? Tudo o que o colega diz eles me contam." Na sequência, ela alude a uma cena em que um paciente teria lhe dito de que forma havia sido feito o encaminhamento para ela: "'Mas ela tem um defeito: ela é negra.' Cliente conta tudo para a gente. E a gente fica sabendo".

40. Ver N.M. Ferreira Sério, *Reconstruindo "Farrapos"*.
41. Duas Formas Ativas de Resistência à Psicanálise, *Revista Brasileira de Psicanálise*, v. 1, n. 3, p. 403.
42. *Revista Brasileira de Psicanálise*, v. 2, n. 2, p. 231-244.
43. M. Ridenti, *Em Busca do Povo Brasileiro*, p. 157.
44. V. Bicudo, A Mensagem de "Roda-Viva", *Revista Brasileira de Psicanálise*, v. 2, n. 2, p. 233. (Grifos nossos.)
45. Ibidem, p. 236. (Grifos nossos.)
46. Ibidem, p. 237. (Grifos nossos.)
47. Ibidem, p. 238.
48. Ibidem, p. 239.
49. Ibidem, p. 232.
50. Ibidem, p. 243.
51. Ibidem, p. 243-244.
52. Idem, Regressão no Processo Analítico, *Revista Brasileira de Psicanálise*, v. 2, n. 4, p. 511-512.
53. Idem, Sobre a Função do Psicanalista, *Revista Brasileira de Psicanálise*, v. 4, n. 1, p. 120.
54. Ibidem, p. 121-122. (Grifos nossos.)

7. A OFICINA DE PERIGOS

1. Ver E. de Freitas Dutra, *O Ardil Totalitário*.
2. Seu pai era Severino Ismael de Oliveira, prefeito de Caiçara (PB) e "eleito para cinco mandatos consecutivos à Assembleia Legislativa do Estado". Apud M. Perestrello (org.), *História da Sociedade Brasileira de Psicanálise do Rio de Janeiro*, p. 110.
3. A.M. Jacó-Vilela, Ulysses Pernambucano e a Assistência ao Alienado no Início do Século XX, em L.F. Dias Duarte; J. Russo; A.T.A. Venancio (orgs.), *Psicologização no Brasil*, p. 109.
4. Que seria morto na Guerra Civil Espanhola. Ver D. Karepovs, O "Caso Besouchet" ou o Lado Brasileiro dos "Processos de Moscou" Pelo Mundo, *O Olho da História*, ano 12, n. 9, p. 1-10.
5. *Jornal do Brasil*, 1972, p. 3.
6. B. Mandelbaum; S. Frosh, O "Bandeirante Destemido" Durval Marcondes, a Psicanálise e a Modernização Conservadora no Brasil, *Revista USP*, 126, p. 85-98.
7. Em entrevista a Marina Massi, Ieda Ramos, esposa de Nabantino Ramos, afirma: "O Durval brigava comigo porque o Durval foi até janista. E, eu era contra porque eu fui colega do Jânio [Quadros], então, eu não podia ser amiga dele porque, quanto eu era má estudante, a professora dizia: 'senta perto do Jânio para pegar a sabedoria dele'. (rs) Primeiro que eu não gostava dele. E fiz José [Nabantino Ramos] fazer uma campanha contra ele na *Folha* por causa disso. Uma campanha contra. Eu exigi que José fosse contra ele. E o Durval era a favor. Queria pôr uma faixa na casa: 'Viva Jânio'. Eu dizia: 'Se puser isso daí, eu não venho mais aqui.'" (M. Massi, *Trinta Anos de História da Revista Brasileira de Psicanálise*, p. 780). É certo que para assegurar que Marcondes tenha sido de fato apoiador de Jânio Quadros seria necessário recorrer a outras fontes que não uma entrevista isolada, mas lembrando que Jânio Quadros apoiou a ida de Virgínia Bicudo a Londres e fazia análise com Bernardo Blay Neto, optamos por incluir esse depoimento por julgarmos que ele faz sentido no contexto.
8. S.A. Alves de Lima Filho, *O Que a Escola Superior de Guerra (ESG) Ensinava*, p. 16.
9. R.A. Dreifuss, *1964, a Conquista do Estado*, p. 79-80.
10. Ibidem. "A ESG, como centro nodular de doutrinação para os militares de uma forma específica de desenvolvimento e segurança nacional baseados nas premissas do capitalismo hemisférico, era também um instrumento para o estabelecimento de ligações orgânicas entre militares e civis, tanto no aparelho estatal quanto nas empresas privadas. Os industriais e tecnoempresários ligados à estrutura multinacional transmitiam e recebiam treinamento em administração política e objetivos empresariais na ESG. Como observara Celso Furtado, a perspectiva desenvolvida por tais industriais e tecnoempresários era bastante diferente da orientação liberal ou populista de grupos de elite que foram capazes de chegar ao poder através de eleições. Compartilhando a ideologia de segurança nacional de seus equivalentes, esses empresários viam a disciplina e a hierarquia como componentes essenciais de um sistema industrial." (p. 80).
11. S.A. Alves de Lima Filho, op. cit., p. 105.
12. Ver E. Gaspari, *A Ditadura Encurralada*, v. 4.
13. G. do Couto e Silva, *Geopolítica do Brasil*, p. 72-73.
14. Ibidem, p. 98-99. (Grifos nossos.)
15. R.A. Dreifuss, op. cit., p. 80.
16. Ver N. Borges Filho, *Sobre o Sagrado e o Profano*.
17. Conselho Federal de Psicologia, *A Verdade é Revolucionária*, p. 395.
18. Como pode ser visto na Seleção de Arquivos e Documentos Mencionados, p. 409.
19. Além do livro de Lucas Figueiredo, ver também P.C. Brandão Antunes, *SNI & ABIN*.
20. "Agricultura, Comunicações, Cultura, Indústria e Comércio, Interior, Minas e Energia, Planejamento, Saúde, Trabalho, Transportes, Fazenda, Justiça e Relações Exteriores." (L. Figueiredo, *Ministério do Silêncio*, p. 156).
21. "Correios, Petrobras, Embratel, Embratur, Sunab, Funai, IBGE, universidades, bancos, Rede Ferro-

viária Federal, Itaipu, Ibama, Instituto Brasileiro do Café, Eletrobrás, DNER etc." (Ibidem, p. 157.)
22. Apud M.C. D'Araujo et al. (orgs.), *Os Anos de Chumbo*, p. 47.
23. Ibidem. (Grifos nossos.)
24. L. Figueiredo, op. cit., p. 136.
25. R. Lemos, Contrarrevolução e Ditadura, *Marx e o Marxismo*, v. 2, n. 2, p. 131.
26. Uma articulação entre os movimentos estudantis que expusemos na seção dedicada a Hélio Pellegrino e a ascensão do Terror de Estado pode ser lida em J.R. Martins Filho, *O Palácio e a Caserna*.
27. L. Figueiredo, op. cit., p. 177.
28. Ibidem, p. 130.
29. Ver infra, Seleção de Arquivos e Documentos Mencionados. (Grifos e maiúsculas do original.)
30. Isso pode ser confirmado, por exemplo, no fato de que Bleger esteve a convite dos organizadores na V Jornada Sul-Riograndense de Psiquiatria Dinâmica de Porto Alegre, em 1º e 2 de maio de 1970. Na ocasião, ele ministrou as conferências "O Grupo Como Instituição e o Grupo nas Instituições" e "Administração das Técnicas e dos Conhecimentos de Grupo", publicadas no livro *Temas de Psicologia*.
31. Ver F. Moraes de Almeida, *Fronteiras da Sanidade*.
32. Ver infra, Seleção de Arquivos e Documentos Mencionados.

8. O *BOOM* DA PSICANÁLISE

1. Ver J. Russo, *O Mundo Psi no Brasil*.
2. Ver S.A. Figueira (org.), *Cultura da Psicanálise*.
3. O "Boom" da Psicanálise e a Consciência Nacional, *Jornal do Brasil*, 12 fev. 1978, p. 12.
4. Ver infra, Seleção de Arquivos e Documentos Mencionados.
5. Todos os números da série estão digitalizados no portal do Arquivo Público do Estado de São Paulo. Segue a lista com os links das reportagens. O arquivo digitalizado começa no dia 17 de julho de 1969, na seção "Caderno 2" do jornal *Última Hora*. Ver infra, Seleção de Arquivos e Documentos Mencionados.
6. Ver L.E. de Andrade, Nu em Pelo Diante de Freud, *Observatório da Imprensa*, 20 out. 2000.
7. Ver infra, Seleção de Arquivos e Documentos Mencionados.
8. Ver C.L.M. Valladares de Oliveira, Trajetórias da Psicanálise Paulista, *Analytica: Revista de Psicanálise*, v. 3, n. 4, p. 61.
9. Ver L.E. de Andrade, Carta do Jornalista Luís Edgar de Andrade, Ganhador do Prêmio Esso Nacional de Jornalismo. Ver infra, Seleção de Arquivos e Documentos Mencionados.
10. Ver infra, Seleção de Arquivos e Documentos Mencionados.
11. Neurótico Vive Só e Cheio de Medo; Pela Análise, a Lenta e Fantástica Viagem ao Passado; No Sonho, Surgem Personagens da Vida de Cada Um; Sentimento de Culpa Proíbe o Sexo, Impede o Amor; Na Neurose o Mundo Parece Absurdo, Estranho, Hostil; Toda Fantasia Representa um Desejo; Fim da Análise: Começa o Futuro, *Realidade*, 1966.
12. J.A. Gaiarsa, Somos Todos uns Complexados, *Realidade*, n. 25, abr. 1968, p. 122.
13. Ver Como é Mesmo, *Realidade*.
14. É possível aproximar o recurso a "pílulas de conhecimento" daquilo que Pierre Bourdieu denominou "blefe propício para dissimular as lacunas" em *A Distinção: Crítica Social do Julgamento*, p. 87. Vejamos o argumento: "Por imersão em um espaço em que a cultura legítima é o ar que se respira, aprende-se um senso da escolha legítima tão seguro que pode se impor simplesmente pela maneira de se realizar, à semelhança de um blefe bem-sucedido: trata-se não só do senso dos bons campos de aplicação e dos bons investimentos culturais – *os diretores de filmes, em vez de os atores; a vanguarda mais do que o clássico* – ou, o que dá no mesmo, o senso do momento oportuno para investir ou evitar o investimento, trocando de campo quando os benefícios de distinção tornam-se incertos demais; afinal de contas, esta certeza de si, esta arrogância e essa segurança é que, sendo habitualmente o monopólio dos indivíduos mais seguros do rendimento de suas aplicações, têm todas as possibilidades de impor, em um universo em que tudo é uma questão de crença, seus investimentos como os mais legítimos, portanto, mais rentáveis" (p. 88, grifos nossos).
15. C. Coimbra, *Guardiães da Ordem*, p. 35.
16. Ver L.A. dos Santos Baptista, *A Fábrica de Interiores*.
17. Ver, por exemplo a tira Minha Vida, de Jaguar, *Pasquim*, 1970, n. 45.
18. Ver M. Morais Nicaretta, A Formação do Mercado das Psicoterapias nos Estados Unidos da América e no Brasil, *Boletim Academia Paulista de Psicologia*, v. 29, n. 1, p. 20-36.
19. Ver E.A. Danto, Have You No Shame, em J. Damousi; M.B. Plotkin (eds.), *Psychoanalysis and Politics*., p. 213-232.
20. M. Morais Nicaretta, op. cit., p. 29.
21. C.I.L. Dunker; F. Kyrillos Neto, A Crítica Psicanalítica do DSM-IV, *Revista Latinoamericana de Psicopatologia Fundamental*, v. 14, n. 4, p. 611-626.
22. Cujas primeiras publicações foram artigos na revista *Arquivos Brasileiros de Psicotécnica*.
23. Ver M.H. Souza Patto, Para uma Crítica da Razão Psicométrica, *Psicologia USP*, v. 8, n. 1, p. 47-62.
24. Ver R.V. Guthrie, *Even the Rat was White*.
25. Ver U. Geuter, *The Professionalization of Psychology in Nazi Germany*.
26. Ver G. Paicheler-Harrous, *A Invenção da Psicologia Moderna*.
27. Documento disponível na página do Centro de Memória do Instituto de Psicologia da USP. Ver infra, Seleção de Arquivos e Documentos Mencionados.
28. Ver Criação de Cursos de Formação em Psicologia, O Projeto de Lei Encaminhado ao Congresso Nacional – Regulamentação da Profissão de Psicologista, *Arquivos Brasileiros de Psicotécnica*, v. 10, n. 1-2, p. 167-169.

29. A. Cardoso, A Formação de Psicologistas no Brasil, *Arquivos Brasileiros de Psicotécnica*, v. 11, n. 3 e 4, p. 102-103.
30. Ibidem, p. 101.
31. Que curiosamente tinha Plínio Salgado como um dos membros avaliadores.
32. Virgínia Bicudo, Lygia Amaral, Judith Andreucci, Laertes Ferrão, Isaías Melsohn, Armando Ferrari e Yutaka Kubo, todos da SBPSP. Ver C.L.M. Valladares de Oliveira, *História da Psicanálise: São Paulo (1920-1969)*, p. 174.
33. *Estado Militar e Educação no Brasil (1964-1985)*.
34. *As Universidades e o Regime Militar*.
35. N. Albergaria Cepeda; M.A. Fernandes Martin, *MASP 1970: O Psicodrama*.
36. A.V. Mautner, *Fragmentos de uma Vida*, p. 172.
37. Ibidem, p. 174.
38. *Segredos da Alma*, p. 294.

9. IMPACTOS INTELECTUAIS DO FREUDO-MARXISMO

1. M. Jay, *A Imaginação Dialética*, p. 156.
2. H. Marcuse, *Eros e Civilização*, p. 23.
3. Ibidem, p. 16.
4. Ibidem, p. 24.
5. Ibidem, p. 85. Isso não deixa de ser uma retomada da concepção de Marx e Engels de "divisão social do trabalho". Por exemplo, pode-se ler em uma passagem deveras didática: "a divisão do trabalho nos oferece de pronto o primeiro exemplo de que, enquanto os homens se encontram na sociedade natural e, portanto, enquanto há a separação entre interesse particular e interesse comum, enquanto a atividade, por consequência, está dividida não de forma voluntária, mas de forma natural, a própria ação do homem torna-se um poder que lhe é estranho e que a ele é contraposto, um poder que subjuga o homem em vez de por este ser dominado. Logo que o trabalho começa a ser distribuído, cada um passa a ter um campo de atividade exclusivo e determinado, que lhe é imposto e ao qual não pode escapar; o indivíduo é caçador, pescador, pastor ou crítico, e assim deve permanecer se não quiser perder seu meio de vida – ao passo que, na sociedade comunista, onde cada um não tem um campo de atividade exclusivo, mas pode aperfeiçoar-se em todos os ramos que lhe agradam, a sociedade regula a produção geral e me confere, assim, a possibilidade de hoje fazer isto, amanhã aquilo, de caçar pela manhã, pescar à tarde, à noite dedicar-me à criação de gado, criticar após o jantar, exatamente de acordo com a minha vontade, sem que eu jamais me torne caçador, pescador, pastor ou crítico". Ver K. Marx; F. Engels, *A Ideologia Alemã*, p. 37-38.
6. Ibidem, p. 89.
7. Ver *Freud and the Crisis of Our Culture*.
8. Ver *Sontag: Vida e Obra*.
9. Ver *The Party of Eros*.
10. Obra publicada originalmente em 1959, mas que só seria traduzida no Brasil em 1972; portanto, *Vida Contra Morte* teria um impacto muito maior nos EUA do que aqui, onde a referência central era mesmo *Eros e Civilização*.
11. Ver *Freud and the Vicissitudes of Modernism in the United States, 1940-1980*, em J. Burham (ed.), *After Freud Left*, p. 163-188.
12. Ver *Beyond Drive Theory*, *Theory and Society*, v. 14, n. 3, p. 271-319.
13. *Psychoanalytic-Marxism*, p. 15.
14. *Political Freud*, p. 148-149.
15. Trata-se na verdade de um amplo programa intelectual que envolvia produções psicanalíticas anglo-saxônicas em sentido largo. A filósofa e historiadora da ciência Marga Vicedo tem trabalhos muito substantivos a respeito de como o discurso sobre o amor materno e o projeto de estabilidade social na Guerra Fria viriam a se articular por meio de diversas teorias psicanalíticas, como em Anna Freud, René Spitz ou John Bowlby. Ver M. Vicedo, *Cold War Emotions*, em M. Solovey; H. Cravens (eds.), *Cold War Social Science*, p. 233-249; idem, *The Nature and Nurture of Love*.
16. Outro trabalho que vale mencionar é *The War Inside*, da historiadora Michal Shapira. Esse livro luminoso analisa a profunda influência do pensamento de psicanalistas no cenário britânico do kleinismo e do pós-kleinismo na reconstrução de um horizonte democrático no pós-guerra – e, por conseguinte, de um entendimento organicamente relacionado ao que se deveria entender por democracia no contexto da Guerra Fria. Amparada em uma vasta bibliografia, a autora argumenta que "o trabalho da segunda geração de psicanalistas depois de Freud [...] foi um dos principais caminhos [...] por meio do qual a Segunda Guerra Mundial e seus traumas foram processados e transformados em novos entendimentos tão íntimos quanto a individualidade e a relação entre pais e filhos, e tão públicos quanto a democracia e o estado de bem-estar social na Grã-Bretanha" (p. 23). No que tange à vocação desenvolvimentista dessas teorias, as leituras de Michal Shapira e de Marga Vicedo parecem complementar aquilo que Zaretsky caracteriza como "ética da maturidade".
17. A esse respeito, ver H. Vezzetti, *Psiquiatría, Psicoanálisis y Cultura Comunista*.
18. Ver C.L.M. Valladares de Oliveira, Sob o Discurso da "Neutralidade", *História, Ciências, Saúde: Manguinhos*, 24, supl. 1, p. 79-90; A. Rubin et al., No Memory, No Desire, *Psychoanalysis and History*, v. 18, n. 1, p. 93-118.
19. I. Caruso, A Psicanálise Entre a Ideologia e a Crítica da Ideologia, *Estudos de Psicanálise*, n. 1, p. 20.
20. Ibidem, p. 21-22.
21. Ver M.L. Edelsweiss, O Mau Relacionamento Entre Psicanalistas, *Estudos de Psicanálise*, n. 1, p. 56-66.
22. I. Caruso, Sirve el Psicoánalisis de Coartada Social?, *Estudos de Psicanálise*, n. 2, p. 10-11.
23. Ibidem, p. 13.
24. La Situación Psicoanalítica: Aspectos Sociales, *Estudos de Psicanálise*, n. 2, p. 47.

25. I.A. Caruso, Considerações sobre a Evolução do Comportamento Sexual em Nossa Civilização, *Estudos de Psicanálise*, n. 4, p. 13. (Maiúsculas no original.)
26. Não tivemos acesso a esse material.
27. Parece um detalhe, mas se lembrarmos que a ditadura censurava livros que tinham títulos como *O Cubismo*, por supor que era um livro sobre Cuba e não sobre arte, todas as capas que tinham estampas exorbitantemente vermelhas estariam na mira dos militares. Ver F. Maués, *Livros Contra a Ditadura*.
28. Ver *Marcuse – Vida e Obra*.
29. Isabel Loureiro (Herbert Marcuse: Anticapitalismo e Emancipação, *Trans/Form/Ação*, v. 28, n. 2), uma grande estudiosa de Marcuse no Brasil, não hesita em afirmar que o autor teve uma "péssima recepção", "identificado unilateralmente com a contracultura", e foi "mal traduzido no Brasil". Para mais um ponto de vista, sugere-se a leitura do capítulo Recordações da Recepção Brasileira de Marcuse, do livro *Zero à Esquerda*, de Paulo Eduardo Arantes.
30. F. Maués, op. cit., p. 25.
31. Ibidem, p. 27.
32. Ibidem, p. 242.
33. Um esforço de organização da bibliografia de Reich pode ser visto em S. Quenzer Matthiesen, *Organização Bibliográfica da Obra de Wilhelm Reich*. No entanto, nem sempre as informações são precisas quanto ao ano da primeira edição e dados do tipo. Dadas as perseguições que Reich sofreu nos EUA por parte da CIA (E.A. Danto, Have You No Shame, em J. Damousi; M.B. Plotkin (eds.), *Psychoanalysis and Politics*, p. 213-232), a organização da sua obra em termos de mapeamento de momentos de produção ficou prejudicada, o que por conseguinte se replicou nas traduções e publicações no Brasil.
34. Apenas para dar alguns exemplos do vasto "catálogo Fromm" dessa editora anteriores a 1972: *A Linguagem Esquecida*; *A Missão de Freud*; *Análise do Homem*; *Psicanálise da Sociedade Contemporânea* (nesse caso trata-se de uma reedição, pois na verdade é um título que já fora publicado pela Círculo do Livro em 1955); *O Medo à Liberdade*; *O Conceito Marxista de Homem*; *A Sobrevivência da Humanidade*; *Meu Encontro com Freud e Marx*; *O Espírito de Liberdade*; e *A Crise da Psicanálise*. As razões pelas quais os militares se importavam muito mais com Marcuse do que com Fromm (na verdade, mais do que com qualquer outro autor da corrente freudo-marxista da época) ficará evidente na próxima seção deste capítulo.
35. O debate é extenso e certamente não pretendemos esgotá-lo, mas vale apontar alguns caminhos pelos quais ele se desenvolve. No epílogo de *Eros e Civilização*, Marcuse critica o compromisso do revisionismo freudiano de Fromm com a Ética idealista, recaindo em uma "glorificação do ajustamento" e em uma "confusão entre ideologia e realidade". Fromm por sua vez chama a argumentação de Marcuse de "ardilosa" e de "materialismo vulgar", criticando-o por não ter familiaridade com a clínica psicanalítica, tratando a teoria freudiana como mera abstração. Assim, para Fromm, um autor "liberal e antissocialista" como Freud não poderia jamais ser o revolucionário que Marcuse parece querer que ele seja, enquanto, para Marcuse, a psicanálise não poderia ser conivente com uma agenda intelectual e clínica tão conformista quanto Fromm e outros revisionistas a fizeram ser. Ver E. Fromm, O Suposto Radicalismo de Herbert Marcuse, *A Descoberta do Inconsciente Social*, p. 145.
36. O documento está arquivado no fundo "Campanha da Mulher pela Democracia" no portal Memórias Reveladas. Ver infra, Seleção de Arquivos e Documentos Mencionados.
37. C. Sodré Dória, *Psicologia do Ajustamento Neurótico*, p. 58. (Grifos nossos.)
38. O documento completo está arquivado no fundo "Serviço Nacional de Informações" do portal Memórias Reveladas.
39. Ver infra, Seleção de Arquivos e Documentos Mencionados.
40. Ver infra, Seleção de Arquivos e Documentos Mencionados.
41. Ver infra, Seleção de Arquivos e Documentos Mencionados.
42. Todos os fascículos entre 1970 e 1973 podem ser consultados na página da APESP: <http://www.arquivoestado.sp.gov.br/site/acervo/repositorio_digital/sumario_comunismo>.
43. Ver infra, Seleção de Arquivos e Documentos Mencionados.
44. Ver infra, Seleção de Arquivos e Documentos Mencionados.
45. Ver infra, Seleção de Arquivos e Documentos Mencionados.
46. O documento completo está arquivado e digitalizado no portal do Arquivo Público do Estado de São Paulo. Ver infra, Seleção de Arquivos e Documentos Mencionados.
47. Recentemente, a editora Ubu publicou a compilação de textos de Carlos Marighella, em um volume organizado por Vladimir Safatle. Ver V. Safatle, Luta Armada por Subtração, em C. Marighella, *Chamamento ao Povo Brasileiro*, org. de Vladimir Safatle, p. 13-18. O *Manual* (ou *Minimanual*) *do Guerrilheiro Urbano* foi recém-publicado.
48. Ver infra, Seleção de Arquivos e Documentos Mencionados.
49. Ver infra, Seleção de Arquivos e Documentos Mencionados.
50. Ver infra, Seleção de Arquivos e Documentos Mencionados.
51. Ver infra, Seleção de Arquivos e Documentos Mencionados.

10. AS NOVAS VERIFICAÇÕES DA AUTENTICIDADE

1. Ver J.A. de Medeiros, *Ulisses Pernambucano*.
2. A.M. Jacó-Vilela, Ulysses Pernambucano e a Assistência ao Alienado no Início do Século XX, em L.F.

Dias Duarte et al. (orgs.), *Psicologização no Brasil*, p. 109-110.
3. L.S. Miranda de Sá Junior, Apresentação, em O. Bastos, *A História da Psiquiatria em Pernambuco e Outras Histórias*, p. 11.
4. Ver E. Sampaio de Siqueira et al., Percurso do Movimento Psicanalítico em Pernambuco, em A.J. de Siqueira (org.), *Palavra, Silêncio e Escuta*, p. 107-116.
5. Ver *A História da Psiquiatria em Pernambuco e Outras Histórias*.
6. Ver *A Psiquiatria no País do Açúcar e Outros Ensaios*.
7. Ver P. Rosas, *Memória da Psicologia em Pernambuco*.
8. Como Carlos Augusto Nicéas, que foi assistente de Paulo Freire quando era estudante de Medicina, ou Jurandir Freire Costa.
9. Ver E. Roudinesco, *História da Psicanálise na França*.
10. Apud M. Massi, *Trinta Anos de História da Revista Brasileira de Psicanálise*, p. 777.
11. *Correio da Manhã*, 29 out. 1968, p. 1.
12. Ibidem.
13. Ver E. Nolasco de Carvalho, *O Divã e o Altar*, p. 163-164.
14. *O Paciente, o Terapeuta e o Estado*, p. 126.
15. Escrita por Virgínia Bicudo e publicada na *Folha de S.Paulo* em 27 nov. 1970. Ver infra, Seleção de Arquivos e Documentos Mencionados.
16. Ver C.F. da Ponte, *Médicos, Psicanalistas e Loucos*, p. 118-119.
17. Ver infra, Seleção de Arquivos e Documentos Mencionados.
18. *Folha de S.Paulo*, 13 abr. 1972. (Maiúsculas no original.)
19. Ver infra, Seleção de Arquivos e Documentos Mencionados.
20. Psicanálise: Práticos em Ação, *Folha de S.Paulo*, 16 abr. 1972, p. 24.
21. Ver infra, Seleção de Arquivos e Documentos Mencionados.
22. *Folha de S.Paulo*, 3 maio 1972. (Maiúsculas no original.)
23. E. Nolasco de Carvalho, op. cit., p. 168-169.
24. Ver infra, Seleção de Arquivos e Documentos Mencionados. (Maiúsculas no original.)
25. Ver infra, Seleção de Arquivos e Documentos Mencionados.
26. Faculdade Pinheiros – Colação de Grau. (Maiúsculas no original.) Ver infra, Seleção de Arquivos e Documentos Mencionados.
27. Ver infra, Seleção de Arquivos e Documentos Mencionados.
28. Ver infra, Seleção de Arquivos e Documentos Mencionados.
29. Ver M. Bolko; B. Rothschild, A "Flea in One's Ear", *Trauma and Memory*, v. 3, n. 1, p. 13-26.
30. Ver infra, Seleção de Arquivos e Documentos Mencionados.
31. Ibidem, p. 20.
32. Ibidem, p. 23.
33. No "Noticiário" constam os seguintes nomes: Darcy de Mendonça Uchôa; Virgínia Leone Bicudo; Armando Ferrari; Danilo Perestrello; Inaura Carneiro Leão Vetter; Mario Yahn; Paulo Dias Corrêa; Fábio Leite Lobo; Henrique Mendes; Cléo Lichtenstein Luz; Cora de Almeida Cintra; Jayme Salomão; Eduardo Vetter; David Ramos; João Gomes Mariante; Otávio Salles; Beatriz Picolli; Maria Luiza Pinto; José Collarile; Américo Rufino; Amélia Vasconcellos; Suzana Arguelles Mendes; e Joana Wilhem. *Revista Brasileira de Psicanálise*, v. 3, n. 3/4, p. 437.
34. Ibidem, p. 436.
35. M. Ben Plotkin, *Freud en las Pampas*, p. 104.
36. Ibidem, p. 206.
37. Após o retorno, por eleições diretas, do peronismo à presidência argentina em maio de 1973, a Argentina sofreria um novo golpe militar em 1976, cujos impactos no movimento psicanalítico argentino afetariam diretamente os movimentos psicanalíticos brasileiros, como veremos adiante.
38. Ver H. Vezzetti, Psicanálise e Marxismo, *Tempo Social*, v. 21, n. 2, p. 61-85.
39. Psicanálise e/ou Revolução Social, em *Questionamos: A Psicanálise e Suas Instituições*, p. 258.
40. Ver L.A. Demaria et al., Crise Social e Situação Analítica, em M. Langer (comp.), *Questionamos: A Psicanálise e Suas Instituições*, p. 40.
41. A Crise do Terapeuta, em M. Langer (comp.), *Questionamos: A Psicanálise e Suas Instituições*. Além de psicanalista, Eduardo Pavlovsky era psicodramatista, dramaturgo e diretor de teatro, o que dá a seu texto uma qualidade singular. Vale reproduzir um trecho: "Senti que começava a situar-me no papel de psicoterapeuta. [A paciente] Abriu a bolsa e extraiu um envelope e me disse: 'Aqui lhe trago um eletro-encefalograma'. 'Cagamos' [sic] – pensei –. Porque, para mim, um eletro-encefalograma é algo realmente misterioso. Eu não poderia traduzir em palavras as coisas que sinto de um traçado eletro-encefalográfico. Na realidade, busquei desesperadamente o informe do médico; o informe que o médico escreve sempre debaixo dos riscos. Mas não o encontrava. Encontrava-me diante de uma série de riscos e o olhar dela... Senti-me muito idiota. Na realidade, compreendi que meu primeiro gesto foi o do impostor. Eu devia ter-lhe dito, de saída, que não entendia nada disto, que nunca me interessou nada. Mas o primeiro gesto me levou ao segundo e já não podia recuar. 'Para que abriu o envelope, idiota' – disse-me. 'Venho ver o senhor porque, em casa, confiamos no senhor, doutor'. Eu me sentia morrer. Houvera desejado desaparecer. Então, senti que me ruborizava. 'Que opina, doutor?'. 'Bom, bom – disse-lhe – eu preferia escutá-la primeiro'. Dei dois olhares técnicos, como fixando algum ponto particular do traçado, e o enfiei no envelope." (op. cit., p. 233).
42. Com efeito, mais do que a teoria kleiniana mais clássica, era nos autores do chamado *middlegroup* que as disposições críticas eram mais aparentes. Do ponto de vista da crítica da política institucional,

o húngaro Michael Balint se destacava nas críticas à formação psicanalítica (On the Psycho-Analytic Training System, *The International Journal of Psychoanalysis*, v. 29, p. 163-173) mas este autor seria "ignorado" na política antiferencziana de Jones por muitos anos até que viesse a ser reconhecido como o grande psicanalista que de fato era. Do ponto de vista das incursões na crítica social, o inglês Donald Winnicott realizaria estudos importantes sobre as questões da delinquência e da tendência antissocial (*Privação e Delinquência*). De todo modo, no início dos anos de 1970, esses dois autores não exerceriam uma influência intelectual tão decisiva nas sociedades ipeístas brasileiras, nas quais reinavam Klein e Bion – e, na verdade, a essa altura tampouco nas próprias sociedades ipeístas inglesas e estadunidenses. É somente a partir do fim da década de 1980 – portanto, muito depois do vanguardismo latino-americano do Plataforma-Documento – que as matrizes psicanalíticas anglo-saxônicas desde as mais tradicionais até as mais contemporâneas ou "intersubjetivistas" seriam revigoradas na Inglaterra e nos EUA na direção da construção de uma teoria social crítica. Para dar alguns exemplos, ver as obras de J. Benjamin, *The Bonds of Love*; C.F. Alford, *Melanie Klein and Critical Social Theory*; M. Rustin, *A Boa Sociedade e o Mundo Interno*, bem como a coletânea organizada por J. Rose, *Why War?*

43. Ver M. Langer, *Questionamos: A Psicanálise e Suas Instituições*.
44. Idem, *Questionamos 2: Psicanálise Institucional e Psicanálise Sem Instituição*.

11. AS NOVAS FORMAS DA VIGILÂNCIA

1. Ver M. Napolitano, *1964: História do Regime Militar Brasileiro*.
2. A expressão "luta armada" no singular é controversa, pois denota uma unidade ao reunir iniciativas de diversas siglas que não pactuavam das mesmas estratégias e táticas. Carlos Fico, em Versões e Controvérsias sobre 1964 e a Ditadura Militar, *Revista Brasileira de História*, v. 24, n. 47, p. 29-60, entende que as ações e iniciativas das mais diversas siglas e organizações da esquerda nas cidades eram descontinuadas, mais na ordem da "contrapropaganda" e dos "crimes comuns", como sequestros ou assalto a bancos. No campo, as ações se davam às escondidas, marcadas pela clandestinidade, e sem um preparo muito sólido. De qualquer modo, usamos a expressão "luta armada" por uma questão de compreensibilidade mais imediata, e menos para querer denotar alguma coesão de iniciativas. De toda forma, a despeito da ausência de unidade ou de preparos prévios específicos, concordamos com Vladimir Safatle na recusa à pecha imediata do "fracasso" da luta armada no Brasil, como se essa imagem estivesse a serviço da deslegitimação dos movimentos em questão. (Ver V. Safatle, Luta Armada por Subtração, em C. Marighella, *Chamamento ao Povo Brasileiro*, org. de Vladimir Safatle, p. 13-18.) Não haverá oportunidade para examinar em detalhes essas iniciativas aqui, mas vale apontar que dentre as incontáveis leituras sobre o assunto, três nos parecem particularmente obrigatórias: Jacob Gorender, *Combate nas Trevas*; Daniel Aarão Reis Filho, *A Revolução Faltou ao Encontro*; e Marcelo Ridenti, *O Fantasma da Revolução Brasileira*.
3. M. Napolitano, op. cit., p. 141.
4. *O Fantasma da Revolução Brasileira*, p. 78.
5. Ver S.K. Mathias, *Distensão no Brasil*.
6. M. Napolitano, op. cit., p. 176.
7. Ver R.P. Sá Motta, *As Universidades e o Regime Militar*.
8. *O Estado de S. Paulo*, 24 fev. 1972.
9. Ver infra, Seleção de Arquivos e Documentos Mencionados.
10. Ver infra, Seleção de Arquivos e Documentos Mencionados.
11. Ver R. Rorato Londero, Livros Pornográficos e o Surto Censório Durante o Governo Geisel (1974-1979), *Revista Brasileira de História da Mídia*, v. 3, n. 2, p. 119-129.
12. Ver infra, Seleção de Arquivos e Documentos Mencionados.
13. Ver infra, Seleção de Arquivos e Documentos Mencionados.
14. Esses documentos são de menor relevância para o nosso tema, servindo apenas como comprovação da data de difusão do *Psicopolítica*. De toda forma, as páginas dos arquivos digitalizados estão listadas na sequência para o acesso.
15. Ver infra, Seleção de Arquivos e Documentos Mencionados.
16. Ver infra, Seleção de Arquivos e Documentos Mencionados.
17. Ver infra, Seleção de Arquivos e Documentos Mencionados.
18. Ver infra, Seleção de Arquivos e Documentos Mencionados.
19. Ver infra, Seleção de Arquivos e Documentos Mencionados.
20. Ver infra, Seleção de Arquivos e Documentos Mencionados.
21. Ver infra, Seleção de Arquivos e Documentos Mencionados.
22. Autor não informado, *Psicopolítica*, p. 20. (Em destaque no original.)
23. Ibidem, p. 37.
24. Ibidem, p. 38.
25. Ibidem, p. 42.
26. Ibidem, p. 54.
27. Ibidem, p. 60.
28. Ibidem, p. 69. (Grifos nossos.)
29. Ibidem.
30. Z. Vaz, Contribuição ao Conhecimento da Guerra Revolucionária. Ver infra, Seleção de Arquivos e Documentos Mencionados.
31. Ibidem, p. 2. (Em destaque no original.)
32. Ibidem, p. 4.

33. *O Arquivo Zeferino Vaz: Um Lugar de Construção da Memória da Unicamp*.
34. Ver C.M. Del Bem et al., Departamento de Neurologia, Psiquiatria e Psicologia Médica. *Medicina (Ribeirão Preto)*, v. 35, n. 3, p. 315.
35. Por exemplo, o nome de Zeferino Vaz aparece na cerimônia de homenagem ao 25º aniversário da presença de Adelheid Koch no Brasil, em 1962. Além de Vaz e Koch, comparecem Durval Marcondes; Antonio Barros de Ulhoa Cintra; Virgínia Bicudo; David Ramos; Eduardo Etzel; Luiz de Almeida Prado Galvão; Mario Yahn; e outros da SBPSP, além de Luiz Dalheim (SPRJ) e João Côrtes de Barros (SBPRJ). Ver *Correio Paulistano*, 4 nov. 1962.
36. Ver C. Levy, Um Intelectual do Divã, depoimento de Roberto Silveira Pinto de Moura ao *Jornal da Unicamp*, 9-15 abr. 2007.
37. Ver M. Martins Vizotto, A Psicologia e a Psiquiatria Perdem um de Seus Maiores Expoentes, *Estudos de Psicologia (Campinas)*, v. 25, n. 1, p. 151-155.
38. Z. Vaz, op. cit., p. 5. (Grifos nossos.)
39. Ver M. Introvigne, Did L. Ron Hubbard Believe in Brainwashing?, *Nova Religio*, v. 20, n. 4, p. 62-79.
40. Ainda está para ser sistematizada com a devida seriedade uma bibliografia acadêmica sobre "lavagem cerebral". Duas das obras mais recentes que realizam esse esforço de sistematização são *Dark Persuasion*, do psiquiatra Joel Dimsdale, e *Brainwashed*, do historiador e psicanalista Daniel Pick.
41. As Ações Psicopolíticas no Ambiente das Nações e o Processo de Contenção dessa Ameaça no Brasil. Monografia (CAEPE), Departamento de Estudos, Escola Superior de Guerra.
42. Em 11 de fevereiro de 2021, Bolsonaro voltou a usar a expressão em uma transmissão de vídeo ao vivo em sua página das redes sociais. Dessa vez, a expressão apareceu em um contexto de combate às vacinas na atual pandemia. Nas palavras dele, "o cara que entra na pilha da vacina, só a vacina, é um idiota útil".
43. Ver infra, Seleção de Arquivos e Documentos Mencionados.
44. Ibidem.
45. Ver infra, Seleção de Arquivos e Documentos Mencionados.
46. Ver J. Marwell, Mariana Agostini de Villalba Alvim, *Psicologia: Ciência e Profissão*, v. 19, n. 2, p. 73.
47. Ver infra, Seleção de Arquivos e Documentos Mencionados.
48. Ver J. Russo, The Lacanian Movement in Argentina and Brazil, em J. Damousi; M.B. Plotkin (eds.), *The Transnational Unconscious*, p. 210.
49. O Movimento Psicanalítico no Rio de Janeiro na Década de 70, em J. Birman (org.), *Percursos na História da Psicanálise*, p. 132.
50. Ver A.C. Figueiredo, A Psicanálise dos Psicólogos no Rio de Janeiro dos Anos 1970, *Culturas Psi*, n. 1, p. 84-98.
51. Ver infra, Seleção de Arquivos e Documentos Mencionados.
52. APPIA: Novas Técnicas na Terapia da Criança, *Correio da Manhã*, 17 jul. 1972, p. 16.
53. Ver infra, Seleção de Arquivos e Documentos Mencionados.
54. Ibidem.
55. Ibidem.
56. Trata-se de algo que foge dos nossos propósitos, mas ao que tudo indica um exame minucioso das condições políticas de possibilidade de formação do CNP/CFP passa mesmo por essa rede social e familiar da elite do poder. A respeito da formação do CNP/CFP, ver a brilhante tese de Juberto Massud de Souza, *Os Ásperos Tempos da Psicologia*. Há ainda um índice paralelo, indicado pela participação de uma certa "sobrinha" do militar Filinto Muller, segundo artigo de Ana Maria Jacó-Vilela e Sergio Luis Braghini, Psicologia, Política, Organizações Sociais, *Psicología Básica y Aplicada*, v. 1, n. 2, p. 89-95. Algumas informações imprecisas indicavam que, na verdade, uma das filhas de Filinto Muller era psicóloga. Tentamos seguir essa pista, sem sucesso. Ao que tudo indica, uma de suas filhas, Maria Luiza Muller, era advogada; Rita Julia Lastra Muller, a outra filha, formou-se em Letras e trabalhou como professora.
57. Ministro do Trabalho e Previdência Social no governo Médici entre 30 de outubro de 1969 e 15 de março de 1974. Não só Julio Barata, mas também Arnaldo Pietro, seu sucessor nesse mesmo Ministério, será agraciado com o título honorífico de psicólogo pelo CNP/CFP.
58. *Políticas da Psicologia de São Paulo*, p. 68.
59. Ibidem, p. 89.
60. Ver M. Proença, Conselho Federal de Psicologia: Entrevista com o Psicólogo Arrigo Leonardo Angelini, *Psicologia: Ciência e Profissão*, n. 32 esp., p. 318-327.
61. Ver infra, Seleção de Arquivos e Documentos Mencionados.
62. Ainda no Rio Grande do Sul, há o nome de Pedro Américo Leal, que parece compor também as ligações orgânicas entre os psicólogos e os militares durante a ditadura, mesmo sem ter sido da cúpula do CFP. Coronel do Exército, psicólogo, professor da PUC-RS e deputado federal pela ARENA nos anos 1970, Pedro Américo Leal foi chamado para compor a seção gaúcha do Conselho em 1973. Tem um livro publicado sobre o Teste de Apercepção Temática (TAT).

12. O DESGASTE DOS TECIDOS INTERGERACIONAIS

1. E. Roudinesco; M. Plon, *Dicionário de Psicanálise*, verbete "Brasil", p. 89.
2. L. Martins, *O Patriarca e o Bacharel*, p. 50.
3. A pesquisadora Aline Librelotto Rubin defendeu uma tese praticamente coetânea à nossa focada no tema do discurso psicanalítico brasileiro do conflito de gerações durante o período ditatorial. Rubin se dedica a uma extensa análise de uma série de artigos de revistas de psicanálise e de revistas independentes veiculadas no período para abordar o "discurso (sobre o) adolescente". Não raro, a tese de Rubin alcança interpretações bastante aproximadas das

que discutiremos neste capítulo. Ver *Uma Psicanálise Para a Subversão*.
4. B. Ehrenreich, *O Medo da Queda*, p. 9.
5. P. Bourdieu, O Campo Científico, em R. Ortiz (org.), *A Sociologia de Pierre Bourdieu*, p. 65.
6. B. Ehrenreich, op. cit., p. 65.
7. M.P. Manhães; A. Hoirisch, Freud e as Vicissitudes de uma Sociedade Psicanalítica, *Revista Brasileira de Psicanálise*, v. 4, n. 2, p. 248. (Grifos nossos.)
8. Ver *Revista Brasileira de Psicanálise*, v. 6, n. 3/4, p. 282-305.
9. Ver E. da Silva Santos, O Legado de Virgínia Leone Bicudo Para a Sociologia da Infância no Brasil, *Cadernos de Pesquisa*, v. 48, n. 170, p. 1194-1217.
10. V.L. Bicudo, Incidência da Realidade Social no Trabalho Analítico, *Revista Brasileira de Psicanálise*, v. 6, n. 3/4, p. 284.
11. Ibidem. (Grifos nossos.)
12. Ibidem, p. 287.
13. Ibidem, p. 294.
14. *Jornal do Brasil*, 1973. Ver infra, Seleção de Arquivos e Documentos Mencionados.
15. C.A. Ottalagano et al., *Revista Brasileira de Psicanálise*, v. 7, n. 3, p. 321-338.
16. G. Schneider et al., O Conflito de Gerações, *Revista Brasileira de Psicanálise*, v. 7, n. 3, p. 272.
17. Ibidem, p. 299.
18. Ibidem, p. 302.
19. Ibidem, p. 306-307. (Grifos nossos.)
20. C. Ottalagano et al., Conflito de Gerações, Emergente de Ideias Novas, *Revista Brasileira de Psicanálise*, v. 7, n. 3, p. 328.
21. Ibidem, p. 329.
22. Ibidem, p. 333.
23. M.P. de Almeida Prado, Perfil Trágico dos Nossos Dias, *Revista Brasileira de Psicanálise*, v. 8, n. 2, p. 148.
24. Ibidem, p. 149-150.
25. Ibidem, p. 151.
26. Ibidem, p. 153.
27. Ibidem, p. 154.
28. Ver Observações e Reflexões Sobre o Trabalho Psicanalítico, *Revista Brasileira de Psicanálise*, v. 8, n. 2, p. 141.
29. Ver E. Zaretsky, *Political Freud*.
30. V.L. Bicudo, op. cit., p. 289.
31. Ibidem, p. 296.
32. A.B. Bahia, Identificação e Identidade, *Revista Brasileira de Psicanálise*, v. 3, n. 1-2, p. 135.
33. Walter Hollitscher apud V. Bicudo, Incidência da Realidade Social no Trabalho Analítico, *Revista Brasileira de Psicanálise*, v. 6, n. 3-4 , p. 160.
34. Estudo Psicanalítico da Agressão, *Revista Brasileira de Psicanálise*, v. 5, n. 3-4, p. 235-236.
35. Ibidem, p. 237.
36. Algumas Considerações Sobre Aspectos Técnicos do Tratamento Psicanalítico da Depressão, *Revista Brasileira de Psicanálise*, v. 4, n. 1, p. 24-25.
37. Influência Histórico-Social na Atitude Analítica, *Revista Brasileira de Psicanálise*, v. 6, n. 3/4, p. 350.
38. Ibidem, p. 350-351.
39. Ibidem, p. 351-352.
40. Ibidem, p. 354-355. (Grifos nossos.)
41. *À Sombra do Plátano*, p. 125-127.
42. J.R. Araico, Identificação e Identidade na Cultura Atual, *Revista Brasileira de Psicanálise*, v. 8, n. 4, p. 484.
43. Ver infra, Seleção de Arquivos e Documentos Mencionados.
44. Há uma entrevista realizada com Joanna Wilheim em novembro de 2019 por Miriam Sarué Tawil e Lecy Cabral que corrobora alguns dados importantes. Por exemplo, Joanna Wilheim confirma que seu analista didata era mesmo Laertes Ferrão, mas diz que o motivo de seu desligamento do Instituto na época da ditadura havia sido por razões teóricas ou intelectuais. Ela reconhece que foi "muito rejeitada, ignorada, maltratada" por estar "perturbando a ordem estabelecida", mas credita tal comportamento institucional para com ela às suas ideias demasiadamente "chocantes". O vídeo estava disponível no YouTube, mas recentemente foi retirado do ar.
45. Apud C.L.M. Valladares de Oliveira, *História da Psicanálise: São Paulo (1920-1969)*, p. 272.
46. Ver C.J. Hamer et al., Os Primeiros Anos da Ide: Lembranças e Reflexões, *Ide*, v. 38, n. 60, p. 13-21.
47. Ver L. Moura Ferrão, Conferência Eu Vi um Balão no Céu!, *Jornal de Psicanálise*, v. 44, n. 81, p. 39-50. (Grifos nossos.)
48. Ibidem.
49. S. Freud, Construções em Análise, *Moisés e o Monoteísmo, Compêndio de Psicanálise e Outros Textos*, p. 327-344.
50. L. Moura Ferrão, op. cit.
51. P. Bourdieu, *Questões de Sociologia*, p. 82.

13. CONFLUÊNCIAS PSIS NO ELO CIVIL-MILITAR

1. Ver *Como Eles Agiam*.
2. *O Espírito Militar*, p. 58.
3. C. Castro, *A Invenção do Exército Brasileiro*.
4. Idem, *O Espírito Militar*, p. 52-53. Qualquer semelhança com o bordão da presidência de Jair Bolsonaro não é mera coincidência.
5. Ibidem, p. 70-71.
6. Em *A Invenção do Exército Brasileiro*, Castro baseia-se na ideia de *invenção das tradições* proposta por E.J. Hobsbawm; T. Ranger, *A Invenção das Tradições*, para analisar três eventos maiores que compõem essa insígnia da tradição: o culto ao patrono do Exército brasileiro Duque de Caxias, a vitória sobre a Intentona Comunista de 1935 e a comemoração do Dia do Exército (19 de abril), relativo ao início da Batalha dos Guararapes. São insígnias como essas que vão formando o que Castro denomina "totemismo militar".
7. Qualquer semelhança com as designações familiares do ex-presidente Jair Bolsonaro tampouco é mera coincidência.
8. C. Castro, *O Espírito Militar*, p. 48.
9. O exemplo mais comumente lembrado pelos brasileiros a esse respeito é a canção "Cálice" de Chico

Buarque e Gilberto Gil. Sem perceber a homofonia entre "Cálice" e "Cale-se", a censura declarava sua inépcia ao não se dar conta de que os primeiros versos "Pai, afasta de mim esse cálice de vinho tinto de sangue" eram uma evidente mensagem de repúdio ao autoritarismo militar. Aprovada e permitida pela censura, *Cálice* se tornaria um dos grandes hinos emblemáticos da resistência à ditadura, revelando a estreiteza intelectual dos censores.
10. Ver P. Leirner, *Mini-Manual da Hierarquia Militar*.
11. Idem, *Meia Volta Volver*, p. 83.
12. Ibidem, p. 103.
13. Idem, *Mini-Manual da Hierarquia Militar*, p. 13.
14. As melhores referências que encontramos foram em A.M. Jacó-Vilela et al., Alguns Usos da Psicologia no Exército Brasileiro de 1930 a 1960, *Memorandum: Memória e História em Psicologia*, v. 36, p. 1-20.
15. Antonio Gomes Penna é um bom exemplo de um acadêmico da área de psicologia que rompe com os militares após o golpe de 1964. Em uma entrevista publicada em 1997, ele afirma: "A chamada Revolução quase acabou comigo. Sofri várias punições na universidade porque eu não punia ninguém O [ministro da Educação Jarbas] Passarinho mandou abrir um processo com três membros, presidido por um embaixador. Um deles estava querendo que eu fosse punido mesmo, mas os outros dois sempre estavam a meu favor. Por sorte, eu ganhei de dois a um. Na verdade, não encontraram nada que me incriminasse. Achavam que eu era muito liberal à subversão no Instituto de Psicologia. [...] Fui acusado de ser fenomenologista, porque a Fenomenologia era considerada um disfarce do marxismo. O gestaltismo também era considerado um disfarce do marxismo. Então o agente tomou aulas para saber o que isso era. Bem, depois que terminou o inquérito, não ficou provada nenhuma palavra contra mim. Mas, de qualquer modo, eu atravessei uma fase difícil, apesar de ter sido durante dezessete anos professor da Escola da Aeronáutica, onde introduzi um curso de Psicologia Social, de 1953 até 1970. Fui até condecorado pelo presidente Castelo, em 1964. Depois começaram rumores de que eu assinaria protestos contra as violências cometidas pelos policiais militares, pelas Forças Armadas. Isso quando invadiram o Campus da Praia Vermelha [no episódio conhecido como "Massacre da Praia Vermelha" de 1966], espancaram e prenderam estudantes. Eu, de fato, assinei e depois presidi duas reuniões de protesto. Naquela época, quem protestasse ou quem não rezasse pela cartilha deles, era punido. Apesar disso, tive meu livro – *Manual de Psicologia Aplicada* adotado até 1970. Depois disso, nunca mais fui convidado para nada. Nem para entrar na escola. Apesar de ter grandes amigos militares, de nada adiantava." Ver A. Gomes Penna, Entrevista, *Estudos de Psicologia (Natal)*, v. 2, n. 1, p. 109-134.
16. F. de Carvalho et al., O Planejamento Estratégico no Campo Psicossocial. Conferência proferida na ESG em 8 nov. 1971. Publicada na *Revista ESG*, ano VII, n. 20, em 31 dez. 1991.
17. Idem, p. 180. (Maiúsculas no original.) Ver infra, Seleção de Arquivos e Documentos Mencionados.
18. Ver infra, Seleção de Arquivos e Documentos Mencionados.
19. Ver infra, Seleção de Arquivos e Documentos Mencionados. (Grifos nossos.)
20. Ver a respeito a tese de Juberto Massud de Souza, op. cit.
21. P.E. Arns, *Brasil Nunca Mais*, p. 216.
22. Ele Viu de Muito Perto e Covardia e a Brutalidade da Ditadura, *Associação Brasileira de Anistiados Políticos*, 2 nov. 2015; Memórias da Barbárie, *Correio Braziliense*, 23 jun. 2012. Nessa última, quando perguntado por que ele quis relatar a tortura, ele afirma: "Uma coisa é ter sigilo (médico). Outra coisa é você pactuar com ela (tortura)."
23. *Guardiães da Ordem*, p. 205.
24. P.E. Arns, op. cit., p. 216.
25. Ver infra, Seleção de Arquivos e Documentos Mencionados.
26. Ver infra, Seleção de Arquivos e Documentos Mencionados.
27. N. da Silveira Rudolfer, *Elementos Básicos da Nacionalidade Brasileira*, p. 3.
28. Ibidem. (Grifos nossos.)
29. Ibidem, p. 4-5.
30. Ver *The Open Mind*.
31. N. da Silveira Rudolfer, *Elementos Básicos da Nacionalidade Brasileira*, p. 8.
32. Idem, p. 20. O livro *Securing Sex*, de Benjamin Cowan, examina em mais detalhes uma série de assertivas reacionárias de Noemy Rudolfer, especialmente em relação à sexualidade.
33. Ibidem, p. 11-12.
34. Ibidem, p. 20.
35. Ver *A Crise da Adolescência Moderna*.
36. ibidem, p. 2.
37. Ibidem, p. 9.
38. Ibidem.
39. Ibidem.
40. Ibidem.
41. Ibidem.
42. Ibidem, p. 13.
43. Ibidem.
44. Ver *Problemática da Juventude no Brasil*.
45. Ibidem, p. 11.
46. Ibidem, p. 12.
47. Ibidem, p. 16.
48. Ibidem, p. 25.
49. Ibidem, p. 26.
50. Ibidem, p. 27. (Grifos nossos.)
51. Apud N.M. Ferreira Sério, *Reconstruindo "Farrapos"*.
52. Encontramos somente dois artigos dela dedicados a questões psicanalíticas: Um Caso de Anorexia Nervosa, publicado na *Revista de Psicoanálisis* em 1956, e Comparação do Freudismo, do Kleineanismo e do Bionismo, publicado na revista brasiliense *Alter* em 1978. Não tivemos acesso a nenhum desses dois artigos.
53. Segundo Nádia Ferreira Sério, quem mandava de verdade nessa época na SPRJ eram: Luiz Dahlheim;

Maria Manhães; Fabio Leite Lobo; João Marafelli Filho; Inês Besouchet; Noemy Rudolfer; Antonio Dutra Jr.; Ernesto Meirelles La Porta; e Leão Cabernite (op. cit., p. 392).
54. *A Distinção*, p. 149.

14. O MILAGRE DA MULTIPLICAÇÃO LEGÍTIMA

1. Catarina, a Grande Alma, *Jornal do Commercio*, Amazonas, 8 abr. 1973, p. 8.
2. Na Busca do Viver Melhor, *O Poti*, Rio Grande do Norte, 18 maio 1975, p. 3.
3. Responsável pela melhor síntese do trabalho da CSAKK que encontramos. Ver J. Batista Ferreira, Une clinique de psychanalyse au milieu de la favela, em H. O'Dwyer de Macedo, *Le Psychanalyste sur la terreur*, p. 61-84. Ver também, do mesmo autor, *Clínica Social Anna Kattrin Kemper*, p. 57-58.
4. Há uma dissertação de mestrado escrita por Cesar Mussi Ibrahim denominada *As Clínicas Sociais Psicanalíticas do Rio de Janeiro*, defendida na PUC-RJ em 1992, que conta com uma série de entrevistas e análises de documentos da CSAKK. Essa pesquisa demonstra como, apesar de todos os esforços, o público majoritário de pacientes da CSAKK ainda era da classe média. Ver também K.P. Slemenson, *$em?*: Sobre a Inclusão e o Manejo do Dinheiro Numa Análise*.
5. Ver E.A. Danto, *As Clínicas Públicas de Freud*.
6. Ver J. Broide, *Psicanálise: Nas Situações Sociais Críticas*.
7. A Psicanálise Acessível?, *Opinião*, Rio de Janeiro, 1973, edição 44, p. 20-21.
8. O Sofá Não É do Povo, *Opinião*, Rio de Janeiro, 18 abr. 1975, p. 19-20.
9. O Rendoso Comércio das Neuroses, *Opinião*, Rio de Janeiro, 19 set. 1975, edição 150, p. 22.
10. A.C. Figueiredo, O Movimento Psicanalítico no Rio de Janeiro na Década de 70, em J. Birman (org.), *Percursos na História da Psicanálise*, p. 130.
11. Ver W. de Lyra Chebabi, Crônica de uma Controvérsia Crônica, *Estados Gerais da Psicanálise*, 30 ago. 2000.
12. A.C. Figueiredo, op. cit., p. 131-132.
13. Ver F. da Silveira, *Ouro, Cobre e Chumbo*.
14. Ver C. Coimbra, *Guardiães da Ordem*, p. 139-140.
15. A.C. Figueiredo, op. cit., p. 136.
16. Idem, A Psicanálise dos Psicólogos no Rio de Janeiro dos Anos 1970, *Culturas Psi*, n. 1, p. 94.
17. Ver L. Paiva de Castro, *A Psicanálise e a Realidade Brasileira*.
18. A.C. Figueiredo, A Psicanálise dos Psicólogos no Rio de Janeiro dos Anos 1970, *Culturas Psi*, n. 1, p. 94.
19. Que viria a ser ministro da Educação no último governo militar de Figueiredo.
20. É preciso aqui sublinhar um desencontro que não conseguimos resolver. Encontramos menções a um artigo de Chaim Katz – Ciência, Estruturalismo, Psicanálise: Dois problemas – supostamente publicado no número 15/16 da *Tempo Brasileiro* em 1967, um provável primeiro artigo publicado no Brasil sobre Lacan. Porém, o artigo de Chaim Katz publicado no número 15/16 da *Tempo Brasileiro* – Níveis e Dimensão no Sistema Filosófico: Uma Visão Estrutural – não menciona a psicanálise. Tampouco foi possível descobrir onde, quando e por qual veículo tal artigo foi publicado. De toda forma, apesar de o número 15/16 ser sobre Estruturalismo, não há menções à psicanálise.
21. Ver O. de Freitas Jr., Marxismo e Psicanálise, *Tempo Brasileiro*, n. 21/22, p. 86-100. Nos anos 1950, Otavio de Freitas Jr. publicara dois ensaios importantes que já previam a articulação entre psicanálise e marxismo: "Introdução ao Estudo Psicológico da Classe Média" e "Freud e o Significado Atual da Psicanálise". Ver B.M. Nascimento, *A Escola de Psiquiatria do Recife*.
22. Ver C. Capalbo, Psicanálise e Estruturalismo, *Tempo Brasileiro*, n. 21/22, p. 107-133.
23. Ver Os *Écrits* de Jacques Lacan, *Tempo Brasileiro*, n. 21/22, p. 187-203.
24. Ver O Emprego da Psicanálise na Investigação Histórica, *Tempo Brasileiro*, n. 36/37, p. 8-23.
25. Ver Freud, o Pensador Social e Político, *Tempo Brasileiro*, n. 44, p. 3-9.
26. Ver A Concepção do Homem na Obra de Lacan e a Prática Psicanalítica, *Tempo Brasileiro*, n. 44, p. 27-36.
27. Ver Lacan nos Estados Unidos, *Tempo Brasileiro*, n. 44, p. 37-42.
28. Ver J. Pieiro, *Ivan Corrêa: Senhor de Lugares e Palavras*.
29. Que fez análise com Daniel Lagache.
30. Ver E. Sampaio Siqueira et al., Percurso do Movimento Psicanalítico em Pernambuco, em A.J. Siqueira (org.), *Palavra, Silêncio e Escuta*, p. 114.
31. Luiz Carlos Nogueira defenderia uma tese sobre a leitura de Paul Ricoeur sobre Freud, o que lhe facilitaria a via para ter notícias de Lacan e se interessar por sua obra. Ver Antes e Depois de Meu Encontro com Lacan, *Psicologia USP*, v. 15, n. 1-2, p. 109-113.
32. Ver C. Coimbra, *Guardiães da Ordem*, p. 178.
33. Ver nota da seção "Livros", *Jornal do Commercio*, 17 abr. 1973.
34. Ver nota na seção "Na Pauta", *O Jornal*, 21 nov. 1972.
35. Ver nota "Cursos" em: <http://memoria.bn.br/DocReader/030015_09/106190>.
36. Ver A Propósito de Lacan, LUGAR, n. 7, p. 160-172.
37. Freud, Lacan, o Colégio, *Jornal do Brasil*, 10 maio 1976, p. 10. Disponível em: <http://memoria.bn.br/DocReader/030015_09/140308>.
38. Ver nota de "Iniciação ao Mestrado" nas Faculdades Integradas Estácio de Sá em: <http://memoria.bn.br/DocReader/030015_09/139406>.
39. Ver Racismo e Sexismo na Cultura Brasileira, em Clínica Social de Psicanálise Anna Kattrin Kemper (org.), *Simpósio Psicanálise e Política*, p. 155-177.
40. Ibidem, p. 169.
41. Ver C. Ávila de Carvalho, *Os Psiconautas do Atlântico Sul*.
42. Há indícios de que o Colégio de Goiânia iniciou atividades em 1984. Não foi possível descobrir quem foram os proponentes.
43. Crítica que aparece em diversos momentos da obra de Lacan. Dentre elas, destacamos A Coisa Freudiana, *Escritos*, p. 402-437.

44. Ver C. Coimbra, op. cit., p. 160-161.
45. Ver C. Koltai, A Biblioteca Freudiana Brasileira, *Capítulos de Psicanálise*, 14, p. 4-26.
46. C.I.L. Dunker; F. Kyrillos Neto, Conflito Entre Psicanalistas e Impasses Fálicos da Brasilidade, *Stylus*, n. 29, p. 67-84.
47. Leão Cabernite é um dos primeiros a ir ao Rio de Janeiro para se formar junto a Werner Kemper (SPRJ). Hélio Pellegrino, como já vimos, se forma em Medicina em Belo Horizonte e realiza seus estágios de residência em psiquiatria no Instituto Raul Soares; pouco tempo depois ele se muda para o Rio de Janeiro para se formar com Iracy Doyle no IMP. Paulo Dias Corrêa vai a São Paulo fazer formação na SBPSP, e só depois muda para o Rio de Janeiro. Nenhum dos três voltaria a se fixar em Minas Gerais, mas não faltariam tentativas de fundar uma IPA no Estado, que inclusive contavam com a "ajuda" de membros do Estado. Em um trecho do livro de Paulo Marchon sobre a psicanálise em Minas Gerais, diz-se que em 1969 um "político mineiro, o dr. José de Magalhães Pinto, então ministro da Justiça", interveio escrevendo uma carta a Jorge Mon, então presidente da APA argentina, para que enviassem um didata a Belo Horizonte (Ver J. Vieira Engel, A Psicanálise em Belo Horizonte, em P. Marchon (ed.), *A Psicanálise no Rio de Janeiro e Sua Difusão pelo Brasil*, p. 479). Engel provavelmente retira esta informação do artigo de Sebastião Abrão Salim, As Origens da Psicanálise em Belo Horizonte e do Grupo de Estudos Psicanalíticos de Belo Horizonte Filiado à Associação Internacional de Psicanálise, *Mental*, v. 8, n. 15. Não obstante, uma correção deve ser feita: José de Magalhães Pinto não era ministro da Justiça. Em 1969, ele ocupava na verdade o posto de ministro das Relações Exteriores – o ministro da Justiça a essa altura era o paulista Luís Antônio da Gama e Silva. Magalhães Pinto esteve entre os maiores conspiradores do golpe de 1964, quando à época era governador de Minas Gerais. Depois do golpe ele seria deputado federal pela ARENA entre 1967 e 1971, senador entre 1971 e 1979 e novamente deputado federal entre 1979 e 1985, todos por Minas Gerais. Não se sabe, porém, o que ligava Magalhães Pinto ao desejo de criar uma instituição filiada à IPA em Minas Gerais, mas chama a atenção alguém com o poder que ele tinha se envolver nisso de algum modo. Por fim, uma curiosidade: Magalhães Pinto foi sogro de Eduardo Mascarenhas (SPRJ) em seu segundo casamento com Ana Lucia Catão de Magalhães Pinto.
48. Ver Proposição de 9 de outubro de 1967 sobre o Psicanalista da Escola, em *Outros Escritos*, p. 248-264.
49. Ver Análise da Instituição Psicanalítica, *Registros*, v. 2, p. 19-48.
50. Ver Como Nomear um Grupo, *Registros*, v. 2, p. 7-18.
51. A Carta de Fundação do Colégio Mineiro de Psicanálise pode ser conferida em F. Paes Barreto, op. cit.
52. Ver F. Paes Barreto, *Reforma Psiquiátrica e Movimento Lacaniano*, p. 12.
53. Ver A.M. Gageiro; S.D. Torossian, A História da Psicanálise em Porto Alegre, *Analytica – Revista de Psicanálise*, v. 3, n. 4, p. 128.
54. Ver R.S. Pereira, *Formação e Instituição: Um Percurso pela História das Instituições Psicanalíticas de Florianópolis*, p. 104.
55. Ver E.L.A. de Sousa, Breves Anotações de uma História Que Não Podemos Esquecer: Revista Rádice, *Mnemosine*, v. 4, n. 1, p. 196-204.
56. Grave Não Era Praticar a Tortura, mas Sim a Denúncia Dessa Prática, *COOJORNAL*, n. 69, nov. 1981, p. 23.
57. A Impossibilidade de Instituições Desacompanhadas de Olhar Crítico, *COOJORNAL*, n. 69, nov. 1981, p. 22-23.
58. Ver infra, Seleção de Arquivos e Documentos Mencionados.
59. O Uso do Complexo de Édipo Para Explicar as Rebeliões Estudantis, *COOJORNAL*, n. 69, nov. 1981, p. 22.
60. Ver A.M. Gageiro; S.D. Torossian, op. cit., p. 132.
61. Ver *A Fortaleza da Psicanálise*.
62. Ver *Histórias da Psicanálise em Curitiba*.
63. Psicólogo de formação e com uma biografia curiosa a ser ainda mais bem estudada, Calluf foi o responsável por encabeçar a criação de um curso de psicologia na hoje PUC-PR. Escreveu um único livro de cunho mais técnico, chamado *Psicologia da Personalidade*, e diversos outros de autoajuda. Nesse mesmo ano, ele larga a batina em um rompimento controverso, cujo acerto de contas com seu passado como padre viria somente nos anos de 1980 pelos livros *Reflexões Incômodas sobre o Celibato dos Padres* e *A Esquerdização do Clero – Um Estudo Psicanalítico*, este último uma espécie de "versão católica" tardia da patologização da esquerda do tipo *Masoquismo e Comunismo* de Karl Weissmann. Afastado da PUC-PR, politicamente reacionário, mas com ideias paradoxalmente avançadas no que tange às normas clericais (como a defesa do casamento de desquitados), Calluf tinha um gosto peculiar pela polêmica e pela caricatura de si mesmo como um eterno "do contra". Teve um programa na televisão aberta curitibana chamado *Lugar ao Sol*, transmitido na hora do almoço, com conselhos conservadores para famílias, e era uma figura pública popular no Estado, tentando ingressar na vida política sem sucesso no final dos anos de 1980. Calluf morreu em 1993. A respeito de Calluf, ver A.F. Barboza Garcia, *O Sacerdote de Éris a Serviço da Ordem*.
64. Ver C.I.L. Dunker, Psychology and Psychoanalysis in Brazil: From Cultural Syncretism to the Collapse of Liberal Individualism, *Theory & Psychology*, v. 18, n. 2, p. 223-236.
65. J. Russo, *O Corpo Contra a Palavra*, p. 60.
66. Ibidem, p. 101-102.
67. *Mal-Estar, Sofrimento e Sintoma*, p. 158.
68. Ver D. Nobus, O "Escritos" de Lacan Revisitado, *Lacuna: Uma Revista de Psicanálise*, n.-7, p. 6.
69. Ver Função e Campo da Fala e da Linguagem em Psicanálise (1953/1956), *Escritos*, p. 238-324.
70. *Maneiras de Transformar Mundos*, p. 109.
71. Ver A Direção do Tratamento e os Princípios do Seu Poder (1958/1961), em *Escritos*, p. 591-652.
72. *Mal-Estar, Sofrimento e Sintoma*, p. 154.

73. Conduta comumente chamada de "tempo lógico" em referência ao texto de Lacan O Tempo Lógico e a Asserção da Certeza Antecipada, em *Escritos* – que, vale dizer, não é um texto que trata diretamente da variabilidade do tempo das sessões analíticas, mas oferece sustentações teóricas para tal. A prática divide opiniões e gera alguma polêmica inclusive entre os próprios lacanianos (ver M.A. Coutinho Jorge, Usos e Abusos do Tempo Lógico, *Ágora*, v. 3, n. 1), mas de alguma maneira ela forma um certo imaginário estigmatizado – a nosso ver, inadequado – do que é a clínica lacaniana ou do que é "ser lacaniano".
74. Mais um tópico intrincado e polêmico, provavelmente mais polêmico do que a variabilidade do tempo das sessões, que tende à dispersão e à infinitude de pontos de vista. Qualquer tentativa de listagem de obras aqui será inevitavelmente insuficiente. Para início de conversa, procurando respeitar o critério histórico dos acontecimentos e dos debates, remeteríamos a dois livros publicados no início dos anos de 1990 em português: a coletânea *Fim de uma Análise, Finalidade da Psicanálise* organizada por Alain Didier-Weill e o livro *O Desenlace de uma Análise*, de Gérard Pommier.
75. Ver H.L. Sana dos Santos, *A Noção de Estilo em Lacan*.
76. Histórias de corredor circulam na instituição dizendo que, quando a polícia política baixava no Sedes para "tomar um café", um eufemismo para espionagens e prisões, madre Cristina respondia corajosamente coisas como "pois tem uma padaria logo ali na esquina, vocês policiais podem se dirigir até lá".
77. Ver B.M. Sister; M. Taffarel; I. Melsohn, *A Psicanálise e a Vida*, p. 73.
78. O histórico de militância no PCB levaria Melsohn a ter que depor na OBAN em 1974. Segue o relato: "Em 1945, quando me inscrevi no Partido, o clima era de muita euforia. Anos depois, já escutava ecos de que a polícia tinha uma ficha com o meu nome. O que se confirmou em 1974, um pouco depois da minha volta da Inglaterra, quando tive de prestar depoimento na OBAN, no processo da tal caderneta do Prestes que tinha caído em poder da polícia. Prenderam muita gente. [...] Eu fui chamado através de uma carta endereçada à Associação Paulista de Medicina (APM), o que, evidentemente, já era uma situação de menor desconforto. Quando um soldado abriu a porta, Hinda, muito preocupada porque eu tinha tido um enfarte, pediu: 'Por favor, cuidado, ele é doente'. Procurava chamar a atenção e evitar qualquer violência. Fizeram-me entrar numa sala onde um capitão – homem truculento, vestindo uma camisa de mangas curtas – tirou de uma gaveta o dossiê do processo e saiu. Depois que me ficharam, ele voltou: 'Tá aí. Aí diz tudo. Pode ir falando'. Perguntei o que ele queria saber. 'Quero saber desses nomes todos'. Disse que ali estavam os nomes mais ilustres da medicina de São Paulo. 'Não. Há muitos anos nós sabemos da sua história. É bom ir falando, senão vamos descer'. O porão era o lugar onde torturavam os presos. No entanto, depois dessa pressão inicial a conversa foi ficando mais cordial e eu não fui maltratado, a não ser verbalmente. Não houve maior problema." B.M. Sister; M. Taffarel; I. Melsohn, op. cit., p. 69.
79. Ver C. Coimbra, op. cit.
80. M. Musatti Cytrynowicz; R. Cytrynowicz, *História do Departamento de Psicanálise do Instituto Sedes Sapientiae*, p. 51.
81. Ver *Nos Subterrâneos da História*.
82. R.M. Souza e Silva, op. cit., p. 150.
83. Ver V.L.S. Brito Galvão, Círculo Psicanalítico da Bahia – Trinta Anos: Marco da Psicanálise na Bahia, *Cógito*, v. 4, p. 11-15.
84. Ver *Gigante Pela Própria Natureza*.
85. A mais recente referência para compreender a trajetória de Rodrigué é a excelente tese do pesquisador Sérgio Ribeiro de Almeida Marcondes. Ver *O Romance de uma Vida Psicanalítica*. Do ponto de vista memorial, vale igualmente conferir o relato de Gregório Baremblitt, seu ex-analisante na Argentina, integrante do Plataforma-Documento e também exilado no Brasil em função da ditadura argentina. Ver G. Baremblitt, Uma Pseudo-Biografia de Emilio Rodrigué, *Mnemosine*, v. 4, n. 1, p. 205-211.
86. Ver E. Rodrigué, *Sigmund Freud: O Século da Psicanálise 1895-1995*.
87. Nas palavras de Rodrigué em entrevista para Urania Tourinho Peres: "O LIUS é um encontro prolongado de aproximadamente três horas. Eu uso técnicas alternativas, sobretudo o psicodrama, mas sob a regência da psicanálise. É uma única sessão, prolongada, que tem começo, meio e fim. Eu penso que podemos estabelecer uma certa relação com o tempo lógico de Lacan, na medida em que se produz uma desarticulação do tempo relógio, introduzindo uma nova modalidade de presentificar o presente. É um trabalho intenso e exige muita acuidade na leitura do que se passa, pois nada pode ser deixado para depois. Existem dois tipos de LIUS: um para resolver problemas bem pontuais (separações, doenças, perdas de qualquer tipo, acidentes, enfim, alguma catástrofe) e outro mais dirigido para psicanalistas que buscam uma espécie de supervisão global, um *check-up*". (U. Tourinho Peres, Conversando com Emilio, em *Emilio Rodrigué, Caçador de Labirintos*, p. 88)
88. Ver um artigo recentemente publicado por Jairo Gerbase e Suely Aires, Textemunhos, *Revista Rosa*, n. 1, v. 3.
89. Apesar dessa primeira edição, nossa referência aqui é a segunda edição, publicada pela EDUFBA.
90. Ver *Os Psiconautas do Atlântico Sul*.
91. Segundo uma reportagem de 2014, Castellar Pinto lhe teria oferecido duas possibilidades de locais para se estabelecer, Curitiba ou Vitória. Guangiroli lhe pergunta: "Qual que fica de frente para o mar?". E assim se deu a escolha pela capital capixaba. Com uma história de vida bastante sensível, tendo perdido uma filha assassinada pelos militares argen-

tinos, Guangiroli segue trabalhando e clinicando em Vitória. Ver H. Alves, Reportagem especial Hasta la victoria, *Século Diário*, 30 nov. 2014.
92. Ver I. Soares Borges; N. Franco, A Difusão da Psicanálise em um Contexto Interdisciplinar em Vitória, em P. Marchon (ed.), *A Psicanálise no Rio de Janeiro e Sua Difusão pelo Brasil*, p. 489-492.
93. Ver "Nós Outros e a Psicanálise", vídeo disponível em: <https://vimeo.com/88605128>.
94. Ver a entrevista de Gregório Baremblitt a Paulo Amarante para o "Projeto Memória da Reforma Psiquiátrica no Brasil".
95. Ver P. Amarante, *Loucos Pela Vida*.
96. Ver G. Baremblitt, *O Inconsciente Institucional*.
97. Ver l. Rozitchner, *Freud y los Límites del Individualismo Burgués*.
98. Ver I.L. Eulálio Cabral, O Desenvolvimento das Ideias Psicanalíticas no Nordeste, em P. Marchon (ed.), *A Psicanálise no Rio de Janeiro e Sua Difusão pelo Brasil*, p. 500-518.
99. Ver A Psicanálise nos Núcleos Nordestinos, em P. Marchon (ed.)., *A Psicanálise no Rio de Janeiro e Sua Difusão pelo Brasil*, p. 519-556.
100. I.R. Eulálio Cabral, op. cit. p. 505.
101. A Psicanálise nos Núcleos Nordestinos, em P. Marchon (ed.), *A Psicanálise no Rio de Janeiro e Sua Difusão pelo Brasil*, p. 519.
102. Ibidem, p. 521: Eliane Gonçalves, Inês Mendonça, Vera Lúcia Barbosa, Rosinete Maria de Melo, Maria Crisales Rezende, Maria da Conceição Paixão, Eudócia Sarmento, Rosete Brandão, Marcondes Benedito Costa, Silvana Barros, Maria de Fátima Amaral, Sadja Carvalho e Silas Gomes.
103. *A Cidade e a Alma Reinventada*, p. 75-76.
104. Ver S. Lobo, op. cit., p. 519: Jurandir de Macedo Carvalho Jr., Adailton Gomes d'Assunção, Salatiel Silva e Maria Luiza Lavigne de Siqueira Menezes.
105. Ibidem.
106. Encontramos um texto de cunho autobiográfico que explana melhor alguns aspectos da história da psicanálise em Sergipe. Trata-se de *Formação de Psicanalista*, de Deborah Pimentel. A autora conta como foi na residência em psiquiatria na Bahia em 1982 que ela procurou uma análise pessoal e veio a se formar psicanalista junto ao Círculo Psicanalítico da Bahia. De volta a Aracaju em 1988, a autora, junto com Edméa Oliva Costa, funda o Círculo Psicanalítico de Sergipe no ano seguinte. Alba Abreu Lima é outro nome lembrado pelo início da psicanálise lacaniana em Sergipe dentro do Projeto Freudiano, cujos grupos de estudos se iniciaram em 1984 e vieram a dar origem à primeira instituição de psicanálise no Estado em 1988.
107. Ver Percurso e Recursos de MD MAGNO, em *Razão de um Percurso*.
108. A Psicanálise no Mato Grosso do Sul, em P. Marchon (ed.), *A Psicanálise no Rio de Janeiro e Sua Difusão pelo Brasil*, p. 482-488.
109. Ver M.L. Castilho Romera, *Transmissão-Difusão da Psicanálise*.

110. Ver História da Psicanálise em Brasília, *Revista Brasileira de Psicanálise*, número especial, p. 139-146.
111. Ibidem, p. 142.
112. Ver, por exemplo, *Rumor na Escuta*.
113. R.M. de Oliveira Castro, op. cit., p. 143.
114. Ver L. Hallewell, *O Livro no Brasil: Sua História*, p. 736.
115. Ver *Uma Fobia à Defloração e Outros Estudos Psicanalíticos*.
116. Ver *O Complexo de Édipo na Psicanálise e na Análise de Grupo*.
117. L. Cabernite; P.D. Corrêa, op. cit., p. 18.
118. Ibidem, p. 83.
119. Ibidem, p. 91.
120. C.S. Katz, Respostas da Hora do Desespero, *Opinião*, edição 197, 13 ago. 1976, p. 32.
121. C.I. Dunker, *Estrutura e Constituição da Clínica Psicanalítica*, p. 583-584.
122. O "Boom" da Psicanálise e a Consciência Nacional, *Jornal do Brasil*, 12 fev. 1978, p. 5.
123. C.I. Dunker, Psychology and Psychoanalysis in Brazil, *Theory & Psychology*, v. 18, n. 2, abr. 2008, p. 236. Neste artigo, Dunker finaliza com uma assertiva de Žižek que convém também para o nosso espectro de problemas: "Aqui nós temos uma espécie de 'encontro fracassado': a terapia psicanalítica é necessária apenas onde ela não é possível, e possível apenas onde ela não é mais necessária." (S. Žižek, *The Metastase of Enjoyment*, p. 15).
124. E. Mascarenhas, op. cit., p. 5. (Grifos nossos).
125. Ver P.C. Endo, O Psicanalista É um Intelectual?, em B. Conte et al. (orgs.), *Intervenções Psicanalíticas*, p. 100-121.
126. Ibidem, p. 109.
127. Notadamente, *Perspectivas do Humanismo Psicanalítico* e *Rumos do Humanismo Médico Contemporâneo*.
128. Ver V. Chacon, *O Humanismo Brasileiro*.

15. A ÚLTIMA CATÁSTROFE: O "CASO" AMÍLCAR LOBO

1. H. Rousso, *A Última Catástrofe*, p. 24.
2. O documento em que o IBRAPSI e seus diretores aparecem fichados está arquivado no fundo "Serviço Nacional de Informações" no portal Memórias Reveladas. Ver infra, Seleção de Arquivos e Documentos Mencionados.
3. O documento completo já citado está arquivado no fundo "Serviço Nacional de Informações" no portal Memórias Reveladas. Ver infra, Seleção de Arquivos e Documentos Mencionados.
4. Ver Eliminar "Sem Deixar Vestígios", *Revista M.: Estudos Sobre a Morte, os Mortos e o Morrer*, v. 5, n. 10, p. 265-297.
5. Da Biopolítica à Necrogovernamentalidade, p. 145.
6. Ver D. Kuperman, *Transferências Cruzadas*.
7. Ver N.M. Ferreira Sério, *Reconstruindo "Farrapos"*.
8. Ver H. Besserman Vianna, *Não Conte a Ninguém...*
9. Ver A. Lobo, *A Hora do Lobo, a Hora do Carneiro*.
10. Ver infra, Seleção de Arquivos e Documentos Mencionados.

11. Ver H. Besserman Vianna, op. cit., p. 196.
12. Ver D.E. Zimmermann, *Vocabulário Contemporâneo de Psicanálise*, p. 146.
13. A COPAL seria dissolvida em 1979; em substituição a ela, é fundada em 1980 a Federação Psicanalítica da América Latina (FEPAL).
14. David Zimmermann, apud H. Besserman Vianna, op. cit., p. 38-39. (Grifos nossos.)
15. Ibidem.
16. Ibidem, p. 63.
17. N.M. Ferreira Sério, op. cit., p. 236.
18. A. Lobo, op. cit., p. 79.
19. O documento com o processo na íntegra está arquivado no fundo "Comissão Nacional da Verdade" no portal Memórias Reveladas. Ver infra, Seleção de Arquivos e Documentos Mencionados.
20. *Sentença n. 4488 – Ações Ordinárias/sentença n. 1216*, Poder Judiciário – Justiça Federal – Seção Judicial do Distrito Federal, p. 61.
21. Ibidem, p. 63-65.
22. Ibidem, p. 69.
23. Ibidem, p. 70.
24. C.S. Katz, Respostas da Hora do Desespero, *Opinião*, 13 ago. 1976, edição 197, p. 32.
25. *Sentença n. 4488 – Ações Ordinárias/sentença n. 1216*, Poder Judiciário – Justiça Federal – Seção Judicial do Distrito Federal, p. 44.
26. Ibidem. (Grifos nossos.)
27. História Resgatada – Encontro de Alguns Fundadores, *Jornal da SPPA*, ano II, n. 4, p. 12. Agradecemos aqui à indicação de Ana Gageiro para encontrarmos essa foto.
28. Ver p. 5, 10.
29. *Militares de Carreira*, p. 132.
30. *Ministério do Silêncio*, p. 196.
31. M. Cezimbra, A Psicanálise nos Anos de Chumbo, *Jornal do Brasil*, 15 jul. 1992, p. 1. Ver infra, Seleção de Arquivos e Documentos Mencionados.
32. *Não Conte a Ninguém*, p. 195.
33. Ibidem.
34. Do Fundo dos Porões, ISTOÉ, 1 abr. 1987, p. 20. A reportagem da revista *IstoÉ* está arquivada no fundo "Comissão Especial sobre Mortos e Desaparecidos Políticos" do portal Memórias Reveladas. Ver infra, Seleção de Arquivos e Documentos Mencionados.
35. A Versão de Frota, em S. Frota, *Ideais Traídos*, p. VI.
36. H. Besserman Vianna, *Não Conte a Ninguém*, p. 48.
37. Sabe-se que uma das estratégias da polícia política militar e dos grupos terroristas paramilitares que a apoiavam era alterar a mecânica dos automóveis de modo que eles explodissem no momento em que fossem ligados. Longe de ser uma mera tentativa de roubo, a manipulação da engrenagem de carros era praxe nos ataques dos extremistas contra os considerados "subversivos".
38. H. Besserman Vianna, op. cit., p. 60.
39. Ibidem, p. 62.
40. A "Geração AI-5": Um Ensaio Sobre Autoritarismo e Alienação, *A "Geração AI-5" e Maio de 68*, p. 18.
41. Ibidem, p. 73.
42. Ibidem, p. 77.
43. Ibidem, p. 84.
44. Ibidem, p. 92-93.
45. Ibidem, p. 95.
46. Ibidem, p. 97.
47. *Mal-Estar, Sofrimento e Sintoma*, p. 151.
48. A Economia É a Continuação da Psicologia por Outros Meios, em V. Safatle et al. (orgs.), *Neoliberalismo como Gestão do Sofrimento Psíquico*, p. 20.
49. A Clínica Psicanalítica em Face da Dimensão Sociopolítica do Sofrimento, p. 49-50.
50. Ver especialmente a seção IV, The Latin American Experiment, em S. Moscovici; I. Marková, *The Making of Modern Social Psychology*.
51. Para dar um exemplo, em março de 1979 a PUC-RJ foi palco de um debate que ganhou o espaço público. Na ocasião, uma professora da instituição chamada Anna Maria Moog Rodrigues incluíra um texto de Miguel Reale, conhecido intelectual reacionário – ex-integralista, ex-reitor da USP sob o AI-5 e apoiador da ditadura –, no programa de uma disciplina de História do Pensamento. Diante dos protestos dos estudantes e dos intelectuais cariocas, a professora e seus colegas conservadores rebateram os protestos, acusando-os de "atentado contra a liberdade de cátedra". A controvérsia ganhou as páginas do *Jornal do Brasil* na época, com direito a inúmeras réplicas e tréplicas que se seguiriam ao longo do mês. Os textos foram coletados por um dos professores de filosofia mais conservadores da época, Antonio Paim, em *Liberdade Acadêmica e Opção Totalitária*.
52. Ver R. Mello, Os Barões da Psicanálise, em Clínica Social de Psicanálise Anna Kattrin Kemper (org.), *Simpósio Psicanálise e Política*, p. 9-17.
53. Ibidem, p. 15. (Grifos nossos.)
54. *Jornal do Brasil*, Rio de Janeiro, 21 set. 1979, p. 1. Ver infra, Seleção de Arquivos e Documentos Mencionados.
55. Ver infra, Seleção de Arquivos e Documentos Mencionados.
56. Documento anexado em G. Cerqueira Filho (org.), *Crise da Psicanálise*, p. 213.
57. Ver N.M. Ferreira Sério, op. cit., p. 379.
58. Ibidem, p. 360.
59. Ver Psicanálise e Economia Política (Uma Análise do Dinheiro), *Revista Brasileira de Psicanálise*, v. 6, n. 3/4, p. 322-343; Velocidade e Instinto de Morte, *Revista Brasileira de Psicanálise*, v. 8, n. 2, p. 191.
60. Ver G. Cerqueira Filho (org.), op. cit., p. 19.
61. Ver infra, Seleção de Arquivos e Documentos Mencionados. A foto desse anexo nos foi gentilmente cedida por Roberto Mello, a quem agradecemos. Junto à foto, foi enviado um pequeno texto de esclarecimento.
62. Documento anexado em G. Cerqueira Filho (org.), op. cit., p. 196.
63. Ibidem, p. 201.
64. Ibidem, p. 204.
65. Ibidem, p. 206.
66. Análise da Instituição Psicanalítica, em G. Cerqueira Filho (org.), op. cit., p. 41.

67. Aquele Que Deixou de Ser Sem Nunca Ter Sido ou a Psicologia de Classe Média dos Psicanalistas, em G. Cerqueira Filho (org.), op. cit., p. 57.
68. Ver infra, Seleção de Arquivos e Documentos Mencionados.
69. Essas duas reportagens estão reproduzidas como anexos do livro de C.S. Katz (org.), *Psicanálise e Nazismo*, p. 268-271.
70. Médico Confirma Que Socorreu Presa Política em Petrópolis, *Jornal do Brasil*, 6 fev. 1981, p. 9. Ver infra, Seleção de Arquivos e Documentos Mencionados.
71. Estas duas reportagens estão reproduzidas como anexos do livro de C.S. Katz (org.), op. cit., p. 272-278.
72. *Folha de S.Paulo*, Folhetim, 15 mar. 1982, p. 3. Ver infra, Seleção de Arquivos e Documentos Mencionados.
73. Ver infra, Seleção de Arquivos e Documentos Mencionados.
74. Arquivo Nacional, AC/SNI Ficha de Distribuição e Processamento de Documentos, "Pressões Contra Ex-Integrantes do SIE", p. 4. (Em destaque no original.)
75. Lobo Dá Nomes de Militares Torturadores do DOI-CODI, *Jornal do Brasil*, 28 set. 1986, p. 18. A reportagem está arquivada no fundo "Comissão Nacional da Verdade" do portal Memórias Reveladas.
76. Ver infra, Seleção de Arquivos e Documentos Mencionados.
77. Ver G. Cerqueira Filho, op. cit., p. 217-238.
78. Ibidem, p. 231.
79. Ibidem, p. 235.
80. Ver infra, Seleção de Arquivos e Documentos Mencionados.
81. Ver G. Cerqueira Filho, op. cit., p. 189.
82. Constam ao lado dele: Ivan Ribeiro; Gabriel Lemos; Clodoaldo Frison; Wilson Chebabi; Marila Teodoravics; Flavio [Fabio] Pena Lacombe; Moisés Groisman; Alfredo José Macedo Dias; Carlos Augusto Nicéas; Rubens Molina; Belmiro G. de Salles Filho; e Francisco das Chagas Pacheco.
83. *Reconstruindo "Farrapos"*, p. 418.
84. Ibidem, p. 435.
85. Ver E. La Porta, O Sigilo do Psicanalista, *Tranz: Revista de Estudos Transitivos do Contemporâneo*, edição 11, p. 1-49.
86. Ibidem, p. 18.
87. Ibidem, p. 24.
88. De todos os artigos, coletâneas e livros publicados sobre o assunto, o único que nos parece um grande desserviço à elucidação do caso Amílcar Lobo é *A Etificação da Psicanálise*, do psicanalista francês Jean Allouch. Allouch é um psicanalista lacaniano largamente respeitado, tendo escrito inclusive um livro de referência sobre o caso Aimée de Lacan que é igualmente um documento fundamental na história da psicanálise francesa. Em *A Etificação da Psicanálise*, porém, escrito no calor do momento da publicação e da recepção do livro de Helena Besserman Vianna em francês, Allouch menospreza completamente o contexto histórico da ditadura civil-militar brasileira e descredita *Não Conte a Ninguém* em seus aspectos mais meritórios, como se o livro fosse mais um "acerto de contas" pessoal da autora do que um documento político fundamental. Sem trazer nenhum documento novo, nenhum arquivo e nenhum depoimento inédito, Allouch se crê "corrigindo" *Não Conte a Ninguém* pela insistência na desconstrução do sintagma "psicanalista torturador" por vias tortuosas, valendo-se dos expedientes retóricos mais obtusos. Por exemplo: "Que intervenção, e de que ordem, havia produzido o laço segundo o qual era o psicanalista (em formação) Amílcar Lobo que torturava? E não o médico? Ou o cidadão? Ou o militante fascista? etc... Para o médico, a coisa poderia ser considerada como estabelecida se se confirmasse que A. Lobo havia sido integrado enquanto médico na equipe de torturadores. Mas, tratando-se do psicanalista? Parecia mesmo que não era na qualidade de psicanalista que ele havia sido instado a participar da tortura por sua hierarquia militar. E então?" (p. 63). Assim, Allouch "conclui" que a psicanálise passava por um processo indevido de etificação generalizada, cuja tendência seria uma subsunção do método à política. O erro central aqui, a nosso ver, é pressupor um estado de autonomia "absoluta" (e não relativa) da psicanálise lá onde ela estava evidentemente interditada por razões políticas. Eis o efeito deletério causado pela imperícia em relação ao contexto histórico e político de determinado acontecimento: ignorar a regência heterônoma dos movimentos psicanalíticos em uma ditadura como foi a brasileira pode levar a respostas e interpretações, digamos, calamitosas.
89. Ver *Não Conte a Ninguém*.
90. Ver *Reconstruindo "Farrapos"*.
91. Ver C.L.M. Valladares de Oliveira, Sob o Discurso da "Neutralidade", *História, Ciências, Saúde: Manguinhos*, 24, supl. 1, p. 79-90.
92. Ver A. Rubin et al., "No Memory, No Desire", *Psychoanalysis and History*, v. 18, n. 1, p. 93-118.
93. Ver *Guardiães da Ordem*.
94. Ver *Transferências Cruzadas*.
95. Ver *Psicanálise e Nazismo*.
96. Ver *Crise na Psicanálise*.
97. H. Besserman Vianna, op. cit., p. 166-167.
98. Ver O Caso Werner Kemper, *Psychanalyse.lu*, 2011.
99. Ver Uma Carreira de Psicanalista Atípica e Contrária às Normas, *Psychanalyse.lu*, 2011.
100. *Transferências Cruzadas*, p. 170.

16. A CONSTITUIÇÃO DE UMA BIBLIOTECA CRÍTICA PSICANALÍTICA

1. Ver C. Facchinetti; C.F. da Ponte, Da "Profissão Que Não Existe" no Brasil, *Estados Gerais da Psicanálise: Segundo Encontro Mundial*, Rio de Janeiro, 2003.
2. *O Livro no Brasil*, p. 658.
3. Ver infra, Seleção de Arquivos e Documentos Mencionados.
4. Ver M. Foucault, *Nietzsche, Freud e Marx – Theatrum Philosoficum*, p. 13-44.
5. R. Castel, *O Psicanalismo*, p. 7.

6. Uma das melhores discussões recentes que encontramos de reflexões críticas sobre a família é um livro de Melinda Cooper denominado *Family Values*, que versa sobre o arcaísmo de uma concepção de família ligada à valorização do individualismo, fundamental no processo de gestação do neoliberalismo.
7. Ver J. Oury; F. Guattari; F. Tosquelles, *Pratique de l'institutionnel et politique*.
8. Ver *Guérir la vie*.
9. Ver *La Psychothérapie par gros temps*.
10. A leitura mais completa da história da psicoterapia institucional que encontramos foi feita pela historiadora Camille Robcis em *Disalienation*, ainda sem tradução para o português. O livro *Uma História da Psicanálise Popular*, do pesquisador francês Florent Gabarron-Garcia, foi publicado recentemente em português e é um excelente roteiro de leitura. É digno de nota o trabalho de pesquisa de Heliana Conde Rodrigues. Entre diversos artigos e capítulos de livro escritos pela autora dedicados ao tema, destaco duas obras: *No Rastro dos "Cavalos do Diabo"* e *As Subjetividades em Revolta*.
11. Ver *A Favor ou Contra a Autoridade*.
12. Ver *Psicologia da Educação na Universidade e na Empresa*.
13. Ver D.U. Hur, Trajetórias de um Pensador Nômade: Gregório Baremblitt, *Estudos e Pesquisas em Psicologia*, v. 14, n. 3, p. 1021-1038.
14. Ver A.T.A. Venancio; C. Fracchinetti, Historiografías: De la Psiquiatría en Brasil y Sus Instituciones, *Vertex: Revista Argentina de Psiquiatría*, v. 27, n. 127, p. 177-187.
15. Nesta obra também é preponderante a influência intelectual da etnopsiquiatria de Georges Devereux, orientador da tese de Jurandir Freire Costa na França que originou o livro. Ver "Prefácio à terceira edição" da obra.
16. Ver Aventuras no Planeta Psi, *Argumento*, v. 1, n. 4, p. 127-136.
17. Uma análise desses textos foi melhor desenvolvida por nós em um trabalho conjunto dentro do Laboratório de Teoria Social, Filosofia e Psicanálise (LATESFIP-USP), no artigo de C. Dunker et al., Para uma Arqueologia da Psicologia Neoliberal Brasileira, em V. Safatle et al. (orgs.), *Neoliberalismo Como Gestão do Sofrimento Psíquico*, p. 215-254.
18. M.E. Delecave Monteiro, A Demanda Atual e Sua Configuração, SBPC – *Ciência e Cultura*, v. 35, n. 8, p. 1090.
19. Ver Dois Regimes Históricos das Relações da Antropologia Com a Psicanálise no Brasil, em P. Amarante (org.), *Ensaios: Subjetividade, Saúde Mental, Sociedade*, p. 107-140.
20. Uma Visão do Mundo Brasileiro, *Jornal do Brasil*, 20 dez. 1981, p. 5. Ver infra, Seleção de Arquivos e Documentos Mencionados. O Pós-Boom da Psicanálise no Brasil, *Jornal do Brasil*, 10 nov. 1985, p. 9. Ver infra, Seleção de Arquivos e Documentos Mencionados.
21. Ver entrevista de Muniz Sodré por A. Ribeiro; P. Fortes.
22. Kalivoda é provavelmente o único autor freudo-marxista do Leste Europeu traduzido no Brasil nesse período, corrente que permanece até hoje pouco conhecida por aqui.
23. Ver J. Broide, *Psicanálise: Nas Situações Sociais Críticas*.
24. Ver *Posições I*; *Ler o Capital*; *A Favor de Marx*; *Posições II*; e *Ideologia e Aparelhos Ideológicos do Estado*.
25. W.J. Evangelista, Introdução, Althusser e a Psicanálise, em *Freud e Lacan, Marx e Freud*, p. 38.
26. Uma curiosidade pouco lembrada: entre os fundadores da Socialismo ou Barbárie esteve o psicanalista francês Jean Laplanche. Sobre a produção do grupo, ver G. Bianchi Moreira, *Marxismo e Crise*.
27. Claude Lefort foi professor da USP no início dos anos de 1950 e uma figura fundamental para os estudos de Marx na filosofia e nas ciências sociais uspianas. No que tange à psicanálise, ainda que Freud seja presente nos textos de Lefort, como nos capítulos IV e V de *As Formas da História*, é com Lacan que a interlocução se revela mais decisiva, a ponto de Slavoj Žižek afirmar em uma entrevista de 1985 que Lefort realiza uma "exposição lacaniana" de uma "teoria completa da democracia". Ver W. Breckman, Lefort and the Symbolic Dimension, em M. Plot (ed.), *Claude Lefort – Thinker of the Political*. Para uma apreciação geral da obra de Lefort, ver B. Flynn, *The Philosophy of Claude Lefort*.
28. Esse autor, que foi casado com a psicanalista Piera Aulagnier e viria a ser ele próprio também psicanalista a partir dos anos 1970, desenvolverá uma interlocução profícua com a psicanálise (ainda que bastante crítica, especialmente em relação a Lacan) e terá, depois da ditadura, grande parte de sua obra traduzida e publicada em português. A respeito de Castoriadis, ver J. Klooger, *Castoriadis: Psyche, Society, Autonomy* e C. Memos, *Castoriadis and Critical Theory*.
29. Ver a análise de Ernani Chaves sobre a presença da psicanálise nesse escrito de Benjamin em E. Chaves, *No Limiar do Moderno*.
30. Ver L.E. Motta, A Recepção de Althusser no Brasil, *Novos Rumos*, v. 54, n. 1, p. 72.
31. Cronofobia, *Jornal do Brasil*, 6 out. 1979, p. 10. Ver infra, Seleção de Arquivos e Documentos Mencionados.
32. H. Pellegrino et al., Psicanálise Hoje (1983) no Brasil, em L.A. Viegas dos Santos, *Psicanálise de Brasileiro*, p. 102.
33. *Folha de S.Paulo*, 11 set. 1983, p. 9.
34. Ver *Ensaios de Opinião*, v. 7, p. 79-85.
35. Uma excelente crítica das hipóteses de Pellegrino em *Pacto Edípico* à luz da situação política atual no Brasil pode ser conferida em N. da Silva Junior, O Brasil da Barbárie à Desumanização Neoliberal, em V. Safatle et al. (orgs.), *Neoliberalismo Como Gestão do Sofrimento Psíquico*, p. 255-282.
36. A coletânea *Hélio Pellegrino: A-Deus*, de João Carlos Moura, reúne depoimentos de diversos colegas de Pellegrino tanto para a literatura quanto da psicanálise, compondo uma espécie de biografia intelectual do autor. O livro mais propriamente biográfico escrito

sobre Pellegrino segue sendo P.R. Pires, *Hélio Pellegrino: A Paixão Indignada*.

37. Vale lembrar que o pluripartidarismo ainda estava sendo esboçado na época, e muitos ainda seguiam o roteiro do bipartidarismo em que apenas a ARENA (situação) e MDB (oposição) eram disponíveis.
38. E. Mascarenhas; J. Costa Filho. Entrevista Eduardo Mascarenhas, *Módulo Brasil Arquitetura*, n. 63, p. 38.
39. E. Mascarenhas, *Emoções no Divã de Eduardo Mascarenhas*, p. 16.
40. Ver Idem, *Psicanálise do Pensamento Neoconservador*.
41. Em G. Cerqueira Filho (org.), *Crise na Psicanálise*.
42. Em L.A. Py et al. (orgs.), *Grupo Sobre Grupo*, p. 163-180.
43. Ver infra, Seleção de Arquivos e Documentos Mencionados.
44. Ver infra, Seleção de Arquivos e Documentos Mencionados.
45. Ver infra, Seleção de Arquivos e Documentos Mencionados.
46. Na falta de uma ocasião argumentativa melhor, mais como uma nota de curiosidade, queremos lembrar nessa nota de rodapé um polêmico experimento do início dos anos 1960 de Stanley Milgram publicado no Brasil em 1983, denominado *Obediência à Autoridade*. Nesse experimento clássico muito distante de todas as correntes intelectuais vistas aqui (na verdade ele decorre da psicologia social e do comportamentalismo estadunidenses), pedia-se para que os participantes da pesquisa ministrassem choques elétricos (falsos) em um sujeito (um ator) com o corpo coberto por eletrodos (falsos). O objetivo era estudar o comportamento de obediência do aplicador de choques (que desconhecia o fato de que os choques eram falsos) perante ordens do diretor da pesquisa, que determinava a continuidade dos choques. Como resultado, chegou-se à conclusão de que a maioria dos voluntários aplicadores de choque respondeu positivamente aos estímulos do diretor da pesquisa para manter ou mesmo intensificar a potência da descarga elétrica. Esse experimento desenvolvido nos anos 1960 para tentar explicar as atrocidades do nazismo parecia se nivelar às agendas políticas do combate à tortura e às explicações das ações de obediência dos torturadores, o que talvez explique sua publicação tardia em português em 1983.
47. Ver W.C. Freitas Pinto, Notas Para uma Sistematização Histórica da Recepção Filosófica da Psicanálise no Brasil, *Natureza Humana*, v. 20, n. 2, p. 113-122.
48. Citado aqui da segunda edição do livro.
49. Ver V. Safatle, Auto-Reflexão ou Repetição: Bento Prado Jr. e a Crítica ao Recurso Frankfurtiano à Psicanálise, *Ágora*, v. 7, n. 2, p. 279-292.
50. Para maior aprofundamento, ver R.T. Simanke, As Ficções do Interlúdio: Bento Prado Jr. e a Filosofia da Psicanálise, *O Que Nos Faz Pensar*, v. 16, n. 22, p. 67-88.
51. Ver Resistências à Psicanálise, *Cadernos de História e Filosofia da Ciência*, n. 8.
52. R.T. Simanke, Reflexões Sobre a Área de Pesquisa Filosofia da Psicanálise, *Analytica: Revista de Psicanálise*, v. 3, n. 4, p. 212.
53. Ver Memória do Programa de Pós-Graduação em Teoria Psicanalítica, *Ágora: Estudos em Teoria Psicanalítica*, v. 10, n. 1, p. 127-130.
54. Ver a antologia *Um Limite Tenso: Lacan Entre a Filosofia e a Psicanálise*, organizada por Vladimir Safatle (2003).
55. Além da coletânea *Loucos Pela Vida*, organizada por Paulo Amarante e já citada algumas vezes, ver W. Ferreira de Oliveira et al., Um Breve Histórico do Movimento Pela Reforma Psiquiátrica no Brasil Contextualizando o Conceito de Desinstitucionalização, *Saúde em Debate*, v. 35, n. 91, p. 587-596.
56. Recentemente, essa história ganhou novo fôlego com a publicação de *Holocausto Brasileiro*, da jornalista Daniela Arbex. O livro se tornou um *best-seller* e deu origem a um documentário homônimo, dirigido pela autora e por Armando Mendz, em 2016.
57. Arquivo Nacional, AC/SNI Ficha de Distribuição de Documentos, Centro Brasileiro de Estudos da Saúde. São mais de 250 ocorrências no portal Memórias Reveladas para o marcador "Centro Brasileiro de Estudos da Saúde", que não examinamos a fundo dado o escopo da pesquisa.
58. Ver L.F. Paulin; E. Ribeiro Turato, Antecedentes da Reforma Psiquiátrica no Brasil, *História, Ciências, Saúde: Manguinhos*, v. 11, n. 2, p. 241-258.
59. Um bom trabalho acadêmico sobre a história da epidemiologia psiquiátrica pode ser lido em J.J. Coelho Sampaio, *Epidemiologia da Imprecisão*.
60. Ver The Psychosocial Costs of Development, *Latin American Research Review*, v. 17, n. 3, p. 91-118.
61. O documento está arquivado no fundo "Centro de Informações de Segurança da Aeronáutica" no portal Memórias Reveladas. Ver infra, Seleção de Arquivos e Documentos Mencionados.
62. Ver *Escravidão Negra e Branca*.
63. Um bom exemplo dessa gramática por meio da qual a luta antirracista era deslegitimada em sua especificidade é o chamado "discurso psicológico da privação", analisado por Mical Raz em *What's Wrong with the Poor?* Com efeito, como demonstram alguns dos melhores historiadores da psicologia que se dedicaram ao tema racial, desde o clássico *Even the Rat was White* de Robert Guthrie até *'Race', Racism and Psychology*, de Graham Richards, boa parte dessa gramática foi fundada no esforço secular das psicometrias (especialmente as de extração estadunidense) para naturalizar as desigualdades sociais de toda ordem, em um largo acúmulo de estudos aplicados nas mais diversas frentes, desde o exército até a escola.
64. Ver *Revista Ciências Sociais Hoje*, p. 223-244.
65. Ver R. Alves Lima, Édipo Negro, *Acta Psicossomática*, v. 2, n. 1, p. 26-39.
66. Também em 1983 sairia *Cultura Negra e Ideologia do Recalque*, de Marco Aurélio Luz. Trata-se de um autor que estudou psicanálise e foi próximo do grupo da *Tempo Brasileiro*, tendo também colabo-

rado para alguns números da *Revista de Cultura Vozes* no final dos anos 1970.

67. Com o fim da ditadura civil-militar brasileira, Neusa Santos Souza se inclinará ao estudo das psicoses e será uma importante psicanalista lacaniana no cenário carioca. Sua trajetória se encerra com o suicídio em 2008, um desfecho trágico que nos relança para os efeitos nefastos do racismo no Brasil inclusive em suas figuras intelectuais mais proeminentes. A respeito da trajetória de Neusa Santos Souza, ver W. Pereira Penna, *Escrevivências das Memórias de Neusa Santos Souza*.

68. O início de um debate mais qualificado sobre psicanálise e relações raciais no Brasil no interior das reflexões das sociedades ipeístas que encontramos se dá a partir da publicação do artigo "Negritude et Psychanalyse au Brésil", escrito por Wilson de Lyra Chebabi e Carmen Glória da Conceição Dias. Ainda que recaindo em psicologismos e fazendo uma aposta problemática em uma "correspondência perfeita" entre a "bipolaridade consciente/inconsciente recalcado" e a "bipolaridade branco/negro", esse artigo publicado na revista IDE em 1985 tem ao menos o mérito de centralizar a questão da negritude para a prática clínica psicanalítica. Deve-se sublinhar que o artigo também veio a ser publicado em espanhol, inglês e francês – esta última foi a versão que consultamos –, o que indica o tamanho da investida nesse debate. A respeito da trajetória de Chebabi, ver *Trajetória de um Psicanalista*.

69. Ver E. Etzel, *Um Médico do Século XX – Vivendo Transformações*, p. 170.

70. Ver N. Silveira; C. de Grandi, *Cyro Martins. 100 anos*, p. 146-147.

71. D. Marcondes, Em Foco, *Manchete*, 21 fev. 1981, p. 18-19.

72. Ver infra, Seleção de Arquivos e Documentos Mencionados.

73. Ver infra, Seleção de Arquivos e Documentos Mencionados.

74. Ver infra, Seleção de Arquivos e Documentos Mencionados.

75. Ver infra, Seleção de Arquivos e Documentos Mencionados.

76. Ver depoimento de Jorge Amaro em G.G. Alarcão, *Na Contracorrente? Resistências, Adaptações e Apropriações*, p. 390.

77. Ver Ideologia e Dominação no Brasil (1974-1989), *Sociedade e Estado*, v. 22, n. 1, p. 153-185.

78. Um bom exemplo é o livro mais recente de D. Gurfinkel, *Relações de Objeto*.

79. Ver L.C. Figueiredo; E.M. de Ulhoa Cintra, *Melanie Klein: Estilo e Pensamento*.

80. Os trabalhos de Jorge Luis Ferreira Abrão do início dos anos 2000 são a referência principal no que tange à história das ideias kleinianas no Brasil. Para ser mais preciso, o que queremos apontar é que ainda está para ser feito um trabalho sobre como a teoria kleiniana e pós-kleiniana se alinhou oportunamente às agendas discursivas e políticas conservadoras na chave do que trabalhamos anteriormente como ética da maturidade. Tal alinhamento certamente se deve ao forte acento desenvolvimentista do kleinismo e do pós-kleinismo, entretanto, ainda restaria averiguar como isso ganha contornos morais por meio da interpretação de alguns de seus conceitos fundamentais (amor, gratidão, reparação, integração etc.).

81. No que diz respeito à história da psicanálise no Brasil, a terceira parte do livro *Psicanálise Brasileira*, denominada "Raízes da Psicanálise Brasileira", traz um conjunto de textos de psicanalistas ipeístas avalizando a recepção de autores como Klein, Bion, Kohut ou Winnicott, bem como da *ego psychology* estadunidense, dos psicanalistas argentinos e até mesmo de Lacan, todos compreendidos no interior de uma lógica da história oficial. Ver J.O. Outeiral; T.O. Thomaz (orgs.), *Psicanálise Brasileira*.

REFLEXÕES FINAIS

1. P. Bourdieu, *Os Usos Sociais da Ciência*, p. 32.

Referências

ABRAHAMS, Jean-Jacques. *O Homem do Gravador*. Rio de Janeiro: Imago, 1981.

ADORNO, Theodor W.; HORKHEIMER, Max. *Dialética do Esclarecimento*. Rio de Janeiro: Zahar, 1985.

____. *Temas Básicos de Sociologia*. São Paulo: Cultrix, 1973.

ALARCÃO, Gustavo Gil. *Na Contracorrente? Resistências, Adaptações e Apropriações: A Formação do Serviço de Psicoterapia do Instituto de Psiquiatria do Hospital das Clínicas da Faculdade de Medicina da Universidade de São Paulo – 1962-1965*. Tese (Doutorado em Medicina Preventiva), Faculdade de Medicina da USP, São Paulo, 2018.

ALBERGARIA CEPEDA, Norival; FERNANDES MARTIN, Maria Aparecida. *MASP 1970: O Psicodrama*. São Paulo: Ágora, 2010.

ALENCASTRO, Luiz Felipe de. O Golpe de 1964 e o Voto Popular. *Novos Estudos CEBRAP*, edição 98, v. 33, n. 1, mar. 2014.

ALEXIM NUNES, Sílvia. Histeria e Psiquiatria no Brasil da Primeira República. *História, Ciências, Saúde: Manguinhos*, v. 17, supl. 2, 2010.

ALFORD, C. Fred. *Melanie Klein and Critical Social Theory: An Account of Politics, Art, and Reason Based on Her Psychoanalytic Theory*. New Haven/London: Yale University Press, 1989.

ALLOUCH, Jean. *A Etificação da Psicanálise*. Rio de Janeiro: Companhia de Freud, 1997.

ALMEIDA-FILHO, Naomar de. The Psychosocial Costs of Development: Labor, Migration, and Stress in Bahia, Brazil. *Latin American Research Review*, v. 17, n. 3, 1982.

ALMEIDA MARCONDES, Sergio Ribeiro de. *O Romance de uma Vida Psicanalítica: Emílio Rodrigué e as Histórias da Psicanálise*. Tese (Doutorado em História das Ciências da Saúde), Casa de Oswaldo Cruz – Fiocruz, Rio de Janeiro, 2021.

____. *"Nós, os Charlatães": Gastão Pereira da Silva e a Divulgação da Psicanálise em O Malho (1936-1944)*. Dissertação (Mestrado em História das Ciências da Saúde), Casa de Oswaldo Cruz – Fiocruz, Rio de Janeiro, 2015.

ALMEIDA PRADO, Mario Pacheco de. *Narcisismo e Estados de Entranhamento*. Rio de Janeiro: Imago, 1978.

____. Perfil Trágico dos Nossos Dias. *Revista Brasileira de Psicanálise*, v. 8, n. 2, 1974.

____. Algumas Considerações Sobre Aspectos Técnicos do Tratamento Psicanalítico da Depressão. *Revista Brasileira de Psicanálise*, v. 4, n. 1, 1970.

ALTHUSSER, Louis. *Freud e Lacan, Marx e Freud*. Rio de Janeiro: Graal, 1984.

____. *Ideologia e Aparelhos Ideológicos do Estado*. Rio de Janeiro: Zahar, 1980.

____. *Posições II*. Rio de Janeiro: Graal, 1980.

____. *A Favor de Marx*. Rio de Janeiro: Zahar, 1979.

____. *Ler O Capital*. Rio de Janeiro: Zahar, 1979.

____. *Posições I*. Rio de Janeiro: Graal, 1978.

ALVES DE LIMA FILHO, Sebastião André. *O Que a Escola Superior de Guerra (ESG) Ensinava*. Tese (Doutorado em Sociologia), Universidade Federal do Ceará, Fortaleza, 2011.

ALVES, Henrique. Reportagem especial Hasta la victoria. *Século Diário*, 30 nov. 2014. Disponível em: <https://www.seculodiario.com.br/cidades/reportagem-especialhasta-la-victoria>. Acesso em: abr. 2024.

ALVES LIMA, Rafael. Édipo Negro: Estrutura e Argumento. *Acta Psicossomática*, v. 2, n. 1, jan./jul. 2019.

____. *Por uma Historiografia Foucaultiana Para a Psicanálise: O Poder Como Método*. São Paulo: Via Lettera, 2015.

AMARAL, Lygia Alcântara do. Uma Passagem com Bion. *Percurso*, v. 10, n. 19, 1997. Disponível em: <https://pesquisa.bvsalud.org/portal/resource/pt/psa-117207>. Acesso em: abr. 2024.

AMARANTE, Paulo. Gregório Baremblitt: Entrevista a Paulo Amarante. Projeto Memória da Reforma Psiquiátrica no Brasil. Rio de Janeiro: Fiocruz, 2015. Disponível em: <https://youtu.be/ilMTTq-FmTw8>. Acesso em: abr. 2024.

____. *Loucos pela Vida: A Trajetória da Reforma Psiquiátrica no Brasil*. Rio de Janeiro: Fiocruz, 1995.

ANDRADE, Luís Edgar de. Nu em Pelo Diante de Freud. *Observatório da Imprensa*, 20 out. 2000. Disponível em: <https://www.observatoriodaimprensa.com.br/primeiras-edicoes/nu-em-pelo-diante-de-freud/>.

ANDRADE, Victor Manoel. Velocidade e Instinto de Morte. *Revista Brasileira de Psicanálise*, v. 8, n. 2, abr./jun. 1974.

____. Psicanálise e Economia Política (Uma Análise do Dinheiro). *Revista Brasileira de Psicanálise*, v. 6, n. 3/4, jul./dez. 1972.

ANZIEU, Didier. *A Auto-Análise de Freud e a Descoberta da Psicanálise*. Porto Alegre: Artes Médicas, 1990.

APRESENTAÇÃO. *Revista Brasileira de Psicanálise*, v. 1, n. 1, 1967.

ARAICO, José Remus. Identificação e Identidade na Cultura Atual. *Revista Brasileira de Psicanálise*, v. 8, n. 4, 1974.

ARANTES, Paulo Eduardo. *Zero à Esquerda*. São Paulo: Conrad, 2004.

ARBEX, Daniela. *Holocausto Brasileiro*. São Paulo: Intrínseca, 2019.

ARBEX, Daniela; MENDZ, Armando. Holocausto Brasileiro. Documentário. Disponível em: http://youtu.be/-fp1 n ho5-4?si=xb5PKSRY7VEHdJP3.

ARDOÍNO, Jacques. *Psicologia da Educação na Universidade e na Empresa*. São Paulo: Herder/Edusp, 1971.

ARNS, Paulo Evaristo. *Brasil Nunca Mais*. Petrópolis: Vozes, 1985.

ASSOUN, Paul-Laurent. *Introdução à Epistemologia Freudiana*. Rio de Janeiro: Imago, 1983.

_____. *Freud, a Filosofia e os Filósofos*. Rio de Janeiro: Francisco Alves, 1978.

ATO INSTITUCIONAL N. 1, 9 abr. 1964. Disponível em: <http://www.planalto.gov.br/ccivil_03/ait/ait-01-64.htm>. Acesso em: abr. 2024.

ÁVILA DE CARVALHO, Cintia. *Os Psiconautas do Atlântico Sul: Uma Etnografia da Psicanálise*. Campinas: Editora Unicamp, 1998.

BAER BAHIA, Alcyon. Identificação e Identidade. *Revista Brasileira de Psicanálise*, v. 3, n. 1-2, 1969.

BALINT, Michael. On the Psycho-Analytic Training System. *The International Journal of Psychoanalysis*, v. 29, 1948.

BARBOZA GARCIA, Ana Flávia. *O Sacerdote de Éris a Serviço da Ordem: A Trajetória Intelectual de Emir Calluf na Curitiba do Pós-1964*. Dissertação (Mestrado em História), UEPG, Ponta Grossa, 2022.

BAREMBLITT, Gregório F. Uma Pseudo-Biografia de Emilio Rodrigué. *Mnemosine*, v. 4, n. 1, 2008. Disponível em: <https://www.e-publicacoes.uerj.br/index.php/mnemosine/article/view/41469/28738>. Acesso em: abr. 2024.

_____. *O Inconsciente Institucional*. Petrópolis: Vozes, 1984.

_____. *Progressos e Retrocessos em Psiquiatria e Psicanálise*. Rio de Janeiro: Global, 1978.

BARROS DE CARVALHO, Denis. *A Cidade e a Alma Reinventada: a História da Psicologia Como Signo e Vetor da Modernização Urbana*. São Paulo: Casa do Psicólogo, 2010.

BASTIDE, Roger. *Sociologia das Doenças Mentais*. São Paulo: Companhia Editora Nacional, 1967.

BASTOS, Othon. *A História da Psiquiatria em Pernambuco e Outras Histórias*. São Paulo: Lemos, 2002.

BATISTA FERREIRA, João. *Clínica Social Anna Kattrin Kemper*. Rio de Janeiro: Círculo Psicanalítico do Rio de Janeiro, 2019.

_____. Une Clinique de psychanalyse au milieu de la favela. In: O'DWYER DE MACEDO, Heitor (org.). *Le Psychanalyste sous la terreur*. Vigneux: Matrice, 1986.

BAZAN PEDRÃO, Gabriela. *O Arquivo Zeferino Vaz: Um Lugar de Construção da Memória da Unicamp*. Dissertação (Mestrado em Ciência da Informação). Faculdade de Filosofia e Ciências, Unesp, 2013.

BENJAMIN, Jessica. *The Bonds of Love: Psychoanalysis, Feminism, and the Problem of Domination*. New York: Pantheon Books, 1988.

BENJAMIN, Walter. *A Modernidade e os Modernos*. Rio de Janeiro: Tempo Brasileiro, 1971.

BERTAUX, Daniel. *Destinos Pessoais e Estrutura de Classe: Para uma Crítica da Antroponomia Política*. Rio de Janeiro: Zahar, 1979.

BESSERMAN VIANNA, Helena. *Não conte a ninguém... Contribuição ao Histórico das Sociedades Psicanalíticas do Rio de Janeiro*. Rio de Janeiro: Imago, 1994.

BEZERRA DE MELO, Demian. Ditadura "Civil-Militar"?: Controvérsias Historiográficas sobre o Processo Político no Pós-1964 e os Desafios do Tempo Presente. *Espaço Plural*, v. 13, n. 27, 2012.

BIANCHI MOREIRA, Guilherme. *Marxismo e Crise: Socialismo ou Barbárie na Crítica de Esquerda do Pós-Guerra Francês (1946-1967)*. Dissertação (Mestrado em História), UFPR, Curitiba, 2015.

BICUDO, Hélio P. *Meu Depoimento sobre o Esquadrão da Morte*. São Paulo: Martins Fontes, 2002.

BICUDO, Virgínia Leone. Incidência da Realidade Social no Trabalho Analítico. *Revista Brasileira de Psicanálise*, v. 6, n. 3-4, 1972.

_____. Sobre a Função do Psicanalista. *Revista Brasileira de Psicanálise*, v. 4, n. 1, 1970.

_____. Regressão no Processo Analítico. *Revista Brasileira de Psicanálise*, v. 2, n. 4, 1968.

_____. A Mensagem de "Roda-Viva". *Revista Brasileira de Psicanálise*, v. 2, n. 2, 1968.

_____. Duas Formas Ativas de Resistência à Psicanálise: Hostilidade Declarada e Falsa Adesão. *Revista Brasileira de Psicanálise*, v. 1, n. 3, 1967.

_____. Contribuição para a História do Desenvolvimento da Psicanálise em São Paulo. *Arquivos de Neuro-Psiquiatria*, v. 6, n. 1, 1948.

BIRMAN, Joel. *A Psiquiatria Como Discurso da Moralidade*. Rio de Janeiro: Graal, 1978.

BISPO CERQUEIRA, Ede Conceição. *Cláudio de Araújo Lima e a Divulgação de Teorias Médico-Psicológicas no Rio de Janeiro*. Tese (Doutorado em História das Ciências e da Saúde), Casa de Oswaldo Cruz – Fiocruz, Rio de Janeiro, 2019.

BLAY, Milton. *Direto de Paris: Coq au vin com Feijoada*. São Paulo: Contexto, 2014.

BLEGER, José. *Temas de Psicologia: Entrevista e Grupos*. São Paulo: Martins Fontes, 1998.

_____. *Psicoanálisis y Dialéctica Materialista: Estudios sobre la Estructura del Psicoanálisis*. Buenos Aires: Paidós, 1958.

BLOSS de ARAUJO, Thiago. *Raul Briquet e a Modernização Conservadora: Crítica ao Primeiro Manual Brasileiro sobre Psicologia Social*. Dissertação (Mestrado em Psicologia Social), Instituto de Psicologia, USP, São Paulo, 2016.

BOBBIO, Norberto. *Democracia e Segredo*. São Paulo: Editora Unesp, 2015.

_____. *Democracy and Dictatorship: The Nature and Limits of State Power*. Minneapolis: University of Minnesota Press, 1989.

_____. *The Future of Democracy: A Defense of the Rules of the Game*. Minneapolis: University of Minnesota Press, 1987.

BOLKO, Marianna; ROTHSCHILD, Berthold. A "Flea in One's Ear". An Account of the Counter-Congress of the International Psychoanalytic Association of 1969 in Rome. *Trauma and Memory*, v. 3, n. 1, 2015.

BOLTANSKI, Luc. *As Classes Sociais e o Corpo*. Rio de Janeiro: Graal, 1980.

BORGES FILHO, Nilson. *Sobre o Sagrado e o Profano: Civis e Militares na Política Brasileira*. Florianópolis: Letras Contemporâneas, 1996.

BOROSSA, Julia. The Extensions of Psychoanalysis: Colonialism, Post-Colonialism, and Hospitality. In: AUESTAD, Lene (ed.). *Psychoanalysis and Politics: Exclusion and the Politics of Representation. London: Karnac, 2012.

_____. Case Histories and the Institutionalization of Psychoanalysis. In: WARD, Ivan (ed.). *The Presentation of Case Material in Clinical Discourse*. London: Freud Museum Publications, 1997.

_____. The Migration of Psychoanalysis and the Psychoanalyst as Migrant. *Oxford Literary Review*, v. 19, n. 1, jul. 1997.

BOURDIEU, Pierre. *Questões de Sociologia*. Petrópolis: Vozes, 2019.

_____. *A Distinção: Crítica Social do Julgamento*. Porto Alegre: Zouk, 2017.

_____. *A Economia das Trocas Simbólicas*. São Paulo: Perspectiva, 2015.

_____. *Razões Práticas: Sobre a Teoria da Ação*. Campinas: Papirus, 2011.

_____. *A Economia das Trocas Linguísticas: O Que Falar Quer Dizer*. São Paulo: Edusp, 2008.

_____. *Os Usos Sociais da Ciência: Para uma Sociologia Clínica do Campo Científico*. São Paulo: Editora Unesp, 2004.

_____. Espíritos de Estado: Gênese e Estrutura do Campo Burocrático. *Razões Práticas: Sobre a Teoria da Razão*. São Paulo: Papirus, 1996.

_____. *O Poder Simbólico*. Rio de Janeiro: Bertrand Brasil, 1989.

_____. O Campo Científico. In: ORTIZ, Renato (org.). *A Sociologia de Pierre Bourdieu*. São Paulo: Ática, 1983.

_____. The Specificity of the Scientific Field and the Social Conditions of the Progress of Reason. *Social Science Information*, v. 14, n. 6, dez. 1975.

_____. Campo Intelectual e Projeto Criador. In: POUILLON, Jean et al. (orgs.). *Problemas do Estruturalismo*. Rio de Janeiro: Zahar, 1966.

BRANDÃO ANTUNES, Priscila Carlos. *SNI & ABIN: Uma Leitura da Atuação dos Serviços Secretos Brasileiros ao Longo do Século XX*. Rio de Janeiro: Editora FGV, 2002.

BRECKMAN, Warren. Lefort and the Symbolic Dimension. In: PLOT, Martín (ed.). *Claude Lefort: Thinker of the Political*. London: Palgrave Macmillan, 2013.

BRITO GALVÃO, Virginia Lucia S. Círculo Psicanalítico da Bahia – Trinta Anos: Marco da Psicanálise na Bahia. *Cógito*, v. 4, 2002.

BROIDE, Jorge. *Psicanálise: Nas Situações Sociais Críticas – Violência, Juventude e Periferia: Uma Abordagem Grupal*. Curitiba: Juruá, 2008.

BROWN, Norman O. *Vida Contra Morte*. Rio de Janeiro: Vozes, 1972.

BUENO TRIGO, Maria Helena. *Os Paulistas de Quatrocentos Anos: Ser e Parecer*. São Paulo: Annablume, 2001.

CABERNITE, Leão; DIAS CORRÊA, Paulo. *O Complexo de Édipo na Psicanálise e na Análise de Grupo*. Rio de Janeiro: Imago, 1976.

CALLUF, Emir. *A Esquerdização do Clero: Um Estudo Psicanalítico*. Curitiba: Potencial, 1987.

_____. *Reflexões Incômodas Sobre o Celibato dos Padres*. Rio de Janeiro: Record, 1984.

_____. *Psicologia da Personalidade*. São Paulo: Mestre Jou, 1976.

CANAUD, Diana. *A Concepção do Homem na Obra de Lacan e a Prática Psicanalítica*. Tempo Brasileiro, n. 44, 1976.

CAPALBO, Creusa. Psicanálise e Estruturalismo. *Tempo Brasileiro*, n. 21/22, 1969.

CAPISANO, Heládio Francisco; KOCH, Adelheid Lucy. Influência Histórico-Social na Atitude Analítica. *Revista Brasileira de Psicanálise*, v. 6, n. 3/4, 1972.

CARDOSO, Aductor. A Formação de Psicologistas no Brasil. *Arquivos Brasileiros de Psicotécnica*, v. 11, n. 3 e 4, 1959.

CARDOSO, Fernando Henrique. *O Modelo Político Brasileiro*. São Paulo: Difel, 1979.

CARUSO, Igor Alexander. Considerações sobre a Evolução do Comportamento Sexual em Nossa Civilização. *Estudos de Psicanálise*, n. 4, 1970.

_____. A Psicanálise Entre a Ideologia e a Crítica da Ideologia. *Estudos de Psicanálise*, n. 1, 1969.

_____. Sirve el Psicoanálisis de Coartada Social? *Estudos de Psicanálise*, n. 2, 1969.

CARVALHO, Ferdinando de; CAMARINHA NASCIMENTO, José; SANCHEZ DE QUEIROZ, Carlos; MARINHO, Otto Julio. O Planejamento Estratégico no Campo Psicossocial. Conferência proferida na ESG em 8 nov. 1971. Publicada na *Revista ESG*, ano VII, n. 20, em 31 dez. 1991. Disponível em: <https://revista.esg.br/index.php/revistadaesg/article/view/509/462>.

CASTEL, Robert. *A Ordem Psiquiátrica: A Idade de Ouro do Alienismo*. Rio de Janeiro: Graal, 1978.

_____. *O Psicanalismo*. Rio de Janeiro: Graal, 1975.

CASTILHO ROMERA, Maria Lúcia. *Transmissão-Difusão da Psicanálise: Considerações a Partir do Delineamento de Sua Presença nos Cursos de Psicologia da Região do Triângulo Mineiro – Brasil Central*. Tese (Doutorado em Psicologia Escolar e do Desenvolvimento Humano), Instituto de Psicologia, USP, São Paulo, 1993.

CASTORIADIS, Cornelius. *Os Destinos do Totalitarismo e Outros Escritos*. Porto Alegre: L&PM, 1985.

_____. *Diante da Guerra*. São Paulo: Brasiliense, 1982.

_____. *Socialismo ou Barbárie*. São Paulo: Brasiliense, 1979.

CASTRO, Celso. *A Invenção do Exército Brasileiro*. Rio de Janeiro: Zahar, 2002.

_____. *O Espírito Militar: Um Antropólogo na Caserna*. Rio de Janeiro: Zahar (versão e-book), 1990.

CASTRO, Celso; D'ARAÚJO, Maria Celina. A Versão de Frota. In: FROTA, Sylvio. *Ideais Traídos: A Mais Grave Crise dos Governos Militares Narrada Por um de Seus Protagonistas*. Rio de Janeiro: Zahar, 2006.

CASTRO, Rafael; FACCHINETTI, Cristiana. A Psicanálise Como Saber Auxiliar da Psiquiatria no Início do Século XX: O Papel de Juliano Moreira. *Culturas Psi*, n. 4, 2015.

CASTRO, Ronaldo. Ele Viu de Muito Perto a Covardia e a Brutalidade da Ditadura. Associação Brasileira de Anistiados Políticos, 2015. Disponível em: <https://anistiapolitica.org.br/abap3/2015/11/03/

dr-ronaldo-castro-ele-viu-de-muito-perto-a-covardia-e-a-brutalidade-da-ditadura/>.

____. Memórias da Barbárie. *Correio Braziliense*, 23 jun. 2012. Disponível em: <https://www2.senado.leg.br/bdsf/bitstream/handle/id/55217/complemento_1.htm?sequence=2>. Acesso em: abr. 2024.

CATARINA, a Grande Alma. *Jornal do Commercio*, Amazonas, 8 de abr. 1973, edição 21249. Disponível em: <http://memoria.bn.br/DocReader/170054_01/105984>. Acesso em: abr. 2024.

CATELA, Ludmila da Silva. Do Segredo à Verdade: Processos Sociais e Políticos na Abertura dos Arquivos da Repressão no Brasil e na Argentina. In: TELES, Janaína de Almeida; TELES, Edson; MCDOWELL SANTOS, Cecília (orgs.). *Desarquivando a Ditadura: Memória e Justiça no Brasil*. São Paulo: Hucitec, 2009, v. II.

CERQUEIRA FILHO, Gisálio (org.). *Crise na Psicanálise*. Rio de Janeiro: Graal, 1982.

____. Instituição Psicanalítica no Rio de Janeiro. In: CERQUEIRA FILHO, Gisálio (org.). *Crise na Psicanálise*. Rio de Janeiro: Graal, 1982.

CEZIMBRA, Marcia. A Psicanálise nos Anos de Chumbo. *Jornal do Brasil*, Rio de Janeiro, 15 jul. 1992.

CHACON, Vamireh. *O Humanismo Brasileiro*. São Paulo: Summus, 1980.

CHASSEGUET-SMIRGEL, Janine. *A Sexualidade Feminina: Novas Pesquisas Psicanalíticas*. Petrópolis: Vozes, 1975.

CHAVES, Ernani. *No Limiar do Moderno: Estudos Sobre Friedrich Nietzsche e Walter Benjamin*. Belém: Paka-Tatu, 2003.

CHAUÍ, Marilena. *Repressão Sexual: Essa Nossa (Des) Conhecida*. São Paulo: Brasiliense, 1982.

CHEIBUB FIGUEIREDO, Argelina Maria. *Democracia ou Reformas? Alternativas Democráticas à Crise Política, 1961-1964*. São Paulo: Paz e Terra, 1993.

CHODOROW, Nancy Julia. Beyond Drive Theory: Object Relations and the Limits of Radical Individualism. *Theory and Society*, v. 14, n. 3, maio 1985.

CHOR MAIO, Marcos. Educação Sanitária, Estudos de Atitudes Raciais e Psicanálise na Trajetória de Virgínia Leone Bicudo. *Cadernos Pagu*, n. 35, 2010.

CLAVREUL, Jean. *A Ordem Médica: Poder e Impotência do Discurso Médico*. São Paulo: Brasiliense, 1983.

CLÉMENT, Catherine B.; BRUNO, Pierre; SÈVE, Lucien. *Para uma Crítica Marxista da Teoria Psicanalítica*. Lisboa: Estampa, 1975.

COCKS, Geoffrey. *La Psychothérapie sous le IIIe. Reich*. Paris: Les Belles Lettres, 1987.

COELHO, Ruy. *Estrutura Social e Dinâmica Psicológica*. São Paulo: Perspectiva, 1969.

COELHO FILHO, Heronides. *A Psiquiatria no País do Açúcar e Outros Ensaios*. Recife: A União, 1977.

COELHO SAMPAIO, José Jackson. *Epidemiologia da Imprecisão: Processo Saúde/Doença Mental Como Objeto da Epidemiologia*. Rio de Janeiro: Fiocruz, 1998.

COHEN, David. *A Fuga de Freud*. Rio de Janeiro: Record, 2014.

COHEN-COLE, Jamie. *The Open Mind: Cold War Politics and the Sciences of Human Nature*. Chicago/London: The University of Chicago Press, 2014.

COIMBRA, Cecilia. *Guardiães da Ordem: Uma Viagem Pelas Práticas Psi no Brasil do "Milagre"*. Rio de Janeiro: Oficina do Autor, 1995.

COLEÇÃO SEMEION. *Jornal do Commercio*, 17 abr. 1973, edição 00162, Seção "Livros". Disponível em: <http://memoria.bn.br/DocReader/364568_16/20906>. Acesso em: abr. 2024.

CONDE RODRIGUES, Heliana de Barros. *No Rastro dos "Cavalos do Diabo": Memória e História para uma Reinvenção de Percursos do Paradigma do Grupalismo-Institucionalismo no Brasil*. Rio de Janeiro: Lamparina, 2023.

____. *As Subjetividades em Revolta: Institucionalismo Francês e Novas Análises*. Rio de Janeiro: Lamparina, 2020.

CONSELHO DE MINERVA: Sede de Saber: Dra. Maria da Paz Manhães, jul. 2005. Depoimento disponível em: <https://youtu.be/_-3LcPD0peA>. Acesso em: abr. 2024.

CONSELHO FEDERAL DE PSICOLOGIA. *A Verdade é Revolucionária: Testemunhos e Memórias de Psicólogas e Psicólogos sobre a Ditadura Civil-Militar Brasileira (1964-1985)*. Brasília: CFP, 2013.

COOPER, Melinda. *Family Values: Between Neoliberalism and the New Social Conservatism*. New York: Zone Books, 2017.

COURI, Norma. Psicanálise: No Brasil Estimulada, Mas Condenada. *Jornal do Brasil*, Rio de Janeiro, 21 set. 1979. Caderno B.

COUTINHO JORGE, Marco Antonio. Usos e Abusos do Tempo Lógico (O Problema da Duração das Sessões em Psicanálise Depois de Lacan). *Ágora*, v. 3, n. 1, 2000.

COUTO e SILVA, Golbery do. *Geopolítica do Brasil*. Rio de Janeiro: José Olympio, 1967.

COWAN, Benjamin A. *Securing Sex: Morality and Repression in the Making of Cold War Brazil*. Chapel Hill: University of North Carolina Press, 2016.

CRIAÇÃO de Cursos de Formação em Psicologia. O Projeto de Lei Encaminhado ao Congresso Nacional – Regulamentação da Profissão de Psicologista. *Arquivos Brasileiros de Psicotécnica*, v. 10, n. 1-2, 1958.

D'ARAUJO, Maria Celina; DILLON SOARES, Glaucio Ary; CASTRO, Celso (orgs.). *Os Anos de Chumbo: A Memória Militar Sobre a Repressão*. Rio de Janeiro: Relume-Dumará, 1994.

DALGALARRONDO, Paulo. As Primeiras Revistas Psiquiátricas no Brasil e no Mundo. *Revista Brasileira de Psiquiatria*, v. 21, n. 4, dez. 1999.

DAMACENO GOMES, Janaína. *Os Segredos de Virgínia: Estudo de Atitudes Raciais em São Paulo (1945-1955)*. Tese (Doutorado em Antropologia Social), FFLCH, USP, São Paulo, 2013.

DANTO, Elizabeth Ann. *As Clínicas Públicas de Freud: Psicanálise e Justiça Social*. São Paulo: Perspectiva, 2019.

____. "Have You No Shame": American Redbaiting of Europe's Psychoanalysts. In: DAMOUSI, Joy; PLOTKIN, Mariano Ben (eds.). *Psychoanalysis and Politics: Histories of Psychoanalysis under Conditions of Restricted Political Freedom*. New York: Oxford University Press, 2012.

DANZIATO, Leonardo. *A Fortaleza da Psicanálise: A História da Psicanálise em Fortaleza*. Rio de Janeiro: Relume-Dumará, 2000.

DEBIEUX ROSA, Miriam. *A Clínica Psicanalítica em Face da Dimensão Sociopolítica do Sofrimento*. São Paulo: Escuta/Fapesp, 2016.

DEL BEM, Cristina M.; LISON, Michel P.; MARTURANO, Edna M. Departamento de Neurologia, Psiquiatria e Psicologia Médica. *Medicina (Ribeirão Preto)*, v. 35, n. 3, 2002.

DELECAVE MONTEIRO, Maria Elisa. A Demanda Atual e Sua Configuração: Quem Está Pirando no Rio? *SBPC – Ciência e Cultura*, v. 35, n. 8, 1983.

DELEUZE, Gilles. *Apresentação de Sacher-Masoch*. Rio de Janeiro: Taurus, 1983.

____. *Lógica do Sentido*. São Paulo: Perspectiva, 1974.

DELEUZE, Gilles; GUATTARI, Félix. *O Anti-Édipo*. Rio de Janeiro: Imago, 1976.

DEMARIA, Laura Achard de et al. Crise Social e Situação Analítica. In: LANGER, Marie (comp.). *Questionamos: A Psicanálise e Suas Instituições*. Petrópolis: Vozes, 1973.

DERRIDA, Jacques. Geopsychoanalysis "and the Rest of the World". In: DERRIDA, Jacques. *Psyche: Inventions of the Other, Volume I*. Stanford: Stanford University Press, 2007.

____. *Sovereignities in Question: The Poetics of Paul Celan*. New York: Fordham University Press, 2005.

____. *Mal de Arquivo: Uma Impressão Freudiana*. Rio de Janeiro: Relume-Dumará, 2001.

DIAS, Carmen Glória da Conceição; LYRA CHEBABI, Wilson de. Negritude et Psychanalyse au Brésil. In: O'DWYER DE MACEDO, Heitor (org.). *Le Psychanalyste sous la terreur*. Vigneux: Matrice, 1986.

DIAS DE CASTRO, Rafael. *A Sublimação do Id Primitivo em Ego Civilizado: O Projeto dos Psiquiatras-Psicanalistas Para Civilizar o País (1926-1944)*. Jundiaí: Paco, 2015.

DIAS DUARTE, Luiz Fernando. Dois Regimes Históricos das Relações da Antropologia Com a Psicanálise no Brasil: Um Estudo de Regulação Moral da Pessoa. In: AMARANTE, Paulo (org.). *Ensaios: Subjetividade, Saúde Mental, Sociedade*. Rio de Janeiro: Editora Fiocruz, 2000.

____. *Da Vida Nervosa nas Classes Trabalhadoras Urbanas*. Rio de Janeiro: Jorge Zahar, 1986.

DIDIER-WEILL, Alan (org.). *Fim de uma Análise, Finalidade da Psicanálise*. Rio de Janeiro: Zahar, 1993.

DILLON SOARES, Gláucio Ary. O Golpe de 64. In: DILLON SOARES, Gláucio Ary; D'ARAÚJO, Maria Celina (orgs.). *21 Anos de Regime Militar: Balanços e Perspectivas*. Rio de Janeiro: FGV, 1994.

DIMSDALE, Joel E. *Dark Persuasion: A History of Brainwashing from Pavlov to Social Media*. New Haven/London: Yale University Press, 2021.

DONZELOT, Jacques. *A Polícia das Famílias*. Rio de Janeiro: Graal, 1980.

DORIA, Francisco Antonio. *Marcuse: Vida e Obra*. Rio de Janeiro: José Alvaro, 1969.

DREIFUSS, René Armand. *1964, a Conquista do Estado: Ação Política, Poder e Golpe de Classe*. Petrópolis: Vozes, 2006.

DUNKER, Christian Ingo Lenz. *Mal-Estar, Sofrimento e Sintoma: Uma Psicopatologia do Brasil Entre Muros*. São Paulo: Boitempo, 2015.

____. *Estrutura e Constituição da Clínica Psicanalítica: Uma Arqueologia das Práticas de Cura, Psicoterapia e Tratamento*. São Paulo: Annablume, 2011.

____. Psychology and Psychoanalysis in Brazil: From Cultural Syncretism to the Collapse of Liberal Individualism. *Theory & Psychology*, v. 18, n. 2, abr. 2008.

DUNKER, Christian Ingo Lenz; KYRILLOS NETO, Fuad. Conflito Entre Psicanalistas e Impasses Fálicos da Brasilidade. *Stylus*, n. 29, nov. 2014.

____. A Crítica Psicanalítica do DSM-IV: Breve História do Casamento Psicopatológico Entre Psicanálise e Psiquiatria. *Revista Latinoamericana de Psicopatologia Fundamental*, v. 14, n. 4, 2011.

DUNKER, Christian et al. Para Uma Arqueologia da Psicologia Neoliberal Brasileira. In: SAFATLE, Vladimir; SILVA JUNIOR, Nelson da; DUNKER, Christian (orgs). *Neoliberalismo Como Gestão do Sofrimento Psíquico*. Belo Horizonte: Autêntica, 2020.

EDELWEISS, Lund Malomar. O Mau Relacionamento Entre Psicanalistas. *Estudos de Psicanálise*, n. 1, 1969.

EHRENREICH, Barbara. *O Medo da Queda: Ascensão e Crise da Classe Média*. São Paulo: Scritta, 1994.

ENDO, Paulo Cesar. O Psicanalista É um Intelectual? In: CONTE, Bárbara; PERRONE, Cláudia Maria; CARDOSO BRAGA, Eneida (orgs,). *Intervenções Psicanalíticas: A Trama Social*. Porto Alegre: Criação Humana, 2016.

____. Sonhar o Desaparecimento Forçado de Pessoas: Impossibilidade de Presença e Perenidade de Ausência Como Efeito do Legado da Ditadura Civil-Militar no Brasil. In: CUNHA ARANTES, Maria Auxiliadora de Almeida; CARVALHO FERRAZ, Flavio (orgs.). *Ditadura Civil-Militar no Brasil: O Que a Psicanálise Tem a Dizer*. São Paulo: Escuta, 2016.

____. Freud, Jung e o Homem dos Lobos: Percalços da Psicanálise Aplicada. *Ágora: Estudos em Teoria Psicanalítica*, v. 4, n. 1, 2001.

ESCOLA SUPERIOR DE GUERRA. Lista de Formados do CAEPE de 1962. Ver infra, Seleção de Arquivos e Documentos Mencionados.

ESCOREL, Sarah; TEIXEIRA, Luiz Antonio. História das Políticas de Saúde no Brasil de 1822 a 1963: Do Império ao Desenvolvimento Populista. In: GIOVANELLA, Lígia et al. (orgs.). *Políticas e Sistema de Saúde no Brasil*. Rio de Janeiro: Editora Fiocruz, 2012.

ESTAMOS de Luto. *Folha de S.Paulo*, 13 abr. 1972.
ETZEL, Eduardo. *Um Médico do Século XX – Vivendo Transformações*. São Paulo: Nobel/Edusp, 1987.
_____. *Escravidão Negra e Branca*. São Paulo: Global, 1976.
EULÁLIO CABRAL, Ivanise Ribeiro. O Desenvolvimento das Ideias Psicanalíticas no Nordeste. In: MARCHON, Paulo (ed.). *A Psicanálise no Rio de Janeiro e Sua Difusão pelo Brasil*. Rio de Janeiro: Fundação Miguel de Cervantes, 2012.
EVANGELISTA, Walter José. Introdução, Althusser e a Psicanálise. In: ALTHUSSER, Louis. *Freud e Lacan, Marx e Freud*. Rio de Janeiro: Graal, 1984.
EXÉRCITO Julga Hélio Pellegrino por Atividade Subversiva. *Correio da Manhã*, Rio de Janeiro, 26 fev. 1970, edição 23577. Disponível em: <http://memoria.bn.br/DocReader/089842_08/2530>. Acesso em: abr. 2024.
FACCHINETTI, Cristiana. História das Psicoterapias e da Psicanálise no Brasil: O Caso do Rio de Janeiro. *Estudos e Pesquisas em Psicologia*, v. 18, n. 4, 2018.
FACCHINETTI, Cristiana; CUPELLO, Priscila; FERREIRA EVANGELISTA, Danielle. Arquivos Brasileiros de Psiquiatria, Neurologia e Ciências Afins: Uma Fonte Com Muita História. *História, Ciências, Saúde: Manguinhos*, v. 17, suplemento 2, 2010.
FACCHINETTI, Cristiana; VENANCIO, Ana Teresa A. Entre a Psicanálise e a Degenerescência: Sexualidade e Doença Mental no Início do Século XX no Brasil. *Revista Latinoamericana de Psicopatologia Fundamental*, v. 9, n. 1, 2006.
FACCHINETTI, Cristiana; PONTE, Carlos Fidélis da. Da "Profissão Que Não Existe" no Brasil. *Estados Gerais da Psicanálise: Segundo Encontro Mundial*, 2003.
FALZEDER, Ernst. *Psychoanalytic Filiations: Mapping the Psychoanalytic Movement*. London: Karnac, 2015.
FANON, Frantz. *Pele Negra, Máscaras Brancas*. Salvador: EDUFBA, 2008.
FARGE, Arlette. *Lugares para a História*. Belo Horizonte: Autêntica, 2011.
FARIAS COSTA, Marcondes Benedito. *Psiquiatria e Força: Imagens da Loucura*. Maceió: Igasa, 1977.
FERENCZI, Sándor. Sobre a História do Movimento Psicanalítico. In: FERENCZI, Sándor. *Obras Completas – Psicanálise I*. São Paulo: WMF Martins Fontes, 2011.
FERREIRA ABRÃO, Jorge Luís. *Marialzira Perestrello: Mulher de Vanguarda e Pioneira da Psicanálise*. São Paulo: Zagodoni, 2018.
_____. *A Difusão do Pensamento Kleineano no Brasil*. São Paulo: Artes & Ciência, 2013.
_____. Zaira de Bittencourt Martins: Pioneira da Psicanálise de Crianças no Rio Grande do Sul. *Revista de Psicanálise da Sociedade Psicanalítica de Porto Alegre*, v. 18, n. 2, 2011.
_____. Virgínia Bicudo: A Trajetória de uma Psicanalista Brasileira. São Paulo: Arte & Ciência, 2010.
FERREIRA, Jorge. A Estratégia de Confronto: A Frente de Mobilização Popular. *Revista Brasileira de História*, v. 24, n. 47, 2004.

FERREIRA SÉRIO, Nádia Maria. *Reconstruindo "Farrapos": A Trajetória Histórica da S.P.R.J. – Instituição e Poder*. Tese (Doutorado em História), UFF, Niterói, 1998.
FERREIRA DE OLIVEIRA, Walter; SANTOS PADILHA, Cristina dos; MOLINA DE OLIVEIRA, Cristiane. Um Breve Histórico do Movimento Pela Reforma Psiquiátrica no Brasil Contextualizando o Conceito de Desinstitucionalização. *Saúde em Debate*, v. 35, n. 91, out./dez. 2011.
FICHTNER, Gerhard. Professional Secrecy and the Case History. *The Scandinavian Psychoanalytic Review*, v. 20, n. 1, 1997.
FICO, Carlos. *Como Eles Agiam: Os Subterrâneos da Ditadura Militar – Espionagem e Polícia Política*. Rio de Janeiro: Record, 2001.
_____. Versões e Controvérsias sobre 1964 e a Ditadura Militar. *Revista Brasileira de História*, v. 24, n. 47, 2004.
FIGUEIRA, Sérvulo Augusto (org.). *Cultura da Psicanálise*. São Paulo: Brasiliense, 1985.
_____. *O Contexto Social da Psicanálise*. Rio de Janeiro: Francisco Alves, 1981.
_____ (org.) *Psicanálise e Ciências Sociais*. Rio de Janeiro: Francisco Alves, 1980.
_____ (org.). *Sociedade e Doença Mental*. Rio de Janeiro: Campus, 1978.
_____. O Pós-Boom da Psicanálise no Brasil. *Jornal do Brasil*, Rio de Janeiro, 10 nov. 1985.
_____. Uma Visão do Mundo Brasileiro. *Jornal do Brasil*, Rio de Janeiro, 20 dez. 1981.
FIGUEIRA NASCIMENTO, Fernando; PILTCHER MANDELBAUM, Belinda. A Psicanálise da Norma: Arthur Ramos e a Liga Brasileira de Higiene Mental. *Memorandum: Memória e História em Psicologia*, v. 36, 2019.
FIGUEIREDO, Ana Cristina. A Psicanálise dos Psicólogos no Rio de Janeiro dos Anos 1970. *Culturas Psi*, n. 1, 2012.
_____. O Movimento Psicanalítico no Rio de Janeiro na Década de 70. In: BIRMAN, Joel (org.). *Percursos na História da Psicanálise*. Rio de Janeiro: Taurus, 1988.
FIGUEIREDO, Lucas. *Ministério do Silêncio: A História do Serviço Secreto Brasileiro de Washington Luís a Lula, 1927-2005*. Rio de Janeiro: Record, 2005.
FIGUEIREDO, Luis Claudio; ULHOA CINTRA, Elisa Maria de. *Melanie Klein: Estilo e Pensamento*. São Paulo: Escuta, 2010.
FLYNN, Bernard. *The Philosophy of Claude Lefort: Interpreting the Political*. Illinois: Northwest University Press, 2005.
FONTOURA, Carlos Alberto da. *Carlos Alberto da Fontoura* (Depoimento, 1993). Rio de Janeiro: CPDOC, 2005. Disponível em: <https://www18.fgv.br/cpdoc/storage/historal/arq/Entrevista626.pdf>. Acesso em: abr. 2024.
FORRESTER, John. A Whole Climate of Opinion. *Dispatches from the Freud Wars: Psychoanalysis and its Passions*. Cambridge/London: Harvard University Press, 1997.

____. Quem Está em Análise Com Quem? Freud, Lacan, Derrida. *Seduções da Psicanálise: Freud, Lacan e Derrida*. Campinas: Papirus, 1990.
____. *A Linguagem e as Origens da Psicanálise*. Rio de Janeiro: Imago, 1983.
FOUCAULT, Michel. *A Arqueologia do Saber*. Rio de Janeiro: Forense Universitária, 2009.
____. *O Poder Psiquiátrico*. São Paulo: Martins Fontes, 2006.
____. *A Verdade e as Formas Jurídicas*. Rio de Janeiro: NAU, 2002.
____. *O Que É um Autor?* Lisboa: Passagens, 1992.
____. *História da Sexualidade I: A Vontade de Saber*. Rio de Janeiro: Graal, 1988.
____. Nietzsche, Freud e Marx. *Nietzsche, Freud e Marx – Theatrum Philosoficum*. São Paulo: Princípio, 1987.
____. *As Palavras e as Coisas: Uma Arqueologia das Ciências Humanas*. São Paulo: Martins Fontes, 1981.
____. *História da Loucura*. São Paulo: Perspectiva, 1978.
____. *Vigiar e Punir*. Petrópolis: Vozes, 1977.
____. *Microfísica do Poder*. Rio de Janeiro: Graal, 1977.
____. *Eu, Pierre Rivière, Que Degolei Minha Mãe, Minha Irmã e Meu Irmão*. Rio de Janeiro: Graal, 1977.
____. *Doença Mental e Psicologia*. Rio de Janeiro: Tempo Brasileiro, 1975.
FREIRE COSTA, Jurandir. *História da Psiquiatria no Brasil: Um Corte Ideológico*. Rio de Janeiro: Garamond, 2007.
____. *Ordem Médica e Norma Familiar*. Rio de Janeiro: Graal, 1979.
FREIRE, Roberto. Série de artigos. *Realidade*, 1966, edição 00006A. Disponível em: <http://memoria.bn.br/DocReader/213659/759>. Acesso em: abr. 2024.
FREITAS DUTRA, Eliana de. *O Ardil Totalitário: Imaginário Político no Brasil dos Anos 1930*. Belo Horizonte: Editora UFMG, 2012.
FREITAS Jr., Otávio de. Marxismo e Psicanálise. *Tempo Brasileiro*, n. 21/22, 1969.
FREITAS PINTO, Weiny César. Notas Para uma Sistematização Histórica da Recepção Filosófica da Psicanálise no Brasil. *Natureza Humana*, v. 20, n. 2, 2018.
FREUD, Sigmund. Construções em Análise. *Moisés e o Monoteísmo, Compêndio de Psicanálise e Outros Textos*. São Paulo: Companhia das Letras, 2018.
____. Três Ensaios Sobre a Teoria da Sexualidade. *Três Ensaios Sobre a Teoria da Sexualidade, Análise Fragmentária de uma Histeria ("O Caso Dora") e Outros Textos (1901-1905)*. São Paulo: Companhia das Letras, 2016.
____. O Futuro de uma Ilusão. *Inibição, Sintoma e Angústia, o Futuro de uma Ilusão e Outros Textos*. São Paulo: Companhia das Letras, 2014.
____. A Questão da Análise Leiga: Diálogo Com um Leitor Imparcial. In: *Inibição, Sintoma e Angústia, o Futuro de Uma Ilusão e Outros Textos (1926-1929)*. São Paulo: Companhia das Letras, 2014.
____. Contribuição à História do Movimento Psicanalítico. *Totem e Tabu, Contribuição à História do Movimento Psicanalítico e Outros Textos (1912-1914)*. São Paulo: Companhia das Letras, 2012.
____. Totem e Tabu. *Totem e Tabu, Contribuição à História do Movimento Psicanalítico e Outros Textos (1912-1914)*. São Paulo: Companhia das Letras, 2012.
____. Acerca de uma Visão de Mundo. *O Mal-estar na Civilização, Novas Conferências Introdutórias à Psicanálise e Outros Textos (1930-1936)*. São Paulo: Companhia das Letras, 2010.
____. O Mal-Estar na Civilização. *O Mal-estar na Civilização, Novas Conferências Introdutórias à Psicanálise e Outros Textos (1930-1936)*. São Paulo: Companhia das Letras, 2010.
____. "Psicanálise" e "Teoria da Libido". *Psicologia das Massas e Análise do Eu e Outros Textos (1920-1923)*. São Paulo: Companhia das Letras, 2011.
____. O Problema Econômico do Masoquismo. *O Eu e o Id, "Autobiografia" e Outros Textos (1923-1925)*. São Paulo: Companhia das Letras, 2011.
____. Psicologia das Massas e Análise do Eu. *Psicologia das Massas e Análise do Eu e Outros Textos (1920-1923)*. São Paulo: Companhia das Letras, 2011.
____. A Dinâmica da Transferência. *Observações Psicanalíticas sobre um Caso de Paranoia Relatado em Autobiografia ("O Caso Schreber"), Artigos sobre Técnica e Outros Textos (1911-1913)*. São Paulo: Companhia das Letras, 2010.
____. Além do Princípio do Prazer. *História de uma Neurose Infantil ("O Homem dos Lobos"), Além do Princípio do Prazer e Outros Textos (1917-1920)*. São Paulo: Companhia das Letras, 2010.
____. Introdução ao Narcisismo. *Introdução ao Narcisismo, Ensaios de Metapsicologia e Outros Textos (1914-1916)*. São Paulo: Companhia das Letras, 2010.
____. O Início do Tratamento. *Observações Psicanalíticas Sobre um Caso de Paranoia Relatado em Autobiografia ("O Caso Schreber"), Artigos Sobre Técnica e Outros Textos (1911-1913)*. São Paulo: Companhia das Letras, 2010.
____. O Uso da Interpretação dos Sonhos na Psicanálise. *Observações Psicanalíticas Sobre um Caso de Paranoia Relatado em Autobiografia ("O Caso Schreber"), Artigos Sobre Técnica e Outros Textos (1911-1913)*. São Paulo: Companhia das Letras, 2010.
____. Observações Sobre o Amor de Transferência. *Observações Psicanalíticas Sobre um Caso de Paranoia Relatado em Autobiografia ("O Caso Schreber"), Artigos Sobre Técnica e Outros Textos (1911-1913)*. São Paulo: Companhia das Letras, 2010.
____. Recomendações ao Médico Que Pratica a Psicanálise. *Observações Psicanalíticas Sobre um Caso de Paranoia Relatado em Autobiografia ("O Caso Schreber"), Artigos Sobre Técnica e Outros Textos (1911-1913)*. São Paulo: Companhia das Letras, 2010.
____. Recordar, Repetir e Elaborar. *Observações Psicanalíticas Sobre um Caso de Paranoia Relatado em*

Autobiografia ("O Caso Schreber"), Artigos Sobre Técnica e Outros Textos (1911-1913). São Paulo: Companhia das Letras, 2010.

____. Revisão da Teoria do Sonho. *O Mal-Estar na Civilização, Novas Conferências Introdutórias à Psicanálise e Outros Textos*. São Paulo: Companhia das Letras, 2010.

FROMM, Erich. O Suposto Radicalismo de Herbert Marcuse. *A Descoberta do Inconsciente Social: Contribuição ao Redirecionamento da Psicanálise*. São Paulo: Manole, 1992.

____. *A Crise da Psicanálise*. Rio de Janeiro: Zahar, 1971.

____. *O Espírito de Liberdade*. Rio de Janeiro: Zahar, 1967.

____. *Meu Encontro Com Freud e Marx*. Rio de Janeiro: Zahar, 1963.

____. *A Sobrevivência da Humanidade*. Rio de Janeiro: Zahar, 1962.

____. *O Conceito Marxista de Homem*. Rio de Janeiro: Zahar, 1962.

____. *O Medo à Liberdade*. Rio de Janeiro: Zahar, 1962.

____. *Análise do Homem*. Rio de Janeiro: Zahar, 1961.

____. *Psicanálise da Sociedade Contemporânea*. Rio de Janeiro: Zahar, 1961.

____. *A Missão de Freud*. Rio de Janeiro: Zahar, 1959.

____. *A Linguagem Esquecida*. Rio de Janeiro: Zahar, 1951.

FÜCHTNER, Hans. O Caso Werner Kemper: Psicanalista, Seguidor do Nazismo, Nazista, Homem da Gestapo, Militante Marxista?! *Psychanalyse.lu*, dez. 2011. Disponível em: <https://www.psychanalyse.lu/articles/FuechtnerCasoKemper.pdf>. Acesso em: abr. 2024.

____. Uma Carreira de Psicanalista Atípica e Contrária às Normas: O Caso Kattrin Kemper. *Psychanalyse.lu*, 2011. Disponível em: <http://www.psychanalyse.lu/articles/FuchtnerKattrinKemper.pdf>. Acesso em: abr. 2024.

FUKS, Betty. *Freud e a Judeidade: A Vocação do Exílio*. Rio de Janeiro: Jorge Zahar, 2000.

FULGÊNCIO, Leopoldo. Kant e as Especulações Metapsicológicas de Freud. *Kant e-Prints*, v. 2, n. 9, 2003.

FUNDAÇÃO OSWALDO CRUZ. Guia de Fontes e Catálogo de Acervos e Instituições Para Pesquisas em Saúde Mental e Assistência Psiquiátrica no Estado do Rio de Janeiro. Rio de Janeiro: LAPS/ENSP/Fiocruz, 2004.

GABARRON-GARCIA, Florent. *Uma História da Psicanálise Popular*. São Paulo: Ubu, 2023.

GABBI JUNIOR, Osmyr Faria. *A Pré-História da Teoria Freudiana: Os Materiais de Construção*. Tese (Doutorado), Instituto de Psicologia, USP, 1981.

GAGEIRO, Ana Maria; TOROSSIAN, Sandra D. A História da Psicanálise em Porto Alegre. *Analytica – Revista de Psicanálise*, v. 3, n. 4, 2014.

GAIARSA, José Ângelo. Somos Todos Uns Complexados. *Realidade*, n. 25, abr. 1968, edição 00025A. Disponível em: <http://memoria.bn.br/DocReader/213659/4012>. Acesso em: abr. 2024.

GARCIA, Celio. Como Nomear um Grupo. *Registros*, v. 2, 1982.

____. Lacan nos Estados Unidos. *Tempo Brasileiro*, n. 44, 1976.

GARCIA-ROZA, Luis Alfredo. Memória do Programa de Pós-Graduação em Teoria Psicanalítica. *Ágora: Estudos em Teoria Psicanalítica*, v. 10, n. 1, 2007.

____. *Psicologia e Subjetividade*. Tese (Doutorado em Psicologia Aplicada), Instituto de Seleção e Orientação Profissional, Fundação Getúlio Vargas – FGV, Rio de Janeiro, 1982. Disponível em: <https://bibliotecadigital.fgv.br/dspace/handle/10438/9737>. Acesso em: abr. 2024.

____. *Esboço de uma História do Saber Psicológico*. Dissertação (Mestrado em Psicologia), PUC-RJ, 1975.

GASPARI, Elio. *A Ditadura Envergonhada: As Ilusões Armadas*. Rio de Janeiro: Intrínseca, 2014, V. 1.

____. *A Ditadura Escancarada: As Ilusões Armadas*. Rio de Janeiro: Intrínseca, 2014, V. 2.

____. *A Ditadura Derrotada: O Sacerdote e o Feiticeiro*. Rio de Janeiro: Intrínseca, 2014. V. 3.

____. *A Ditadura Encurralada:* . Rio de Janeiro: Intrínseca, 2014. V. 4.

GAY, Peter. *Um Judeu Sem Deus: Freud, Ateísmo e a Construção da Psicanálise*. Rio de Janeiro: Imago, 1992.

GENTIS, Roger. *Guérir la vie*. Paris: François Maspero, 1978.

GERBASE, Jairo; AIRES, Suely. Textemunhos, *Revista Rosa*, n. 1, v. 3, 2021. Disponível em: <http://revistarosa.com/3/textemunhos>. Acesso em: abr. 2024.

GEUTER, Ulfried. *The Professionalization of Psychology in Nazi Germany*. Cambridge: Cambridge University Press, 1992.

GOFFMAN, Erving. *Estigma: Notas sobre a Manipulação da Identidade Deteriorada*. Rio de Janeiro: Zahar, 1975.

____. *Manicômios, Prisões e Conventos*. São Paulo: Perspectiva, 1974.

GOJMAN de Millán, Sonia. Development of Latin-American Societies in the IFPS. *International Forum of Psychoanalysis*, v. 23, n. 2, 2014.

GOMES DA SILVA, Letícia. *A Experiência do Christus Sacerdos na Situação Gaúcha da Psicánalise Entre os Anos 60 e 70*. Dissertação (Mestrado em Psicanálise: Clínica e Cultura), Instituto de Psicologia, UFRGS, 2022.

GOMES LIMA, Luis Antonio. *A Infância na Psicanálise de Durval Marcondes: Patologia e Normalização no Processo Civilizatório*. Tese (Doutorado em Psicologia Escolar e do Desenvolvimento Humano), Instituto de Psicologia, USP, São Paulo, 2009.

GOMES PENNA, Antonio. Entrevista, *Estudos de Psicologia (Natal)*, v. 2, n. 1, jun. 1997. Disponível em: <https://www.scielo.br/j/epsic/a/WFy7MLLFp6st-9fXmTZF5YzM/?lang=pt>. Acesso em: abr. 2024.

____. *Manual de Psicologia Aplicada às Forças Armadas*. Rio de Janeiro: Edição ECEMAR (Escola de Comando e Estado-Maior da Aeronáutica), 1970.

GONZALEZ, Lélia. Racismo e Sexismo na Cultura Brasileira. Clínica Social de Psicanálise Anna Kattrin Kemper (org.). *Simpósio Psicanálise e Política*. Rio de Janeiro: Bloch, 1981.

____. Freud, Lacan, o Colégio: A Psicanálise Sem Idealização. *Jornal do Brasil*, Rio de Janeiro, 10 maio 1976.

____. A Propósito de Lacan. *LUGAR*, n. 7, 1975.

GORENDER, Jacob. *Combate nas Trevas: A Esquerda Brasileira – das Ilusões Perdidas à Luta Armada*. São Paulo: Ática, 1987.

GRANOFF, Wladimir. *Filiations: L'avenir du complexe d'Œdipe*. Paris: Minuit, 1975.

GUATTARI, Félix. *Revolução Molecular: Pulsações Políticas do Desejo*. São Paulo: Brasiliense, 1981.

GUILHON de ALBUQUERQUE, José Augusto. *Instituição e Poder*. Rio de Janeiro: Graal, 1980.

____. *Metáforas do Poder*. Rio de Janeiro: Achiamé, 1980.

____. *Metáforas da Desordem: O Contexto Social da Doença Mental*. São Paulo: Paz e Terra, 1978.

____. Aventuras no Planeta Psi. *Argumento*, v. 1, n. 4, fev. 1974.

GURFINKEL, Decio. *Relações de Objeto*. São Paulo: Blucher, 2017.

GUTHRIE, Robert V. *Even the Rat was White: A Historical View of Psychology*. Boston: Pearson, 2004.

HABERMAS, Jürgen. *Para a Reconstrução do Materialismo Histórico*. São Paulo: Brasiliense, 1983.

____. *Conhecimento e Interesse*. Rio de Janeiro: Zahar, 1982.

HALLEWELL, Laurence. *O Livro no Brasil: Sua História*. São Paulo: Edusp, 2017.

HAMER, Chaim José et al. Os Primeiros Anos da Ide: Lembranças e Reflexões. *Ide*, v. 38, n. 60, 2015.

HEINZ, Flavio M. O Historiador e as Elites: À Guisa de Introdução. In: HEINZ, Flavio M. (org.) *Por Outra História das Elites*. Rio de Janeiro: Editora FGV, 2006.

HERZOG, Dagmar. *Cold War Freud: Psychoanalysis in an Age of Catastrophes*. Cambridge: Cambridge University Press, 2017.

HISTÓRIA Resgatada – Encontro de Alguns Fundadores. *Jornal da SPPA*, Porto Alegre, ano II, n. 4, maio 1997. Disponível em: <https://sppa.org.br/wp-content/uploads/2023/06/ANO-2-ED-4.pdf>. Acesso em: abr. 2024.

HOBSBAWM, Eric J. *Era dos Extremos: O Breve Século XX, 1914-1991*. São Paulo: Companhia das Letras, 1995.

HOBSBAWM, Eric J.; RANGER, Terence. *A Invenção das Tradições*. São Paulo: Paz e Terra, 1997.

HOLLANDER, Nancy Caro. Psychoanalysis and the Problem of the Bystander in Times of Terror. In: LAYTON, Lynne; HOLLANDER, Nancy Caro; GUTWILL Susan (eds.). *Psychoanalysis, Class and Politics: Encounters in the Clinical Setting*. London/New York: Routledge, 2006.

HORKHEIMER, Max. *A Eclipse da Razão*. Rio de Janeiro: Labor do Brasil, 1976.

HUR, Domenico Uhng. Trajetórias de um Pensador Nômade: Gregório Baremblitt. *Estudos e Pesquisas em Psicologia*, v. 14, n. 3, 2014.

____. *Políticas da Psicologia de São Paulo: As Entidades de Classe Durante o Período do Regime Militar à Redemocratização do País*. Dissertação (Mestrado em Psicologia Social), Instituto de Psicologia, USP, São Paulo, 2005.

IANNI, Octavio. *O Colapso do Populismo no Brasil*. Rio de Janeiro: Civilização Brasileira, 1968.

IBRAHIM, Cesar Mussi. *As Clínicas Sociais Psicanalíticas do Rio de Janeiro: Um Estudo Sobre a Possibilidade de Expansão Social da Psicanálise*. Dissertação (Mestrado em Psicologia), Departamento de Psicologia, PUC-RJ, 1992.

INTROVIGNE, Massimo. Did L. Ron Hubbard Believe in Brainwashing?: The Strange Story of the "Brain-Washing Manual" of 1955. *Nova Religio*, v. 20, n. 4, 2017.

JACOBY, Russell. *The Repression of Psychoanalysis: Otto Fenichel and the Political Freudians*. Chicago/New York: Basic Books, 1983.

____. *Amnésia Social: Uma Crítica à Psicologia Conformista de Adler a Laing*. Rio de Janeiro: Zahar, 1977.

JACÓ-VILELA, Ana Maria. Ulysses Pernambucano e a Assistência ao Alienado no Início do Século XX: Preâmbulo Para uma História das Práticas de Atenção Psicossocial no Brasil. In: DIAS DUARTE, Luiz Fernando; RUSSO, Jane; VENANCIO, Ana Teresa A. (orgs.). *Psicologização no Brasil: Atores e Autores*. Rio de Janeiro: Contra Capa, 2005.

JACÓ-VILELA, Ana Maria; OLIVEIRA, Dayse de Marie; LINS, Thais Lohana; CERQUEIRA DOS ANJOS, Maíra de Souza. Alguns Usos da Psicologia no Exército Brasileiro de 1930 a 1960: Os Cursos. *Memorandum: Memória e História em Psicologia*, v. 36, 2019.

JACÓ-VILELA, Ana Maria; BRAGHINI, Sergio Luis. Psicologia, Política, Organizações Sociais – A Construção de um Imaginário Psi. *Psicología Básica y Aplicada*, v. 1, n. 2, 2015.

JAGUAR. Minha Vida (Por Sigmund Freud), *Pasquim*, 1970, n. 45. Disponível em: <http://memoria.bn.br/DocReader/124745/958>. Acesso em: abr. 2024.

JANINE RIBEIRO, Renato (org.). *Recordar Foucault*. São Paulo: Brasiliense, 1985.

JAY, Martin. *A Imaginação Dialética: História da Escola de Frankfurt e do Instituto de Pesquisas Sociais, 1923-1950*. Rio de Janeiro: Contraponto, 2008.

JOFFILY, Mariana. Aniversários do Golpe de 1964: Debates Historiográficos, Implicações Políticas. *Tempo e Argumento*, v. 10, n. 23, 2018.

____. Direito à Informação e Direito à Vida Privada: Os Impasses em Torno do Acesso aos Arquivos da Ditadura Militar Brasileira. *Estudos Históricos*, v. 25, n. 49, 2012.

JONES, Ernest. *Vida e Obra de Sigmund Freud*. Rio de Janeiro: Jorge Zahar, 1970, 2 V.

KALIVODA, Robert; HOROWITZ, David. *Psicanálise e Sociologia*. São Paulo: Nova Crítica, 1969.

KAREPOVS, Dainis. O "Caso Besouchet" ou o Lado Brasileiro dos "Processos de Moscou" Pelo Mundo. *O Olho da História*, ano 12, n. 9, dez. 2006.

KATZ, Chaim Samuel (org.) *Psicanálise e Nazismo*. Rio de Janeiro: Taurus, 1985.

____. *Ética e Psicanálise: Uma Introdução*. Rio de Janeiro: Graal, 1984.

____ (ed.). *Psicanálise, Poder e Desejo*. Rio de Janeiro: Coleção IBRAPSI, 1979.

____ (ed.). *Psicanálise e Sociedade*. Belo Horizonte: Interlivros, 1977.

____. *Psicanálise e Instituição*. Rio de Janeiro: Documentário, 1977.

KATZ, Chaim Samuel. Respostas da Hora do Desespero. *Opinião*, edição 197, 13 ago. 1976, edição 00197. Disponível em: <http://memoria.bn.br/DocReader/123307/4660>. Acesso em: abr. 2024.

____. O Rendoso Comércio das Neuroses. *Opinião*, edição 150, 19 set. 1975. Disponível em: <http://memoria.bn.br/DocReader/123307/3445>. Acesso em: abr. 2024.

KILLPATRICK, William. *Educação Para uma Civilização em Mudança*. Trad. Noemy Rudolfer. São Paulo: Melhoramentos, 1978.

KING, Richard. *The Party of Eros: Radical Social Thought and the Realm of Freedom*. New York: Delta, 1972.

KIRSNER, Douglas. All Psychoanalysis is Local. *Psychotherapy and Politics International*, v. 10, n. 2, 2012.

____. Training Analysis: The Shibboleth of Psychoanalytic Education. *Psychoanalytic Review*, v. 97, n. 6, 2010.

____. *Unfree Associations: Inside Psychoanalytic Institutes*. London: Process Press, 2000.

KLOOGER, Jeff. *Castoriadis: Psyche, Society, Autonomy*. Leiden/Boston: Brill, 2009.

KOLTAI, Caterina. A Biblioteca Freudiana Brasileira. *Capítulos de Psicanálise*, 14, 1989.

KONDER, Leandro. *Introdução ao Fascismo*. Rio de Janeiro: Graal, 1977.

KUPERMANN, Daniel. *Transferências Cruzadas: Uma História da Psicanálise e Suas Instituições*. São Paulo: Escuta, 2014.

KURILOFF, Emily A. *Contemporary Psychoanalysis and the Legacy of the Third Reich: History, Memory, Tradition*. London: Routledge, 2013.

LA PORTA, Ernesto. O Sigilo do Psicanalista. *Tranz: Revista de Estudos Transitivos do Contemporâneo*, edição 11, 2016.

LACAN, Jacques. Proposição de 9 de outubro de 1967 Sobre o Psicanalista da Escola. *Outros Escritos*. Rio de Janeiro: Zahar, 2003.

____. A Coisa Freudiana (1995/1956). *Escritos*. Rio de Janeiro: Zahar, 1998.

____. A Direção do Tratamento e os Princípios do Seu Poder (1958/1961). *Escritos*. Rio de Janeiro: Zahar, 1998.

____. Função e Campo da Fala e da Linguagem em Psicanálise (1953/1956). *Escritos*. Rio de Janeiro: Zahar, 1998.

____. O Tempo Lógico e a Asserção da Certeza Antecipada. *Escritos*. Rio de Janeiro: Zahar, 1998.

____. *Escritos*. São Paulo: Perspectiva, 1978.

LANGER, Marie (comp.). *Questionamos 2: Psicanálise Institucional e Psicanálise Sem Instituição*. Belo Horizonte: Interlivros, 1977.

____ (comp.). *Questionamos: A Psicanálise e Suas Instituições*. Petrópolis: Vozes, 1973.

____. Psicanálise e/ou Revolução Social. In: LANGER, Marie (comp.). *Questionamos: A Psicanálise e Suas Instituições*. Petrópolis: Vozes, 1973.

LASCH, Christopher. *O Mínimo Eu: Sobrevivência Psíquica em Tempos Difíceis*. São Paulo: Brasiliense, 1984.

____. *A Cultura do Narcisismo: A Vida Americana numa Era de Esperanças em Declínio*. Rio de Janeiro: Imago, 1983.

LEÃO DE CASTRO, Larissa. *A Coragem de Hélio Pellegrino de Romper o Silêncio na Psicanálise: Implicações Teóricas, Éticas e Políticas?* Tese (Doutorado em Psicologia Clínica e Cultura), UnB, 2021.

LEFORT, Claude. *A Invenção Democrática: Os Limites do Totalitarismo*. São Paulo: Brasiliense, 1981.

____. *As Formas da História*. São Paulo: Brasiliense, 1979.

LEIRNER, Piero. *Mini-Manual da Hierarquia Militar: Uma Perspectiva Antropológica*. São Carlos: Col. IndePub/SC, 2020.

____. *Meia Volta Volver: Um Estudo Antropológico Sobre a Hierarquia Militar*. Rio de Janeiro: Editora FGV, 1997.

LEITE NETTO, Oswaldo Ferreira. Minha Amiga D. Lygia Amaral. *Jornal de Psicanálise*, v. 44, n. 81, 2011.

LEMMERTZ, José. *Memórias de um Psicanalista: O problema da Cura em Psicanálise*. São Leopoldo: Editora Unisinos, 2003.

LEMOS, Renato. Contrarrevolução e Ditadura: Ensaio Sobre o Processo Político Brasileiro Pós-1964. *Marx e o Marxismo*, v. 2, n. 2, 2014.

LEVY, Clayton. Um Intelectual do Divã. Depoimento de Roberto Silveira Pinto de Moura, *Jornal da Unicamp*, 9-15 abr. 2007. Disponível em: <https://www.unicamp.br/unicamp/unicamp_hoje/ju/abril2007/ju354pag11.html>. Acesso em: abr. 2024.

LIBRELOTTO RUBIN, Aline. *Uma Psicanálise para a Subversão: A Produção Psicanalítica Brasileira e o Discurso (Sobre o) Adolescente em Tempos Ditatoriais (1964-1985)*. Tese (Doutorado em Psicologia Social), Instituto de Psicologia, USP, 2021.

LIEBERMANN, Guido. *A Psicanálise em Israel: Sobre as Origens do Movimento Freudiano na Palestina Britânica (1918-1948)*. São Paulo: Annablume, 2019.

LOBO, Amilcar. *A Hora do Lobo, a Hora do Carneiro*. Petrópolis: Vozes, 1989.

____. Do Fundo dos Porões. Entrevista. ISTOÉ, São Paulo, 1º abr. 1987.

LOBO, Sonia. A Psicanálise nos Núcleos Nordestinos. In: MARCHON, Paulo (ed.). *A Psicanálise no Rio de Janeiro e Sua Difusão pelo Brasil*. Rio de Janeiro: Fundação Miguel de Cervantes, 2012.

LOBROT, Michel. *A Favor ou Contra a Autoridade*. Rio de Janeiro: Francisco Alves, 1977.

LOHMANN, Hans Martin; ROSENKÖTTER, Lutz. Psicanálise na Alemanha Hitlerista. Como Foi Realmente? In: KATZ, Chaim Samuel. *Psicanálise e Nazismo*. Rio de Janeiro: Taurus, 1985.

LONDERO, Rodolfo Rorato. Livros Pornográficos e o Surto Censório Durante o Governo Geisel (1974-1979). *Revista Brasileira de História da Mídia*, v. 3, n. 2, 2014.

REFERÊNCIAS

LOPARIC, Zeljko. Resistências à Psicanálise. *Cadernos de História e Filosofia da Ciência*, n. 8, 1985.

LORENZER, Alfred. *Arqueologia da Psicanálise: Intimidade e Infortúnio Social*. Rio de Janeiro: Jorge Zahar, 1987.

LOUREIRO, Isabel. Herbert Marcuse: Anticapitalismo e Emancipação. *Trans/Form/Ação*, v. 28, n. 2, 2005.

LUTA Psicológica Preocupa a ESG. *O Estado de S. Paulo*, 24 fev. 1972.

LUZ, Madel Therezinha. *As Instituições Médicas no Brasil: Instituição e Estratégia de Hegemonia*. Rio de Janeiro: Graal, 1986.

LUZ, Marco Aurélio. *Cultura Negra e Ideologia do Recalque*. Rio de Janeiro: Achiamé, 1983.

LYRA CHEBABI, Wilson de. *Trajetória de um Psicanalista*. Rio de Janeiro: Garamond, 2011.

_____. Crônica de uma Controvérsia Crônica. *Estados Gerais da Psicanálise: Rede dos Estados Gerais da Psicanálise*, 30 ago. 2000. Disponível em:<http://egp.dreamhosters.com/textos/chebabi_wilson_de_lira-cronica_de_uma_controversia.shtml>. Acesso em: abr. 2024.

MACALPINE, Ida; HUNTER, Richard Alfred. *George III and the Mad-Business*. London: Pimlico, 1991.

MACEDO, Gilberto de. *A Política da Palavra*. Maceió: Edufal, 1986.

_____. *A Universidade Dialética: Consciência, Violência e Conflito na Universidade*. Maceió: Edufal, 1985.

_____. *Diagnóstico da Sociedade Tecnológica: Conflito e Violência na Sociedade Contemporânea*. Maceió: Edufal, 1981.

MACHADO, Roberto. *Ciência e Saber: A Trajetória da Arqueologia de Foucault*. Rio de Janeiro: Graal, 1981.

MACHADO, Roberto; LOUREIRO, Ângela; ROGÉRIO, Luz; MURICY, Katia. *Danação da Norma: Medicina Social e Constituição da Psiquiatria no Brasil*. Rio de Janeiro: Graal, 1978.

MACIEL, Maria Eunice. Memória, Tradição e Tradicionalismo no Rio Grande do Sul. In: BRESCIANI, Stella; NAXARA, Márcia (orgs.). *Memória e (res)sentimento: Indagações Sobre uma Questão Sensível*. Campinas: Editora Unicamp, 2004.

MACINTYRE, Alasdair. *As Ideias de Marcuse*. São Paulo: Cultrix, 1970.

MALAVOGLIA, Libero. *Contesto Marcuse*. São Paulo: Progresso, 1971.

MANDELBAUM, Belinda; FROSH, Stephen. O "Bandeirante Destemido" Durval Marcondes, a Psicanálise a Modernização Conservadora no Brasil. *Revista USP*, 126, jul./ago./set. 2020.

MANHÃES, Maria P.; HOIRISCH, Adolfo. Freud e as Vicissitudes de uma Sociedade Psicanalítica. *Revista Brasileira de Psicanálise*, v. 4, n. 2, 1970.

MANHÃES, Maria da Paz. *Manhãs de Manhães: Memórias*. Rio de Janeiro: Armazém das Letras, 1997.

MANNONI, Octave. *Freud e a Psicanálise*. Rio de Janeiro: Editora Rio, 1976.

MANTEGA, Guido (coord.) *Sexo & Poder*. São Paulo: Brasiliense, 1979.

MARCHON, Paulo (ed.). *A Psicanálise no Rio de Janeiro e Sua Difusão pelo Brasil*. Rio de Janeiro: Fundação Miguel de Cervantes, 2012.

MARCONDES, Durval. Em Foco. *Manchete*, edição 1505, 21 fev. 1981. Disponível em: <http://memoria.bn.br/DocReader/004120/199877>. Acesso em: abr. 2024.

_____. Esclarecimento ao Público. *Revista Brasileira de Psicanálise*, v. 1, n. 3, 1967.

MARCUSE, Herbert. *Eros e Civilização: Uma Interpretação Filosófica do Pensamento de Freud*. Rio de Janeiro: LTC, 1999.

_____. *Ideias Sobre uma Teoria Crítica da Sociedade*. Rio de Janeiro: Zahar, 1972.

_____. *Razão e Revolução*. Rio de Janeiro: Saga, 1969.

_____. *Marxismo Soviético: Uma Análise Crítica*. Rio de Janeiro: Saga, 1969.

_____. *O Fim da Utopia*. São Paulo: Paz e Terra, 1969.

_____. *Materialismo Histórico e Existência*. Rio de Janeiro: Tempo Brasileiro, 1968.

_____. *Ideologia da Sociedade Industrial*. Rio de Janeiro: Zahar, 1967.

MARIGHELLA, Carlos. *Manual do Guerrilheiro Urbano*. Santa Catarina: Clube de Autores, 2022.

MARMITT WADI, Yonissa. *Palácio Para Guardar Doidos: Uma História das Lutas Pela Construção do Hospital de Alienados e da Psiquiatria no Rio Grande do Sul*. Porto Alegre: Editora Universidade/UFRGS, 2002.

MARQUES DE SAES, Décio Azevedo. *Classe Média e Sistema Político no Brasil*. São Paulo: T.A. Queiroz, 1984.

MARTINS, Cyro. *Rumos do Humanismo Médico Contemporâneo*. Porto Alegre: FALMED, 1977.

_____. *Perspectivas do Humanismo Psicanalítico*. Porto Alegre: Sulina, 1973.

_____. *Do Mito à Verdade Científica*. Porto Alegre: Globo, 1964.

MARTINS, Cyro; SLAVUTZKY, Abrão. *Para Início de Conversa*. Porto Alegre: Movimento, 1990.

MARTINS, Luciano. A "Geração AI-5": Um Ensaio Sobre Autoritarismo e Alienação. *A "Geração AI-5" e Maio de 68: Duas Manifestações Intransitivas*. Rio de Janeiro: Argumento, 2004.

MARTINS, Luís. *O Patriarca e o Bacharel*. São Paulo: Martins, 1953.

MARTINS FILHO, João Roberto. *O Palácio e a Caserna: A Dinâmica Militar das Crises Políticas na Ditadura (1964-1969)*. São Paulo: Alameda, 2020.

_____. Estado e Regime no Pós-64: Autoritarismo Burocrático ou Ditadura Militar? *Revista de Sociologia e Política*, n. 2, jun. 1994.

MARTINS PULICI, Carolina. *O Charme (in)discreto do Gosto Burguês Paulista: Estudo Sociológico da Distinção Social em São Paulo*. Tese (Doutorado em Sociologia), FFLCH, USP, São Paulo, 2010.

MARTINS VIZOTTO, Marília. A Psicologia e a Psiquiatria Perdem um de Seus Maiores Expoentes: Uma Homenagem ao Dr. Mauricio Knobel. *Estudos de Psicologia (Campinas)*, v. 25, n. 1, 2008.

MARWELL, José. Mariana Agostini de Villalba Alvim. *Psicologia: Ciência e Profissão*, v. 19, n. 2, 1999.

MARX, Karl; ENGELS, Friedrich. *A Ideologia Alemã*. São Paulo: Boitempo, 2007.

MASCARENHAS, Eduardo. *Psicanálise do Pensamento Neoconservador: O Que É Ser Social-Democrata Hoje?* São Paulo: Objetiva, 1995.

_____. Grupo Não É Psicoterapia de Pobre. In: PY, Luiz Alberto et al. (orgs.). *Grupo Sobre Grupo*. Rio de Janeiro: Rocco, 1987.

_____. *Emoções no Divã de Eduardo Mascarenhas*. Rio de Janeiro: Guanabara Dois, 1985.

_____. Aquele Que Deixou de Ser Sem Nunca Ter Sido ou a Psicologia de Classe Média dos Psicanalistas. In: CERQUEIRA FILHO, Gisálio (org.). *Crise na Psicanálise*. Rio de Janeiro: Graal, 1982.

_____. O "Boom" da Psicanálise e a Consciência Nacional. *Jornal do Brasil*, Rio de Janeiro, 12 fev. 1978, Caderno Ideia.

MASCARENHAS, Eduardo; COSTA FILHO, João. Entrevista Eduardo Mascarenhas. *Módulo Brasil Arquitetura*, edição 00063, 1981. Disponível em: <http://memoria.bn.br/DocReader/006173/6082>. Acesso em: abr. 2024.

MASSI, Marina. *Trinta Anos de História da Revista Brasileira de Psicanálise: Um Recorte Paulista*. Tese (Doutorado em Psicologia Social), Instituto de Psicologia, USP, São Paulo, 2007.

MATHIAS, Suzeley Kalil. *Distensão no Brasil: O Projeto Militar (1973-1979)*. Campinas: Papirus, 1995.

MAUÉS, Flamarion. *Livros Contra a Ditadura: Editoras de Oposição no Brasil, 1974-1984*. São Paulo: Publisher Brasil, 2013.

MAUTNER, Anna Veronica. *Fragmentos de uma Vida*. São Paulo: Ágora, 2018.

MCCLELLAND, J.S. *The Crowd and the Mob: From Plato to Canetti*. London: Routledge, 2010.

MEDEIROS, José Adailson de. *Ulisses Pernambucano*. Rio de Janeiro: Imago, 2001.

MEDEIROS, Nelma. Percurso e Recursos de MD MAGNO. In: MAGNO MD; MEDEIROS, Nelma. *Razão de um Percurso*. Rio de Janeiro: Novamente, 2015.

MÉDICO Confirma Que Socorreu Presa Política em Petrópolis. *Jornal do Brasil*, Rio de Janeiro, 6 de fev. 1981.

MELO MEIRELES, Marilucia; FERNANDEZ VELLOSO, Marco Aurélio. *Seguir a Aventura com Enrique José Pichon-Rivière: Uma Biografia*. São Paulo: Casa do Psicólogo, 2007.

MELLO, Roberto. Os Barões da Psicanálise. Clínica Social de Psicanálise Anna Kattrin Kemper (org.). *Simpósio Psicanálise e Política*. Rio de Janeiro: Bloch, 1981.

MEMOS, Christos. *Castoriadis and Critical Theory: Crisis, Critique and Radical Alternatives*. London: Palgrave Macmillan, 2014.

MENDES JORGE, Raul. *A Psicotécnica e a Marinha*. Rio de Janeiro: Ministério da Marinha, 1944.

MENEGHINI, Luiz Carlos. *À Sombra do Plátano*. Porto Alegre: EMMA, 1974.

MERQUIOR, José Guilherme. *Arte e Sociedade em Marcuse, Adorno e Benjamin: Ensaio Crítico Sobre a Escola Neo-Hegeliana de Frankfurt*. Rio de Janeiro: Tempo Brasileiro, 1969.

_____. Cronofobia. *Jornal do Brasil*, 6 out. 1979.

MEYER, Luiz. *Rumor na Escuta: Ensaios de Psicanálise*. São Paulo: Editora 34, 2009.

MEZAN, Renato. *Freud, Pensador da Cultura*. São Paulo: Brasiliense, 1985.

_____. Uma Arqueologia Inacabada: Foucault e a Psicanálise. In: JANINE RIBEIRO, Renato (org.). *Recordar Foucault*. São Paulo: Brasiliense, 1985.

_____. *Freud: A Trama dos Conceitos*. São Paulo: Perspectiva, 1982.

MIRA Y LÓPEZ, Emilio. *Psicologia da Subordinação*. Rio de Janeiro: Escola Superior de Guerra, 1950.

_____. *Psicologia Militar*. Rio de Janeiro: Biblioteca do Exército, 1949.

MIRANDA DE SÁ JUNIOR, Luiz Salvador. Apresentação. In: BASTOS, Othon. *A História da Psiquiatria em Pernambuco e Outras Histórias*. São Paulo: Lemos, 2002.

MITSCHERLICH, Alexander. *A Cidade do Futuro*. Rio de Janeiro: Tempo Brasileiro, 1972.

MOKREJS, Elisabete. *A Psicanálise no Brasil: As Origens do Pensamento Psicanalítico*. Petrópolis: Vozes, 1993.

MONIZ BANDEIRA, Luiz Alberto. *O Governo João Goulart: As Lutas Sociais no Brasil, 1961-1964*. Brasília: Editora UnB, 2001.

MONSENHOR Malomar Lund Edelweiss. Universidade Católica de Pelotas. Disponível em: <https://www.ucpel.edu.br/malomar>. Acesso em: abr. 2024.

MONZANI, Luiz Roberto. *Freud: O Movimento de um Pensamento*. Campinas: Editora Unicamp, 1989.

MORAES de ALMEIDA, Francis. *Fronteiras da Sanidade: Da "Periculosidade" ao "Risco" na Articulação dos Discursos Psiquiátrico Forense e Jurídico no Instituto Psiquiátrico Forense Maurício Cardoso de 1925 a 2003*. Tese (Doutorado em Sociologia), Instituto de Filosofia e Ciências Humanas, URFGS, Porto Alegre, 2009.

MORAIS NICARETTA, Marcelo. A Formação do Mercado das Psicoterapias nos Estados Unidos da América e no Brasil: Psicanálise, Psicologia Clínica e Psicoterapias. *Boletim Academia Paulista de Psicologia*, v. 29, n. 1, 2009.

MOREL, Edmar. *O Golpe Começou em Washington*. Jundiaí: Paco, 2014.

MORETZSOHN, Maria Angela; TEPERMAN, Maria Helena. Uma Carta, Uma História. *Jornal de Psicanálise*, v. 47, n. 87, dez. 2014.

MOSCOVICI, Serge. *A Representação Social da Psicanálise*. Rio de Janeiro: Zahar, 1978.

MOSCOVICI, Serge; MARKOVÁ, Ivana. *The Making of Modern Social Psychology: The Hidden Story of How an International Social Science Was Created*. Cambridge: Polity Press, 2006.

MOSER, Benjamin. *Sontag: Vida e Obra*. São Paulo: Companhia das Letras, 2019.

MOTTA, Luiz Eduardo. A Recepção de Althusser no Brasil: O Grupo da Revista Tempo Brasileiro. *Novos Rumos*, v. 54, n. 1, 2017.

MOURA, João Carlos. *Hélio Pellegrino: A-Deus*. Petrópolis: Vozes, 1988.

MOURA FERRÃO, Laertes. Conferência Eu Vi um Balão no Céu! *Jornal de Psicanálise*, v. 44, n. 81, 2011.

MUSATTI BRAGA, Ana Paula. Pelas Trilhas de Virgínia Bicudo: Psicanálise e Relações Raciais em São Paulo. *Lacuna: Uma Revista de Psicanálise*, n. 2, dez. 2016.

MUSATTI CYTRYNOWICZ, Monica; CYTRYNOWICZ, Roney. *História do Departamento de Psicanálise do Instituto Sedes Sapientiae*. São Paulo: Narrativa Um, 2006.

NA BUSCA do Viver Melhor. *O Poti*, Rio Grande do Norte, 18 maio 1975, edição 02067. Disponível em: <http://memoria.bn.br/DocReader/031151_03/4803>. Acesso em: abr. 2024.

NAPOLITANO, Marcos. *1964: História do Regime Militar Brasileiro*. São Paulo: Contexto, 2017.

_____. *Roteiro de Leituras Para o Estudo do Golpe Civil-Militar de 1964*. Guia Bibliográfico da FFLCH, 2016.

NASCIMENTO, Bruno. M. *A Escola de Psiquiatria do Recife: Fundação e 1ª sucessão – de Ulysses Pernambucano a José Lucena*. Dissertação (Mestrado em Neuropsiquiatria), Departamento de Neuropsiquiatria, Centro de Ciências da Saúde, UFPE, Recife, 2007.

NEDELMANN, Birgitta. Secrecy as a Macrosociological Phenomenon: A Neglected Aspect of Simmel's Analysis of Secrecy. In: FRISBY, David (ed.). *Georg Simmel: Critical Assessments*, v. 3. London: Routledge, 1994.

NERVO CODATO, Adriano. Uma História Política da Transição Brasileira: Da Ditadura Militar à Democracia. *Revista de Sociologia e Política*, n. 25, 2005.

_____. O Golpe de 1964 e o Regime de 1968: Aspectos Conjunturais e Variáveis Históricas. *História: Questões & Debates*, v. 40, n. 1, 2004.

NETO da SILVA, Miriam Ribeiro; FÉRES-CARNEIRO, Terezinha. Silêncio e Luto Impossível em Famílias de Desaparecidos Políticos Brasileiros. *Psicologia & Sociedade*, v. 24, n. 1, 2012.

NOBREGA FRANCO, Fábio Luís Ferreira. *Da Biopolítica à Necrogovernamentalidade: Um Estudo Sobre os Dispositivos de Desaparecimento no Brasil*. Tese (Doutorado em Filosofia), FFLCH, USP, São Paulo, 2018.

NOBUS, Dany. Psychoanalytic Geopolitics. In: STRAVAKAKIS, Yannis et al. (eds.). *Routledge Handbook of Psychoanalytic Political Theory*. New York/London: Routledge, 2020.

_____. O "Escritos" de Lacan Revisitado: Sobre a Escrita Como Objeto de Desejo. *Lacuna: Uma Revista de Psicanálise*, n.7, 2019.

NOGUEIRA, Luiz Carlos. Antes e Depois de Meu Encontro Com Lacan: Paris – julho de 1977. *Psicologia USP*, v. 15, n. 1-2, 2004.

NOGUEIRA DO VALE, Eliana Araujo. *Os Rumos da Psicanálise no Brasil: Um Estudo Sobre a Transmissão Psicanalítica*. São Paulo: Escuta, 2003.

NOGUEIRA SANTOS, Rodrigo Afonso. *A História da Psicanálise em Minas Gerais: Dos Primeiros Tempos à Institucionalização (1925-1963)*. Dissertação (Mestrado em Psicologia), Universidade Federal de São João del-Rei, São João del-Rei, 2016.

_____. *Um Psicanalista para os Seus Tempos: Karl Weissman e a Difusão da Psicanálise no Brasil*. Tese (Doutorado em Psicologia Social e do Trabalho), Instituto de Psicologia, USP, 2022.

NOGUEIRA SANTOS, Rodrigo Afonso; MANDELBAUM, Belinda Piltcher Haber. Karl Weissmann e a Psicanálise na Era Vargas: Um Psicanalista Entre a Política, a Educação e a Criminologia. *Memorandum: Memória e História em Psicologia*, v. 36, 2019.

NOGUEIRA SANTOS, Rodrigo Afonso; MANDELBAUM, Belinda. A Psicanálise e seus Pioneiros no Brasil: Notas sobre o "Vigoroso Psicanalista" Karl Weissmann. *Analytica: Revista de Psicanálise*, v. 6, n. 11, 2017.

NOLASCO DE CARVALHO, Emílio. *O Divã e o Altar: Cultura Psicanalítica e Movimento Protestante no Brasil*. Tese (Doutorado em Antropologia Social), UFRJ, Rio de Janeiro, 2007.

NOSEK, Leopold et al. *Álbum de Família: Imagens, Fontes e Ideias da Psicanálise em São Paulo*. São Paulo: Casa do Psicólogo, 1994.

NOTICIÁRIO. *Revista Brasileira de Psicanálise*, v. 3, n. 3/4, 1969.

NYE, Robert A. *The Origins of Crowd Psychology: Gustave LeBon and the Crisis of Mass Democracy in the Third Republic*. London: Sage Publications, 1975.

O'DONNELL, Guillermo. *Reflexão Sobre os Estados Burocrático-Autoritários*. São Paulo: Vértice, 1987.

OLIVEIRA, Elias de. *Criminologia das Multidões*. Fortaleza: Livraria Quinderê, 1934.

OLIVEIRA, Walderedo Ismael de. *Uma Fobia à Defloração e Outros Estudos Psicanalíticos*. Rio de Janeiro: Imago, 1976.

_____. A Interação Transferência-Contratransferência na Gênese do Acting-Out (Sobre um Acting Habitual: O Uso do Cigarro na Hora Analítica). *Revista Brasileira de Psicanálise*, v. 1, n. 3, 1967.

OLIVEIRA, Walderedo Ismael de et al. Estudo Psicanalítico da Agressão: Aspectos Teóricos e Clínicos. *Revista Brasileira de Psicanálise*, v. 5, n. 3-4, 1971.

OLIVEIRA BARBOSA, Karine; LEAL FERREIRA, Arthur Arruda. Virgínia Leone Bicudo: Contribuições aos Estudos sobre Relações Raciais. *Arquivos Brasileiros de Psicologia*, v. 72, n. especial, 2020.

OLIVEIRA CASTRO, Ronaldo Mendes de. História da Psicanálise em Brasília. *Revista Brasileira de Psicanálise*, n. especial, 2017.

O SOFÁ Não É do Povo. *Opinião*, Rio de Janeiro, 18 abr. 1975, edição128. Disponível em: <http://memoria.bn.br/DocReader/123307/2906>. Acesso em: abr. 2024.

OTTALAGANO, Cesar A.; SZTERLING, Gecel Luzer; SZTERLING, Fajga. Conflito de Gerações, Emergente de Ideias Novas. *Revista Brasileira de Psicanálise*, v. 7, n. 3, 1973.

OURY, Jean; GUATTARI, Félix; TOSQUELLES, François. *Pratique de l'institutionnel et politique*. Vigneux: Matrice, 1985.

OUTEIRAL, José Ottoni; THOMAZ, Theobaldo O. (orgs.). *Psicanálise Brasileira: Brasileiros Pensando a Psicanálise*. Porto Alegre: Artes Médicas, 1995.

PACHECO E SILVA FILHO, Antônio Carlos. *Evolução da Psicanálise*. Rio de Janeiro: Imago, 1976.

PACHECO E SILVA, Antônio Carlos. Prefácio da Edição Brasileira. In: PINCKNEY, Edward R.; PINCKNEY, Cathey. *Psicanálise: A Mistificação do Século*. São Paulo: Edigraf, 1970.

PAES BARRETO, Francisco. *Reforma Psiquiátrica e Movimento Lacaniano*. Belo Horizonte: Itatiaia, 1999.

_____. Análise da Instituição Psicanalítica. *Registros*, v. 2, 1982.

_____. Freud, o Pensador Social e Político. *Tempo Brasileiro*, n. 44, 1976.

PAGÈS, Max. *A Vida Afetiva dos Grupos: Esboço de uma Teoria da Relação Humana*. Petrópolis: Vozes, 1982.

PAICHELER-HARROUS, Genevieve. *A Invenção da Psicologia Moderna*. São Paulo: Benjamin Editorial, 2018.

PAIM, Antonio. *Liberdade Acadêmica e Opção Totalitária: Um Debate Memorável*. São Paulo: Artenova, 1979.

PAIM, Isaías. *Psiquiatras Brasileiros*. Campo Grande: Oeste, 2002.

PAIVA DE CASTRO, Luiz. *A Psicanálise e a Realidade Brasileira*. Rio de Janeiro: Bonde, 1971.

PARRA PALUMBO, José Henrique. *Sobre as Concepções de Otto Fenichel: Psicanálise, Materialismo-Dialético e Naturalismo Científico*. Tese (Doutorado em Psicologia Experimental), Instituto de Psicologia, USP, São Paulo, 2009.

PAULIN, Luiz Fernando; RIBEIRO TURATO, Egberto. Antecedentes da Reforma Psiquiátrica no Brasil: As Contradições dos Anos 1970. *História, Ciências, Saúde: Manguinhos*, v. 11, n. 2, 2004.

PAVLOVSKY, Eduardo. A Crise do Terapeuta. In: LANGER, Marie (comp.). *Questionamos: A Psicanálise e Suas Instituições*. Petrópolis: Vozes, 1973.

PELLEGRINO, Hélio. *A Burrice do Demônio*. Rio de Janeiro: Rocco, 1989.

_____. Pacto Edípico, Pacto Social (Da Gramática do Desejo à Sem-Vergonhice Brasílica). *Folha de S.Paulo*, São Paulo, 11 set. 1983. Disponível em: <https://acervo.folha.com.br>.

_____. Análise da Instituição Psicanalítica: Um Caso Clínico. In: CERQUEIRA FILHO, Gisálio (org.). *Crise na Psicanálise*. Rio de Janeiro: Graal, 1982.

_____. Grave Não Era Praticar a Tortura, mas Sim a Denúncia dessa Prática. Psicologia e Cultura, *coojornal*, n. 69, nov. 1981.

_____. A Sociedade Psicanalítica e a Expulsão dos Demônios. *Folha de S.Paulo*, São Paulo, 15 mar. 1981. Disponível em: <https://acervo.folha.com.br>.

_____. A Dialética da Tortura: Direito Versus Direita. *Ensaios de Opinião*, v. 7, 1978.

PELLEGRINO, Hélio et al. Psicanálise Hoje [1983] no Brasil. In: VIEGAS DOS SANTOS, Luis Antonio. *Psicanálise de Brasileiro*. Rio de Janeiro: Taurus, 1997.

PEREIRA MENDES, Eliana Rodrigues. Os 50 Anos do Círculo Psicanalítico de. *Reverso*, v. 35, n. 66, dez. 2013. Disponível em: <https://ucpel.edu.br/malomar/>. Acesso em: abr. 2024.

PEREIRA PENNA, William. *Escrevivências das Memórias de Neusa Santos Souza: Apagamentos e Lembranças Negras nas Práticas PSIS*. Dissertação (Mestrado em Psicologia), UFF, Niterói, 2019.

PEREIRA, Renata Susan. *Formação e Instituição: Um Percurso pela História das Instituições Psicanalíticas de Florianópolis*. Dissertação (Mestrado em Psicologia), Centro de Filosofia e Ciências Humanas, UFSC, Florianópolis, 2005.

PEREIRA DA SILVA, Gastão. *25 Anos de Psicanálise*. Rio de Janeiro: APPERJ, 1978.

PERES de SOUZA, Fabíola. *Militares de Carreira: Prosopografia do Oficialato do Exército Brasileiro (1900-1954)*. Dissertação (Mestrado em Memória Social e Patrimônio Cultural), Instituto de Ciências Humanas, UFPEL, Pelotas, 2018.

PERESTRELLO, Marialzira (org.). *História da Sociedade Brasileira de Psicanálise do Rio de Janeiro*. Rio de Janeiro: Imago, 1987.

PICHON-RIVIÈRE, Enrique. *Teoria do Vínculo*. São Paulo: Martins Fontes, 2000.

PICK, Daniel. *Brainwashed: A New History of Thought Control*. London: Profile Books/Wellcome Collection, 2022.

PIEIRO, Jorge. *Ivan Corrêa: Senhor de Lugares e Palavras*. Recife: CePe, 2016.

PILAGALLO, Oscar. *História da Imprensa Paulista: Jornalismo e Poder de D. Pedro I a Dilma*. São Paulo: Três Estrelas, 2012.

PIMENTEL, Deborah. *Formação de Psicanalista*. Aracaju: CEFET-SE, 2004.

PIRES, Eginardo. Os *Écrits* de Jacques Lacan. *Tempo Brasileiro*, n. 21/22, 1969.

PIRES, Paulo Roberto. *Hélio Pellegrino: A Paixão Indignada*. Rio de Janeiro: Relume-Dumará, 1998.

PLON, Michel. Ordem e Subversão no Movimento Psicanalítico: O Fantasma de Jung. *Ágora: Estudos em Teoria Psicanalítica*, v. 5, n. 2, 2002.

PLOTKIN, Mariano Ben. *Freud en las Pampas: Orígenes y Desarrollo de una Cultura Psicoanalítica en la Argentina (1910-1983)*. Buenos Aires: Editorial Sudamericana, 2003.

PODER JUDICIÁRIO, Justiça Federal – Seção Judicial do Distrito Federal. *Sentença n. 4488 – Ações Ordinárias/sentença n. 1216*.

POMMIER, Gérard. *O Desenlace de uma Análise*. Rio de Janeiro: Zahar, 1990.

PONTALIS, Jean-Bertrand. *A Psicanálise Depois de Freud*. Petrópolis: Vozes, 1972.

PONTE, Carlos Fidélis da. *Médicos, Psicanalistas e Loucos: Uma Contribuição à História da Psicanálise no Brasil*. Dissertação (Mestrado em Saúde Pública), Fundação Oswaldo Cruz, Rio de Janeiro, 1999.

PORTELA, Jarbas Moacir. La Situación Psicoanalítica: Aspectos Sociales. *Estudos de Psicanálise*, n. 2, 1969.

PORTELLA NUNES, Eustachio. *Obsessão e Delírio: Neurose e Psicose*. Rio de Janeiro: Imago, 1978.
PORTER, Roy. The Patient's View: Doing Medical History from Below. *Theory and Society*, v. 14, n. 2, mar. 1985.
PRADO GALVÃO, Luiz de Almeida. Pré-História e História da Revista Brasileira de Psicanálise. *Revista Brasileira de Psicanálise*, v. 50, n. 1, 2016.
____. Observações e Reflexões Sobre o Trabalho Psicanalítico. *Revista Brasileira de Psicanálise*, v. 8, n. 2, 1974.
____. Notas para a História da Psicanálise em São Paulo. *Revista Brasileira de Psicanálise*, v. 1, n. 1, 1967.
____. Reflexos da Análise Didática na Vida Científica de Sociedades de Psicanálise. *Revista Brasileira de Psicanálise*, v. 1, n. 3, 1967.
____. Sobre o Exercício da Psicanálise: Uma Nova Profissão. *Revista Brasileira de Psicanálise*, v. 1, n. 2, 1967.
PRADO Jr., Bento. *Alguns Ensaios: Filosofia, Literatura, Psicanálise*. São Paulo: Paz e Terra, 2000.
____. *Filosofia da Psicanálise*. São Paulo: Brasiliense, 1991.
____. *Filosofia e Comportamento*. São Paulo: Brasiliense, 1982.
PROENÇA, Marilene. Conselho Federal de Psicologia: Entrevista Com o Psicólogo Arrigo Leonardo Angelini. *Psicologia: Ciência e Profissão*, n. 32 esp., 2012.
PSICANÁLISE: Práticos em Ação. *Folha de S.Paulo*, São Paulo, 16 abr. 1972, p. 24. Disponível em: <https://acervo.folha.com.br>.
PSICANALISTA Weissmann Prova: Comunismo Provém do Masoquismo. *Jornal do Commercio*, Rio de Janeiro, 16 ago. 1963. Disponível em: <http://memoria.bn.br/DocReader/364568 15/23805>.
QUENZER MATTHIESEN, Sara. *Organização Bibliográfica da Obra de Wilhelm Reich: Bases Para o Aprofundamento em Diferentes Áreas do Conhecimento*. São Paulo: Annablume, 2007.
QUERODIA TARELOW, Gustavo. *Psiquiatria e Política: O Jaleco, a Farda e o Paletó de Antonio Carlos Pacheco e Silva*. Rio de Janeiro: Editora Fiocruz, 2020.
QUINTANILHA, Dirceu. Notas à Margem de um Prefácio. *Revista Brasileira de Psicanálise*, v. 1, n, 4, 1967.
RAMOS, David. Psicanálise – Ciência Específica – Psicanalista – Profissão Especializada. *Revista Brasileira de Psicanálise*, v. 1, n. 1, 1967.
RAND, Nicholas Thomas; TOROK, Maria. *Questions for Freud: The Secret History of Psychoanalysis*. Cambridge/London: Harvard University Press, 1997.
RAZ, Mical. *What's Wrong with the Poor? Psychiatry, Race, and the War on Poverty*. Chapel Hil: The University of Sputh Carolina, 2013.
REICH, Wilhelm. O Emprego da Psicanálise na Investigação Histórica. *Tempo Brasileiro*, n. 36/37, 1974.
____. *O Que É a Consciência de Classe?* São Paulo: Martins Fontes, 1972.
____. *A Revolução Sexual*. Rio de Janeiro: Zahar, 1969.
REIS FILHO, Daniel Aarão. *Ditadura Militar, Esquerdas e Sociedade*. Rio de Janeiro: Jorge Zahar, 2000.

____. *A Revolução Faltou ao Encontro: Os Comunistas no Brasil*. São Paulo: Brasiliense, 1990.
REVISTA "Lugar em Comunicação". *O Jornal*, 21 nov. 1972, seção "Na Pauta". Disponível em: <http://memoria.bn.br/DocReader/110523_06/107817>. Acesso em: abr. 2024.
RIBEIRO, Alfredo; FORTES, Paulo. TV Contra a Pluralidade Cultural. *Opinião*, 28 jan. 1977, edição 00221. Entrevista com Muniz Sodré. Disponível em: <http://memoria.bn.br/DocReader/123307/5257>. Acesso em: abr. 2024.
RIBEIRO RODRIGUES, Charmene. *As Ações Psicopolíticas no Ambiente das Nações e o Processo de Contenção dessa Ameaça no Brasil*. Monografia (CAEPE), Departamento de Estudos, Escola Superior de Guerra, 2015. Disponível em: <https://docplayer.com.br/54771318-Escola-superior-de-guerra.html>. Acesso em: abr. 2024.
RICHARDS, Graham. *'Race', Racism and Psychology: Towards a Reflexive History*. London/New York: Routledge, 1997.
RIDENTI, Marcelo. *O Fantasma da Revolução Brasileira*. São Paulo: Editora Unesp, 2010.
____. *Em Busca do Povo Brasileiro*. Rio de Janeiro: Record, 2000.
RIEFF, Philip. *Freud: The Mind of the Moralist*. London: University Paperbacks, 1959.
ROBCIS, Camille. *Disalienation: Politics, Philosophy, and Radical Psychiatry in Postwar France*. Chicago/London: The University of Chicago Press, 2021.
ROBERT, Marcio Rogerio. *Histórias da Psicanálise em Curitiba: Surgimento e Difusão de uma Cultura Psicanalítica Entre Clínica, Teoria e Política*. Tese (Doutorado em Psicologia Experimental), Instituto de Psicologia, USP, São Paulo, 2016.
ROBINSON, Paul A. *A Esquerda Freudiana: Wilhelm Reich, Geza Roheim, Herbert Marcuse*. Rio de Janeiro: Civilização Brasileira, 1971.
RODRIGUÉ, Emílio. *Sigmund Freud. O Século da Psicanálise: 1895-1995*. São Paulo: Escuta, 1995.
____. *Gigante Pela Própria Natureza*. São Paulo: Escuta, 1991.
ROLNIK, Eran J. *Freud in Zion: Psychoanalysis and the Making of Modern Jewish Identity*. London: Karnac, 2012.
ROSAS, Paulo. *Memória da Psicologia em Pernambuco*. Recife: Editora UFPE, 2001.
ROSE, Jacqueline. *Why War?: Psychoanalysis, Politics and the Return to Melanie Klein*. Oxford/Cambridge: B. Blackwell, 1993.
ROSEN, George. *Da Polícia Médica à Medicina Social*. Rio de Janeiro: Graal, 1980.
ROSS, Dorothy. Freud and the Vicissitudes of Modernism in the United States, 1940-1980. In: BURNHAM, John (ed.). *After Freud Left: A Century of Psychoanalysis in America*. Chicago/London: University of Chicago Press, 2012.
ROUANET, Sérgio Paulo. *Teoria Crítica e Psicanálise*. Rio de Janeiro: Tempo Brasileiro, 1983.
____. *Édipo e o Anjo: Itinerários Freudianos em Walter Benjamin*. Rio de Janeiro: Tempo Brasileiro, 1981.

ROUDINESCO, Elisabeth. *O Paciente, o Terapeuta e o Estado*. Rio de Janeiro: Jorge Zahar, 2005.

_____. *Genealogias*. Rio de Janeiro: Relume-Dumará, 1995.

_____. *História da Psicanálise na França: A Batalha dos Cem Anos – v. 2: 1925-1985*. Rio de Janeiro: Jorge Zahar, 1988.

ROUDINESCO, Elisabeth; PLON, Michel. *Dicionário de Psicanálise*. Rio de Janeiro: Zahar, 1998.

ROUSSO, Henry. *A Última Catástrofe: A História, o Presente, o Contemporâneo*. Rio de Janeiro: FGV Editora, 2016.

ROZITCHNER, Léon. *Freud y los Límites del Individualismo Burgués*. Buenos Aires: Siglo XXI, 1979.

RUBIN, Aline; MANDELBAUM, Belinda; FROSH, Stephen. "No Memory, No Desire": Psychoanalysis in Brazil during Repressive Times. *Psychoanalysis and History*, v. 18, n. 1, jan. 2016.

RUDOLFER, Noemi da Silveira. *Problemática da Juventude no Brasil: Psicologia e Psicopatologia da Adolescência*. Rio de Janeiro: Escola Superior de Guerra, 1974.

_____. *A Crise da Adolescência Moderna*. Rio de Janeiro: Escola Superior de Guerra, 1970.

_____. *Elementos Básicos da Nacionalidade Brasileira: O Homem*. Rio de Janeiro: Escola Superior de Guerra, 1965.

RUSSO, Jane. The Lacanian Movement in Argentina and Brazil: The Periphery Becomes the Center. In: DAMOUSI, Joy; PLOTKIN, Mariano Ben (eds.). *The Transnational Unconscious: Essays in the History of Psychoanalysis and Transnationalism*. London: Palgrave Macmillan, 2009.

_____. Júlio Porto-Carrero: A Psicanálise Como Instrumento Civilizador. In: DIAS DUARTE, Luiz Fernando; RUSSO Jane; VENANCIO, Ana Teresa A. (orgs.). *Psicologização no Brasil: Atores e Autores*. Rio de Janeiro: Contra Capa Livraria, 2005.

_____. A Difusão da Psicanálise no Brasil na Primeira Metade do Século XX: Da Vanguarda Modernista à Rádio-Novela. *Estudos e Pesquisas em Psicologia*, v. 2, n. 1, 2002.

_____. *O Mundo Psi no Brasil*. Rio de Janeiro: Jorge Zahar, 2002.

_____. Raça, Psiquiatria e Medicina-Legal: Notas Sobre a Pré-História da Psicanálise no Brasil. *Horizontes Antropológicos*, v. 4, n. 9, 1998.

_____. *O Corpo Contra a Palavra: As Terapias Corporais no Campo Psicológico dos Anos 80*. Rio de Janeiro: Editora UFRJ, 1993.

RUSTIN, Michael. *A Boa Sociedade e o Mundo Interno: Psicanálise, Política e Cultura*. Rio de Janeiro: Imago, 2000.

_____. The Social Organization of Secrets: Towards a Sociology of Psychoanalysis. *International Review of Psychoanalysis*, v. 12, 1985.

SÁ MOTTA, Rodrigo Patto. *As Universidades e o Regime Militar: Cultura Política Brasileira e Modernização Autoritária*. Rio de Janeiro: Zahar, 2014.

_____. *Jango e o Golpe de 1964 na Caricatura*. Rio de Janeiro: Zahar, 2006.

_____. *Em Guarda Contra o "Perigo Vermelho": O Anticomunismo no Brasil, 1917-1964*. São Paulo: Perspectiva, 2002.

SAFATLE, Vladimir. *Maneiras de Transformar Mundos: Lacan, Política e Emancipação*. Belo Horizonte: Autêntica, 2020.

_____. A Economia É a Continuação da Psicologia por Outros Meios: Sofrimento Psíquico e o Neoliberalismo Como Economia Moral. In: SAFATLE, Vladimir; SILVA JUNIOR, Nelson da; DUNKER, Christian (orgs.). *Neoliberalismo como Gestão do Sofrimento Psíquico*. Belo Horizonte: Autêntica, 2020.

_____. Luta Armada por Subtração. In: MARIGHELLA, Carlos. *Chamamento ao Povo Brasileiro*. SAFATLE, Vladimir (org.). São Paulo: Ubu, 2019.

_____. Auto-Reflexão ou Repetição: Bento Prado Jr. e a Crítica ao Recurso Frankfurtiano à Psicanálise. *Ágora*, v. 7, n. 2, 2004.

_____. (org.). *Um Limite Tenso: Lacan Entre a Filosofia e a Psicanálise*. São Paulo: Editora Unesp, 2003.

SALGADO, Plínio. *Psicologia da Revolução*. Rio de Janeiro: Livraria Clássica Brasileira, 1933.

SALIM, Sebastião Abrão. As Origens da Psicanálise em Belo Horizonte e do Grupo de Estudos Psicanalíticos de Belo Horizonte Filiado à Associação Internacional de Psicanálise: A Saga de um Ideal. *Mental*, v. 8, n. 15, 2010.

SAMPAIO DE SIQUEIRA, Edilnete; AMORIM DE MORAES, Eldione; CORRÊA, Ivan. Percurso do Movimento Psicanalítico em Pernambuco. In: SIQUEIRA, Antonio Jorge de (org.). *Palavra, Silêncio e Escuta: Textos Psicanalíticos*. Recife: Editora UFPE, 2007.

SANA dos SANTOS, Hugo Leonardo. *A Noção de Estilo em Lacan*. Dissertação (Mestrado em Psicologia Clínica), Instituto de Psicologia, USP, São Paulo, 2015.

SANTA ROSA, Dirceu de. A Propósito de uma Carta de Freud. *Revista Brasileira de Psicanálise*, v. 28, n. 3, 1994.

SANTOS BAPTISTA, Luis Antonio dos. *A Fábrica de Interiores: A Formação Psi em Questão*. Rio de Janeiro: EdUFF, 2000.

SANTOS, Everton Rodrigo. Ideologia e Dominação no Brasil (1974-1989): Um Estudo sobre a Escola Superior de Guerra. *Sociedade e Estado*, v. 22, n. 1, 2007.

SANTOS SOUZA, Neusa. *Tornar-se Negro: As Vicissitudes da Identidade do Negro Brasileiro em Ascensão Social*. Rio de Janeiro: Graal, 1983.

SANTOS, Wanderley Guilherme dos. *O Cálculo do Conflito: Estabilidade e Crise na Política Brasileira*. Belo Horizonte: UFMG, 2003.

SARAIVA MELLONI, Maria Teresa. *Rio de Janeiro (1937-1959): Uma Psicanálise Possível*. Rio de Janeiro: Cia. de Freud, 2010.

SCHNEIDER, Galina et al. O Conflito de Gerações. *Revista Brasileira de Psicanálise*, v. 7, n. 3, jul./set. 1973.

SCHNEIDER, Michael. *Neurose e Classes Sociais: Uma Síntese Freudiano-Marxista*. Rio de Janeiro: Zahar, 1977.

SCHRÖTER, Michael. The Dissemination of the Berlin Model of Psychoanalytic Training: A Sketch of the

International Training Commission, 1925-1938. *Psychoanalysis and History*, v. 10, n. 2, jul. 2008.
SEGAL, Hanna. *Introdução à Obra de Melanie Klein*. Rio de Janeiro: Imago, 1975.
SHAPIRA, Michal. *The War Inside: Psychoanalysis, Total War, and the Making of the Democratic Self in Postwar Britain*. New York: Cambridge University Press, 2013.
SILVA JUNIOR, Nelson da. O Brasil da Barbárie à Desumanização Neoliberal: Do "Pacto Edípico e Pacto Social", de Hélio Pellegrino, ao "E daí?", de Jair Bolsonaro. In: SAFATLE, Vladimir; SILVA JUNIOR, Nelson da; DUNKER, Christian (orgs.). *Neoliberalismo Como Gestão do Sofrimento Psíquico*. Belo Horizonte: Autêntica, 2020.
SILVA SANTOS, Elisângela da. O Legado de Virgínia Leone Bicudo Para a Sociologia da Infância no Brasil. *Cadernos de Pesquisa*, v. 48, n. 170, 2018.
SILVEIRA, Fernando da. *Ouro, Cobre e Chumbo: A Psicanálise, o Grupo e o Movimento Analítico Brasileiro em Tempos de Ditadura*. Tese (Doutorado em Psicologia Social), Instituto de Psicologia, USP, São Paulo, 2016.
SILVEIRA, Nubia; GRANDI, Celito de. *Cyro Martins. 100 anos: O Homem e seus Paradoxos*. Cachoeira do Sul: Defender – Defesa Civil do Patrimônio Histórico. 2008.
SIMANKE, Richard Theisen. Reflexões Sobre a Área de Pesquisa Filosofia da Psicanálise: Um Depoimento sobre Sua Constituição em São Paulo. *Analytica: Revista de Psicanálise*, v. 3, n. 4, 2014.
_____. As Ficções do Interlúdio: Bento Prado Jr. e a Filosofia da Psicanálise. *O Que Nos Faz Pensar*, v. 16, n. 22, dez. 2007.
SIMMEL, Georg. Para a Psicologia do Dinheiro. *O Conflito da Cultura Moderna e Outros Escritos*. São Paulo: Editora Senac-SP, 2013.
_____. A Sociologia do Segredo e as Sociedades Secretas. *Revista de Ciências Humanas*, v. 43, n. 1, 2009.
SISTER, Bela M.; TAFFAREL, Marilsa; MELSOHN, Isaías. *A Psicanálise e a Vida*. São Paulo: Escuta, 1996.
SLEMENSON, Karin de Paula. *$em?: Sobre a Inclusão e o Manejo do Dinheiro Numa Análise*. São Paulo: Casa do Psicólogo, 2001.
SOARES BORGES, Iara; FRANCO, Nádia. A Difusão da Psicanálise em um Contexto Interdisciplinar em Vitória. In: MARCHON, Paulo (ed.). *A Psicanálise no Rio de Janeiro e Sua Difusão pelo Brasil*. Rio de Janeiro: Fundação Miguel de Cervantes, 2012.
SOARES DE SOUZA, Décio. "Acting-out", Depressão e Homossexualidade. *Revista Brasileira de Psicanálise*, v. 1, n. 2, 1967.
SOARES PALMEIRA, Miguel. O Poder da Ancestralidade, a Ancestralidade do Poder: A História, os Políticos e Seus Arquivos. *Revista do Instituto Histórico e Geográfico de Sergipe*, v. 1, n. 48, 2018.
SOCIEDADE Brasileira de Psicanálise de São Paulo. Depoimento de Virgínia Bicudo, 21 nov. 2020. Disponível em: <https://youtu.be/YMIFWfi6anY>.
SOCHA, Eduardo; ALVES LIMA, Rafael. Elisabeth Roudinesco: Lacan Deu uma Dimensão de Intelectualidade à Obra de Freud. *Revista Cult*, 24 jan. 2017. Disponível em: <https://revistacult.uol.com.br/home/lacan-e-um-logico-que-desafia-a-logica-diz-elisabeth-roudinesco/>. Acesso em: abr. 2024.
SODRÉ DÓRIA, Cristina. *Psicologia do Ajustamento Neurótico*. Petrópolis: Vozes, 1974.
SODRÉ, Muniz (org.). *Clínica e Sociedade*. Rio de Janeiro: Gryphus, 1992.
_____. *A Máquina de Narciso: Televisão, Indivíduo e Poder no Brasil*. Rio de Janeiro: Achiamé, 1984.
_____. *O Monopólio da Fala: Função e Linguagem da Televisão no Brasil*. Petrópolis: Vozes, 1977.
SOUSA, Edson Luiz André de. Breves Anotações de uma História Que Não Podemos Esquecer: Revista Rádice. *Mnemosine*, v. 4, n. 1, 2008.
SOUZA E SILVA, Rosane Maria. *Nos Subterrâneos da História: Institucionalização da Psicologia na Bahia, no Contexto da Ditadura Militar (1968-1980)*. Tese (Doutorado em Ensino, Filosofia e História das Ciências), Faculdade de Educação, UFBA, Salvador, 2020.
SOUZA JR., Paulo Sérgio de. Pour une Psychanalyse Irrévérente. *Oxymoron Revue psychanalytique et interdisciplinaire*, n. 5, 2015.
SOUZA, Juberto Antonio Massud de. *Os Ásperos Tempos da Psicologia: Do Fechamento de Espaços Institucionais à Luta Revolucionária Durante a Ditadura Empresarial-Militar*. Tese (Doutorado em Psicologia Social), Instituro de Psicologia, UERJ, Rio de Janeiro, 2021.
SOUZA PATTO, Maria Helena. Para uma Crítica da Razão Psicométrica. *Psicologia USP*, v. 8, n. 1, 1997.
SOUZA XAVIER, Mariana Vieira de et al. Um Estudo Bibliométrico nos "Arquivos de Neuropsiquiatria" (1943-1962): Descortinando Práticas e Conhecimentos Psicológicos. *Revista Latinoamericana de Psicopatologia Fundamental*, v. 22, n. 4, 2019.
STAMPA, Inez. Memórias Reveladas e os Arquivos do Período da Ditadura Militar. *ComCiência*, n. 127, abr. 2011.
STAMPA, Inez; RODRIGUES, Vicente. Memórias Reveladas: Justiça de Transição e o Sombrio Legado da Ditadura Militar. *Revista Em Pauta: Teoria Social e Realidade Contemporânea*, v. 12, n. 33, 2014.
STEIN, Ernildo Jacob. *A Instauração do Sentido*. Porto Alegre: Movimento, 1977.
_____. *Melancolia*. Porto Alegre: Movimento, 1976.
STEINER, Riccardo. *"It's a New Kind of Diaspora": Explorations in the Sociopolitical and Cultural Context of Psychoanalysis*. London: Karnac, 2000.
STEPAN, Alfred. *Rethinking Military Politics: Brazil and the Southern Cone*. New Jersey: Princeton University Press, 1988.
_____. *Os Militares na Política: As Mudanças de Padrões na Vida Brasileira*. Rio de Janeiro: Artenova, 1975.
TELES, Janaína de Almeida. Eliminar "Sem Deixar Vestígios": A Distensão Política e o Desaparecimento Forçado no Brasil. *Revista M.: Estudos Sobre a Morte, os Mortos e o Morrer*, v. 5, n. 10, 2020.

TEODOROWICZ REIS, Marila. A Psicanálise no Mato Grosso do Sul: A Difusão da Psicanálise em Resposta à Demanda do Contexto Cultural. In: MARCHON, Paulo (ed.). *A Psicanálise no Rio de Janeiro e Sua Difusão pelo Brasil*. Rio de Janeiro: Fundação Miguel de Cervantes, 2012.

TEPERMAN, Maria Helena Indig; KNOPF, Sonia Teperman. Virgínia Bicudo: Uma História da Psicanálise Brasileira. *Jornal de Psicanálise*, v. 44.n. 80, 2011.

TORRUBIA, Horace. *La Psychothérapie par gros temps*. Nimes: Champ Social, 2002.

TOURINHO PERES, Urania. Conversando com Emilio. In: PERES, Urania Tourinho (org.). *Emilio Rodrigué, Caçador de Labirintos*. Salvador: Corrupio, 2004.

TRILLING, Lionel. *Freud and the Crisis of Our Culture*. Boston: Beacon Press, 1955.

UCHÔA, Darcy de Mendonça. *Curso Avançado de Psiquiatria*. São Paulo: Ibrasa, 1983.

VALLADARES de OLIVEIRA, Carmen Lucia Montechi. Sob o Discurso da "Neutralidade": As Posições dos Psicanalistas Durante a Ditadura Militar. *História, Ciências, Saúde: Manguinhos*, 24, supl. 1, 2017.

____. Trajetórias da Psicanálise Paulista. *Analytica: Revista de Psicanálise*, v. 3, n. 4, 2014.

____. *História da Psicanálise: São Paulo (1920-1969)*. São Paulo: Escuta, 2006.

____. Os Primeiros Tempos da Psicanálise no Brasil e as Teses Pansexualistas na Educação. *Ágora: Estudos em Teoria Psicanalítica*, v. 5, n. 1, 2002.

VASCONCELOS, Perboyre. *A Volta do Mito: À Margem da Obra de Marcuse*. Rio de Janeiro: Biblioteca do Exército, 1970.

VELHO, Gilberto. *Nobres e Anjos: Um Estudo de Tóxicos e Hierarquia*. Rio de Janeiro: FGV, 1998.

____. *Subjetividade e Sociedade: Uma Experiência de Geração*. Rio de Janeiro: Jorge Zahar, 1986.

____. *Individualismo e Cultura: Notas Para uma Antropologia da Sociedade Contemporânea*. Rio de Janeiro: Jorge Zahar, 1981.

____ (org.). *Desvio e Divergência: Uma Crítica da Patologia Social*. Rio de Janeiro: Zahar, 1979.

VELHO, Gilberto; FIGUEIRA, Sérvulo (orgs.). *Família, Psicologia e Sociedade*. Rio de Janeiro: Campus, 1981.

VENANCIO, Ana Teresa A.; FRACCHINETTI, Cristiana. Historiografías: De la Psiquiatría en Brasil y Sus Instituciones. *Vertex: Revista Argentina de Psiquiatria*, v. 27, n. 127, maio/jun. 2016.

VEZZETTI, Hugo. *Psiquiatría, Psicoanálisis y Cultura Comunista: Batallas Ideológicas en la Guerra Fría*. Buenos Aires: Siglo XXI, 2016.

____. Psicanálise e Marxismo: A Fratura da Associação Psicanalítica Argentina (1971). *Tempo Social*, v. 21, n. 2, 2009.

VIANNA MOOG, Clodomir. *Bandeirantes e Pioneiros: Paralelo Entre Duas Culturas*. Porto Alegre: Globo, 1954.

VICEDO, Marga. *The Nature and Nurture of Love: From Imprinting to Attachment in Cold War America*. Chicago: The University of Chicago Press, 2013.

____. Cold War Emotions: Mother Love and the War over Nature. In: SOLOVEY, Mark; CRAVENS, Hamilton (orgs.). *Cold War Social Science: Knowledge Production, Liberal Democracy, and Human Nature*. New York: Palgrave Macmillan, 2012.

VIEGAS DOS SANTOS, Luiz Antonio (org.). *Psicanálise de Brasileiro*. Rio de Janeiro: Taurus, 1997.

VIEIRA ENGEL, Jaques. A Psicanálise em Belo Horizonte. In: MARCHON, Paulo (ed.). *A Psicanálise no Rio de Janeiro e Sua Difusão pelo Brasil*. Rio de Janeiro: Fundação Miguel de Cervantes, 2012.

WILLINGTON GERMANO, José. *Estado Militar e Educação no Brasil (1964-1985)*. São Paulo: Cortez, 1992.

WEBER, Max. *A Política Como Vocação*. Brasília: Editora Universidade de Brasília, 2003.

WEISSMANN, Karl. *Masoquismo e Comunismo: Contribuições Para a Patologia do Pensamento Político*. São Paulo: Martins, 1964.

WINNICOTT, Donald Woods. *Privação e Delinquência*. São Paulo: Martins Fontes, 2005.

WINOCK, Michel. *O Século dos Intelectuais*. Rio de Janeiro: Bertrand Brasil, 2000.

WOLFENSTEIN, Eugene Victor. *Psychoanalytic-Marxism: Groundwork*. New York/London: Free Association Books/The Guilford Press, 1993.

WRIGHT MILLS, Charles. *A Elite do Poder*. Rio de Janeiro: Zahar, 1981.

YOUNG-BRUEHL, Elisabeth; SCHWARTZ, Murray. Why Psychoanalysis Has no History. In: YOUNG-BRUEHL, Elisabeth. *The Clinic and the Context: Historical Essays*. London: Karnac, 2013.

ZARETSKY, Eli. *Political Freud: A History*. New York: Columbia University Press, 2015.

____. *Segredos da Alma: Uma História Sociocultural da Psicanálise*. São Paulo: Cultrix, 2006.

ZAYAT CHAMMAS, Eduardo. O "Correio da Manhã" no Golpe de 1964: Impasses e Dilemas na Relação Com os Militares. In: MÔNACO JANOTTI, Maria de Lourdes; ARIAS NETO, José Miguel (orgs.). *Democracia e Autoritarismo: Estratégias e Táticas Políticas*. Vinhedo: Horizonte, 2015.

ZIMMERMANN, David E. *Vocabulário Contemporâneo de Psicanálise*. Porto Alegre: Artmed, 2001.

ŽIŽEK, Slavoj. *Alguém Disse Totalitarismo? Cinco Intervenções no (Mau) Uso de uma Noção*. São Paulo: Boitempo, 2015.

____. *The Metastases of Enjoyment: Six Essays on Woman and Causality*. London/New York: Verso, 1994.

Seleção de Arquivos e Documentos Mencionados*

BIBLIOTECA VIRTUAL EM SAÚDE MS

III Conferência Nacional de Saúde, 1963 [<http://bvsms.saude.gov.br/bvs/publicacoes/3conf_nac.pdf>.]

ARQUIVO NACIONAL

Adelheid Koch, *Correio Paulistano*, nov. 1962, edição 32692. [<http://memoria.bn.br/DocReader/090972_11/14229>.]
Amilcar Lobo, *Jornal do Brasil*, fev. 1981. [<http://memoria.bn.br/DocReader/030015_10/20098>.]
Durval Marcondes, *Jornal do Brasil*, 1970. [<http://memoria.bn.br/DocReader/030015_09/69103>.]
Hélio Pellegrino
  (1) *Jornal do Brasil*, jan. 1977.[<http://memoria.bn.br/DocReader/030015_09/153825>.]
  (2) Estudantes Ocupam o Congresso, *Correio da Manhã*, jun. 1968, edição 23068. [<http://memoria.bn.br/DocReader/089842_07/93121>.]
  (3) Balanço e Perspectivas, *Correio da Manhã*, jul. 1968, edição 23086. [<http://memoria.bn.br/DocReader/089842_07/93779>.]
  (4) Os Efeitos da Ditadura e a Ditadura dos Fatos, *Correio da Manhã*, ago. 1968, edição 23110. [<http://memoria.bn.br/DocReader/089842_07/94555>.]
  (5) A Crise Brasileira e a Farmacologia Militar, *Correio da Manhã*, ago. 1968, edição 23122. [<http://memoria.bn.br/DocReader/089842_07/94954>.]
  (6) O Começo do Fim da Burocracia Soviética, *Correio da Manhã*, set. 1968, edição 23134. [<http://memoria.bn.br/DocReader/089842_07/95384>.]
  (7) O Centro Urbano e a Direita Suburbana, *Correio da Manhã*, set. 1968, edição 23146. [<http://memoria.bn.br/DocReader/089842_07/95771>.]
  (8) A Razão Contra o Terror, *Correio da Manhã*, nov. 1968, edição 23182 [<http://memoria.bn.br/DocReader/089842_07/96991>.]
Lélia Gonzalez.
  (1) Freud, Lacan, o Colégio, Jornal do Brasil, 10 maio 1976, p. 10. [<http://memoria.bn.br/DocReader/030015_09/140308>.]
  (2) Nota de "Iniciação ao Mestrado" nas Faculdades Integradas Estácio de Sá em: [<http://memoria.bn.br/DocReader/030015_09/139406>.]
Magno Machado Dias. [<http://memoria.bn.br/DocReader/030015_09/106190>.]
Annuário Genealógico Brasileiro (SP) – 1939 a 1948.[<http://memoria.bn.br/docreader/063665/125>)
A Psicanálise nos Anos de Chumbo, *Jornal do Brasil*, jul. 1992, p. 1. [<http://memoria.bn.br/DocReader/030015_11/66363>.]
Cronofobia, *Jornal do Brasil*, out. 1979, p. 10. [<http://memoria.bn.br/DocReader/030015_09/206416>.]

* Acesso em set. 2024. Observações: (1) para encontrar o texto no acervo do *Jornal do Brasil*, ou de outros jornais, é preciso digitar o nome completo da pessoa, como apresentado nesta lista, entre aspas; (2) para acessar o Museu da Pessoa é necessário fazer *login*.

Jornal do Brasil, set. 1979, p. 1. [<http://memoria.bn.br/DocReader/030015_09/205584>.]

Médico Confirma Que Socorreu Presa Política em Petrópolis, *Jornal do Brasil*, fev. 1981, p. 9. [<http://memoria.bn.br/DocReader/030015_10/20106>.]

Psicanálise Quer Punir o Ministro Albuquerque Lima, *Correio da Manhã*, out. 1968, edição 23177. [<http://memoria.bn.br/docreader/DocReader.aspx?bib=089842_07&pagfis=96811>.]

O Pós-Boom da Psicanálise no Brasil, *Jornal do Brasil*, nov. 1985, p. 9. [<http://memoria.bn.br/DocReader/030015_10/105217>.]

Secretaria da Fazenda Não Reconheceu Calamidade no Juqueri e Negou Verba. *Diário da Noite*, Rio de Janeiro, 7 mar. 1963, edição 11695. Disponível em: <http://memoria.bn.br/DocReader/221961_04/19175>.

Uma Visão do Mundo Brasileiro, *Jornal do Brasil*, dez. 1981, p. 5. [<http://memoria.bn.br/DocReader/030015_10/35258>.]

ARQUIVO PÚBLICO DO ESTADO DE SÃO PAULO

Seção "Caderno 2" do jornal *Última Hora*
Fascículo 1 [<http://www.arquivoestado.sp.gov.br/site/acervo/uh_digital/index/5164>.]
Fascículo 2 [<http://www.arquivoestado.sp.gov.br/site/acervo/uh_digital/index/5166>.]
Fascículo 3 [<http://www.arquivoestado.sp.gov.br/site/acervo/uh_digital/index/5169>.]
Fascículo 4 [<http://www.arquivoestado.sp.gov.br/site/acervo/uh_digital/index/5172>.]
Fascículo 5 [<http://www.arquivoestado.sp.gov.br/site/acervo/uh_digital/index/5175>.]
Fascículo 6 [<http://www.arquivoestado.sp.gov.br/site/acervo/uh_digital/index/5178>.]
Fascículo 7 [<http://www.arquivoestado.sp.gov.br/site/acervo/uh_digital/index/5181>.]
Fascículo 8 [<http://www.arquivoestado.sp.gov.br/site/acervo/uh_digital/index/5183>.]
Fascículo 9 [<http://www.arquivoestado.sp.gov.br/site/acervo/uh_digital/index/5190>.]
Fascículo 10 [<http://www.arquivoestado.sp.gov.br/site/acervo/uh_digital/index/5193>.]

Apesp [<http://www.arquivoestado.sp.gov.br/site/acervo/repositorio_digital/mario_comunismo>.]

Serviço Nacional de Informações (Comunismo Internacional)
[<http://www.arquivoestado.sp.gov.br/uploads/acervo/textual/deops/sumarios_comunismo/Relatorio_XX_07_1970.pdf>.]
[<http://www.arquivoestado.sp.gov.br/uploads/acervo/textual/deops/sumarios_comunismo/Relatorio_XX_01_1971.pdf >.]
[<http://www.arquivoestado.sp.gov.br/uploads/acervo/textual/deops/sumarios_comunismo/Relatorio_XX_03_1971.pdf >.]
[<http://www.arquivoestado.sp.gov.br/uploads/acervo/textual/deops/sumarios_comunismo/Relatorio_XX_04_1971.pdf>.]
[<http://www.arquivoestado.sp.gov.br/uploads/acervo/textual/deops/sumarios_comunismo/Relatorio_XX_11_1971.pdf >.]
[<http://www.arquivoestado.sp.gov.br/uploads/acervo/textual/deops/sumarios_comunismo/Relatorio_XX_02_1972.pdf >.]
[<https://www.arquivoestado.sp.gov.br/uploads/acervo/textual/deops/sumarios_comunismo/Relatorio_XX_04_1972.pdf >.]
[<http://www.arquivoestado.sp.gov.br/uploads/acervo/textual/deops/sumarios_comunismo/Relatorio_XX_09_1972.pdf >.]

CÂMARA DOS DEPUTADOS

Noemy Rudolfer. [<https://www.camara.leg.br/proposicoesWeb/prop_mostrarintegra;jsessionid=9E2FEA3EBB649F56A18510E6E2F64DE1.proposicoesWeb1?codteor=1188598&filename=Avulso+-PL+647/1975>.]

CENTRO DE MEMÓRIA DO INSTITUTO DE PSICOLOGIA DA USP

[<http://citrus.uspnet.usp.br/centrodememoriaip/sites/default/files/Anteprojeto%20da%20lei%20-%20criação%20do%20curso%20de%20Psicologia.pdf>.]

FOLHA DE S.PAULO

A Regulamentação da Profissão de Analista É Estudada em Congresso, *Folha de S.Paulo*, maio 1972. [<https://acervo.folha.com.br/compartilhar.do?numero=4379&anchor=4338464&pd=1533cec3566d7847990b74e602aa76ee>.]

FUNDAÇÃO OSWALDO CRUZ

[<http://laps.ensp.fiocruz.br/arquivos/documentos/1>]

MEMÓRIAS REVELADAS

XIV Congresso de Psicologia (Clóvis Stenzel / Psicopolítica). [<http://imagem.sian.an.gov.br/acervo/derivadas/br_dfanbsb_v8/mic/gnc/aaa/72058035/br_dfanbsb_v8_mic_gnc_aaa_72058035_d0002de0002.pdf >.]

Abrão Slavutzky, O Uso do Complexo de Édipo Para Explicar as Rebeliões Estudantis, *CooJORNAL*, n. 69, nov. 1981. [<http://imagem.sian.an.gov.br/acervo/derivadas/br_dfanbsb_v8/mic/gnc/aaa/81010677/br_dfanbsb_v8_mic_gnc_aaa_81010677_an_01_d0001de0001.pdf.]

Igor Caruso e Malomar Edelweiss (foto) – *Correio da Manhã*, jul. 1968. [<http://imagem.sian.an.gov.

br/acervo/derivadas/br_rjanrio_ph/o/fot/15025/ br_rjanrio_ph_o_fot_15025_002.pdf.]
Ernildo Jacob Stein, A Impossibilidade de Instituições Desacompanhadas de Olhar Crítico, *CooJORNAL*, n. 69, nov. 1981. [<http://imagem.sian.an.gov.br/ acervo/derivadas/br_dfanbsb_v8/mic/gnc/aaa/81 010677/br_dfanbsb_v8_mic_gnc_aaa_81010677 _an_01_d0001de0001.pdf.]
Luiz Edgar de Andrade. [<http://imagem.sian.an.gov. br/acervo/derivadas/mr/br_rjaperj_jmw/o/dh/1/ 50/br_rjaperj_jmw_0_dh_1_50_d00001de00001 .pdf.]
Manuel Antônio de Albuquerque. [<http://imagem.sian. an.gov.br/acervo/derivadas/br_dfanbsb_v8/mic/ gnc/ggg/85011479/br_dfanbsb_v8_mic_gnc_gg g_85011479_d0001de0001.pdf>.]
Michel Foucault. [<http://imagem.sian.an.gov.br/ acervo/derivadas/br_dfanbsb_v8/mic/gnc/eee/8 1006105/br_dfanbsb_v8_mic_gnc_eee_81006105 _d0001de0001.pdf>.]
Regina Chnaiderman (Sedes) – Centro de Informações de Segurança da Aeronáutica. [<http://imagem. sian.an.gov.br/acervo/derivadas/br_dfanbsb_vaz /0/0/01811/br_dfanbsb_vaz_0_0_01811_d0001de 0001.pdf>.]
Valderedo Ismael de Oliveira. [<http://imagem.sian.an. gov.br/acervo/derivadas/mr/br_peapeje_dpe/prt /ind/0/07057/br_peapeje_dpe_prt_ind_0_07057 _d0001de0001.pdf.>]
Zeferino Vaz. Contribuição ao Conhecimento da Guerra Revolucionária: O Processo do "Trote" dos "Calouros" Como Técnica de Base Científica Reflexológica de Imposição de Liderança Estudantil Subversiva nas Universidades. [<http://imagem.sian.an.gov. br/acervo/derivadas/br_dfanbsb_aa1/0/lgs/0046/ br_dfanbsb_aa1_0_lgs_0046_d0001de0001.pdf>.]
Appia. [<http://imagem.sian.an.gov.br/acervo/derivadas/br_dfanbsb_v8/mic/gnc/aaa/72057640/br _dfanbsb_v8_mic_gnc_aaa_72057640_d0001d e0002.pdf>.]
Associação dos Diplomados da Escola Superior de Guerra. [<http://imagem.sian.an.gov.br/acervo/derivadas/ br_dfanbsb_v8/mic/gnc/eee/80005415/br_dfanbsb _v8_mic_gnc_eee_80005415_d0006de0039.pdf>.] [<http://imagem.sian.an.gov.br/acervo/derivadas /br_dfanbsb_v8/mic/gnc/eee/80005415/br_dfanbsb _v8_mic_gnc_eee_80005415_d0008de0039.pdf>.] [<http://imagem.sian.an.gov.br/acervo/derivadas/ br_dfanbsb_v8/mic/gnc/eee/80005415/br_dfanbsb _v8_mic_gnc_eee_80005415_d0023de0039.pdf>.]
Congresso de Psicologia de 1973 (Fotos)- [<http://imagem.sian.an.gov.br/acervo/derivadas/ br_dfanbsb_v8/mic/gnc/aaa/72065445/br_ dfanbsb_v8_mic_gnc_aaa_72065445_an_01_ d0001de0001.pdf>.]
II Congresso Latino-Americano de Psicodiagnóstico de Rorschach (1973) [<http://imagem.sian.an.gov.br/acervo/derivadas /br_dfanbsb_v8/mic/gnc/aaa/72065445/br_dfanbsb _v8_mic_gnc_aaa_72065445_d0002de0002.pdf.>]

APPIA - Mariana Agostini de Villalba Alvim [<http://imagem.sian.an.gov.br/acervo/derivadas/ br_dfanbsb_v8/mic/gnc/aaa/72057640/br_dfanbsb _v8_mic_gnc_aaa_72057640_d0001de0002.pdf>] [<http://imagem.sian.an.gov.br/acervo/derivadas/ br_dfanbsb_v8/mic/gnc/aaa/72057640/br_dfanbsb _v8_mic_gnc_aaa_72057640_d0002de0002.pdf>]
Campanha da Mulher pela Democracia. [<http://imagem.sian.an.gov.br/acervo/derivadas/br_rjanrio_ pe/0/0/0004/br_rjanrio_pe_0_0_0004_d0001de 0002.pdf>.]
Centro de Informações da Aeronáutica / Hélio Pellegrino [<http://imagem.sian.an.gov.br/acervo/derivadas/ br_dfanbsb_v8/mic/gnc/aaa/86060072/br_dfanbsb _v8_mic_gnc_aaa_86060072_d0001de0002.pdf>.]
Comissão Especial Sobre Mortos e Desaparecidos Politicos. [<http://imagem.sian.an.gov.br/acervo/derivadas/br_dfanbsb_ato/0/0/0107/br_dfanbsb_ato _0_0_0107_d0001de0001.pdf>.]
Comissão Geral de Inquérito Policial-Militar. [<http:// imagem.sian.an.gov.br/acervo/derivadas/br_dfan bsb_aaj/0/ipm/0944/br_dfanbsb_aaj_0_ipm_09 44_d0001de0001.pdf>)
Comissão Nacional da Verdade. [<http://imagem.sian.an. gov.br/acervo/derivadas/br_rjanrio_cnv/o/ere/o 0092000434201270/br_rjanrio_cnv_0_ere_000 92000434201270_d0001de0001.pdf>.]
Conselho de Segurança Nacional. [<http://imagem.sian. an.gov.br/acervo/derivadas/br_dfanbsb_n8/0/pro /css/0754/br_dfanbsb_n8_0_pro_css_0754_d000 1de0001.pdf>.]
Dops – São Paulo. [<http://imagem.sian.an.gov.br/acervo /derivadas/br_dfanbsb_v8/mic/gnc/eee/80002951 /br_dfanbsb_v8_mic_gnc_eee_80002951_d0001 de0003.pdf>.]
"Estudantes Ocupam o Congresso", *Correio da Manhã*, jun. 1968. [<http://imagem.sian.an.gov.br/acervo /derivadas/br_rjanrio_pe/0/0/0004/br_rjanrio_ pe_0_0_0004_d0001de0002.pdf>.]
Escola Superior de Guerra (ESG) fev. 1972. [<http://imagem .sian.an.gov.br/acervo/derivadas/br_dfanbsb_z4/ dpn/eni/0075/br_dfanbsb_z4_dpn_eni_0075_d 0001de0001.pdf>.]
Ibrapsi – SNI. [<http://imagem.sian.an.gov.br/acervo/ derivadas/br_dfanbsb_v8/mic/gnc/ccc/80003777 /br_dfanbsb_v8_mic_gnc_ccc_80003777_d0001 de0001.pdf>.]
Identificados Alguns Torturadores na Guanabara, *A Voz Operária*, ago. 1973. [<http://imagem.sian.an.gov.br /acervo/derivadas/br_dfanbsb_v8/mic/gnc/aaa/810 19709/br_dfanbsb_v8_mic_gnc_aaa_81019709_ d0001de0001.pdf>.]
Lobo Dá Nomes de Militares Torturadores do DOI-CODI, *Jornal do Brasil*, set. 1986, p. 18. [<https://sian. an.gov.br/sianex/Consulta/login.asp>.]
Ministério da Aeronáutica – Herbert Marcuse. [<http:// imagem.sian.an.gov.br/acervo/derivadas/br_dfan bsb_vaz/0/0/09742/br_dfanbsb_vaz_0_0_09742_ d0001de0001.pdf >.]

Ministério da Aeronáutica – Cadep – Deops-SP. [<http://imagem.sian.an.gov.br/acervo/derivadas/br_dfanbsb_vaz/0/0/05800/br_dfanbsb_vaz_0_0_05800_d0001de0001.pdf >.]

Psicopolítica
[<http://imagem.sian.an.gov.br/acervo/derivadas/br_dfanbsb_v8/mic/gnc/aaa/78115811/br_dfanbsb_v8_mic_gnc_aaa_78115811_d0001de0001.pdf>.]
[<http://imagem.sian.an.gov.br/acervo/derivadas/br_dfanbsb_v8/mic/gnc/ppp/82003891/br_dfanbsb_v8_mic_gnc_ppp_82003891_d0001de0001.pdf>.]
[<http://imagem.sian.an.gov.br/acervo/derivadas/br_dfanbsb_v8/mic/gnc/ppp/80000875/br_dfanbsb_v8_mic_gnc_ppp_80000875_d0001de0001.pdf>.]
[<http://imagem.sian.an.gov.br/acervo/derivadas/br_dfanbsb_v8/mic/gnc/ppp/81001751/br_dfanbsb_v8_mic_gnc_ppp_81001751_d0001de0001.pdf>.]
[<http://imagem.sian.an.gov.br/acervo/derivadas/br_dfanbsb_v8/mic/gnc/rrr/82002714/br_dfanbsb_v8_mic_gnc_rrr_82002714_d0001de0001.pdf>.]
[<http://imagem.sian.an.gov.br/acervo/derivadas/br_dfanbsb_v8/mic/gnc/aaa/77105118/br_dfanbsb_v8_mic_gnc_aaa_77105118_d0001de0001.pdf>.]
[<http://imagem.sian.an.gov.br/acervo/derivadas/br_dfanbsb_v8/mic/gnc/aaa/78110275/br_dfanbsb_v8_mic_gnc_aaa_78110275_d0001de0001.pdf>.]

SNI
[<http://imagem.sian.an.gov.br/acervo/derivadas/br_dfanbsb_v8/mic/gnc/aaa/78113835/br_dfanbsb_v8_mic_gnc_aaa_78113835_d0001de0001.pdf>.]

SNI – Porto Alegre / Arthur de Mattos Saldanha. [<http://imagem.sian.an.gov.br/acervo/derivadas/br_dfanbsb_v8/mic/gnc/ggg/80001220/br_dfanbsb_v8_mic_gnc_ggg_80001220_d0001de0001.pdf >.]

SNI – Georges Wilheim / Joana Wilheim. [<http://imagem.sian.an.gov.br/acervo/derivadas/br_dfanbsb_v8/mic/gnc/eee/82011083/br_dfanbsb_v8_mic_gnc_eee_82011083_d0001de0001.pdf>.]

SNI – Hélio Pellegrino. [<http://imagem.sian.an.gov.br/acervo/derivadas/br_dfanbsb_v8/mic/gnc/ccc/84011275/br_dfanbsb_v8_mic_gnc_ccc_84011275_d0001de0001.pdf >.]

SNI – Eduardo Mascarenhas. [<http://imagem.sian.an.gov.br/acervo/derivadas/br_dfanbsb_v8/mic/gnc/ccc/83009911/br_dfanbsb_v8_mic_gnc_ccc_83009911_d0001de0001.pdf>.]

SNI – Dom Felipe Tiago Broers. [<http://memoria.bn.br/DocReader/030015_09/153825>.]

SNI – Documento de informação n. 1099-02/ASP/SNI/74. [<http://imagem.sian.an.gov.br/acervo/derivadas/br_dfanbsb_v8/mic/gnc/eee/81005749/br_dfanbsb_v8_mic_gnc_eee_81005749_d0001de0001.pdf>.]

Telecomunicações Brasileiras Sociedade Anônima / Telesp
[<http://imagem.sian.an.gov.br/acervo/derivadas/br_dfanbsb_cz/asi/0/0010/br_dfanbsb_cz_asi_0_0010_d0001de0001.pdf >.]
[<http://imagem.sian.an.gov.br/acervo/derivadas/br_dfanbsb_cz/asi/0/0072/br_dfanbsb_cz_asi_0_0072_d0001de0001.pdf >.]

MUSEU DA PESSOA

Bernardo Blay Neto. [<https://acervo.museudapessoa.org/pt/conteudo/historia/memorias-de-uma-vida-de-luta-no-bras-44896>.]

SOCIEDADE BRASILEIRA DE PSICANÁLISE DE SÃO PAULO – SBPSP

Depoimento de Virgínia Bicudo (YouTube). [<https://youtu.be/YMiFWfi6anY>.]

UNIVERSIDADE CATÓLICA DE PELOTAS-UCPEL

Monsenhor Malomar Edelweiss. [<https://www.ucpel.edu.br/malomar/>.]